漢語言文字研究

安徽大學漢字發展與應用研究中心 編

第一輯

上海古籍出版社

圖書在版編目(CIP)數據

漢語言文字研究. 第一輯/安徽大學漢字發展與應用研究中心編. —上海:上海古籍出版社,2015.2
ISBN 978-7-5325-7459-9

Ⅰ.①漢… Ⅱ.①安… Ⅲ.①漢語—語言學—文集②漢字—文字學—文集 Ⅳ.①H1-53

中國版本圖書館 CIP 數據核字(2014)第 254035 號

漢語言文字研究(第一輯)
安徽大學漢字發展與應用研究中心 編
上海世紀出版股份有限公司
上海古籍出版社 出版
(上海瑞金二路 272 號 郵政編碼 200020)
(1)網址:www.guji.com.cn
(2)E-mail:guji1@guji.com.cn
(3)易文網網址:www.ewen.co
上海世紀出版股份有限公司發行中心發行經銷
啓東人民印刷有限公司印刷
開本 787×1092 1/16 印張 29 插頁 2 字數 535,000
2015 年 2 月第 1 版 2015 年 2 月第 1 次印刷
印數:1—1,300
ISBN 978-7-5325-7459-9
H·122 定價:128.00 元
如有質量問題,請與承印公司聯繫

創　刊　詞

　　漢語言文字學是研究漢民族語言文字的歷史、現狀及其内在規律的一門學科。漢語言文字的研究在我國有着悠久的歷史，也擁有優良的學術傳統，代代學人薪火相傳，積澱深厚。

　　安徽大學漢語言文字研究所成立於20世紀70年代，90年代在原有基礎上進一步調整研究方向、充實研究内容，成爲漢語言文字學國家重點學科的主要支撑。2010年，安徽省教育廳重點人文社會科學研究基地——"漢字發展與應用研究中心"正式組建。2014年本中心又成爲國家協同創新中心——"出土文獻與中國古代文明"的主要參與單位之一。爲了適應學科發展的形勢和需要，在上海古籍出版社的大力支持下，我們創辦了《漢語言文字研究》。

　　《漢語言文字研究》將結合本學科和研究中心的特點，既重視漢語言文字的本體研究，努力探索漢語、漢字的發展演變規律；也重視漢語言文字的應用研究，努力爲國家語言文字政策的研製和宣傳提供學術支持。因此，《漢語言文字研究》不僅刊發研究漢語文字、音韻、訓詁和語法、詞彙、修辭、方言等方面的學術論文，也刊發語文政策、漢字規範、漢語國際推廣以及漢字信息化處理等方面的研究性論文。

　　《漢語言文字研究》將堅持"平等、兼容、求真、規範"的創辦原則。所謂"平等"，即充分發揚學術民主，不論是享有盛名的碩學耆宿還是初出茅廬的學界新人，對所有作者一視同仁；所謂"兼容"，即文章篇幅不論長短，文章風格不求一律，作者來源不分内外，凡"言之成理、持之有故"的好文章，皆爲本刊所歡迎；所謂"求真"，即鼓勵探索、鼓勵創新，歡迎那些具有學術創見、遵守學術道德的文章；所謂"規範"，即我們將建立嚴格的審稿和編輯制度，以保障以上原則的有效實施。

　　漢語言文字是中華民族五千年文明中最燦爛的瑰寶。衷心希望海内外兄弟研究機構和學界同仁能夠多多關注和支持《漢語言文字研究》，在大家的共同努力下，把《漢語言文字研究》辦成本學科一流的學術集刊，爲促進漢語言文字學的健康發展和中華文明的有序傳承貢獻綿薄之力。

《漢語言文字研究》編輯部

目　　錄

創刊詞……………………………………………………………………（001）

何琳儀先生在安大……………………………………………黃德寬（001）
大師兄何琳儀教授……………………………………………吳振武（007）
詩人之學與學人之詩——紀念何琳儀先生…………………陳偉武（009）
何琳儀教授的學術事業………………………………胡長春　郝士宏（013）

"飾筆"及其他古文字學術語——以甲骨文"帝"字爲中心的分析……高嶋謙一（016）
再談甲骨卜辭介詞"在""于"的搭配和對舉…………………黃天樹（032）
啞口豈能無言——論商帝辛占星陶文之僞……………………朱歧祥（039）
論《村中南》319中的"豐"與"蠻"祭…………………………時　兵（059）
甲骨文語境異體字及虎類字考釋………………………………鄧章應（065）

讀金文札記四則…………………………………………………周寶宏（075）
應事諸器與覜聘禮補遺……………………………………王　正　張羽（081）
殷周金文"干支"族徽研究………………………………………王長豐（092）
曾侯殘鐘銘文考釋………………………………………………曹錦炎（110）
錯金"攻吾王劍"銘獻疑…………………………………………張光裕（116）
釋惡距末與楚帛書中的"方"字…………………………………李守奎（119）
杕氏壺銘文"實"字考……………………………………………劉　剛（125）

戰國楚簡"𠂂"字補釋……………………………………………李家浩（129）
"夜爵"小議………………………………………………………彭裕商（134）
《清華三·說命上》"王命厥百工像，以貨旬求說于邑人"解…周鳳五（136）
《清華大學藏戰國竹簡（三）》拾遺……………………………白於藍（142）
清華簡"䍹"字試釋——談歌通轉例說之一……………………孟蓬生（149）
釋謹與慎——兼説楚簡"丨"字的古韻歸部及古文字中同義字孳乳的
　一種特殊構形方式……………………………………………來國龍（156）
《清華簡三·周公之琴舞》"非天誼惠"與《詩·周頌》所見誡勉之辭……鄧佩玲（173）
讀清華簡《芮良夫毖》札記………………………………………馮勝君（184）
讀《上博九》札記…………………………………………………程　燕（187）

《上海博物館藏戰國楚竹書(九)》釋字二則 ················· 孫合肥（192）
談上博楚簡《昭王毀室》篇的一處斷句 ················· 魏宜輝（198）
楚簡文字"減體象形"現象舉隅——兼談楚簡"汩"字 ········· 侯乃峰（202）
釋鞲 ·· 羅小華（208）
讀《上博四》隨記（三則） ·· 張通海（213）
釋睡虎地秦簡中一種古文寫法的"乳"字 ······················ 趙平安（217）
釋睡虎地秦簡《日書》的"渡衖" ·································· 劉樂賢（221）

小方足布近期整理與研究
　　——據《先秦貨幣匯覽·方足布卷》之《序言》改作 ······ 黃錫全（226）
寶字聲符構形研究及相關古文字考釋的反思 ··············· 董蓮池（231）
說妝 ·· 季旭昇（237）
楊廣泰《新出陶文封泥彙編》序 ··································· 王　輝（240）
燕璽文字考釋六則 ··· 張振謙（246）
《漢印文字徵》卷十校讀記 ·· 施謝捷（251）
青州博物館藏齊國陶文 ············ 李亮亮　王麗媛　崔永勝　劉桂華（269）
戰國文字類化研究 ··· 何家興（284）
介紹新發現的幾個戰國文字簡化門類 ····························· 楊蒙生（311）
釋"圣朱"及從"圣"的字 ·· 陳治軍（322）

秦駰玉版"靡有敓休"試解 ··· 單曉偉（334）
說"物故" ··· 張世超（339）
《說文》小篆與商代金文對應字形的初步整理 ······ 王蘊智　苗利娟（347）
《說文》古文來源考論 ·· 張學城（380）
從《清儀閣所藏古器物文》看張廷濟的古文字考釋 ·········· 王其秀（387）
閩南摩崖石刻與古文字學的關係研究 ····························· 陳光田（398）
武威漢墓第79、80號木牘注釋證補探賾 ······················· 袁國華（404）
幾種鏡銘誤釋舉例 ··· 林素清（413）
重慶新出傳抄古文《三字經》解析 ································· 喻遂生（423）

《淮南子》校讀二則 ··· 沈　培（431）
戰國晚期韓國疆域變遷新考 ··· 吳良寶（438）
審音派形成的地域性分析 ·· 徐道彬（444）

編後記 ··（457）
投稿須知 ··（458）

何琳儀先生在安大①

黄德寬

(安徽大學)

　　何琳儀先生是我校中文系教授,當代著名古文字學家,生於1943年8月,病逝於2007年3月,享年64歲。他曾兼任中國古文字研究會常務理事及副秘書長、中國錢幣學會學術委員會委員等職。

　　1967年,何琳儀先生畢業於東北師範大學中文系,當時我國正處於"文化大革命"那個特殊的年代,他畢業後任教於吉林省的一所中學。1978年,大學恢復研究生招生制度,他考入吉林大學歷史系考古學專業,師從古文字學泰斗于省吾教授。1981年畢業,獲碩士學位,留吉林大學古籍整理研究所任教,先後任講師、副教授,擔任碩士研究生導師,主要研究和講授戰國文字。1998年4月,何琳儀先生調入安徽大學中文系,1999年晉升爲教授,2000年增列爲漢語言文字學專業博士研究生導師。

　　何琳儀先生從調入安徽大學到不幸病逝,前後共十個年頭。這是他學術和人生最輝煌的十年,在教學、科研和學科建設各方面都取得了突出的成就。

　　何琳儀先生學術功底深厚,師出名門,是當代古文字研究,尤其是戰國文字研究領域最著名的學者之一。他撰著的《戰國文字通論》(中華書局,1989年)、《戰國古文字典——戰國文字聲系》(中華書局,1998年),得到學術界的高度評價。他在甲骨學、青銅器銘文、錢幣學等不同領域都取得了豐碩的成果。在安徽大學工作的十年,是他科研的勃發時期,先後發表各類古文字研究論文74篇,獨著、合著6種。②同時,他還主持國家社會科學基金項目兩項,參與國家社科基金重點項目一項。他的研究

---

① 該文爲作者於2013年8月2日在"紀念何琳儀先生誕辰70周年暨古文字國際學術研討會"(8.1-8.3,合肥)上的講話,作者係安徽大學原校長、黨委書記。
② 見文後所附何琳儀先生1998年以來論著目。

立足學術前沿,涉及甲骨文、金文、戰國文字等各個領域,對許多古文字疑難問題提出了自己的看法,在學術界產生了重要的影響。1998年以來,他獨立完成和合著的科研成果,先後獲得國家教育部人文社會科學一等獎、二等獎各一次,安徽省社會科學優秀成果一等獎三次。

在學科建設領域,何琳儀先生也發揮了關鍵性作用。中文系漢語言文字學是國家重點學科,有着較强的科研實力和較高的人才培養水準,何琳儀先生到安大以後,成爲這個學科的主要帶頭人之一。他在古文字學領域的成就和影響很好地支撑了"文字學與古文字學"這個學科方向,擴大了重點學科的影響。他積極承擔學科建設任務,提攜後進,堪稱表率。由於各種歷史原因,安徽大學博士學位學科授權點數量偏少,然而新增博士授權點是一項十分艱難的工作。2003年,在與歷史系討論學科建設時,基於對我校歷史文獻學情况的判斷,我提出將古文字和出土文獻研究、徽州文獻整理研究與歷史系有關力量整合,申報歷史文獻學博士點的想法。這個設想得到何琳儀先生、劉信芳先生和歷史系的認同和支持,並商定由何琳儀先生出任首要學科帶頭人來領銜申報。這個點的申報工作進行得非常順利,大家在何琳儀先生帶領下齊心協力,一舉獲得成功。這在當時是一件了不起的成就。我想,歷史文獻學學科點獲得國內同行的支持,與何琳儀先生的學術影響是有直接關係的。新建歷史文獻學博士點以後,何琳儀先生不僅兼任漢語言文字學和歷史文獻學的博士生導師,而且作爲歷史文獻學的學科帶頭人,爲學科建設付出了艱辛的努力。漢語言文字學與歷史文獻學兩個學科互相支撑,以何琳儀、劉信芳、徐在國等爲學科帶頭人和學術骨幹,加上幾位年輕的博士,使我校古文字與出土文獻研究隊伍迅速成長,連續承擔多項國家社科基金項目,在前沿問題研究方面發表了不少有影響的論文和著作。這些成績的取得,在很大程度上要歸功於何琳儀先生的貢獻。

何琳儀先生熱愛教師這個職業,這與他本科出身師範大學大概有密切關係。到安大以後,他培養了多名博士和碩士研究生,開設了"金文研究"、"戰國文字研究"、"《詩經》研究"、"《説文解字》研究"、"上古音研究"等多門課程,他還爲本科生授課。面對學生,他總是娓娓道來,旁徵博引,樂此不疲,他的課受到學生的熱烈歡迎。2004年例行體檢時,發現他肝臟發生嚴重病變,校醫院院長第一時間向我報告了病情。瞭解病情可能會造成的嚴重後果,我十分擔憂,與他夫人一起商量應對辦法:一是積極治療,二是注意調養,三是減少工作量,尤其是儘量不要講課。這些意見也告訴了何琳儀先生本人。然而,他對自己的病似乎顯得漫不經心,照樣撰寫論文參加學術會議,一如既往地講他的課,課堂上依舊是談笑風生。每次見面,我都提醒他注意身體,少上點兒課,他却總是説:"放心,我感覺很好!"他就是這樣,一直在講臺上站到生命的最後時刻。2007年3月30日下午,歷史文獻學專業的"《詩經》研究"課是他未能講完的最後一課;3月31日凌晨3時許,經搶救無效,何琳儀先生永遠離開了我們,離開了他鍾情的三尺講臺。何琳儀先生倒在講臺上的事迹被媒體報導後,産生了很大的社會反響,當年被群衆投票推選爲"感動安徽的年度人物"!

何琳儀先生在安大工作的這十年,教學、科研和學科建設各方面都取得顯著成就。在短短的十年內,他完成那麽多工作,撰寫那麽多論著,實在是常人難以想象的!他表現出的崇高的學者風範,嚴謹的治學態度和勤勉的治學精神,是留給我們的寶貴精神財富,今天我們紀念他,最重要就是要發揚這種精神!他所取得的多項學術成果,將會恩澤一代代後來學人!何琳儀先生雖然離開了我們,但他依然活着,他活在學生們的心中,活在他的那些充滿智慧和才華的著作中!

(2013年8月31日於磬苑寓舍)

【附録】何琳儀1998年以來論著目[①]

(一) 論文類

1. 匐有土田考	《南方文物》2007年待刊。
2. 釋離	《徐中舒先生誕辰一百周年紀念論文集》,1998年。
3. 説秋	《古文字論集》(二),《考古與文物叢刊》第四號,2001年。
4. 説麗	《殷都學刊》2006年第1期;《花園莊東地甲骨論叢》(臺灣),2006年。
5. 釋𠵇	
6. 釋圭	《古籍研究》2006年待刊。
7. 釋叉	《殷都學刊》待刊。
8. 聽簋小箋	《古文字研究》第25輯,2004年。
9. 晉侯蘇鐘釋地	《東方博物》第5輯,2000年。
10. 晉侯曲器考	《晉侯墓地出土青銅器國際學術研討會論文集》,2002年。

---

① 該論著目由程燕協助編製,待刊文章目前發表情况有待核對。

11. 牆盤賸語	《古籍研究》2003年第1期;《華學》第6輯,2003年。
12. 逨盤古辭探微	《安徽大學學報(哲學社會科學版)》2003年第4期;《吉林大學古籍研究所建所二十周年紀念文集》,2003年。
13. 釋卮	《2004年安陽殷商文明國際學術研討會論集》,2004年;《安大史學》第1輯,2004年。
14. 說盤	《中國歷史文物》2004年第5期。
15. 釋攀	《漢字研究》第1輯,2005年;《考古與文物》2005年增刊,《古文字論集》(三)。
16. 逢逢淵淵釋訓	《安徽大學學報(哲學社會科學版)》2006年第4期。
17. 莒縣出土東周銅器銘文匯釋	《文史》2000年第1輯。
18. 楚王領鐘器主新探	《東南文化》1999年第3期。
19. 唐子仲瀕兒匜補釋	《考古》待刊。
20. 吳王光劍銘補證	《文物》1989年第7期。
21. 程橋三號墓盤匜銘文新考	《東南文化》2001年第3期。
22. 徐沈尹鉦新釋	《文物研究》第13輯,2001年。
23. 作尋宗彝解	《中國訓詁學研究會論文集》,2002年。
24. 司夜鼎考釋	《中國史研究》2004年第3期。
25. 魚顛匕補釋	《中國史研究》2007年第1期。
26. 隣陽壺考	《文史》2002年第4輯。
27. 鄂君啓舟節釋地三則	《古文字研究》第22輯,2000年。
28. 九里墩鼓座銘新釋	《出土文獻研究》第3輯,1998年;《文物研究》第11輯,1998年。
29. 龍陽燈銘文補釋	《東南文化》2004年第4期。
30. 湘出二器考	《湖南省博物館》待刊第5期,2005年。
31. 淳于公戈跋	《杞文化與新泰》,2000年。
32. 八年陽城令戈考	《古文字研究》第26輯,2006年。
33. 三年斾令戈考	《文物》待刊。
34. 戰國兵器銘文選釋	《考古與文物》1999年第5期;《古文字研究》第20輯,2000年。
35. 首陽布幣考	《亞洲錢幣》1999年第2期。
36. 周方足布續考	《中國錢幣》2004年第2期。

37. 中昌布幣考	《安徽錢幣》2004年第1期。	
38. 刺人布幣考	《亞洲錢幣》1999年第1期。	
39. 成白刀幣考	《古文字研究》第24輯,2002年。	
40. 楚幣六考	《安徽錢幣》2001年第2期。	
41. 廣陵金幣考	《中國錢幣》2005年第5期。	
42. 繩繩釋訓	《中原文物》2006年第1期。	
43. 楚官璽雜識	《南京師範大學文學院學報》2002年第1期。	
44. 釋販	《第四屆國際中國古文字學研討會論文集》(香港),2003年。	
45. 信陽竹書與墨子佚文	《安徽大學學報》2001年第1期。	
46. 仰天湖竹簡選釋	《簡帛研究》第3輯,1998年。	
47. 隨縣竹簡選釋	《華學》第7輯,2004年。	
48. 楚王熊麗考	《中國史研究》2000年第4期。	
49. 釋蒝	《楚文化研究論集》第5集,2003年;《文字學論叢》第2輯,2004年。	
50. 舒方新證	《安徽史學》1999年第4期;《古籍研究》2000年第1期。	
51. 郭店竹簡選釋	《文物研究》第12輯,1999年;《簡帛研究二○○一》,2001年。	
52. 郭店竹簡老子甲篇校記	《簡帛研究二○○二、二○○三》,2005年。	
53. 郭店簡古文二考	《古籍整理研究學刊》2002年第5期。	
54. 滬簡詩論選釋	《上博館藏戰國楚竹書研究》,2002年。	
55. 滬簡(二)選釋	《學術界》2003年第1期。	
56. 滬簡周易選釋	《江漢考古》2005年第4期;《周易研究》2006年第1期。	
57. 貴尹求義	《中華文史論叢》待刊。	
58. 新蔡竹簡地名偶識	《中國歷史文物》2003年第6期。	
59. 新蔡竹簡選釋	《安徽大學學報》2004年第3期。	
60. 楚都丹陽地望新證	《文史》2004年第2輯。	
61. 帛書周易校記	《湖南省博物館》第6期,2006年。	
62. 説蔡	《徐中舒先生誕辰一百周年紀念論文集》,1998年。	
63. 釋芇及其相關字	《中國文字》新27期(臺灣),2001年。

64. 説屋	《語言文字學論壇》第1輯,2002年;《語言》第4卷,2003年。	
65. 也只考辨	《上海文博論叢》2005年第3期;《陸宗達紀念文集》。	
66. 釋巴	《東南文化》2008年第1期。	
67. 釋豖	《文字學》,2006年。	
68. 楚書瑣言	《書法研究》1998年第3期。	
69.《古幣叢考》前言	《中國錢幣》1998年第2期。	
70.《戰國文字聲系》自序	《古籍研究》1999年第2期。	
71.《鳥蟲書通考》讀後	《考古》2000年第10期。	
72.《商西周金文書法》跋	《商西周金文書法》,2000年。	
73.《兩周金文辭大系》重版瑣言	《世紀書窗》2003年第3期。	
74.《望山楚簡文字編》序言	《望山楚簡文字編》,2006年。	

(二) 著作類

1. 戰國古文字典 ——戰國文字聲系	中華書局,1998年。
2. 古幣叢考(增訂本)	安徽大學出版社,2002年。
3. 戰國文字通論(訂補)	江蘇教育出版社,2003年。
4. 戰國古文字典 ——戰國文字聲系(增訂)	中華書局,2004年。
5. 古文字譜系疏證(合著)	商務印書館,2007年。
6. 新出楚簡文字考(合著)	安徽大學出版社,2007年。

(三) 其他

1. 樗散韻語	澳門學人出版社,2006年。

大師兄何琳儀教授

吴振武
（吉林大學古籍研究所）

　　大師兄何琳儀長我十四歲，他和先於他六年去世的二師兄湯餘惠都生於1943年，今年正值七十冥誕。爲此，安徽大學——大師兄最後落脚生活九年的單位——決定舉辦一個學術會議來紀念他，這是一件很有意義的事情，也是令人高興的。

　　因爲"文革"的關係，我跟大師兄及湯餘惠、曹錦炎、黄錫全三位師兄在恢復研究生招生的1978年10月同時考入吉大于省吾先生門下作研究生。1981年大師兄讀完碩士後便留校任教，這樣，我們先做了三年同學。到1984年我博士畢業留校，我們又成了同事，都在古籍所古文字研究室工作。及至他1998年調去安大工作，前後又做了十四年同事。今天回想起來，我人生中的不少故事，都跟他有關。如我第一次吃到的東北大冰糕，是在考研復試結束後他請的客，其時大家都剛剛認識。我天生不善飲，第一次醉酒，是在他的家宴上，據他事後説，我也居然喝下去三四兩白酒。我吸煙的不良嗜好在戒了四年之後又開戒，是在他臨去安大工作前的送别宴上，以致今天尚未完全棄惡從良。1985年至1987年我們研究室集體遠赴杭州做甲骨文項目，三年間留下的照片，幾乎都是大師兄的傑作。特别是那時他拉我結伴長途跋涉，同遊富春江千島湖並大吃鱖魚野豬肉的情景，至今歷歷在目。

　　大師兄的學術成就，今天治古文字學的人都耳熟能詳，他的《戰國文字通論》和《戰國古文字典》亦已成爲一代名著，雖然他曾自謙爲"齊東野語"。我個人跟大師兄在學術問題上的交往，回想起來，也有印象較深的數事可説。他首先釋出楚璽印封泥上的"亭"字，我以爲很有意義，屢次稱引。楚文字中的"就"字被釋出後，他是第一個講清楚其結構的人，在他謝世後，我亦曾揭出表揚。我考釋齊國貨幣上的"刀"字，他是最早讀過我手稿的人之一，但我等了十年，方得他落筆承認。在對趙國兵銘"邦左/右伐器"一語的解釋上，我倆的看法大不相同。很多年後我們看到一件流散的趙國鼎銘記"邦右庫工師某某冶某某所伐"時,我跟他説:"這器能證明我的看法吧。"他低聲回答:"有人説這器是根據你的説法僞造的。"我倆相視大笑,不了了之。有個性,不盲從,是大師兄的一大好處。

大師兄出生在一個優裕的幹部家庭,他的雙親都是党的高級幹部。他雖在北方長大,但因他父親是江西九江人,故他也常自稱是南方人。他是東北師大中文系出身,深受孫常敍(曉野)先生影響。古文字之外,一般文人雅士所喜好的,如詩詞、書法、吹簫、攝影、山水、美酒,他都喜歡,並都有實踐。在杭三年,訪古探幽,樂此不疲,並皆有詩紀之。用三師兄曹錦炎的話説,一般杭州人都難得去的地方,我們大師兄都跑到了。他謝世前一年得友人幫助,在澳門印有一册名爲《樗散韻語》的綫裝詩詞集,署名是"柴桑何樗散"。柴桑是九江的古稱,也是陶淵明的故鄉。這書恐怕古文字圈子裏知道的人並不多。他臨寫的趙孟頫小楷能傳趙字神韻,我也曾討得一葉收藏。我常常想,大師兄假如生長在南方,假如一生未遇到各種政治運動,他也許會走上跟古文字完全不同的另一條路。

照現代人對人壽的看法,大師兄走得早了一點。但我以爲,一個人在他去世多年後還有人提起他紀念他,那麼他的人生便很值得了,壽數的長短則在其次。大師兄是可以不朽的。

2013年7月20日於長春

詩人之學與學人之詩
——紀念何琳儀先生

陳偉武
（中山大學中文系）

何琳儀先生名門出身，又學有淵源，爲于思泊先生入室高弟，精通文字、聲韻、訓詁，在古文字學上成就卓著，於戰國文字研究貢獻尤巨，已有學者作過全面評價，茲不贅述。這次安徽大學舉行古文字學國際學術研討會，紀念何琳儀先生誕辰七十周年，可謂意義深遠。我想寫這篇小文，記下自己的一些瑣碎見聞，由衷表達對何先生的崇敬之情，也寄託自己深切懷念之意。

何先生的學問，是詩人之學。他能把學問做得如此之大，固然得力於其根柢之深、用功之勤，此外，值得強調的是，還得力於用充滿詩人的激情來治學，對古文字學傾注滿腔熱情，堅韌不拔，耗盡畢生的精力而未悔。古文字考釋與詩歌創作有共通之處，同樣需要靈感，需要觸發，需要頓悟。正是詩人的氣質，使得何先生研討商周古文奇字展現了神奇的想象力和創造力，考釋疑難字詞創獲良多，碩果累累。何先生的詩名爲其學問所掩，其所作詩、詞、聯語，多已見於《樗散韻語》一書（澳門學人出版社，2006年），分爲"白雲詩鈔"、"楹聯"、"殘貝詞鈔"三類。此書宣紙綫裝印刷，精美可愛，惜其流布不廣。承陳永正先生惠贈乙冊，令我寶愛不已。何先生的詩，屬於學人之詩，包含淵博的古代歷史文化知識，工於格律，精於用典，揮灑自如，記錄了古文字學界所熟知的諸多人物、文物和事件。

環顧中國近世文苑，詩人兼治古文字學者，有郭沫若、聞一多、唐蘭、陳夢家、饒宗頤等前輩。何先生一輩，兼擅古文字學與舊體詩詞創作者，已如鳳毛麟角。沚齋陳永正、桂園張桂光兩先生同何先生惺惺相惜。桂園以金文爲《樗散韻語》署端，延請沚齋出手相助。沚齋聯繫澳門學人出版社刊行《樗散韻語》，安排自己的學生負責編輯,並題寫了一首五古序詩云:"歷落古文字,抱獨人不識。棲棲吳楚間,弦誦唯自適。大智掉臂行,小慧寡轍迹。舉世逐軟塵,誰能丘山積?識君二十載,君書立我壁。巍然長在前,瞻視不敢逼。新詩忽寄我,晶光射几席。遥想絶代才,亦解書有色。華辭未忍棄,閉户句時覓。哲士苦多情,静安嘗歎息。招我蓮花峰,長嘯泉石激。松上霜飆生,會當千里極。"墨影落款爲"奉題《樗散韻語》即呈琳儀兄兩政 丙戌開歲陳永正"。陳永正先生超凡拔俗,輕易不肯贊許人,但於何先生詩推崇有加,當非溢美。

　　筆者出道頗晚,認識何先生也遲,先讀到其論著多種,至1992年在南京參加中國古文字研究會第九屆學術年會才有緣結識。次年何先生要往香港中文大學參加第二屆國際中國古文字學術研討會,途經廣州,爲免攜帶不便,遂同姚孝遂和劉釗等先生一道將寒衣寄存我處。後來我將姚、劉二位先生的衣物郵往長春奉還,何先生自港赴臺講學歸來始取回行李。原來,經多名臺灣學人盛情相邀,何先生慨然赴臺講學,此舉屬於"搶跑"動作,赴臺往返機票由臺灣友人購買,保證人爲季旭昇先生。回到廣州之後,何先生將未用過的自港至臺機票贈與曾經法師,説:若要赴臺,看看是否可用。何先生之率真於此可見。曾師説,如能退票,必將票款奉還。過了兩天,曾師剛好要到香港中文大學中國文化研究所參加簡帛語料庫驗收會,會後經沈建華女士指引,曾師專門至中環置地廣場某售票處爲何先生退票,得到的答覆是,打折的機票不准退。曾師與何先生情誼頗深,切磋學問,屢有書簡往還,何先生《長沙帛書通釋校補》一文即引曾師書簡考釋"𪄲(翼)"、"鳶"、"梟"等从鳥諸字。《戰國古文字典——戰國文字聲系》初版出版,何先生曾經贈書曾師,敦請曾師撰寫書評。曾師回函婉謝,謙言自己音韻學功力不足以評價何先生這部大書的得失。

　　九十年代初,何先生一直想南下工作,書法家劉啓林是何先生的好友,就在汕頭大學工作,曾經幫何先生聯繫商調汕頭大學執教。詩集中有句云:"感君嶺外生花筆,寫我江南憶夢心。"(《寄潮州劉啓林》,頁47)何先生在《汕頭大學學報》1991年第5期發表了一篇論文《南越王墓虎節考》,可算是尋求南遷的一點印痕。

　　2000年8月,中國古文字研究會年會在安徽大學召開,會後游黄山,路上我同何先生敘談甚歡,受教亦多。2000年冬,臺北中研院史語所舉行第一屆出土文獻與古文字國際學術研討會,在一次酒席上,我再次目睹了何先生的海量豪飲。周鳳五先生熱情勸酒,何先生來者不拒。席間何先生謙稱自己的學問一般一般,周鳳五先生調侃道:"一般"即中等,也就是不上不下,"卡"字就不上不下,你又是著名戰國文字專家,以後你的謚號可叫作"何文卡公"。如今想來,頗覺戚然。

　　2003年初《戰國文字通論(訂補)》出版,何先生惠贈一册於我,我寫信致謝,何先生回信説:"偉武教授雅鑒:尊札奉悉,拙著謬承獎譽,誠惶誠恐,今特呈上刊誤表一紙，乃女弟子程燕所校，恐仍有遺漏，尚祈指正。再煩請複印轉交曾憲通先生及其他同仁，拜託拜託。又劉昭瑞《宋代著錄商周青銅器銘文箋證》一書早已售罄，穗城是否仍有存貨，懇請留意。專此奉覆，即頌暑安。何琳儀頓首。六月廿三日。"

2003年7月，中國文字學會第二屆常務理事會在安大開工作會議，會後與諸位同道暢遊九華山。離開合肥時，何先生執意到火車站送行，時間尚早，還在咖啡廳請喝黃山毛尖，至今餘甘在心。

何先生詩集中有奉呈于思泊先生、孫曉野先生之作，也有與啓功先生唱和之作。何先生與大詩人陶淵明同鄉，又有一位能飲能詩的外祖父，《樗散韻語》中收有與其外祖父酬唱的詩作，如《和外王父庚子自壽十八韻》、《雪詩呈外王父二首》、《外王父歸潯》、《答外王父五首》、《和外王父立冬獨酌》等。酒能澆愁，能怡情，可迎客，可養生。何先生嗜酒，在詩集裏隨處可見。詩酒一家，還是翩翩少年時，何先生早已鍾情詩酒，《花間》詩云："花間獨飲杏花村，經宿梨花帶雨痕。一片暗偷明月色，故欺人醉入芳樽。"（頁1）此詩作於1959年。《元夜》："風冷木瀟瀟，燈前久寂寥。春星三四點，明月古今霄。清愁宜酒破，孤影倩人描。漸覺爆聲迥，襟情逐落潮。"（頁8）此詩作於1962年。《答外王父五首》之四："達人貴適志，五柳漫成居。微雨吟青簡，春江釣白魚。頑孫泥遠近，親友話盈虛。更有杯中物，翛然臥故廬。"（頁9）何先生推測，有酒，外公的老年生活就更加美妙了。《宗明偉夜至二首》之一："阮公未飲亦稱狂，欲瀉玉壺光滿堂。有酒酬君千日醉，無聊把卷一燈黃。夜嚴豈免驚弓影，言切真堪淬劍鋩。已分它年明月約，留髡投轄引杯長。"（頁23）真是酒逢知己，一罄契闊。《獨酌》："空齋呵凍少清歡，幾許陰晴釀淺寒，但覺愁來天地窄，那知人在酒杯寬。櫺光斑白雕牆靜，柳色青黃帶雪殘。書卷滿床何所用？無才莫怨路行難。"（頁25）"人在酒杯寬"精警無比。《萬州夜泊》："買來籐椅亦玲瓏，星火醉顏相映紅。沈睡不知船解纜，醒來已居萬州東。"（頁30）買到自己稱心的籐椅，端坐椅上，星火點點，清風徐來，臨江夜飲，小舟出發竟渾然不覺，在這樣的情景，詩人可稱"臨江仙"了。《醉石》："青松嶺下一雲根，細細香泉染醉痕。應是酩酊渾不語，先生以下更何論。"（頁31）《重題醉石步嘉靖閩中郭波澄卿父原韻三首》之一："幾時泉石有？石上醉泉明。醉裏諳真味，何關濁與清？"之三："牛馬非仁者，山眉對我青。翛然眠石上，一醉那能醒？"石雖不語，詩人會意，全是酒話。何先生"聚飲"或涉酒的詩作尚多，如"微醺宜小憩，一洗旅塵清"（《桃花源》，頁47），"難銷病至酒魂繞，猶償老來詩債纏"（《自題詩集二首》，頁65）……恕不具引。

但有一詩不可不提，《止酒》詩云："時鳥變物華，春來詠止酒。酒幻賓客花，帶移休文柳。秋去吟酒箋，月下如失偶。搖落詩情衰，陟屺瞻酒母。阮樹旨酒多，新停恨白首。盛筵日見稀,婉辭謝酒友。醫云酒傷肝,何以醫从酉。二豎笑秦醫,惡名酒獨有。老來節雖遲,三慎憶尼叟。不可挹酒漿,空懸直北斗。"(頁65)此詩題注說:"夢中得'醫云酒傷肝,何以醫从酉'句,覺而戲成十韻。"遵醫囑而戒酒,有違詩人的本性,"秋去吟酒箴,月下如失偶",秋月如霜,透骨清寒,詩人在月下吟哦戒酒的箴言,這種苦悶只有失偶差可比擬。戒酒事出無奈,連做夢都在用古文字學知識爲嗜酒辯解,令人心酸。

何先生一生諸多坎坷,"哲士苦多情",嘯傲山水,壯遊天地之間,大江南北,海峽兩岸的名勝古迹,多有詩篇記遊。詩情如水,詩思泉湧,想象瑰奇,文采綺麗,造語鮮活,元氣淋漓。酒是詩的催化劑,詩是酒的化合物。酒催生了多少詩篇佳作,此爲詩壇之幸,却是古文字學界之悲。酒傷害了何先生的健康,使他過早地離開了我們。若是天假以年,何先生一定能爲學術界寫出更多的專著和論文來。何先生活在其名著《戰國文字通論》之中,活在他一筆一劃書寫的《戰國古文字典》之中,更是永遠活在我們心中。

附記:小文承曾師審閱教正,謹致謝忱。

2013年8月1日初稿
2014年1月26日改訂

何琳儀教授的學術事業[①]

胡長春 　　　　　郝士宏
（西南大學美術學院）　（安徽大學漢字發展與應用研究中心）

何琳儀教授，古文字學家，江西九江人，1967年本科畢業於東北師範大學中文系，七十年代末開始在吉林大學歷史系考古專業攻讀古文字方向研究生課程，1981年獲碩士學位，歷任吉林大學考古所講師、副教授，安徽大學中文系教授、博士生導師，兼任中國古文字學會常務理事、副秘書長、中國錢幣學會學術委員會委員等職。先生一生勤於筆耕，專著有10餘部之多，其中獨立完成者3部，即《戰國文字通論》、《古幣叢考》、《戰國文字聲系》。[②]這三部書是先生學術研究的代表作，同時也代表了當代戰國文字研究領域中的最高水準，在海內外學術界產生了重大影響，發表論文120餘篇，涉及先秦文獻、甲骨文、金文、戰國文字、秦漢文字、音韻、訓詁、古史地理等諸多領域。

先生是卓有成就的古文字學家，尤其在戰國文字研究領域造詣頗深，所著《戰國文字通論》是第一部戰國古文字通論性著作，已成爲海內外古文字學者案頭必備工具書之一。戰國文字研究，從二十世紀五十年代開始經過多年發展，已經成爲中國古文字學的一個獨立分支。隨着新材料和研究成果的大量湧現，實際工作迫切要求有關研究成果的傳佈與普及。先生的大作應時而作，對戰國文字研究起到了承前啓後的作用。《戰國文字通論》不僅依據前人的研究成果對戰國文字作了科學的五系劃分，

[①] 本文最初發表在2007年印行的《安徽省歷史學學會通訊（9）》上。就在何琳儀先生離世的第3天，安徽省社會科學院歷史所陳立柱教授打來電話，說何先生在安徽省乃至全國的史學界都享有盛譽，他打算在就要印行的《安徽省歷史學學會通訊》上介紹何先生的學術事業，我們應約寫了此文。在此謹向陳先生表示感謝！本次發表，內容一仍其舊，只增加了文末的3個注釋。

[②]《戰國文字通論》，中華書局，1989年。《戰國文字通論》（訂補），江蘇教育出版社，2003年。《古幣叢考》，臺北文史哲出版社，1996年。《古幣叢考》（增訂），安徽大學出版社，2002年。《戰國古文字典——戰國文字聲系》，中華書局，1998年。

而且全面論述了《説文》、三體石經、《汗簡》和《古文四聲韻》中古文的來源及其與戰國古文的關係,舉證翔實,評説允當,拓寬了戰國文字研究以至整個古文字研究使用對勘資料的路徑。書中還總結了各區系文字的風格特點、戰國文字形體演變的規律,提出了戰國文字釋讀的方法,觀察至細,分析入微,歸納精準。所有這些,在當時乃至於現在都對戰國文字研究起到指導性的作用。此外,書中處處凝結着先生對戰國文字具體材料研究的辛勤汗水:如釋江蘇盱眙南窖莊出土銅壺中"重金某某"的後兩字爲"絡鑲"、指出趙國相邦春平侯等鈹"左右伐器"之伐器猶言兵器、申述中山王方壺之"鈁"爲絕字、分析"主""示"形體演變之迹,等等,均爲不刊之論。

　　過去古錢學家多不精通古文字,而研究古文字的學者又較少染指古錢幣,因而先秦貨幣文字的釋讀存在大量問題。二十世紀七十年代以來情況有了比較明顯的變化,在研究古文字的學者中,把先秦貨幣納入到自己研究領域的人逐漸多起來,先生可以説是這方面用力最勤的一位。先秦貨幣銘文字數雖不多,但有裨於對勘舊史資料者不在少數。先生憑藉他深厚的古文字學根底、豐富的戰國歷史和政治地理的知識以及古錢學方面的修養,在釋讀幣文和確定幣文地名所指之地方面,有很多創見。例如先生根據"返"之字形演變並參之以古代典籍,釋齊六字刀銘爲"齊返邦長大刀",在古錢學界深爲人所稱許。又如提出尖足布"鄭邡"就是古書之"鄎訫",把"涅金"或"百涅"改釋爲"涅",把舊釋爲"洮"或"俞"的鋭角布面文改釋爲"舟",認爲三孔布之"餘亡"即古書之"餘無"等等,在學術界產生了很大反響;又釋燕明刀背文之"▽"、"○"爲"厶",讀爲"四",並認爲古文字之"四"是从"厶"分化而來的,這也是文字學上的一個創見。先生研究古幣成果多匯於《古幣叢考》一書中。

　　戰國文字,材料尤爲零碎,研究成果也多散見於各種期刊,收集起來實屬不易。先生傾其畢生精力,摹録原始材料,收羅前人研究成果,加以己意而製成卡片。其間甘苦,鮮爲人知曉,最終匯爲《戰國古文字典》,煌煌巨著,凡200萬言。全書以韻部爲經,以聲紐爲緯,以聲首爲綱,以諧聲爲目,兼及分域而排列戰國文字字形。這樣既可與先秦古音研究相爲表裏,又有利於探求文字源流變化之迹,還可以進行文字形體之比較而極盡古文字考釋"比較法"之長。先生每講一字,務求其形、音、義之準確:梳理其演變之軌迹、定其音讀而詳考其義訓,進而詮解其在具體語料中之用法。迄今爲止,《戰國古文字典》仍爲中國唯一一部戰國古文字綜合性字典。

　　先生治古文字學,以字形研究爲核心,而涉及歷史、文獻、音韻、訓詁、文法等諸多學科領域,多能左右融會而一貫相通。如釋《者汈鐘》之"不汭經德"爲"不墜經德",因王國維《與友人論詩書中之成語書》而釋彝銘中之成語,由古文字而探上古聲韻系統而作《〈説文〉聲韻鈎沉》、《幽脂通轉舉例》,等等,均爲傳世之佳作,在學術界引起巨大反響。

先生才情横溢,文思泉湧,生前詩作匯集於《樗散韻語》。又工於書畫,嫻於弄簫,至爲雅逸;先生性行儒雅淑均,有長者之風範;與人爲善、謙和正派而德高望重,爲世人稱道。

先生忠誠於教育事業,誨人不倦,培養了一批高層次人才。曾主講古文字學、戰國文字、西周金文、上古音研究、詩經研究等本科、碩博士生課程,深受學生喜愛。先生情鍾講壇,痼病纏身,仍不輕易耽誤學生一次課,最終令人遺憾地從講臺上撒手人寰。黄德寬教授爲先生撰寫挽聯云:

> 德厚流光,情鍾三尺講壇,嘔心瀝血育桃李;
> 材高知深,意會千古疑文,名山事業垂後人。①

誠爲先生一生之最好總結。

附記:文中多處引用李學勤、裘錫圭先生對先生論著的評説,未及注明,謹致感謝!

---

① 黄德寬:《生命的光華在字裏行間閃爍》,《學術界》2007年第5期。

"飾筆"及其他古文字學術語

——以甲骨文"帝"字爲中心的分析*

高嶋謙一

（加拿大英屬哥倫比亞大學）

本文探討了古文字研究中幾個比較受忽視的方面，也就是跟下面兩組術語有關的問題：

（1）飾筆、贅筆、繁飾、飾符、羨劃、文飾、美化；

（2）簡化、又叫簡省；繁化；譌化、譌變；譌混；聲化；類化；形裂、又叫分化；形合；簡文；繁文。

在研究古文字的文獻中，我們時不時都會碰到這些術語（還有幾個），但似乎至今還沒有學者對它們進行過仔細的考察。（1）和（2）根本區別是：前者是非構形性的，而後者則跟構形有關。本文列舉了以上一些術語進行分析的實際字例，分析在哪種程度上，它們——特別是（1）中的那些——是有效的。在更細緻地分析了（2）中那一系涉及某種過程的術語後，我們對如何正確地使用它們就會有一定的瞭解。對這些術語的理解，包括（1）中的飾筆，也影響到漢字分析本身，最終也涉及漢語的字音和字義的關係問題。本文的重點是分析甲骨文中的"帝"字，但也涉及其他跟"帝"有關的字。

1. 引　言

"飾筆"，還有其他類似的術語，如"羨劃"、"奢筆"等，指的是在漢字發展過

---

* 本文原稿爲英文，由吳可穎博士譯成中文，於此謹致謝忱。在本文的寫作過程中，鮑則嶽（William G. Boltz）和吳可穎曾跟我就許多重要問題進行過討論，並提出寶貴的批評意見，在此僅讓我對他們深表謝意。

程中,某些古文字①的字形含有一些與該字在當時所代表的詞的讀音和意義都無關的筆劃。在一個形體已經完備的字形上添加飾筆〔有各種類型的——據何琳儀（2003:257）和劉釗（2011:23-28）的歸納,大約有十幾種〕,是一種常見的做法,不論在共時平面還是在歷時進程中都可以看得到。但這些術語的實質究竟是甚麼,學者們對此並没給與足夠的關注（見劉釗2011:23）,儘管學者們在需要時會使用這些術語。雖然總的情況如此,不過下面兩位學者可算是例外：何琳儀（1989:229-234;2003:257-263）用到"裝修符號"這個術語,他也許是第一個這樣系統地處理戰國文字中有關問題的學者。②針對甲骨文方面的相關問題,劉釗（2011:23-28）也使用了"飾筆"這個術語,他是在甲骨文研究中第一個這麼處理有關問題的學者。學界都承認,在一些圖像字中,的確有一些成分對字形所代表的詞的讀音和意義不起什麽作用,是出於考慮某種美學的效果而添加的。③考慮到這點,我們可以簡單地把它們稱作"飾筆",這是最常用的叫法。

可是另一方面,"簡化"、"繁化"、"譌化"這些術語又似乎讓我們理所當然地認爲：在古文字發展過程中,某些原始形式曾經歷過一些演變,它們一般發生在歷時過程中,但有時也可以出現在某一共時平面。後者意味着某些區域性的或者書寫傳統

---

① 本文人爲地對古文字作了"圖像字"（graphs）和"古漢字"（ancient Chinese characters）的區分。前者用來指先秦文字的各種形式,後者指秦以後的文字,也就是隸書始產生之後的文字（參閲裘錫圭1988:67-72;2000:103-112）。這麼處理,一方面是由於篆書和隸書在結構上有些不同,另一方面是因爲楷書也包括漢代產生的一些"古文"（見劉釗2011:1；但請注意,劉釗是在一種寬泛的意義上使用"古文"這個術語,而不是指戰國時代的"六國古文"）。所以,我們用"圖像字"這個術語來指稱早期漢語,即商代甲骨卜辭以及周代金文中的文字,我們用"古漢字"這個術語來指稱漢代以降發展的隸書,而後又進一步定型爲楷書的文字。我們之所以作這種區分,是因爲這樣的事實：一個古文字的直接隸定形式,有時是一個非歷史延續性的字；而與其相對的是具有歷史延續性的字。對一個非歷史延續性的字的解釋要比對一個有歷史延續性的字複雜得多。另外,處理古文字的時候,"圖像字"這個術語要比"漢字"這個術語更加合適。

② 在這裏,"系統處理"（原文：systematic treatment）指的是對有關問題的分析性探討,是一種"基於有系統,有計劃,或者有組織的方法,⋯⋯遵守一定的規則和方法論的研究"（《牛津英語大詞典》By "systematic treatment" it is meant to refer to analytical discussion of a subject matter "arranged or conducted according to a system, plan, or organized method ... regular and methodical" — *Oxford English Dictionary*）。

③ 如王筠説："古人造字,⋯⋯取其悦目,或欲茂美,變而離其衷矣。此其理在六書之外,吾無以名之,强名曰文飾焉爾。"〔1850（1983）：5.29b/p. 118; 1850（1985）:219〕又何琳儀把"裝修符號"分爲"單筆"和"複筆"兩種,他説："⋯⋯裝飾符號,即在原有文字的基礎上增加一筆（或）複筆⋯⋯這類筆劃對原有文字的表意功能毫無影響,純屬裝修作用。因此也可以稱爲'贅筆'、'羨劃',或'剩隙加點'等等。"（2003:257-259）劉釗也説："飾筆,又稱裝飾筆劃、羨劃、贅筆,是指文字在發展演變中,出於對形體進行美化或裝飾的目的添加的與字音字義都無關的筆劃,是文字的羨餘部分。"（2011: 23；注意,在2011年版中,他把2006年版的"角度"改成了"目的"）

的存在,也許還包括某些個人特有的偏好。總的説來,(2)中的術語更多涉及的是歷時的過程而不是共時的狀態。有大量的研究提到中國文字發展中的這些過程,我們這裏只舉幾個例子,並對其中某些術語進行嚴格的考察。

我覺得古文字學的最終目的應該是要識别出某個特定的古文字究竟代表的是哪個詞,假如這個詞還没有從漢語本身以及記録漢語的文獻中消失的話(參考韓哲夫Handel 2013)。有時要達到這樣的目的是不容易的。但是,就"帝"的例子來説,這個詞的流變演化以及用來代表它的字形似乎是從甲骨文時代一直延續到現代的。據我所知,迄今爲止,還没有人對本文將談到的甲骨文中的"帝"各種字形的解釋提出過異議,認爲它們代表的不是"帝"這個詞(包括它的名詞和動詞的用法)。除了幾個字形由於出現在難於辨認的上下文中,我們不能確定它們是否也代表着"帝"這個詞以外,本文在這一點上也跟以往的研究一樣,也認爲甲骨文中被釋爲"帝"的那幾個字形代表的都是"帝"這個詞。

2. 甲骨文中一個被叫作"飾筆"的例子

2.1 字位 ⊢ 或作 一

首先,讓我們定義一下什麼叫"字位"(grapheme,又譯作"字素")。簡單地説,字位/字素就是可以從一個字的結構當中分離出來的最小的字符單位,它通常具有區别語音或者意義的功能,但有時則既不表音也不表意,結果就相當於"飾筆"之定義(參見上頁注③)。劉釗(2011: 25-26)舉出了24對含有字位 ⊢ 或 一 的字,在本文中,我們把 ⊢ 叫"帶豎筆的横劃",把 一 叫"不帶豎筆的横劃"。他建議把前者看作"飾筆",並把這一類飾筆叫"'⊢'式飾筆"。① 按照我們剛才對"字位"的定義來看,它和不表音亦不表意單位的飾筆一致。這就是一般意義上的理解。但是,寬泛地説,飾筆應該屬於表意領域,因爲出於美學的考慮而做的處理應該是感官知覺方面的。這樣的感官知覺針對的不是一個詞義性質而是一個字義性質。詞義和字義的區别是重要的,但我們在這兒並不涉及任何語言學問題,而只是關涉古文字學方面。本文此後將探討造字者所作字位原本有何"意圖",當他們把字位合起來"設計"某個字之時,詞義和字義的這種區别也是有用的。在那24對字例中,讓我們首先看看以下這兩對:

---

① 這個表達多少會引起人的誤解,因爲在第345頁,他解釋道:"古文字中'⊢'形有時爲飾筆,有的是由'一'形在兩側加兩小豎筆飾筆變來的。"換句話説,儘管他在第26頁把"⊢"叫作"'⊢'式飾筆",但在第345頁他却認爲真正的飾筆是加在兩側的兩小豎筆。

A: 方 方   B: 帚 帚

季旭昇《説文新證》(2004; 2010)在劉釗以及其他著名學者研究的影響下,於前7卷中對50多個飾筆例子做了不同的分析,其中包括"帶豎筆的橫劃"和"不帶豎筆的橫劃"。①毫無疑問,第一對,即A中的兩個字就是今天的"方"字,它含有這些意思:"並;齊等;外圍、區域、方向;方形的邊;當今/當時;等等"[這些都是古漢語中的定義(參考《王力古漢語字典》、《漢語大字典》),在甲骨文中只看到其中的幾個用法];第二對,即B中的那兩個字,就是"帚"(掃把)字(在甲骨文中 帚、帚 等字不表示"掃把"這個意思)。至於"帶豎筆的橫劃"、"不帶豎筆的橫劃"這種飾筆分析觀點,下面就讓我們來看看它能否經得起檢驗。

《合集》(下文略爲HJ) 27983 和 14430 被當作A對的例子(劉釗 2011:27)。前一個例子是第三至四期何組卜辭,其中出現 兇方一詞(一邊境族名或地名)。後一個例子是第一期方組卜辭,其中"方"的左半邊已殘缺(見拓片),字迹難辨。②儘管如此,方 和 方 還是可作比較的。至於B對中兩個字 帚 和 帚,是出現於 HJ 21562 和 21557 的兩個字(同書26頁)。這兩片卜辭都是第一期子組卜辭。這裏,這兩個字被用來作"婦"這個稱呼,如 HJ 21562 有帚(婦)妥,HJ 21557 有帚(婦)妊等。因此,B構成了一對很好例子,它告訴我們 帚 和 帚 僅是異體字而已。根據這些,我們可以説"帶豎筆的橫劃"和"不帶豎筆的橫劃"是同一個字位的兩個變體;單獨來看,它們是同一個字位變體(allographs)。但是,字位 ⼌ 中的兩個豎筆(見注4)能被看作"飾筆"嗎? 在我看來,它們可以有不同的解釋,以下是我對這個問題的全面解釋。

2.2 "帝"的圖像字

我們現在來看下面這對圖像字,其中一個含"帶豎筆的橫劃",另一個含"不帶豎筆的橫劃":

帝 (HJ 34074, 第一期歷組)   帝 (HJ 34153, 第一期歷組)

這兩個圖像字描繪的到底是甚麼,學者們已提出過幾種解釋:"花萼"説[王國維

---

① 這裏僅隨便提一下他的10個例子,它們分別見於以下頁碼: 76, 179, 184, 216, 220, 222, 229, 373, 383, 618(2004年版的頁碼)。有意思的是,季旭昇舉的大多數例子都出自西周和更晚些時代的銘文,包括近年發掘的簡牘文字和篆書。也就是説,在季旭昇看來,飾筆更主要是一種歷時演變的結果,不是共時的狀態。

② 要看比較清楚的字例,可參看 HJ 6476 或 6481 和 6473正。

1911（1964）:6.11/283]，"花莖"說（吳大澂 1923:1-2），還有學者對此兩說都不能肯定而持"待考"的態度（姚孝遂 1996:2.1086）。除了這些，季旭昇（2001:634；2004:36-37；2010:43）還提到了其他幾種，不過他沒有明確地提出自己的看法。自姚孝遂（同上）之後，十幾年來，學術界對這兩個字似乎仍沒有什麼一致的意見。① 然而，如何理解這兩個字是很重要的，下面我們就對這個問題做一番深入的探討。

學者們大致有一種傾向：對於 "帝" *tˤek-s② 這個上古擬構音所代表的詞來說，其作名詞用時的寫法是 ，而其作動詞用時的寫法是 。但遺憾的是，我們無法知道這兩種用法的上古讀音是否有區別（本頁注②），因而相關的形態變化（morphological differences）也推測不出來。從字形上看，這個詞有以下的寫法，#號下的數字是左邊字形出現的次數，可以看出，它們出現的次數從左到右依次遞減。

類型	A	#	B	#	C	#	D	#	E	#	F	#	G	#	H	#
圖像字		299		72		13		10		5		3		2		1

表 1③

王輝（1981:269-270）也做了一個類似的表格，他認爲甲骨文 "帝" 字的字形一共有 16 個，這 16 個字形又可進一步分爲四個主要的類型。但他是否有嚴格的分類依據，並沒有解釋，而分出來的類型本身也非不證自明。

---

① 吉德煒（Keightley 2012:289）總結了以往對這個字的研究，指出："帝這個詞的原始意義至今依然困擾着我們。學者們要麽試圖把它的字形解釋爲某種天神、植物、被賦與人形的神或祭祀對象等等，要麽試圖從語言學的角度對它進行解釋。"（自艾蘭 Allan 1991:78 轉引）艾蘭把 "帶豎筆的橫劃" 解釋成一個方形（□），但這種解釋是靠不住的。她沒有討論 "不帶豎筆的橫劃"，她聲稱圓圈 ○（如 ）等於方形 □（如 ），這也是沒有甚麼理由的。其實，位於字形中間的字素 ▭ 是個矩形。另外，她還提出圓圈 ○ 可以認爲是指 "天—上帝的家，他主宰天之下的 '方' ……"，這種說法也是沒有根據的。但我同意 、、 這幾個字的字形沒有相似性，不論它們作爲整體或作爲局部是指 "花萼" 或 "花莖" 也好，我們將把這種解釋叫作 "花蒂說" 或簡稱 "蒂說"。

② 本文的上古音構擬從白一平和莎加爾（Baxter 和 Sagart 2011）。鮑則嶽（William Boltz 個人交談，April 4, 2013）指出：如果存在着一種始終一致的字形區別的話，我們就可以推測出名詞用法和動詞用法之間的語音區別。這是個值得深究的問題，不過，探討這種可能性已經超出本文的範圍。

③ #號之下的數字是根據島邦男編《殷墟卜辭綜類》（Shima S:149.3; 157.1-159.3）的計算。我自己的計算是那幾個倒寫的字形，如 、 等，另外加上 和 ［Shima S: 158.1《粹》431，第一期歷組］；《新甲骨文編》4,《懷特》1565，第一期歷組］，但我排除了像 和 這樣的字形《甲骨文編》4《粹》1311，第一期方組）；島邦男 S: 158.2《京津》2566，第一期方組），因爲根據這些字形出現的語法環境，我們無法確定它們的用法是否跟 和 一樣。這一點提示我們存在這種可能性： 和 或許代表的是不同的詞，雖然它們的出現次數太少，還不足以證明這種可能性。

表1不僅是字形出現次數的統計排序，而且也是A-H這些字形所出現的環境的一個核實。這麼做是爲了確保我們所處理的確實就是*tˤek-s "帝"（上帝；舉行締祭）這個詞。①如果我們的判斷沒錯，那些字形就是同一個詞的變體（多種寫法）。這裏我們不排除還有這種可能性，即可能還有其他的字形也被用來表示*tˤek-s "帝"這個詞。從字形結構來說，所有字形都含有 ⽊。這是"樹木"之"木"，儘管這個意思的用例在甲骨文中沒有。它是一個字位，出現在很多字中，比如 ⽊ 就是一個。我們知道，⽊ 所代表的，是寮（= 尞 = 燎）這個詞，即"舉行尞祭"的意思，但是，⽊ 也用來代表"尞"，比如 HJ 22074 就是一例。②這樣，⽊ 就是一個變體，也就是 ⽊ 的簡化形式，具體說，就是"兩側的兩小豎筆"被省略了或乾脆被忽略了，如此，⽊ 和 ⽊，跟 ⽊ → ⽊ 以及 ⽊ → ⽊ 構成了一種可比較的關係。

要確定字形A-H曾用來描繪過什麼，較好的方法是采用構成部件分析法（constituent analysis），如王輝的，"帝字主要由上面的 －，中間的 ▢（⊢，一）及木三部分組成"（1981:270）。然其分析還值得商榷，其結論——"帝（禘）必然是火祭的一種"（271頁）也難以讓人接受。下面我們將討論他分析中的幾個問題，同時也將考慮其他分析的可能性。

首先，我們認爲他過於頻繁，有時甚至顯得毫無約束地使用了"譌變"、"筆誤"這些術語。這裏僅舉以下兩例，以闡明我們的看法。

---

① 至於"帝"的動詞用法，這裏給出的是定說，儘管它是一個不及物動詞。但是，有幾個例子生動地顯示了"帝"是一個及物動詞，表示"束，(以某種祭祀用牲)進行束(締)祭"。這個用法大致跟 *tˤek(?) "締"的用法相當，以下是最能說明這個用法的一個例子：丙戌卜貞叀犬业豭 ⽊（HJ 15983，第一期方組），其大意是："丙戌這天占卜，檢驗(以下提議是否正確)：我們用來進行束祭的應該是一隻犬加上一頭野豬。"（很可能原來的締祭被再解釋爲禘祭；這是一個要研究的假設）在這條卜辭中，情態系詞 hui 叀（=應該是）將賓語"犬业豭"（犬加上野豬）放在了及物動詞之前。在幾部古代漢語字典中，如《大漢和字典》（DKW 8.1122）和《漢文典》（GSR:877f），"締"有一個義項被定義爲"糾結、織、糾結在一起"。例見《楚辭》（九章，悲回風）："心鬱結而不開兮，氣繚轉而自締。"毫無疑問，這種抽象的意義是從比較具體的意義，即從"束、捆"引申而來的，"糾結、織"和"束、捆"之間的關聯是顯而易見的。這裏值得注意的是"從具體到抽象"這一點。

② HJ 22074（《丙編》92.5）是一條第一期的午組卜辭，讀爲"癸巳卜 ⽊ 于束延"，其大意是：癸巳這天占卜，在束進行的 ⽊ 祭應該繼續。實際上，"木"大多不寫作 ⽊，而是寫作 ⽊，樹枝和根之間有個距離（即在樹幹中間部位的地方）。參看徐中舒 1988:639；亦見《甲骨文編》6.1/259頁；《新甲骨文編》345頁）。像 ⽊ 和 ⽊ 這些字形更真實，比"快速寫出來"的 ⽊ 更像樹的樣子。事實上，葉玉森[(1934(1966):1.82-83] 不同意把"帝"釋爲"蒂"的觀點（見第20頁注①末尾），提出 ⽊ 是由以下幾個部分構成的：(1) ⽊，這是寮的簡化；(2) ⊢ 和 ▢，描繪的是捆扎的柴火和放柴火的架子；(3) 最頂上的橫劃，代表的是天。整個字描繪的是一種祭天的火祭（他的原話：⽊ 从 ⽊ 爲寮省，从 ⊢▢ 象束薪、架形，从一象天，字象寮祭禘天之形）。在上面三個成分當中，(2)和(3)是本文的出發點，詳見下面2.3節。

(a) 第270頁："我們認爲中間的 ᖴ 一 都是 ᗡ 的譌變。"爲了證明這點，王輝引了以下的字例：宙 和 甲，冎 和 工，等等。其實，這些字例並不能證明 ᖴ 和 一 就是 ᗡ 的"譌變"。至於 ᖴ 和 一 的關係，還有一些不同的解釋，其一就是我們在2.1節所討論的，即"飾筆"。顯然，這跟"譌變"構成了互相競爭的解釋，我們需要檢驗一下它的有效性。除此，本文還將揭示 ᖴ 及其簡化/簡省形式 一 的最初造字意圖，並從中尋找另外一個可能的解釋。

(b) 同上頁："至於 ✡，我們認爲乃一特殊情形，《粹》1311辭云'✡✡✡'，帝·巫二字皆有一'ᴏ'形，此或筆誤所致。"據我所知，除了《粹》1311（*HJ* 5662），✡ 在甲骨卜辭中至少還在兩處可見到：*HJ* 2108 和 21174（《新甲骨文編》4）。這讓我們感到"✡ 是一特殊情形"、"是筆誤所致"這種説法不能接受。在2.4節，我們將對這個字做另一番考察。

對於以上的（a），我們無需再做進一步的批評。但對於（b），我們需要指出，這裏王輝是把 ✡ 看作基本型，他這麽處理的依據是 宙 和 甲，冎 和 工 這兩個對子。他認爲這些對子有一個共同點：第一個字形都含有 ᗡ，又因爲 宙 和 冎 都是基本型，所以 ✡ 也是。這種分析毫無道理，因爲 宙 字中的 ᗡ 代表的是 "盾"（見郭沫若1932:194, 196b-197b；于省吾1980），而 冎 的底下部分不可能同樣解釋成 "盾"（它可能表示的是搗東西用的杵之類的工具）。

如前面指出，✡ 這個字形比 ✡ 這個字形出現的次數少多了（前者出現72次，後者299次），這就意味着後者，即帶 ᖴ 這個成分的，更應該是基本型，它至少比帶 ᗡ 的更常用。雖然出現次數只能作爲一個大概的指引，它對我們決定到底哪個是變體哪個是基本型不一定起着關鍵性的作用，然而王輝的判斷，✡ 和 ✡ 中的 ᖴ 和 一 都是 ᗡ 筆誤，則是無法得到證實的。

比以上這些問題更嚴重的是，王輝完全忽視了字形分析的最終目的，也就是説，A-H這些字形究竟表達的是哪個詞這個問題。因爲對這問題不重視，火、焱、赤、束、取、尞、叙、新、禘、杏、索等的意義就全都變成了是指"火祭"。他的結論是："前邊我們已經證明過了，米祭是柴祭，束乃是束祭，也是柴祭的一種，所以從字形上看，禘必然是火祭的一種。"（見第271頁）很多專家都願意如此來探溯"字形的語源"，但如此從字形來推測詞意是不很規範的。如果我們仔細研讀裘錫圭（1988）和鮑則嶽［1994（2003）］的話，就會看到他們在這一點上是非常謹慎的。

2.3 "帝"各種字形中的關鍵字位

前面曾指出過，要想知道一個字所描繪的是什麽，最好的途徑是采納構成成分分析法，正如王輝本人（1981:270）所做的一樣。① 如果我們采納季旭昇（2001:16, 273-281, 633-634）的分析，② 並且往前再邁進一步，我們就可以看到除了"蒂之説"本身的問題之外（見第21頁注①），還存在着一個最大的爭議，即如何解釋 ❋、❋、❋、❋、❋ 這六個字形中處在正中位置上的成分 ⊢⊣、▢、一、◇、⋈ 和 ○。這些都是字位——彼此互爲自由變體——因爲它們本身不成文，不是獨立的字。下面，我們打算對第21頁注②末尾所提葉玉森的解釋作進一步的補充。

首先，我們認爲葉玉森把帝字解釋爲"從 ⊢⊣ ▢ 象束薪、架形，……"是基本正確的。我們相信，在以上六個甲骨文字中，關鍵的字位，即字形正中位置上的成分，它的意義是"捆、綁"。第四字中的 ◇ 是最明顯的，因爲很清楚它所描繪的就是一根繩子繫起來的樣子。這個字位還出現在一些字形中，都是表示某種捆綁的狀態或動作，如：

（*HJ* 26909）　　（*HJ* 35694）　　羌

（*HJ* 38225）　　（*HJ* 36390）　　彝

（*HJ* 645）　　　（*HJ* 644）　　　奚

以上第一個對子中的兩個字，一般隸定爲羌，也寫作 ✦（羌），觀察字形，我們看到 ✦ 的脖子上有一個"枷"類的刑具，上面還連着一根繩子，表明的是一個被捆綁的羌人。③ 而纏繞捆扎起來的糸（絞絲）、絲（也用作"兹"的假借字），寫作 ⸙、⸙、⸙；④ ⸙⸙、⸙⸙ 是字位 ◇ 的繁複形式，即"繁文"，實際上就是以豎寫的 ◇ 爲基本型，再加上一個或兩三個 ○，於是就成了絞纏的絲（即 ⸙、⸙、⸙ 等）。我們知道，許多含有"絞絲"成分的字通常都跟"綁、

---

① 這裏重提一下他的分析："帝字主要由上面的 一，中間的 ▢（⊢⊣，一）及木三部分組成。"但是，我們不接受所他提出的——"我們認爲中間的 ⊢⊣，一 都是 ▢ 的譌變"（具體理由，見上文2.2）。
② 季旭昇（2001）對甲骨文的字形結構成分進行了細緻的研究，並且確定出了他稱之爲"字根"的成分。這個術語大致相當於我們的"字位"（grapheme）（見2.1），但是嚴格地說，這兩個術語是有所區別的。比如説，他認爲 ▢ 不是一個字根，原因是"▢ 形則除 ✦ 外，未有從之者，是以不得立爲字根也"（17頁）。其實，甲骨文中除了 ✦，還有 ✦（*HJ* 17221），他怎麼看待它？通常認爲，✦ 所代表的是"囿"$yòu$/*$G^wək$-s（庭園；古代帝王養禽獸的園林）這個詞。在我們看來，▢ 是一個字素，作爲最小的構字單位，它在這兒至少有區別意義的作用，即表達了"區域，範圍"這個意思，而且很可能，它在語音上也有區別作用。
③ 吉德煒（Keightley 2012:67, fn. 17 *et passim*）對羌的解釋是 "Qiang captive"（羌俘虜；這個字描繪的是被一根繩索捆綁着的羌俘）。
④ ⸙ 和 ⸙ 的區別在於前者有綫頭後者沒有，前者直接隸定爲糸，而沒有綫頭的後者則隸定爲幺。⸙ 在兩端都有綫頭，這樣捆扎的絲綫在日語中叫作 *kase* かせ（綛）。

捆"這個動作,或被"綁、捆"的狀態有關,如以上所引的那三個例子(羌,彝,奚)。就奚(俘虜;被俘的)來說,它的幾個變體,☒、☒、☒和☒都含有"絞絲"這個成分。

以下七個字,通常認爲它們所描繪的是一隻作爲祭品的鳥。但詹鄞鑫(1986)駁斥了這種解釋,他認爲它們所描繪的是一個雙手被反綁在背後的人,是祭祀用的人牲。

(1) ☒　(2) ☒　(3) ☒　(4) ☒　(5) ☒　(6) ☒　(7) ☒ ①

季旭昇(2004:2.218)不接受詹鄞鑫的解釋。② 顯然,他們所關注的都是字形中所描繪的東西。這個的確很重要,但在我看來,就造字設計而言,它只是一個次要的問題。如果我們前面對那些含有"絞絲"成分的字的分析是可以接受的話,這些字最關鍵的意義就在於它們都涉及"綁"或者"捆"這個意思,相對而言,到底被"綁"或"捆"的是什麽並不那麽重要。另外,詹鄞鑫所謂的"雙手被反綁在背後"的斷言也未必站得住脚。我們甚至能在他自己所引的字形看出不符,比如以上第二個字,明顯能看出這裏所描繪的是"雙手被綁在前面"的樣子。實際上,這一點對他所討論的這些字的意義來說,沒有那麽緊要。我們要搞清楚的是,像☒、☒以及我們最在乎的☒中的☒這些字位,最初的造字意圖到底是甚麽? 我們認爲,這些字位的造字意圖是提示"捆,綁"這個動作或者某物被"捆,綁"這種狀態。就此而言,這些字位起着一個字符的作用,它們才是最基本的也是最關鍵的。

至於☒、☒和☒,這樣的寫法只是同一個字位變體或因刻寫者不同而造成的不同寫法。現在,讓我們把以上有關這個字位意義的分析運用到那六個不同寫法的帝字(即☒、☒、☒、☒、☒、☒)上,尤其中間的成分上(即 ⌐、□、一、☒、☒、○),看看情形如何。這裏最容易解釋的應該是☒,因爲這是一個交叉的圖形,表明來回交叉的意思,也就是用繩子捆綁東西時的那個動作。我同意金祥恒的觀點,他認爲☒、☒、☒是"奚"(俘虜)的變體字(見《續甲骨文編》10.22b/p. 536)。但是前三個字形和我們釋作"奚"的字形(即☒、☒、☒、☒)在用法上有所不同。簡單地說,☒、☒、☒用作名詞,是"俘虜"的意思(如"王奚");☒、☒也用作名詞,通常是某個人的名字或者指王室人員(如"我奚");☒、☒、☒和☒多作專有名詞(人名或地名)。

---

① 對於(3),詹鄞鑫(1986:229)給出的是一個雙手反綁在背後的字形,但是我不能够驗證它;這裏給出的字形出自 HJ 32524。另外,這裏所列的這幾個字形都是拓片上的真實字樣(又見於《甲骨文編》、《新甲骨文編》,或者《續甲骨文編》),不是直接轉抄詹鄞鑫(1986)的,因爲詹鄞鑫(1986)所給出的並不是原字樣的真實寫照。
② 季旭昇指出,彝字的上部不像一隻鳥的頭,或者一個人的頭,但脚的確是鳥的脚,所以通常的解釋更合適些。

在甲骨文中我們通常看到的一個情況是，當一個字用作不同的稱呼時，字形會稍作修飾和改變。①

我們還需要作解釋的是似乎更難理解的字位▱。這個字位不容易理解，不在於含有這個字位的字很少，②而是在於缺乏確鑿的有說服力的例子。像 ⿱、中（即"中"字）這樣的例子，還有 ⿱、⿱、⿱（即"盾"字），好像確實含有▱這個成分，但除此之外，就很難再找到任何清楚的字形跟這些字及⿱有字形上的關聯了。對於它們，我唯一能想到的是，▱都出現在正中位置上，這便是它們之間等同的地方了。這種"位置上的相等"，對我們如何理解這些字並非毫無用處（取決於我們怎麼解釋所涉及的字）。③但是，下面這幾個代表"龠"這個詞的字就很有意思：

⿱（《虛卜》297）　⿱（HJ 25761）　⿱（HJ 4720）

這幾個字的字形相當逼真地描繪了嘴在笛子上端吹奏的樣子，這是一種吹奏樂器，由兩三支竹管捆綁編連在一起構成。從第三個字形，我們能看出在三支竹管上端有張開的嘴的樣子。毫無疑問，郭沫若把這個字釋作"龠當爲編管之器"是正確的（郭沫若1931：釋䟽言，3a/93）。除了這個字以外，還有一個字，寫作⿱（HJ 34677）。④《合集釋文》沒有轉寫這個字。但是很清楚，這個的字形所描繪的是一頭牛被一條長繩（由⿱表示）拴着的樣子。我們從前面討論過的出現在"龠"和"帝"中的相同的字位▱、▱可以知道這一點。含有這個字位的字還有⿱、⿱ 和 ⿱（册）等，也是表示竹片被

---

① 例如，⿱是一個表人名/族名的專有名詞（例見HJ 36922），它也可以是地名，但作地名時，字形會稍作改變，寫成⿱ 或者⿱（例見HJ 36431）。又⿱字用作人名，用作地名時變作⿱（例見HJ 24420）。⿱、⿱這幾個字是一個貞人的名字，而它稍作改變的寫法⿱則是一個地名（例見HJ 17525, 17528）。⿱是一個常用詞（即形容詞"新"，例見HJ 15790, 22924），但是稍作變形的⿱却是一個人名（例見HJ 22073）。⿱是一個常用詞（即名詞"車"，例見HJ 11450），但是⿱則是一個族名（例見HJ 6834）。季旭昇也注意到這些例子，他指出，"甲骨文作人、地、國名的字常常會有意地和一般用義的字形略作區別"（2004:1.384）。但是，對於前三個對子，我們的看法和季旭昇的是不同的。

② 根據我的計算，在《甲骨文編》、《續甲骨文編》和《新甲骨文編》這些資料中，一共有40個字含有▱這個成分。在有些字中，它似乎是一個表音的符號，如 dīng/*tˤeŋ 丁（▱）或 zhēng/*teŋ 征（▱）等。但在有些字中，它是一個表意偏旁，如⿱（舌），⿱（宣），⿱（韋）等。⿱中的▱代表的可能是一個搗東西的工具，"杵"或者"木槌"；它可以倒過來寫變成⿱ 和 ⿱，其中⿱嵌入"口"中；我認爲，⿱中的▱代表的是任何被分開的物體，這跟⿱、⿱、⿱（卯＝劉，"分爲兩半"的意思）等相類似，但⿱和⿱、⿱、⿱不同的是，前者是"還沒被分開或被供奉"的狀態，而後者則已經是"被分開或被供奉"的犧牲了。

③ 參看第28頁注①。

④ 這個字在《佚存》96中能看得更清楚一些，它出現在這條卜辭中：丁亥卜品五十⿱［大意：在丁亥這天占卜，至於犧牲祭品，（應該是）五十頭牛］。

捆扎在一起的樣子。

現在,讓我們來看 ⊣ 這個字位,根據 帝 和 帝 是可以互換的,那麽按照我們目前爲止所提出的理由的邏輯, ▭ 和 ⊣ 就應該被看作是同一個字位的變體。我們所提出的字位意義"綁,捆"也應該運用到這裏。而且,帝 作爲另一個變體也經常出現(10次—見表1)。很自然,我們可以把"兩側無豎筆"的"帝"看成是"兩側有豎筆"的"帝"的簡化體(即 帝 是 帝 簡文)。甲骨文中有許多字含有這個"兩側無豎筆"的字位,但是正如字位 ▭ 一樣,①我們不能給"兩側無豎筆"的字位指派一個統一的意義,但是,就 帝 來説,"捆、綁"這個意義是可以講得通的。下面的字也支持"兩側無豎筆"和"兩側有豎筆"的橫劃具有同樣的意義。

※(HJ 24951)是 ※(HJ 22044)的變體(或橫寫法),所描繪的是被綁在一起的樹枝,代表的是"束"這個詞。這個字在甲骨文中大多是豎寫的,像 HJ 24951 中這種橫寫的例子之所以存在,可能是因爲其中那"兩側無豎筆"的"一"是個表意的成分。如果這麽理解是正確的,那麽 ※ 中的 一 和 ○ 就有着同樣的造字意圖,正像 ān/*ʔˤan"安"這樣的字,至少從人們後來的認識來説,是由兩個表音(phonophoric)成分,宀和女構成的,因爲"安"一方面跟"寒"和"官"構成諧聲,另一方面又跟"晏"、"妟"和"姦"構成諧聲(鮑則嶽 2003:106-110)。至於 帝 中的 ○,把它看成是一個變體,要比像艾蘭那樣把它等同於一個正方形(□)或者甚至一個長方形(見第20頁注①)容易理解得多。如果我們把 ◇◇ 中的綫頭去掉,就會得到 ◇,而這個形式豎起來就是 ○。因此圈圈 ○ 所代表的意思就是"束"。

珏(HJ 11438)和變體 珏(HJ 29694):因爲該字描繪的是連接在一起的一對玉串,所以其中那"兩側無豎筆"的"一"的造字意圖可以理解爲"系"或者"連接"。

夅(HJ 576)是一個手銬,上面有一個"兩側無豎筆"的"一",表示"綁,系"的意思。夅 和 夅(執)生動地描繪了一個人雙手被銬住的樣子(今"幸"字是"牵"的譌變)。

並(HJ 10958):這個字描繪的是兩個人被捆綁在一起的樣子,就是今天的"並"字。如果沒有"兩側無豎筆"的"一"這個字位,我們是不可能釋出它就是"並"字的。

車(HJ 11449), 車(HJ 584):這兩個字描繪了戰車的多維視圖。在前一個字中,那兩個輪子被由"兩側無豎筆"的"一"所代表的車軸連接在一起,在後一個字中,那兩個輪子被由"兩側有豎筆"的"⊣"所代表的車軸連接在一起。

夨(HJ 6476), 夨(HJ 6473):這是一個脖子上套着木枷的人的側面像,很可能是那些居住在邊境地區或部落中(因冒犯了商人而)被處"枷"刑的異族人。第一個字

---

① 見第25頁注②。

中的"兩側無豎筆"的"一"是第二個字中的"兩側有豎筆"的"⊢⊣"的簡省。

🀆（HJ 21562），🀆（HJ 21557）：這個字描繪的是一把掃帚的樣子，掃頭是一把捆扎在一起的竹枝。上例中的"兩側無豎筆"的"一"和"兩側有豎筆"的"⊢⊣"的解釋在這裏也講得通。

2.4 "帝"的各種字形中的字位配置

爲了給表 1 中的字提供參考的解釋意見，到目前爲止，我們已經對字 A 到 H 中的除了字形中最頂部的字位"一"以外的構成字位做了分析。作爲漢字中使用頻率最高的字符之一，"一"是個最難解釋的字符。它有可能是個飾筆，正像劉釗（2011:26）在將 ⼿ 和 ⼿ 作比較時提出的，也可以是一個在表音和表意兩方面都很重要的成分，像它在 ⼿ 字中的作用一樣，⼿（即"千"，讀作 yī qiān/*ʔit *s.n̥ˤiŋ）。我們引用了葉玉森的對此的解釋（見第 21 頁注②），他認爲"一象天"。王輝（1981:271）的解釋是"它是一種指示符號，代表天空"，但他没提葉玉森［1934（1966）:1.82-83］也有相同的解釋，他所依據的是于省吾對 ⼿（亟）的 ⾬（雨）的解釋。他引于省吾（1979:95）對 ⼿ 字的解釋："上極於頂，下極於踵，而極之本義昭然可觀矣。"對於 ⾬，他也同樣引用于省吾（同上：118）的解釋："⼀ 象天，⼆⼆⼆ 象雨滴紛紛下降形，宛然如繪。"

雖然于省吾對這兩個字的解釋有道理，但是我們不能把這個解釋運用到表 1 中的 A-H 諸字形中去。爲什麼？因爲每個字位都有其必須滿足的環境條件。在于省吾的解釋中，由於每個涉及的字位跟所有的上下文中都相關並且很自然，所以他的解釋令人信服。也就是説，⼿ 字，當中的人形跟他頭頂上的以及脚下的橫劃處於一種關聯的共生關係。同樣，⾬ 這個字，頂上的筆劃和下面的代表雨點的部分是互相依賴的關係，兩者之間存在一種協同的關係。可是，對表 1 A-H 諸字（釆、帝、黾 等），我們很難想像得出，假定的代表"天"的字位和捆扎的樹枝之類的有什麼共生關係，只有當我們像王輝（1981:256, 271）那樣，假設"釆祭是柴祭；禘是火祭的一種"，才有可能把 A-H 諸字中頂部的字位"一"跟下面的部分聯繫起來。但是，正如我們在對他的方法及結果的批評中指出的，對表 1 A-H 諸字中的"一"代表的是"天空"或者"上天"這種觀點，我們很難接受。

但遺憾的是，對於表 1 A-H 諸字中的字位一，我們也提不出什麼滿意的解釋。根據我們對字位 ⊢⊣、▢、一、∞、⋈ 及 ◯ 的意義分析——它們所表示的是"綁、捆"這個意思，我們對 釆 能夠做出這樣的結論：捆扎着的"木柴、木頭或樹枝"。因爲其中三個有字形的叉狀物之頂被一這個字位弄得很齊平，所以也有可能這個字位所代表的是桌子的面。如果是這樣理解有道理的話，那麼這種桌子就可能是某種三條腿並且中間被捆扎的便携式和可折叠的桌子。①但是如果我們考慮到G下的字🔲,這種解釋就完全行不通。另外,還有🔲這個變體,我們也需要另尋途徑來解釋。就目前的狀況而言,我們只能讓這個難題懸而未決,但或許我們現在面臨的困難,是商代的契刻者造成的。也就是說,他們自己也不確定在"帝"那些字形中,到底每個確切代表了什麼,正因爲如此,才導致了他們添加一些多餘的成分,比如在那個三角形中的"三個小點或者三個短劃"。這些附加的成分會使得"蒂字說"更有吸引力(見注7),因爲那三個小點可以解釋爲"花粉"而"三個短劃"代表的是"花蕾"。但從使用頻率來說,這兩個字只是偶爾出現。如果🔲和🔲的確是代表"帝"這個詞,那麼,使用這兩個字的契刻者,或許對這兩個字中的每個字位是有自己的想法的。而這些想法我們現在難以解釋。

我認爲古文字學的最終目的是要識別出某個特定的古文字究竟代表的是哪個詞,因此這裏有必要再談談最後一個問題,即🔲以及其變體(🔲、🔲、🔲、🔲、🔲、🔲)之語音方面。我們始終認爲:所有這些字形所代表的皆爲 $dì/*tˤek$(?)"締"或 $*tˤek-s$ "帝"這個詞,意思是"上帝"或者"舉行締祭"(參見注10)。顯然,商代的契刻者知道他們刻寫的是哪個詞。在大多數例子中,他們用🔲這個形式來代表動詞的 $dì/*tˤek$(?)"帝",後作"締"(再解釋爲"禘"),而用🔲來代表名詞的 $dì/*tˤek-s$ "帝"。作爲現代古文字學家,我們需要回答的問題是,他們怎麼知道圖像字🔲的發音是 $*tˤek-s$,或者類似的音呢?對於這個問題,我的回答是,這些圖像字的表音成分是由多個字位組成的,一方面是"兩側有豎筆"的 🔲 和"兩側無豎筆"的一,另一方面還包括其他幾個字位如 🔲、🔲、🔲、🔲 等。②

3. 結　　論

本文慎重地對一些字例中使用了飾筆、簡省和譌變等術語進行了分析,從而發現有些學者在分析跟"帝"相關的一些字形時,錯誤地使用了這些術語。儘管🔲和🔲這些字其字形中的三角形的頂部或中間的短劃–或許是個飾筆,但是"兩側有豎筆"的 🔲 和"兩側無豎筆"的一(比如🔲、🔲、🔲、🔲、🔲、🔲)却是一個表示"綁,繫"的字位,不是飾筆。商代的契刻者用"兩側有豎筆"的 🔲 和"兩側無豎筆"的一,包括其他幾個

---

① 前面已經提到,按照"位置上的相等"這一點,我們可以把🔲、🔲(中)和 🔲、🔲、🔲(盾)跟🔲關聯起來,因爲它們在字形正中位置上都含有🔲這個成分,儘管我們不認爲其具有任何意義,除非我們把🔲看作是描繪"某种三條腿的、被捆綁著的折叠桌",字素🔲在🔲中的位置才可能有一定的意義。

② 根據Baxter and Sagart(1998: 54–59),後綴 $*-s$ 經常與由動詞派生出來的名詞相關聯。

字位如 ▢、✕、✕、○ 等的組合，表示 dì/*tˤek（?）"締" 或 *tˤek-s "帝" 這個詞。

參考文獻

Allan, Sarah 艾蘭
    1991. *The Shape of the Turtle*: *Myth, Art, and Cosmos in Early China.* Albany: State University of New York Press.

Baxter, William H. and Laurent Sagart 白一平・沙加爾
    1998. "Word Formation in Old Chinese", *New Approaches to Chinese Word Formations*: *Morphology, Phonology, and the Lexicon in Modern and Ancient Chinese,* pp. 35-76. Ed. by Jerome L. Packard. Berlin: Mouton de Gruyter.
    2011. *Baxter‑Sagart Old Chinese Reconstruction.* Version of 20 February, 2011. Downloaded from http://crlao.ehess.fr/docannexe.php?id=1202.

Boltz, William G. 鮑則嶽
    2003. *The Origin and Early Development of the Chinese Writing System.* New Haven: American Oriental Society. Originally published in 1994, reprinted with a new preface in 2003.

DKW → *Dai Kanwa jiten*《大漢和辭典》, Morohashi Tetsuji 諸橋轍次. Tokyo: Taishūkan shoten 大修館書店, 1966.

GL →《甲骨文字詁林》4冊。于省吾主編，姚孝遂按語。中華書局，1996年。

GSR → *Grammata Serica Recensa.* Karlgren, Bernhard. Printed in offset from the *BMFEA,* No. 29（1957）.

郭沫若
    1931。《甲骨文字研究》2冊。大東書局。
    1932。《金文叢考》。東京：文求堂；北京人民出版社（1952）再版。相關部分載於 *GL* 3.2325-2331。

Handel, Zev 韓哲夫
    2013. "Fuzzy Word Identification: A Case Study from the Oracle-Bone Inscriptions." Forthcoming.

何琳儀
    1989。《戰國文字通論》。中華書局。
    2003。《戰國文字通論（訂補）》。江蘇教育出版社。

季旭昇
    2001。《甲骨文字根研究》。博士論文。2003年於臺北文史哲出版社正式出版。
    2004。《說文新證》2冊。臺北藝文印書館。
    2010。《說文新證》。福建人民出版社。

JGWB →《甲骨文編》, 考古學專刊乙種第十四號。中國科學院考古研究所，1965年。

Keightley, David N. 吉德煒

2012. *Working for His Majesty: Research Notes on Labor Mobilization in Late Shang China*（ca. 1200-1045 B.C.）, *as Seen in the Oracle-Bone Inscriptions, with Particular Attention to Handicraft Industries, Agriculture, Warfare, Hunting, Construction, and the Shang's Legacies*. China Research Monograph 67, Center for Chinese Studies. Berkeley: Institute of East Asian Studies, University of California, Berkeley.

李孝定

JGWZJS →《甲骨文字集釋》15冊。《中研院歷史語言研究所專刊》之五十。臺北中央研究院歷史語言研究所，1965。

劉　釗

2006。《古文字構形學》。福建人民出版社。

2011。《古文字構形學（修訂本）》。福建人民出版社。

OED → *Oxford English Dictionary*.《牛津英語大詞典》Second Edition on CD-ROM. Oxford: Oxford University Press, 2009.

裘錫圭

1988。《文字學概要》。商務印書館。

2000. *Chinese Writing*. Early China Special Monograph Series N. 4. Tr. by Gilbert L. Mattos and Jerry Norman. Berkeley: Institute of East Asian Studies, University of California at Berkeley.

Shima Kunio 島邦男

S → *Inkyo bokuji sōrui*《殷墟卜辭綜類》。東京：Kyūko shoin 汲古書院，1971年。

王國維

1911（1964）。《觀堂集林》24卷。（臺北）世界書局，1964年。

王　輝

1981。《殷人火祭說》,《古文字研究論文集》,《四川大學學報叢刊》第10輯，第255-279頁。相關部分載於 *GL*, 2.1082-3/#1132。

王　筠

1846（1962）。《文字蒙求》，中華書局。

1850（1985; 1983）。《說文釋例》。武漢市古籍書店，1983年。又中華書局，1985年。

吳大澂

1923。《字說》，蘇州振新書社。

XJGWB →《新甲骨文編》。劉釗、洪颺、張新俊編纂。福建人民出版社，2009年。

XuJGWB →《續甲骨文編》。金祥恒。（臺北）藝文印書館，1959年。

徐中舒

1988。《甲骨文字典》。四川辭書出版社。

姚孝遂

1996。按語。《甲骨文字詁林》4冊。于省吾主編。中華書局。

葉玉森

    1934（1966）。《殷虛書契前編集釋》。大通書局。又（臺北）藝文印書館，1966年再版。

于省吾

    1979。《甲骨文字釋林》。中華書局。

    1980。《釋盾》，《古文字研究》第3輯，第1-6頁。相關部分載於 *GL* 3.2333。

詹鄞鑫

    1986。《釋甲骨文彝字》，《北京大學學報（哲學社會科學版）》1986年第2期，第115-121頁。

    2006。《華夏考——詹鄞鑫文字訓詁論集》。中華書局。相關部分載於 *GL* 2.990-8。

再談甲骨卜辭介詞"在""于"的搭配和對舉

黄天樹

(首都師範大學甲骨文研究中心)

卜辭中時常看到介詞"在"和"于"的搭配和對舉的句式。對舉多數分别見於兩條對貞或選貞的卜辭中,少數見於同一條卜辭之中。它表示處所時,近處用"在",遠處用"于"。① 除此之外,表示時間時,近時用"在",遠時用"于";表示祖先時,近親用"在",遠親用"于";表示已然、未然時,已然用"在",未然用"于"。現選錄詞句較爲完整者分類於下,並略加闡述。爲排印方便,卜辭釋文儘量用通行字。

(一) 表處所時,近處用"在",遠處用"于"

(1A) 于遠㒸。

(1B) 在邇㒸。　　　　　　　　　　　　　　　(合30273+30687〔無名〕)

㒸,行宫一類的建築。在上引選貞卜辭裏,"邇㒸"之前用介詞"在","遠㒸"之前用介詞"于"。

(2A) 壬戌卜:在狀葬韋。用。

(2B) 于裏葬韋。不用。　　　　　　　　　　　　(花195〔花束〕)

(3A) 壬戌卜,子:余勿在孫葬。

---

* 本文得到國家社會科學基金項目"甲骨文虚詞及其固定結構研究"(項目批准號:10BYY058)的資助。
① 參看裘錫圭《釋殷墟甲骨文裏的"遠""狀"(邇)及有關諸字》,載《古文字研究》第12輯(中華書局,1985年),後收入《裘錫圭學術文集》(復旦大學出版社,2012年)第1卷,第168頁;黄天樹:《〈殷墟花園莊東地甲骨〉中所見虚詞的搭配和對舉》,載《清華大學學報》(哲學社會科學版)2006年第2期,後收入《黄天樹古文字論集》,學苑出版社,2006年,第406—407頁。

（3B）貞：余于商葬。　　　　　　　　　　　　　（合21375+懷434［自賓］）

狀、襄、孫、商，皆地名。韋，人名。"在狀"和"于襄"對舉；"在孫"和"于商"對舉，近處用"在"，遠處用"于"。例(2)(3)都是選擇墓地的選貞卜辭。①

（4）丁丑卜：在兹往（禳）崖禦癸子，弜（勿）于狀。用。　　（花427［花東］）

崖，人名。癸子，即"子癸"之倒書，祭祀對象名。往，讀爲禳祭之"禳"。"在兹"與"于狀"對舉，近處用"在"，遠處用"于"。占卜的焦點是選擇禳祭的地點。卜辭的大意是說，在近處的此地禳祭，不要去遠處的狀地禳祭。

（5）戊午卜，在羿：子立（涖）于彔中冎。子占曰：企櫺。　　（花312［花東］）

"羿"、"彔中冎"，皆地名。子，花東家族的族長。立，讀爲"涖"，涖臨。占卜地點"在羿"，屬近處。擬前往的地點"于彔中冎"，屬遠處。

（6）辛巳卜：新馱于以，雈在麗入。用。子占曰：未冀。孚。　　（花259［花東］）

以、麗，皆地名。雈，讀爲"舊"。例(6)意謂新馱在以地入（貢納），舊馱在麗地入是否合適。

（7A）在商朿（刺）。
（7B）帚（歸）于嵒（鄙）。　　　　　　　　　　　　（合22260［婦女］）

例(7)是婦女卜辭，屬非王卜辭。商，指商之都邑。朿，刺殺，指祭祀時刺殺犧牲品。帚，讀作歸。嵒，从"口"（城邑）从"靣"（倉廩之"廩"的初文），表示商都四周的農業區，是"鄙"的古字。從是否"歸于鄙"看來，該家族的居地似在商都的郊外。

（8A）己巳貞：勳剢在犧奠。
（8B）己巳貞：勳剢其奠于京。　　　　　　　　　　（屯1111［歷二］）
（9A）□□貞：[勳]剢[在]犧奠。
（9B）于京其奠勳剢。　　　　　　　　　　　　　　（合32010［歷二］）

例(8)(9)是成套卜辭。奠，動詞，指商王把服屬者安置於可控制可役使的地

---

① 參看黃天樹《甲骨文所見的商代喪葬制度》，《文史》2012年第4輯。

區。① "勮芻"之"勮",从"力""泉"聲,應讀爲當截斷講的"劗"(也作"劃")。芻,是專門從事打草工作的人。㝷、京,皆地名。卜辭大意是説安置勮芻在近處的"㝷"地還是安置到遠處的京地。

(10A) 丙辰貞:王其令眔叟于遠東兆。
(10B) 在邇東兆奠叟。（懷1648+合33231周忠兵綴,②綴彙645同文[歷二]）

叟,動詞,似指一種工作。此以"叟于遠東兆"與"在邇東兆奠叟"對貞。

(11A) 乙巳貞:□在誖。
(11B) 于彎𠂤(師)。　　　　　（綴彙67=合32933+33101+33100[歷二]）

誖、彎,皆地名。"在誖"跟"于彎"對貞,可知距離商都或占卜之地,"誖"地近而"彎"地遠。

(12) 其弜(勿)止在征,于[𦎫]。　　　　　　　　（合34237[歷二]）

征、𦎫,皆地名。"在征"跟"于𦎫"對舉,可知"征"地近而"𦎫"地遠。

(13A) 王其田在黽。
(13B) 于盂宿,亡戋(災)。　　　　　　　　（合29351[無名]）

黽、盂,皆地名。這對卜辭卜問王白天在黽地田獵而夜晚宿於盂地,可知"黽"地近而"盂"地遠。

(14A) 弜(勿)田,其悔。
(14B) 王其田在憲,亡戋。
(14C) 至喪,亡戋。
(14D) 于宮田,亡戋。　　　　　　　　（合29012[無名]）

憲、宮,皆地名。這條田獵卜辭中,"田在憲"和"于宮田"對舉,"憲"地近而"宮"地遠。

(15A) 丙申卜,行貞:翌丁酉父丁祡歲,在賓。

---

① 裘錫圭:《説殷墟卜辭的"奠"——試論商人處置服屬者的一種方法》,《裘錫圭學術文集》第5卷,第180頁。
② 周忠兵:《歷組卜辭新綴十一例》第11組,中國社會科學院歷史研究所先秦史研究室網站,2008年12月26日。

(15B) 于𪧏(庭)。三月。　　　　　　　　　（綴彙283＝合24401＋24311［出二］）

于省吾先生説："𪧏,爲廷或庭的初文。"①"在賓"跟"于庭"對舉,"賓"近而"庭"遠。

(16A) 弜(勿)以,在兹。
(16B) 其呼以,于賓。　　　　　　　　　　　　　　　　（合30346［無名］）

"賓"指一種建築。此版"于賓"跟"在兹"對貞,説明"于賓"和"在兹"都是表示處所的介詞結構。

(17A) 禱在祼。
(17B) 于宗。　　　　　　　　　　　　　　（醉209＝屯2784+18［歷無］）

"宗"是宗廟。"在祼"和"于宗"處於選貞的位置,可知祼也是宗廟建築。距離近的地點前加介詞"在";距離遠的地點前加介詞"于"。

(18A) 乙酉卜：其剟父甲叔在兹逸成(城)。
(18B) 于烈剟父甲叔。　　　　　　　　　　　　　　　（合27465［歷無］）

"逸城"和"烈",皆地名。成,讀作"城"。②在卜問祭祀地點的時候,"在兹逸城"和"于烈"對舉,"逸城"近而"烈"遠。卜辭意謂舉行"剟父甲叔"的祭祀活動的地點,是安排在近處的"逸城"還是安排在遠處的"烈"。

(19A) 在灵。
(19B) 于𪧏(庭)。　　　　　　　　　　　　　　　　　（屯2774［無名］）
(20A) 其用在父甲灵門,又(有)[正]。
(20B) 于父甲宗門用,又(有)正。　　　　　　　　　　（屯2334［無名］）

灵,從"祝在父丁灵"(合32654)看,是祭祀場所。例(20)意謂用"牲"是在近處的"灵門"還是在遠處的"宗門"進行。

(21A) 其作鼎在二灵,王受祐。

---

① 于省吾主編：《甲骨文字釋林》,中華書局,2009年,第85頁。
② 黄天樹：《甲骨卜辭中關於商代城邑的史料》,"第四屆古文字與古代史國際學術研討會——紀念董作賓逝世五十周年"會議論文,2013年。

(21B) 于宗,又正,王受祐。　　　　　　　　　　　　（屯2345[無名]）
(22A) 在𠃉。
(22B) 于宗。　　　　　　　　　　　　　　　　　　（合30317[無名]）

𠃉、宗,皆舉行祭祀的宗廟場所。

(23A) 在兹。
(23B) 即于𢆶中𢆶。　　　　　　　　　　　　　　　（合26956[無名]）
(24A) 弜(勿)已,祝于之,若。
(24B) 其祝在此,又(有)正,[王]受祐。　　　　　　（合30763[無名]）

(二)表時間時,近時用"在",遠時用"于"

(25A) 丁酉卜,兄貞:其品司,在兹。八月。
(25B) 貞:其品司,于王出。　　　　　　　　　　　（合23712[出二]）

品,祭名。司,神名。兹,代詞,指代此時。這對選貞卜辭卜問,王"品"祭"司"的時間是在此時舉行,還是到王外出時舉行好呢。

(三)表人物時,近親用"在",遠親用"于"

(26A) 其高。
(26B) 在毓。
(26C) 于父甲。
(26D) 于祖丁。　　　　　　　　　　　　　　　　　（合27369[無名]）
(27A) 其禱年在毓,王受佑。
(27B) 于祖乙禱,王受佑。　　　　　　　　　　　　（合28274[無名]）
(28A) 其用在父甲,王受佑。
(28B) 至于祖丁,王受佑。　　　　　　　　　　　　（屯4396[無名]）
(29A) 其禱在父甲,王受佑。
(29B) [于]祖丁禱,王受祐。　　　　　　　　　　　（合27370[無名]）

例(26)—(29)都是無名類卜辭。父甲指廩辛、康丁的父親祖甲。祖丁指廩辛、康丁的祖父武丁(《綜述》426—427頁)。在同一版卜骨上,介詞"在"和"于"對舉時,可以明顯看到,"在"字介賓結構引介的祖先爲血緣近的,而"于"引介的祖先爲血緣遠的。在祭祀卜辭中,屢見"高"和"毓"對舉的情況。"毓"指稱"三世以内的先王,也就是曾祖父以下的先王"。①

  (30A) 祝在父丁灵。
  (30B) 至于祖甲。   (合32654[無名])
  (31A) 丙辰貞:歲在大乙其☒。
  (31B) 丙辰貞:酒歲于大丁亡☒。   (醉292=合32463+32413[歷二])

丙辰日卜問對大乙的歲祭及對大丁的酒歲之祭。

  (32A) 其禱在父甲,王受[祐]。
  (32B) 至祖丁,王受祐。   (合27366[無名])

父甲指廩辛、康丁的父親祖甲。祖丁指廩辛、康丁的祖父武丁。表人物時,距時王血緣近的父輩用"在",距時王血緣遠的祖輩用"至"。上引句式"在……,至(到)……",到戰國時代仍在使用,例如:

  冬十壹月辛酉,大良造庶長遊出命曰:"取杜在鄭邱到于滴水,以爲右庶長歜宗邑。"   (秦封宗邑瓦書,古陶文彙編5·384)

(四)表已然、未然時,已然用"在",未然用"于"

在卜問已然、未然的時候,已成爲事實的介詞用"在",還没有成爲事實的介詞用"于"。例如:

  (33A) 己亥卜,丙貞:王有石在庐北東,作邑于之。
  (33B) 王有石在庐北東,作邑于之。
  (33C) 作邑于庐。   (合13505[賓一])

裘錫圭先生説:

  "庐"是卜辭屢見的地名,"于之"的"之"顯然就指"庐"(同版尚有"作邑于庐"一辭)。爲什麽"有石"之後説"在庐","作邑"之後不説"在之"而説"于之"呢?

---

① 參看裘錫圭《論殷墟卜辭"多毓"之"毓"》,原載《中國商文化國際學術討論會論文集》,中國大百科全書出版社,1998年;後收入《裘錫圭學術文集》第1卷,第409頁。

這是因爲庐地有石材是一個事實,貞卜時那些石材已經在那裏了,所以介詞用"在"字;作邑則是一種擬議中的事,是在庐地有石材的條件下,想在那裏作邑,也可以説是想到那裏去作邑,所以介詞用"于"字。"在"、"于"的這種區別,在後代的漢語裏就模糊了。①

(34A) 己亥卜:子于狀宿,㭉(鳳)改牢妣庚。用。

(34B) 庚子:歲妣庚,在狀,牢。子曰:"卜未子髟。" （花267［花東］）

狀,地名。己亥日貞卜"于狀","子"還未抵達狀地,"于狀"是一種擬議中的事,所以地點"狀"之前加介詞"于";己亥的第二天庚子日貞卜"在狀"時,"子"已抵達狀地,所以在已成爲事實的地點之前加介詞"在"。

(35A) 辛亥卜:子以婦好入于狀。用。

(35B) 辛亥卜:子肇婦好玖(?),往壑。在狀。

(35C) 辛亥卜:呼崖面見于婦好。在狀。用。 （花195［花東］）

例(35)辭貞卜是否入"狀",是一種擬議中的事,所以介詞用"于"字。後兩辭則已經在狀地了,所以介詞用"在"字。

(36) 戊子卜,在𠭯:𢆉言曰:翌日其于蒦官宜。允其。用。 （花351［花東］）

𠭯,地名。𢆉,人名。蒦官,讀作"舊官"。宜,祭名。"允其"屬于命辭。卜辭大意是説,𢆉這個人説(商王)翌日將於"舊官"舉行宜祭。族長"子"遂卜是否確實如此。此卜結果被采用了。

本文在前人研究的基礎上,就卜辭中的介詞"在"和"于"的搭配和對舉的句式作了上述的詳細討論:(一)表處所時,近處用"在",遠處用"于"。(二)表時間時,近時用"在",遠時用"于"。(三)表祖先時,近親用"在",遠親用"于"。(四)表已然、未然時,已然用"在",未然用"于"。"在"、"于"的這種區別,在後代的漢語裏就模糊了。

2013年2月5日初稿

---

① 裘錫圭:《談談殷墟甲骨卜辭中的"于"》,《裘錫圭學術文集》第1卷,第542頁。

啞口豈能無言
——論商帝辛占星陶文之僞

朱歧祥
（東海大學中文系）

一、文章源起

  2012年8月韓國漢字研究所舉辦中日韓漢字文化國際論壇，在濟州島召開。我是臺灣唯一被邀請出席的學者。近二十多年我參與許多國內外的學術會議，濟州島之行本來只是一項單純的活動。大會邀請我作開幕的大會發言，報告的論文是《由册字探討殷商由祭而獻的習俗》。

  我在8月25日（周五）由臺北直飛濟州。出發的前一天，我收到由韓國寄來的一件限時快遞包裹。我本以爲是韓國會議主辦單位寄來的開會補充資料，但打開包裹一看，竟是由韓國大鍾語言研究所的朴大鍾先生寄來的《關於商帝辛固陶文的研究》一書增訂版。我與朴先生素未謀面，但我直覺該書與我的濟州島之行有關。對於韓國人發現殷商陶文的報導，我只是在網絡上瀏覽過相關新聞。至於詳細的情況，我還真搞不清楚。我連夜翻閱朴書的內容，該書封面在"增訂版"三字後標示"王宇信先生的反駁和作者的辯追加"一句，而在封面正中"朴大鍾著"的上面又特別標明"陳煒湛指導"。很明顯這書的出版牽涉某些學術同道之間相阻的意見。起碼作者增訂此書的心態，是希望借重廣州中山大學陳煒湛先生在古文字學界的名聲來肯定其個人的文章，並對社科院歷史所王宇信先生的批評進行反駁。文字學界是求真的地方，同道間的論難本是尋常，但由第三者這種借甲打乙的方式來炒高討論氣氛，恐怕不是相關當事人所願看見的。爲何在我赴韓國開會的前一刻快遞來這本著作，可能是一種誘導發言的手法罷。我不願意介入兩位同道友好的爭辯，我一再叮嚀自己此行務必謹言慎行。此時臺灣正接受強颱的吹襲，我慶幸離臺能遠離暴風的肆虐，可是未料想到數日後颱風接着北上登陸濟州，讓與會的學者狼狽不堪。更未想到的是，流言的吹襲在我返臺後才逐漸展開。

飛機在25日下午順利抵達怡人的濟州島。主人慶星大學河永三教授早在機場相迎，還有多年久違的濟州漢拏大學校的梁萬基教授。當時賓主皆歡，由梁萬基親自駕車直達濟州島Billow Beach渡假飯店。待辦好入住手續，不多久，果然有自稱大紀元時報的記者來電要求約見，我隨即以不適合發言拒絕。第二天8月26日早至濟州大學人文館進行學術報告。大紀元時報記者全景林和李知性進入會場要求采訪，我以會議進行並不方便再加以拒絕。中午休息時候，大紀元的兩名記者又再次出現，懇求我說幾句話。我看不好再推，便回應了他們幾個問題。果然他們直接問我對紅陶罐上文字的看法，並嘗試引導我對王宇信的意見作出批評。我只一再強調，出土文物上有文字的記錄，其歷史意義和價值當然非比尋常。如果這件器物是真實無誤，而文字又果真如朴先生所言，自然是重要不過的發現。至於針對王宇信文章的看法，因爲我仍沒有細讀，根本就沒有作任何的評論。訪問很快便結束，我也以爲幫對方交差了事。可未想到的一時心軟，却給我惹來了麻煩。

我返臺後繼續教學工作，過了不久，學生來告在網絡上有老師受訪發表對韓國陶罐的意見。我對此並沒有在意，也沒有上網點閱。一直到2012年12月20日北京的王宇信先生來函，說"朋友寄我一份剪報，見到老弟的高見，現寄上供您一閱"，我才警覺又是一宗亂扣帽子的肥皂劇。剪報內容報導：臺灣甲骨學專家朱歧祥針對王宇信、陳煒湛等的辯論，說"我覺得當然不可能是僞造的"，"王會長並非探索真理，而只是站在政治角度上進行研究的官方學者"，"只用1個字來判斷年代的方法是不對的"等。這都不是我的語言。其中的第一句話是轉抄自2006年7月陳煒湛致函朴大鍾的"不應（似亦不可能）是僞刻。此陶罐應視爲殷代遺物"。第二句話是采用2012年8月22日大紀元時報A9頁專題報導《韓國學者揭密中國商朝陶罐上甲骨文難題》的標題"中共御用學者歪曲歷史、僞造文字並主張紅陶罐是贗品"下的文意。第三句話則是來自記者問我"王宇信只用一占字來判斷是甲骨文第一期的作法對不對"，這也不是我的話。

我一方面懊惱韓國記者的不實報導，叫我投訴無門，一方面作爲專業研究文字的人，實有必要把話說清楚。當日人在濟州，匆忙間沒有充分表達我對紅陶罐上符號的看法。下面，我先談談陳煒湛先生的序言和初版意見，再直接評論陶罐上的文字價值。

二、談學界評論紅陶罐真僞的態度

觀察朴書附引專家對陶罐文字和朴大鍾本人鑑定的意見，基本上都是持否定的看法。如中國社科院考古所的A君、曹定雲，日本的成家徹郎和社科院歷史所的王宇信。這些專家都是長期接觸考古文物和古文字的學者，他們的一致意見理論上已代表着學界的客觀認知。其中的A君認爲陶罐文字與西周晚期金文風格相當、文不成句等理由，判斷此屬僞刻。曹定雲提出該罐的出土時間、地點和出土情況不明，而刻文如"周"、"金"、"行"、"有"等明顯具有戰國風韻，判斷是今人所爲。成家徹郎爲古代天文學專家，他特別提出"金"被指爲行星是戰國後期才出現，"角"則見於春秋以後，更點明"此銘文並不是中國人而是韓國人刻的"。王宇信在《殷都學刊》2012年第1期撰文，通過卜辭的性質、歷史背景、字形、筆法等角度全面反駁朴書，結論是該紅陶罐非殷商之物，罐上陶文是僞刻。諸位先生平實率直地就字例分析，呈現求真的精神，也充分表達了就事論事的態度。

至於看起來好像是贊成朴書的學者，只見中山大學的陳煒湛。陳煒湛是甲骨學名家，他一生目驗甲骨無數，對甲骨研究多有貢獻。細審他在朴書的序言，用詞十分含蓄。他在字裏行間，其實是充滿保留的態度。他説："本文作者朴大鍾先生……想像力亦甚豐富，其精神令人欽佩。"研究文字是爲求真相，一般我們形容"想像力豐富"，其實就是"不是真"的代名詞。只針對其個人的"精神令人欽佩"，自然是對文章的"結論"並不苟同。陳序接着説："唯紅陶罐之出土，收藏及流傳情況亟須深入調查。"文字學同行一般的習慣，對於來路不明的出土文物都是極具戒心的，陳序已點出該陶罐的出土、收藏和流傳都不"準確"，其有所保留的態度，十分明顯。陳序又説："設若紅陶及刻文確爲殷人遺物，則此發現足以震動全中國乃至世界。"朴大鍾將陳説引爲全書的序文，自然希望利用陳在古文字學界的聲望來增強本書的學術性和其研究的可信度。但適得其反，以上兩句話是建基在"設若"和"確爲"二詞上的，並不代表陳即認爲此紅陶罐和刻文是殷人遺物。傳統中國人以文會友，處處求不傷感情。陳是老一派的賢達，對國內晚輩都溫文照顧，對國外朋友更是客氣求全。陳序內容的含蓄，我們應該用這種態度來理解。

朴書86頁引述陳煒湛在察看朴大鍾對A君和曹定雲的答辯後再一次提出的意見："以我觀之，陶罐底部之'固'與甲骨文全同，不應（似亦不可能）是僞刻。"當然，只因爲罐底此一字與甲骨文全同，並不能證明"不可能是僞刻"這一命題。陳的論證並不算充分。但我們知道陶罐文字有兩部分，因此，陳文言下之意，圈口的字可能就是僞刻了。陳文復語有保留地説："陶罐肩部文字確難通讀，是否殷人遺墨亦難確指。真偽莫辨，不妨存疑，以俟後證。"陳文語言厚道，沒有直接點出難讀的原因，對朴書釋讀亦沒有多作批評，但處處留下弦外之音。善讀書者閱畢此處，當亦能明瞭陳文的意思。

總的而言，以上中國學者的發言，無論是直筆或是曲語，都是就材料而談問題，一致地推論紅陶罐文字有可疑的地方。

三、由字形結構討論紅陶罐文字的真偽

朴大鍾書發表的商帝辛占陶文有兩部分：一在罐底中間朝外的一個占字，一在罐肩邊的一圈所謂60個字。以下，嘗試全面的對應常態殷甲骨文字形，逐一檢視罐上文字字形和筆勢的疑點。

1. 固作 🗌

字從占的卜、口二部件相連接，而所從之口形右豎短於左豎，並不對稱。

檢核考古所的《甲骨文編》卷3.30第150頁收占字26例，從占形的一般都分書卜和口二部件。二形相連接的僅二、三見。劉釗的《新甲骨文編》卷3第203頁收占字16例，所從占形都分書卜和口，沒有例外。固字見於殷武丁時期，即董作賓先生斷代分期的第一期，而不見於晚期甲骨。一般固字所從外圍的骨形筆劃，兩邊都作對稱的書寫。

2. 金作 🗌

字底下橫劃呈波浪狀，筆勢與隸書毛筆的筆法相似。

殷甲文並沒有獨立的金字。近出殷墟村中南甲骨有隸定作金字的，但由上下文理解恐宜存疑。甲文從金的字只一見，作鎷（合集36984），見《新甲骨文編》卷14第744頁，字屬黃組卜辭。一般所謂黃組，相當於董作賓先生五期斷代的第五期帝乙、帝辛卜辭。李學勤、彭裕商的《殷墟甲骨分期研究》第176頁將黃組上限定在文丁之世。容庚《金文編》卷14第905頁，金字多達80例，但下一橫都作筆直的橫筆，沒有作波浪形的挑筆寫法。

3. 見作 🗌

所從目形並不完整。從人的豎筆穿過目中帶出，寫法奇特。

統觀《甲骨文編》卷8.15第367頁收見字41例，《金文編》卷8第618頁收見字19

例，从目具眼均作完整目形書寫，無一例外。同時，甲文的見字从人或站或跪無別，但都自目的眼珠正下方帶出豎筆作 罒、罒 形，並無例外。

4. 率作 卆

字形中上處不見短豎。兩旁本作直筆短豎的却由內往外斜出。寫法與所見古文字均不相同。

細審《甲骨文編》卷13.2的率字作 ｜8｜，共收23例。字形獨特處有二：一是字中間開頭的短豎筆，二是兩旁對稱而垂直的短豎，均沒有例外。《金文編》卷13第873頁率字收2例，其中1例西周的盂鼎作 尜，兩旁豎筆始改書作斜筆，但仍屬分書，而中間的短豎仍明顯保留。

5. 辛作 䇂

字的豎筆向左斜出而露鋒，中間作二橫劃。朴書第18頁引《金文編》有此字形，但覆核《金文編》卷14第972頁辛字條，查無此字。

反觀《甲骨文編》卷14.14第553頁辛字作 辛、辛，兩旁斜筆由外斜向中間收筆，沒有例外。

6. 自作 𠂢

字首上有一長豎筆，旁則以二半圓弧組合。字形接近周金文的寫法。

對比《甲骨文編》卷14.3第532頁，字作 𠂢、𠂢，共27個字例，字首都是尖而中分，並不帶豎筆。《金文編》卷14第935頁始見有作 𠂢 形。

7. 亡作 ヒ

字形與古文字亡字不同，反而與篆文的乍字相似，但字上半作楷書的人形而不从入，其發生時期明顯更晚。

核對《甲骨文編》卷12.19第498頁亡字收46字例，都作 𠃊 形。《金文編》卷12第839頁亡字一般作 ヒ、ヒ。字中間增一橫劃的，只見戰國時期中山國文字，字形始與紅陶罐亡字略似。

8. 周作 𠧪

字上半中間只接二橫劃，下从口。

檢視《甲骨文編》卷2.9第43頁周字作 𠦬、用，可見殷甲文字不从口。《金文編》

卷2第70頁周字收54例,有由 圕 而 用 而 周 等變化。而省橫劃作 甶 者,僅一見春秋器的格柏簋。

9. 侯作 ⺁

字从矢的左上方省斜劃。矢的中豎一劃連接左矢尾斜出,筆勢露鋒,與毛筆的書寫無異。

反觀《甲骨文編》卷5.20第243頁共25個侯字字例,字作 医,从矢,沒有省例,且矢尾作兩弧筆交錯。《金文編》卷5第370頁8個字例,主要作 ⺁、医,而矢幹中豎仍承甲文先直書,再中分爲矢尾的寫法,沒有例外。

10. 元作 ᚍ

字上長橫劃作波浪狀,一如隸書寫法。古文字形未見此例。

《甲骨文編》卷1.1第1頁元字作 元,上从二平齊的直橫劃。

11. 西伯作 ᛗ

朴書認爲此字是"西伯"的"特殊合文",古文字中未見此例。

《甲骨文編》卷12.2第463頁西字形作 㐭、᛫、᛫。《甲骨文編》卷7.27第336頁白字都作 ᛫。二字形字首未見豎筆,亦從未作合文的組合呈現。《金文編》卷12第765頁西字一般作 ᛫;明顯的第一刀呈現短豎出頭的,始見於散盤的 ᛫。

12. 行作 㐅

字下半二豎劃由内向外分斜出。

《甲骨文編》卷2.28第81頁行字作 㐅、㐅。字的豎筆都呈垂直狀,沒有例外。《金文編》卷2第120頁行字亦作 㐅,豎筆斜出作 㐅 者,始見於《虢季子白盤》。

13. 又作 ⺣

字手形朝上,作正面書寫。第一刀彎曲作弧形狀,寫法奇特。

細審《甲骨文編》卷3.12第114頁又字作 ⺣、⺣,象手側形,沒有例外。

14. 自作 ᛒ

對比前一自字,字首上没有豎筆,但左邊作直豎。字形不見甲金文。

《甲骨文編》卷14.3第532頁自字作 ᛒ,左邊作弧狀寫法,並没有例外。

15. 田作 ⊕

字外圍作圓圈形，中間界劃並不平均，中豎向左方作撇狀斜出。

反觀《甲骨文編》卷13.9第522頁田字作田、田等形，均作正方形或矩形的寫法，周邊沒有作圓形者。《金文編》卷13第891頁田字作田，亦有因屬鑄的關係字外圍稍圓作田，但中間田界仍保持正十字形，沒有例外。

16. 自作

字中上豎作楷書入形的寫法，中間二橫懸空獨立於字中。與古文字形不同。

《甲骨文編》卷4.4第163頁自字作、，下半鼻形由外而內作回鉤狀，沒有例外。而中上豎劃筆直由上而下，再中分向兩邊，亦沒有例外。《金文編》卷4第343頁字作，亦已有作形，與篆文相近。唯上半的中豎亦作筆直書寫，沒有例外。中間的二橫劃均緊貼左右直筆，例外的只一見晚出的《鄂君啓舟節》。

17. 州作

字中間一部件分書作二刀，象丩形寫法。

檢視《甲骨文編》卷11.10第449頁州字作，象水中沙洲形，中間作圓形的沙州，中間作圓形的沙洲，筆劃緊密相連。

18. 西作

字首具長豎筆，而中間左上而右下的兩斜劃作拋物綫的弧形狀。

反觀《甲骨文編》卷12.2第463頁字作、、，均未見上方有突出的豎筆，而中間交錯的筆劃都是筆直書寫。

19. 邑作

字上从圓圈形，下从卩向左傾斜狀。

《甲骨文編》卷6.11第280頁字作，上半作圍城形都从方形，下象人筆直的跪姿，並無例外。

20. 祖作

字兩豎筆由中間向外斜出，底下橫劃突出兩邊，接合似作三角狀。

反觀《甲骨文編》卷14.1第527頁字作，而豎筆直書由上而下，底一橫劃，與兩直筆筆口相接。橫劃突出字外都是特例寫法。

21. 乙丁作 ⟨圖⟩

朴書認爲是"丁乙"合文,二字相連接,丁作小圓形。

甲骨文的乙作⟨圖⟩,丁作囗,一般都作小方形。二字從不合書,亦没有相連的字例。1956年中研院史語所編《殷墟器物甲編》上輯有陶文作⟨圖⟩形,參高明《古陶文彙編》1.77第17頁,但亦未見二字相連。

22. 爪作 ⟨圖⟩

朴書以爪和又通借,有保佑義。

《甲骨文編》卷3.10第109頁僅一例作⟨圖⟩(乙3471),但不見得是爪字的用法。《金文編》卷3第124頁爪亦僅一例,作⟨圖⟩,見師克盨。

23. 有作 ⟨圖⟩

字从又持肉,但从肉形少一橫劃。

甲骨文以右和又作爲有的用法,仍未見作"有"形者。周金文始見有字。《金文編》卷7第479頁字作⟨圖⟩,从又持肉,一般从肉都具二橫劃。

24. 明作 ⟨圖⟩

字从目从月。其中目形可怪,且目的一部分被月所遮閉,未審如何呈現明意。

《甲骨文編》卷7.7第295頁字作⟨圖⟩,从日月;又作⟨圖⟩,从囧从月。字至周金文仍傳承此二種形構,但日月二部件絕無合書例。甲金文的明字亦沒有从目字之例。

25. 己作 ⟨圖⟩

字的筆劃呈彎曲狀。

甲骨文的己字作⟨圖⟩,刀刻的綫條組合呈直角形。《甲骨文編》卷14.13第551頁收21字例,寫法都一致,並無例外。

26. 睪作 ⟨圖⟩

朴書釋此字"是目省爲日,而幸省劃爲大",如朴說無誤,此字當出於戰國斁字形之後。更何況說由目省作日,由幸省作大形,均無任何證據。

甲骨文中未見睪字。《金文編》卷3第217頁斁字作⟨圖⟩(牆盤),字从日从矢。戰國《中山王𗊭壺》字作⟨圖⟩,始从目。

27. 任作 [字形]
字所從之人可怪，一般古文字都不作如此寫。將任解釋爲放任，更非古意。
《甲骨文編》卷8.3第343頁作[字形]，用爲人名。《金文編》卷8第566頁作[字形]，亦屬人名。戰國《中山王礜鼎》字作賃，才有責任意。甲金文所從壬旁的上下二短橫平齊，並無例外。

28. 允作 [字形]
字形與古文字的欠字相似。字首本屬豎筆的却由左下往右上斜出，從人部件則作跪坐的卩形。
相對的，《甲骨文編》卷8.12第362頁允字作[字形]，《金文編》卷8第614頁字作[字形]。字形的第一刀由一豎筆或一弧筆帶出，並無例外。且從人部分的手形朝外斜出，也沒有例外。同時，一般允字從人並不作跪姿。

29. 自作 [字形]
字與前一自字相異。字中上筆法作楷書人形，與一般古文字的自字不同。中間一橫書特長，破壞鼻形的結構，而兩邊筆劃直書，亦與古文字自形不同。
甲骨文自字作[字形]，上半中豎垂直中分，絕無例外。兩旁筆劃對稱由外而內再往外彎，勾列出鼻形外觀。

30. 西伯作 [字形]
朴書謂"西伯"二字合文，但此二字明顯分書，且字形一見短豎，一作圓首，與古文字的西和伯字寫法不同。
甲骨文西字作[字形]、[字形]；伯字作[字形]。二字形一般都呈尖首狀。

31. 侯作 [字形]
字從矢部件改作楷書的人形。朴書謂"人部分爲矢縮寫"。
甲骨文侯作[字形]，從矢，沒有例外。從矢部分亦未見變形，或縮矢作人之例。

32. 祖作 [字形]
字與前一祖字相異。兩斜劃突出，夾住中間二橫劃。這種寫法不見於古文字。
甲骨文祖作[字形]，底橫劃與上二直筆相接。

33. 丁乙作 〇

二字相連。朴書謂此屬"丁乙合文"。

甲骨文丁作口,乙作ㄋ。甲文未見丁、乙合文或重叠連筆的例子。

34. 征作 ㄓ

朴書謂此正字是"征的本字,又是初文"。

甲骨文征伐字作ㄓ,上从口,即圍城形。周原甲骨有ㄓ字,但都用作正,有禎祥意,不讀爲征。周原甲骨作征的只一例,見H11：110"征巢",字已从彳。而金文中的正字仍都不作征字用。

35. 文作 ㄨ

字形書體彎曲一邊,字首由兩筆交錯始。

反觀《甲骨文編》卷9.1第372頁作亣、亣,字形正立,左右對稱,中間的第一刀上多見短豎狀。

36. 夕作)

字象半月斜向。

《甲骨文編》卷7.7第296頁夕字作)、),象半月形,假爲夕。字常態作缺月處都呈現筆直由上而下的豎劃。

37. 祀作 Ƴ

朴書認爲"指第六地支","是祀的初文"。字首上半平齊,下半呈弧狀,很怪異。

《甲骨文編》卷1.4第8頁祀字作ꞵ、祀。而地支的巳作ƴ、ƴ。祀、巳用法並不混同,後者象子形,而子首多見圓形或方形狀。

38. 辛丁乙作

朴書謂"辛丁乙"三字合文,但除乙字勉强形似之外,丁和辛的字形都不見於甲骨文常見寫法。

甲文的辛作ꞵ、丁作口、乙作ㄋ。三者未見合文或連用例。

39. 自作 Ꞵ

字左邊作直筆,與前一自字異。

甲骨文白字作❀,字的左邊均向外弧形突出,沒有例外。

40. 眉作 ⿱

字的眉毛作三短豎,而目字的寫法與一般古文字不同。

《甲骨文編》卷4.3,162頁眉字作 ⿱、⿱,眉毛均作曲筆折綫,並無例外。

41. 走作 ⿱

字從人形中間身腳部分一刀斜出,寫法一如楷書。

《新甲骨文編》卷2第73頁字作 ⿱,人形中豎明顯由上筆直而下,再分書作兩腿。

42. 言作 ⿱

字底部作半弧狀,寫法奇特。

《甲骨文編》卷5.22第247頁字作 ⿱、⿱,下半作四方形,並無例外。

43. 井作 井

字左上一刀作彎曲狀,可怪。朴書認爲是星宿名。

《甲骨文編》卷5.14第232頁作 井,四刀交錯筆直。字用爲方國和人名,但未見星宿的用法。

44. 朕作 ⿰

字從舟呈波浪狀,寫法可怪。從关部分亦與一般古文字不同。

《甲骨文編》卷8.1第359頁字作 ⿰,從舟的形構對稱。

45. 御作 ⿰

字右從卩站立,不作跪姿。左側午字的上部亦無短豎筆。

《甲骨文編》卷1.6第76頁字作 ⿰、⿰,收字49例,從卩均作跪姿的 ⿰,並無例外。而從午的上方均有短直豎,亦無例外。

46. 皿作 ⿱

字形與周金文從皿字形相似,而字兩邊斜向的垂筆甚長,寫法怪異。

《甲骨文編》卷5.11第226頁皿字作 ⿰、⿰。甲文從皿偏旁的字形亦如此,與紅陶罐皿字形不同。

47. 曰作 ⊟

自从口上的橫劃甚長，寫法可怪。

《甲骨文編》卷5.2第208頁字一般作⊟，短橫懸置。只有少數作 ⊟，橫劃亦甚短。

48. 角作 ⌂

字角尖有短豎，而兩邊筆勢下垂。朴書釋爲星名。

《甲骨文編》卷4.24第203頁角字作 ⌂、⌂、⌂，共15例，底部兩筆都有回鈎，並無例外。字也並無星名的用例。

49. 明作

字與前一明字不同。朴書認爲是由目和月的組合。但目字形不見於古文字，以目擋月亦不見明亮意。

甲骨文目字作 ⌒，具眼珠；月作 ⊃，象半月形。甲文的明字作 ⊟⊃，从日月；又作 ⊚⊃，从囧月，但並未作目和月的組合。

50. 有作

字與前一有字不同。朴書釋又下一刀爲肉的簡化形，但肉字從不作如此省略的寫法。

甲文"有"的用法，都寫作㞢和㞢，但未見从肉的"有"字，更不用說是省肉作斜劃之形。

51. 余作

字上从三角形，與一般古文字不同。

《甲骨文編》卷2.2第30頁余字作 ⌂，下半的二短劃向外斜出，沒有例外。

52. 征作

字上从一短橫劃與止相接合，與甲文字形不同。

殷甲文征伐字一般都作 ⌂，从止朝圍城，其中的 ロ 形仍未簡化爲橫劃。

53. 道作

朴書釋道和導。字从首形，寫法可怪。

甲骨文並未出現道字。

54. 舟作 [字形]

朴書釋爲舟字，但不似舟形，字與一般古文字舟字亦不合。

《甲骨文編》卷8.10第358頁舟字作 [字形]、[字形]，象形。船的對應兩邊之間有橫劃相接，不見例外。

55. 邕作 [字形]

朴書釋此字是民和卩的組合，相當清代《字彙補》中的㟁字，有平意，引申爲平安的用法，但从卩从巴未見通用例。

甲金文均不見此字。金文民字作 [字形]、[字形]，見《金文編》卷12第813頁，與紅陶罐字並不對應。

56. 玄作 [字形]

朴書引《廣韻》釋玄作寂靜意。

甲文未見玄字。玄用爲寂靜意恐亦不會太早。

57. 田作 [字形]

田周邊作圓狀。

甲骨文田字作田，象方田形，筆劃組合率成直角，沒有例外。

58. 封作 [字形]

象植物部分筆勢彎曲，下从土作圓圈形，書體可怪。

《甲骨文編》卷6.9第275頁丰字作 [字形]，中豎直書，下从土。

59. 它作 [字形]

朴書釋此爲毒蛇的頭和細長的身體，純屬想像。字上从圓圈狀，寫法可怪。

《甲骨文編》卷13.3第509頁虫字作 [字形]、[字形]，象蛇形，獨體。《甲骨文編》卷13.4第511頁它字有收 [字形] 形，即㠯字之省。

60. 肯作 [字形]

朴書認爲"外輪廓綫是象形骨頭，表示骨中之肉，引申附着→可以"的含義，理解可怪，且古文字的骨和肉字都不作如此書寫。

甲骨文並無肯字。

61. 御作🩸

字从卩,不見坐姿。

甲文字作🩸,从卩都作跪坐形,並無例外。

　　以上是針對紅陶罐上字例逐一觀察的結果。我選取最普遍不過的《甲骨文編》、《新甲骨文編》、《金文編》的甲金字形來作對比。如果只抽取一兩個字例作比較,不見得可以提供絕對的斷代標準,但如集合討論61個字的斷代,而方向又一致,我們就不得不承認它的可能性。這些陶罐字形,竟沒有一例是與目前所見常見的甲骨文字形完全相吻合的。相反的,這些陶罐文字的書寫,都只是在隱約形似之間。其中若干字近似周金文,若干字近似篆文,若干字筆法有隸楷的味道,若干字不見於甲金文。單就字形來看,這件陶罐不應是殷商民族的作品。由文字的複雜和交錯的程度看,書手是根據所認識的古文字形(當然書手所學多不準確)與個人靈感而創造出這一圈字。書寫的時間應該是現代。

四、由文例觀察紅陶罐文字的真僞

　　紅陶罐底部表面單獨書寫一固字,在過去出土的無數文物中是唯一的特例。若"固"字是甲文常見的"王固曰"之省,則這"王固曰"應該和需要帶出的判斷語爲何?它所針對要占問的命辭爲何?亦無法在此陶罐中發現。固字形見於殷武丁甲骨,而朴文却認爲陶罐是帝辛(紂)的作品。無論從字形或字用看,此一字的存在都無法作合理的解釋。

　　至於罐口邊的一圈字,朴書64頁認爲是兩組星占卜辭。他把第一組所謂卜辭區分爲前辭、命辭和驗辭,第二組所謂卜辭區分爲前辭、命辭和占辭。其隸定和解釋如下:

　　　　1組前辭:金見。
　　　　解釋:不祥之兆,白晝出現了金星(太白星)。

　　　　命辭:率辛㠯(師)?
　　　　(解):是否要出動我軍隊?
　　　　　　　亡周厌(侯)元西白(伯)行又(右、佑)㠯(師)田自州西邑?
　　　　(解):是否會有周侯元西伯的行伍和他的右(佑)軍隊從周西邑起革命(推翻商朝)?

　　　　　且(祖)丁、乙爪?
(解):祖王文丁和父王帝乙的在天之靈會保佑我們嗎?
　　　　　有明己(紀)敦任?
(解):嚴正的綱紀會不會崩摧、被放任呢?

驗辭:允自西白(伯)厌(侯)。
(解):果然,自西伯侯,發生過這種事情。

2組前辭:且(祖)丁、乙!
解釋:祖王文丁和父王帝乙!

命辭:正(征)文夕子(祀),辛丁乙𠂤(師)眉走?
(解):為了征伐而晚上獻祭,那麼我們(辛丁乙)軍隊能否走至終[勝利]?
　　　　　言(享)井,朕御皿(蠱)?
(解):祭井宿,那就朕能否抵御災殃?

占辭:(王固)曰:角明,
(解):王觀察星兆判斷吉凶說:"角宿在發亮,
　　　　　有余正(征)道(導)舟琶幺(玄),
(解):我會征伐文王,把船[國家]平安穩靜地引導,
　　　　　田丰(封),
(解):西邑征伐後將會分封,
　　　　　它肎(肯)御。
(解):災殃可以被抵御。"

　　統觀這所謂占星卜辭的文體性質。殷卜辭本用於占卜,多以對貞或單句詢問吉凶的方式呈現,但陶罐圈口文字並無任何明顯的詢問句式。卜辭分前辭、命辭、占辭和驗辭四部分。前辭記錄占卜的時間干支日和占卜的人或地名,但陶罐文字所謂前辭只簡單地謂"出現金星"和"祖王文丁和父王帝乙",完全不合乎前辭的體例。命辭本屬詢問句,但陶罐圈口兩段所謂命辭均無作正反句或詢問句式。殷人常態占卜,一辭只卜問一事,但如按朴書理解,陶罐命辭出現一連串的問題(1組共4問,2組有2問),明顯不是殷人占問的形式和習慣。占辭是判斷語,甲文由"王占曰"或"子占曰"

帶出。陶罐文字却單言"曰",顯非常例。占辭的內容,一般是記録殷王對卜兆判斷的"吉"否,但陶罐第二段的所謂占辭,却長篇大論地訴説帝辛征伐文王的內容。通觀十萬片甲骨占辭的用法,並無此例。最後,驗辭是事後追刻占卜所求事宜的明確發生記録,但陶罐上第一段的驗辭却作"允自某",明顯語意不詳。而且,兩段所謂卜辭緊密成一圈排列,書於罐口,過去亦從未出現過。因此,在形式上言,把這一圈字理解爲兩段卜辭,基本上是可疑的。

下面,我們進一步由成辭的組合來觀察,陶罐這一圈字的內容是否在殷商甲骨所呈現的語言概念中曾經有發生過的可能。

1. 金見

朴書理解爲"出現了金星"。殷卜辭仍没有發現明顯用作"金"的字,而"見"字有用爲"發現"、"遇見"的用法,如"見方"、"見某侯"等文例,又可借爲獻,如"見羊"、"見麂"、"見百牛"等,例句參姚孝遂編《殷墟甲骨刻辭類纂》220頁。但迄今仍未見用爲"出現"例,更不會單純將賓語前置如陶罐的"金見",再解讀爲"出現金星"的例句。朴書增文義作"白晝出現了金星",更不是原來的意思了。

2. 率辛自

朴書理解爲"出現我軍隊",朴認爲"率"有統率、領導之意(見朴書18頁)。統觀卜辭,率有均也、皆也的用法,如"率用"、"率燎",參《類纂》1222頁,但並没有作統率、領導意。朴書把"辛"作爲殷王帝辛(紂)的自稱,在衆多卜辭中亦没有確證。卜辭帝王自稱的主語一般用余,受詞用朕,並没有以天干自名之例。

3. 周侯元西伯行

朴書解釋爲"周侯元西伯的行伍"。朴書23頁理解"元"爲"元子"或"元首",並謂"若指元子,周侯元西伯就是周侯文王的嫡長子西伯,即周武王"。然而,卜辭中有"元示"、"元卜"、"元簋"、"元臣"例,但並不見"元子",更遑論理解作元首或嫡長子了。第五期帝乙、帝辛卜辭的元字只見用爲田狩地名。卜辭的"行"字,用爲人名,如"呼行"、"行以"、"行取"、"行女"等例,參《類纂》852頁。殷卜辭仍未見"行伍"的用意。

4. 又(右、佑)自(師)

朴書26頁謂"又自"表示"右師",或者"保佑之師"。卜辭自可以理解爲師,常見"某地𠂤"、"𠂤某"、"我𠂤"、"三𠂤"等,句例參《類纂》1163頁。《合集》33001雖有"王乍三𠂤:右、中、左"一辭,但也沒有具體的"右師"用法。

5. 田自州西邑

朴書27頁謂固陶文中田的意思,是"畋→耕翻→推翻→革命→興起革命",並在申論中的"田"字後括弧一"革"字。州,朴書27頁謂"表示殷代當時行政區域的名稱"。細審卜辭的田字,有田耕和田狩的用法,文例如"王田某地獲某獸"、"往田"、"省田"、"令田"、"田某地"等例,參《類纂》801頁,但均無任何革命的意思。而卜辭的州字只用爲地名,如"州臣"、"州妾",例參《類纂》486頁,也沒有明顯確證用爲行政區域。

6. 且(祖)丁、乙爪

朴書29頁理解"祖丁乙"爲"帝辛的祖父文丁和父王帝乙",統稱"祖丁、乙"。爪,朴書32頁謂"爪和又字在商周代相互通借,有保佑的意見"。卜辭固然有合稱先祖名稱之例,但如屬"祖丁、乙",當理解爲"祖丁、祖乙"的合稱,無由將此辭解讀爲"祖丁、父乙",以符合文丁和帝乙的順序。另,爪字在部件偏旁中自然可以和又字混用,但當字在獨立應用時,爪和又是兩個不同的字。《類纂》358頁爪字條僅一見《合集》18640,且屬殘辭,無由證明卜辭的"爪"有保佑的用法。

7. 有明己(紀)敦任

朴書34頁謂明"既表示明亮,也能表示嚴正、嚴明之含義"。己字"必定是形似將網上部的網眼鉤穿起來之後伸縮自如的繩子'紀綱'的象形字",並謂"明己"是"表示嚴正的紀綱"。敦,"表示崩壞、敗壞之義"。任,"放任"。"明己敦任"一句可以解釋成"嚴正的綱紀不會崩摧、被放任呢?"

然而,卜辭並無"明紀"、"敦任"的文例。卜辭的明字,有用爲地名,有用爲白晝,與昃、夕字對文。句例參《類纂》440頁。但並無嚴正的用意。己,卜辭單純借爲天干,並無綱紀的用法。此外,卜辭亦無敦字。任,卜辭只用作人名,如"侯任"、"子任"、"任伐"等,自然更沒有"放任"的意思。

8. 允自西伯侯

朴書38頁理解爲"自西伯侯果然有其事"。允字在卜辭有"果然"的用法,自然沒有問題。但一般驗辭主要是回應前面卜問的結果,而陶罐文字前面一再問祖乙、父丁會否保佑，嚴正的綱紀有否放任，與這裏所謂驗辭内容並不對應。而且一般驗辭允字句都有關鍵的動詞，如"允雨"、"允執"、"允出"、"允擒"、"允獲"、"允用"、"允有來艱"等，句例參《類纂》17頁，但反觀陶罐的允字句却没有動詞。

9. 且（祖）丁、乙

朴書65頁理解爲"祖王父丁和父王帝乙"，並判定爲前辭。在語意上，將"且丁乙"理解爲一祖一父的稱謂，顯然是没有道理的。一般卜辭前辭都作"干支卜某貞"、"干支卜貞"、"干支卜某地貞"等句例，但從來没有引録先王名稱作爲前辭者。

10. 正（征）文夕子（祀）

朴書65頁理解爲"爲了征伐文而晚上獻祭"。所謂文，朴書認爲是"指商帝辛的敵人周代文王"，"文可能是帝辛指西伯昌的生稱王號"。此説缺乏實據。卜辭的"文"，有"文室"、"文武"例，參《類纂》1243頁，但並無作"文王"的專指用法。朴書將子理解爲"祀的初文"，亦無所本。卜辭未見此例。甲文的子只借爲地支的巳，但不會用爲祭祀意。

11. 辛丁乙自（師）眉走

朴書65頁解釋爲"我們辛丁乙軍隊能否走至終（勝利）？"其中所謂"辛丁乙"，朴書謂辛指商代的時王帝辛，丁指帝辛的祖父文丁，乙指帝辛的父王帝乙，表示"天上的祖父和父王保護的帝辛軍隊"。此純屬想像之詞。卜辭只單言"王自"，並没有這種强調作先公先王師的用例。朴書把眉理解爲彌爲冬，"眉走"就是"終走"，就是"走完"，意味着即將勝利。這些説法都是没有根據的。卜辭眉字用爲地名，又另見"眉日"例，即常見"湄日"之省，但却没有"眉走"例。

12. 亯（享）井

朴書65頁謂"祭井宿"，另在47頁解釋爲"是反映希望井宿照亮自己的軍隊能够免災順利退敵封新諸侯的願望"。卜辭井字有作婦名、方國名、地名，但並没有用作星宿名，更没有"享井"之例。

13. 朕御皿（蠱）

朴書65頁謂"朕能否抵御災殃？"但卜辭的御字，只見作"卸先王先妣"、"卸事"、"卸羌"等，句例參《類纂》148頁，都用爲祭祀的禦字，但仍未作抵禦的用法，更沒有"御皿"例。皿，朴書49頁謂是蠱的略字或缺刻體，無據。卜辭的皿字一般只用作地名。

14. 曰：角明

朴書65頁理解為"王觀察星兆判斷吉凶說：角宿在發亮"。朴文將"曰"視為"王固曰"的簡語或縮寫，是沒有證據的。一般占辭都寫作"王固曰"，強調占辭的解釋卜兆權在時王，有其不可亦不能簡省的宣示王代神權的功能。角，卜辭用為族名，如"角婦"、"以角女"、"角獲"例，參《類纂》707頁。甲文的角字都沒有星宿的用意，自然亦未見"角明"連用。

15. 有余正（征）道（導）舟邕幺（玄）

朴書65頁解釋為"我會征伐文王，把船（國家）平安穩靜地引導"。檢視卜辭仍沒有"有余"例，亦不見"導舟"的用法，把舟理解為國家更不是殷商時期的通則。而將新出的邕字視作"平"的同義詞，亦無據。將幺字通過晚出《廣韻》的"寂也"來理解，也不合乎殷人的字用習慣。

16. 田丰（封）

朴書65頁理解為"西邑征伐後將令分封"，純屬附會之詞。朴書54頁謂田作領土，封是指分封，都不是殷商時期的用法。卜辭無"田封"連用例。甲文封字用作方國名，參《類纂》502頁，也不見分封解。

17. 它冎（肯）御

朴書65頁解釋為"災殃可以被抵御"。甲文並沒有肯字，將此所謂肯字由附着引申為可以的意思，亦沒有根據。把卸理解為抵禦意，亦不合於殷人的用法。

以上耗費了許多篇幅和文字，將紅陶罐上一圈字的用例，一段一段地與殷甲文核對。核對的結果，可以說幾乎沒有一處是相同的。很明顯，這一圈字所記錄的語言概念，並非殷人所有。

五、結語——所謂科學是否真的科學

朴書堅持將紅陶罐定為殷器，最看重的立論是熱釋光檢測。朴大鍾追求真相的執着態度，多次尋求科學技術的鑑定，令人欽佩。然而，觀察這幾次同樣是熱釋光的測試結果：

香港城大檢測結果：距今1 465年（±10%–20%誤差）
中國上海博物館檢測結果（一）：距今<100年
　　　　　　　　　　　　（二）：距今480年±100年
英國牛津鑑定公司檢測結果：距今1 700–2 700年

這些學界強調的所謂"客觀而普遍適合"的科學技術，其間的落差如斯之大，如何能作爲他學科賴以爲支柱的堅實證據呢？其客觀價值不得不叫人生疑，也讓人失望。我對熱釋光檢試完全外行，無法判斷其對錯，但單由文字這一角度切入，由文字論文字，本身亦有客觀的標準，可以提供斷代辨僞的依據。如果一圈文字，字形絕大部分與殷商甲文不同，文例用詞絕大部分與卜辭所載不同。我們儘管沒有立場評估陶器的製造時間，但我們可以肯定地説，它上面的文字絕對不是殷人所刻的。綜合分析陶罐文字的字形、筆法、用詞的古今混雜，我們有理由相信，刻工是存在着作僞心態的可能性，而作僞的時代距今不會太遠。我們單純由文字的質與量作推論，不靠熱釋光鑑測，同樣可以掌握陶罐文字的真相。

　　關於這一占星陶罐的真僞，學界本已有定見，本文並無高論，實可以不寫。若非大紀元記者的出格記録，我也不需要對這一圈文字大作文章，浪費讀者的時間。通過以上字形、字用的對比分析，明顯見此一紅陶罐上是作僞的文字，請大家不要當真。

論《村中南》319中的"🅐"與"🅑"祭

時 兵

（安徽大學文學院）

筆者檢《殷墟小屯村中村南甲骨》（以下簡稱《村中南》）319得"🅐"、"🅑"二字，因關係到殷商的血祭制度，價值頗大，故記於此（釋文采用寬式）。

（1）戊辰卜：彝，馘、行竟入。○弜竟……○戊辰，啓。○不啓。○甘來築。○辛未卜：今日辛🅐屯。○辛未卜：辛🅐屯。不。○辛未卜：🅐屯。○辛未卜：于九主🅐屯。不。○于壬🅐屯。不。○辛未卜：于癸。○癸酉卜：即祊上甲，🅑屯。用甲戌。○癸酉卜：即宗，🅑屯。○爯上甲，衍大乙，光大丁，爭大甲，古祖乙。○……上甲、大乙、大丁、大甲、祖乙。○乙亥卜：☐五廿五，五示冊六，四示七……三示五，……三示[三]，四示二九……①

首先，上例中"🅐"字原本從"戈"從"黑"，其形如下（圖一）：

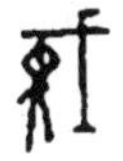

圖一 《村中南》319中的"🅐"字

原整理者以爲是會意字，是指"以戈砍一受過墨刑之人的頭顱"。②其實，這是個形聲字，"黑"是聲符（如《説文》中的"嬲"、"🅑"、"默"、"墨"等字正是以"黑"爲

---

① 孫亞冰先生認爲這版甲骨刻辭中的第12條與第14條、第8條與第15條卜辭當合併。另外，孫先生還指出第14條卜辭"祖乙"上空缺之字當爲"古"，其説可從。參見孫亞冰《讀〈殷墟近出刻辭甲骨選釋〉札記》與《〈村中南〉319補釋》，中國社會科學院歷史研究所先秦史研究室網站，2010年9月16日與2012年10月15日。
② 劉一曼、岳占偉：《殷墟近出刻辭甲骨選釋》，《考古學集刊》第18集，科學出版社，2010年，第219頁。

聲符),"戈"是意符,它可能是"𪠢"的初文。①"黑"上古音在曉紐職部,"𪠢"在曉紐文部,二者聲紐相同,韻部職文通轉。"黑"字在殷墟卜辭中又讀作"艱"(姚孝遂先生已指出"黑"與"艱"是"同源分化字"),②而"艱"正是文部字。殷商以後,仍見有職文通轉的用例,兹列舉數例於此,以作旁證:《春秋》經及《左傳》有人名"季孫意如",《公羊傳》皆作"季孫隱如";又《史記·文帝本紀》有人名"蘇意",《漢書》作"蘇隱";"意"上古音在影紐職部,"隱"在影紐文部。再如"黑"字,《説文·黑部》云"火所熏之色也",有學者指出"黑"與"熏"音近義通,③而"熏"上古音正在曉紐文部。從這些實例來看,職文通轉主要是在聲紐爲影、曉喉音的前提下發生,相較於之文通轉(包括齒、牙、喉三音),其能產性弱了許多。

其次,上例中"鑾"字實乃假"幾"爲之,其形如下(圖二:1):

1.《村中南》319　　　2.《合集》6017　　　3.《集成》7177

圖二　殷商甲骨文中的"幾"字

原整理者分析作"从戈从奚",並認爲它與殷墟卜辭中甲骨文中从"戌"、"奚"的字(圖二:2)意義相同,④其實可以進一步指出二者均是"幾"字的異構。筆者曾撰文考訂後者即"幾"字,⑤从"戌""奚"聲。⑥另有學者考釋出商代金文中的"幾"字(圖二:3)。⑦在圖二中,聲符"奚"的構形從表面上看似乎變化很大:其"人",或作"大"(又或加飾筆),或作"女";其"髪辮",或是一股(又或加"手"形),或是三股。然而這些變化並未真正影響到"奚"字構形的基本内核:人頭頂上有編髮,這也許是奚族奴隸最典型的共性特徵。"幾"字在例(1)中讀爲"鑾"。這裏需要説明的是,于省吾先生曾把殷墟甲骨文中从"水"从"几"的字(圖三)釋作"鑾",⑧後來陳劍先生

---

① "𪠢"可能是"沫"的初文。參見張亞初《殷周金文集成引得·序言》,中華書局,2000年,第9-10頁。
② 于省吾主編:《甲骨文字詁林》,中華書局,1996年,第289頁。
③ 徐超:《中國傳統語言文字學》,山東大學出版社,1996年,第177頁。
④ 劉一曼、岳占偉:《殷墟近出刻辭甲骨選釋》,《考古學集刊》第18集,第219頁。
⑤ 時兵:《釋殷墟卜辭中的"築"字》,《安徽大學學報》2013年第1期。
⑥ 于省吾先生曾認爲此字"是从戌奚聲的形聲字,係用斧鉞以斫斷奚頭,是殺戮之意"。參見于省吾《殷代的奚奴》,《東北人民大學人文科學學報》1956年第1期。
⑦ 陳初生:《從幾字考釋看近義偏旁通用規律在古文字考釋中的應用》,《古文字研究》第24輯,中華書局,2002年,第199-201頁。季旭昇:《説文新證(上)》,臺北藝文印書館,2002年,第308頁。
⑧ 于省吾主編:《甲骨文字釋林》,中華書局,1979年,第23-25頁。

力證該字"與'皆'是聲符相同的通用字",①陳說可從。

圖三 《合集》32212中的"皆"字

誠如上述,《村中南》319有"釁"、"衁"二字,《説文·釁部》:"釁,血祭也。"《説文·血部》:"衁,以血有所刉塗祭也。"雖然"釁"與"衁"均見於《説文》,但它們在文獻中的分佈却極不平衡。大體而言,"釁"多見於先秦傳世文獻,出土文獻則罕見;而"衁"則正好相反。

如以傳世文獻"十三經"爲調查對象,可檢得表"血祭"義的"釁"字25例,其中又以《禮記·雜記下》"釁廟"一節出現的最爲頻繁,摘引如下:

(2)成廟則釁之……既事,宗人告事畢,乃皆退,反命于君曰:"釁某廟事畢。"……路寢成,則考之而不釁。釁屋者,交神明之道也。凡宗廟之器,其名者成,則釁之以豭、豚。

如以出土文獻"兩周金文與戰國簡帛"爲調查對象,"釁"字用例僅見於《包山楚簡》233,其用字形如下(圖四):

圖四 《包山楚簡》233中的"釁"字

這個字在《清華大學藏戰國竹簡(貳)·繫年》、《上海博物館藏戰國楚竹書(九)·陳公治兵》中也都出現過,其中在《繫年》篇裏李學勤先生以爲是"動詞'門'專字",並且指出該字在包山楚簡中讀爲"釁",②李説可從。在包山楚簡中的例子是"釁於大門一白犬",其結構與傳世文獻"釁之以豭豚"還是有大的不同,前者在動詞與祭牲之間可用虚詞"於",這種用法顯然是從殷墟卜辭那裏繼承過來的,而後者絕對不可以。這種差異的形成可能是由於當時楚語保留了更多的殷商語言特徵,尤其是在祭禱卜筮用語方面。③

---

① 陳劍:《甲骨文舊釋"眢"和"蠱"的兩個字及金文"羈"字新釋》,《甲骨文金文考釋論叢》,綫裝書局,2006年,第177—233頁。
② 清華大學出土文獻研究與保護中心編,李學勤主編:《清華大學藏戰國竹簡(貳)》,中西書局,2011年,第182頁。其實在《陳公治兵》篇裏也應視作動詞"門",表示"攻門"的意思。
③ 時兵:《上古漢語雙及物結構研究》,安徽大學出版社,2007年,第190—199頁。

以下是"蠱"字(包括通用字"刉"、"祈"等),它在十三經中的用例僅有數則,不過在戰國楚簡中却極爲活躍,譬如在新蔡葛陵楚簡中出現66次。

(3)……刉於江一貑,禱一豬。　　　　　　　(《新蔡葛陵楚墓》甲三:180)

例(3)中"刉"字原本從"刀""既"聲(圖五),劉釗先生以爲乃"刉"字異體,① 其説可從。

圖五　《新蔡葛陵楚墓》竹簡中的"刉"字

新蔡葛陵楚簡中"刉"字用法很特别,一是"刉"與"禱"對舉,且先"刉"後"禱";二是"刉"涉及的祭牲是"貑",而"禱"是"豬"。這裏的"豬"當從《爾雅·釋獸》"豬,豕子"義,② "貑"可能特指成年公豬,它們正好匹配成對,上引例(2)《禮記·雜記下》中也是"貑"、"豚"連用,這有可能是象徵世代延續的意思。

上述"釁"與"蠱"分布的不均衡性亦見於殷墟甲骨卜辭,如"釁"字僅見於例(1)所列舉的5條卜辭,而"蠱"字却出現50餘次,例如:

(4)乙丑卜,賓貞:選我蠱。○貞:勿選我蠱。　　　　(《合集》13625正)
(5)酒雀至禦父庚三牢又蠱二。○酒雀至禦小辛三牢又蠱二。

(《合集》21538乙)

這兩例中"蠱"作名詞,泛指用於血祭的犧牲,具體包括"成對的動物"[如下例(6)"屯"]、"異族的奴隸"[如下例(7)"築"和例(9)"亘"]等。

(6)貞:王蠱[多]屯,不若,左[于]下上。○貞:王蠱多屯,不左,若于下上。

(《合集》809正)

(7)甲午卜,貞:蠱多築。　　　　　　　　　　(《合集》564正)
(8)丁丑卜,蠱小毛。○丁丑卜,黼。○己卯卜,叀乙日。○叀丁日。○叀庚日。○叀辛日。○庚辰貞:叀丁日。○庚[辰]貞:叀庚日。○庚辰貞:叀辛日。

(《合集》32192)

---

① 劉釗:《釋新蔡葛陵楚簡中的"刉"字》,簡帛研究網,2003年12月28日。
② 大西克也:《試論新蔡楚簡中的"述(遂)"字》,《古文字研究》第26輯,中華書局,2006年,第272頁。

上三例與例(1)中"盥"作動詞。其中例(1)、(6)"屯"讀爲"純",①《大戴禮記·投壺》:"二算爲純,一純以取一算爲奇。"孔廣森補注:"凡物偶曰純。"這裏是指成對的祭牲,至於其具體所指可能類似於例(2)"豭"、"豚"與例(3)"豭"、"豬",這也反映了二者之間的淵源與繼承。例(1)、(7)"築"是指來自"築"族的奴隸,②或是從事建築勞役的奴隸。

例(1)"盥"祭是在"即祊"或"即宗"時舉行,而這兩個詞語的解釋歷來分歧頗多。③筆者以爲它們可能是當時的習語,其義是指"把神主放入祊宗",譬如"河其即宗"(《合集》34058)是説"把河的神主放入宗内",又如"王亥、上甲即宗于河"(《小屯南地甲骨》1116,以下簡稱《屯南》)是説"把王亥、上甲的神主放入河宗内",再如例(1)"即祊上甲"("祊"與"上甲"之間的虚詞"于"脱落)是指"把上甲、大乙、大丁、大甲、祖乙以外的四位神主放入上甲祊内"。其實卜辭中在"即祊"與"即宗"時最常舉行的是"禱"祭,如"于十主又二禱。○丁丑,貞:禱,其即祊。○禱,即宗"(《合集》32848+34102),④"禱,即宗。○禱,即祊于上甲"(《合集》34372),"于十主又二禱。○丁丑,貞:禱,其即祊"(《合集》32440+32482),⑤"禱,其即宗于上甲"(《合集》32616),"其即宗,禱"(《屯南》2860)。其中"于十主又二禱"又可與例(1)"于九主豐屯"相對讀,由此可見卜辭中"盥"、"豐"與"禱"都是有關係的,這可能是新蔡葛陵楚簡"叴"、"禱"對舉的源頭。

例(8)"盥"與"乇"並舉("小"字後疑似有脱文),⑥是指先取祭牲的血,然後再割裂祭牲的肢體。在新蔡葛陵楚簡中有種"割"祭,可與"禱"祭相配,並且與"叴"對舉,如"盡割以九豭,禱以九犉,叴以二豭……"(《新蔡葛陵楚墓》甲三:282+零:333)。⑦這裏的"割"與例(8)"乇"都是肢解祭牲,它們與"盥"("叴")對舉時,可能是指對取過血的祭牲進行二次處理。

另外,例(1)、(8)兩版都出現單用天干紀日的現象,關於例(8)已有學者指出

---

① 李家浩:《仰天湖楚簡十三號考釋》,《著名中年語言學家自選集·李家浩卷》,安徽教育出版社,2002年,第212-221頁。

② 時兵:《釋殷墟卜辭中的"築"字》,《安徽大學學報》2013年第1期。

③ 關於卜辭"即宗"、"即祊"舊釋的評析參見劉源《再談殷墟花東卜辭中的"囗"》,《甲骨文與殷商史》新1輯,綫裝書局,2008年,第131-160頁。

④ 綴合參見劉源《歷組卜辭新綴二則》,中國社會科學院歷史研究所先秦史研究室網站,2007年11月30日。

⑤ 同上注。

⑥ "乇"字釋讀參見于省吾《甲骨文字釋林》,中華書局,1979年,第167-172頁。

⑦ 綴合參見宋華強《新蔡葛陵楚簡初探》,武漢大學出版社,2010年,第427頁。

"這類卜辭的天干不表示某一個具體日期,而僅僅是指某一個天干日而言的"。① 從例(1)"于九主釁屯"這條卜辭來看,選擇"天干日"可能是向多位先祖神主舉行"釁"祭,這類似於例(2)中"凡宗廟之器,其名者成,則釁之以豭、豚"。這裏需要注意的是,例(1)是在"辛未"日占卜"天干日",在"癸酉"日占卜"蠲"祭,中間隔了一天;而例(8)是在"丁丑"日占卜"蠲"祭,在"己卯"日第一次占卜"天干日",中間也是隔了一天,這種時間上的相同恐非偶然。

誠如上述,《村中南》319同版記錄了"釁"祭與"蠲"祭,前者施加於神主器物本身,後者是在移動神主時舉行,殷墟卜辭多單言後者,實乃舉"一"兼"二",因爲移動神主而進行"蠲"祭必對神主舉行"釁"禮,如下例:

(9)□亥[卜],殷[貞]:我□隻蠲亘。○[貞]:我[弗]其□[隻]蠲亘。○[壬寅卜],殷貞:乎雀、戈伐[亘]。○壬寅卜,殷貞:勿乎雀、戈伐[亘]。

(《合集》6949正)

從上例後兩條卜辭所言"征伐亘方"之事,可以推測前兩條卜辭是在貞問:能否抓獲用於"蠲"祭的亘方俘虜?這裏的"蠲"祭,包含用先抓獲的亘方俘虜釁神主並遷神主於軍中這兩件事,這與《周禮·大司馬》"帥執事涖釁主及軍器"如出一轍,鄭注云:"主謂遷廟之主及社主在軍者也。軍器,鼓鐸之屬。凡師既受甲,迎主於廟及社主,祝奉以從,殺牲以血塗主及軍器,皆神之。"

殷商以後,在傳世文獻中實際上是以"釁"兼"蠲",如上舉《周禮·大司馬》的例子,當然除"釁神主"外,還有"釁軍器"、"釁龜策"、"釁宮室"等,② "釁"禮的使用在傳世文獻所記載的禮制中得到了極大的發揮。另一方面,戰國楚地竹簡書則較好地繼承了殷商卜辭的傳統,譬如例(3)"刉"可能是指在安放"江"地社主時舉行的血祭,先用一頭公豬血釁社主,再用一頭仔豬禱祭。

總之,"釁"與"蠲"均源於殷商宗廟血祭制度,其後的出土文獻多存原貌,而傳世文獻變異較多,此亦如方言之形成與發展。

---

① 常玉芝:《商代曆法研究》,吉林文史出版社,1998年,第93頁。
② 楊華:《先秦釁禮研究》,《新出簡帛與禮制研究》,臺灣古籍出版有限公司,2007年,第207-224頁。

甲骨文語境異體字及虎類字考釋

鄧章應

(安徽大學文學院　西南大學漢語言文獻研究所)

一、甲骨文語境異體字概説

　　前輩學者曾注意到一種特殊的異體字，即字形隨語言環境不同而改變。如甲骨文中的"牝"可以寫作❀、❀、❀、❀、❀等字形，分別有从牛、从羊、从豕、从犬、从馬等，羅振玉先生認爲這些字是一字之異體，不應别構音讀析爲不同的字。①也有學者如楊樹達先生認爲應該看成不同的字。②

　　傅懋勣先生1948年在研究東巴文時也注意到了這種隨文改字的現象，他在《麗江麽些象形文〈古事記〉研究》中解説經文時説道："❀讀[tsʻu]，此爲經音，義爲'馬'，象馬頭之形，今語説'馬'爲[zɔ˧]，字亦如此寫。又劃一曲綫自馬口中上出，讀[tçy˩]，本義爲'雞啼'之'啼'，此處借音表'野馬'，亦可兼表[mba˩]，義爲'亂吼'；他處單寫'啼'義之[tçy˩]，作❀，从雞，寫'野馬'義之[tçy˩]，作❀，象馬而耳長鬃逆，寫'吼'義之[mba˩]，作❀，从牛。麽些經中文字，常依就上下文而改換其所从之意，此種特點，讀經時不可不知。"他還將其歸納爲東巴經書寫的一個特點"常因上下文義而立字形"，他説："如'九'本作❀，可是在第20頁，因上下文説的是蛋，便劃九個蛋形而作❀。又如'分開'普通作❀，可是78頁148)因説到白天跟晚上的分開，便作❀，上邊是白天，下邊是晚上。若在他經説到分開喪事上所用的死者木身時，便作❀，❀或❀即木身。若説到吊死鬼和家神分開時，便作❀，❀是家神代

---

① 羅振玉：《增訂殷墟書契考釋》(中卷)，東方學會，1927年，第27頁。
② 楊樹達：《積微居甲文説·耐林廎甲文説·卜辭瑣記·卜辭求義》，上海古籍出版社，2006年。

表物，𠂉是吊死鬼，所以現在東巴寫[mby˧]'分開'時便有以上許多異體。"①

裘錫圭先生1972年在《讀〈安陽新出土的牛胛骨及其刻辭〉》一文中指出：𤵗（合32268）爲疒身二字的合體字，可以看作疒身之疒的專字，也可以看作疒身二字的合文。𢦏（合32268）爲伐羌二字的合體字，可以看作伐羌之伐的專字，也可以看作伐羌二字的合文。𢁙可能爲禦疾的專字或禦疒二字的合文。②裘先生此時已經具有語境專字的思想。

裘先生1978年在《漢字形成問題的初步探索》一文中參照東巴文字形隨語言環境變化的現象，總結出甲骨文中有些象形字往往隨語言環境而改變字形，有時字形改變以後一個字可以讀成兩個字，舉了聑、𣪊、𠙴、凶、牢、宰等例。③後來裘先生1995年在《殷墟甲骨文在文字學上的重要性》重申了這種情況，1996年在《從文字學角度看殷墟甲骨文的複雜性》運用字形隨語言環境而變化的原理考釋了𨑔、坌、塵、𩰲等字。④裘先生在《文字學概要》中總結道："某些表意的字形一形多用，某些表意字隨語言環境而改變字形，以及文字排列偶爾跟語序不相應等現象。""商代後期的甲骨文裏，可以看到接近圖畫的表意手法的一些殘餘痕跡。其中比較突出的一點，就是某些表意字往往隨語言環境而改變字形。"⑤

劉釗先生將這種情況稱爲專字，"甲骨文中的專字很多，都具有特指性"，並且認爲甲骨文中的"隨文改字"是文字原始性的一種孑遺。發展到金文，有些專字便逐漸消失了，如𠳵、𠳵，最後歸結爲𠳵。⑥

陳年福先生將這類現象總結爲義類專字："甲骨文中有一類字，在字形上，其構形原理相同，一般有相同（或相類）的一個或兩個部件，而另一個部件則不同；在字（詞）義上，具有同一的概括義，但又具有不同的特徵（或屬性）義，從而形成一種特殊的專門用字，一般亦稱爲專字。這種專字，有些屬於異體字，但有些則不可以歸爲異體字，

---

① 傅懋勣：《麗江麽些象形文〈古事記〉研究》，武昌華中大學，1948年。
② 裘錫圭：《讀〈安陽新出土的牛胛骨及其刻辭〉》，《裘錫圭學術文集》第1卷，復旦大學出版社，2012年，第11頁。
③ 裘錫圭：《漢字形成問題的初步探索》，《裘錫圭學術文集》第4卷，第36—37頁。
④ 裘錫圭：《裘錫圭學術文集》第1卷，第387—390、416—421頁。"𨑔"字張桂光先生也曾經根據語境異體的原則考釋過，張先生將此字釋爲逐之異體。參見張桂光《古文字考釋十四則》，《古文字論集》，商務印書館，2004年。據文後說明，該文曾在廣東省中國語言學會1991年年會上宣讀，後載《胡厚宣先生紀念文集》，科學出版社，1998年。
⑤ 裘錫圭：《文字學概要》，商務印書館，1999年，第27頁。
⑥ 劉釗：《古文字構形學》，福建人民出版社，2006年，第64頁。

爲與一般專字相區別,今稱之類義類專字。"①

但其實從專字到統一的過程中,有一段過程值得注意,就是混用的過程。我們曾經以納西東巴文爲例,探討過這類文字符號的演變,伴隨着所記錄語詞的分化,存在三個發展階段:第一,專字專用階段。不同的語境采用不同的專字,但一組有共同語義的字符爲語境異體字的產生創造了條件;②第二,當語境異體字記錄語詞開始分化、文字出現相互混用時,語境的限制逐漸淡化,並且隨着文字系統的不斷發展,語境的限制也越來越淡化;第三,當語境異體字記錄語詞已經分化,也就是語境異體字表達的意義不是語詞組合,而只是單一的核心意義。那麼這些異體字與其他異體字已經沒有差別,他們混用的頻率也不斷增加,這便導致了字符的羨餘,因此最後往往類化成一個通用的字符,其他的異體則相繼被淘汰。③白小麗博士還進一步討論了語境異體字的實質:即語境異體字只有在演變的第二階段才是真正的異體字。第一階段不是真正意義上的異體字,這個階段只是出現了不同語境中具有核心語義的一組具有共同構字模式的符號。此時因爲不同語境采用不同專字,強調的是核心語義和共同的構字模式爲這群專字發展爲異體字創造了條件。第三階段注重的是異體現象的消失,字符由可以相互混用的多個異體發展到由某一個形體來統一定型,即通過類化來定型。④白小麗博士還討論了東巴文語境異體字類化的途徑與方式。⑤張再興教授運用語境異體字討論了金文中的相關現象。⑥

二、甲骨文語境異體字舉例

甲骨文語境異體字亦存在一個專字專用、混用無別、字形統一的不同表現形式。如果我們不區分這三個階段,則會出現前人研究中經常糾結於是否一字異體還是不同的字的情況。事實上語境異體字隨時可能形成,也在不斷消亡。

---

① 陳年福:《甲骨文詞義論稿》,上海古籍出版社,2007年,第138-152頁。
② 該類文字符號尚未完全定型,隨着語言環境的不同而用不同取像的字符來記錄不同事物的一組異體字,且這些符號所表達的語義需具有共同的核心語義。考慮到語言對文字符號的影響,故我們曾將其定名爲"語境異體字"。過去亦有人稱情境異體字。參見秦桂芳《納西東巴文與甲骨文情境異體字比較研究》,華東師範大學碩士學位論文,1999年。
③ 鄧章應、白小麗:《納西東巴文語境異體字及其演變》,《中央民族大學學報》(哲學社會科學版)2009年第4期。
④ 白小麗:《對語境異體字的認識及其實質》,《華西語文學刊》(比較文字學專輯),四川文藝出版社,2011年,第53-58頁。
⑤ 白小麗:《東巴文語境異體字類化的途徑與方式》,《西北民族學院學報》2011年第4期。
⑥ 張再興:《金文中的語境異體字初探》,《蘭州學刊》2012年第7期。

1. 專字專用

坎字,字形有陷牛於凵,作"㘰"(《合集》14613)形;有陷羊於凵,作"㘰"(《合集》15551)形;亦有陷豕於凵,作"㘰"(《合集》14313正)形;還有陷犬於凵,作"㘰"(《合集》21257)形。裘先生認爲"㘰"一般用於坎埋牛羊,㘰一般用於坎埋犬豕。①

根據甲骨文字形,原初造字可能均爲專字,語義成分有區別。如㘰(1548)、㘰(1564)與㘰(1631)分別表示圈養的牛、圈養的羊以及馬圈;㘰(1549)、㘰(1569)、㘰(1606)、㘰(HD098)與㘰(HD198)分別表示雄性的牛、羊、豕、馬、鷹;㘰(1550)、㘰(1570)、㘰(1608)、㘰(1652)、㘰(1657)分別表示雌性的牛、羊、豕、馬、鷹;㘰(1711)與㘰(1716)分指陷麋與陷鹿;㘰(1594)與㘰(1723)不同字;㘰(1604)與㘰(1658)、㘰(H20922)與㘰(1672)、㘰(2830)與㘰(2831)亦不同字。㘰(1553)與㘰(1571),皆爲沉牲以祭,但或有用牛牲與羊牲之別。㘰(1575)、㘰(1586)、㘰(HD286)、㘰(H4628)、㘰(HD60),在此从羊、从犬、从牛、从豕、从歺表意相當,皆指進獻的食物。②

2. 混用無別

(1) 㘰三㘰　　　　　　　　　　　　　　　　　　　　　　(合 16186)
(2) 㘰五㘰　　　　　　　　　　　　　　　　　　　　　　(合 16196)

兩辭例相同,均表示沉㘰,但一用㘰,一用㘰。這是混用無別階段。當然這種混用仍然具有傾向性,如表示沉牛時沒有用㘰的。

3. 字形統一

甲骨文逐字字形衆多,所从的動物有豕、犬、兔、鹿等,字形有逐豕作"㘰"(合10230)、"㘰"(合10234)形,逐犬作"㘰"(合28790)形,逐兔作"㘰"(合10294)形,逐鹿作"㘰"(合10654)形。姚孝遂:"逐字或从豕,或从犬,或从兔,卜辭均通用無別。"③

(1) 㘰豕,隻。　　　　　　　　　　　　　　　　　　　　　(合 390 反)
(2) 弜逐遟麋其每。　　　　　　　　　　　　　　　　　　　(合 28790)
(3) 癸巳卜,王㘰鹿。　　　　　　　　　　　　　　　　　　(合 10294)

郭仕超《甲骨文字形演變研究》統計了"逐"字不同時期的字形變化:④

---

① 裘錫圭:《漢字形成問題的初步探索》,《裘錫圭學術文集》第4卷,第36-37頁。
② 雷縉碚:《殷商甲骨文字構形系統形義關係研究》,西南大學博士學位論文,2013年。
③ 于省吾主編:《甲骨文字詁林》,中華書局,1996年,第845頁,姚孝遂按語。
④ 郭仕超:《甲骨文字形演變研究》,西南大學博士學位論文,2013年,第79-81頁。

A類从豕从止，豕呈框廓狀的爲Aa類，且豕足方向朝右爲Aa1；豕足方向朝左爲Aa2類，其中止形，斜出的一筆方向朝左的爲Aa21，方向朝右的爲Aa22；豕呈單綫條狀的爲Ab類。

B類从犬从止，爲Ba類，字中止形，斜出的一筆方向朝左的爲Ba1，方向朝右的爲Ba2；增加彳形爲Bb類，其中止形，斜出的一筆方向朝左的爲Bb1，方向朝右的爲Bb2。

C類从兔从止，爲Ca類，兔足方向朝右爲Ca1；兔足方向朝左爲Ca2。

D類从鹿从止，爲Da類，增加行形爲Db類。

由字形觀之，逐字形體甲骨文時代多變換，或从豕、或从犬、或从兔，从止，象獸走壙而人追之，會追逐之意。所从豕、犬、兔、鹿等獸形最終固定以"豕"來表示，其他獸形漸趨消亡，"逐"字得以定型和規範。

期別 類別號	一期	二期	三期	四期	五期
Aa1	H10230				
Aa21	H10946		H28796		
Aa22	H10234	H24445	H28372		
Ab			H28789	H33372	H37468
Ba1			H28793		
Ba2			H28370 H28790		H37537 H37539
Bb1				H33216	

(續表)

期別 類別號	一期	二期	三期	四期	五期
Bb2				H33214	
Ca1	H10294				
Ca2	H10612				
Da	H10654				
Db	明570				

三、兼釋"虎"類諸字

《甲骨文編》收"虎、雀、䖏、魚"等字,①學術界已經有較多考釋,但仍存較多爭議,②《甲骨文字典》對於雀字釋爲从八从隹,疑爲雀之異體,作國族名。對於虎字,从八从虎(或从象,从𤞞),一爲獸名,一疑爲災禍之義。魚字从八从魚,疑爲祭祀活動。䖏从八从𧆞,所會義不明,疑爲國族名。③關於魚字,學界已經形成較爲一致意見,我們先說魚字,再説其他字。

1. 關於魚

饒宗頤先生認爲:魚字爲動詞,其上之八形,爲飾文。商承祚先生認爲:魚字卜辭恒見,以文義繹之,亦是漁字。與魯同爲變體,从八口皆象取魚之具。

(1) 貞,翌丁卯不其魚,之日允不魚。　　　　　　　　　　　　　　　　　　(懷1268)

後邊也可以接地點,在哪裏捕魚。

---

① 中國社會科學院考古研究所:《甲骨文編》,中華書局,1965年,第31頁。
② 各家考説見于省吾主編《甲骨文詁林》,第1749-1752、1617-1619頁。
③ 徐中舒:《甲骨文字典》,四川辭書出版社,2006年,第73-75頁。

(2) 貞吕其魯魚。

貞吕不魯魚。　　　　　　　　　　　　　　　　　　（合18800）

(3) 庚寅卜,貞翼辛卯,王魯爻,不雨,八月。

辛卯卜,貞,今日其雨,八月。　　　　　　　　　　　　　　（合6）

姚孝遂先生認爲：魯在這裏作動詞用,相當於現在的"漁"字,這一片刻辭是占問殷王在爻地去漁獵是否會遇雨。①

魯作爲一種捕魚的方式,可能是裝置一種類似現在魚簍子的工具,魚簍子用竹篾編製而成,中間大兩頭小,呈紡錘形,兩側各有一個圓形的入口。入口外大内小,入口内的竹篾相互交叉,魚一旦進入魚簍子,無法再逃出去。

拙著《〈躋春台〉方言詞語研究》曾考證了《躋春台》中"簍子"一詞：

> 是安簍子。砍些竹子,空時劃些篾片,編成簍子,挖些蟲蟻舂爛,塗在門上,放在田邊流水之處,到次日一早去收。安二百簍子,多則二十斤,少亦有十斤,吃半賣半,又不勞神,又能盤家養口。你講好不好咧?（《躋春台》卷一《啞女配》）
>
> 用來捕捉黄鱔泥鰍的器具。形狀像個大胡蘿蔔,上大下小,上面留一小口並有倒須,使黄鱔泥鰍只能鑽進不能鑽出。尾部也開口,但用繩子紮起來,只在倒取獵獲物才打開。放的時候在"簍"的一面中部稍靠前方一點塗上用蚯蚓搗碎做成的誘餌,夜裏放進稻田。安放時稍微陷進濕泥,而口子和泥面持平或稍低。泥鰍和黄鱔爲美味所誘而鑽入其中。《西蜀方言》"安嚹子",義與此同,認爲是有音無字的詞,故用口旁字。成都歇後語："黄鱔鑽簍子——只能進不能出"、"泥鰍鑽簍子——進退兩難"。《漢語大詞典》未收。②

用來捕捉黄鱔泥鰍的簍子較小,用來捉魚的簍子則可大可小,筆者家鄉四川省開江縣即有此工具。《中國民族民俗文物辭典》收錄了各民族的一些捕獵工具,其中苗族"巴簍"和壯族"魚轉"(圖一),與此工具近似。以下舉"巴簍"條：③

> 苗族漁具。流行貴陽市花溪鄉一帶。竹篾編製而成。外形似喇叭,沿口呈橢圓形,腰裏曲内收,編製時腰内留有一圈尖狀短竹片,竹片向尾部伸出、内收,稱倒須,可阻止遊進的魚蝦溜出。尾端留有一孔,用以倒取進簍的魚蝦。另有一兜狀竹

---

① 饒宗頤先生、姚孝遂先生觀點均引自于省吾主編《甲骨文字詁林》,第1750、1749頁。
② 鄧章應：《〈躋春台〉方言詞語研究》,巴蜀書社,2006年,第12頁。
③ 宋兆麟、高可：《中國民族民俗文物辭典》,山西人民出版社,2004年,第537、540頁。

質尾梢，使用時套於尾端孔上，以防備簍中魚蝦前進後出。安放時手持巴簍順水置於沙溝中，沿口與水流相逆，套上尾梢。巴簍可大可小，圖中巴簍長147釐米，沿口中長軸96釐米，短軸54釐米，腰徑20釐米。

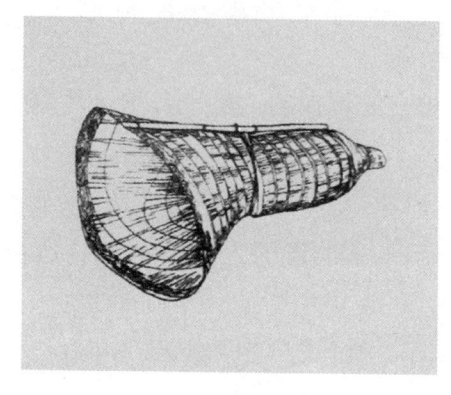

巴簍　　　　　　　　　魚轉

圖一

另外傣族還有"魚笱"，原理相同，形制稍有不同。①

2. 關於虎類諸字

《甲骨文編》將其隸定爲"虎"，《甲骨文字典》隸定爲"豸"，《新甲骨文編》隸定爲"兕"，八下所從之動物，認定不一。李孝定先生認爲：契文此字，上從八下從一動物象形字，其形不一，莫可名狀，爲物大抵有爪牙之利，而象長鼻者絶少。陳年福先生認爲這種動物是《説文》所釋之"豸"字。但我們認爲八下所從之動物，形狀各異，應爲不同動物形狀。②

合18791作 [图]，似兕形。

合18794作 [图]，似虎形。

合18788作 [图]，合18793作 [图]，似象形。

故《詁林》認爲："諸説均非是，字不可識，存以待考。"甲骨文中有這樣一條卜辭：

擒 [图]，允擒。獲麋八十八，兕一，豕卅又二。　　　　　　　　　　（合10350）

---

① 宋兆麟、高可：《中國民族民俗文物辭典》，第533頁。
② 陳年福：《甲骨文詞義論稿·"豸"字補釋》，第219頁。

此處 𦥔 表示的可能是一種擒的方式。正如捕魚所采用的籗子一樣,使魚只能進不能出,想必當時捕獵動物的方式也可能采取同樣的原理,使動物只能進不能出。采用此方式捕獵不同動物則在不同動物的頭上寫上一個八字。

該字還有一種用法是置於日數和干支之間,且日數正好揭示的是前辭占卜時間和驗辭中"𦥔"後"干支"之間的時間距離。鄧飛認爲"日數+𦥔+干支"是一種格式固定的時間運算式,其義從郭沫若所釋。① 郭沫若以爲卜辭在"(數字)日"與干支之間著一"𦥔","不解何義,蓋用爲迫薄等動詞者耶"。但此絶非該字本義,其字形爲動物就陷阱形,故引申出迫近、接近義。

(1)……貞……視[王占]曰……有一日𦥔。   （合13712）

(2)癸亥卜,賓貞,旬亡𡆥。一日𦥔甲子……   （合18787）

(3)癸亥卜,古貞,旬亡[𡆥。一日𦥔甲子出[戠]……   （合18788）

(4)□□[卜亘]貞……卯……一日𦥔丁亥,王[步]……   （合18791）

(5)癸亥卜,史貞,旬亡𡆥。一日𦥔甲子夕燮,大禹,至於相……（合18793）

(6)……[旬]亡𡆥,三日𦥔乙酉,子䧅出出。二月。   （合3123）

(7)[癸□卜,□貞,旬]亡𡆥。九日𦥔辛□出災。王墜[自]…… （合18789）

(8)丙午卜,𣪘貞,乎𠂤往視出𠂤。王占曰:隹老隹人,企菁若。[兹]卜,隹其匄。二旬出八日𦥔壬申𠂤夕殊。   （合17055）

(9)癸□卜,□貞,旬亡𡆥……出……𦥔己卯……日大雨。   （合18792）

其他多數作地名:

(10)貞,王勿狩從𦥔。   （合10940）

(11)貞,王往狩。
     貞,王往狩從𦥔。
     貞,王勿往狩從𦥔。   （合10939）

與此相類似的字還有豕、隹。

豕的用例:

(12)豕于……圍一月。   （合7653）

---

① 鄧飛:《商代甲金文時間範疇研究》,人民出版社,2013年,第85頁。

（13）辛卯卜,争貞,豕,獲。　　　　　　　　　　　　　　　　（合10863正）

前一辭例接"于",前邊應爲動詞,後一辭例後接獲,前邊應爲結果獲的動作。
雀的用例：

（14）貞,罙雀。　　　　　　　　　　　　　　　　　　　　（合17533正）
（15）……其……于雀……　　　　　　　　　　　　　　　　（合18830）

雀應爲地名。

補記：

文章快完成時,才讀到劉興林《甲骨文田獵、畜牧及與動物相關字的異體專用》（載《華夏考古》1996年第4期）一文,劉先生舉了逐、陷、麗、牢、牝（牡）、蘸、湛（沉）、牧等字,舉例甚多,劉先生將這種現象稱爲異體專用,並認爲一字異形各有專指是一種落後和原始的表現,與人們思維的不發達和有限的概括能力也不無關係。但我們認爲語境異體字是文字系統不斷調節其記錄語言關係的一種表現,是不斷在發生和消亡的,正如後世的"炮"與"砲"、"她"和"他"。

讀金文札記四則*

周寶宏
（天津師範大學文學院）

一、説作册般甗"無斁"

商末金文作册般甗銘文爲：

> 王宜人方無斁，咸，王商（賞）乍（作）册般貝，用乍（作）父己䵼。朿册。

馬承源先生主編《商周青銅器銘文選》（三册，6頁）斷句爲"王宜人方，無斁，咸。王賞……"，釋"無斁"爲"無侮"，顯然是把"無"當作否定詞。趙誠先生《作册般甗補釋》①指出，殷商甲骨文"亡"用爲否定詞，"無"字不用爲否定詞，而用爲"舞"，那麼將商末"無斁"之"無"當作否定詞是不對的。周按：趙誠先生的這個説法是可信的，"無"字於殷末金文中較常見，但没有一例可以明確定爲是用作否定詞的，而且馬承源先生認爲"無侮"爲"吉語"也没什麼證據，所引《詩經·小雅·棠棣》"外禦其侮"也不適合作"無斁（侮）"用爲"吉語"的證據。但是，趙誠先生説"無斁"即"舞侮"，即在用兵而宜於社之時，安排舞以禦侮或舞以侮之（侮人方）的内容，以振軍威，鼓士氣。這個解釋也明顯是增字解經。據趙誠先生的解釋，"無斁（侮）"爲動賓詞組關係，可是，又與《尚書·大禹謨》"舞干羽于兩階"的動賓關係不同，因此趙先生的這種解釋很難令人接受。其實史樹青《無斁鼎的發現及其意義》②認爲"無斁"是

---

* 【基金項目】本文是教育部人文社會科學研究2009年度項目《西周青銅器銘文考釋》（項目批准號：09YJA740084）和2011年度國家社會科學基金項目《西周青銅重器銘文集釋（西周早期）》（項目批准號：11BYY091）的中期成果。
① 趙誠：《作册般甗補釋》，《古文字研究》第29輯，中華書局，2012年，第294頁。
② 史樹青：《無斁鼎的發現及其意義》，《文物》1985年第1期。

"人方"的首領名字,這一説法是可信的,他主要舉出了無敄鼎銘文"無敄用作父甲寶尊彝,冀","無敄"在此鼎銘文中明顯用爲人名。無敄鼎見於《殷周金文集成》2432號,此外《集成》3664號又有無敄簋:"無敄乍(作)父乙寶尊彝。"三件器"無敄"未必是同一個人,但可旁證作册般甗銘文"無敄"可以理解爲人名。

此外無敄鼎"王宜人方無敄"之"宜"字如何理解? 學者一致認爲是"宜,出兵祭社之名",有學者認爲"王宜人方無敄"就是商王殺了人方的無敄,用以祭社,甚至引用李學勤先生《殷代地理簡論》所説:殷墟人頭骨刻辭"祖乙伐……人方白(伯)……",此頭骨應該是人方首領無敄頭骨。有如此證據,釋無敄作册般甗"王宜人方無敄"可謂十分可信。但是這樣解釋有兩個疑點:1. 原骨是殘辭,即使是伐人方伯之頭以祭之義,只是説人方之伯,而未提到"無敄"之名,二者能否爲同一人,也很難證明。2. 宜,是出征之前的一種祭祀儀式,而殺敵方首領以祭祀時戰鬥結束、勝利歸來在宗廟裏舉行的一種儀式,二者根本不同。因此該宜字可從另外的角度來理解。四祀邲其卣銘文"王曰:尊文武帝乙宜,才(在)召大廊(庭)",天亡簋"丁丑,王鄉(饗)大宜",令簋"作册矢令尊宜于王姜,王姜商(賞)乍(作)册令貝十朋、臣十家,鬲百人"。據此,"王宜人方無敄"可以理解爲商王用酒肴招待人方首領無敄。學者之所以釋"宜"爲殺人殺牲,主要是因爲商與人方是對立的兩方。雙方敵對,不等於没有友好的時候,人方當中也不會都與商王爲敵。

二、説"衆嚣"

應侯見工簋銘文:"王若曰:應侯見工,伐淮夷毛,敢專毕(厥)衆嚣,敢興乍(作)戎,廣伐南國……"其中"衆嚣"一詞的解釋分歧較大。與應侯見工簋銘文相近的是師寰簋銘文:"王若曰:師寰叟,淮夷繇我員晦臣,今敢博毕(厥)衆叚,反毕(厥)工吏,弗迹東國,今余令女(汝)肇率市(師)……"其中"博毕(厥)衆叚"一詞與"專毕(厥)衆嚣"一詞應相同,也就是"嚣"與"叚"同義。目前比較重要的説法是釋"衆嚣"爲"衆旅",其理由或證據還比較充足,如陳絜《讀金文札記二則》説:①

《説文》云:"旅,古文以爲魯衛之魯。"《尚書·召誥》"拜手稽首旅王若公",與金文中習見的"拜手稽首魯天子休"相若,《尚書序》"周公既得命禾,旅天子之命",其"旅"字《周本紀》作"魯"。凡此種種,均可證明"魯"、"旅"古通,故"衆叚"、"衆魯"者,似均可讀作"衆旅"。

---

① 陳絜:《讀金文札記二則》,《古文字研究》第29輯,第267頁。

陳斯鵬《新見金文釋讀商補》①也有相同的看法，並舉出了相同的證據。但是，二陳對"尃厥衆旅"的解釋却不一樣，陳絜據毛傳"旅，衆也"等古注，說："'迫厥衆魯'之辭，便是指南淮夷之統治階層逼迫壓榨其下層民衆的意思，故而成爲周王朝對南淮夷用兵的一種藉口。"陳斯鵬認爲"衆旅"即師旅，說："'敷其衆旅'即陳列軍隊師旅，此所以'作戎','廣伐南國'也。"周按：二陳所引證的魯又作旅，是秦漢以後傳抄的先秦典籍的用法，也就是說，西周金文作"魯"，傳世西周春秋戰國文獻作"旅"，即使是《説文》所說的古文以旅爲魯衛之魯，也是戰國中晚期的用法。在西周時代，魯字也不可能通作旅，旅也不可能通作魯，更没有這方面的西周金文的證據。魯通作旅，是戰國至秦漢時代的用法。因此，由傳世文獻魯通作旅，進而訓旅爲衆人，爲師旅，這顯然是不可信的。其實"衆𩂇"、"衆叚"，都是當地人和中原周王朝對當地普通民衆的稱呼，魯與叚，諸位學者都認爲是音近通用，即衆𩂇與衆叚是同一個名稱兩種不同寫法而已，這種稱呼從上引兩篇金文看，没有什麽輕視的意味。不必非要把𩂇和叚與後世什麽字聯繫起來解釋。當時稱淮夷、淮南夷等地民衆爲"衆𩂇"、"衆叚"，我們現代人非要從"魯"、"叚"二字在金文和文獻中的用法去探尋"衆魯"、"衆叚"之義，反而不能準確理解它們的用法。

三、斷簋銘文補釋

吳鎮烽、朱艷玲《斷簋考》②公布了新近發現的斷簋銘文，吳文進行詳細的考釋，並定此器爲恭王時期。周按：斷簋銘文大室之"大"、"即立（位）"之"立"、"立中廷"之"立"、"天子"之"天"，原表示左右兩臂的筆劃皆寫作一筆作"一"，如大作𫝀，立作𡗕，天作𠀑形，這樣的寫法在容庚先生《金文編》所收的大、立、天字形中未見（後來，黄天樹先生指出師同鼎"大車"與此同形），也就是說，不但商周金文，而且春秋戰國金文兩臂都寫成兩筆作"八"形，而不是一筆寫作"一"形。這是這篇銘文的特殊之處，也是可疑之處。

這裏主要討論一下器主"斷"字的"虎"旁。斷簋銘斷凡三見，皆作𢇍形。其所從之"虎"旁，實不是"虎"字，而應分析爲從"虍"從"人"，𢇍下所從與同篇銘文即、既字右邊所寫法基本相同，而西周金文中可以確定爲"虎"旁者也没有如此寫的，尤其在西周早、中期時代。據此字當隸定爲從虍從斤作"斷"。虍字見於甲骨文，姚孝遂

---

① 陳斯鵬：《新見金文釋讀商補》，《古文字研究》第29輯，第269頁。
② 吳鎮烽，朱艷玲：《斷簋考》，《考古與文物》2012年第3期。

先生在《甲骨文字詁林》①"虍"字條後"按語"中説：

> 按：🐅爲方國名或人名，諸家混入"虎"字條，非是。甲骨文、金文虎字均宛肖
> 虎形，小篆形體訛變爲"虎足象人足"，🐅與小篆形似，不得謂虎字。

甲骨文這個形體其實在西周金文中還存在，只不過人們都認爲是"虎"旁而已。以《金文編》②所收虎及虎旁爲例，可以説明這一點。西周金文單獨使用的"虎"字，多突出兩腿和兩爪，有的省略兩爪，而仍有兩腿，個別的如媵虎簋等虎字作🐅形，下所從近似"人"形，但與"人"形區别明顯，特點是"尾部"向上彎卷的特徵明顯。彪字毛叔盤明顯從虎，許伯彪戈虎旁下雖近人形，但"尾部"特徵也明顯。特别是虢字，班簋作🐅形，右側所從明顯從虎頭從人形，班簋銘文虢是所有"虢"字形體比較早的形體，其餘數十虢字形體明顯從"人"形，没有一例突出尾部向上彎卷的形象，更没有突出兩腿兩爪的虎字旁。伯晨鼎之虢字作🐅，《金文編》只收此一字，很難説從虎還是從"虍"。但是張世超等先生《金文形義通解》③虢字條下摹有小盂鼎的🐅字，其爲虢（皋）字無疑，由此我們可知道皋字本不從虎，而從虍。又："虓"字從"虍"，而虢字確從"虎"。因爲虎字到了西周晚期以後下從"虎身"的形體與"人形"混同，虎與虍二字也就混同了，到了戰國文字和秦漢篆文中也就合併爲一了。因此，許慎和當今的古文字者把從虍旁的字釋爲從"虎"也是正確的。在此，只不過意在説明斯簋之斯字本不從虎而從虍罷了。

四、説匍盉銘文"🐾"字

翻閱劉雨先生《近出殷周金文集録》，④有匍盉銘文及釋文，其中"青公使嗣史日贈匍於柬，豸棐韋兩、赤金一鈞"中"豸"爲所賜之物，如果此釋文可信，則將是"新生物"的一項大發現，因爲"豸"作爲皮革製品被贈送給别人作禮物，顯然是當時存在着的生物，至遲在製作匍盉的時代西周中期（劉雨先生定爲西周早期）還没有滅絶，而廌古往今來多被認爲是傳説中的能判斷疑案的神獸名，但是甲骨文、西周金文習見廌及從廌的字，明顯是一個大型動物的形象，《説文》解説廌的形象是："廌，解廌，獸也，似

---

① 于省吾：《甲骨文字詁林》第一册，中華書局，第183頁。
② 容庚：《金文編》，中華書局，1986年，第334–337頁。
③ 張世超、孫凌安、金國泰、馬如森：《金文形義通解》（中册），中文出版社，1996年，第1196頁。
④ 劉雨、盧岩：《近出殷周金文集録》（三册），中華書局，2002年，第418頁。

山牛,一角。古者決訟,令觸不直。"顏師古《漢書注》引張揖曰:"解廌,似鹿而一角。"從甲骨文、西周金文廌字形體看,肯定是兩角,絕非一角,許慎、張揖說"廌"爲一角,不可信。許慎說廌"似山牛",甲骨文作 、 ,西周金文廌旁作 ,有兩角,有身,兩腿有尾,其身、尾、腿與馬、象等古文字形體相同,因此可以肯定廌作爲大型生物,形體象牛馬,因此,許慎之廌"似山牛",可備一說。但是,甲骨文西周金文中的這個廌字形體的頭部也確實像鹿,因此,張揖說"似鹿"也有道理。但在甲骨文西周金文中廌及從廌的字都被借作他用,如用爲人名、國名等,不用爲本義和與本義相關的引申義。這就無法確定廌是否爲當時尚未滅絕的動物。如果匍盉這個 字真像劉雨先生說的那樣是麂字,確實是了不起的發現。

周按:匍盉的這個字作 形,李學勤先生《論應國墓地出土的匍盉》說:"青公送給匍的'麐韋、韋兩',參看恭懿時器衛盉銘文麐韋兩、韋鞈一。知道是兩種有關的物品。'韋',讀爲"賁",用爲名詞,意爲飾件;用爲形容詞,意即有紋飾。麐賁牝是牝鹿皮製成的飾件,賁鞈是上面有紋飾的蔽膝,匍盉銘的'韋'則讀爲'褘',《說文》也釋爲'蔽膝'。"①李先生據衛盉銘文之" "②釋匍盉之 爲麐。從這兩個形體看,衛盉的那個形體是從鹿從乙,不是麐字,但明顯從鹿字是無疑的。匍盉的這個形體確實從"匕",但所從"鹿"形上有兩角,這是古文字中大多數鹿和鹿字旁所不具備的,而帶兩角的這種頭形,確實是與"廌"字的頭形完全相同,可是,衛盉這個字的形體部分確與鹿形完全相同,而廌字的身體部分皆與馬等字形身體完全一樣,從不寫作鹿形的形體。甲骨文的廌字及從奉從廌的廌字旁、③麂字、④西周金文的薦、灋等字、⑤其形皆可一目了然。那麼,匍盉這個形體,上部從"廌頭"下部從"鹿身鹿足"是否下部寫錯了的廌字呢?《金文編》收有"從鹿從會"的字,作 形,爲春秋時器、⑥此外陳斯鵬等《新見金文編》⑦麗字收有春秋時器銘文中的兩個形體所從"鹿"形與匍盉和曾太保盆銘文相同,由此可知上部寫成廌頭的鹿字,只是多加了兩個角而已,仍是鹿字,不是廌字,二形的區別主要看身體部分,不必看頭部分。因此,匍盉的 應當釋麐而不應釋麂。

---

① 李學勤:《論應國墓地出土的匍盉》,見李學勤《重寫學術史》,河北教育出版社,2002年,第241頁。
② 容庚:《金文編》,中華書局,1986年,第681頁。
③ 中國社會科學院考古研究所編:《甲骨文編》,中華書局,2004年,第400頁。
④ 同上書,第35頁。
⑤ 容庚:《金文編》,第679-680頁。
⑥ 同上書,第681頁。
⑦ 陳斯鵬等:《新見金文編》,福建人民出版社,2012年,第299頁。

那麽，䴠是否實有的曾經存在過的動物呢？顯然是，首先甲骨文中"䴠"從其形體看，絕不是古代人想像出來的，應是當時自然界存在的。甲骨文中的麃與麀、牝等造型相同、从矢从䴠字的與麑造形相同，足以說明䴠是實有動物。其次周晚期金文有字作 𰀀，①其構形與駁、較等同，《金文編》説郭沫若釋爲"䮾"，《説文解字》認爲此字从䴠爻聲。在西周金文中，薦、慶等字中䴠可以認爲是聲符，而䮾字䴠旁是形符，很有參考價值，它說明䴠作爲動物在西周晚期還在。上引"𰀀"字到了春秋時代小邾國金文中已經寫作"䮾"②了，可見郭沫若釋 𰀀 爲䮾是正確的。③據甲骨文、西周金文和古注對䴠的解釋，䴠當是介於牛、馬、鹿之間的一種動物。

後記：何琳儀先生著述豐碩，很有發明，學術質量很高，又是一位非常勤奮的學者，可以稱爲古文字學界的一流學者和著名的古文字學家。可惜英年早逝，是古文字學界的一大損失。本人自涉足古文字學就熟讀何琳儀先生的論著，受益匪淺，給本人打下了良好的古文字學基礎，爲本人提高古文字學研究能力起到了重要作用。本人借"紀念何琳儀先生誕辰七十周年暨古文字學國際學術研討會"之機以表達對何琳儀先生的深切懷念和真摯的敬仰之情。

---

① 容庚：《金文編》，第679頁。
② 棗莊市政協臺港澳僑民族宗教委員會、棗莊市博物館：《小邾國遺珍》，中國文史出版社，2006年，第43頁。
③ 同上書，第43頁。

應事諸器與覜聘禮補遺

王 正　　　　　　張 羽
（河南省文物考古研究院）　（南京師範大學文物與博物館學系）

平頂山應國墓地 M229 出土有鼎、簋、爵、觶等四件有銘銅禮器，[①] 依作器者之名可統稱爲應事諸器，其銘文所記事關覜聘禮。以往曾依據該墓地 M50 所出銅匍盉銘文探討了先秦時期的覜聘禮，[②] 現就應事（使）這一稱謂，擬對覜聘禮的相關禮儀試作補充說明。不妥之處，請批評指正。

一、從應事談諸侯國的外交官

M229 鼎、簋銘文爲："應事作旅鼎（簋）。" 爵、觶銘文爲："應史作父乙寶。" 其中作器者應事或寫作應史，劉啓益先生曾隸定爲應吏，[③] 這是因爲事、史、吏三字皆由一字分化所致。[④] 應事作爲人的稱謂大致可有以下三種解釋：其一，爲人名。其中應指應國，爲氏名，事爲私名，正如見於西周金文的西周宣王時期的大臣召伯虎在《詩經》中稱爲召虎、[⑤]《左傳》晉國國君晉定公的名字爲午而稱爲晉午、春秋時期樊國國君樊仲

---

① 平頂山市文管會、張肇武：《河南平頂山市出土西周應國青銅器》，《文物》1984 年第 12 期；河南省文物考古研究所、平頂山市文物管理局：《平頂山應國墓地 I》，大象出版社，2012 年，第 188-194 頁。
② 王龍正：《匍盉銘文補釋並再論覜聘禮》，《考古學報》2007 年第 4 期，第 405-422 頁。
③ 劉啓益：《西周昭王時期銅器的初步清理》，《出土文獻研究續集》，文物出版社，1989 年，第 104-105 頁。
④ 王國維：《釋史》，《觀堂集林》卷六，中華書局，1984 年，第 263-273 頁。
⑤ 洛陽發現召伯虎銅盨，其作器者爲周宣王大臣召伯虎，他在《詩·大雅·江漢》中被稱爲召虎。詳見洛陽市文物工作隊《洛陽東郊 C5M906 號西周墓》，《考古》1995 年第 9 期，第 788-791、801 頁。

皮亦稱爲樊皮，①周昭王時期令簋銘文中的作册夨令（夨爲氏名，令爲私名）、虢叔旅鐘銘文的虢叔旅亦簡稱爲虢旅等；②其二，是應國的史官，負責記録應國歷史的職官；③其三，考古報告指出，銅器銘文中的應事（應史）是應國使官，即專門管理應國外交事務的官員，負責迎接外國來賓與派遣使者去外國訪問等事宜，④其實質相當於匍盉銘文中的司使。⑤

在西周金文中，常見一種在"史"或"事"字之前冠以諸侯國國名的職官名，如：

1. 史牆盤："雩武王既賊殷，微史烈祖乃來見武王。"
2. 齊史疑觶："齊史疑作祖辛寶彝。"
3. 噝史鼎："噝史作考尊鼎。"
4. 鄂事茁簋："鄂事茁作寶簋，用祈眉壽子子孫孫永寶用享。"
5. 耳卣："甯史（使）易（賜）耳，耳休弗敢且，用作父乙寶尊彝。斤。"
6. 其史觶："其史作祖己寶尊彝。"
7. 散史鼎："散史作考尊鼎。"

此外，西周金文中尚有彭史、羨史、宇史等。鑒於史、吏、事、使等字古本同源，以上銘文中的史、事均可訓爲使者之使，爲官名。對於周口市博物館所藏鄂事茁簋，吳鎮烽先生有很好的詮釋與論述。⑥需要指出的是，上引琉璃河燕國墓地M54散史鼎的散史，在M251所出兩件銅簋銘文中，皆省略史字，直接稱爲散，其銘文爲："爲散作文祖寶尊彝。"⑦這種情況與甲骨文中氏族名常被用爲本氏族某個人私名的例子是相同的。以前學者一般認爲微史、齊史等均爲諸侯國的史官，我們也曾持這種看法。現在

---

① 《左傳·哀公二年》："鄭勝亂從，晉午在難。"杜注："午，晉定公名。"又，《左傳·莊公十三年》："春，王命虢公討樊皮。夏四月丙辰，虢公入樊，執樊仲皮，歸于京師。"
② 在西周昭王時期的令簋銘文中，對於作器者的名稱，前文稱爲"作册夨令"，後文簡稱爲"令"，其中的夨是令的氏名，亦即封國名，令是其私名；西周晚期虢叔旅鐘銘文"虢叔旅"，在鬲比鼎銘文中稱爲"虢旅"。詳見張亞初《殷周金文集成引得》，中華書局，2001年，第11、51、85頁。
③ 任偉："'應史'諸器與周代異姓史官》，《華夏考古》2001年第3期；王龍正、王聰麗：《應國墓地有銘銅器》，《收藏家》2001年第3期。
④ 河南省文物考古研究所，平頂山市文物管理局：《平頂山應國墓地Ⅰ》，大象出版社，2012年，第188-194頁。
⑤ 王龍正：《匍盉銘文補釋並再論覜聘禮》，《考古學報》2007年第4期，第412頁。
⑥ 周口市博物館：《周口市博物館藏有銘青銅器》，《考古》1988年第8期；吳鎮烽：《讀金文札記三則》，《考古與文物》2001年第2期。
⑦ 北京市文物研究所：《琉璃河西周燕國墓地（1973-1977年）》，文物出版社，1995年，第171、120、131、141-146頁，彩版一八、一九，圖版五四：4。

看來這種觀點是靠不住的,其原因有以下七個方面:

首先,以最著名的微史爲例,固然他們這一家族在西周早中期世代爲周王室的史官,但銘文中武王剛剛推翻商王朝的統治,微國的烈祖即來見武王,顯然並非以周王朝史官的身份,怎麼能稱微史呢?

其次,學者或以爲這是微子啓後人追述其祖先曾任周王朝史官的事迹,其實依然不能自圓其説。因微子啓既然爲周王朝的史官,當依照慣例稱爲周史或王史才對,爲什麼稱爲微史呢?

其三,先秦時期不同族屬的人們相互交往,是以賓客相稱並相待的,如果賓主雙方各以自己的國家爲依託,那麼賓客就應稱爲使者。微國是商紂王之兄微子啓的封國,微子啓前來覲見周武王,分明是作爲使者的身份而來,屬於覲禮(聘禮的最高形式)的範疇,所以微史應解釋爲使者之使。牆盤銘文中稱微子啓爲微使,其意爲"來自微國的賓客",這是商朝亡國後商紂王的長兄微子啓因走投無路而投奔周武王的一種委婉的説法。因爲微子啓客居於周,正是小國之君朝見天子,他本人已具備使者(賓客)的職能,被稱"微使"理所當然。

其四,在西周時期,諸侯國内未必就有史官一職,大概只有周王室才有資格設立史官。至於諸侯國設立史官,大概始於西周王朝没落之後的春秋時期,一個有力的證據是,著名的魯國史書《春秋》即開篇於春秋早期的公元前722年魯隱公元年。自春秋以後,各諸侯國争相撰寫本國歷史,各自編纂的史書名稱亦各不相同。據《孟子·離婁下》記載,晉國的史書叫《乘》,楚國的叫《檮杌》,魯國的叫《春秋》。其中《春秋》一名使用最爲廣泛,進而成爲所有史書的代名詞,《墨子·明鬼篇》所謂"吾見百國《春秋》"即其例。公元279年(西晉時期),位於河南省的某座戰國魏王墓被盜而出土了一批竹簡,後編輯爲《竹書紀年》。它是戰國時魏國史官所撰寫並摘抄其他相關文獻資料所形成,敘述夏、商、西周、春秋、戰國時期歷史,尤其注重晉國與魏國史。

其五,關於諸侯國之間各派使者互訪,先秦時期不絶於書,西周金文也屢見不鮮,例如小臣守簋:"王使小臣守使於夷,賓馬兩、金十鈞。"又,幾簋:"仲幾父使幾使于諸侯諸監,用厥賓作丁寶簋。"其中的使者或稱爲使人、使,[1]例如:衛鼎:"乃用饗王出入使人及多朋友。"又,保員簋:"用饗公逆般使。"又,小子生方尊:"用饗出入使人。"這些例句大意是説:用所鑄銅器宴請款待由周王或諸侯(公)派來的使者。

---

[1] 唐蘭:《西周青銅器銘文分代史徵》,中華書局,1986年,第269頁。

其六，西周時期，王朝史官的職事見於金文者多爲宣讀王命冊封諸侯大臣，①延至春秋時期依然如此，《左傳·僖公二十八年》周襄王命尹氏與內史賜晉文公命即其例。如果諸侯國設有史官，也應與王朝史官的職能大體相當，然而綜觀西周金文，雖偶見諸侯國國君對臣下的冊命之事，如卯簋、柞鐘等，却未發現十分明確的有關諸侯國史官的記載。

其七，將應史（事）與諸侯國的使官——齊客、燕客、魏使等稱謂十分相似，都是諸侯國國名之後綴以職官名。例如望山M1竹簡："齊客張果聞（問）王於□郢之歲。"燕客銅量："燕客臧嘉聞（問）王於□郢之歲。"《史記·范雎傳》云："魏使須賈於秦，范雎聞之，爲微行，敝衣間步之邸，見須賈。"

由此可見，上述銅器銘文中應事（應史）、齊史等稱謂，應是匍盉銘文中"司使"一類的職官，負責掌管本國接待來賓、來使或派出使者等外交事務的官員。關於諸侯國的司使，有時像是一種兼職，即讓某人暫時主管這項業務。例如在伯矩鼎、衛鼎、伯者父簋等銘文中，明明記載着他們特意製作某種銅器用來招待從王那裏來的使者，却没有點明他們是專職的外交使官，而稱爲某史。②

二、從甲骨文、金文談聘禮的賓、主關係定位

對於來訪使者（或稱爲賓客），被訪國派專人爲其安排住處，劉桓先生稱之爲致館禮，並且作了深入的探討和研究。③《儀禮·聘禮》云："大夫帥至于館，卿致館。"鄭注："致，至也。賓至此館，主人以上卿禮致之，所以安之也。"諸侯國的某些館舍是專門爲聘禮中來訪賓客準備的，故稱賓館，而來往於諸侯國之間的賓客一般稱爲使者，所以又稱之爲使館。有時貴賓來訪，被主家安排在宗廟裏住宿，以示尊敬。如：《國語·周語》："襄王使太宰文公及內史興賜晉文公命，上卿逆于境，晉侯郊勞，館諸宗廟。"又《禮記·禮運》云："天子適諸侯，必舍其祖廟。"《儀禮·聘禮》云："卿館於大夫，大夫館於士，士館於工商。"鄭玄注："館者必於廟，不於敵者之廟，爲太尊也。"其大意是説，在聘禮中他國使者所居之處，一般是在地位高於使者的某貴族家的宗廟裏，這是主國用以表示對周王、其他諸侯國的尊敬和優待。

在西周金文中，常有如下記載：

---

① 陳夢家：《西周銅器斷代》，中華書局，2004年，第398–415頁。
② 王龍正：《匍盉銘文補釋並再論覜聘禮》，《考古學報》2007年第4期，第414頁。
③ 劉桓：《關於匍盉"朿"字的考釋》，《考古》2001年第6期。

8. 盠方彝、盠方尊:"王各于周廟。"

9. 楚簋:"王各于康宫。"

10. 二十七年衛簋:"王在周,各大室。"

11. 善鼎:"王各大師宫。"

12. 師酉簋:"王在吴,各吴大廟。"

13. 耳尊:"侯各于耳廣。"

對於其中的"各"字,文獻多寫爲格,過去學者一般都訓爲至,訓爲來,① 近有學者因《尚書》有"格爾衆"、"格于上下"、"格于上帝"等語而訓格爲告。② 顯而易見,這些"各"字大都出現在與宗廟相關之類場所,與那些直接寫爲"至"字的語言環境相比,有着較爲嚴格的局限性。仔細分析這一現象,結合甲骨卜辭"賓"字的用法,可知這兩種認識都是錯誤的。至於耳尊的廣字,《説文》云:"行屋也。"通過辭例對比,此處當指宗廟而言。

殷墟卜辭記載,商王在其祖宗之廟行事,常記載爲"王賓某某"、"王各某某"者,例如:

14. 《合集》24305云:"丁卯卜,行貞:王賓大戊歲二牛,亡尤。在二月。"

15. 《合集》23330云:"庚戌卜,貞:王賓小乙奭妣庚,翌無尤。"

16. 《合集》27000云:"王其各于大乙□,伐,不遘雨。"

17. 《英藏》2262云:"丙午卜,且丁□歲,王各祼于父甲。"

對於以上"王賓"諸例句,雷焕章先生説:"意指王舉行'儐'儀,表示以貴賓之禮對待祖先和神祇。"③ 上揭諸"各"字皆當讀爲"客",與賓字一樣,訓爲賓客。商周銅器銘文也有"王賓某某"、"王客某某"者,例如:

18. 版方鼎:"乙未,王賓文武帝乙,肜日。"

19. 殷觥銘:"用賓父己。"

20. 觥銘:"用賓父乙,來。"　　　　　　　　　　　　　　　　（集成 15·9299）

21. 師眉鼎:"祝人師眉薦王爲周客。"

22. 衛簋:"王客于康宫。"

23. 師遽簋蓋:"王在周,客新宫。"

---

① 臧克和:《釋〈尚書〉中的"格"字》,載《徐中舒先生百年誕辰紀念文集》,巴蜀書社,1998年,第191頁。
② 陳偉:《淅川下寺二號楚墓墓主及相關問題》,《江漢考古》1983年第1期。
③ 雷焕章:《説"戠"、"𠙵"、"賓"》,載《胡厚宣先生紀念文集》,科學出版社,1999年,第168-174頁。

24. 庚嬴鼎:"王客琱宫。"

眾所周知,主人與賓客相對爲言,居於本地本處的是主人,來自遠方的人即賓客,例如今本《竹書紀年》記載:成王二十五年,"大會諸侯于東都,四夷來賓"。又,"王亥賓于有易,有易殺而放之"。而宗廟是商王、周王或其貴族已逝祖先所居住的家,其祖先是宗廟的主人,凡來到宗廟裏的,無論是其兒子、孫子,都是賓客。《合集》34102+云:"于十主又二禱。○丁丑,貞:禱,其即祊。○禱,即宗。"又,《殷墟小屯村中村南甲骨》319云:"辛未卜,于九主釁屯。不。"《合集》32385云:"□未卜:求自上甲、大乙、大丁、大甲、大庚、大戊、中丁、祖乙、祖辛、祖丁十示,率□。"甲骨文中的主與示字經常通用,實乃一字之分化,①其實也就是商王祖先的牌位。對此,姚孝遂、肖丁先生説:"卜辭'示'指先王的廟主而言,'宗'指藏主之所,即宗廟建築。"②

孫希旦《禮記集解》引鄭氏曰:"《春秋傳》曰:'凡君,卒哭而祔,祔而作主。'孔氏曰:'措,置也。王葬後,卒哭竟而祔,置于廟,立主。……'"《禮記·雜記》記載,行虞祭時以桑木爲主,喪期落一周年,舉行練祭,死者的靈牌則改爲栗木做成。這就是《公羊傳·文公二年》所記:"虞主用桑,練主用栗。"宗廟裏的牌位有用石做成的,被稱爲石主,寫作"祏"。《左傳·昭公十八年》記載:"……使祝史徙主'祏'于周廟,告于先君。"劉釗將安陽殷墟出土的寫有祖先日名的玉柄形器,稱爲"祏"。③湖北荆門包山二號楚墓415號竹笥內放有五塊小木牌,每塊木牌上各寫一字,分別爲"室"、"灶"、"門"、"户"、"行"。陳偉先生認爲"此木牌是'五祀'之木主"。④既然殷人稱宗廟裏祖先的牌位爲主,那麼他們到了宗廟的祖先牌位面前就要自稱爲賓客。這樣,上引甲骨文、金文中商王或周王進入其祖先宗廟的行爲,被稱爲"賓于祖先"或"各(客)于祖先"的説法就落到了實處。

宗廟裏賓與主相對爲言,可謂涇渭分明,以"各"字訓爲"客"理所當然,然而多少年來人們習慣於格訓爲至的成見,終不願試作改變,其實並非沒有想到。日本學者高嶋謙一先生揭示了甲骨文中賓字的實質性用法,他説:"我認爲賓的意思是'當作客人來招待'。"⑤他還説:"'地位低者賓於地位高者'即'地位較低的王將被地位較高

---

① 何琳儀:《戰國文字通論》,中華書局,1989年,第291頁。
② 姚孝遂、肖丁:《小屯南地甲骨考釋》,中華書局,1985年,第25–26頁。
③ 劉釗:《安陽後崗殷墓所處"柄形器"用途考》,《考古》1995年第7期。
④ 陳偉:《包山楚簡初探》,武漢大學出版社,1996年,第165頁。
⑤ 高嶋謙一:《共時證據法之應用:商代配祀之擬構》,載黃德寬主編《漢語言文字研究叢書·高嶋謙一卷》,北京師範大學出版社集團、安徽大學出版社,2013年,第70頁。

的王當作客人來招待'……把地位低者的牌位遷徙至地位高者的牌位位置。所謂的遷徙是從祖先神廟中的祭壇遷出,其目的是爲了配祀。"①《甲骨文合集》1402:"貞,大甲不賓于帝。/貞,大甲賓于咸。/貞,大甲不賓于咸。"正說明了這個問題。叔誕尊銘文:"叔誕作召公宗寶尊彝。父乙。"②衆所周知,召公的廟號爲辛,叔誕所作器物雖然放置在召公的宗廟內,但其目的却是爲了專門祭祀父乙,這說明在召公的宗廟裏有父乙的牌位。

綜觀西周金文和先秦文獻,可以發現古代的祭祀、封賞等活動大都在宗廟裏舉行,例如《逸周書·世俘解》云:"王不格服,格于廟,秉語治庶國,籥人九終。"此記載周武王進入宗廟內作事。西周金文也是如此,如:

25. 作册吴方彝:"唯二月初吉丁亥,王在周成大室,旦,王各廟。"
26. 望簋:"王在康宫新宫,旦,王各大室。"
27. 蔡簋:"佳元年既望丁亥,王在減居,旦,王各廟,即位。"
28. 大克鼎:"王在宗周,旦,王各穆廟,即位,……"
29. 免簋:"唯十又二月初吉,王在周,昧爽,王各于大廟。"
30. 小盂鼎:"……辰在甲申,昧爽,三左三右、多君入服酒;明,王各周廟。"
31. 四十三年吴逑鼎:"……丁亥,王在周康宫穆宫,旦,王各周廟。"
32. 士山盤:"……即(既)生霸甲申,王在周新宫,王各大室,即位。"

第25-32例銘文所記載都是周王在宗廟裏做兩件事情,其中第一件事用"在"字,第二件事用"各"字表示,尤其是第二件事都在旦(太陽出來)或昧爽(天將明未明之時)之後開始。大概周王所"各(客)"之處乃其祖先牌位所在地,周王臨時到此,故曰"客";而周王所"在"之處或是宗廟裏可供居住的館舍,因其屬於自家的客館,自己不能稱爲客人,故曰"在"。從這幾篇銘文可以看出,周王提前一天入住在自家宗廟裏的館舍內,第二天太陽出來之後才進入設立有其祖先牌位的廟或大室,對大臣進行封賞等。陳夢家先生曾說:"令方彝考釋所舉四器'王在周'而'旦王各于廟',應解釋爲夜宿於王城而旦往於成周。"③尤其是第27例的"丁亥,王在減居(居指臨時居住的處所)"的記載,恰爲這種"提前入住宗廟而次日天明之後舉行活動"的推理提供一

---

① 高嶋謙一:《共時證據法之應用:商代配祀之擬構》,載黄德寛主編《漢語言文字研究叢書·高嶋謙一卷》,第80頁。
② 洛陽市文物工作隊:《洛陽北窑西周墓》,文物出版社,1999年,第82、86、87頁。
③ 陳夢家:《西周銅器斷代》,第367頁。

個直接的證據。值得注意的是,作册吳方彝記載,周王先"在成大室",後"各廟";望簋記載的是周王先"在康宫新宫",後"各大室"。由此可知,兩篇銘文的"大室"雖然都屬於宗廟裏的建築物,名稱也相同,功能却不一樣。

33. 榮簋:"隹正月甲申,榮各。"
34.《尚書·皋陶謨》:"夔曰:'……祖考來格。'"
35. 厚趠方鼎:"唯王來各于成周年。"
36.《書·大禹謨》:"三旬,苗民逆命;……七旬,有苗格。"
37. 今本《竹書紀年》:成王二十五年,"大會諸侯于東都,四夷來賓"。
38.《墨子·非攻》:"九夷之國,莫不賓服。"

以上諸例句中的各字,皆當讀爲客。第33例的"榮各(客)"即指榮進入宗廟,第35例是説某年周王從宗周來到成周某宗廟裏舉行某種活動,二者都是來到祖先牌位的面前,故曰客。第35例"來各(客)"與第37例"來賓"内容相同,可相互參照。第36例《尚書·大禹謨》記載,三苗(有苗)原本是夏王朝的敵人,禹聯合衆氏族部落的首領,接連征伐三苗,最後取得勝利,迫使三苗族人前來訪問夏王朝,等於和夏王朝和好了。"四夷來賓"與"有苗各(客)"都屬於外族前來華夏族進行訪問活動,其使者稱作賓客,算是真正意義上的客人,故使用"賓"字或"各(客)"字。至於周王或貴族的子孫到他們的宗廟裏行事,相對於其祖先牌位(或稱爲主,廟主)來説是客人,屬於象徵意義上的客人,亦使用"賓"或"各(客)"字。

作爲名詞的各(客)字有一種使動用法,或作"邵各"一詞,義爲召之來而使之爲客,有招來、召請之義。例如:

39. 它簋:"用盄饗己公,用各多公。"
40. 胡鐘:"對作宗周寶鐘,……用邵各丕顯祖考先王。"
41. 胡簋:"胡作將彝寶簋,用康惠朕皇文烈祖考,其各前文人。"
附:《詩經·魯頌·泮水》:"昭假烈祖。"

金文常見"己伯"或"己伯父丁",陳夢家先生據以指出:它簋銘文的"己公與多公爲對,己公乃自己之'公'"。① 據它簋銘文,周公宗原本爲己公所在之廟,己公是指自己已死的父親,所以祭祀其父親時説"用盄饗己公";由於這裏亦兼用作合祭其他祖先的場所,故曰"用各(客)多公"。其中"各(客)"字與"邵各(客)"有款待、招

---

① 陳夢家:《西周銅器斷代》。

來、召請之義。假字訓爲格，文獻多見，《詩經》的"昭假"同於胡鐘的"邵各"。胡簋的作器者是周厲王，他希望當這編鐘響起之時，能夠把他的先王招來。

"各（客）"字還有一種用法，即用在款待本宗族朋友的場合，如：

42. 善鼎："用作宗室寶尊，……餘其用各我宗子與百姓。"
43. 𢑏鼎："𢑏作寶尊鼎，其萬年用饗各（客）。"
44. □簋："□作厥簋兩，其萬年永饗賓。"
45. 甲盉："甲作寶尊彝，其萬年用饗賓。"
46. 姝叔昏簋："姝叔昏肇作彝，用饗賓。"
47. 越王者旨於賜鐘："嘉爾賓客。"
48. 筥大師申鼎："以禦賓客。"
49. 曾伯奇壺："用饗賓客。"

附：十五年趞曹鼎："用作寶鼎，用饗朋友。"

其中"各"字讀爲"客"，訓爲招待、款待、宴饗。其大意是説，該鼎既可用於本宗族的祭祀，也可用來招待我宗族的族長和其他人。這種宴饗應是《淮南子·説山篇》所謂"先祭而後饗"與《左傳·昭公元年》所謂"禮終乃宴"。毫無疑問，第43例的"用饗各（客）"與附例的十五年趞曹鼎"用饗朋友"以及其他例句的"用饗賓客"内容相同。在諸侯國之間的聘禮與貴族間相互探訪的士相見禮中，相對於主人的客人，在殷商時期常用"賓"字，西周時期則多用"客"字，這理應是我國東西方民族的方言不同所致。直到東周時期，賓、客二字聯合組成了一個新詞彙——"賓客"。

周王臨時居住在自家宗廟的館舍裏，是爲預備次日進行的祭祀與封賞，並不稱爲客；當他在廟内面對其祖先牌位的時候，銘文才會記錄爲"王各（客）于周廟"。當周王或諸侯來到某個貴族家裏做客時，常常會被主人安置在自家的宗廟裏居住，他已經具有賓客的身份，所以銘文就會記錄爲"王各（客）于庚嬴宫"等。《國語·越語》："（勾踐）乃致其父母昆弟而誓之：……四方之士來者，必廟禮之。"此所謂"廟禮之"當是指接待賓客住宿在自家宗廟裏，是對待賓客的最高禮遇。這正合於王國維先生所説"祖廟可以舍國賓，亦可以自處矣"。① 以上所列舉諸多銘文中的"各"、"客"等字，或訓爲客居，表明此地非其長期居住之所；或義爲客人，是相對於主人家而言的。

---

① 王國維：《明堂與廟寢通考》，《觀堂集林》卷三，第123-144頁。

三、使者、使臣、使人、行人

《周禮·秋官·小行人》云:"掌邦國賓客之禮籍,以待四方之使者。……凡四方之使者,大客則擯,小客則受其幣而聽其辭。使適四方,協九儀賓客之禮。"顯然,小行人的職掌與匍盉銘文中"司使"很相似,二者同屬外交官員,接待四方來的使者。其間的區別只不過在於"小行人"任職於周王朝,而"司使"則任職於諸侯國而已。

使者出訪他國的活動或行爲被稱爲"行",例如《儀禮·聘禮後記》云:"既將公事,賓請歸。……無行,則重賄反幣。"姚際恒引郝氏曰:"'無行',謂使臣獨聘本國,無他往。如吳季札聘諸國,是爲有行也。"① 又,《史記·范雎傳》云:"魏使須賈於秦,范雎聞之,爲微行,敝衣間步之邸,見須賈。"此二處的"無行"、"有行"、"微行"正是指"使者"或"使臣"的出使活動而言。那些主管四方來賓和使者(行人)的官吏,在《周禮》中被稱爲"大行人"、"小行人",《左傳》中也有對這種"行人"的記載,例如《昭公元年》云:"楚公子圍聘于鄭,……使行人子羽與之言,乃館于外。"在西周銅器銘文中,使者被稱爲"使人",例如:小子生方尊"用饗出入使人",又衛鼎:"乃用饗王出入使人及多朋友。"

新約聖經《希伯來書》引舊約《詩篇》104篇第4節記載,説:"神以風爲使者,以火焰爲僕役。"甲骨文中也有上帝以風爲使者的記載,例如:《合集》14225云:"于帝史(使)風二犬。"《合集》14226云:"燎帝史(使)風牛。"以上兩條卜辭所記是用犬和牛饗祭(招待)上帝的使臣風。《淮南子·天文篇》云:"四時者天之吏也,日月者天之使也。"顯而易見,此處的天説的就是上帝,而"天之使"當然就是指至高神上帝的使者。

四、覜聘禮的最高境界——朝拜至高神上帝

據甲骨、金文、文獻記載,商人的先王"賓于帝"(《合集》1402、1420),商王的大臣"格(客)于上帝"、商王成湯"嚴在帝所"(叔夷鐘),周文王"在帝左右"(《詩·文王》),文王、武王"敬事上帝"(《書·立政》)等等。這就是説,商周時期的人們認爲,殷王和周王乃至他們的大臣生時敬畏上帝,在離開世界之後靈魂得以到上帝那裏

---

① 姚際恒:《儀禮通論》,中國社會科學出版社,1998年,第307頁。

做客或居住,並事奉上帝。①張玉金先生説:"殷人的祖先要到上帝那裏去拜訪,……到那裏去當然就可以居住在那裏。"②顯而易見,這是覜聘禮的最高境界。值得注意的是,西方的基督徒也認爲,得以與上帝親近並住在他那裏,是人生的最大需要和内心深處的迫切需求,譬如《聖經》記載大衛説:"我且要住在耶和華的殿中,直到永遠。"③由此可見,中國古代人們所稱的帝廷、帝所,正是《聖經》所記載的西方人所謂"耶和華的殿"或"上帝的聖所"。

---

① 王正:《古代中國與西方的上帝觀》,待刊。
② 張玉金:《釋甲骨文中的"賓"》,《出土文獻研究》第五集,科學出版社,1999年,第33頁。
③ 舊約《聖經·詩篇》二十三篇第六節,南京愛德印刷有限公司,2003年,第525頁。

殷周金文"干支"族徽研究

王長豐

（北京大學古代文明研究中心客座研究員）

在殷周金文中，如《集成》09299銘文結尾處有族徽"來"，《集成》09894銘文結尾處有族徽"來束"，《集成》07027、10868則有"來冊"，《集成》00944則有"來册"；《集成》06743等有族徽"木"，《集成》08633等有"木父辛"，"木"爲"父辛"作器，說明"木"爲一個族徽，《集成》02246、02328、03666、06502有"木工冊"，《集成》08182則有"木並"等；《集成》01166等有"宁"族徽，《近出》0593有"宁⌒"，《集成》01836有"宁羊"，《集成》07004有"宁鄉"，《集成》03318有"宁矢"等族徽（圖一，只標號的是《集成》）。此類"來"與"來束"、"來冊"、"來册"，"木"與"木工冊"、"木並"，"宁"與"宁⌒"、"宁羊"、"宁鄉"、"宁矢"等經過綴聯後形成的族徽與單獨出現的族徽在內涵及形式上或有不同。在甲骨卜辭中，亦有上述綴聯形式，如：《合集》33061有"夲（ㄎ）方"與《合集》33059之"劃夲（ㄎ）方"、《屯》243"罕夲（ㄎ）方"等綴聯，表示另外一個方國（族氏）。這樣的綴聯形式很多，已經爲學術界所公認。

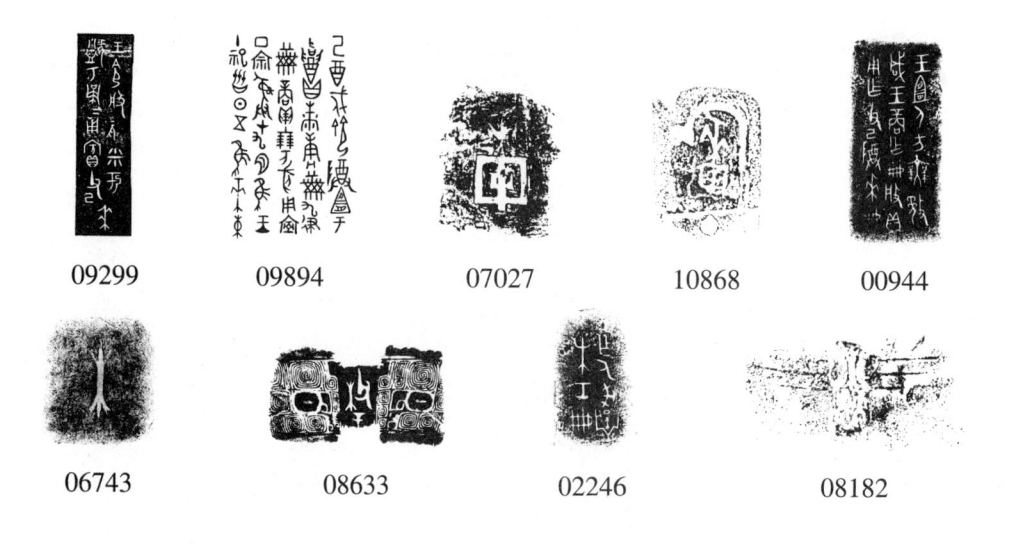

| 09299 | 09894 | 07027 | 10868 | 00944 |
| 06743 | 08633 | 02246 | 08182 |

01166　《近出》0593蓋 器　01836　07004　03318

圖一

在殷周金文中，"甲、乙、丙、丁、戊、己、庚、辛、壬、癸"十天干亦多單獨出現過（或與其他先祖稱謂結合），它們出現的形式亦符合我們判斷殷周金文族徽的標準，[①]而它們的單獨出現且與其他先祖稱謂結合即標誌着這個干支可能就是族徽。這種干支文字族徽特別是在已知族徽尾碼聯干支或者干支尾碼聯已知族徽，這時的干支就可能是這個綴聯後的族徽的組成部分，而不一定是對先祖的稱謂或廟號稱謂。此類干支族徽和此類干支與其他曾單獨出現過的族徽進行綴聯的族徽，我們統稱之爲"干支族徽"。就"干支族徽"綴聯形式來說，亦與"來"、"來束"、"來冊"、"來册"等諸例同。這就不得不讓我們更深一步去探討研究並加以論證。

一、"甲"族徽整理與研究

在甲骨文中除上甲、大甲、祖甲、報甲、父甲、兄甲、妣甲、羌甲、龍甲、象甲、戔甲或干支中有甲者外，甲還可以是表方國、族氏或地名，如：

戍甲伐𢦏敵方𢦏？　　　　　　　　　　　　　　　　　　　　　　（《合集》27995）

于省吾《甲骨文字詁林》3466甲字下按曰："《合集》27995辭云：'戍甲伐𢦏敵方𢦏。''戍甲'是否指戍邊之甲士而言，卜辭所僅見，尚有待於進一步之證明。"[②]27995辭"戍"、"伐"二字《說文》語焉不詳。段玉裁《說文解字注》"伐"字下曰："戍者，守也。故从人在戈下。入戈部。伐者，外擊也。故从人杖戈。入人部。"[③]段說甚確。關於"戍"字的用法甲骨學家多有詳論，屈萬里謂：卜辭"戍，乃戍邊之

---

① 王長豐：《殷周金文族徽整理與研究》，鄭州大學博士學位論文，2006年。
② 于省吾主編：《甲骨文字詁林》第3冊第3466字，中華書局，1996年，第3486頁。
③ 段玉裁：《說文解字注》（經韻樓藏版），上海古籍出版社，1981年，第381頁。

意";①姚孝遂則曰:"卜辭'戍'或用作動詞,乃戍守之義。又用作名詞,陳夢家先生《綜述》516以爲官名。我們認爲'戍'也有可能爲軍事組織名。指戍邊之軍旅而言。"②中國社會科學院考古研究所在整理小屯南地甲骨時則謂"戍多:戍,官名;多,人名","戍派:戍爲官名,派爲人名","右戍、中戍、左戍:戍,陳夢家認爲是官名(《綜述》516)。……戍是帶兵作戰的武官"。③這些論述對我們理解卜辭"戍"字的含義多有啓迪。我們認爲李孝定所説頗爲中肯,對《合集》27995辭的理解更有針對性,曰:"卜辭用'戍'之意爲戍守。辭云'癸巳卜,王其令五族戍龠'(《粹》1149),龠爲地名。五族者,卜辭恒言'王族'、'多子族',《左傳》亦云'中軍王族',則五族蓋軍隊之番號也。又云'戍衛不雉衆'(《粹》1153),雉衆者,集衆也。衛爲地名,其意均爲戍守與許書同。"④卜辭"戍"皆用爲戍守之意,故而,"戍甲"之甲應是地名,與前舉"癸巳卜,王其令五族戍夲(龠)"之"夲(龠)"同,均是地名。

"甲"在卜辭中用爲地名或方國名、族氏名者尚有:

貞:甲用𢁥來羌?/勿𢁥用𢁥來羌？　　　　　　　(《合集》00235正)

此爲互貞卜辭,"甲"與"𢁥"在句中的用法與地位是一致的,皆用爲名詞。"𢁥"在殷周金文中爲方國名、族氏名或爲地名,如《近出》0547"𢁥"、0698"𢁥",故而,"甲"在上句中亦應是方國名、族氏名或地名。殷周金文中亦記載有"甲"地,《𩰬从盨》(《集成》04466)載曰:"其邑:競、槲、甲三邑,州、瀘二邑。"此爲"甲"是地名(國邑名)之確證。

在殷周金文中,"甲"亦是常見的族徽銘文,如《集成》02911、07668、09318、11874、11875、11876等,這些均是僅一"甲"字族徽銘文器;"甲"亦有爲族長名者,其作器銘文如《集成》01949、09431等;另外,在諸多綴聯的族徽中,"甲"亦是綴聯族徽的母體之一,如《集成》07164、07165、08000等;其他形式者亦如:《近出》0127、《集成》08136等。上述所揭金文如圖二。

---

① 屈萬里:《小屯殷墟文字甲編考釋》,第127頁;于省吾主編:《甲骨文字詁林》第3册第2411字,第2345頁。
② 姚孝遂:《甲骨刻辭狩獵考》,《古文字研究》第6輯,中華書局,1981年,第34-66頁;于省吾主編:《甲骨文字詁林》第3册第2411字,第2345-2346頁。
③ 中國社會科學院考古研究所:《小屯南地甲骨》,中華書局,1980年,第1009、915、1002頁;于省吾主編:《甲骨文字詁林》第3册第2411字,第2345-2346頁。
④ 李孝定:《甲骨文字集釋》第12卷,中研院歷史語言研究所專刊之五十,1965年,第3771頁;于省吾主編:《甲骨文字詁林》第3册第2411字,第2345頁。

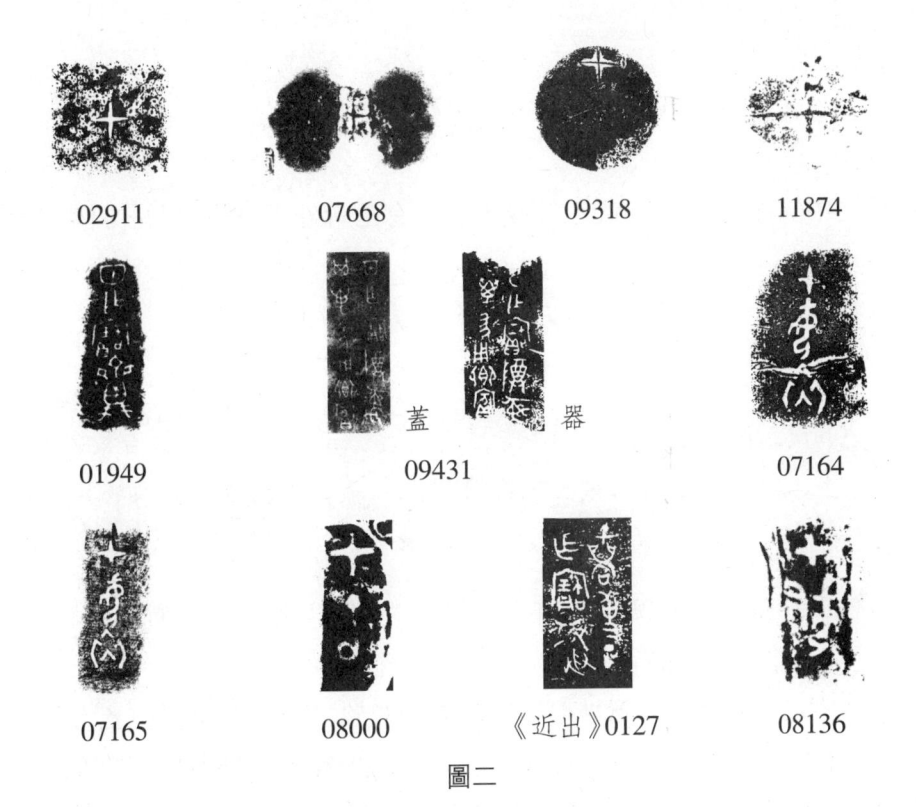

02911	07668	09318	11874
01949	09431 蓋　器		07164
07165	08000	《近出》0127	08136

圖二

由上可見，在殷周甲骨卜辭和殷周金文族徽銘文中，"甲"亦是方國、族、氏名。那麽，在殷周族徽銘文中，常見有"甲"與一個或多個曾單獨出現的族徽銘文綴聯，而"甲"前後又不見父、母、妣、考、祖等先祖稱謂，此類銘文如"己甲"、"甲蟲"、"甲婦"、"甲󰀀"、"甲母󰀀"、"甲󰀀"、"䝿甲"、"亞［𩫏］甲"等。此類銘文之"甲"與曾單獨出現的族徽銘文綴聯的方式同其他綴聯族徽銘文的綴聯方式是一樣的，"甲"在此類銘文中不一定就是先祖之名的稱謂，如圖三。

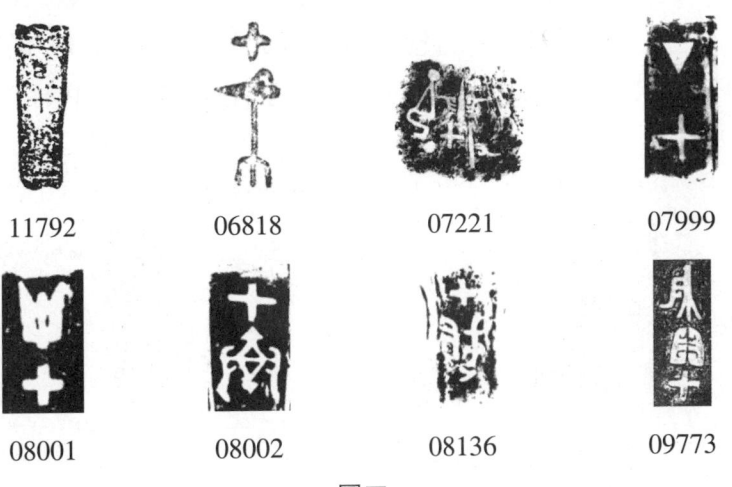

11792	06818	07221	07999
08001	08002	08136	09773

圖三

二、"乙"族徽整理與研究

在甲骨文中除報乙、小乙、武乙等或干支中有乙者外，乙還可以是方國名、族氏名或地名，如：

……亥卜，歲于匕戊，盧豕乙▨？　　　　　　　　　　　（《合集》22098）
甲子卜，▨乙穫？／乙兇？　　　　　　　　　　　　　（《合集》22130）
……卜，▨乙穫？　　　　　　　　　　　　　　　　　（《合集》22133）
乙未卜，睹貞：今日子入馭土一乙剄？／乙未卜，睹貞：舊一乙又馭其剄死？
　　　　　　　　　　　　　　　　　　　　　　　　　（《合集》28195）

根據甲骨卜辭研究的成果，上述卜辭"▨"、"穫"、"兇"、"剄"前面一字"乙"，均爲地名，這已經爲學術界所認可。

殷周金文中有單獨的族徽"乙"（《集成》07752、08590），並有"乙公"（《集成》02376）、"乙白"（《集成》03620），亦是"乙"爲國邑名之證（圖四）。在殷周族徽銘文中，亦常見有"乙"與一個或多個曾單獨出現的族徽銘文綴聯，而"乙"前後又不見父、母、妣、考、祖等先祖稱謂，此類銘文如："▨乙"、"▨乙▨"、"▨▨乙"、"脊乙"、"束乙"、"豢乙"、"乙丰"、"乙亳戈册"、"乙戈"、"▨乙"、"癸乙"、"何乙"、"乙參"、"窾乙"、"明亞乙"、"鳴乙"、"酉乙"、"▨乙"、"▨癸乙▨"、"乙戲"、"豕乙"、"守乙"、"乙息"、"鄉乙宁"、"亞[▨其]乙"、"亞[旅乙]亞[若癸]"、"子商亞[羌乙]"、"亞[受丁旅乙若癸自乙]"、"亞[乙]羌"、"筆乙"、"養又主乙"、"▨乙"、"乙戈"、"乙▨"、"乙▨"、"乙天"、"乙魚"、"酉乙"、"乙魚"、"乙正魚"、"乙父"、"▨乙"、"乙正"、"子乙"等。此類銘文之"乙"與曾單獨出現的族徽銘文綴聯的方式同其他族徽銘文的綴聯方式是一樣的，"乙"在此類銘文中不一定都是先祖之名的稱謂（圖五）。

07752 　　08590 　　02376　　　　　03620
　　　　　　　　　　　　　　　　蓋 　器

圖四

00408	《西清甲》13.29	00866	01287	01415
01699	01702	01703		01829
《西清》24.12	07183	08779	07253	

圖五

三、"丙"族徽整理與研究

在甲骨卜辭中,"丙"亦可用作族長名、地名。如:

庚申卜,㱿貞:王令丙?	(《合集》2478)
叀丙玉用?	(《合集》11364)
帚丙來艿?	(《合集》18911反)
丙入十。	(《合集》《英》771)

殷周金文族徽銘文有"丙。父丁"(《文物》2002.12.13圖28.5)及"丙。孟上父乍尊壺,其永寶用"(《集成》09614)等銘文,"丙"的形式是族徽,即"丙"所代表的是一個古老的方國、族氏;在殷周金文族徽銘文中,亦有"亞丙"(《集成》07825、《金文總集》00176),按前文考證,"亞丙"爲"丙"族另立的新宗;《齍卣》(《上海博物館集刊》7.46圖3)銘文載"丙公獻王饌器","丙公"即"丙"地之公爵者;另有《集成》05971、10564器銘文中的"丙"或亦與"丙"地有關(圖六)。這些均是"丙"爲方國、族氏名之確證。

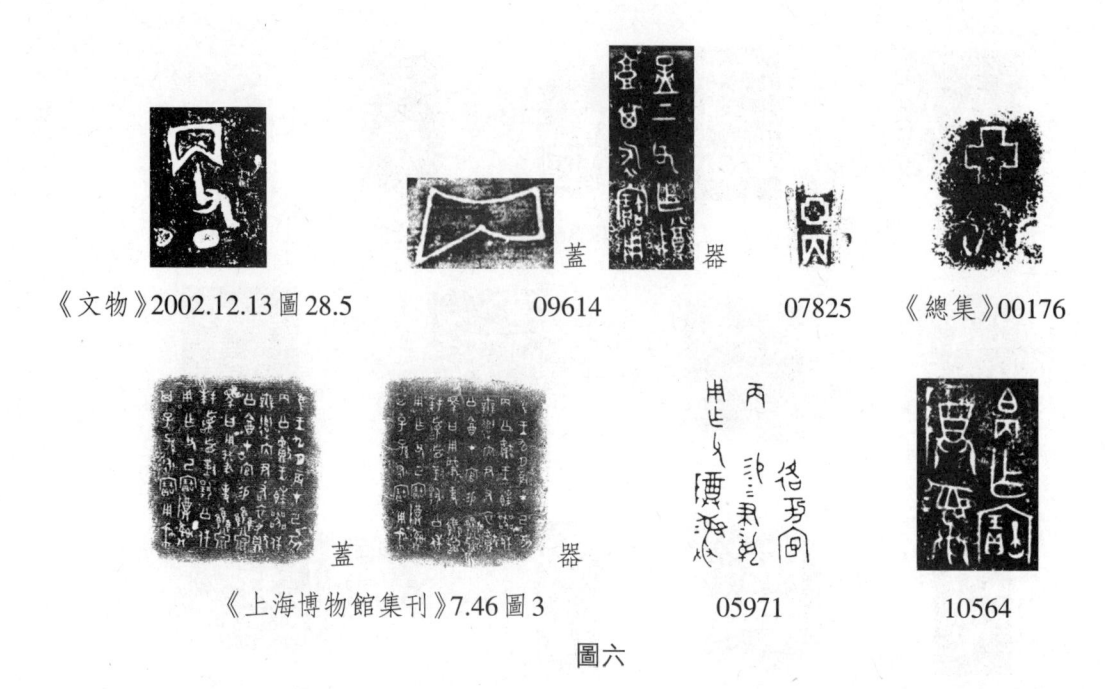

《文物》2002.12.13 圖 28.5　　　09614 蓋 器　　　07825　　　《總集》00176

《上海博物館集刊》7.46 圖 3 蓋 器　　　05971　　　10564

圖六

在殷周族徽銘文中，亦常見有"丙"與一個或多個曾單獨出現的族徽銘文綴聯，而"丙"前後又不見父、母、妣、考、祖等先祖稱謂，此類銘文如："丙"、"丙木册"、"丙天"、"禾丙"、"牧丙"、"食丙"、"亞丙"、"亞[共肄丙]"、"曾丙"等。此類銘文之"丙"與曾單獨出現的族徽銘文綴聯的方式同其他綴聯族徽銘文的綴聯方式也是一樣的，"丙"在此類銘文中亦不一定都是先祖之名的稱謂，應有一部分是綴聯形式的族徽（圖七）。

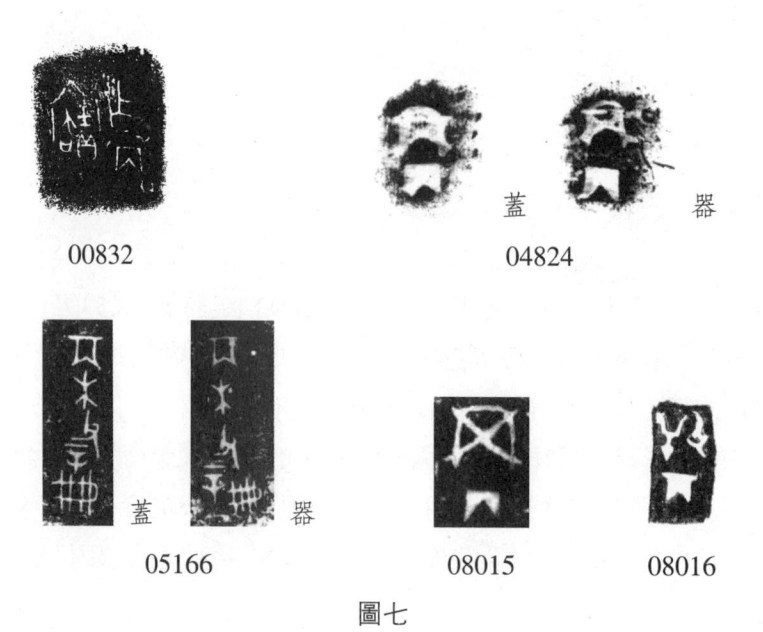

00832　　　04824 蓋 器

05166 蓋 器　　　08015　　　08016

圖七

四、"丁"族徽整理與研究

在殷商甲骨卜辭中,"丁"除作干支或先祖日名外,亦可作方國名、地名,卜辭有"丁侯"、"丁方"、"乍土丁"等,即其證。蓋古者諸侯稱侯,如魯侯、獻侯、康侯等;無爵稱人,如宋人、鄭人等即是。"丁"表方國名、地名等的卜辭如:

貞:馬歸不死,廼令丁侯?	(《合集》11024)
……今丁方征……?	(《合集》20441)
丙申卜,疾其入丁……?	(《合集》21039)
丙申卜,乍土丁?	(《合集》21039)
壬寅卜,丁伐麂?	(《合集》21555)
癸酉卜,帚貞:丁丑來自丁?	(《合集》21737)

"丁"除作干支或先祖日名及方國名、地名外,亦可作族長名,商周時期族長名、侯名、地名多數是合一的,這已經被諸多學者所認同。"丁"作族長名,即"丁"爲地名的另一證據,卜辭如:

戊戌卜,貞:丁目不喪明……?	(《合集》21037)
甲子卜,丁呼犬麂五往若?	(《合集》21566)
……酉子卜,貞:丁言我?	(《合集》21580)
未子卜,貞:叀丁使?	(《合集》21586)
乙巳卜,丁來鼎……	(《合集》21618)
癸丑,丁自來?	(《合集》21731)

在殷周金文中,《集成》00986有"丁亞",《集成》07182有"亞[丁]丮",《集成》09025有"亞[丁]";西周早期器《勅簋鼎》(《集成》02346)、《獻侯鼎》(《集成》02626、02627)有"丁侯";①《子黃尊》(《集成》06000)"子光賞汝丁貝"之"丁貝",當爲"丁"地之貝。此語例甲骨卜辭多見(圖八)。

---

① 唐蘭(《西周青銅器銘文分代史徵》,中華書局,1986年,第87頁)認爲:"周初,很多人還用商代人的習慣,祖或父死後,排定祭的日子,就以祭日的甲乙作爲死者的稱號,如祖甲、父乙等。在齊國,太公之後,是丁公呂伋、乙公得、癸公慈母;在宋國,宋公稽之後是丁公申,好都是以祭日爲稱號。這裏的丁侯,應當是這種例子。"唐說之例亦如:《作册夨令簋》(《集成》04300、04301)之"公尹白丁"、"丁公",《史喪尊》(《集成》05960)之"丁公"等,但稱"某侯"者不見他例,不能說"晉侯"爲"丁侯"、"乙侯"等。甲骨卜辭亦有"丁侯"、"丁方"等即其證。

| 00986 | 07182 | 09025 | 02346 |

| 02626 | 02627 | 06000 |

圖八

在殷周族徽銘文中,亦常見有"丁"與一個或多個曾單獨出現的族徽銘文綴聯,而"丁"前後又不見父、母、妣、考、祖等先祖稱謂,此類銘文如"丁☒"、"秉冊丁"、"冊丁酉"、"☒丁乚"、"从丁癸"、"弔丁"、"丁☒"、"丁母"、"丁☒"、"丁丰"、"丁☒"、"☒丁"、"弓丁囚"、"丁天"、"丁☒一"、"☒丁"、"丁犬"、"☒丁"、"丁☒"、"山丁"、"嗣工丁"、"天己丁"、"衛[丁]冊"、"丁京羊"、"牽丁"、"丁羞"、"亞[丁]"、"亞[丁]孖"、"亞㬎丁"、"亞[受丁旟乙若癸自乙]"、"矢丁"、"㐱戉丁"、"子丁☒"等。此類銘文之"丁"與曾單獨出現的族徽銘文綴聯的方式同其他綴聯族徽銘文的綴聯方式亦同,"丁"在此類銘文中不一定都是先祖之名的稱謂,應有一部分是綴聯形式的族徽(圖九)。

| 01289 | 01290 | 01758 | 03064 | 05009 | 06832 |

| 07176 | 07198 | 08018 | 087912 | 01703 |

圖九

五、"戊"族徽整理與研究

在殷商甲骨卜辭中,"戊"除作干支或先祖日名外,亦可作族長名。卜辭有"戊亞"等均是族長名或族氏名,如下文所舉卜辭:

丙戌卜,戊亞其障其豐?	(《合集》27931)
辛亥卜,帝小工蚩,戊又三十小牢?	(《合集》34157)
□戌卜,……好戊炈?	(《合集》屯4191)

在殷周金文族徽中,《集成》09512、09513有單獨一字"戊"族徽,說明"戊"應爲方國名或族氏名(圖一〇)。

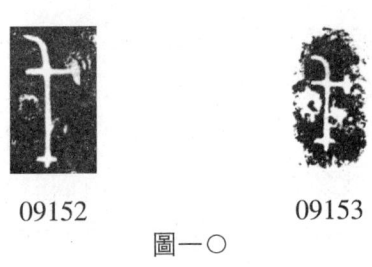

09152　　09153

圖一〇

在殷周族徽銘文中,亦常見有"戊"與一個或多個曾單獨出現的族徽銘文綴聯,而"戊"前後又不見父、母、妣、考、祖等先祖稱謂,此類銘文如"何离(辠)戊"、"🗌戊"、"秉冊戊"、"齒戊"、"叔戊戠"、"何戊"、"后母戊"、"刀母戊(🗌)"、"🗌戊"、"舌🗌戊"、"戊🗌"、"子戊"、"母戊"等。此類銘文之"戊"與曾單獨出現的族徽銘文綴聯的方式同其他綴聯族徽銘文的綴聯方式亦是一樣的,"戊"在此類銘文中不一定都是先祖之名的稱謂,如《集成》06834有"戊木","戊"應爲族徽的組成部分,《集成》07214有"木戊且戊",即其證,但我們也不排除有表示先祖稱謂者(圖一一)。

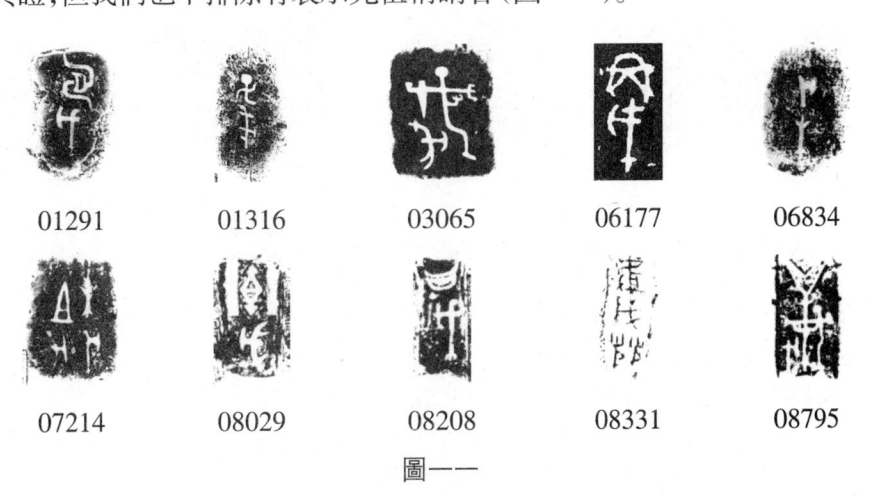

01291　　01316　　03065　　06177　　06834

07214　　08029　　08208　　08331　　08795

圖一一

六、"己"族徽整理與研究

在殷商甲骨卜辭中,"己"除作干支或先祖日名外,亦可作族長名、地名、侯國名。饒宗頤曰:"按卜人己爲武丁時人……當是子姓之族。"① 甲骨卜辭族長名、地名、侯國名三者是一致的,也就是説甲骨卜辭中的族長名"己",它代表的是一個地名或侯國名。

　　丁亥卜,己貞:子商妾盂,冥不其妨?　　　　　　　　　　　　(《合集》14036)

在殷周金文族徽銘文中,有單獨的"己"字族徽銘文如:《集成》11791、11792、11808等,其時代均在殷商時期。這説明殷商時期已經有"己"方國或族氏存在,可與殷商甲骨卜辭互證。西周金文中,《集成》03977、03772、00014、09632等記載有"己侯"即"紀侯",《集成》02025有"己"所作器等均其證(圖一二)。"紀侯"即《史記·齊太公世家》所載之"哀公時,紀侯譖之周,周烹哀公"② 之"紀國"的"諸侯"。張秉權認爲:"'己'字……可能就是紀的本字。"③ 這是正確的。(魏)張揖《廣雅·釋言》:"己,紀也。"④《廣雅·釋名》亦同。另外,商周時期,婦名常以"夫+父(父+夫)"國名(或族氏名)稱謂婦女,如《集成》03230、03977均有"己姜",亦是"己"爲方國名或族氏名之證。

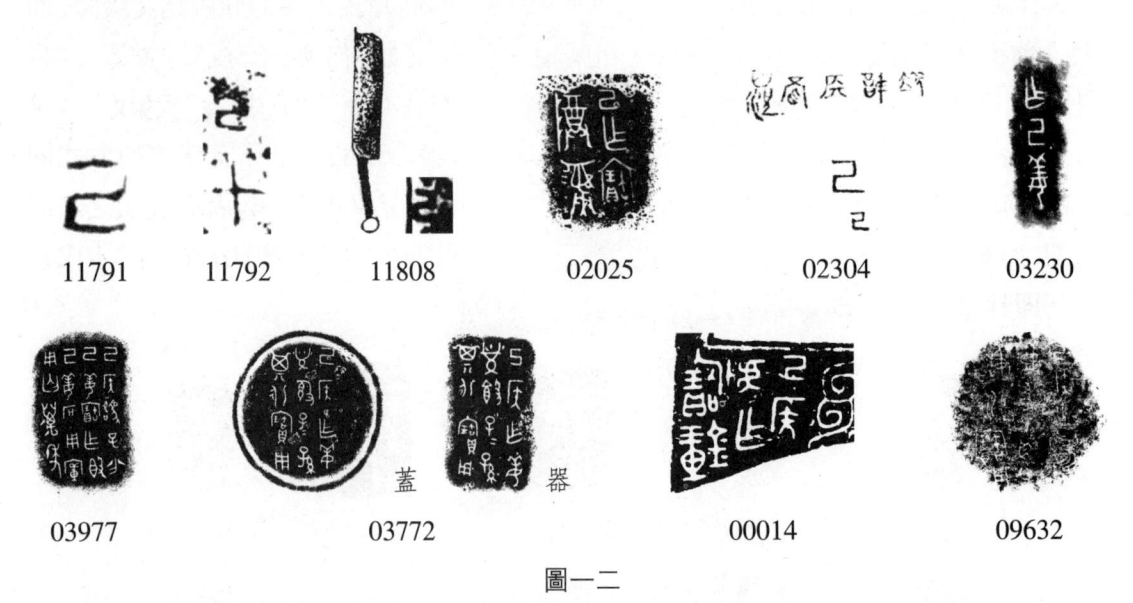

| 11791 | 11792 | 11808 | 02025 | 02304 | 03230 |

| 03977 | 03772 | 00014 | 09632 |

圖一二

---

① 于省吾主編:《甲骨文字詁林》第4册第3684字,第3587頁。
② 《文淵閣四庫全書·史部·正史類·史記》卷三十二。
③ 于省吾主編:《甲骨文字詁林》第4册第3684字,第3587頁。
④ 《文淵閣四庫全書·經部·小學類·訓詁之屬·廣雅》卷五。

在殷周族徽銘文中，亦常見有"己"與一個或多個曾單獨出現的族徽銘文綴聯，而"己"前後又不見父、母、妣、考、祖等先祖稱謂，此類銘文如"冚己"、"己冚"、"𤴑己"、"叔己"、"束己"、"戈己"、"𦎫己"、"乘己"、"己父"、"己𠂤"、"己口"、"己並"、"己戈"、"己甲"、"己朿"、"己重"、"𣪠己"、"己从"、"𠂤己"、"己𠂤"、"史己"、"天己"、"天己丁"、"西單己"、"己甾"、"息己"、"己𤴑"、"己鄉宁"、"羊己"、"羊己𤴑"、"𠂤己"、"己聿"、"𠃌己"、"己賊"、"賊己"、"子雨己"、"母己"等。此類方國族徽銘文之"己"與曾單獨出現的族徽銘文綴聯的方式同其他綴聯族徽銘文的綴聯方式亦是一樣的，"己"在此類銘文中不一定都是先祖之名的稱謂，如《集成》08898、08899、08900銘文爲"己並父丁"，《近出》0207、0208、0209則銘文爲"己並"，可知"己並"爲一個獨立的族徽銘文（圖一三）。

| 08898 | 01292 | 01293 | 01294 | 01388 | 01471 |
| 01717 | 06837 | 06845 | 08032 | 08034 | 08035 |

圖一三

七、"庚"族徽整理與研究

"庚"在殷商甲骨卜辭中，除作干支或先祖日名外，亦可作地名、方國名等。如《集合》11460反"庚"即爲地名或方國名，《合集》36528反明確記載"庚"爲方國名，曰"庚方"。

  庚入十。   （《合集》11460反）
  乙丑王卜，貞今𡆥巫九𠬝，余亡𩫏，𢦚告侯田，冊𢻻方、羌方、羞方、庚方，余其比侯田，𢦚戔四封方？   （《合集》36528反）

乙酉卜,其取庚孰…… 　　　　　　　　　　　　　　　　　　　(《合集》屯169)

　　在殷周金文中,亦有單獨的"庚"字族徽如《集成》06722、07669、11759等,這便是甲骨卜辭"庚"爲地名、方國名的最好例證。在殷周婦名中,有"庚姬"婦名的如西周早期如《集成》05404、05997等,西周晚期的如《集成》00637、00638、00639、00640等;有婦名"庚嬴"的如《集成》02748、05426等;有婦名"庚姜"的如《集成》10580等,即"庚"爲地名、方國名或族氏名之確證(圖一四)。

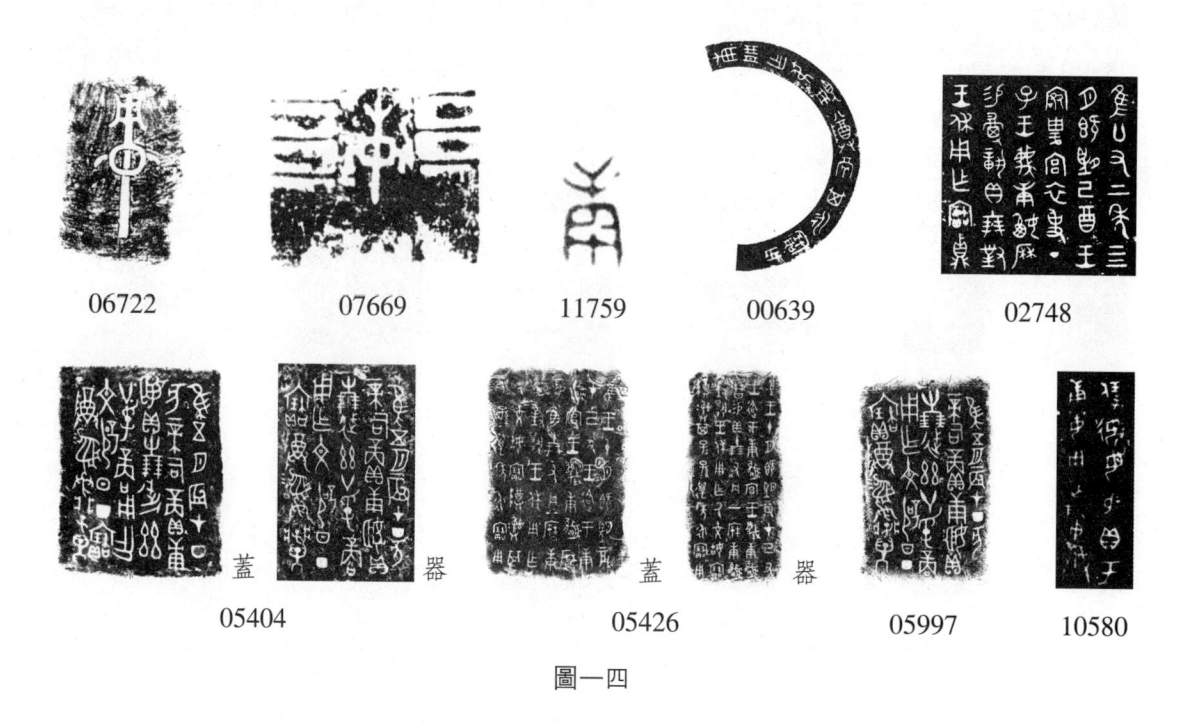

06722　　07669　　11759　　00639　　02748

05404 蓋　　05426 器　　05997 蓋　　05997 器　　10580

圖一四

　　在殷周族徽銘文中,亦常見有"庚"與一個或多個曾單獨出現的族徽銘文綴聯,而"庚"前後亦不見父、母、妣、考、祖等先祖稱謂,此類銘文如"庚戈"、"庚▊"、"庚☗"、"庚豕"、"庚豕馬"、"庚𡨄"、"庚子"、"庚户"、"庚(南)宁册"、"萬庚"、"息庚"、"𦎧庚"、"羊庚"、"主庚"、"𦎧庚"、"庚(南)宁册"等(而"𠂤"、"𠂤册"、"册𠂤"、"𠂤征"、"𠂤☗"、"𠂤册正"等亦有可能與"庚"類綴聯的族徽有關)。此類族徽銘文之"庚"與曾單獨出現的族徽銘文綴聯的方式同其他綴聯族徽銘文的綴聯方式一樣,"庚"在此類銘文中不一定都是先祖之名的稱謂,有一部分可以確定爲綴聯式族徽銘文,如《集成》09047銘文爲"襄庚乍且辛彝","襄庚"爲一個固定名詞,是一個單獨、完整的族徽銘文;《集成》06183器銘文"庚豕",《集成》01855、06381、08865等器銘文則爲"庚豕父丁"、"庚豕父乙",由此可見,"庚豕"是作爲一個單獨、完整的族徽出現的，是不可分割的，"庚"是"庚豕"族徽中的一個組成部分；此類亦如《集成》03418、07263、08915、08972、07138等，可明確判定"庚"是組成一個完整的族徽的一部分（圖一五）。

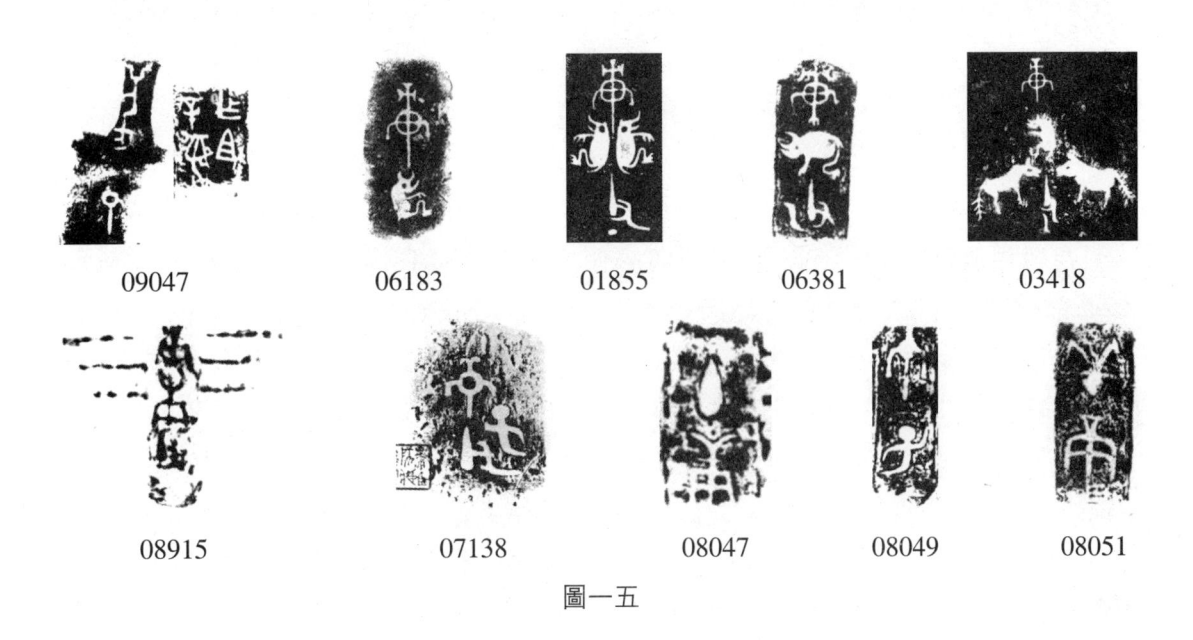

| 09047 | 06183 | 01855 | 06381 | 03418 |

| 08915 | 07138 | 08047 | 08049 | 08051 |

圖一五

八、"辛"族徽整理與研究

甲骨卜辭有"亞辛"，前文我們已經討論了"亞辛"之類帶"亞"字甲骨卜辭與族徽銘文的性質，此類"亞"字是宗廟的象徵。《合集》21912（卜辭如下）有"亞辛"爲地名，實即指"亞辛"一系的封地，亦說明"辛"也爲地名或國族名。《英》1916辭與《合集》12336反"帚妌示。殸"一樣，爲記事性刻辭，"殸"爲記事者。《英》1916辭之"辛"亦如"殸"一樣爲記事者，"辛"爲族長名。卜辭國名、族長名、地名三者同，可見，"辛"即是國邑名或族氏名。

　　……史……不子丁在亞辛？　　　　　　　　　　　　（《合集》21912）
　　丙寅卜。辛？　　　　　　　　　　　　　　　　　　（英1916）

在殷周金文中，亦有單獨的"辛"字族徽，如《集成》00450、00989、06017、06723、07671、07672等；在西周早期金文中，亦有"辛"所作器，如《集成》01987、05116、05774、02660、02712等。這些均是"辛"爲方國、族氏名之證（圖一六）。傳世文獻記載有辛氏，《史記·夏本紀》太史公曰："禹爲姒姓，其後分封，用國爲姓，故有夏后氏、有

```
07844    00450    01987    05774    02712
```
圖一六

扈氏、有男氏、斟尋氏、彤城氏、褒氏、費氏、杞氏、繒氏、辛氏、冥氏、斟戈氏。"①

　　在殷周族徽銘文中，常見"辛"與一個或多個曾單獨出現的族徽銘文綴聯，而"辛"前後又不見父、母、妣、考、祖等先祖稱謂，此類銘文如"㽙田辛"、"辛秉冊"、"大阜邑辛"、"辛戈"、"丅辛"、"奚辛"、"朿冊)(辛"、"沬秋伊辛"、"蒙辛卯羊"、"冘辛"、"辛冘"、"辛息"、"京辛"、"辛鄉宁"、"辛一"、"辛倗"、"辛大"、"辛戈"、"辛亞[離]丅"、"辛守"、"亞辛"、"亞矣[辛]"、"亞[離]口辛"、"辛壴"、"尤辛"、"辛聿"、"舟辛"、"子辛䁊(㦰)"等。此類族徽銘文之"辛"與曾單獨出現的族徽銘文綴聯的方式同其他綴聯族徽銘文的綴聯方式是一樣的，"辛"在此類銘文中不一定都是先祖之名的稱謂，此類族徽銘文還需深入研究（圖一七）。

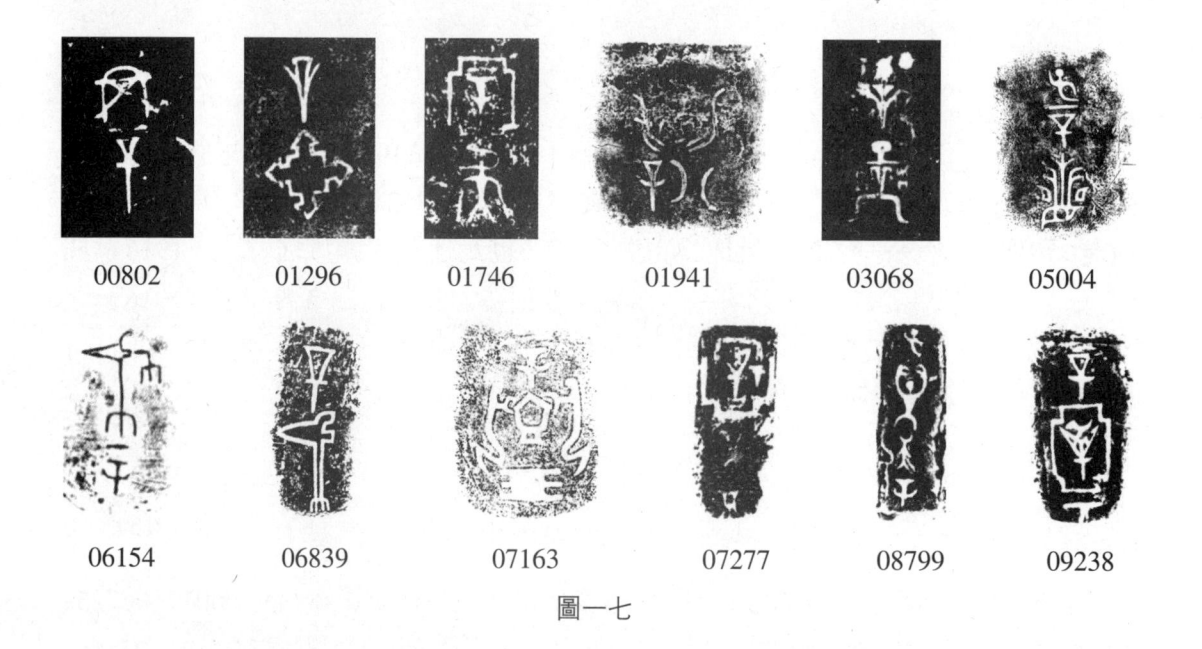

```
00802    01296    01746    01941    03068    05004
06154    06839    07163    07277    08799    09238
```
圖一七

---

① 《史記》，中華書局，1959年，第89頁。

九、"壬（妊）"族徽整理與研究

在殷商甲骨卜辭中，《合集》2799有"婦妊"，"婦"後所綴之婦名"妊"，即"婦妊"父方的方國名（加"女"字旁），這已經爲學術界所認可。可見"壬"在殷商時期亦是一個方國名。

乙酉卜，宁貞：翌丁亥將婦妊。 （《合集》2799）

在殷周金文中，有單獨一字"壬"族徽，如《近出》0792，這正與甲骨卜辭之"婦妊"，爲"壬"方國（族氏）之女爲商婦互證。在殷周族徽銘文中，亦見有"壬"與其他曾單獨出現的族徽銘文綴聯，而"壬"前後又不見父、母、妣、考、祖等先祖稱謂，此類銘文如"單子壬"、"亞[瑂]壬"、"周壬"、"隹壬俏"等。此類族徽銘文之"壬"與曾單獨出現的族徽銘文綴聯的方式同其他綴聯族徽銘文的綴聯方式是一樣的，"壬"在此類銘文中不一定都是先祖之名的稱謂，有的便是綴聯式族徽的組成部分（圖一八）。

《近出》0792 　　01299 　　02176

圖一八

十、"癸"族徽整理與研究

在殷商甲骨卜辭中，"癸"幾乎均作干支或先祖日名，目前不見能確指地名、方國名者。但在殷周金文中，有單獨的"癸"字族徽，如《集成》06018、06019、07673、09154等，其形式亦與其他族徽完全一致；另外，《集成》10073器銘文"癸白矩乍寶尊彝"，《集成》01317、03071等有"子癸"，"癸"應爲族長名（國邑名等），這些均是"癸"應爲方國名、族氏名之確證。由此可見，"癸"亦是商周時期的一個方國或族氏名。在殷周金文中，多見曾單獨出現的方國族氏與"癸"字綴聯，此類銘文如"保癸（✢）"、"癸🅟"、"从丁癸"、"癸乙"、"癸🅣"、"癸🅤"、"癸企"、"癸🅥"、"癸山"、"癸萬"、

"后夒母癸"、"麂殳癸"、"麇癸"、"囗癸"、"囗癸"、"𠂤癸"、"𠂤癸乙𠂤"、"人癸"、"史癸"、"豕癸"、"癸衛[册]"、"衛癸"、"敖癸"、"合癸"、"鄉宁癸"、"鄉癸宁"、"亞[旂乙]亞[若癸]"、"亞[若癸]𠂤"、"亞[受丁旂乙若癸自乙]"、"又癸養"、"右征母右養癸"、"正癸"、"癸重"、"雋癸"、"子癸"、"子癸壴"、"母癸"等。這其中我們不可否認有一部分是表族長名或其他意義，但我們也不能排除它們中間有一部分是方國名、族氏名（圖一九）。

06018　10073　09034　1992.12.1142 圖1 考古　01670　08069

09779　01739　04839　06351 蓋　06840 器　05010

圖一九

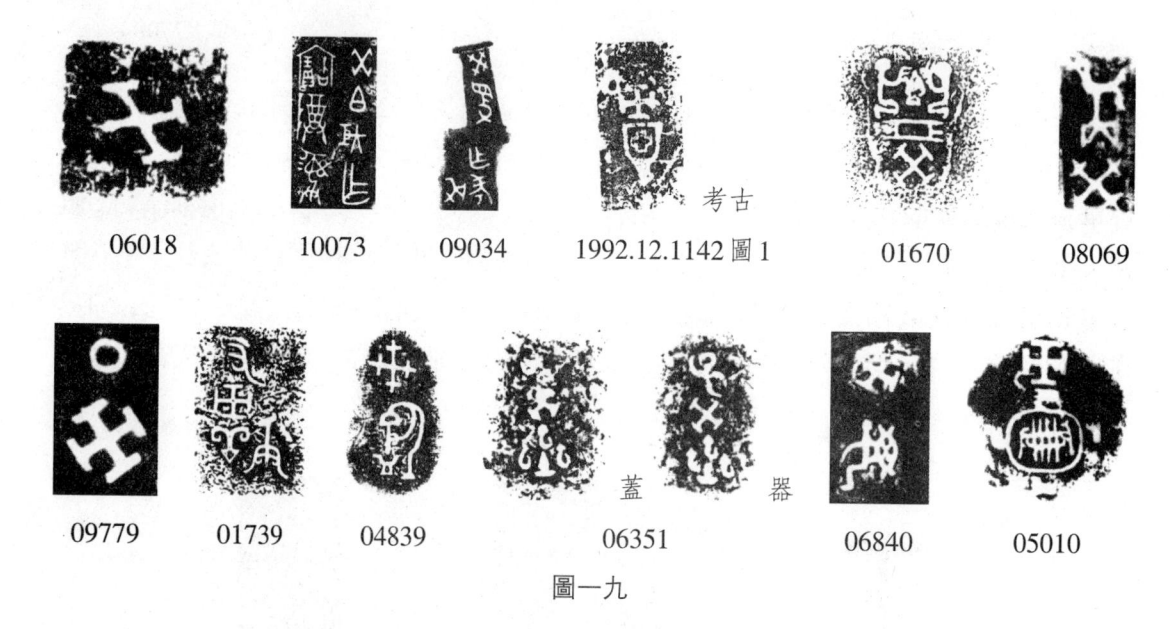

綜上所揭，十天干與其他族徽綴聯，其形式多種多樣，其中，與天干"甲"族徽綴聯的形式有8種，與天干"乙"族徽綴聯的形式有44種，與天干"丙"族徽綴聯的形式有9種，與天干"丁"族徽綴聯的形式有34種，與天干"戊"族徽綴聯的形式有13種，與天干"己"族徽綴聯的形式有37種，與天干"庚"族徽綴聯的形式有16種，與天干"辛"族徽綴聯的形式有30種，與天干"壬"族徽綴聯的形式有4種，與天干"癸"族徽綴聯的形式有37種，再加十天干本身，粗略統計有232種之多，占全部殷周金文族徽總數的11.5%。可見"天干族徽"是一個比較大的類型，我們在這裏只能提供"天干族徽"的綴聯形式不一定就是對先祖的天干稱謂，其中有一部分是綴聯結構的族徽，它們所包含的信息是豐富多彩的，這將有待於我們更深一步的探索、研究。

另外，除十天干與其他族徽綴聯的外，"子、丑、寅、卯、辰、巳、午、未、申、酉、戌、亥"中有部分地支與其他族徽銘文綴聯，如"子"與其他族徽綴聯者較多如"子乙"、"子戊"、"子辛智(㘝)"等，與"卯"綴聯的如"眾辛卯羊"、"亞[卯]"、"隹卯"等，與

"辰"綴聯的如"臣辰敖"、"小臣辰敖"、"臣辰敖册"、"辰寢出"、"戌簸辰吳"、"廟辰"、"衛[辰]"等,與"未"綴聯的如"册宁未"、"宁未口"、"未疋"、"又未"、"丫未"、"戌未"等,與"申"綴聯的如"子申"等,與"酉"綴聯的如"北酉"、"册丁酉"、"聑酉二"、"戈酉"、"宁[酉]"、"山酉"、"亞[保酉]"、"亞[酉]"、"酉甾"、"配"、"酉乙"等,與"戌"綴聯的如"戌人正"、"戌室無壽"等。"寅"單獨有一類族徽無綴聯形式,"丑"、"巳"、"午"、"亥"等目前不見族徽形式。在這些地支與其他族徽綴聯形成的綴聯式族徽銘文中,我們不能排除它們中間有一部分是方國名、族氏名。

曾侯殘鐘銘文考釋

曹錦炎

(浙江大學文化遺産研究院)

北京收藏家梁氏庋藏有一件大型青銅鐘殘片，上有銘文數十字，囑予爲之釋文。今作小考，以求正於梁先生及同好。

此鐘爲殘片，現存左下側鼓部。從現存殘片情況看，屬於大型編鐘之一件，時代約爲春秋晚期至戰國早期。銘文現存7行共34字（圖一、二）。從銘文分析，應該是正、背兩面皆鑄有文字，合成全銘。下面先按原行款寫出釋文，再作考證。

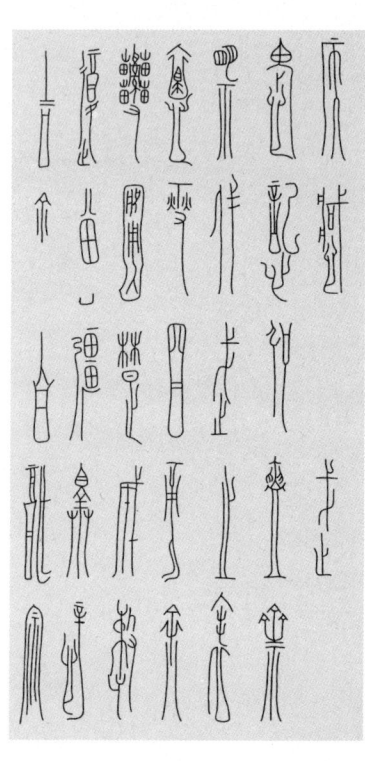

圖一　　　　　　　　　　　圖二

……[曾]

侯慼(臧)武，

悁(畏)誋(忌)弘(恭)寙(寅)齋

櫐(盟)；伐武之表，

懷燮四旁(方)。余

𧆞(申)圖(服)楚成，整

復曾疆。擇悖

吉金，自酥(作)宗

[彝]……

其中首、末兩行方括弧中文字據文義所補。

曾侯臧武 "曾侯"之曾，從下面銘文分析推測補上。曾，國名。20世紀70年代以來，在湖北的隨棗走廊和河南的南陽盆地相繼出土了一批曾國青銅器。湖北省博物館的學者首先指出"湖北過去發現的這些曾國銅器，證明在湖北境內確有一個曾國存在"，並進一步推論，"與申鄰近的曾國，可能是西周早中期周王室在江漢流域所封的姬姓之國，到西周晚期已經強大起來了"。①這個看法，已爲2011年上半年在隨州葉家山發現的西周曾侯墓地所證實。發掘證明，早在西周早期，曾國已經稱"侯"，國都就在隨州。②而從此殘鐘的文字書體來看，與1978年於隨縣(今隨州)擂鼓墩發現的戰國早期曾國國君曾侯乙墓出土的青銅器特別是編鐘銘文尤爲相近。③因此，結合下面銘文所述，推測作器者應爲曾侯乙前後的某個曾侯(也不排除是曾侯乙的可能性)，時代下限不晚至戰國中期。可惜銘文未記載下這位曾侯的名字。

臧，構形原篆從"戕"(即"戕"字異體)從"心"，爲繁體。戕，讀爲"臧"。臧，善，好。《說文》："臧，善也。"《書·冏命》："發號施令，罔有不臧。"《論衡·自紀》："文德不豐，非吾所臧。"武，勇猛，《詩·鄭風·羔裘》："羔裘豹飾，孔武有力。"臧武，勇武之意。虢季子白盤"抽(臧)武于戎工"，配兒鈎鑃"孰(熟)戕(臧)于戎攻敌(且)武"，意思相同。此句爲器主曾侯自詡勇猛善武。

畏誋弘寅齋盟 悁，"畏"字繁構。《說文》："畏，惡也。从甶，虎省。鬼頭而虎爪，可畏也。"本義爲害怕，引申爲畏忌、敬畏，有所顧忌。《左傳·昭公元年》："幼而不忌，不事長也。"杜預注："忌，畏也。"又："史佚有言曰：'非羇何忌？'"杜預注："忌，敬也。""畏

---

① 湖北省博物館：《湖北京山發現曾國銅器》，《文物》1972年第2期。
② 湖北省文物考古研究所、隨州市博物館：《湖北隨州葉家山M65發掘簡報》，《江漢考古》2011年第3期。
③ 湖北省博物館：《曾侯乙墓》，文物出版社，1989年。

忌"連言亦見於齊鎛"余彌心畏誋(忌)",王孫鐘"畏期(忌)趩趩",叔沪鐘"小心愄(畏)忌",《左傳·昭公二十五年》"爲刑罰威獄,使民畏忌",皆是小心翼翼之意。

弘,讀爲"恭"。《吕氏春秋·忠廉》"衛懿公有臣曰弘演",《韓詩外傳七》"弘演"作"洪演";《莊子·胠篋》"萇弘胣",唐寫本《切韻》引"弘"作"洪",是"弘"字可通"恭"之證。此處"弘"字青銅器銘文常寫作"龏"(字今通作"龔"),讀爲"恭"。①《説文》:"恭,肅也。"《爾雅·釋詁》:"恭,敬也。"《論語·子路》:"居處恭,執事敬。"寅,原篆構形下從"皿"爲繁文,亦見於陳侯因𦀚鐓。寅,恭敬。《爾雅·釋詁》:"寅,敬也。"《書·堯典》:"寅賓出日。"孔傳:"寅,敬。"《書·無逸》:"嚴恭寅天命。"秦公簋"嚴龏(恭)寅天命","龏(恭)寅"用法相同。"恭"、"寅"同義疊字連用。陳肪簋"畢龏愧忌";郏公牼鐘、郏公華鐘"畢龏威忌",與此意思也相同。

齋,《説文》謂"戒潔也",本指齋戒,即祭祀前行齋戒,所以也可引申爲祭祀義。《禮記·檀弓上》:"非致齊(齋)也。"孔疏:"齊爲祭之事。"(此處"齊"爲"齋"字通假)禜,"盟"字異構,楚文字習見。《釋名·釋言語》:"盟,明也。告其事於神明也。"是指與他國諸侯在神前誓約、結盟,《左傳·僖公二十八年》:"王子虎盟諸侯于王庭,要言曰:'皆獎王室,無相害也。有渝此盟,明神殛之。'""齋盟"猶言"盟祀",青銅器銘文習見。

全句是説對盟祀之事畢恭畢敬,亦即表示對神祇敬畏恭慎之貌。王子午鼎:"宏龏舒犀,畏忌趩趩,敬厥盟祀。"是其擴大版,可以互相參看。

伐武之表 伐,征伐。《詩·商頌·長發》:"韋顧既伐,昆吾夏桀。"鄭箋:"湯先伐韋、顧,克之。昆吾、夏桀,則同時誅也。"武,武功。《説文》:"武,楚莊王曰:'夫武,定功戢兵,故止戈爲武。'"《尚書·大禹謨》:"乃武乃文。"《詩·魯頌·泮水》:"允文允武。"宣揚征伐武功即所謂"武德",乃是當時的時尚。《楚辭·九辯》:"既驕美而伐武兮。"朱熹集注:"伐武,自誇其武也。"表,標準,儀範。《荀子·天論》:"水行者表深。"楊倞注:"表,標準也。"《禮記·表記》:"仁者,天下之表也。""表"字用法同。

懷燮四方 懷,安撫,懷柔。《禮記·中庸》:"懷諸侯則天下畏之。"孔穎達疏:"懷,安撫也。"《吕氏春秋·音律》:"以懷遠方。"高誘注:"懷,柔也。"毛公鼎"率懷不廷方"、逨盤"方懷不廷"(《近出二編》②939),"懷"字用法同。燮,《説文》謂"和也"。《書·洪範》:"彊弗友剛克,燮友柔克。"孔傳:"燮,和也。"《書·顧命下》:"燮和天下。"是"懷"、"燮"亦同義連言。四旁,讀爲"四方",指四方之諸侯國,也泛指天

---

① 此"弘"字也不排除是"宏龏"之省,如王子午鼎等銘文。
② 劉雨,嚴志斌:《近出金文集録二編》,中華書局,2010年。本文引用銅器銘文凡不注明出處者皆見《殷周金文集成》相關各册,恕不繁注。

下。杜預《春秋序》:"達四方之志。"孔穎達疏:"(諸侯)國在四表,故言四方。""四方"一詞文獻常見,《詩·大雅·民勞》:"惠此中國,以綏四方。"《史記·天官書》:"奄有四方,子孫蕃昌。"《史記·魯周公世家》:"命于帝庭,敷佑四方。"師詢簋:"臨保我秂(厥)周雩(與)四方。"所指相同。

按"燮"字過去一般訓爲"和",義爲調和、協和,此處"懷燮"連言,義同"安撫"亦講得通。但是,此句是承接上文"伐武之表"而言,則用舊訓未必曰是。值得注意的是,清代學者馬瑞辰在討論《詩·大雅·大明》"燮伐大商"句時曾指出:"燮與襲雙聲,燮伐即襲伐之假借。猶《淮南子·天文篇》'而天地襲矣',高注:'襲,和也。''襲'即'燮'字之借也。《春秋左氏傳》曰:'有鐘鼓曰伐,無曰襲。'《公羊》僖三十三年何休注:'輕行疾至,不戒以入,曰襲。'《周書·文傳解》引《開望》曰:'土廣無守可襲伐。''伐'與'襲'對文則異,散文則通。……傳、箋並訓'燮'爲'和',失之。"①近年李家浩先生利用青銅器銘文資料,進一步論證"燮"字確實可以讀爲"襲",義同"征"。②如此,本銘則亦或可讀"燮"爲"襲"。

附帶指出,秦公鎛銘云:"趩趩文武,鎮静不庭,龢(柔)燮百邦。""柔燮百邦"與本銘"懷燮四方"意思相似,若訓"柔燮"、"懷燮"爲鎮撫之義,似亦可通。提出來供大家作進一步討論。

余 𦀗𦀗 圖楚成 余,第一人稱。𦀗𦀗,即"紳"字異構,銘文中用爲"申國"之"申",同樣見於隨縣擂鼓墩曾侯乙墓出土的編鐘,也是指申國。《左傳·昭公十三年》:"楚之滅蔡也,靈王遷許、胡、沈、道、房、申於荆焉。平王即位,既封陳、蔡,而皆復之,禮也。"據此,申國滅亡後似曾復國。申國與曾國鄰近,兩鐘銘文的"申"皆當是指復國後的申國而言。③圖,構形從"圃"從"服",雙聲字,當爲"服"字異體。《説文》:"服,用也。"引申爲服事、服從之意。《左傳·成公十八年》"逞奸而攜服",楊伯峻注:"攜服,使本來服楚之國因而攜貳。"④

楚,指楚國。成,休戰講和,調解使和。"成"字用法《左傳》習見,如《隱公元年》:"惠公之季年,敗宋師于黄。公立而求成焉。九月,及宋人盟于宿,始通也。"楊伯峻注:"成,解怨結好也,今言媾和。"又,《隱公八年》:"冬,齊侯使來告成三國。"楊伯峻注:"謂以宋、衛與鄭講和事來告。"⑤可以參看。

---

① 馬瑞辰:《毛詩傳箋通釋》(下册),中華書局,1989年,第807-808頁。
② 李家浩:《説"貓不廷方"》,載張光裕、黃德寬主編《古文字學論稿》,安徽大學出版社,2008年。
③ 參看裘錫圭、李家浩《談曾侯乙墓鐘磬銘文中的幾個字》,收入裘錫圭《古文字論集》,中華書局,1992年。
④ 楊伯峻:《春秋左傳注》,中華書局,1981年,第912頁。
⑤ 楊伯峻:《春秋左傳注》,第18、60頁。

"申服"、"楚成"是兩個不同的層次,前者是申國服從於己,顯然是申國屈服;後者是己與楚國講和,未必就是打敗了楚國。

整復曾疆 整,完整。《說文》:"整,齊也。"復,恢復如故。《公羊傳·襄公三十年》:"爾財復矣。"何休注:"復者,如故時。"《史記·平原君列傳》:"三去相,三復位。"疆,疆土,疆域。"整復曾疆",完整地恢復曾國故有的疆域,顯然這是與楚"成"即達成和平協議(甚至是臣服對方)後得到的結果,也是這次作鐘鑄銘的原由。

"申服楚成,整復曾疆"雖然值得宣揚,但事實上這未必一定就是曾侯的勇武和征伐功績所取得。

擇悴吉金,自作宗[彝] 擇,選擇。《說文》:"擇,柬選也。"《儀禮·士昏禮》:"吾子有命,且以備數而擇之,某不敢辭。"悴,從"心"從"辛",字不識。"擇厥吉金"是青銅器銘文常見話語,此處作"擇悴吉金",首見,確切義待考。吉金,堅實之銅。青銅器銘文中習見的"吉金"一語,舊訓爲"善金",即好的銅,故《辭海》謂"吉金猶言善金"。裘錫圭先生則認爲,準確的説法當依朱劍心《金石學》解釋"吉金"所説"吉,堅結之意",意思是堅實的銅(指鑄器之銅)。①酢,讀"乍",即"作"之本字。曾侯乙墓出土銅器銘文"作"字也有寫作"酢"的。

宗,此處指宗廟。《詩·召南·采蘋》:"于以奠之,宗室牖下。"鄭玄箋:"宗室,大宗之廟也。""彝"據文義補。《説文》:"彝,宗廟常器也。"宗彝,宗廟祭器。《書·益稷》:"宗彝。"孔傳:"宗廟彝樽。"《周禮·秋官·司約》:"凡大約劑書於宗彝,小約劑書於丹圖。"鄭注:"大約劑,邦國約也。書於宗廟之六彝,欲神監也。"楚王酓章鐘:"乍(作)曾侯乙宗彝。"亦指編鐘而言。

從全文看,現存文字屬於中段部分。根據同時期青銅器銘文通例,前面部分還應有作器的年、月、日及曾侯的名字(自報家門)等情況,後面是作此器(或記鐘名)、嘏辭及"子子孫孫永寶用"等內容。這裏中間核心處是炫耀曾侯"申服楚成,整復曾疆"的功績,亦即鑄作此鐘的背景,其實質就是記功銘器。

秦王政二十九年所立芝罘刻石曰:"皇帝哀眾,遂發討師,奮揚武德。義誅信行,威燀旁達,莫不賓服。烹滅強暴,振救黔首,周定四極。"或可作爲本篇銘文之旁注。

最後,附帶談談由本銘的"齋盟"聯想到前人對典籍中"齊明"一詞的訓釋問題。

按《禮記·中庸》:"使天下之人,齊明盛服,以承祭祀。"鄭玄注:"明猶潔也。"孔穎達疏:"言鬼神能生養萬物,故天下之人齊戒明絜,盛飾衣服,以承祭祀。"謂在祭祀前齋戒沐浴,靜心潔身。又,《禮記·中庸》:"齊明盛服,非禮不動,所以修身也。"孔

---

① 裘錫圭:《釋字小記》,《古文字論集》。

穎達疏：" 齊謂整齊，明謂嚴明，盛服謂正其衣冠，是修身之體也。" 訓爲整齊而嚴明之意。從兩處上下文義分析，前者是和祭祀時有關，指對祭祀之事的恭敬程度；後者則是由前者的引申義，所以孔疏的意思還是和祭祀義有一定的關聯。

我們知道，文獻中"齋"字大多寫作"齊"，如《詩·大雅》《思齊》，《釋文》："齊本亦作齋。"《詩·召南·采蘋》"有齊季女"，《釋文》"齊本亦作齋"。《詩經考文》古本作"思齋"。《周禮·春官·司服》"其齊服有玄端素端"，《通典·禮二十一》引"齊"作"齋"。《禮記·月令》"天子乃齊"，《釋文》："齊本亦作齋。"《呂氏春秋·孟春季》引"齊"作"齋"。例子極多，可參看高亨《古字通假會典》。① 其次，"明"讀爲"盟"典籍亦不乏其例。如《詩·小雅·黃鳥》"不可與明"，鄭箋"明當作盟"；《左傳·襄公二十三年》"君恃勇力以伐盟主"，《晏子春秋·內篇·問上》引"盟"作"明"；《左傳·僖公三十二年》"孟明"，《淮南子·人間》作"孟盟"；《戰國策·燕策一》"使使盟于周室"，馬王堆漢墓帛書本"盟"作"明"。皆是。

因此，上引《禮記·中庸》中的兩處"齊明"若讀爲"齋盟"，與鐘銘的"齋盟"一樣，皆指祭祀而言，應該是可取的。尤其是《中庸》的"齊明盛服"，《釋文》謂"齊本亦作齋"，可作佐證。《漢書·郊祀志上》"黷齊明而神弗蠲"，顏師古注："齊讀曰齋。"此句即節引自《國語·楚語下》的"民瀆齊盟，無有嚴威。神狎民則，不蠲其爲。"《左傳·成公十六年》杜注云："瀆齊盟，不詳事神。"可見"齊明"、"齊盟"亦即"齋盟"，指"祭祀"毫無疑義，正可作爲上引文例的很好證明。

又，《詩·小雅·甫田》："以我齊明，與我犧羊，以社以方。"毛傳："器實曰齊，在器曰盛。"陳奐傳疏："《釋文》：'齊本又作齍。'《豐年》傳作齍盛，他經典多作粢盛，作齊者，古文假借字。器實曰齊，實謂黍稷也。黍稷爲齊，齊在器曰盛，故經言齊而傳乃兼言盛耳。"把"齊明"訓爲"粢盛"或"齍盛"，但實際上"明"字仍無着落。俞樾《群經平議》雖謂："《爾雅·釋詁》：'明，盛也。'成與盛古字通，明既訓成，即得訓盛。"對"明"字説解仍覺牽強。詩意明指祭祀而言，若讀"齊明"爲"齋盟"，亦是很通順的。《五經文字》引《甫田》"齊"字作"齋"，或可爲證。

另外，《荀子·修身》："齊明而不竭，聖人也。"王念孫《讀書雜志·荀子一》謂："齊者，智慮之敏也，故以齊明連文。"此句"齊明"若讀爲"齋盟"指祭祀之事亦説得通。至於《國語·周語上》："國之將興，其君齊明衷正。"此處的"齊明"當從舊訓而不能讀爲"齋盟"。

---

① 高亨：《古字通假會典》，齊魯書社，1989年，第578-579頁。

錯金"攻敔王劍"銘獻疑

張光裕

(香港恒生管理學院中文系)

本文論述之"攻敔王劍"的器影和介紹，最早著錄於"*Unearthing China's Past Museum of Fine Arts,* Boston"(譯名：《發掘中國的過去》，1973年，第92頁，圖38)，劍銘兩行十二字。陳夢家先生早於《壽縣蔡侯墓銅器》①曾稱引"率旗劍"有"攻敔王"一辭，然而並無載錄劍銘全文，亦無提及出處，今案"率旗劍"即本文所指之錯金"攻敔王劍"。

事隔多年，李家浩《攻五王光韓劍與〔虞〕王光〔趄〕戈》②再次引用該劍銘，並重新釋讀，認爲"'光趄'與'光韓'是同一個人名的不同寫法"，並讀"率旗"爲"光馭"，又云："'馭'字在古文字中多用爲'韓'，故本文逕將此字寫作'韓'。"該文末段云：

> 容庚先生曾經指出"光趄"即吳王光，但他又說吳王光稱"光趄""未見於他書"，既然吳王光稱"光趄""未見於他書"，那末，"光趄"到底是不是吳王光呢？我們認爲容庚先生的推測是正確的。在古代的人名中有這樣一種情況，單名或作雙名時，即在單名之後加一個字，如吳王壽夢的別名"乘"，或作"乘諸"，"鄭子嬰"或作"鄭子嬰齊"，在古代的國名中也有類似的情況，如"邾"或作"邾婁"，吳王光的名字或作"光趄"、"光韓"與此情況相同。

李文論證予人有極大之啓發，然全文並未將劍銘原來字形引錄。今年年初有緣得見劍銘放大照片，對銘文字形結構，頗有感悟。事實上當日陳夢家將劍銘隸作"率旗"，亦無引錄原銘。至於劍銘第五字能否隸作"率"固有可議，而第六字隸作"旗"則据

---

① 《考古學報》1956年第2期，第111頁。
② 《古文字研究》第17輯，中華書局，1989年。

原銘釋讀,本無可厚非,如依李文隸爲"斡"(韓)而徑讀爲"馯"並與"趕"字相提並論,則似有可商。

引用《攻𠭰王劍銘》的論著,除上述(1)陳夢家《壽縣蔡侯墓銅器》,1956年;(2)《發掘中國的過去》,1973年;(3)李家浩文(見上引),1989年外,猶有以下幾種:(4)董楚平:《吳越徐舒金文集釋》,浙江古籍出版社,1992年。(5)曹錦炎:《從青銅器銘文論吳國的國名》,《東南文化》1991年第6期;又見《吳越歷史與考古論叢》,文物出版社,2007年。(6)施謝捷:《吳越文字匯編》,江蘇教育出版社,1998年。(7)陳佩芬:《夏商周青銅器研究》(東周篇上),上海古籍出版社,2004年,第279頁。(8)鍾柏生等編:《新收殷周青銅器銘文暨器形匯編》,臺北藝文印書館,2006年。

今案以上八種引錄,僅(4)、(6)、(8)附有摹本,而(4)之摹本則旁注"李家浩先生寄贈",經比對兩種摹本,又各有差异,(4)摹本"金"字僅摹作"小"形,而(6)及(8)則將第二字"𠭰"添加"口"形,又第五字"𩵦"(圖一)誤摹作"𩵦",字中且多添一小劃。復有進者,(3)、(4)皆將該劍藏所誤記爲"現藏荷蘭,波斯頓博物館"。(7)更稱"此外,美國華盛頓弗利爾美術館,荷蘭波斯頓博物館各藏一件"。其實,(1)之著錄乃美國波士頓博物館舉辦文物展覽之圖錄,圖38"攻𠭰王劍"乃藉展之文物,非波士頓博物館所藏;又波士頓市在美國,不在荷蘭;(6)及(8)著錄稱現藏"美國華盛頓弗利爾美術館",又(6)並以括號注明原爲"美國賽克勒氏 Arthur M. Sackler 舊藏"最爲正確,惜摹本仍有差誤耳!

案查檢金文著錄所見署名"吳王光"之兵器計有:

  A. "吳王光劍"八字,1964年山西原平峙峪出土   (《文物》1972.4)
  B. "攻吳王光劍"十二字,1978年安徽南陵出土   (《文物》1982.5)
  C. "攻吳王光劍"十六字,1974年安徽廬江出土   (《文物》1986.2)
  D. "吳王光劍"鳥書八字,香港徵集,現藏上海博物館。
  E. "大(吳)王光䤔戈"(一)八字,《殷周金文集成》11255   (上海博物館藏)
        (二)八字,《殷周金文集成》11256   (《周金》6.16.1-2)
        (三)八字,《殷周金文集成》11257   (《周金》6.15.1-2)
  F. "攻吳王光戈"存四字,《殷周金文集成》11029   (《錄遺》564)
  G. "攻吳王光戈"六字,《殷周金文集成》11151   (于省吾舊藏,現藏故宮博物院)

本文之錯金"攻𠭰王劍"(或稱"率斾劍"、"攻吳王光韓劍")能否視爲吳王光所作,似仍有待考究。蓋就劍銘本身即有數事值得考慮:

其一,劍銘首字"攻",所從偏旁"攴"書作"又"(圖二),遍檢各"攻敔王"劍銘,皆無一从"又"作者。至於施謝捷《吳越文字彙編》第331頁著錄《攻敔王夫差劍五》,摹本所見"攻"字从"又",然檢視銘文拓本,"攻"右旁字劃已爲拓墨所掩,从"又"摹本未知何據。

其二,傳世"攻敔王劍、戈"銘,"敔"字書作"䍃"(圖三),僅見此銘。

其三,銘文第四、五字自李文隸作"光""𢉖",學者間雖有所認同,然查對上舉(A)、(B)劍銘及(G)戈銘"光"字分別書作

與本劍銘"𤎯"字結構有頗大差別(圖四)。又上引(4)文引用《吳王光鑒》"光"字銘"𤎯",稱"與此相仿",然以"相仿"作準,亦難饜人意。蓋其他古文字中的"光"字,如"𤎯"(《中山王鼎》,"𤎯"(《虢季子白盤》),"𤎯"(《說文》古文)等,諸"光"字上端無論如何變化,仍得見從"火"之形構,本器"𤎯"形上端既不象"火"形,橫劃出現更令人狐疑,王者名字豈容如此更作。

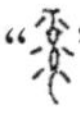

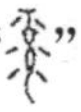

其四,經檢視本劍銘末最後一字"𨦼"(鐱)(圖五),其形構則更是前所未見,雖云古文字未定形,往往存在訛變現象,然同時代衆多"劍"字,無論筆勢如何變化,"金"、"僉"二形至爲穩定,何況本劍銘原有"吉金"二字,"金"字亦作常態書寫,故於同篇銘文中,該"鐱"字偏旁"金"形,似無由擅加變化,亦毋須將"鐱"字形構別作更易。是器"劍"字既啓人疑竇,故對第四("𤎯")、五("𢉖")兩字是否釋爲"光"、"𢉖",則更必須重新加以考慮。

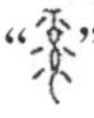

今年(2013)三月因緣赴美,得見美國紐約寇斯汀春季拍賣目錄(CHRISTIE'S, New York, Fine Chinese Ceramics And Works Of Art, Part 1, Thursday 21 and Friday 22 March 2013, pp.122-123),該劍圖版,赫然在目。同年三月十八日於預展中親睹原物,該器環形劍首修補拙劣,手捧錯金劍銘反復摩挲之餘,復別有所體會,故借此機會與大家分享及商討。而在思考過程中,也不斷想起與琳儀兄一起切磋學問那段美好的時光。

圖一 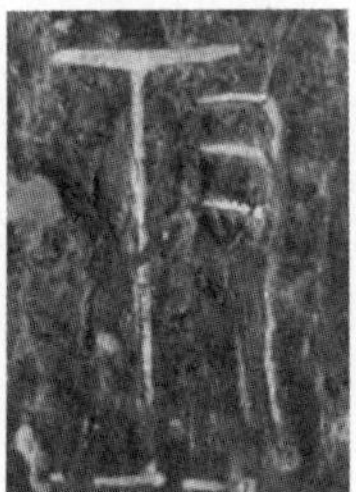　　圖二 　　圖三 　　圖四 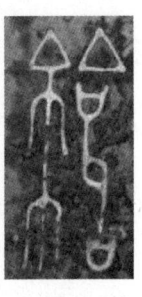　　圖五

釋㤄距末與楚帛書中的"方"字*

李守奎

(清華大學出土文獻研究與保護中心)

陳松長先生在《古文字研究》第24輯上公布了湖南常德出土的一對距末,並附有距末的照片和銘文摹本:

距末照片上無法看清字迹,摹本中有一些殘字和闕文。釋文爲:"㤄作距末,用差(佐)商國。光張上[下],四堯是備。"①其中釋作"㤄"的字又見於《集成》11998號青銅砭:

《集成》11998號青銅砭銘文拓片

---

* 【基金項目】國家社科基金重大項目:"清華簡《繫年》與古史新探(10&ZD091)。"
① 陳松長:《湖南常德新出土"距末"銘文小考》,《古文字研究》第24輯,中華書局,2002年,第267-271頁。

王慶衛先生將上引砭文讀爲"吁嗟乎,敬!",並引《詩·騶虞》"吁嗟乎,騶虞!"等爲證,^①非常可信。讀作"吁"的字當隸作"㖧"。距末銘文中的"下"字漫漶,乃據文義補出。"上"字當爲殘字,其原形當與蔡侯申盤中的"上"(⊥ 集成10171)字相近。

　　銘文中釋爲"堯"的字作:

（字形图）

　　從字形上看,將"⊥"釋爲"堯"很有根據。"堯"字在楚文字中很常見,大都寫作上从"土",下从"人":

　　　　《郭店簡·窮達以時·3》:"舜耕於鬲山,匋笴於河湄,立而爲天子,遇堯(堯)也。"
　　　　《上博五·鬼神之明·1》:"昔者堯(堯)舜禹湯仁義聖智。"
　　　　《清華一·保訓·7》:"帝堯(堯)嘉之,用受氒緒。"

　　《上博二·容成氏》凡12例:

　　　　6號簡:"昔堯(堯)處於丹府與藋陵之間"、"堯(堯)戔(賤)貤(施)而時時";
　　　　8號簡:"於是乎始語堯(堯)天地人民之道"、"堯(堯)乃悦"、"堯(堯)是以視賢";
　　　　9號簡:"堯(堯)乃爲之教曰";
　　　　10號簡:"堯(堯)以天下讓於賢者";
　　　　12號簡:"堯(堯)有子九人";
　　　　13號簡:"堯(堯)爲善舉賢而卒立之"、"堯(堯)聞之";
　　　　14號簡:"堯(堯)於是乎爲車十又五乘"、"子堯(堯)南面,舜北面"。

　　從字形上看,銘文"⊥"釋爲"堯"似無可疑,但從文義上看,若將該字釋爲"方","四方"與前文的"上下"相應,"光張上下,四方是服"才文通字順。前引陳文已經指出"'四堯'當與四方意思相近",但從訓詁上說,將"四堯"解釋爲"四方"並没有證據。儘管釋爲"方"文通字順;釋爲"堯",文不通字不順,但由於恪守字形原則,學者們還是相信了釋"堯"的說法,一些新出的古文字字編也多將該字收在

---

① 王慶衛:《試析戰國楚系文字中的"吁"》,《考古與文物》2004年第3期,第88頁。

"堯"字下。①

现在我們可以肯定地説這個字就是"方",在待公布的清華簡中,很多"方"字都是這樣寫的。確信這個字是"方"字,完全是因爲看到了新材料。下面再做一點"馬後炮"的工作,解釋一下該字爲什麽是"方"。

"方"古今都是常用字,從甲骨文到現代漢字使用頻率都很高,由於筆劃少,古今變化不大,尤其是戰國以後,我們所認識的"方"字寫法都高度一致:

商代:才(合 28088)、才(合 27979)、才(合 38759)、才(集成 5990 小臣艅尊);

西周:方(集成 2810 噩侯鼎)、方(集成 2837 大盂鼎)、方(集成 4261 天亡簋);

戰國:方(郭店·老乙 12)、方(上博二·容 31)、方(望山 77)、方(帛乙)、方（集成 2840 中山王䁥鼎）;

秦漢:才(睡虎地·爲吏 15)、才(馬王堆帛書)、方(説文小篆)。

這樣就容易使我們形成一種思維定式,"方"字就應該是這樣寫的。"方"字的構形自來不明。許慎説"並船也,象兩舟省緫頭形",莫名其妙,現在已經無人相信,但説是象耒形、象刀形、象柄形,②也都是單純依據字形的聯想,缺少所記録詞義的支持,無一靠譜。"方"字在甲骨文和西周金文中還有另外兩種異體:

1. 屮(合 6404)、屮(合 6424)、屮(集成 4329 不嬰簋蓋);

2. 屮(合 21099)、于(合 14306)、于(集成 4326 番生簋蓋)。

"屮"與"方"二者之間究竟是簡化還是繁化,由於構形理據不明無法確知,但從文字發展的總趨勢看,"方"很可能是由比較繁的形體逐漸簡化而來。常用字使用頻率越高,省略的幅度就越大,古文字中這樣的例子很多,例如"于"字就是如此。無論如何,"方"字比較繁複的字形在戰國文字中已經見不到了。戰國時期,文字的記號化已經十分普遍,追求書寫的個性化又使得文字形體變化多端,筆劃變形、增加飾筆等美化行爲十分常見。戰國人也已經不明白"方"字的構形,對於文字的使用者來説,只是把它當作單純的記號在使用。喪失字理的文字在書寫時更容易變形,爲了美化,一些裝飾性筆劃或偏旁不斷滋生,美術字的變形繁化尤其突出。吁距末銘文文句

---

① 陳斯鵬:《新見金文字編》,福建人民出版社,2012 年,第 389 頁;董蓮池:《新金文編》,作家出版社,2011 年,第 1881 頁。

② 相關討論可參看季旭昇《説文解字新證》下册,藝文印書館,2004 年,第 50 頁;該書 2010 年 12 月由福建人民出版社再版,引文又可見於該版第 711 頁。

式整齊,行款對稱,句末押韻,文字頎長,美術化傾向十分明顯。見於《鳥蟲書通考》等書的另外一件距末銘文是更加典型的美術字:①

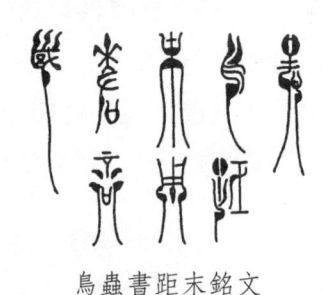

鳥蟲書距末銘文

　　戰國時期銅器上的文字常常帶有裝飾性,鑄刻在顯眼的位置,有的還錯金,文字的裝飾功能十分突出。文字美化的手段多樣,距末中"方"字與中山王器相比,主要發生了兩個變化:一是在頂部豎劃上加短橫,使得字形更加飽滿;一是左出斜筆屈曲迴旋,使得字形更加婉轉。經過這樣的變形以後,就與我們常見的"堯"字很接近了。不過,把這些字形比附在一起,我們會發現"方"與"夫"在寫法上還是有所不同的。美術體"方"字右下一筆向左側弧形彎曲,與常見的"方"字寫法相同,而"堯"字幾乎都是向右斜出。②

　　銘文中"商國"讀爲"上國",使用假借字"商"是爲了避免與下文的"上"字重複。由於古人書寫追求美,導致"忎作距末,用佐上國,光張上下,四方是服"釋讀出現了誤解或分歧。

　　簡帛上的手寫體有時也會有意使用異體字。

　　《楚帛書》乙篇中有一個寫法與上文所釋"方"字非常接近的一個字:

　　其辭例爲"群神五正,四□夫羊"。該字釋讀分歧很大,或釋"元"、或釋"失"、或釋"堯"、或釋"無",其中以李學勤先生釋爲"堯"最具影響力。郭店簡中的"堯"字出現以後,釋"堯"的觀點更爲學者所信從。③但不論把"夫"釋作什麼字,包括釋"堯",就帛書文義而言,都不是很順暢。《古文字譜系疏證》處理"夫"字時,雖然從

---

① 見於上引陳松長文。又見劉雨、嚴志斌《近出殷周金文集錄二編》第1342號,中華書局,2010年,第308頁。
② "堯"與"方"的這個區別特徵在用作偏旁時就不那麼嚴格了,例如包山楚簡中的"鐃"字。
③ 相關釋讀意見的匯總可參看徐在國《楚帛書詁林》,北京師範大學出版集團、安徽大學出版社,2010年,第820-824頁;李守奎《楚文字編》也從釋"堯"之説。

李先生之説釋爲"堯",但説"其義待考",①已經注意到了文義不順的問題。

據新材料來看,帛書"夲"字很可能與吁距末"方"字的情況類似,是"方"字的一種異體寫法。

楚帛書乙篇有一例常見的"方"字,即前文所引之"方"。雖然"夲"的寫法與"方"有異,却並不能成爲否定其可釋爲"方"字的證據。過去我們習慣上把同一篇出現的異體當作不同的字,甚至定爲考釋文字的原則,隨着出土文獻的日漸豐富,我們的見識也隨之而廣闊深入,使得這個原則不得不有所動搖。單以楚帛書來説,"四"字就有寫作(9例)和(6例)②兩種迥異的寫法。隨着新材料的不斷公布,將來我們應該會看到更多同篇文獻中文字異寫的情況。

"方羊"見於古書。《左傳·哀公十七年》:"如魚窺尾,衡流而方羊。裔焉大國,滅之將亡。"楊伯峻注:"方羊即《楚辭·招魂》'彷徉無所倚'之'彷徉'。橫流而方羊,言其不自安也。"

"群神五正,四□方羊"句中"四"後面的殘字作,曾憲通先生疑其爲"晨"字殘去下半,③從字形看很有可能。"四晨"可讀爲"四辰",亦即四時,文獻中用例出現較晚,見(晉)陸雲《晉故豫章内史夏府君誄》:"寒暑窮化,四辰交錯。"

"群神五正,四辰方羊"文句後又言"建亟蜀民,五正乃明,群神是亯"。"五正"爲五行官長。《左傳·隱公六年》:"翼九宗五正頃父之子嘉父逆晉侯于隨。"杜預注:"五正,五官之長。"孔穎達疏:"言五官之長者,謂于殷時爲五行官長。"《孔子家語·五帝》言之更詳:"康子曰:'吾聞勾芒爲木正,祝融爲火正,蓐收爲金正,玄冥爲水正,後土爲土正。此五行之主而不亂,稱曰帝者,何也?'孔子曰:'凡五正者,五行之官名。'"④

綜合以上,帛書文句的意思是:群神和五正,四時遊蕩,無所歸依。建極蜀民以後,五正乃明,群神得享。

"方羊"是個連綿詞,該詞的書寫形式多樣,又作"方佯"、"方洋"、"彷徉"、"仿佯"等。⑤其中"仿佯"、"彷徉"在《楚辭》中多見:

> 屈原《遠遊》:"聊仿佯而逍遥兮,永歷年而無成。"
>
> 宋玉《招魂》:"彷徉無所倚,廣大無所極些。"

---

① 黄德寬主編:《古文字譜系疏證》,商務印書館,2007年,第809頁。
② 以上兩類字形及出現頻率取自曾憲通《長沙楚帛書文字編》,中華書局,1993年,第22—23頁。
③ 曾憲通:《長沙楚帛書文字編》,中華書局,1993年,第124頁。
④ 《孔子家語》雖然不是先秦古籍,也不是憑空杜撰,相當内容是舊聞異説,淵源有自,不可盡廢。
⑤ 朱起鳳:《辭通》卷九,上海古籍出版社,1982年,第71頁。

王褒《九懷·通路》:"宣遊兮列宿,順極兮彷徉。"

《招魂》篇入《文選》,張銑注曰:"彷徉,遊行貌。"上列例句中的"彷徉"或"彷徉"都是遊行之意。"方羊"應是楚人的一個習慣用詞,常常表達遊蕩無所依的狀態,這與楚帛書所表達的情況是一致的。而且,我們還注意到楚人或類比楚人的作品中,"彷徉"與"極"常常連言,這與楚帛書也是一致的。這種一致性大概並非完全出於偶然,可能是楚文化的傳承。

出頭豎劃上增加橫劃飾筆的不只"方"字,"大"和"夫"字亦然。樂律名"太簇"在曾侯乙墓編鐘銘文中多作"大族",分別見於《集成》287、290·6、292·4、294·5、295·4、295·6、326·6、348.3等,另外有三例"大"字作"夫"形:

（集成319·4）、　（集成330·4）、　（集成330·7）。

編鐘銘文也是裝飾性很強的美術字,我們懷疑,"大"字作"夫"與"方"字作"夫"很可能是同類現象,即在出頭的豎筆上增加裝飾性筆劃而成,是"大"字的異體,由於它與"夫"字同形,所以不會流行,後來就被淘汰了。

"夫"是古文字中的常見字,是大上貫一橫劃。上博簡第一册《性情論》夫字出現九例,凡能看清的都是上從兩橫劃,編著者按語注明:"上加飾劃。"①"邦"字楚文字中屢見,所從"夫"旁也有上加飾筆的寫法,包山簡和楚璽文字中皆有例證,字形參看《楚文字編》397頁。

"方"、"大"、"夫"等字的共同特點是:一、都是常用字;二、筆劃少;三、豎筆穿過橫劃。由此可見,文字增加飾劃不是完全任意的,有一定的規律可尋。

文章大會上宣讀之後,得到施謝捷先生指正,特此致謝!

---

① 李守奎、曲冰、孫偉龍:《上海博物館藏戰國楚竹書(一～五)文字編》,作家出版社,2007年,第475頁。

朳氏壺銘文"實"字考*

劉　剛

（安徽大學漢字發展與應用研究中心）

　　朳氏壺現藏德國柏林國立博物館。其形制爲：直口長頸，圓腹圈足，頸兩側有一對小鈕，連接提鏈，蓋上有小鈕，以鏈條與提鏈相連，體有三道箍棱。朳氏壺壁鑄銘文41字，銘文先後著録於《三代》12.27.3-5、《貞松》7.34.1、《歐精華》3.207、《大系》266、《集成》9715、《總集》5784、《銘文選》872、《國史金》402、《通鑒》12428。①

　　下面我們先把朳氏壺銘文列出，再對其中的問題進行討論：

　　　　朳氏福及，歲賢鮮于（虞）。可（何）是金契（觢），膚（吾）台（以）爲弄壺。自頌既好，多實不訐。膚（吾）台（以）匽（宴）飲，盱（？）我室家。畏（畏）獵母（毋）後，寍（簋）在我車。

　　郭沫若《兩周金文辭大系圖録考釋》認爲："朳氏歲時貢獻於鮮虞，得此金屬之瓶，故以爲弄器焉。而刻辭於其上，用知壺本鮮虞之器。"②李學勤先生也指出戰國平山訪駕莊墓出土之提鏈壺形制與此壺相近，都是具有北方民族色彩的器物。③另外，集成9514的公子寰壺④也是"直口長頸，圓腹圈足"，與朳氏壺不同的僅是套接鏈條的一對小鈕位置稍偏下在肩，體飾四道箍棱，兩壺之間也應有承襲關係。郭沫

---

* 本文是安徽大學漢字發展與應用研究中心招標項目"三晉文字内部差異研究"（批准號：SK2014A007）的階段性成果。

① 參看吴鎮烽《商周青銅器銘文暨圖像集成》第22册第12428號，上海古籍出版社，2012年，第370頁。
② 郭沫若：《兩周金文辭大系圖録考釋》，科學出版社，1958年，第227頁。
③ 李學勤：《平山墓葬群和中山國的文化》，《文物》1979年第1期，第37頁。
④ "寰"字的釋讀從周忠兵説，見郭永秉《談談戰國文字中可能與"庖"有關的資料》注59引，《出土文獻研究》待刊。

若以爲杕氏壺銘文屬於燕系,何琳儀先生則認爲其與燕系文字不類,懷疑是中山國的銘文。①

杕氏壺銘文經郭沫若、于省吾②諸家研讀之後,基本可以讀通。我們主要來討論銘文中的"多寡不訐"。其中的"寡"字,自郭沫若釋爲"寡"以來,學者皆無異議,這大概是因爲"多寡"一詞讀上去比較通順的緣故。但是把"寡"字釋爲"寡",銘文却無法得到很好的解釋。郭氏對此句也含糊其辭説"自頒(今按,即"頌"字,郭氏誤釋)既好,多寡不訐者,似言壺之容量有一定,無多少之懸差,或者於當時之量恰受一斗也"。郭氏已經敏鋭地認識到"多寡不訐"與壺的容量有關,但"或當時之量恰受一斗"的説法並没有什麽根據。

把"寡"字釋爲"寡",字形也不能密合。早期金文"寡"字作:③

　　集成5392寡子卣　　　集成5427作册嗌卣　　　集成2841毛公鼎

"宀"下所从,與一般"頁"形有别,突出人目,象人回頭顧視之形。學者或以爲"寡"字从"宀"、"顧"聲,可信。④西周晚期的毛公鼎"顧"形已經近於"頁",戰國文字則多省"宀","顧"形左右多加飾筆以示與"頁"的區别,楚簡"顧"字或增加義符"見(視)",中山國則用从"鳥"、"顧"聲的形聲字來表示"顧"。⑤

　　集成2840中山王鼎　　　山東104司馬楙編鎛　　　郭店·魯穆4

　　郭店·緇衣34　　　集成9735中山王方壺

杕氏壺"寡"字原作 ,明顯从兩"貝","貝"下有兩飾筆,同樣的寫法可以

---

① 何琳儀:《戰國文字通論(訂補)》,江蘇教育出版社,2003年,第136頁。
② 于省吾:《雙劍誃吉金文選》,中華書局,1998年,第158頁。
③ 董蓮池:《新金文編》,作家出版社,2011年,第1010頁。
④ 參金國泰《釋"顧"、"寡"》,《吉林師範學院學報》1995年第2期;黄德寬:《關於古代漢字字際關係的確定——以"顧"及相關字爲例》,《中國文字研究》第4輯,廣西教育出版社,2003年。
⑤ 參看黄德寬《關於古代漢字字際關係的確定——以"顧"及相關字爲例》,《中國文字研究》第4輯。

參考"則"字所從"貝"形。或以爲"貝"形乃"頁"形訛變而來，恐不可信。古文字中的"貝"、"頁"形體差異顯著，不容相混。我們認爲此字應該釋爲"實"。

金文"實"字作下列之形：①

集成4317欯簋　　集成10176散氏盤　　集成1036國差䞉

《説文》："實，富也。从宀从貫，貫，貨貝也。"從金文"貫"字的演化過程來看，"實"字可能本就是从兩"貝"形的。②"貝"是古代社會用作商品交換的媒介，《説文》："貝，海介蟲也。居陸名猋，在水名蜬。象形。古者貨貝而寶龜，周而有泉，至秦廢貝行錢。""實"字寫作从宀、从兩"貝"，當是表示財富充足之意。

集成949中甗　　集成2752中鼎　　集成2826晉姜鼎

過去多認爲楚文字的"實"所从的"目"形乃由"田"形訛作，其實這些"目"形更有可能是"貝"形所省，同類的變化可以參考"敗"字：③

信陽2·09　　郭店·六德27　　上博四·相3

集成4216五年師旋簋　　包山15反　　郭店·老甲10

"實"有"充實"、"容受"等義。《左傳·昭公七年》："爲章華之宮，納亡人以實之。"《楚辭·招魂》："瑤漿蜜勺，實羽觴些。"王逸注："實，滿也。""實"在杕氏壺銘中是指用來盛酒，國差䞉銘文有"用實旨酒"，是其確證。"多實"就是盛很多的酒的意思。

"訏"在典籍中多訓"大"。《詩·鄭風·溱洧》："且往觀乎？洧之外，洵訏且樂。"毛傳："訏，大也。"鄭玄箋："言其土地信寬大又樂也。"《詩·大雅·抑》："訏謨定命，遠猶辰告。"毛傳："訏，大。"或連言曰"訏訏"，《詩·大雅·韓奕》："孔樂韓土，川澤

---

① 董蓮池：《新金文編》，第993頁。
② 此處承謝明文先生指示，謹致謝忱。
③ 張政烺認爲叔夷鐘之"歃"即"敗"，可信。參看《張政烺批注〈兩周金文辭大系考釋〉》下册，中華書局，2011年，第138頁。

訏訏。"毛傳:"訏訏,大也。"鄭玄箋:"甚樂矣,韓之國土也,川澤寬大。"杕氏壺銘"多實不訏",指壺既能盛很多的酒,又不顯得很大,是誇説壺的設計比較合理,從杕氏壺的造型來看,也確實要比同樣高度的壺容量大一些。

《莊子·逍遥游》記載惠子謂莊子曰:"魏王貽我大瓠之種,我樹之成而實五石,以盛水漿,其堅不能自舉也。剖之以爲瓢,則瓠落無所容。非不呺然大也,吾爲其無用而掊之。"成玄英疏云:"呺然,虚大也。""瓠落無所容"成疏解釋爲"平淺不容多物"。大瓠剖成的瓢虚大而又不容多物,正好和杕氏壺相反。

回過頭來再去看"多實不訏"前面一句的"自頌既好"。諸家多以爲"頌"爲歌頌、讚美之辭,現在看來,"頌"當讀爲"容",《説文》:"皃,頌儀也。""頌儀"即"容儀"。"容"也有"容受"之義,《禮記·投壺》:"(壺)容斗五升。""自"有"用"義,《尚書·召誥》"自服於土中",鄭玄注:"自,用也。""自頌(容)既好,多實不訏"一句是説(壺)用來盛酒很好,壺不大而又盛得多。

附公子寰壺、杕氏壺圖:

集成9514公子寰壺　　　集成9715杕氏壺

附記:本文爲提交於2013年8月在合肥召開的"紀念何琳儀先生誕辰七十周年暨古文字學國際學術研討會"的會議論文。會議期間,蒙施謝捷先生見告:他曾寓目一件私人收藏的戰國銅鼎,銘文爲"□貞(鼎),其實二斗半","實"字寫法與杕氏壺銘文同,亦表示容受之義,可證拙説不誤。謹志於此,並向施先生表示感謝。

戰國楚簡 "夻" 字補釋

李家浩
(北京大學中文系)

在戰國楚簡卜筮禱祠類中,常常見到一個神祇名字作類似 "大" 字之形,因爲是神祇名,故字或寫作从 "示"。2001年8月,湖南長沙召開 "長沙三國吳簡暨百年來簡帛發現與研究國際學術研討會",我在提交會議的論文《包山卜筮簡218—219號研究》中,曾討論過這個字,[①]説這個字有下列三種寫法:

A₁ 夨 （望山楚簡M1.54）
A₂ 夵 （包山楚簡213）
A₃ 夨 （秦家嘴楚簡M99.14）

其中A₁寫法最爲常見,A₂、A₃只偶爾見到。爲了便於大家了解A在原文中的情況,我選擇兩條簡文作爲例子:

賽禱A備(佩)玉一環,侯(后)土、司命、司禍各一少(小)環,大水備(佩)玉一環,二天子各一少(小)環,峗山一狣。　　　　　　　（包山楚簡213—214號）

舉禱A荀(佩)玉一環,侯(后)土、司命各一少(小)環,大水備(佩)玉一環。
　　　　　　　　　　　　　　　　　　　　　　　　　（望山楚簡M1.54號）

李零、劉信芳把A釋爲 "太",從 "示" 之字釋爲 "祇",並且認爲 "太" 或 "祇" 即古書中所説的 "太一" 神。[②]我在上面提到的那篇論文中指出,把A釋爲 "太",説是

---

① 長沙市文物考古研究所:《長沙三國吳簡暨百年來簡帛發現與研究國際學術研討會論文集》,中華書局,2005年,第185—189頁。
② 李零:《包山楚簡研究(占卜類)》,《中國典籍與文化論叢》第一輯,中華書局,1993年,第438頁。劉信芳:《包山楚簡神名與〈九歌〉神祇》,《文學遺產》1993年第5期,第11—13頁。

"太一"神是有問題的。我根據A_2的寫法，認爲A从"大"从"卜"，A_3是把"卜"旁的豎劃與"大"旁中間筆劃作爲公用筆劃，A_1是把"卜"旁的豎劃與"大"旁上部右側筆劃作爲公用筆劃。爲了書寫方便，我把A釋寫作"尒"，還提出"尒"可能是《周禮·地官·族師》"春秋祭酺"之"酺"神，並根據惠棟的意見說"酺"神之"酺"或作"布"、"步"。2001年到現在已十多年了。在這十多年裏，學術界的人涉及楚簡A時，多采用"太"字的釋法，幾乎成爲定論。

值得慶幸的是，2001年以後公布的戰國楚簡，對於判斷A是釋爲"太"還是釋爲"尒"，提供了新的資料。

先説2003年公布的新蔡葛陵村楚簡。①葛陵村楚簡也有卜筮禱祠的内容。在卜筮禱祠簡所記神祇中，多次提到A，其中乙二20號的A作如下之形：

此字屬於上揭A_2的寫法，但比A_2的字形更加公整。這個字作从"大"从"卜"，十分明顯。

其次説2012年公布的上海博物館藏戰國楚簡。此次公布的上博楚簡有所謂的甲、乙兩本《成王既濮之行》，②其中乙本2號簡有A，原文作上揭A_1之形，甲本2號簡與之相當的字作如下之形：

此字从"虍"从"攴"，可以隸定作"虔"。類似"虔"字所从"虍"旁的寫法見於信陽楚簡和上博楚簡《民之父母》3、5號，③這裏以5號簡的"虎"字爲例，可以與之比較：

以从"虍"的"虖"、"虘"、"虜"、"慮"、"虞"等形聲字例之，"虔"字當从"攴"聲。據《説文》所説，"攴"从"卜"聲，故从"卜"聲的"尒"，可以寫作从"攴"聲的"虔"。至於"虔"與"尒"是同一個字的異體還是不同的兩個字，有待更多的資料再

---

① 河南省文物考古研究所：《新蔡葛陵楚墓》，大象出版社，2003年，圖版六九~九六。
② 馬承源主編：《上海博物館藏戰國楚竹書（九）》，上海古籍出版社，2012年，第17-28、144-153頁。
③ 滕壬生：《楚系簡帛文字編【增訂本】》，湖北教育出版社，2008年，第72、492、491、493、1108頁。馬承源主編：《上海博物館藏戰國楚竹書（二）》，上海古籍出版社，2002年，第19、21頁。

作研究。

　　順便説明一下古文字中幾個與"虡"的字形有關的字。(1)金文有一個用爲人名之字作从"虎"从"卜",①"虍"旁是"虎"字的省寫,以金文"虞"等字所从"虍"旁或作"虎"例之,②不知這個从"虎"从"卜"之字是否"虡"字的異體。(2)甲骨文、金文還有一個从"虎"从"攴"之字,③裘錫圭先生説,甲骨文从"虎"从"攴"之字可能是"虣"字的異體,④如此,這個字應當與"虡"字無關。(3)録伯簋"虢"字省寫作从"攴"从"虎",⑤也應當與"虡"字無關。

　　根據上文所説二例,可見把A釋爲"朩"是可取的。既然A不是"太"字,當然不可能是"太一"神了。看來大家公認的東西,不一定正確可信。

　　現在説卜筮禱祠簡的"朩"是否是"酺"神。宋華强從葛陵村楚簡甲三76號辨認出神名"步",認爲我説"朩"是"酺"神是不可信的。宋氏還説:"'卜'是幫母屋部字,'酺'是並母魚部字,'步'是並母鐸部字。'卜'和'酺'、'步'、'布'聲母相近,但是韻部相距較遠。"⑥對於宋氏的説法,有幾點需要説明一下:第一,拙文已經説過,我説"朩"是"酺"神,只是作爲一種推測提出的,僅供大家參考。第二,"酺"神之"酺"或作"布"、"步",是根據惠棟的説法,它們到底是否同一個神,還可以討論。第三,葛陵村簡"步"神位於"户"、"門"二神之間,暫且拋開《周禮·夏官·校人》"冬祭馬步"之"馬步"不談,僅就簡文的"步"與文獻的"酺"、"布"來説,它們的情況並不相同,是否同一個神,還需要研究。第四,屋部是侯部入聲,鐸部是魚部入聲,根據傳世文獻和出土文獻,戰國時期侯、屋二部與魚、鐸二部字音有關,擬另文討論。總之,"朩"到底是什麽神,目前還不清楚,希望大家進一步研究。

　　最後説説"虡"、"朩"二字在《成王城濮之行》中的用法。"虡"、"朩"二字在所謂的甲、乙兩本《成王城濮之行》中的有關文字説:

　　　　城(成)王爲成(城)僕(濮)之行,王囟(使)子閔(文)教子玉。子閔(文)叜(受)帀(師)于敦,一日而盠(畢),不肆一人。子玉叜(受)帀(師)出,之虡,三日而盠(畢),漸(斬)三人。　　　　　　　　　　　　　　　　　　　　　　　(甲本1–2號)

　　　　君王命余叜(受)帀(師)于敦,一日而盠(畢),不肆一人。子玉[叜(受)帀

----

① 容庚:《金文編》,中華書局,1985年,第337頁。
② 容庚:《金文編》,第332頁。
③ 劉釗等:《新甲骨文編》,福建人民出版社,2009年,第297頁。容庚:《金文編》,第222頁。
④ 裘錫圭:《説"玄衣朱襮袡"——兼釋甲骨文"虣"字》,《古文字論集》,中華書局,1992年,第351頁。
⑤ 容庚:《金文編》,第336頁。
⑥ 宋華强:《新蔡葛陵村楚簡初探》,武漢大學出版社,2010年,第228–230頁。

（師）]出,之乔,三日而𧖑（畢）,漸（斬）三人。　　　　　　　　　　　　（乙本1-2號）

讀爲"文"的那個字,原文作石經古文"閔",①唯簡文古文"閔"省去"彡"旁。此字在楚簡中多用爲"文",②本篇與之相同。"子文"即"鬭穀於菟"。本篇整理者指出,甲本3號的"穀𧆷餘"即"穀於菟"。

"肆"字原文作从"攴"从三體石經古文"逸"的偏旁,③"逸"、"肆"古音相近,疑此字在這裏讀爲"肆"。《廣雅·釋詁一》:"肆,殺也。"金文也有一個從三體石經古文"逸"的偏旁之字,見多友鼎等,李學勤先生讀爲"肆",④甚是。

"𧖑"是《説文》"詩"字的籀文。乙本1-2號第二個"𧖑"字原文从"肉"。按从"肉"从"𧖑"之字見於包山楚簡8號,疑是"脖"字的異體。⑤"𧖑"、"畢"音近古通。例如《詩·豳風·七月》"一之日觱發"之"觱發",《説文》夊部"泼"字説解作"滭泼",陸德明《釋文》引《説文》作"畢發"。據《説文》角部"觱"字正篆,"觱"本從"𧖑"聲。簡文"𧖑"當讀爲"畢"。

乙本1-2號"子玉出"句,據甲本1-2號與此相當的文字,"子玉"與"出"之間省略了"遱帀"二字。本篇整理者已指出,"子玉"即"成得臣"。

《成王城濮之行》所記子文、子玉治兵之事,見於《左傳》僖公二十七年,唯文字出入較大:

> 楚子將圍宋,使子文治兵于睽,終朝而畢,不戮一人。子玉複治兵于蔿,終日而畢,鞭七人,貫三人耳。國老皆賀子文。子文飲之酒。蔿賈尚幼,後至,不賀。子文問之。對曰:不知所賀……

蔿賈字伯盈,他的名字甲本3號作"遠（蓮）白（伯）程（盈）"、"爲（蔿）賈白（伯）程（盈）",4號作"白（伯）䍿（盈）"。"蓮"、"蔿"是同一個氏的不同寫法,"蔿賈伯盈"是名字連言。

從《成王城濮之行》甲、乙本文意來看,所謂的乙本文字實際上是子文與蔿賈的對話,是子文敘述他與子玉治兵之事等,"君王命余受師於虔"之"余",即子文自謂。

《成王城濮之行》整理者對"虔"、"乔"二字的釋法跟我們不同,把"虔"釋爲从

---

① 《汗簡》卷中之二"彡部"和《古文四聲韻》上聲"軫韻"引。
② 參看李天虹《郭店竹簡〈性自命出〉研究》,湖北教育出版社,2003年,第21-22頁。
③ 商承祚:《石刻篆文編》,中華書局,1996年,第471頁。
④ 李學勤:《論多友鼎的時代及意義》,《新出青銅器研究》,文物出版社,1990年,第129頁。
⑤ 參看李家浩《信陽楚簡"樂人之器"研究》,《簡帛研究》第三輯,廣西教育出版社,1998年,第14頁。

"叟"從"吳"之字,"夲"釋爲"扶";對"子玉受師出,之虔"和"子玉出,之夲"的讀法也跟我們不同,他把二"之"字屬上讀,把釋爲從"叟"從"吳"之字和"扶"字屬下讀,並且認爲是語氣詞,讀爲"夫"。細繹文意,我們認爲這兩個字是同一個地名,相當於上引《左傳》所說的子玉"治兵於蔿"之"蔿"。《國語·鄭語》:"楚蚡冒於是乎始啓濮。""濮"從"僕"聲。"卜"、"僕"音近古通。《禮記·檀弓上》"扶君,卜人師扶右",鄭玄注:"卜,當爲'僕',聲之誤也。"《逸周書·王會》"卜人以丹沙",杜佑、王應麟等人認爲"卜人"即"濮人"。① 不知"虔"和"夲"會不會讀爲《國語·鄭語》所說的"濮"。歷來對於"濮"的地理位置有不同説法,請看石泉《春秋"百濮"地望新探》。②

關於楚簡文字 A 就討論到這裏。到目前爲止,僅就 A 的字形來説,我認爲把它分析爲從"大"從"卜"是合理的。今後如有新的資料證明這樣的分析是錯誤的,我很樂意放棄這一意見。

---

① 參看黄懷信等《逸周書彙校集注(修訂本)》下册,上海古籍出版社,2007年,第865-866頁〔集注〕。
② 石泉:《古代荊楚地理新探·續集》,武漢大學出版社,2004年,第1-12頁。

"夜爵"小議

彭裕商
（四川大學歷史學院）

清華簡《耆夜》篇有"夜爵"一語：

> 王夜爵酬畢公，作歌一終。
> 王夜爵酬周公，作歌一終。
> 周公夜爵酬畢公，作歌一終。
> 周公或夜爵酬王，作祝頌一終。

從句子中可以看出，夜爲動詞，"夜爵"爲動賓結構。關於對"夜爵"的解釋，整理者云："夜，古音喻母鐸部，在此讀爲'舍爵'之舍，舍在書母魚部，可相通假。或說讀爲說文的'䑣'字，音爲端母鐸部，該字今《書·顧命》作'吒'，訓爲'奠爵'，與'舍爵'同義。"①注文中提到的"或說"應即李學勤先生之說，李先生云："'夜'則是與飲酒禮儀有關的詞，我個人以爲應讀爲《說文》'䑣'字，《尚書·顧命》作'吒'，許慎訓爲'奠爵酒也'。"②由於體例所限，清華簡整理者未能對"夜爵"作詳細的闡釋，李學勤先生也是在文中附帶提到，並未對該詞作專門的考察。有鑒於此，筆者對整理者及李先生的說法進行了考察，以供學人參考。

夜與舍古音接近，二者可以通假，整理者已指出了。"舍爵"見於《左傳》，有以下一些詞例。

> 桓公二年：凡公行，告于宗廟；反行，飲至，舍爵、策勳焉，禮也。
> 文公十八年：（邴歜、閻職）乃謀弑懿公，納諸竹中。歸，舍爵而行。

---

① 李學勤主編：《清華大學藏戰國竹簡》（壹）下冊，中西書局，2010年，第一五二頁注九。
② 李學勤：《周武王、周公的飲至詩歌》，《光明日報》2009年8月3日；收入《初識清華簡》，中西書局，2013年。

定公八年：子言辨舍爵於季氏之廟而出。

桓公二年杜注：“爵，飲酒器也。既飲置爵，則書勳勞於策。”釋“舍爵”爲“置爵”。楊伯峻《春秋左傳注》釋“舍爵”爲“設置酒杯，猶言飲酒”。文公十八年杜注：“飲酒訖乃去。言齊人惡懿公，二人無所畏。”釋“舍爵”爲“飲酒”。定公八年杜注：“辨，猶周徧也。徧告廟飲酒，示無懼。”也釋“舍爵”爲“飲酒”。文公十八年楊注云：“定公八年傳云：‘子言辨舍爵於季氏之廟而出。’則舍爵者，謂告奠於廟也。此舍爵義當同。杜注以‘飲酒’釋之，恐猶不足。”楊注之意，謂此舍爵非一般的飲酒，其主要意義在“告奠於廟”。

舍爵以外，《左傳》中也有諸多飲酒的記載。

宣公十年：陳靈公與孔寧、儀行父飲酒于夏氏。

成公十七年：厲公田，與婦人先殺而飲酒，後使大夫殺。

襄公二十二年：臧武仲如晉。雨，過御叔。御叔在其邑，將飲酒，曰：“焉用聖人？我將飲酒而已。”

這樣的例子還有不少，不一一備舉。由此可見，一般的飲酒就叫飲酒，不叫舍爵，所以舍爵雖然是飲酒，但因其在宗廟中舉行，應如李學勤先生所言，是飲酒的一種禮儀，非一般的飲酒。舍爵即設置酒爵，乃是整個禮儀的一部分。

李學勤先生讀“夜”爲“𠃟”，即《書·顧命》的“吒”字，《說文》云：“奠爵酒也。”此《說文》爲大徐本，所謂“奠爵酒”似不很通順，故段注本據《韻會》改爲“奠酒爵也”。“奠酒爵”即《顧命孔傳》所訓的“奠爵”，也即設置酒爵，故清華簡《耆夜》篇注釋云與“舍爵”同義。

清華簡《耆夜》篇所記爲武王戡黎班師後在文王廟舉行的飲至之禮，不是一般的飲酒，其中有舍爵之儀節是合乎情理的，故整理者讀“夜爵”爲“舍爵”，不失爲一種較爲合理的解釋。

此外，對該詞語的解釋，學者還提出了多種不同意見，其中也有頗具參考價值的說法，如裘錫圭先生就提出，“夜”應讀爲“舉”，並舉戰國楚文字資料中的“平夜”讀爲“平輿”爲證，認爲“夜爵”就是舉爵。[1] 舉爵酬某人，文句通順，所以裘先生的說法也是值得充分重視的。“夜”究竟應讀爲舍，還是應讀爲舉，仍有待進一步的探討以及新資料的發現。

---

[1] 裘錫圭：《說“夜爵”》，《出土文獻》第二輯，中西書局，2011年。

《清華三·説命上》"王命厥百工像，以貨旬求説于邑人"解

周鳳五
（臺灣大學中國文學系）

一、前　言

《清華大學藏竹簡（叁）》①《説命》三篇的内容與《尚書》相關，是重要的出土文獻。整理者説：

> 《説命》是《尚書》的一部分。《書序》云："高宗夢得説，使百工營求諸野，得諸傅岩，作《説命》三篇。"竹簡本《説命》正係三篇。《説命》不在漢初伏生所傳今文《尚書》之内，《尚書正義》所引鄭玄講的孔壁古文《尚書》多於伏生的十六種二十四篇，也没有《説命》。東晉時梅賾所獻孔傳本《尚書》則有三篇《説命》，前人已考定爲僞書。與清華簡《説命》對照，梅氏獻出的《説命》，除自先秦文獻中摘輯的文句外，全然不同。

又説：

> 先秦典籍曾多次引用《説命》，最重要的是《國語·楚語上》楚靈王時大夫白公子張所述，但未明《説命》篇名。不過其間有"若藥不瞑眩，厥疾不瘳"，《孟子·滕文公上》所引標出"《書》曰"，足以證明《楚語》此段的來源。竹簡本正有與《楚語》相當的語句，可相對勘。《禮記·緇衣》引《説命》"惟口起羞"云云，也見於《墨子·尚同中》所引，同樣可在竹簡本裏找到。此外，《禮記·文王世子》、《學

---

① 李學勤主編：《清華大學藏戰國竹簡（叁）》，中西書局，2012年。

記》所引《説命》,以及《緇衣》另引的一條佚文,則不見於竹簡本,這應該說是由於《説命》的傳本有異。①

這裏敘述今本《尚書·説命》三篇的來歷及清華簡三篇在研究《尚書》與先秦經學方面的重要價值,堪稱簡明扼要。

整理者對於《清華簡·説命》三篇的釋讀也基本正確,不僅分析簡文疑難字的形、音、義,更引述出土及傳世相關文獻爲證,對於若干疑難句也作了必要的串解,有助於後續的研究與討論。本文擬對《説命上》簡一"王命厥百工像,以貨徇求說于邑人"的解讀提出不成熟的淺見。爲了方便閱讀與討論,文末附錄《説命上》整理者釋文。一得之愚,敬請不吝指教。

二、"王命厥百工像,以貨徇求說于邑人"解

《清華三·説命》上中下三篇敘述殷高宗武丁與賢相傅說的故事,其中武丁訪求傅說的過程見於《清華三·説命上》簡一:"惟殷王賜說于天,用爲佚仲事人。王命厥百工像,以貨徇求說于邑人。"整理者注釋如下:

> 向,……讀爲"像",指畫像。②

又:

> 貨,《説文》:"財也。"《書序》:"高宗夢得說,使百工營求諸野。"《國語·楚語上》:"如是而又使以夢象旁求四方之賢。"與簡文有所異同。③

簡文開端敘述上天把傅說賜給殷高宗武丁"用爲佚仲事人",即天命武丁用傅說執行"佚仲"的事,所謂"佚仲"的事,指下文"伐佚仲",意思是説上天要武丁派遣傅說去攻打佚仲。頗疑簡文"事人"乃"執事人"的省稱,後者楚簡習見,屬於臨時或特別的差遣,非本官本職。簡文接着敘述武丁尋找傅說的經過。整理者的理解是,武丁命令大臣劃出傅說的圖像,然後懸賞金錢來搜尋傅說。值得注意的是,第一,傳世文獻謂"高宗夢得說",簡文此處却没説武丁作夢,但根據簡文以下所述武丁與傅說的對答之

---

① 李學勤主編:《清華大學藏戰國竹簡(叁)》,第121頁。
② 李學勤主編:《清華大學藏戰國竹簡(叁)》,第122頁注3。
③ 李學勤主編:《清華大學藏戰國竹簡(叁)》,第122頁注4。

語,君臣二人其實是同夢的。第二,整理者説武丁命大臣劃傅説圖像且以圖找人,類似宋元話本的"劃影圖形"捉拿在逃人犯,此乃前所未見。第三,簡文"以貨旬求説于邑人",整理者解爲用金錢懸賞搜尋,此説亦與傳世文獻所述武丁求傅説的情節不符。總之,簡文"像以貨旬求説"六字,若依整理者解讀,與傳世文獻頗有出入,難怪整理者列舉《説文》、《書序》、《國語》之後,要説"與簡文有所異同"了。

傳世文獻與簡文果真"有所異同"嗎? 其實不然。這裏先討論"高宗夢得説"。

簡文雖然沒有明確説出武丁作夢,但下文記載武丁與傅説初次見面,君臣二人有下面這段對話:

> 王乃訊説曰:"帝抑爾以畀余,抑非?"説乃曰:"惟帝以余畀爾,爾左執朕袂,爾右稽首。"王曰:"亶然。"①

這段對話很像軍中用以示别敵我的"口令",也類似一般游戲常見的通關密語。武丁問傅説:"你是不是上帝派遣給我的人?"傅説回答:"我是上帝派遣給你的人。"接着説:"你左手抓着我的衣袖,右手叩頭行禮。"古人衣袖寬博,簡文"執朕袂"即"執朕袖",亦即古書常見的"攜手"。② 傅説對武丁説,我確實是上帝派遣給你的人,當時我們見面,彼此"以左手執袂相攜,右手叩頭行禮"。攜手表相親,叩頭示相敬,這裏傅説回答的恰是武丁與傅説二人夢中相見的情景。傅説對於初次見面作了鉅細靡遺的描述,這只有身歷其境的當事人才可能説得如此具體。於是武丁説"亶然",即"果然不錯!"他知道夢境成真,他找對人了。由此看來,簡文雖未如《書序》直言"高宗夢得説",但所述情節完全與作夢有關,這種不著一字而衆所共喻的叙事手法,用來記録美好的夢境,不僅是一種高明的寫作技巧,也與下文"我其殺之。我其改,勿殺"的卜辭記録類似,③可能都是早期原始記事特徵的孑遺。

接着討論"以圖尋人"與"金錢懸賞"兩個問題。筆者對於簡文"王命厥百工像,以貨徇求説于邑人"有不同的解讀,分別説明如下。

首先,簡文"向"字,整理者通假爲"像",此説正確可從,但"像"字似不必解爲"劃像"。《説文》:"像,似也。"段注引《韓非子》與《周易·繫辭下》論述"象"、"像"二字之别,最後舉《楚辭·招魂》"像設君室"而未詳説。④ 歷來《楚辭》注家對此頗

---

① 李學勤主編:《清華大學藏戰國竹簡(叁)》,第122頁。
② 如舊題李陵《與蘇武詩》的"携手上河梁",《昭明文選》,藝文印書館,1957年,第272頁。
③ 李學勤主編:《清華大學藏戰國竹簡(叁)》,第123頁注17。
④ 段玉裁:《説文解字注》,藝文印書館,1966年,第379頁。

有不同的意見，王逸《楚辭章句》説："像，法也。"又下句"靜閑安些"説："言乃爲君造設第室，法像舊廬所在之處，清静寬閑而安樂也。"① 王逸的"法"、"法像"，與《周易·繫辭下》的"象者，像也"、《釋文》的"像，擬也"② 相同，都指模擬、仿效。南宋朱熹《楚辭集注》却説："像，謂肖古人之形而則其象也。"③ 後來清初顧炎武《日知録·像設》對此有進一步的討論：

> 古之於喪也有重，於祔也，有主以依神；於祭也，有尸以象神，而無所謂像也。《左傳》言"嘗于太公之廟，麻嬰爲尸"，《孟子》亦曰"弟爲尸"，而春秋以後不聞有尸之事。宋玉《招魂》始有"像設君室"之文。尸禮廢而像事興蓋在戰國之時矣。

其實，"像"字所指，早期可能是以人象神的"尸"或以物象人的"俑"，也可能是以身象鬼的"方相"、"儺"；④ 其肢體大小不定，以人則如人身，以物則可大可小。而到了戰國，"像"字所指當然也可以是"圖畫"了。因此，簡文此處"模擬"或"劃像"二説皆通，但若與下文連讀"像以貨"，則還是以《説文》"似也"之説比較合理。

其次，關於"貨"字，整理者解作"財"。此説於形、音、義皆可通，且有《説文》爲證，似無庸詞費，但正如整理者自言，此説與傳世文獻"有所異同"。解讀出土文獻固不必向傳世文獻刻意靠攏以"求同"，但也不妨嘗試二者通假釋讀的可能，必須毫無憑藉才另立新説以"求異"。這種態度可以説是"求其同而不得，則異者與我皆無恨也；矧求而有得邪！"

簡文"貨"字从"化"得聲，根據古代漢字通假的規律，可以考慮讀爲"囮"。《説文》：

> 囮，譯也。从囗、化。率鳥者繫生鳥以來之，名曰囮。讀若訛。又音由。

段注：

> 率，捕鳥畢也。將欲畢之，必先誘致之。⑤

囮，是獵人在捕鳥時用以引誘同類鳥的鳥，其特徵是與被誘捕的鳥外貌相似或鳴聲相

---

① 洪興祖：《楚辭補注》，藝文印書館，1977年，第334頁。
② 陸德明：《經典釋文》，鼎文書局，1972年，第32頁。
③ 朱熹：《楚辭集注》，藝文印書館，1974年，第162頁。
④ 參考《周禮·春官·宗伯》、《夏官·司馬》，見《周禮注疏》，藝文印書館，1965年，第382、475頁。
⑤ 段玉裁：《説文解字注》，第281頁。

同,獵人利用魚目混珠的手段達到其誘捕的目的。① 此字《説文》"又音由",古書或作"游",即"雉媒",這是獵人馴養用以誘捕野雉的雉,見《文選·射雉賦》"恐吾游之晏起"徐爰注:"游,雉媒名,江淮間謂之遊。"② 簡文"王命厥百工像,以貨徇求説于邑人"可以讀作"王命厥百工像以囮,徇求説于邑人",意思是説,武丁命令百官把人裝扮成傅説,在邑中到處巡行查訪,希望找到傅説。"像以囮"三字連讀,猶言"像之以囮",即仿效獵人用囮捕鳥的辦法,找人裝扮成傅説的長相。上文指出,戰國固然有劃像,但三代還是以人體裝扮模擬居多。古書最常見的是"尸",學者指出:

> 周代祭祀中,設有尸來象徵神靈受享,尸爲神象,其地位尊貴,爲祭禮中的核心。文獻記載較多,如《禮記·坊記》曰:"祭祀之有尸也,宗廟之有主也,示民有事也。"天子、諸侯以有爵位者爲尸,卿大夫、士以受祭者的孫輩爲尸。《公羊傳·宣公八年》何休注:"禮,天子以卿爲尸,諸侯以大夫爲尸,卿大夫以下以孫爲尸。"《詩·大雅·既醉》:"令終有俶,公尸嘉告。"毛傳:"公尸,天子以卿,言諸侯也。"《禮記·祭統》曰:"子不可爲父尸,孫可爲王父尸。"……立尸的原因,東漢《白虎通義》解釋説"祭所以有尸者何? 鬼神聽之無聲,視之無形,升自阼階,仰視榱桷,俯視几筵,其器存,其人亡,虛無寂寞,思慕哀傷,無可寫泄,故座尸而食之,毀損其饌,欣然若親之飽,尸醉若神之醉矣",庶幾得之。③

所謂"座尸而食之,毀損其饌,欣然若親之飽,尸醉若神之醉矣",寫來絲絲入扣,足以想見孝子之用心。"尸爲神像"猶言"像以尸",與簡文"像以囮"可相對照。武丁找人裝扮傅説,巡行國内到處查訪,這位"像以囮"的山寨版傅説的演技想必頗似《白虎通義》描寫的"尸"。不同的是,《白虎通義》論祭祀之禮,以思親之悲戚爲主;武丁找傅説,乃爲尋求上天賜予商朝的賢相。然則後者除了歡喜之餘,更多的應該是期待與渴望吧。

【附録】《清華三·説命上》釋文

隹(惟)殴(殷)王賜敚(説)于天,甬(庸)爲達(失)审(仲)史(使)人。王命㭒

---

① 周鳳五:《説繇》,《幼獅學志》1984年第18卷第2期,第27-48頁。
② 《昭明文選》,第94頁。
③ 曹建敦:《清華簡(一)〈楚居〉中的"内尸"小議》,復旦大學出土文獻與古文字研究中心網,2011年4月1日。

（厥）百攻（工）向（像），以貨旬（徇）求敓（說）于邑人。隹（惟）敄（弼）人【簡1】

旻（得）敓（說）于専（傅）厰（岩）。乎（厥）卑（俾）絙（綳）弓，紳（引）弝（關）辟矢。敓（說）方竺（築）坐（城），𦫵隆（降）躬（重）（庸）力。乎（厥）敓（說）之𥄒（狀），鵂（鵑，鵷）【簡2】

肩（隋）女（如）隼（惟，椎）。王乃儠（訊）敓（說）曰："帝殹（抑）爾以畀舍（余），殹（抑）非？"敓（說）乃曰："隹（惟）帝以餘畀爾＝（爾，爾）佑（左）執朕袤（袂），爾右【簡3】

頴＝（稽首）。"王曰："𠤴（亶）肰（然）。"天乃命敓（說）伐達＝宆＝（失仲。失仲）是（氏）生子，生二戊（牡）豕。逹（失）宆（仲）卜曰："我亓（其）殺之？""我亓（其）【簡4】

巳（祀），勿＝殺＝（勿殺？"勿殺）是吉。逹（失）宆（仲）違（違）卜，乃殺一豕。敓（說）于𡈼（圍）伐逹（失）宆（仲），一豕乃觀（旋）保以遀（逝），乃遶（踐）。邑【簡5】

人皆從，一豕陞（馳）宆（仲）之自行，是爲赤（赦）敦（俘）之戎。

亓（其）隹（惟）敓（說）邑，才（在）北晷（海）之州，是隹（惟）員（圜）土。敓（說）【簡6】

迷（來），自從事於𩱐（殷），王甬（用），命敓（說）爲公。【簡7】

専（傅）敓（說）之命【簡7背】①

---

① 李學勤主編：《清華大學藏戰國竹簡（叁）》，第29-34頁。

《清華大學藏戰國竹簡（三）》拾遺*

白於藍

（華東師範大學）

《清華大學藏戰國竹簡（三）》一書出版至今雖僅半年，①但相關研究文章層出不窮，就筆者所見，已近百篇。本文擬在諸家研究的基礎上，對簡文個別字詞的釋讀談點看法。不當之處，敬請方家批評指正。

一

《周公之琴舞》有一段文字，整理者釋文如下：

粱（諮）爾多子，𥳑（篤）亓（其）𧠫（諫）卲（勔），舍（余）彔（逯）思念，畏天之載，勿請福之佣（愆）。【簡13】

關於"畏天之載"，整理者注【八〇】："畏天之載，《大雅·文王》：'上天之載，無聲無臭。'毛傳：'載，事也。'"②黃甜甜認爲簡文之"載"應訓行、爲。③黃傑亦認爲"載""似亦可解爲行"。④胡敕瑞則認爲"載"當讀作"災"。⑤

---

* 項目資助：教育部人文社會科學重點研究基地"十二五"基地重大項目《甲骨文語料庫建設》（項目批准號：11JJD740001）；2010年國家社科基金重大項目《出土古文獻語料庫建設研究》（項目批准號：10&ZD118）。

① 清華大學出土文獻研究與保護中心編，李學勤主編：《清華大學藏戰國竹簡（叁）》，中西書局，2012年。
② 同上書，第141頁。
③ 黃甜甜：《〈周公之琴舞〉札記三則》，孔夫子2000網，2013年1月5日。
④ 黃傑：《再讀清華簡（叁）〈周公之琴舞〉筆記》，簡帛網，2013年1月14日。
⑤ 胡敕瑞：《讀〈清華大學藏戰國竹簡（三）〉札記之四》，清華大學出土文獻研究與保護中心網，2013年1月7日。

按，典籍中未見"畏天之事"、"畏天之行"、"畏天之爲"或"畏天之災"之類的說法。《詩·周頌·我將》有"我其夙夜，畏天之威，于時保之"語。筆者認爲，簡文"畏天之載"與《我將》"畏天之威"語義相當。《詩·周頌·有客》："既有淫威。"毛《傳》："威，則也。"《爾雅·釋言》："威，則也。"《後漢書·李固傳》："斗斟酌元氣。"李賢《注》：《春秋保乾圖》曰：'天皇於是斟元氣陳樞，以五易威。'宋均《注》曰：'威，則也，法也。'"《大戴禮記·千乘》："宗社先示威。"王聘珍《解詁》引《爾雅》："威，則也。"《書·顧命上》："有殷嗣天滅威。"孫星衍《今古文注疏》引《爾雅》："威者，則也。"可見，"威"字古有"則"義，義同法則。所謂"畏天之威"，即畏天之法則。

簡文"畏天之載"之"載"字當讀作"則"。上古音"載"爲精母之部字，"則"爲精母職部字。兩字聲母雙聲，韻部對轉。古音十分密切，例可相通。楊樹達在考釋曾子△簠銘文中的"則永祜福"謂"余按古音則與載同，則永祜福即載永祜福也"。①按，此說可信。《禮記·禮運》："知氣在上。"《孔子家語·問禮》"在"作"則"。在从才聲，載从𢦏聲，而𢦏亦从才聲。可見，"載"可讀作"則"。據此，"畏天之載（則）"與"畏天之威"同義。

二

《芮良夫毖》有兩段文字，整理者釋文如下：

　　䵼（謀）敚（敗）改繇，【簡2】䏻（恭）天之畏（威），載聖（聽）民之繇。【簡3】
　　母（毋）惏（婪）愈（貪）、㹜（狠）昆（悃）、圖（滿）溢（盈）、康戲而不智（知）䵼（謀）告。【簡4】

兩段文字中均見"䵼"字，整理者注【八】："'䵼'即'寤'。《周禮·春官·占夢》'四曰寤夢'，陸德明《釋文》：'本又作寤。'《周南·關雎》'寤寐求之'，毛傳：'寤，覺。'"②按，此說可信。這種用法的"寤"古代亦常寫作"悟"。《説文》："悟，覺也。"《説文》："寤，寐覺而有信曰寤。"段玉裁《注》："古書多假寤爲悟。"《孟子·孟子題辭》："可以寤疑辯惑。"焦循《正義》："寤與悟通。"《慧琳音義》卷十一"覺寤"注："寤者，悟也。"《周禮·春官·占夢》："四曰寤夢。"孫詒讓《正義》："徐鉉校本《説文》'寤'字引此作'悟夢'。"

---

① 楊樹達：《積微居金文説（增訂本）》，中華書局，1997年，第130頁。
② 清華大學出土文獻研究與保護中心編，李學勤主編：《清華大學藏戰國竹簡（叁）》，第148頁。

關於簡 4 "薹(寤)告"之"告"字,整理者未作解釋。黃傑認爲"或讀爲'誥'"。①子居認爲"不知寤告"即不知覺悟於他人之所告。②按,簡文此"告"字似當讀作"覺"。上古音"告"與"覺"均爲見母覺部字,兩字雙聲疊韻,例可相通。《詩·大雅·抑》:"有覺德行。"《禮記·緇衣》引"覺"作"梏"。《淮南子·泰族》:"使民居處相司,有罪相覺,於以舉奸,非不掇也。"《群書治要》引"覺"作"告"。《後漢書·馬融傳》:"梏羽群。"李賢《注》:"案,字書梏從手,即古文攪字,謂攪擾也。"均其例。

《説文》:"覺,寤也。""覺寤(或悟)"爲同義複詞。簡文"悟覺"義同"覺悟",亦見於典籍。《孟子·萬章上》:"予,天民之先覺者也。"趙岐《注》:"我先悟覺者也。"《洛陽伽藍記·城西》:"兆悟覺,即自思量。"元稹《冬夜懷李侍御王太祝段丞》:"今聞馨香道,一以悟臭帛,悟覺誓不惑,永抱胎仙居。"簡文"不智(知)薹(寤)告(覺)"即不知醒悟之義。

三

《芮良夫毖》有一段文字,整理者釋文如下:

喬(矯)易凶心,覛(研)憝(甄)嘉惟,料和【簡20】庶民,政命惪(德)型(刑)各又(有)尝(常)帀(次)。【簡21】

整理者注【八二】:"《國語·周語上》'乃料民于太原',韋昭注:'料,數也。'"③按,所謂"料"字,整理者摹文作"✦"。④子居認爲"此字與清華簡《尹至》簡5的'番'字古文爲同一字,此處當讀爲'蕃',訓爲息"。⑤按,清華簡《尹至》簡5之字原文作"✦",與該字字形差異明顯,不當釋爲一字。筆者認爲,該字當分析爲从力米聲,隸定爲"粈"。所从力旁與米字右下一筆發生借筆關係。上博簡第三册《容城氏》"以定男女之聲"之"男"字作"✦"(簡16),所从"力"旁可資比較。

簡文之"粈"似當讀作"敉"。《説文》:"敉,撫也。从攴米聲。《周書》曰:'亦未克敉公功。'讀若弭。侎,敉或从人。"《爾雅·釋言》:"敉,撫也。"《書·洛誥》:"亦未克

---

① 黃傑:《初讀清華簡(叁)〈芮良夫毖〉筆記》,簡帛網,2013年1月6日。
② 子居:《清華簡〈芮良夫毖〉解析》,孔夫子2000網,2013年2月24日。
③ 清華大學出土文獻研究與保護中心編,李學勤主編:《清華大學藏戰國竹簡(叁)》,第154頁。
④ 同上書,第228頁。
⑤ 子居:《清華簡〈芮良夫毖〉解析》,孔夫子2000網,2013年2月24日。

粆公功。"鄭玄《注》:"粆,安也。"《玉篇·支部》:"粆,安也。撫也。"《廣韻·紙韻》:"粆,撫也。愛也。安也。"可見,"粆"字古有安撫之義。典籍中這種用法的"粆"字亦可用"彌"或"弭"字表示。《周禮·春官·小祝》:"彌裁兵。"鄭玄《注》:"彌,讀曰粆。粆,安也。"《周禮·春官·男巫》:"春招弭,以除疾病。"鄭玄《注》:"弭,讀爲粆。字之誤也。粆,安也,安凶禍也。"

《後漢紀·孝獻皇帝》:"袁紹使臧洪領青州,撫和民衆,盜賊奔走。"《晉書·庾翼傳》:"轉建威將軍、西陽太守,撫和百姓,甚得歡心。"此"撫和民衆"、"撫和百姓"與簡文之"粘(粆)和庶民"可相參,《史記·田敬仲完世家》"夫治國家,而弭人民者,無若乎五音者"亦可參。

四

《赤鵠之集湯之屋》有一段文字,整理者釋文如下:

湯乃囗之。①少(小)臣乃痗(眜)而帰(寐)【簡5】於迻(路),見(視)而不能言。【簡6】

關於"痗"字,整理者注【一四】讀作"眜",訓爲"目不明"。②按,此説不確。簡文下句明言"見(視)而不能言",既然能"見(視)",説明小臣並非"目不明"。黃傑認爲"痗"當讀作"寐",是睡着的意思,"視而不能言",即有視聽但不能説話,這只是夢中的一種狀態"。③此説恐亦不確,小臣既然能"見(視)",顯然不應該是睡着的狀態,睡夢中人顯然更不可能"見(視)"的。

按,"痗"似當讀作"忽"。痗从未聲,忽从勿聲。上古音未、勿均爲明母物部字,雙聲疊韻,例可相通。典籍中从未聲之字與从勿聲之字亦有相通之例證。《老子·道經》第十四章:"其上不皦,在下不昧。繩繩不可名,復歸於無物。"馬王堆漢墓帛書本《老子》甲本"昧"作"忽"。《説文》:"昧,爽。旦明也。"段玉裁《注》:"昧與昒古多通用。"《説文》:"爽,明也。"段玉裁《注》:"昧之字,《三蒼》作昒。"《漢書·郊祀志上》:"十一月辛巳朔旦冬至,昒爽。"顔師古《注》:"昒爽,謂日尚冥,蓋未明之時也。"《漢

---

① "之"上一字,原文有所殘損,作"󰀀"。王寧《讀清華簡三〈赤鵠之集湯之屋〉散札》(簡帛網,2013年1月16日)釋讀爲"袿(袯)",似可信。

② 清華大學出土文獻研究與保護中心編,李學勤主編:《清華大學藏戰國竹簡(叁)》,第169頁。

③ 黄傑:《初讀清華簡(叁)〈赤咎(从鳥)之集湯之屋〉筆記》,簡帛網,2013年1月10日。

書·司馬相如傳》:"吻爽闇昧得耀乎光明。"顏師古《注》:"吻爽,未明也。"王念孫《讀書雜志·史記第六·司馬相如列傳》:"《封禪書》'昧爽',《郊祀志》作'吻爽'。"俞樾《羣經平議·大戴禮記二·五帝德》"闇昏忽之意"按語:"古字吻忽通用。"可見,簡文之"㾾"可讀作"忽"。

"忽"字古有恍惚、迷暗之義。《論語·子罕》:"忽焉在後。"何晏《集解》:"言恍惚不可爲形象。"《莊子·天地》:"忽然出,勃然動。"郭象《注》:"忽、勃,皆無心而應之貌。"成玄英《疏》:"忽,無心之貌。"《文選·阮瑀〈爲曹公作書與孫權〉》:"若忽至誠。"張銑《注》:"忽,迷。"《文選·陳琳〈檄吳將校部曲文〉》:"忽朝陽之安。"呂延濟《注》:"忽,暗也。"這種用法的"忽"後世一般用"惚"字表示。《禮記·祭義》:"夫何慌惚之有乎?"陸德明《釋文》:"惚,本又作忽。"《廣韻·沒韻》:"惚,亦作忽。""寢"之訓"卧"乃古之常訓,① 簡文"少(小)臣乃㾾(忽)而𡩜(寢)於逵(路)"即小臣恍惚而卧於路。

《史記·太史公自序》:"二十而南游江、淮。上會稽,探禹穴。"張守節《正義》引《吳越春秋》:"禹乃東巡,登衡山,血白馬以祭。禹乃登山,仰天而笑,忽然而卧,夢見繡衣男子自稱玄夷蒼水使者,却倚覆釜之山。"②《論衡·道虛篇》:"曼都好道學仙……不知去幾何年月,不知以何爲過,忽然若卧,復下至此。"《文選·司馬相如〈長門賦〉》:"忽寢寐而夢想兮,魄若君之在旁。惕寤覺而無見兮,魂迋迋若有亡。"《抱樸子·内篇·雜應》:"或服葛花及秋芒麻勃刀圭方寸匕,忽然如欲卧,而聞人語之以所不決之事,吉凶立定也。"《全齊文·謝朓〈思歸賦〉》:"舟未濟而河廣,途方遥而馬疲,忽中寢而念厲,魂申旦而九移。"可見忽而寢卧乃人之常態。

五

《赤鵠之集湯之屋》有一段文字,整理者釋文如下:

亓(其)一白兔【簡14】不旻(得),是𧥜(始)爲埤(陴)丁者(諸)麐(屋),以戠(御)白兔。【簡15】

整理者注【三〇】:"埤,疑讀爲'陴',《説文》:'城上女牆。'丁,字形作'甲',《大

---

① 宗福邦、陳世鐃、蕭海波主編:《故訓匯纂》,商務印書館,2003年,第591頁。
② 今本《吳越春秋·越王無餘外傳第六》所記與此略有出入,未見"忽然而卧"語。

雅·雲漢》毛傳：'當也。''以埤當諸屋'，意爲築小牆當屋，用以防阻。"① 按，據簡文所記，"埤"之用途是針對"屋"，明顯與"城上女牆"無關，整理者的説法難以令人信服。

在正式討論"埤"字之前，需要對簡文中整理者釋爲"丁"的字再做一點簡單探討。所謂"丁"字，原形作"🟐"。該字亦見於《芮良夫毖》簡6，原形作"🟐"，相關文句整理者釋文如下：

　　卑（譬）之若【5】童（重）載以行隓（嶮）險，莫之敥（扶）道（導），亓（其）由（猶）不邐（攝）丁（停）。【6】

整理者注【二三】認爲"邐"通"攝"，引申表示收斂。"丁"讀"停"，訓止。②

按，所謂"邐"字，原形作"🟐"。丁若山指出："有可能這個字上部就是'真'的一種繁形，全字似即可逕釋爲見於上博簡《周易》簡24、25等所見的從'辵'從'真'聲之字。在《芮良夫毖》簡文中，此字和上博簡《周易》之字一樣，當讀爲'顛'。""🟐應該讀爲'覆'。'顛覆'是古書成語。"《赤鵠之集湯之屋》的🟐也讀爲'覆'，用爲覆蓋、覆蔽之義。"③ 侯乃峰釋"🟐"、"🟐"爲"阜"，從丁若山讀作"覆"。④ 楊坤釋"🟐"、"🟐"爲"也"字。⑤ 馬楠則將《芮良夫毖》之"🟐"隸定爲"遺"，讀爲"潰"；將"🟐"隸定爲"帀"，讀爲"成"。認爲簡文文義與《詩·小旻》"是用不潰于成"相近。⑥ 蔡偉、王連成和子居則仍從整理者意見，釋"🟐"爲"邐"，釋"🟐"爲"丁"。其中蔡偉讀"邐丁"爲"擠停"，解釋成折斷而停止。⑦ 王連成讀"丁"爲"釘"，認爲《芮良夫毖》簡文的意思是"好像（車子）重載而行，發生險情，無法補救，其容器龍骨均以斷裂"。《赤鵠之集湯之屋》簡文的意思是"其中一隻白兔漏網，於是開始做加固件，固定於屋（牆）上，用以預防白兔的侵入"。⑧ 子居認爲"'邐'當讀爲'越'，'丁'當讀爲'顛'，'邐丁'即'顛越'"。⑨ 王寧亦從整理者意見釋"🟐"爲"邐"，但認爲簡文"🟐"、"🟐"就是"顛倒之'倒'字，用一個倒寫的'山'表示顛倒之義"，"《芮良夫毖》中'邐

---

① 清華大學出土文獻研究與保護中心編，李學勤主編：《清華大學藏戰國竹簡（叁）》，第170頁。
② 同上書，第150頁。
③ 丁若山：《讀清華三懸想一則》，簡帛網，2013年1月12日。
④ 侯乃峰：《清華簡（三）所見"倒山形"之字構形臆説》，簡帛網，2013年1月13日。
⑤ 楊坤：《跋清華竹書所見"也"字》，簡帛網，2013年1月15日。
⑥ 馬楠：《〈芮良夫毖〉與文獻相類文句分析及補釋》，清華大學出土文獻研究與保護中心網，2013年3月25日。
⑦ 蔡偉：《讀〈清華簡叁·芮良夫毖〉隨筆一則》，轉引自丁若山《讀清華三懸想一則》。
⑧ 王連成：《〈清華簡（三）〉"丁（釘）"字句解》，簡帛研究網，2013年2月22日。
⑨ 子居：《清華簡〈芮良夫毖〉解析》，孔夫子2000網，2013年2月24日。

倒'就是'拉倒'"。《赤鵠之集湯之屋》中的'倒諸屋'的"倒""就是倒置之義","就是做了一個陣倒置在屋旁,用這種方法來抵禦白兔"。①

　　筆者認爲,以上諸說中當以丁若山的看法最爲可信。除其文中所論述的理由之外,筆者亦可爲其觀點增補一條佐證。《孔叢子・嘉言》有"譬若載無輗之車以臨千仞之穀,其不顛覆,亦難冀也"語,這段文字與簡文文義十分接近,而其中與簡文"🅰🅱"對應的字正是"顛覆"。因此,儘管目前對於"🅰"、"🅱"字字形及其原始本義尚未確解,但"🅰"、"🅱"之與"覆"字讀音相近或語義相關則幾乎是可以肯定的。

　　至於《赤鵠之集湯之屋》簡14之"埤"字,丁若山認爲當讀作"革"或"蔽","指的是在屋上所加的、用以起抵禦白兔作用的甲衣一類東西"。②侯乃峰認爲當讀爲"貔",是指放置在屋頂瓦上用於辟邪的陶質猛獸,也即所謂的"貔貅"。③王寧仍從整理者意見,讀作"陣"。④筆者認爲,簡文之此"埤"字當讀作"罼"。埤从卑聲,罼从畢聲。上古音"卑"爲幫母支部字,"畢"爲幫母脂部字。兩字雙聲,韻亦不遠,例可相通。《史記・吳太伯世家》:"子句卑立。"《吳越春秋》"句卑"作"句畢"。《儀禮・泰射》:"反,搢樸,遂命釋獲者設中,以弓爲畢,北面。"武威漢簡《泰射》簡六二"畢"作"🅲",从"卑"聲,即"綼"字。《詩・小雅・瞻彼洛矣》:"韠琫有珌。"陸德明《釋文》:"韠,字又作琫。"均其例。另外,典籍中从卑聲之字與从辟聲之字常可互通,其例甚多,茲不贅舉。⑤而从辟聲之字與从畢聲之字亦有相通之例。《周禮・秋官・大司寇》:"使其屬蹕。"鄭玄《注》:"故書蹕作避。"可見,簡文之"埤"當可讀作"罼"。

　　《國語・齊語》:"田狩罼弋。"韋昭《注》:"罼,掩雉兔之網也。"《廣韻・質韻》:"罼,兔罟。"《文選・楊雄〈羽獵賦〉》:"荷垂天之罼,張竟壄之罘。"劉良《注》:"罼、罘,皆網名。"可見,"罼"爲古代專門用來捕獲雉兔的網子,用之"🅰(覆)者(諸)屋,以戠(禦)白兔"再合適不過。

---

① 王寧:《〈清華簡(叁)〉的"倒"字臆解》,簡帛研究網,2013年1月18日。
② 丁若山:《讀清華三悬想一則》。
③ 侯乃峰:《清華簡(三)所見"倒山形"之字構形臆說》。
④ 王寧:《〈清華簡(叁)〉的"倒"字臆解》。
⑤ 高亨:《古字通假會典》,齊魯書社,1989年,第478-480頁;白於藍:《戰國秦漢簡帛古書通假字匯纂》,福建人民出版社,2013年,第266-267頁。

清華簡"罨"字試釋*
——談歌通轉例説之一①

孟蓬生
（中國社會科學院語言研究所）

清華簡《説命下》第3、4簡簡文如下：

女（如）飛鵻（雀）罔畏觀（離），不佳（惟）䧹（鷹）唯（隼），乃弗愳（虞）民，氒（厥）亓（其）怘（禍）亦羅於罨罙。②

整理者注："罨罙，捕鳥的網。上一字从章聲，疑讀爲'罩'，《王風·兔罝》：'雉離於罩。'或説'罙'讀爲'爾'，句末助詞，如《周頌·噫嘻》'既昭假爾'。"③

生按：整理者釋"罨"爲"罩"，其説可從。黄傑先生不同意整理者對"罨"字的隸定，他説："看原圖版，此字似並無殘缺。其下部與楚簡章的寫法並不相同，而與'合'（𠆢郭店《老子》甲簡19、𠆢郭店《老子》甲簡34）寫法相同，然則此字當隸定爲罣，从'合'聲。'罣罙'如何釋讀，待考。"④我們認爲，黄傑先生對"罨"字字形的懷疑很有道理，但這並不足以否定整理者的意見。

我們注意到，章與亯本一之變，而亯（墉）與合（亼）字形相近。《説文·亯部》："亯，用也。从高，从自。自知臭，香（亯）所食也。讀若庸同。"關於章與亯，王國維曾

---

* 本文爲國家社會科學基金項目"上古漢語閉口韻與非閉口韻通轉關係研究"（批准號：13BYY100）的階段性成果。

① "談月通轉"指談盍部與歌元月各部的通轉關係，有時也涉及侵緝談盍和脂質真微物文的通轉。
② 李學勤主編：《清華大學藏戰國竹簡（叁）》下册，中西書局，2012年，第128頁。
③ 同上書，第129頁。
④ 黄傑：《讀清華簡（叁）《説命》筆記》，簡帛網，2013年1月9日，http://www.bsm.org.cn/show_article.php?id=1799。

經討論過它們的演變軌迹：①

    1. 甲骨文   2. 毛公鼎   3. 齊國差𦉢   4. 召伯虎簋（五年琱生簋）   5. 拍尊（敦）

    作偏旁時章與啚亦有相混之例。王臣簋"厚"字作"㕒"（《集成》08.4268），上博簡《緇衣》"厚"字作"㕒"，②魏宜輝已經指出"厚"從"章（墉）"作屬於變形聲化，"厚"和"墉"爲侯東對轉。③李守奎先生將後者隸定爲"𡉚"，顯然是把下部所從之構件當成"章（墉）"字的變體來對待的。④《説文·土部》："垣，牆也。从土，亘聲。𡍚，籀文垣，从章。"三體石經"元咺"之"咺"从"𦥑""𡍚"（借"垣"爲"咺"），亦其證也。

    古文字資料中"𠭴（《説文》：此亦自字也）"與"自"、"口"、"曰（甘）"常常相混，⑤故啚和合（𠇮）字形寫法相近或相同也是很好理解的（不排除啚和含語音相近的可能性）。我們可以假定其演變軌迹如下：

    6. 上博簡《緇衣》"厚"字所從   7. 郭店《老子》甲"合（𠇮）"字   8. 清華簡《説命下》"𤲳"字所從   9. 上博九《成王城濮之行》甲3"合邦"

    齊系陶文"城"字或從章作，可以爲我們的假定提供旁證：⑥

    10.《古陶文彙編》3.514   11.《古陶文彙編》3.522

---

① 王國維：《觀堂古今文考釋·毛公鼎銘考釋》，《王國維遺書（四）》，上海書店出版社，1983年，第93-94頁。
② 馬承源主編：《上海博物館藏戰國楚竹書（一）》，上海古籍出版社，2001年，第175頁。
③ 魏宜輝：《楚系簡帛文字形體訛變分析》，南京大學博士學位論文，2003年。
④ 李守奎、曲冰、孫偉龍：《上海博物館藏楚竹書（一～五）文字編》，作家出版社，2007年，第285頁。
⑤ 《説文》小篆從"𠭴（自）"的"皆"、"魯"、"者"三字古文字均可從"口"或"曰"作，是其證也。
⑥ 高明：《古陶文彙編》，中華書局，1990年。

單純從字形來看，此字既可以隸定爲"𦊓"（嚴格隸定當作"𦊖"），也可以隸定爲"罶"，但由於除此例外到目前在先秦文字構形體系中尚未見到"罶"字（詳後），我們擬維持清華簡整理者的意見。"𦊓"字仍可從清華簡整理者讀爲"置"，但字形的嚴格隸定當作"𦊖"。

"𦊓（𦊖）"如可讀爲"置"，則"罞"蓋非"罬（輟）"字莫屬。清華簡整理者所出或説讀"罞"爲"尔"則非，但把它分析爲从网尔聲則是。尔聲古音一般歸脂部，但古文字資料中，尔聲字常與月部字相通，更早的時候則可能來源於閉口韻（侵緝談盍）。

大家知道，尔是爾字的截除性簡化。① 尔（爾）聲古音與埶聲、内聲、兑聲相通。《書·堯典》："歸，格于藝祖。"《釋文》："藝，魚世反，馬、王云：禰。"《説文·辵部》："邇，近也。从辵，爾聲。迩，古文邇。"克鼎、番生簋之"柔遠能狄（埶）"，《書·堯典》、《文侯之命》、《詩·大雅·民勞》均作"柔遠能邇"。②《禮記·郊特牲》："然後焫蕭合膻薌。"《詩·大雅·生民》毛傳引'焫'作"爇"；《汗簡·卷一·艸部》"爇"字兩形皆作'焫'；玄應《一切經音義》卷十一、慧琳《一切經音義》卷五十二："焫，古文爇同。"《古文四聲韻》卷五"熱"字古文作"苶"。

内聲、兑聲、埶聲與叕聲相通。《説文·竹部》："笍，羊車騶箠也。箸箴其端，長半分。"段玉裁注："錣與笍音義皆同。"《説文·金部》："鑇，羊箠端鐵也。从金，埶聲。讀若至。"段玉裁注："按錣即許之鑇字。"《史記·張耳陳餘列傳》："吏治榜笞數千，刺剟。"司馬貞《索隱》："按：剟亦刺也。《漢書》作'刺爇'。"《戰國策·秦策二》："則秦且燒焫獲君之國。"《史記·張儀列傳》"焫"作"掇"。《論語·公冶長》："山節藻梲。"《釋文》："梲，本又作棳。"《莊子·至樂》："其名爲鴝掇。"《列子·天瑞》"掇"作"㧙"。《禮記·禮器》："山節藻梲。"《釋文》："梲，依字當作棳。"《韓非子·喻老》："倒杖而策銳貫頤（頤）。"《淮南子·道應》："白公勝慮亂，罷朝而立，倒杖策，錣上貫頤。"高注："策，馬捶。端有針以刺馬謂之錣。倒杖策，故錣貫頤也。"《説文·食部》："餟，祭酹也。从食，叕聲。"又同部："餲，小餟也。从食，兑聲。"《廣雅·釋天》："祱，祭也。"王念孫《疏證》："餲、餟、酹聲並相近。"

故訓資料顯示"罬"與"置"同爲捕鳥網，且存在訓釋關係。《説文·網部》："罬，捕鳥覆車也。从网，叕聲。輟，罬或从車。"《爾雅·釋器》："罬，罬也。罬謂之罦。罦，覆車也。"《詩·王風·兔爰》："有兔爰爰，雉離于罦。"傳："罦，罬也。"然則罞之於罬，

---

① 林澐：《古文字研究簡論》，吉林大學出版社，1986年，第76—77頁。
② 裘錫圭：《釋殷墟甲骨文裏的"遠""狋"（邇）及相關諸字》，《古文字論集》，中華書局，1992年，第1—10頁；又載《裘錫圭學術文集》第1卷，復旦大學出版社，2012年，第167—176頁。

猶㶳之於掇,梲之於椯,筎(銳)之於錣,爇之於剟也。

從諧聲系統看,尔(爾)聲、埶聲、内聲均有閉口韻的來源。㶳的最小聲符爲入,來自閉口韻固無疑義。《廣韻》"苶"字有三切,一音"奴協切"(帖韻),一音"如列切"(薛韻),一音"奴結切"(屑韻),當以《帖韻》之"奴協切"爲早。《説文·卒部》:"卒,所以驚人也。讀若籋。"又《竹部》:"籋,箝也。从竹,爾聲。"段注:"今人以銅鐵作之,謂之鑷子。"大徐本和《廣韻·葉韻》並音"尼輒切"。《説文·炎部》:"燅,于湯中爓肉,从炎,熱省。"小徐本作"熱省聲"。①大徐本和《廣韻·鹽韻》並"徐鹽切"。趙國兵器銘文之"坴(埶之省)波",學者皆以爲即"廉頗"。②《説文·金部》:"銛,鍤屬。从金,舌聲。讀若棪。桑欽讀若鐮。"據此則"燅"實際上可以看作雙聲符字。③《玉篇·炎部》:"炎,熱也。"據"燅"字構形可推知"炎"、"熱"爲同源詞。上博簡《曹沫之陳》第11簡:"居不褻文,食不貳羹。"④上博簡《容成氏》第21簡:"衣不褻美,食不重味。"⑤其中的"褻"均應讀爲"襲"。⑥西周早期中觶:"中埶王休,用作父乙寶尊彝。"新發現西周早期何簋:"用兹簋褻公休,用作祖尊彝乙。"褻字从衣,埶聲。學者或讀爲"埶",⑦或讀爲"揚",⑧均嫌迂曲,不如徑讀爲"答"。《書·盤庚中》:"各設中于乃心。"漢石經"設"作"翕"。 裘錫圭先生指出古音埶聲和設聲相通,⑨然則褻

---

① 宋保:《諧聲補逸》卷十;李家浩:《南越王墓車馹虎節銘文考釋——戰國符節銘文研究之四》,載《容庚先生百年誕辰紀念文集(古文字研究專號)》,廣東人民出版社,1998年,第662-671頁。

② 黃盛璋:《試論三晉兵器的國別和年代及其相關問題》,《考古學報》1974年第1期;李家浩:《南越王墓車馹虎節銘文考釋——戰國符節銘文研究之四》,收入《容庚先生百年誕辰紀念文集(古文字研究專號)》,第662-671頁。

③ 李家浩:《南越王墓車馹虎節銘文考釋——戰國符節銘文研究之四》,收入《容庚先生百年誕辰紀念文集(古文字研究專號)》,第662-671頁。

④ 馬承源主編:《上海博物館藏戰國楚竹書(四)》,上海古籍出版社,2004年,第250頁。

⑤ 馬承源主編:《上海博物館藏戰國楚竹書(二)》,上海古籍出版社,2002年,第266頁。

⑥ 陳劍:《釋上博竹書和春秋金文的"羹"字異體》,2007中國簡帛學國際論壇論文,2007年11月10-11日;又發表於復旦大學出土文獻與古文字研究中心網站,2008年1月6日,http://www.gwz.fudan.edu.cn/SrcShow.asp?Src_ID=295。拙作《上博竹書(二)字詞札記》(載上海大學古代文明研究中心、清華大學思想文化研究所編《上博館藏戰國楚竹書研究續編》,上海書店出版社,第472-477頁)亦以"褻(襲)"爲"羹"字之誤,當糾正。

⑦ 裘錫圭:《再談古文獻以"埶"表"設"》,收入《先秦兩漢古籍國際學術研討會論文集》,社會科學文獻出版社,2011年;又收入《裘錫圭學術文集》第4卷,第484-495頁;張光裕:《何簋銘文與西周史事新證》,《文物》2009年第2期。

⑧ 洪颺:《何簋銘文釋讀及相關問題》,古文字學第18屆年會散發論文,又見《社會科學戰綫》2011年第3期。

⑨ 裘錫圭:《古文獻中讀爲"設"的"埶"及其與"埶"字互訛之例》,香港大學亞洲研究中心:《東方文化》1998年36卷1、2號合刊(實際出版年份爲2002年);又收入《裘錫圭學術文集》第4卷,第451-460頁。

之於答,猶設之於翕也。《說文·巾部》:"帮,禮巾也。從巾,執聲。"段注本改"帮"爲"帮",注云:"大徐本曰從執,小徐本曰執聲,今正。帮,輸芮切。今不見經典,恐亦帨之或體耳。"按段注改篆固無據,但其溝通帮帨二字之音義則是。隸楷階段大量出現的執聲和執聲相混的情形,以前多被當作形誤,現在看來,無疑是形音協同作用的結果。

"罺(罬)"字本從尒聲,也應有閉口韻的來源。《說文·网部》:"罺,魚网也。從网,劀聲。劀,籀文銳。"《說文·刀部》:"劀,銳利也。從刀,炎聲。"又《艸部》:"蒬,艸之小者。從艸,劀聲。劀,古文銳字。讀若芮。"《老子》:"挫其銳,解其紛,是謂玄同。"馬王堆漢墓帛書《老子》甲本"銳"作"閱",①乙本作"兑",②北大漢簡同,③郭店簡作"䈿"。④王家臺秦簡《歸藏》之"罻卦",⑤今本《周易》作"夬卦"。《說文·欠部》:"歑,歠也。從欠省,叕声。吷,或從口,從夬。"段注:"夬聲也。"據此可知"罺"與"罺(罬)"古音相通。"罺"訓"魚網",而"罬"訓"捕鳥覆車",二者同爲網類,則"罬"與"罺"實爲一詞,魚鳥之别不必拘泥。"罩"字亦可兼用於魚鳥。《篇海類編·器用類·网部》:"罩,捕魚網。"宋濂《故江南等處行省都事追封丹陽縣男孫君墓銘》:"銷兵鑄鐵耕以農,生民有如魚脱罩。"可資旁證。

與"罺"、"罬"音義相近的還有"罻"字。《說文·网部》:"罻,捕鳥网也。從网,尉聲。"《後漢書·仲長統傳》:"彼之蔚蔚,皆匃罻腹詛。"李注:"蔚與鬱,古字通。"《管子·地員》:"葉下於鬱,鬱下於莧。"尹知章注:"鬱即鬱也。"疑"鬱"爲雙聲符字,韋亦聲。《說文·豚部》:"豰,豚屬。從豚,衛聲。讀若罻。"豰"的最小聲符爲"韋",然則罻罬音義相通。《文選·吳都賦》:"峭格周施,罿罻普張。"《文選·鷦鷯賦》:"毛弗施於器用,肉弗登乎俎味。鷹鸇過猶戢翼,尚何懼於罿罻?"李注:"罿、罻皆網也。"鷦鷯之於鷹鸇,猶飛鶉(雀)之於鷹(鷹)唯(隼)也,然則"罿罻"蓋即"罬罺"也。

上文已經提到,"罩"字雖不必隸定爲"罟",但"罬"字倒確實跟"罟"有關。"罟"字出現較晚,即"罨"字異體,⑥與"罬"字音義相通,可以看作同源詞。

古音奄聲與炎聲相通。《上博四·昭王毁室、昭王與龔之脾》第3簡:"僕之毋辱君王,不幸僕之父之骨在於此室之階下,僕將埯亡老□。"劉樂賢先生讀"埯"爲

---

① 國家文物局古文獻研究室:《馬王堆漢墓帛書[壹]》,文物出版社,1980年,第4頁。

② 同上書,第90頁。

③ 北京大學出土文獻研究所編:《北京大學藏西漢竹書[貳]》,上海古籍出版社,2012年。

④ 荆門市博物館:《郭店楚墓竹簡》,文物出版社,1998年。

⑤ 王明欽:《王家臺秦墓竹簡概述》,收入《新出簡帛研究》,文物出版社,2004年,第31頁。

⑥ 《龍龕手鑒·网部》:"罟,罨。"罟即罨字異體。

"掩"。①上博簡《鄭子家喪》甲本第5簡,乙本第5、6簡:"毋敢(敢)丁(當)門而出,
埶之城圣(基)。"②"埶"亦當讀"掩"。③《説文·网部》:"罨,罕也。从网,奄聲。"又
同部:"罕,网也。从网,干聲。"據此罨(罨)之於罕,猶掩之於埅(埶)也。

古音合聲與妥聲相通。《説文·欠部》:"欱,歠也。从欠,合聲。"《玉篇·欠部》:
"歃,歃啜。"《説文·歙部》:"歠,歃也。从歙省,叕聲。"《説文·手部》:"拾,掇也。从
手,合聲。"《説文·手部》:"掇,拾也。从手,叕聲。"《書·顧命》:"王再拜興答。"《白
虎通·爵》引"答"作"對"。《詩·小雅·雨無正》:"聽言則答。"賈山《至言》、《新
序·雜事五》引"答"作"對"。《周禮·考工記》:"以爲轛圍。"鄭注:"鄭司農云:'轛,
讀如系綴之綴。'"《儀禮·士喪禮》:"綴足用燕几。"鄭注:"今文綴爲對。"《龍龕手
鑒·网部》:"罟,同罨。"罟即罟字。《篇海類編·器用類·网部》:"罟,鳥網。"然則罨
(罟)之於罬,猶欱(歃)之於歠,拾之於掇,答(苔)之對(綴)也。

古音爾聲與埶聲相通(已見前),然則罨(罟)之於罧,猶答之於裻,翕之於設也。
雖然如此,古人以"罬"釋"罩",而不以"罨(罟)"釋"罩",蓋兩者雖爲同源詞,而其
時音義或已發生分化,故釋"罧"爲"罬",更符合就近原則。④

回頭再看清華簡原文:"(飛雀)乃弗悤(虞)民,畢亓(其)忿(禍)亦羅(罹)於罨
罧。"意謂雀如不防人,則不免有網羅之禍。"羅"讀爲"罹",遭遇之義。⑤"罨罧"釋
爲"罩罬",與傳世典籍言"罩罬"爲捕鳥網,其義密合。"罩"與"罬"的訓釋關係或
同義關係實際上反映的是兩字語義的兼容性和潛在的語詞搭配習慣,⑥對於我們確定
兩字的音義座標很有幫助,可以打消整理者釋"罨"爲"罩"時存在的疑慮。這與同
義並列雙音組合的語義消歧作用是一致的:設詞甲和詞乙各有若干義項,但兩字組合
爲一詞或一語時,相互的語義選擇具有消歧作用,即它們的語義交集會縮小義項的選

---

① 劉樂賢:《讀上博(四)札記》,簡帛研究網,2005年2月15日,http://www.bamboosilk.org/admin3/list.asp?id=1318。
② 馬承源主編:《上海博物館藏戰國楚竹書(七)》,上海古籍出版社,2008年,第177、183頁。
③ 復旦大學出土文獻與古文字研究中心研究生讀書會:《〈鄭子家喪〉校讀》,復旦大學出土文獻與古文字研究中心網,2008年12月31日,http://www.gwz.fudan.edu.cn/SrcShow.asp?Src_ID=584。
④ 古文字考釋中常常遇到後代已經分化的同源詞,這時應考慮"就近原則"。比如:汻(滸)和浦同源(水涯,水濱),但我們在上博簡《昭王毀室》之"卲(昭)王爲室於死湄滸"之"滸"字時,應優先選擇聲類相同的"汻(滸)"字。
⑤ 簡帛網討論帖《清華簡三《説命》初讀》55樓蘇建洲跟帖,http://www.bsm.org.cn/bbs/read.php?tid=3036&page=6。
⑥ "語義的兼容性"有學者稱爲"語義和諧原則",參肖曉暉《漢語並列雙音詞構詞規律研究》,中國傳媒大學出版社,2010年,第130頁。

擇範圍。或釋"罨"爲"罟",釋"罙"爲"翼"。①《説文·网部》:"翼,网也。躩,翼或从足巽。《逸周書》曰:'不卵不躩,目成鳥獸。'翼者覈獸足也,故或从足。"其語義兼容性略差,似不當作爲首選。

最後想順便解釋一下這段話中"乎"字的用法。細繹文義,"乎"當讀爲"越",與"肆"或"遂"相當,爲表示承接或因果關係的連詞。《説文·希部》:"絺,希屬。从二希。豨,古文絺。《虞書》曰:'豨類於上帝。'"段玉裁注:"許所據蓋壁中古文也。伏生《尚書》,及孔安國以今文讀定之。古文《尚書》皆作肆,太史公《史記》作遂,然則漢人釋肆爲遂即《爾雅》之'肆,故也'。壁中文作絺,乃肆之假借字也。"古音乎聲、越聲、豨聲相通。歲本从戉聲,《釋名·釋天》:"歲,越也,越故限也。"《玉函山房輯逸書·春秋元命苞》:"歲之爲言遂也。"《白虎通義·四時》:"歲,遂也。"《左傳·成公二年》:"射其左,越于車下。"杜注:"越,隊也。"《禮記·緇衣》:"《大甲》曰:'毋越厥命以自覆也。'"孔傳:"越,墜失也。"鄭注:"越之言蹶也。"《孟子·滕文公上》引《書》曰:"藥不瞑眩,厥疾不瘳。"清華簡本《説命中》:"若藥,女(如)不眠(瞑)均(眩),邲疾罔瘳。"《書·盤庚》:"惰農自安,不昏作勞,不服田畝,越其罔有黍稷。"傳:"如怠惰之農苟自安逸,不強作勞於田畝,則黍稷無所有。"

---

① 王寧:《讀清華三〈説命〉散札》,簡帛網,2013年1月8日,http://www.bsm.org.cn/show_article.php?id=1814。

釋謹與慎^①

——兼說楚簡"丨"字的古韻歸部及古文字中同義字孳乳的一種特殊構形方式

來國龍

(佛羅里達大學藝術史系)

  本文是"西周金文疑難字與戰國楚簡系列考釋"中的第二篇。在第一篇《釋迹與述》中,筆者指出近年古文字學界流行的以戰國楚簡文字爲綫索考釋西周金文中的疑難字的方法在理論上的缺失。首先,考釋西周金文疑難字時,不能簡單地將不同時間層次的材料直接對等起來,而要考慮兩者之間可能發生的字形與字音演變的辯證關係;其次,古文字研究中古音分析應該吸取上古音構擬的新成果,突破傳統通假字分析中以不通爲通的"通""轉"玄說,在理論上更完善,方法上更謹嚴。^②本文要討論的西周金文的"謹"字(从阝或其變形、从心或言,斤聲;見表一中A字)和戰國楚簡的"慎"字(从言或心、斤,丨或玄聲;見表一中B字),又是這樣的一對例子。只不過,這裏在考慮字形與字音的關係以外,我們還要考慮與字義的聯繫,即"謹"與"慎"兩個字的同義關係及其字形間的聯繫。西周金文的"謹"字,在到戰國、秦漢的演化過程中,不但發生了形變——其中包括聲符、形符的代換,如从斤聲改換爲堇聲(斤、堇古音至近),而且也在"認"字字形的基礎之上,再加聲符(玄、丨),孳生出同義的"慎"字來。因此,我們在考釋古文字,利用西周金文、戰國楚簡、傳世文獻作爲綫索

---

① 本文根據2013年8月1至3日在安徽合肥召開的"紀念何琳儀先生誕辰七十周年暨古文字學國際學術研討會"的講稿修改而成。2014年3月4日應臺灣大學文學院徐富昌副院長的邀請,在臺大中文系講過一次,徐先生又提出諸多建議,獲益良多。寫作和修改過程中又得到許思萊(Axel Schuessler)、王志平、朴慧莉(Haeree Park)等先生的幫助,謹致謝忱。

② 來國龍:《釋迹與述——兼談古文字中的"拼音字"》,《饒宗頤國學院院刊》第1期,2013年,第171—195頁。

時,應該重視金文、楚簡和文獻材料之間可能存在的時間層次,注意發掘不同時期的材料所提供給我們的不同信息。

本文共分四部分:首先論證舊釋爲"慎"的西周金文中的𢘇字,其實應該是與"慎"同義的"謹"字。其次,分析戰國楚簡中的"慎"字的構形。再次,討論楚簡中的"丨"字以及以"丨"爲聲符的字,認爲該字應該歸於上古韻部的真部。最後,本文從"謹"、"慎"兩字的演變來看古文字中記錄同義詞的一種特殊構形方法,從而深化我們對於戰國楚簡文字的認識,並且幫助我們正確釋讀西周金文等其他先秦古文字。

	1	2	3	4	5	6	7	8	9
A 𢘇（謹）	師望鼎 集成 5.2812	逨盤	克鼎 集成 5.2836	梁其鐘 集成 1.187	井人伓鐘集成 1.109.1	番生簋 集成 8.4236	叔家父匜 集成 9.4615	曾伯𩰬匜	
B （慎）（神）	郭緇33、上博緇17 語叢四4等	郭店老甲11、緇衣15等	老甲27、丙12、成3、性27等	五行16	五行17	春秋早期楚大師登編鐘①	古璽彙編4282—4289、4292等	古璽彙編4290—4291、4293等	容成氏1、39
C （謹）	集成5410 啓卣	集成4464 駒父盨蓋	集成4595 齊陳曼簠	郭店緇衣33	上博緇衣17				

表一　兩周金文與戰國楚簡中的"謹"、"慎"、"神"等字形

一、西周金文的"謹"字

在《説慎》一文中,陳劍根據戰國楚簡的"慎"字形以及西周金文中的辭例"A

---

① 周亞:《楚大師登編鐘及相關問題的認識》,《上海博物館集刊》第11期,2008年,第146-167頁。

德"或"A厥德"在楚簡、傳世文獻中都寫作"慎德"或"慎厥德",就不假思索,直接推論西周金文中的A字就是"慎"。①陳文説:

> 通過與以上豐富的古書材料的對比,前舉金文諸例中列出原形而未釋的那些字(引者按:即A字),除了認爲它們表示的就是文獻中的"慎"這個詞,恐怕没有更好的解釋。

這一個推論的主要綫索是辭例上的對應。但是,由於對這條重要綫索做了過於簡單、片面的理解,他在之後的字形分析中,被先入爲主的觀念所誤導,主觀强解;再加古音通轉分析上的疏漏,以不通爲通,因此陳劍的結論——認爲西周金文的A字就是"慎",是值得商榷的。

西周金文中的辭例"A德"或"A厥德"與楚簡、傳世文獻中"慎德"或"慎厥德"的對應關係,理論上可能存在至少音、形、義三個方面的聯繫。但陳文簡單地認定A字就是"慎"字,則是因爲没有注意到字形與字音演變過程中可能有的辯證關係。

在以上錯誤假設之下,陳文對西周金文中的A字字形做出了錯誤的分析。他認爲:金文中A字从心或言,从"所"聲,認爲"所"即"質"字的聲符。②他把A字形分析爲從"所(質)",是爲了和"慎"聯繫起來。

但是,我們從古文字材料來看,以上A字的字形没有一個真的是从"所"形的。陳文所謂A5中的"所"字,其左邊的"斤"大概是"卩"一類字形的訛變。其次,古書、古文字材料中也没有一個"所"或从"所"得聲的字。陳文引《説文·斤部》:"所,二斤也。闕。"和《説文·貝部》:"質,目物相贅。从貝,从所。闕。"這裏的兩個"闕"似乎説明許慎對這兩個字並没有十分的把握,而且"所"字也没有古文字材料上的佐證。董蓮池《説文解字考正》已依據古文字材料正確指出,這裏許慎的字形分析不確,古文字和《説文》的"質"字,應該是从折聲,小篆所從的"所"是"折"旁之訛。③

---

① 陳劍:《説慎》,《簡帛研究二○○一》,廣西師範大學出版社,2001年;又收入《甲骨金文考釋論集》,綫裝書局,2007年,第39-53頁。

② 陳美蘭已經質疑陳劍的分析,認爲該聲符不能完全排除是"折"的可能性。見陳美蘭《談"慎"字的考釋及典籍中四個"慎"字的誤字》,《中國文字》新29期,臺北藝文印書館,2003年。大西克也認爲"所"是"質"的本字的可能性不大,見大西克也《戰國楚簡文字中讀作舌根音的幾個章組字》,《古文字研究》第27輯,中華書局,2008年,第513-518頁。

③ 董蓮池:《説文解字考正》,作家出版社,2006年,第251頁。

再退一步説,即使金文A字是从"斦(質)"聲,"質"與"慎"古音也不相近。① 陳文要把"質"和"慎"字聯繫起來的設想,也没有着落。陳文認爲:

> "質"古音在章母質部,"慎"在禪母真部,它們聲母爲旁紐,韻部有嚴格的陽入對轉關係。西周金文中的質、忢、昚諸字可以讀爲古書中的"慎",這應該是不存在問題的。

可是,問題就存在於這個"應該是不存在問題"的地方。陳文這裏的古音分析,采用了目前古文字考釋中流行的通假字的"通""轉"之説。因爲"聲母爲旁紐,韻部有嚴格的陽入對轉關係",就認爲一個字可以讀爲另一個字,是完全靠不住的。所謂"陽入對轉",只是説兩個字語音結構的對比,陽聲韻的字以 *-ng,*-m, *-n 結尾,入聲韻的字以 *-k,*-p,*-t 結尾,即使韻部有"嚴格的"對轉關係,即它們的主要元音相同,也並不構成它們可以通假的充分必要條件。同理,所謂的"對轉""旁轉"等,都不能解釋兩個字爲什麽可以通假,也不能成爲兩字可以通假的充要條件。② 已經有音韻學家明確指出,清代以來學者所謂的韻部通轉,其實質大部分是不同時代的語音系統之間的歷時音變,也有部分是形態變化、方言差異、小部分是音近通假和連讀音變。③ 而事實上,"質"與"慎"的古音並不相近,因此,"質"與"慎"不可能是通假關係。

金文中的A字,其實應該分析爲从阝(或其變形)、从心或言,斤聲。西周與春秋金文和戰國楚簡中有"謹"詞(見表一中的C字)。按照我們通常的閱讀習慣,以後世的常用字爲準,那這個字就應該釋爲"謹"字。斤與堇,都是見母文部,古音至近,在先秦時期它們可以相互爲用。④ 我們也有古文字材料可以證明,"斤"可以讀爲"謹"。如《上博五·季庚子問於孔子》簡7:"夫義者,以斤(謹)君子之行也。"⑤ 即君子謹行

---

① 質 OCM*tət; B-S*t<r>ip-s/*t-lit 慎 OCM*dins; B-S*Cə.lin-s,古音並不相近。本文所用上古音擬音,除特别説明者外,均采用許思萊的"最低限度上古音構擬",簡稱OCM,參見 Axel Schuessler, *Minimal Old Chinese and Later Han Chinese: A Companion to Grammata Serica Recensa* (Honolulu: University of Hawai'i Press, 2009); 白一平(William H. Baxter)和沙加爾(Laurent Sagart)的擬音系統,則簡稱B-S,參見William H. Baxter and Laurent Sagart, *Old Chinese: A New Reconstruction* (Oxford University Press, 2014)。
② 通假的基本條件是古音相同或極近。而押韻則有可能是合韻,諧聲字可能有對轉、旁轉關係。詳見另文《通假字與戰國秦漢簡帛研究》。
③ 麥耘:《音韻學概論》,江蘇教育出版社,2009年,第107-109頁;楊劍橋:《"一聲之轉"與同源詞研究》,收入楊劍橋《漢語現代音韻學》,復旦大學出版社,2012年,第232-244頁;來國龍:《説"殺""散",兼談古文字釋讀中的通假字問題》,《簡帛》第4輯,上海古籍出版社,2009年,第315-331頁。
④ 斤(OCM*kən; B-S*kər)與堇(OCM*krân; B-S*kərʔ),古音至近。
⑤ 馬承源主編:《上海博物館藏戰國楚竹書(五)》,上海古籍出版社,2005年,第212-213頁。

慎言的"謹行"。

綜上所述,西周金文的A字,不從所聲,"質"、"慎"也不能通假;A字從斤聲,讀爲"謹"字。斤、堇古音至近。西周金文的"A德"應該讀爲"謹德"。"謹"與"慎"是同義詞。

二、戰國楚簡"慎"字的字形分析

戰國楚簡中"慎"字(見表一B1-6)的釋讀,因爲有文獻上的堅强證據,得到學者一致的認同,但是大家對該字形的分析却有争議。① 延續上面對於金文"謹"的分析,陳文認對楚簡中的"慎"字,做出了從言、從心、所(或其訛體)聲的錯誤分析。

首先,如前文所説,B字從"所",不確。從表一所列的字形來看,該字的多數字形是從"斤"。其次,陳文説的B3、B4字左上方的"幺"或"彡"形是由戰國古璽印"𦣞"形中的"𠃊"形訛變而來的推測,則正好是把字形演變的關係給弄顛倒了。② 慎字從"幺",而正如陳文已經正確指出,是因爲楚簡中的"幺"經常寫作"彡"。③ 古璽印中的"𠃊",很有可能是由"彡"减省而來。裘錫圭以爲楚簡"慎"字所從的"幺"是由"彡"訛變而來的推測,也是錯誤的。④

慎字從"幺"的另一個古文字上的證據是在新發現的春秋早期的楚大師登編鐘上的銘文。謝明文在《楚大師登編鐘淺說》一文中,爲陳劍的論證作了補充:

> 陳劍先生在《説慎》一文中認爲郭店簡中的"慎"都來源於西周金文中的"𦣞"與"𢛳",同時也指出"𦣞"發展爲"䚔"和"䚔",在字形演變上暫時缺乏中間環節。即金文中"慎厥德"等"慎"字通常從"所",而未見有寫作"幺"的。整理者認爲楚大師登編鐘上的紋飾是西周晚期到春秋早期青銅鐘上流行的樣式,其時代應該在春秋早期。該編鐘各個慎字兼從"幺",正好可以作爲金文中的"𦣞"等形演變爲郭

---

① 除了下文討論的陳劍的説法外,陳偉武認爲此字從言,忻聲。以爲忻字,是慎聲,並無確據。見陳偉武《舊釋"折"及從"折"之字平議——兼論"慎德"和"愁終"問題》,《古文字研究》第22輯,中華書局,2000年,第251-256頁。
② 陳劍:《説慎》,《甲骨金文考釋論集》,第52頁。在論集的編按中,陳劍還回引裘錫圭的推測來支持其説。
③ 參考滕壬生《楚系簡帛文字編》,湖北教育出版社,1995年,第887-947頁,從糸諸字。
④ 裘錫圭:《釋郭店〈緇衣〉"出言有丨,黎民所𧥣"——兼説"丨"爲"針"之初文》,《裘錫圭學術文集》第2卷,復旦大學出版社,2012年,第392-393頁。

店簡中"訢"等形的中間環節。①

這裏謝明文正確指出,楚大師登編鐘的"慎"字从幺、从斤、从心,正好是從西周金文的"謹"字過渡到楚簡"慎"字的中間環節。但是,謝明文没敢明説的是,春秋楚大師登編鐘的"慎"字,正好説明陳文對所謂西周金文"慎"字从"所"的分析以及楚簡中的"幺"形是由戰國古璽印中的"彡"形訛變而來的推測,都是不正確的。

"慎"字从"幺",這裏的"幺",其實是金文的"玄"字。學者已經指出,古文字"玄"、"幺"同形。②玄和慎都是真部字。③另一個从"幺(玄)"得聲例子是楚簡中的"神"字。《上博二·容成氏》簡1的"訢戎是",即傳世文獻中的"神農氏"。④神是船母真部字。⑤幺(玄)、神、慎都是真部字。玄是匣母,慎是禪母;類似的例子,有也是真部的"臣"和"賢",臣是禪母,賢是匣母,臣和賢有諧聲關係。《説文·臤部》:"臤,堅也。从又臣聲。讀若鏗鏘之鏗。古文以爲賢字。"因此,在這裏的"玄"是"慎"的諧聲聲符。⑥

楚簡中的"慎"字,除了从幺(玄)的寫法(B3、B4、B6)外,還有另一種寫法(B1、B2)是从"丨"或"十"。學者已經指出,所謂的"十"是"丨"的增繁,這是戰國文字中常見的現象。但對於"丨"的具體讀音或古韻歸部,還有不同意見,我們留到下面去討論。筆者認爲"丨"字,應該如《説文》所説,是讀如"引",或者"讀若囟";引和囟都是真部字。⑦因此戰國楚簡中的"慎"字,或从幺(玄)聲,或从丨聲。⑧從歷時演變的角度來看,"慎"字有可能是先从幺(玄)聲(現有金文的證據是春秋早期),然後轉而从丨聲(戰國楚簡)。

---

① 謝明文:《楚大師登編鐘淺説》,復旦大學出土文獻與古文字研究中心網站,2009年2月27日。
② 何琳儀:《戰國古文字典》,中華書局,1998年,第1108頁;董蓮池:《説文解字考正》,作家出版社,2006年,第155頁。
③ 玄(OCM*gwîn;B-S*ɢʷˤin)與慎(OCM*dins;B-S*Cə.lin-s)都是真部字。
④ 馬承源主編:《上海博物館藏戰國楚竹書(二)》,上海古籍出版社,2002年,第250頁。
⑤ 神(COM*m-lin;B-S*Cə.lin)。
⑥ 董同龢認爲部分章系字跟舌根音字有諧聲關係(禪母是章系,匣母是舌根音),見董同龢《上古音韻表稿》,中研院歷史語言研究所,1975年,第15—17頁。陸志韋認爲章系有喉牙音的來源(匣母是喉牙音),見陸志韋《陸志韋語言學著作集(一)·古音説略》,中華書局,1985年,第256—270頁。李方桂也認爲章、昌、船、禪母有舌尖塞音、舌根塞音兩種來源,章系字是在介音 -r- 和 -j- 的影響下由舌根音齶化而來的,見李方桂《幾個上古聲母問題》,收入《上古音研究》,商務印書館,1980年,第85—94頁。
⑦ 囟(OCM*sins)。
⑧ 囟是心母真部,引是喻母真部,慎的禪母真部,前兩者與後者都可能有諧聲關係。

三、論"丨"字及从"丨"聲之字的古韻歸部問題

根據目前已公布的楚簡材料,"丨"字單獨出現的4次;該字用作偏旁,除了本文所説的"慎"字外,還有2次。相關辭例羅列如次:

(1)《郭店·緇衣》簡17:"其頌(容)不改,出言又(有)丨,利(黎)民所訂。"①
(2)《香港中文大學文物館簡牘》戰國簡1與《上博一·緇衣》簡10綴合:"丌容不改,出言(□□,□□)所訂"。
(3)《上博二·容成氏》簡1中有一古帝王名爲:"杭(?)丨是(氏)"。②
(4)《上博六·用曰》簡3:丨,其又(有)成惠(德),悶(閉)言自關。
(5)《上博八·李頌》簡1背:亂本曾(層)枳(枝),寑(侵)毁丨可(兮)。

"丨"字的考釋可謂衆説紛紜。陳高志、周鳳五、范常喜釋作"璋"之初文;③劉信芳認爲即《説文》的"丨",讀若"引";④廖名春以爲是"川"之省,讀爲"訓",義同"章";⑤顔世鉉讀爲"文",與"章"義近;⑥白於藍釋作"乀"。⑦蘇建洲謂此字即《説文》的"丨",與"章"是通假關係,或可讀爲"類",意爲"法";⑧裘錫圭釋爲"針"字初文,讀爲"慎",並把"黎民所訂"讀作"黎民所訓";⑨孟蓬生同意裘先生的考釋,但認爲"丨(針)"字借爲"章","訂"字讀如"瞻";⑩葉曉鋒認爲此字既可釋爲"針"的

---

① 荆門市博物館:《郭店楚墓竹簡》,文物出版社,1998年,圖版第18頁,釋文注釋第130頁。
② "杭"字原整理者釋"樗",陳劍改讀爲"杭"。見陳劍《試説戰國文字中寫法特殊的"亢"和从"亢"諸字》,《出土文獻與古文字研究》第三輯,復旦大學出版社,2010年,第152-182頁。
③ 陳高志:《〈郭店楚墓竹簡·緇衣篇〉部分文字隸定檢討》,《張以仁先生七秩壽慶論文集》,學生書局,1999年,第365-366頁;周鳳五:《郭店楚簡識字札記》,《張以仁先生七秩壽慶論文集》,學生書局,1999年,第352頁;范常喜:《〈上博六·用曰〉札記三則》,復旦大學出土文獻與古文字研究中心網站,2013年6月24日。
④ 劉信芳:《郭店簡〈緇衣〉解詁》,《郭店楚簡國際學術研討會論文集》,湖北人民出版社,2000年,第170頁。
⑤ 廖名春:《郭店楚簡〈緇衣〉篇引〈詩〉考》,《華學》第4輯,紫禁城出版社,2000年,第73頁。
⑥ 顔世鉉:《郭店楚簡散論(三)》,《大陸雜志》2000年第2期,第76頁。
⑦ 白於藍:《郭店楚墓竹簡考釋(四篇)》,《簡帛研究二○○一》,廣西師範大學出版社,2001年,第192-193頁。
⑧ 蘇建洲:《〈郭店·緇衣〉考釋一則》,簡帛研究網,2003年6月25日。
⑨ 裘錫圭:《釋郭店〈緇衣〉"出言有丨,黎民所訂"——兼説"丨"爲"針"之初文》,《裘錫圭學術文集》第2卷,第389-394頁。
⑩ 孟蓬生:《"出言又(有)丨,利(黎)民所訂"音釋——談魚通轉例説之四》,《簡帛》第7輯,上海古籍出版社,2012年,第123-129頁。

初文,那也可能釋爲"芒"(麥芒),兩者都是筆直尖鋭的象形。① 鄔可晶認爲此字即《説文》"引而上行讀若囟"的"丨"字;② 王寧認爲"丨"應從《説文》音"囟",讀爲"絢";但後又改讀爲"次"。③ 單育辰則懷疑此字可能是表示缺字的符號。④

以上的考釋中,不少學者因爲《郭店·緇衣》、《上博一·緇衣》與今本《禮記·緇衣》對照,與"丨"字相當的今本是"章"字,與"訶"相當的是今本"望"字,所以釋該字爲"章"、或者千方百計往這兩字靠攏、或認爲這兩個字都應該和"章"一樣古韻屬陽部。但是,正如王寧指出的,"義近和位置相當不等於讀音相同或相近",因此,這種僅僅靠通過今本《緇衣》來推測"丨"和"訶"的讀音爲陽部字的説法是很不可靠的。⑤

在"丨"字的諸多考釋中,常常爲人引用、也是較多人信從的,是裘錫圭的"針"字初文説。但是裘先生的這一考釋,在字形與音韻方面都存在問題。這種論證方法,可以稱之爲"象形本名求證法",即某一字形本身象某種實物,"它們所代表的詞就是所象之物的名稱",⑥是古文字考釋中常用的一種方法。但是,這種方法的合理應用,起碼得考慮到兩個方面的因素:一、字形本身要足夠象形;二、文字字形雖然是約定俗成的,但是字形演變也有一定的歷史年代序列。象形字的字形也不是一成不變,也會有歷時演化而發展。楚簡"丨"字爲"針"的象形初文説之所以不可信,一方面是因爲"丨"字字形太簡單,可以説什麽象什麽,太多歧義,因此在形象上並不能確定它所像的到底是什麽。另一方面,是該象形字的年代序列不對。對後一點王寧做了很好的分析:

"丨"字甲骨文中用爲數字"十",裘錫圭先生指出"'丨'當爲'針'之象形初文"(《中國出土文獻十講》296頁),對裘老的這個觀點我很實服,甲骨文"十"字之本義豁然得明。但是有個問題是,到了周代文字中,"丨(十)"的字形開始發生變化,金文中除了"丨"的寫法之外(多作豐中鋭末的棗核形),大量出現的是兩種

---

① 葉曉鋒:《關於楚簡中的"丨"字》,復旦大學出土文獻與古文字研究中心網站,2008年5月29日。
② 參見復旦吉大古文字專業研究生聯合讀書會《上博八〈李頌〉校讀》,文末評論,復旦大學出土文獻與古文字研究中心網站,2011年7月17日。
③ 王寧:《郭店楚簡〈緇衣〉文字補釋》,簡帛研究網,2002年9月12日;《再釋楚簡中的"丨"字》,復旦大學出土文獻與古文字研究中心網站,2011年9月7日。
④ 參見復旦吉大古文字專業研究生聯合讀書會,《上博八〈李頌〉校讀》,注[13],復旦大學出土文獻與古文字研究中心網站,2011年7月17日。
⑤ 王寧:《再釋楚簡中的"丨"字》,復旦大學出土文獻與古文字研究中心網站,2011年9月7日。
⑥ 裘錫圭:《文字學概論》(修訂本),商務印書館,2013年,第115頁。

寫法：一種是豎筆中間加圓點，一種是寫作"十"。楚簡文字沿襲之，數字"十"很常見，基本上就是這兩種寫法，沒有例外，無作"丨"者；而"丨"字在楚簡中出現多次，也沒有用爲數字者。可見，在楚簡文中，"丨"與"十"是兩個完全不同的字；《説文》肯定也是這種情况，故其中"丨"、"十"均有，音、訓皆不同。所以竊以爲楚簡和小篆中的"丨"是别有來源，和"十"没有關係。只是在楚簡文字中作爲文字的構件時"丨"、"十"或互作，竊意這種現象是屬於對"十"的减省，並不能證明楚簡中的"丨"字就相當於"十"，所以根據"十"或"針"的讀音來推求"丨"的讀音是不適當的。①

筆者同意王寧上述的看法，即"丨"不一定要是陽部字，也不是"針"的象形初文；也認爲從楚簡《緇衣》的引《詩》我們還看不出"丨"的古韻歸部。王寧相信楚簡《李頌》是一篇講究用韻的辭賦，與"丨"押韻的上句"貳"是脂部字，並且他認爲《説文》的"囟"，應該是"佃"的假借字或誤字，"佃"字古音清母脂部，正與"貳"字爲韻。因此，他後來改變了先前認爲"丨"是讀若"絢"的真部字，與脂部"貳"爲韻（脂真合韻）的看法，而改"丨"爲脂部字。

王寧後一種説法是值得商榷的。首先，現有的上古音材料都表明"囟"字古韻屬真部，雖然從其諧聲的"佃"、"細"等少數字屬脂部，這是少數諧聲並不同部的例子。其次，筆者認爲即使《李頌》押韻，也不一定要説"囟"是"佃"的"假借字或誤字"。押韻和通假的語音條件不同。如王寧先前所説，古代詩賦押韻有合韻的情况，脂質真三部的字都有可能與脂部的"貳"押韻。就目前的材料來看，没有足够的證據表明"丨"字非是脂部字不可。

另外，在討論"丨"字及从"丨"聲之字的古韻歸部問題時，學者大都忽視了對楚簡"慎"字的分析。從前節楚簡"慎"字或从幺（玄）、或从丨的角度來看，筆者認爲王寧之前的説法是正確的，即楚簡中"丨"字及从"丨"聲之字，都應該如《説文》所説，是真部字。

因此，上文（1）《郭店·緇衣》簡17、（2）《上博一·緇衣》可以讀爲"出言有絢，黎民所信"，與今本《詩經·小雅·都士人》"其容不改，出言有章，行歸于周，萬民所望"意義接近。《説文》："絢，《詩》云：'素以爲絢兮。'"段玉裁注："逸《詩》，見《論語·八佾篇》。馬融曰：'絢，文貌也。'鄭康成《禮注》：'采成文曰絢。'《注論語》曰：

---

① 王寧：《再釋楚簡中的"丨"字》，復旦大學出土文獻與古文字研究中心網站，引自文末王寧2011年9月15日的評論。

'文成章曰絢。'許次此篆於繡、繪間者,亦謂五采成文章,與鄭義略同也。"①正如王寧所說,"楚簡之'出言又(有)丨(絢)'即今本之'出言有章'也,'絢'與下句之'信'同真部爲韻。如此解釋,於音、於義皆圓通矣。"②

（3）《上博二·容成氏》簡1中的上古帝王名,"杭（？）丨是（氏）",還没有很好的解釋。

（4）《上博六·用曰》簡3中的"丨",李鋭認爲當讀爲"謹",義近於"慎"。其實可以直接讀爲"慎",並依李鋭的解釋,"丨(慎)亓(其)又(有)成惪(德),閟(閉)言自關",所說就是慎德慎言之類。③

（5）《上博八·李頌》簡1背:"亂本曾(層)枳(枝),霈(侵)毀丨(絢)可(兮)","丨"字可依王寧說,也讀爲"絢","文成章曰絢"。這裏兩句爲貳與絢,脂真合韻。

綜合起來,楚簡中的"丨"是真部字,目前公布的材料中有三種讀法:一、讀爲"信";二、讀爲"慎";三、讀爲"絢",三個都是真部字。

四、古文字中同義字孳乳的一種特殊構形方式

一種語言文字是否豐富優美、是否精確細膩,與其中同義詞的多寡密切相聯,"同義詞的存在乃是語言的豐富性和精確性的標誌之一"。④先秦漢語言文字的發展,到了戰國時期,在詞彙方面突飛猛進。戰國文獻中出現大量的同義詞,大大豐富了先秦文化、思想的文字表達。同義詞的研究,顧名思義,主要是研究文字的意義。但是文字的其他兩個方面——音和形,對於同義詞的形成與發展,也有深遠的影響。馮蒸對於《説文解字》中的同義詞的研究,提出將同義詞以語音標準,區分爲同源同義詞和非同源同義詞,拓寬了同義詞研究的範圍,注意到同義詞音和義的複雜關係。⑤

筆者在研讀戰國楚簡的過程中,發現一些同義詞在字形上也有着有趣的、密切的聯繫。比如上文所討論的戰國楚簡中的"慎"字是在西周金文以來的"謹"字的基礎之上,添加聲符"幺(玄)"或"丨"而構成一個新的同義詞。"謹"與"慎"當然不是一

---

① 段玉裁:《説文解字注》,上海古籍出版社,1988年,第649頁。
② 王寧:《郭店楚簡〈緇衣〉文字補釋》,簡帛研究網,2002年9月12日。
③ 李鋭:《讀〈用曰〉札記(二)》,武大簡帛網,2007年7月20日。
④ 張永言:《詞彙學簡論》,華中工學院出版社,1982年,第105頁。
⑤ 馮蒸:《〈説文〉同義詞研究》,首都師範大學出版社,1995年。必須注意的是,正如馮蒸已經指出,從現代語言學的角度來看,他所說的"同源關係""只是一種'俗詞源'(folk etymology),並不是真正的同源字"(第87頁)。但也有學者認爲,這樣的同義詞同源分類法,是無謂的增加混亂,對於同義詞辨釋並沒有什麼幫助。參見黄金貴《古漢語同義詞辨釋論》,上海古籍出版社,2002年,第382頁。

對孤立的例子,下面我們再列舉類似的同義字孳乳的例子。

	古文字字形	OCM	B–S	
慜(謹)	集成2813師奎父鼎　曾79　古璽印	*kən?	*kər?	
(慎)		*dins	*Cə.lin-s	
玄(玄)	集成2813師奎父鼎　曾79　古璽印	*gwîn	*Gʷˤin	
丨(引/囟)	上博八.李頌1背	*lin?/*sins	*lin?	
慎	睡.爲35	*tin	*tin	

1) 謹與慎: 楚簡 "慎" 是在金文 "謹" 字字形基礎之上,加聲符玄(玄)或丨而構成。

		OCM	B–S	
見	集成5812見尊　郭.五.10	*kêns	*kˤen-s	
視	集成6014㫃尊　上(1).紂.1　上(2).魯.2	*gi?	*gij?	郭.老乙.3
氏	上(2).容.53背	*tî?	*tˤij?	
示	天策	*gih	*s-gij?-s	

2) 見與視: 楚簡中先以形符的不同寫法(下部立人爲 "視")來區別詞義。① 再進一步則以聲符(氏、示)區別。"視" 是在 "見" 字字形的基礎之上,加 "氏" 或 "示" 作爲聲符。

		OCM	B–S	
生	集成10175史墻盤　郭.老甲.37	*sreŋ	*sreŋ	
產	集成2782哀成叔鼎　包2.187　包2.116	*srân?/en	*s-ŋrar?	
彥厂		*hŋans	*ŋˤar-s	彥,從文厂聲

---

① 裘錫圭:《甲骨文中的見與視》,收入《裘錫圭學術文集》第1卷,第444-448頁。但是這一形體上的差別,是否可以追溯到甲骨文時代,則是可以再討論的。

3）生與産:"生"的同義詞"産"是在"生"字字形的基礎之上,加"厂"(彥)聲符而成。

夕	集成2837大盂鼎		*s-jak	*s-N-rak	
夜	集成5433效卣	包2.113	*jah > *jakh	*N.rak-s	
亦	集成5433效卣		*jak	*m-qak	

4）夕與夜;"夕"的同義詞"夜"是在"夕"字字形的基礎之上,加"亦"聲符而構成。

永	集成4112命簋	*wraŋʔ	*Gʷraŋʔ
羕	集成5811羕史尊	*jaŋh	*Gaŋʔ-s
羊	集成2839小盂鼎	*jaŋ	*Gaŋ

5）永與羕:金文"永"的同義詞"羕"是在"永"字字形的基礎之上,加"羊"聲符而構成。

卜	合32002	集成3577卜孟簋、	郭.緇.46	*pôk	*pˤok
貞	合10072	集成10176散氏盤	包2.223	*treŋ	*treŋ
鼎	合20355	集成2252作父己鼎	望2.54	*têŋʔ	*tˤeŋʔ

6）卜與貞:"卜"的同義詞"貞"是在"卜"字字形的基礎之上,加"鼎"聲符而構成。從上表還可以看出,"卜"與"貞"有字形上的關係,主要是在甲骨文和金文時代,到了戰國楚簡時代,它們的字形已經有各自的發展軌迹。

室		*lhit	*s.tit	至 *tit-s
屋		*ʔok		
鹿	包2.179	*lok	*mə-rˤok	

7）室與屋:楚簡"室"的同義詞"屋",是在"室"字字形的基礎之上,加"鹿"聲符而構成。①

---

① 孟蓬生:《清華簡(三)"屋"字補釋》,簡帛網,2013年1月6日。

祈	[字形]	*kən		當從斤聲
齋	[字形]、[字形]、	*tsrî	*tsˤrəj	楚簡齋字的另一種寫法
齋	[字形]、[字形]	*tsrî	*tsˤrəj	
齊	[字形]包2.7[字形]、[字形]	*dzî	*dzˤəj	以"齊"爲"立"

8）祈與齋：楚簡《上博七・武王踐阼》中的"祈"與"齋"。①"祈"的近義詞"齋"在楚簡中有另一種寫法，是在"祈"字字形的基礎之上加"齊"（"立"）聲符（三根簪爲齊，但也可以寫作兩根簪或一根簪）而構成。②

這一類由同義字孳乳而構成的字，在目前的文字學研究中還沒有引起足夠的重視。事實上，在傳統文字學中也存在着類似的同義字孳乳的字，如"船"、"頭"、"爹"、"爸"等。和上面討論的古文字中的"慎"、"視"、"產"、"夜"、"羕"、"貞"、"屋"、"齋"等字一樣，它們也是在的同義字上添加聲符而構成。這些字經常被廣義地涵蓋在形聲字之中，只是作爲"少數形聲字跟形旁同義"的例子而加以列舉。③但是事實上，它們與一般的形聲字產生的途徑有所不同。④例如，船與舟是同義詞，船是在舟的字形基礎上加聲符而形成。《方言》卷九："舟，自關而西謂之船，自關之東，或謂之舟，或謂之航。"據統計，《十三經》總字數634854字，用舟字87次，沒有用到船字。《史記》用舟字29次，用船字92次，可能因爲司馬遷是關西人，所以《史記》用船字較多。雲夢睡虎地秦簡《日書》乙種有船字。因此，"船"是作爲與"舟"同義的方

---

① 參看劉洪濤《釋上博竹書〈武王踐阼〉的"齋"字》，復旦大學出土文獻與古文字研究中心網站，2009年4月5日；又見同作者《戰國竹簡〈武王踐阼〉"齋"字考釋》，《簡帛語言文字研究》第五輯，巴蜀書社，2010年，第154-164頁。兩文論證稍有不同，字形分析也過於穿鑿，但都認爲從祈從"立"從"口"（其實是重文號或合文號）的是"齋"字。

② （西漢）劉向：《校戰國策書錄》："本字多誤脱爲半字，以'趙'爲'肖'，以'齊'爲'立'，如此類者多。"見諸祖耿《戰國策集注彙考》，江蘇古籍出版社，1985年，第1795頁。這裏所謂的"立"，其實是楚簡中的簪形。《説文》："齊，禾麥吐穗上平也。象形。"其實許慎的説解並不正確。從音、形、義三方面來看，齊字的形體取象是三根簪。詳見另文《楚簡"妻"字補釋——兼説聯綿詞"從容"的來源與本義》）。

③ 裘錫圭：《文字學概論》（修訂本），第163頁。

④ 關於一般形聲字產生的途徑，參看裘錫圭《文字學概論》（修訂本），第148-153頁。

言詞,在戰國秦漢時期進入雅言共同語的。①

再如,《說文》"首(頁)"與"頭"同義互訓。王力說:"戰國以前,只有'首'沒有'頭'。金文裏有很多'首'字,却沒有一個'頭'字。②《詩》《書》《易》都沒有'頭'字。到了戰國時代,'頭'字才出現了。"③《韓非子》有8個頭字,《戰國策》15個,《吕氏春秋》15個,《史記》用了63次(只考慮"頭部"這一義項;一說126次④)。⑤《史記》有3處說"以其頭爲飲器"(《大宛列傳》)、"漆其頭以爲飲器"(《刺客列傳》),不說首。戰國到西漢時期,"頭"替代"首"開始普遍運用,从首(頁)豆聲的字成爲表示"頭部"義項的專字。

"爸"最早見於中古時代,是在"父"字基礎上,加"巴"聲而成。李新魁指出,"古人稱父爲'父',口頭上一直保留ba音,ba是'父'字上古的讀法,但'父'字屬古音的魚部字,後來它的讀書音隨着其他魚部字一起變爲u的音,聲母也從重唇變爲輕唇,但是口語(特别是楚方言的口語)仍存ba音,結果,人們即在'父'字下加上一個表示讀音的'巴'。"⑥"爹"字構形情況也類似。"爹"字出現不早於中古時代,應該是在《說文》與《廣雅》之間的。三國時期魏張輯《廣雅·釋親》最早記載:"爹,父也。"《廣韻》記"爹"有兩個讀音,"徒可切"和"陟邪切"。學者已經指出,"爹"最初的讀音爲"徒可切",是在"父"字的基礎之上,加中古時期"多"(MC tâ)的讀音而構成。⑦而ta現代漢語方言用"大"、"達"、"答"等字表示,是漢語方言口語中仍保留的對父親的俗

---

① 齊沖天、齊小平編著:《漢語音義字典》,中華書局,2010年,第923頁;李波:《〈史記〉中的船和舟》,《中國典籍與文化》2008年第3期,第88–91頁。戰國時期出自吴越的冉鉦鍼上有"船"字,但銘文殘缺,見董蓮池《新金文編》,第1208頁。許思萊認爲"船"是源自Austroasiatic語的方言,見Axel Schuessler, *ABC Etymological Dictionary of Old Chinese* (Honolulu: University of Hawai'i Press, 2007), pp. 195–196。沙加爾認爲"船"是動詞"沿"的名物化派生詞,見沙加爾著,龔虎群譯《上古漢語詞根》,上海教育出版社,2004年,第226頁。
② 春秋晚期的蔡侯殘鼎蓋上有"頭"字,銘文殘,但是據同出的同類銘文推測,當爲"蔡侯申之頭鼎","頭"讀爲"廚",字見董蓮池《新金文編》,第1249頁。戰國文字有从首从豆的"頭"字,多作人名,意義不清,見何琳儀《戰國古文字典》,中華書局,1998年,第369頁。
③ 王力:《漢語史稿》,中華書局,2002年,第478頁。"頭"作爲頭部這一義項,見於睡虎地秦簡,參見黄德寬主編《古文字譜系疏證》,商務印書館,2007年,第1006頁。
④ 齊沖天、齊小平編著:《漢語音義字典》,第651頁。
⑤ 吳寶安:《小議"頭"與"首"的詞義演變》,《語言研究》2011年第2期,第124–127頁。
⑥ 李新魁:《李新魁音韻學論集》,汕頭大學出版社,1997年,第450頁;王力:《同源字典》,商務印書館,1997年,第177頁。
⑦ "多"字從上古到中古到近代的語音演變: duo < MC tâ < LHan *ta < *tai < OCM*tâi < *tlai。參看Axel Schuessler, *Minimal Old Chinese and Later Han Chinese: A Companion to Grammata Serica Recensa* (Honolulu: University of Hawai'i Press, 2009), p. 214。

稱。①《廣韻》"爹，羌人呼父也，陟邪切"，則可能是外來的讀音，後來演變成爲明代《洪武正韻》所記的"丁邪切"，即現在普通話的讀音（die）。②這樣，和"爸"與"父"的關係一樣，方言口語的"大"反而比"爹"保存了較古的讀音。也就是説，在"爸"和"大"這兩個例子中，被文字固定下來的書面語（"父"和"爹"），隨着諧聲系列讀音的演變而發生變化，而方言口語（"爸"和"大"）却保留了古音。正如戴密微（Paul Demiéville）曾經指出的那樣，在漢語音韻史上，口語中極爲常見的詞彙——他舉的例子是人稱代詞"我"、"他"、助詞"的"等——往往脱離一般的語音演變的軌迹，在口語發音中保存古音不變。③

我們還不是很清楚上面這些古文字字例中同義字的出現是否是方言口語與雅言的差别；而且，同義詞產生的途徑和來源，除了上面所説方言詞的吸收以外，還有其他如新詞的創造、古詞的襲用、外來語的借用，婉辭的應用等許多原因。④也有學者認爲"謹"和"慎"疑似同源詞，"謹"字聲母古讀舌根音，而舌根音在某些條件下發生齶化音變，幾經轉折最後變成了"慎"字。⑤"謹"和"慎"可能代表音變前後不同階段的

---

① 許寶華、宫本一郎主編：《漢語方言大辭典》，中華書局，1999年，第233-234、1780、6194頁。

② 陳燕：《"爹"字二音考》，《辭書研究》2003年第3期。

③ Paul Demiéville, "Archaïsmes de prononciation en chinois vulgaire." *T'oung Pao*, 2nd Series, 40, Livr. 1/3 (1950), pp. 1–59, 238.

④ 張永言：《詞彙學簡論》，第110-112頁；楊劍橋、楊柳著：《楓窗語文札記》，復旦大學出版社，2009年，第106-107頁。

⑤ 見大西克也《戰國楚簡文字中讀作舌根音的幾個章組字》，《古文字研究》第27輯，中華書局，2008年，第514頁。但大西克也誤信陳劍的意見，以爲西周金文的"謹"即"慎"字。這裏所謂的齶化（palatalization）是一種相當普遍的輔音同化的音變現象，指的是某一輔音發音時，由於受臨近高元音i（或y）或半元音j等的影響，舌面抬高，發音部位移向硬齶，因而俱有舌面音色（見何大安《聲韻學中的觀念和方法》，大安出版社，2008年，第84-85頁）。在漢語音韻史上，齶化現象非常普遍，如中古以後舌尖音端透定泥分化爲舌上音知徹澄娘（分化的條件是緊接着的音是i、y或e），近代精系和見系齊撮呼（即i、y）轉讀如現代漢語拼音的j、q、x（見王力《漢語語音史》，商務印書館，2010年，第660-663，673-680頁）。但是也有學者认爲，在這之前，也有所謂的"第一次齶化"，即古讀舌根音的章系字，在某些條件下發生齶化（見河野六郎《中國音韻史研究一方向——第一口蓋音化に關聯して——》，《河野六郎著作集》，第二卷，平凡社，1979年，第227-232頁；龔煌城："The First Palatalization of Velars in Late Old Chinese"，收入《漢藏語研究論文集》，北京大學出版社，2004年，第67-77頁；平山久雄：《河野六郎博士の"第一口蓋音化"説について》，《東ユーラシア言語研究》第1集，好文出版，2006年；大西克也：《戰國楚簡文字中讀作舌根音的幾個章組字》，《古文字研究》第27輯，第513-518頁）。學者對於上古音是否有齶化音以及齶化的具體條件等有不同的意見（討論見陸志韋《陸志韋語言學著作集（一）?古音説略》，第256-258、268-270頁；董同龢：《上古音韻表稿》，第16頁等）。從"謹"與"慎"的例子來看，西周以來的"謹"字从斤聲（OCM*kən; B-S*kər）或堇聲（OCM*krân; B-S*kərʔ），後面跟的不是高元音i（或y）或半元音j，因此不可能發生一般所説的齶化。但是，楚國春秋金文和戰國簡牘材料又表明，春秋早期以來，"謹"字又增添了一個"玄"（OCM*gwîn; B-S*gʷsin）的聲符（主元音是高元音i），然後到戰國時期再更換爲"｜"聲符，到秦漢以後又改換成"真"聲符。

同義但不同音的一組同源詞。雖然這其中還有一些語音現象（如齶化的條件、音變過程的細節等）有待進一步研究，但是上述"謹"與"慎"以及其他同義字孳乳的例子已經顯示，在音韻學、訓詁學和詞彙學的研究中，結合古文字字形來考慮字音的變化、詞義的演變、詞彙的發展，是非常有意義的。

由於古文字字形的歷時演變，如"謹"與"慎"、"室"與"屋"、"祈"與"齋"等成對的同義字，後來字形發生了較大的改變，已經看不出它們原來字形之間的聯繫和中間過渡聲符（如"玄"和"丨"）的作用。因此，對於古文字字形的了解，可以給我們提供更多的信息，增加字詞之間複雜聯繫的認識。這不但有助於我們正確理解先秦文字與文獻，也可以幫助我們全面地認識和更準確地考釋先秦古文字。

二十年前，張永言和汪維輝曾呼籲中古漢語研究中應該提倡長期被忽視的詞彙史，尤其是常用詞演變的研究。① 其實相同的問題也還存在上古漢語、古文字的研究中。近年來大量戰國秦漢簡牘的出土，爲上古漢語音韻史、語法史、詞彙史的研究提供了至爲寶貴的材料，但是大家的興趣和工夫還主要集中在古文字的考釋上。而且在古文字的考釋中也常常墨守成規、盲目迷信、濫用通假，在不通爲通的"通""轉"玄說中和稀泥、打轉轉。這種狀況亟須改變。

五、小　　結

（一）西周金文中的"謹"字，以前誤釋爲"慎"，其實應該是从阝或其變形、从心或言，斤聲的"謹"字。斤、堇古音至近。

（二）戰國楚簡中的"慎"字的字形，應該分析爲从言或心，从斤，幺（玄）或丨聲；是在西周金文"謹"字字形基礎之上，添加聲符（玄或丨）而構成，是楚簡、古文字中記錄同義詞的一種特殊構形方式。"謹"和"慎"可能是代表舌根音齶化音變前後兩個不同階段（同義但不同音）的一對同源詞。

（三）楚簡中的"丨"字應爲真部字。

（四）古文字中記錄同義詞的一種特殊構形方式，除了謹與慎之外，還有其他的例子，如見與視，生與產，夕與夜，永與羕，卜與貞、室與屋，祈與齋。

（五）古文字考釋要形、音、義兼顧，徹底清除通假字理論與實踐中以不通爲通"通""轉"玄說的危害。

---

① 張永言、汪維輝：《關於漢語詞彙史研究的一點思考》，《中國語文》1995年第6期。

附記：本文是2013年8月1至3日在安徽合肥召開的"紀念何琳儀先生誕辰七十周年暨古文字學國際學術研討會"的講稿。何琳儀先生（1943—2007）是我學習古文字的啓蒙老師。很高興有機會參加這個紀念他的會議。我想，何先生生前是萬萬不會想到，在他身後，會有這樣的學術會議來紀念他。這一方面説明何先生的爲人，謙卑平易，因而爲大家所尊敬與愛戴；另一方面也是何先生在世時，他的學術成就、他的貢獻没有得到學界的充分認識和肯定。我和何先生相識是在20世紀80年代末90年代初，也是中國學術與思想的低潮時期。當時我是吉林大學法學院國際法專業的本科生，旁聽他的古文字課，私下跟他問學。那時下海賺錢的大潮席捲全國，也波及校園。何先生清貧簡樸，專心治學，樂此不疲。那個時期，他做了大量戰國文字研究的基礎工作，如《戰國文字通論》、《戰國古文字典》以及大量研究文章，爲90年代及新世紀戰國文字、戰國楚簡的研究，奠定了很好的基礎。學術研究成了他生活中的樂趣所在。據我對何先生的了解，他是一個單純、勤奮、以學術爲信仰、視學術爲生命的平凡的讀書人。他潔身自好、耿介正直、不肯曲學阿世，一生常處逆境。他學問好、成績多、貢獻大，正是因爲他的生活中有太多的苦和難。

《清華簡三·周公之琴舞》"非天詜恿"與《詩·周頌》所見誡勉之辭*

鄧佩玲

（香港大學中文學院）

去年年底出版之《清華大學藏戰國竹簡（叁）》載有《周公之琴舞》一篇，竹簡凡17支，簡背書有編號，簡文分別記述《周公叚（作）多士敬（儆）毖（毖）》詩一首及《坒（成）王叚（作）敬（儆）毖（毖）》詩九首。簡文用字深奧古雅，遣詞用語與《詩》、《書》及金文接近。① 該篇簡6嘗言："非天詜恿，殹莫肎曹之。"② 簡文語意詰屈難通，本文以下擬結合傳世古籍及出土文獻之記述，對"含德"一辭作詳細考證，提出該語當通讀爲"彼天含德，繄莫肯造之"，並且探討其與《詩·周頌》所見誡勉之關係。

（一）

"非天詜恿，殹莫肎曹之"見於清華簡《周公之琴舞》簡6，乃《坒（成）王叚（作）敬（儆）毖（毖）》第三首詩"亂"之首兩句。"詜"从言从金，書作 ，整理者讀爲

---

* 本論文爲香港特別行政區大學資助委員會優配研究金(General Research Fund)資助項目成果之一(RGC Ref No 844811)，謹此致謝。

① 李守奎嘗指出："《琴舞》的語言詰屈聱牙，古奧難懂，用韻很不規則，其詞彙不僅與周初部分的《詩》、《書》、西周金文密切相合，而且沿襲商代的一些詞語，有些詞語後代消失了。"（李守奎：《清華簡〈周公之琴舞〉與周頌》，《文物》2012年第8期）

② 清華大學出土文獻研究與保護中心編，李學勤主編：《清華大學藏戰國竹簡（叁）》，中西書局，2012年，第133頁。

"廞",並引《爾雅·釋詁》訓"興",①但却未對句意作出解釋。在傳世古籍中,"廞"之例主要見於《周禮》,《說文·廣部》云:"廞,陳輿服於庭也。"②"廞"應與禮儀制度關係密切,該字於經傳中嘗有"興"、"陳"二訓,如《周禮·天官·司裘》云:"大喪,廞裘,飾皮車。"鄭玄注:"玄謂廞,興也,若《詩》之興。謂象似而作之。"③又《周禮·春官·大司樂》曰:"大喪,蒞廞樂器。"鄭玄注:"興謂作之也。"④《周禮》之"廞"可解釋爲"興",具"開始"之意。不過,鄭玄《周禮注》亦有訓"廞"爲"陳"之例,意謂"陳設",如《周禮·春官·司服》云:"大喪,共其復衣服、斂衣服、奠衣服、廞衣服,皆掌其陳序。"鄭玄注:"鄭司農云:'淫讀爲廞,廞,陳也。'玄謂廞衣服,所藏於椁中。"⑤下逮清代,孫詒讓《周禮正義》亦采鄭注訓釋,將"廞"解作"陳",如於《周禮·天官·司裘》"廞裘"下云:"凡廞者陳而不用之名。……凡器物之陳而不用者謂之廞,亦可謂之陳,……其用者則謂之陳,而不可謂之廞。"⑥又於《周禮·春官·大司樂》"蒞廞樂器"下云:"廞當訓爲陳。"⑦

今清華簡云"非天諗惪(德)",簡文句意既與儀節無關,似難以"興"、"陳"作解,整理者將"諗"讀爲"廞"實可商榷。"諗"字從"金","金"於上古屬侵部,"金"、"含"時有通假之例,故疑"諗"或當讀"含"。例如,《左傳·襄公二十六年》有"逆于門者,頷之而已"⑧一語,《說文·頁部》引云:"《春秋傳》曰:迎于門,鎖之而已。"⑨陸德明《經典釋文》:"頷,戶感反,本又作鎖。"⑩"頷"、"鎖"二字異文。又"含"從"今"得聲,"金"、"今"亦時有互通之例,如《漢書·息夫躬傳》"秋風爲我唫"下顏師古注:"唫,古吟字。"⑪又《呂氏春秋·重言》"君呿而不唫"⑫一語於《說苑·權謀》作"君籲而不吟",⑬"唫"、"吟"二字相通。又"琴"字從"今"得聲,但

---

① 《清華大學藏戰國竹簡(叁)》,第138頁。
② (漢)許慎撰,(清)段玉裁注:《說文解字注》,上海古籍出版社,1988年,第446頁上。
③ 鄭玄注:"故書廞爲淫。鄭司農云:'淫裘,陳裘也。'玄謂廞,興也,若《詩》之興。謂象似而作之。凡爲神之偶衣物,必沽而小耳。"(《周禮注疏》,見《十三經注疏(整理本)》,北京大學出版社,2000年,第208頁)
④ 《周禮注疏》,第700頁。
⑤ 《周禮注疏》,第658頁。
⑥ (清)孫詒讓撰,王文錦、陳玉霞點校:《周禮正義》,中華書局,1987年,第509頁。
⑦ 《周禮正義》,第1793頁。
⑧ 《春秋左傳正義》,《十三經注疏(整理本)》,北京大學出版社,2000年,第1189頁。
⑨ 《說文解字注》,第419頁上。
⑩ 《春秋左傳正義》,第1189頁。
⑪ (漢)班固撰,(唐)顏師古注:《漢書》,中華書局,1962年,第2188-2189頁。
⑫ 許維遹撰,梁運華整理:《呂氏春秋集釋》,中華書局,2009年,第481頁。
⑬ (漢)劉向撰,向宗魯校證:《說苑校證》,中華書局,1987年,第316頁。

於戰國竹簡中，"琴"皆从"金"，如☐(釜)(郭店簡《性自命出》簡24)、☐(釜)(上博簡《性情論》簡15)、☐(釜)(上博簡《孔子詩論》簡14)及☐(窒)(清華簡《周公之琴舞》簡1)等，益證"金"、"今"二字上古音接近。因此，清華簡"非天詧恩(德)"中之"詧"或可讀爲"含"。

（二）

"含德"一辭嘗見於《書·盤庚》，其云：

> 非予自荒茲德，惟汝含德，不惕予一人。予若觀火。①

有關"含德"一辭之解釋，過去學者意見較爲分歧，如孔安國以"所含惡德"②作解，孔穎達則訓爲"惟汝之所含德甚惡"。③此外，《史記·殷本紀》嘗引《盤庚》謂"舍而弗勉，何以成德"，④後代學者遂多據此認爲"含德"當是"舍德"之誤，如明代馬明衡《尚書疑義》指出："含德含字疑作舍字。"⑤又清孫星衍《尚書今古文注疏》云："言非我廢前人之德，汝自舍其德而弗勉也。"⑥皮錫瑞《今文尚書考證》更直接指出"舍德"當爲今文《尚書》文辭。⑦除此之外，過去論者亦嘗有以"含蔽"、⑧"不宣布"、⑨"含容"⑩等訓釋"含德"之"含"，可見前人之解釋實衆説紛陳，不一而足。

《盤庚》言"惟汝含德，不惕予一人"，"不惕"嘗見於春秋晚期蔡侯申諸銘：

---

① 《尚書正義》，《十三經注疏（整理本）》，北京大學出版社，2000年，第272頁。
② 孔安國傳："我之欲徒，非廢此德。汝不從我命，所含惡德，但不畏懼我耳。"（《尚書正義》，第272頁）
③ 孔穎達正義："非我自廢此丕欽之德，惟汝之所含德甚惡，不畏懼我一人故耳。"（《尚書正義》，第272頁）
④ 《史記》，中華書局，1959年，第102頁。
⑤ （明）馬明衡：《尚書疑義》，上海古籍出版社，1987年，第16頁。
⑥ （清）孫星衍撰，陳抗、盛冬鈴點校：《尚書今古文注疏》，中華書局，1936年，第226頁。
⑦ 皮錫瑞云："今文作'維女舍德'。"［（清）皮錫瑞撰，盛冬鈴、陳抗點校：《今文尚書考證》，中華書局，1989年，第205頁］
⑧ （南宋）呂祖謙撰，時瀾輯：《增修東萊書説》，上海古籍出版社，1987年，第9頁。
⑨ （南宋）蔡沈：《書經集傳》，上海古籍出版社，1987年，第22頁；（明）劉三吾：《書傳會選》，上海古籍出版社，1987年，第28頁；（明）胡廣：《書經大全》，上海古籍出版社，1987年，第7頁。
⑩ （元）吳澄：《書纂言》，上海古籍出版社，1987年，第8頁；（元）朱祖義：《尚書句解》，上海古籍出版社，1987年，第2頁。

蔡侯龖(申)曰：余唯末少子，余非敢盜(寧)忘(荒)，有虔不易(惕)，鞋(佐)右(佑)楚王。(《蔡侯申鐘》)①

元年正月初吉辛亥，蔡侯龖(申)虔共(恭)大命，上下陟祜，敽敬不惕，肇鞋(佐)天子。(《蔡侯申尊》、《蔡侯申盤》)②

有關"易"、"惕"二字之釋讀，陳夢家、③于省吾、④《銘文選》⑤均讀爲"易"，解作"變易"，陳秉新則提出"慢易"之説。⑥《蔡侯申尊》及《蔡侯申盤》言"敽敬不惕"，"惕"於古籍中有驚懼之意，《周易·乾》"夕惕若厲"下陸德明《經典釋文》曰："怵惕也。……鄭玄云：懼也。"⑦又《左傳·襄公二十二年》"無日不惕"下杜預注："惕，懼也。"⑧倘若將"惕"前之"不"解釋爲否定副詞，"不易(惕)"則有"不懼"之意。但是，蔡侯申諸銘均記載蔡侯虔敬輔佐治國，言其"不懼"天子於文意上似乎扞格難通。其實，"不"於古籍中除可作否定副詞外，無實義之語助詞用法亦甚爲常見，雖然古訓釋家多以"丕"訓釋此等"不"字用例，但下迄清代，論《詩》者經已開始對"不"之語助詞用法予以肯定，⑨如《詩·大雅·文王》"有周不顯"下陳奐《傳疏》云："不，爲語助，無實義。"⑩又王引之《經義述聞·爾雅中·不律謂之筆》云："不者，發聲，猶溠謂之不溠(見《釋邱》)，類謂之不類，若謂之不若也(見《釋魚》)。……不律謂之筆，猶言律謂之筆耳。"⑪因此，蔡侯申諸銘所見之"易"、"惕"仍疑當讀爲"惕"，惟"不"可能是語助詞，無義，"惕"之義可參《説文·心部》所言："惕，敬也。"⑫因此，"有虔不易

---

① 中國社會科學院考古研究所編：《殷周金文集成》，中華書局，1984年，器號210(下簡稱《集成》)。
② 《集成》，器號6010、10171。
③ 陳夢家：《壽縣蔡侯墓銅器》，《考古學報》1956年第2期。
④ 于省吾：《壽縣蔡侯墓銅器銘文考釋》，《古文字研究》第1輯，中華書局，1979年，第43頁。
⑤ 上海博物館商周青銅器銘文編寫組：《商周青銅器銘文選(四)》，文物出版社，1986年，第395頁。
⑥ 陳秉新：《壽縣蔡侯墓出土銅器銘文通釋》，載《楚文化研究論集》第二集，湖北人民出版社，1991年，第357-358頁。
⑦ (唐)陸德明：《周易音義》，《十三經注疏(整理本)》，北京大學出版社，2000年，第402頁。
⑧ 《春秋左傳正義》，第1126頁。
⑨ 有關"不"爲語助詞之討論，詳參拙文《歷代經學家對〈詩經〉所見語助詞"不"、"無"的訓釋——兼談〈詩經〉與金文的"遐不"、"不遐"》，"承繼與拓新——漢語語言文字學研討會"宣讀論文，香港中文大學，2012年12月17-18日。
⑩ 陳奐：《詩毛氏傳疏》，商務印書館，1933年，第76頁。
⑪ (清)王引之：《經義述聞》，中華書局，1998年，第409頁。
⑫ 《説文解字注》，第514頁下。

（惕）"及"歔敬不惕"皆爲蔡侯輔佐天子時敬懼心理之形容。①

《盤庚》云："惟汝含德，不惕予一人"，語中之"不惕"實可與蔡侯申諸銘相印證。蔡侯申諸銘主要讚頌蔡侯虔敬輔佐天子，金文"不惕"應該是群臣對周王敬懼態度之描述。由是可知，《盤庚》之"惟汝含德，不惕予一人"實非周王對群臣敖慢態度之指責，反之，整語可詮釋爲周王訓誡之詞，與此相類之訓勉告誡於《盤庚》通篇可見，其例有如"汝猷黜乃心，無傲從康"②及"汝克黜乃心，施實德于民，至于婚友"③等。因此，"不惕予一人"旨在勸勉群臣作事敬懼謹慎；至於"惟汝含德"，《盤庚》復云："丕乃敢大言，汝有積德。"④孔安國傳："汝羣臣能退去傲上之心，施實德於民，至於婚姻僚友，則我大乃敢言汝有積德之臣。"⑤"積德"言德行之積累，可與"含德"相參照，"含"有"懷"、"藏"之意，如《莊子·胠篋》"而天下始人含其聰矣"下成玄英疏云："含，懷養也。"⑥又《大戴禮記·曾子天圓》"幽者，含氣者也"下盧辯注："含，藏也。"⑦除了《盤庚》外，"含德"一辭尚見於其他先秦典籍，如《老子》第55章云："含德之厚，比於赤子。"河上公注："謂含懷道德之厚〔者〕也。"⑧又《淮南子·原道》云："獸胎不贕，鳥卵不毈，父無喪子之憂，兄無哭弟之哀，童子不孤，婦人不孀，虹蜺不出，賊星不行，含德之所致也。"高誘注："含，藏也。"⑨"含德"即"藏德"，與"懷德"意義相近。雖然前人對"懷德"嘗有"歸德"、"和德"等不同理解，⑩然而，"懷德"之

---

① 其實，早在50年代，郭沫若將蔡侯銘"歔敬不惕"中之"不惕"解釋爲"不易，不變也"後，隨即亦指出："惕如字，不讀爲丕，亦可通。"（郭沫若：《由壽縣蔡器論到蔡墓的年代》，《考古學報》1956年第1期）其意見與本文類近，只不過尚未引起其後學者之注意。其實，並非古籍中所有"不惕"之"不"均可逕以語助詞作訓，部分用例中之"不"仍宜解釋爲否定副詞，"不惕"即"不畏懼"，如《左傳·襄公二十二年》云："以大國政令之無常，國家罷病，不虞荐至，無日不惕，豈敢忘職？"（《春秋左傳正義》，第1126頁）又《國語·周語下》云："夫見亂而不惕，所殘必多，其飾彌章。"（徐元誥撰，王樹民、沈長雲點校：《國語集解》，中華書局，2002年，第99頁）《國語·晉語四》云："君若恣志以用重耳，四方諸侯其誰不惕惕以從君命！"（《國語集解》，第339頁）此等例子中之"不惕"中之"不"皆宜以否定副詞作解。

② 《尚書正義》，第271頁。
③ 《尚書正義》，第272頁。
④ 同上注。
⑤ 同上注。
⑥ （清）郭慶藩撰，王孝魚點校：《莊子集釋》，中華書局，2004年，第355頁。
⑦ （北周）盧辯注，（清）孔廣森補：《大戴禮記補注》，《叢書集成初編》第1029-1030冊，中華書局，1985年，第63頁。
⑧ 王卡點校：《老子道德經河上公章句》，中華書局，1993年，第211頁。
⑨ 何寧撰：《淮南子集釋》，中華書局，1998年，第8-9頁。
⑩ 如孔安國訓《書·洛誥》"萬年其永觀朕子懷德"之"懷"爲"歸"，意謂"民其長觀我子孫而歸其德矣"（《尚書正義》，第492頁），又毛傳將《詩·大雅·板》"懷德維寧"之"懷"訓作"和"，鄭箋復云："和女德，無行酷虐之政，以安女國。"（《毛詩正義》，《十三經注疏（整理本）》，北京大學出版社，2000年，第1352頁）

確切意義可參考《左傳·僖公五年》所引《詩·大雅·板》之記述：

> 士蔿稽首而對曰："臣聞之：無喪而慼，憂必讎焉；無戎而城，讎必保焉。寇讎之保，又何慎焉！守官廢命，不敬；固讎之保，不忠。失忠與敬，何以事君？《詩》云：'懷德惟寧，宗子惟城。'君其修德而固宗子，何城如之？三年將尋師焉，焉用慎？"①

晉侯爲公子築城，士蔿由於不慎置薪於城牆而遭責備，士蔿遂引《板》"懷德惟寧，宗子惟成"指出晉侯只要修養德行，公子地位便得鞏固，故築城乃非必須之事。從《左傳》可知，士蔿以"修德"回應《板》之"懷德"，故"懷德"應與德行之修治攸關。而於"懷"之衆多義項中，與"修德"相關者則有"藏也"之訓釋，如《論語·衛靈公》"則可卷而懷之"下朱熹注："懷，藏也。"② 又《莊子·至樂》"褚小者不可以懷大"下成玄英疏云："懷，包藏也。"③ 因此，"懷德"疑即"藏德"，"含"既與"藏"意同，故"懷德"之意義又應與"含德"接近。正如俞樾嘗解釋云："'惟汝含德'者，惟女懷藏其德行也。"④ 因此，"惟汝含德，不惕予一人"乃周王勉誡群臣懷藏德行，並且須敬懼事王。

（三）

除了傳世古書外，"含德"一辭亦見於出土文獻郭店楚簡，但"含"書作从"心"之"念"，《成之聞之》簡1-3云：

> 行不信則命不從，信不惇（著）則言不樂。民不從上之命，不信其言，而能念（含）惪（德）者，未之又（有）也。

簡文"念"書作 🌂 之形，整理者讀"含"，但裘錫圭按語云："能下一字也有可能當讀爲'念'。"⑤ 張桂光認爲 🌂 字上部所从乃"勻"，並釋該字爲"恂"，讀"誠"。⑥ 陳偉等據裘氏讀"念"，無解。⑦ 有關 🌂 爲"恂"之説，楚簡"今"書作 𠆢（郭店《唐虞之道》簡

---

① 《春秋左傳正義》，第389-390頁。
② 程樹德撰，程俊英、蔣見元點校：《論語集釋》，中華書局，1990年，第1071頁。
③ 《莊子集釋（中）》，第620頁。
④ 俞樾：《群經平議》，《續修四庫全書》，上海古籍出版社，1995年，第56頁。
⑤ 荊門市博物館：《郭店楚墓竹簡》，文物出版社，1998年，第168頁。
⑥ 張桂光：《〈郭店楚墓竹簡〉釋注續商榷》，載《簡帛研究二〇〇一》，廣西師範大學出版社，2001年，第188頁。
⑦ 陳偉等：《楚地出土戰國簡冊［十四種］》，經濟科學出版社，2009年，第204頁。

17),而"均"之"勻"則作 (郭店《老子甲》簡19),兩者差異明顯,故仍以隸作"㐫"爲宜。至於裘、陳二氏認爲"㐫"可讀"念","念德"一辭嘗見《左傳·文公二年》:

> 趙成子言於諸大夫曰:"秦師又至,將必辟之。懼而增德,不可當也。《詩》曰:'毋念爾祖,聿修厥德。'孟明念之矣。念德不怠,其可敵乎?"①

從"孟明念之矣"一語可知,"念"應作思念解,"念德"言其思念德行。其實,過去學者嘗混同"念德"及"懷德"二辭,如屈萬里《尚書今注今譯》逕訓"萬年其永觀朕子懷德"之"懷"作"眷念",句意爲"千秋萬年他們會永遠表示懷念我的君王的德惠"。②不過,誠如前文所言,《左傳·僖公五年》既已爲"懷德"之內涵予以明確說明,故"懷德"應該與"懷念德行"無關。至於郭店楚簡《成之聞之》之"㐫惪"當讀爲"念德"抑或"含德"?前人之研究大多讀爲"念德",並解釋整語爲"而還能思念他的恩德"。③

倘據前人釋讀,"而能㐫(念)惪(德)者"整句意謂"而還能思念他恩德之人民"。不過,復參考簡文所言,"行不信則命不從,信不著(着)則言不樂"二語均從反面說明統治者之惡行:其行爲無誠信,故人民不聽從其政令;誠信不得以彰顯,人民亦不悅從其所言。由此可知,統治者本身已無德可言,又何能"念"其德行?況且,"而能念德者,未之有也"之釋讀似乎表明統治者本有德行,僅是人民因其惡行而不念其德。如此解釋,則又與統治者無德之說法於邏輯上有相互矛盾之處。

其實,《成之聞之》多次強調君子治民必須求諸己,故其德在內,如簡1云:"古之甬(用)民者,求之於呂(己)爲亘(恒)。"又簡3云:"古(故)君子之立民也,身備(服)善以先之,敬愼(慎)以守之,其所才(在)者內㦖(矣)。"簡10:"是古(故)君子之求者(諸)呂(己)也深。不求者(諸)其杏(本)而戈(攻)者(諸)其末,弗得㦖(矣)。""含"既有"懷"、"藏"之意,故倘將"㐫惪"讀爲"含德",則可與求諸己之思想相呼應。因此,"㐫惪(德)"之"㐫"仍以讀"含"爲宜,"含德"指德行之懷藏。此外,復需注意乃是,簡文所謂之"含德者"應該並非人民,而是指上文之"甬(用)民者"。據此,《成之聞之》簡文大概意謂:統治者行爲不誠信,人民便不聽從其命令;其誠信不得彰顯,人民亦不悅從其所言。假若人民不聽從在上者之命令,亦不信其

---

① 《春秋左傳正義》,第567頁。
② 屈萬里:《尚書今注今譯》,臺灣商務印書館,1977年,第130頁。
③ 丁原植:《郭店楚簡儒家佚籍四種釋析》,臺灣古籍出版有限公司,2000年,第176頁。

言,統治者却能懷藏德行,此乃從所未有也。

(四)

"含德"一辭既見於不同之出土文獻及傳世古書,應該是先秦時期習見之用語。至於清華簡《周公之琴舞》簡6云"非天諲(含)惪(德)",該篇性質不僅與《詩·周頌》相近,其形制、字迹更與清華簡《芮良夫毖》相同,後者首簡背面有曾被刮削之篇題"周公之頌志(詩)",整理者遂認爲此乃書手或書籍管理者據《周公之琴舞》之内容概括爲題,却誤寫於《芮良夫毖》簡背。①《詩·大序》嘗言:"頌者,美盛德之形容,以其成功,告於神明者也。"②《周頌》爲廟堂祭祀之樂歌,内容以頌揚功德及告誡爲主,故倘將"非天諲(含)惪(德)"解釋爲"天不懷藏德行",其語義又似與《周頌》本意相悖。

"非"於古籍中除可讀如字外,"彼"、"非"二字相通假之例亦甚爲常見,如《墨子·修身》"故彼智無察"下孫詒讓《閒詁》引畢沅云:"'彼'當爲'非'。"③又《三辯》有"無乃非有血氣者之所不能至邪"④一語,于省吾《雙劍誃諸子新證》解釋云:"非應讀作彼。"⑤清人吴昌瑩嘗言:"非,猶'匪'也,'彼'也。《左氏》昭二十二年《傳》:'……樊頃子曰:非言也,必不克'。非言,猶'匪言'也,謂彼所言必不能克也。"⑥除了"非"外,從"非"之"匪"讀"彼"之例於典籍中亦屢有出現,王念孫指出:"《詩》中匪字,多有作彼字用者。"⑦如《邶風·旄丘》"匪車不東"及《陳風·株林》"匪適株林",陳奂《傳疏》均訓"匪"云:"彼也。"⑧此外,《詩經》中"匪"、"彼"異文情況習見,益證二字可通,如《小雅·桑扈》"彼交匪敖",⑨《左傳·襄公二十七年》引作"匪交匪敖";⑩又《采菽》"彼交匪紓",⑪《荀子·勸學》引作"匪交匪

---

① 《清華大學藏戰國竹簡(叁)》,第132頁。
② 《毛詩正義》,第21頁。
③ (清)孫詒讓撰;孫啓治點校:《墨子閒詁》,中華書局,2001年,第10頁。
④ 《墨子閒詁》,第39頁。
⑤ 于省吾:《雙劍誃諸子新證》,中華書局,2009年,第1079頁。
⑥ (清)吴昌瑩:《經詞衍釋》,太平書局,1977年,第191頁。
⑦ 《廣雅·釋言》"匪,彼也"下王念孫疏證[(清)王念孫:《廣雅疏證》,中華書局,1983年,第170-171頁]。
⑧ 《詩毛氏傳疏》卷3,第75頁;卷12,第55頁。
⑨ 《毛詩正義》,第1011頁。
⑩ 《春秋左傳正義》,第1223頁。
⑪ 《毛詩正義》,第1052頁。

舒"。①"非"上古爲幫母微部字,"彼"則屬幫母歌部,兩字聲紐相同,微、歌二部旁轉,②故"非"、"彼"二字聲近可通。因此,清華簡"非天諲惪"疑當讀爲"彼天含德",遠指代詞"彼"置於"天"前作定語,相類例子嘗見於《詩·周頌·思文》,其云:"思文後稷,克配彼天。"③此外,其他例子又如《詩·召南·草蟲》之"陟彼南山,言采其薇"④及《韓非子·外儲說右下》之"彼民之所以爲我用者,非以吾愛之爲我用者也,以吾勢之爲我用者也",⑤例中之"彼"均用於名詞前作定語,爲遠指代詞。

"殹莫肎曹之",整理者讀"殹"爲"繄",語助;又援《説文》認爲"肎"於今作"肯";"曹"則讀"造",成也。⑥其實,"殹(繄)莫肎(肯)曹(造)之"乃與"坙(成)王夋(作)敬(儆)怭(毖)"第二首詩之"亂"相呼應,《周公之琴舞》簡4-5云:"嗣(亂)曰:巳,不曹(造)欮(哉)!思型之,思毖强之。"《説文·辵部》云:"造,就也。"⑦又《左傳·成公十三年》"則是我有大造於西也"下杜預注:"造,成也。"⑧"造"有成就、功績之意。清華簡言:"不曹(造)欮(哉)!"整理者釋云:"《周頌·閔予小子》'遭家不造',鄭箋:'曹武王崩,家道未成。'與簡文合。"⑨《周頌·閔予小子》、《訪落》、《敬之》及《小毖》諸詩均記武王崩後成王初嗣爲王之事,《史記·魯周公世家》嘗云:"其後武王既崩,成王少,在強葆之中。周公恐天下聞武王崩而畔,周公乃踐阼代成王攝行政當國。"⑩其後,管、蔡、霍三監復因不滿周公攝政而作叛。因此,《周頌》諸詩均有嗣王初嗣帝位遭逢國亂之歎息,例如:

閔予小子,遭家不造,嬛嬛在疚。(《閔予小子》)⑪
維予小子,未堪家多難。(《訪落》)⑫
未堪家多難,予又集於蓼。(《小毖》)⑬

---

① (清)王先謙撰,沈嘯寰、王星賢點校:《荀子集解》,中華書局,1988年,第18頁。
② 何九盈:《中國古代語言學史》,廣東教育出版社,2005年,第55頁。
③ 《毛詩正義》,第1538頁。
④ 《毛詩正義》,第84頁。
⑤ (清)王先慎撰,鍾哲點校:《韓非子集解》,中華書局,1998年,第336頁。
⑥ 《清華大學藏戰國竹簡(叁)》,第138頁。
⑦ 《説文解字注》,第71頁上。
⑧ 《春秋左傳正義》,第869頁。
⑨ 《清華大學藏戰國竹簡(叁)》,第137頁。
⑩ 《史記》,第1518頁。
⑪ 《毛詩正義》,第1579頁。
⑫ 同上書,第1582頁。
⑬ 同上書,第1591頁。

《毛詩序》嘗言：“《訪落》，嗣王謀於廟也。”① 又云：“《敬之》，羣臣進戒嗣王也。”② 此外，《小毖》下《毛詩序》又言：“嗣王求助也。”③ 嗣王年幼，確需羣臣協助治國，清華簡"不曹（造）夙（哉）"所言亦應與此有關；而且，"不曹（造）"亦說明"坒（成）王复（作）敬（儆）怭（毖）"諸詩之撰寫年代或與《周頌》諸詩相近，均是作於成王新嗣之時。

因此，"非（彼）天誩（含）惪（德），殹（緊）莫肎（肯）曹（造）之"或可理解爲誡勉之辭。在《閔予小子》、《訪落》及《敬之》中，類似之訓誡實不乏其例，如《閔予小子》云：

> 於乎皇考，永世克孝！念茲皇祖，陟降庭止。維予小子，夙夜敬止。於乎皇王，繼序思不忘！④

成王須克盡孝道，追念皇祖，並且無私治民，繼承先王遺業。又《訪落》云：

> 紹庭上下，陟降厥家。休矣皇考，以保明其身。⑤

成王必須秉持皇考之遺訓，永保其身。又《敬之》勉誡成王"無曰高高在上"，該語於清華簡《周公之琴舞》簡2作"母（毋）曰高＝（高高）才（在）上"，鄭玄箋云："無謂天高又高在上遠人，而不畏也。"⑥ 成王須秉持先祖遺訓，夙夜匪懈。除此之外，兩周金文中亦不乏作器者自我誡勉之辭，可與《詩·周頌》及清華簡《周公之琴舞》相互印證，如"夙夜不解（懈）"（中山王𰯀鼎）⑦ 及"用夙夜無𥏻（怠）"（伯康簋）⑧ 兩語均是作器者對自己勤勉從政之訓誡，而晉姜鼎亦嘗云："余隹（唯）司（嗣）朕先姑君晉邦，余不叚妄（荒）寧，𦥹（經）雝明德，宣𢖩我猷，用鬯（紹）匹（弼）㣇（台）辟。"⑨ 言其秉繼先祖之德行，自當勤於政務，不敢荒怠。而除了《詩經》與金文等輔證外，清華簡《周公之琴舞》簡2亦云"坒（成）王复（作）敬（儆）怭（毖），翌（琴）

---

① 《毛詩正義》，第1581頁。
② 同上書，第1583頁。
③ 同上書，第1587頁。
④ 同上書，第1580—1581頁。
⑤ 同上書，第1583頁。
⑥ 同上書，第1583—1584頁。
⑦ 《集成》，器號2840。
⑧ 《集成》，器號4160。
⑨ 《集成》，器號2826。

聲(舞)九紌(卒)",當中"敬(儆)怭(毖)"一辭明確指出諸詩皆用以告誡成王,①而篇中九首之成王詩篇均記載不少勸勉之辭,當中包括"厰(嚴)余不解(懈)"(簡5)、"晝之才(在)見(視)日,夜之才(在)見(視)晨(辰)"(簡8)、"弜(弼)敢巟(荒)才(在)立(位)"(簡11)等。

總括而言,"非(彼)天詮(含)悥,殹(繄)肯(肯)曹(造)之"是對成王勤於政務之勸誡,整句可語譯爲:"上天本懷藏德行,只是你不肯有所成就。"詩意所指大概是説明天雖本懷恩德,但除天命之外,人事之努力尤其重要,上天僅庇佑有德之人,正如《書·蔡仲之命》嘗言:"皇天無親,惟德是輔。"②因此,成王須勉力治國,行仁政德化天下,始能改變現在"不曹(造)"之政治局面。

---

① 整理者云:"多士敬怭,讀爲'多士儆毖',即對衆士的告誡之詩。"(《清華大學藏戰國竹簡(叁)》,第134頁)
② 《尚書正義》,第534頁。

讀清華簡《芮良夫毖》札記

馮勝君

(吉林大學中國古文字研究中心)

《芮良夫毖》簡8-9有如下一段簡文：

> 皮（彼）人不敬，不藍（監）于頭（夏）商。心之慐（憂）矣，埜（麋）所告眔（懷）。倠（兄）俤（弟）慝矣，志（恐）不和【8】均。

簡文"兄弟慝矣"之"慝"，整理者據《孟子·梁惠王下》"民乃作慝"朱熹注，訓爲"怨惡也"。①按，"慝"之常訓爲"惡"，本身並沒有怨恨或埋怨的意思，朱熹將之訓爲"怨惡"，並不十分準確。如果"慝"訓爲"惡"，則"兄弟慝矣，恐不和均"，在文義上不好理解。我們認爲"兄弟慝矣"之"慝"，當讀爲"兄弟閱于牆"之"閱"。

在戰國楚簡文字中，常見一個從"匚"得聲之字，如郭店《尊德義》17號簡"察𢚩則無避（僻）"，顏世鉉、劉釗先生均指出，𢚩所從即見於《説文》的"匚"。②《説文》："匚，褱傒有所俠藏也。從匚，上有一覆之。讀與傒同。"在上博簡中，"尼"或從"尼"聲之字，均從"匚"得聲。如《周易》2號簡與今本"泥"字對應之字寫作𡉏；40號簡與今本"柅"字對應之字寫作𣏒；《仲弓》8號簡仲尼之"尼"寫作𡰱。而"尼"聲與"匿"聲關係密切，如從"匿"聲的"暱"，其異體從"尼"聲作"昵"。而"尼"從"匚"聲，故"匚"聲與"匿"聲關係亦十分密切。"匚"爲匣紐支部字，"閱"爲曉紐錫部字，匣、曉二紐均爲喉音，支、錫爲嚴格的陰、入對轉的關係，故"匚"、"閱"古音非常接

---

* 本文是國家社科基金項目"清華簡《尚書》類文獻綜合研究"（13BZS012）、國家社科基金重大項目"簡牘學大辭典"（14ZDB027）的階段性成果。

① 李學勤主編：《清華大學藏戰國竹簡（叁）》，中西書局，2012年，下册第150頁，注釋30。

② 顏世鉉：《郭店楚墓竹簡儒家典籍文字考釋》，《經學研究論叢》第六輯，學生書局，1999年；劉釗：《讀郭店楚簡字詞札記》，《郭店楚簡國際學術研討會論文集》，湖北人民出版社，2000年，第87頁。

近，而"匸"聲與"匿"、"尼"聲關係密切，故將"戁"讀爲"鬩"當可成立。《説文》："鬩，恒訟也。《詩》曰：'兄弟鬩于牆。'从鬥、从兒。兒，善訟者也。"段玉裁《説文解字注》、朱駿聲《説文通訓定聲》"鬩"字條均謂"兒"亦聲，可信。"鬩"从"兒"聲，在典籍中，从"爾"聲之字既可與从"尼"聲相通，亦可與从"兒"之字相通。如《左傳·宣公二年》"使鉏麑賊之"，"鉏麑"，《説苑·立節》作"鉏之彌"；《説文》："嫛，嫛婗也。"段玉裁注："《雜記》曰：'中路嬰兒失其母焉。'注：'嬰，猶鷖彌也。'按鷖彌即嫛婗，語同而字異耳。"《易·姤》"繫于金柅"，《經典釋文》"柅，《説文》作檷"；《詩·邶風·泉水》"飲餞于禰"，《經典釋文》："禰，《韓詩》作坭"。凡此亦可證"尼/匿"聲自可與"鬩"相通，簡文"戁"可以讀爲"鬩"。孟蓬生先生看過小文後，代爲補充如下"戁"與"鬩"相通的證據：

> 若聲赤聲相通。《説文·虫部》："蠚，螫也。从虫，若省聲。"呼各切。段玉裁於"蠚"下注："蠚螫蓋本一字，若聲赦聲同部也。或讀呼各切，山東行此音。或讀式亦切，關西行此音。見釋玄應書。"《説文·虫部》："螫，蟲行毒也。从虫，赦聲。"段玉裁注："古亦假奭爲之。《史記》'有（如，原奪此字——生按）兩宮螫將軍'，《漢書》作'奭將軍'是也。"中山王鼎："佳（雖）又（有）死罪，及譻（三）丗（世），亡不若（赦）。"中山王兆域圖銅版："死亡（無）若（赦）。"
>
> 赤聲、赫聲亦與兒聲相通。《説文·赤部》："赫，火赤皃。从二赤。"呼各切。《説文·鳥部》："鶂，鳥也。……鷊，司馬相如説，鶂从赤。"《漢書·外戚傳下·孝成趙皇后》："武（籍武）發篋中，有裹藥二枚，赫蹏書。"顔師古注："鄧展曰：'赫音兄弟鬩牆之鬩。'應劭曰：'赫蹏，薄小紙也。'"《廣雅·釋器》："憪憾謂之怍。"王念孫《疏證》："赫蹏、繫蹏、系繨並與憪憾同。"
>
> 然則戁之於鬩，猶鷊之于鶂，赫之於鬩（憪）也。①

《詩·小雅·常棣》："兄弟鬩于牆，外禦其侮。"毛傳："鬩，很也。"孔疏："很者，忿争之名。"《國語·周語上》："古人有言曰：'兄弟讒鬩，侮人百里。'周文公之詩曰：'兄弟鬩于牆，外禦其侮。'若是則鬩乃内侮，而雖鬩不敗親也。""兄弟戁（鬩）矣"，即兄弟之間産生紛争；"恐不和均"，"和均"當訓爲協調、諧和。應劭《風俗通·正失·樂正後夔一足》："和均五聲，以通八風。""兄弟戁（鬩）矣，恐不和均"意即兄弟紛争，恐將導致不和諧合睦。從文義看，是十分順暢的。

《芮良夫毖》13號簡"□甬爕（協）保，罔又（有）肙（怨）誦"，整理者將"誦"讀爲

---

① 2013年4月21日孟蓬生先生致筆者郵件。

"訟",訓爲"爭也"。① 按"誦"似應讀爲"痛","怨痛",即怨恨、哀痛之義。《國語·周語上》:"民神怨痛,無所依懷。"《論衡·感虛》:"衍興怨痛,使天下霜。"《詩·大雅·思齊》:"神罔時怨,神罔時恫。"毛傳:"恫,痛也。"怨、恫(痛)對文,亦可參證。②

《芮良夫毖》18號簡:"各煮(圖)氒(厥)羕,以交罔(無)惎。"整理者謂"各煮(圖)氒(厥)羕"與郭店《尊德義》"凡動民必順民心,民心有恒,求其永"同義;"以交罔惎"之"交",即結交、交往,引申爲治理;"惎"讀爲"謀","罔謀"指罔謀之人,即民衆。③ 按上引整理者說法,均迂曲難通。"各煮(圖)氒(厥)羕"之"羕",疑當讀爲"祥"。《詩·大雅·大明》:"大邦有子,俔天之妹。文定厥祥,親迎于渭。"毛傳:"祥,善也。"《左傳·僖公三年》"棄德不祥",杜注:"祥,善也。"《漢書·劉向傳》:"由此觀之,和氣致祥,乖氣致異;祥多者其國安,異衆者其國危。""以交罔(無)惎"黃傑先生讀爲"以邀無悔",④ 陳劍先生謂"交"可讀爲本字,訓爲"俱"、"皆"。⑤《書·禹貢》:"四海會同,六府孔修,庶土交正,厎慎財賦。"僞孔傳:"交,俱也。"按陳說可從。"惎"讀爲"悔",訓爲吝也,咎也。《易·蠱》:"幹父之蠱,小有悔,無大咎。"《易·繫辭上》:"悔吝者,憂虞之象也。"《公羊傳·襄公二十九年》:"飲食必祝,曰:'天苟有吳國,尚速有悔於予身。'"何休注:"悔,咎。"簡文"各煮(圖)氒(厥)羕(祥),以交罔(無)惎(悔)",意思是說要各自圖謀、謀劃自己善德善行,庶幾可俱無災咎、悔吝。

小文得到陳劍、孟蓬生、郭永秉、蘇建洲等先生指正,謹致謝忱!

---

① 李學勤主編:《清華大學藏戰國竹簡(叁)》,下册第152頁,注釋50。
② 此條書證爲陳劍先生提示。
③ 李學勤主編:《清華大學藏戰國竹簡(叁)》,下册第153頁,注釋70、71。
④ 黃傑:《再讀清華簡(三)〈芮良夫毖〉筆記》,"簡帛網"2013年1月16日 http://www.bsm.org.cn/show_article.php?id=1815。
⑤ 2013年4月16日陳劍先生致筆者郵件。

讀《上博九》札記

程　燕

(安徽大學)

一

《成王爲城濮之行(甲)》有一字殘作：

簡1

原考釋者隸作"骹"有誤。因本篇有甲本和乙本，可相互比勘研究。此字在《成王爲城濮之行(乙)》中作：

簡2

原考釋者亦隸作"骹"。按：從乙本的字形不難看出，此字應隸作"臂"，疑讀"拘"。武漢大學簡帛論壇已有學者指出：本篇文意見於《左傳·僖公二十七年》"楚子將圍宋，使子文治兵於睽，終朝而畢，不戮一人"，甚確，那麼，簡文"拘"的位置相當於《左傳》的"戮"。《爾雅·釋言》："囚，拘也。"郭璞注："拘，謂拘執也。"《説文》："戮，殺也。"足見兩種版本在文意上稍有出入。但無論是"不拘一人"，還是"不戮一人"，都旨在形容子文用兵之高明。

二

《靈王遂申》"執事人"之"執"作：

簡1

這種形體的"埶"還屬首見,从"虐"从"丮",會意。虐,或説"枑"之本字,就本字而言,應指刑具無疑。

三

《陳公治兵》簡7

原考釋者隸作"窒",讀作"垂"。其字應分析爲从"宀","夌"聲。"夌",見於楚文字:

璽彙0164   璽彙0283

可讀作"陵"。《文選》注引《倉頡篇》:"陵,侵也。"簡文"啓卒陵行",意思大概是鼓勵士卒要有隨時準備參加戰鬥的士氣。

四

《史蒥問于夫子》簡7有如下字:

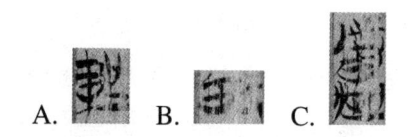

A.   B.   C.

原釋文爲"區(驅)軝(軹)攺(柱) (乘)與(輿)"。①已有學者將A改釋爲"輕",B改釋作"敗"。②按:A、B二字改釋得非常正確。C字構形奇特,未被辨識。我們懷疑此字應釋作"邋",讀爲"獵"。戰國文字中"鼠"旁作:

---

① 馬承源主編:《上海博物館藏戰國楚竹書》(九),上海古籍出版社,2012年,第281頁。
② 简帛網,http://www.bsm.org.cn/bbs/read.php?tid=3042。

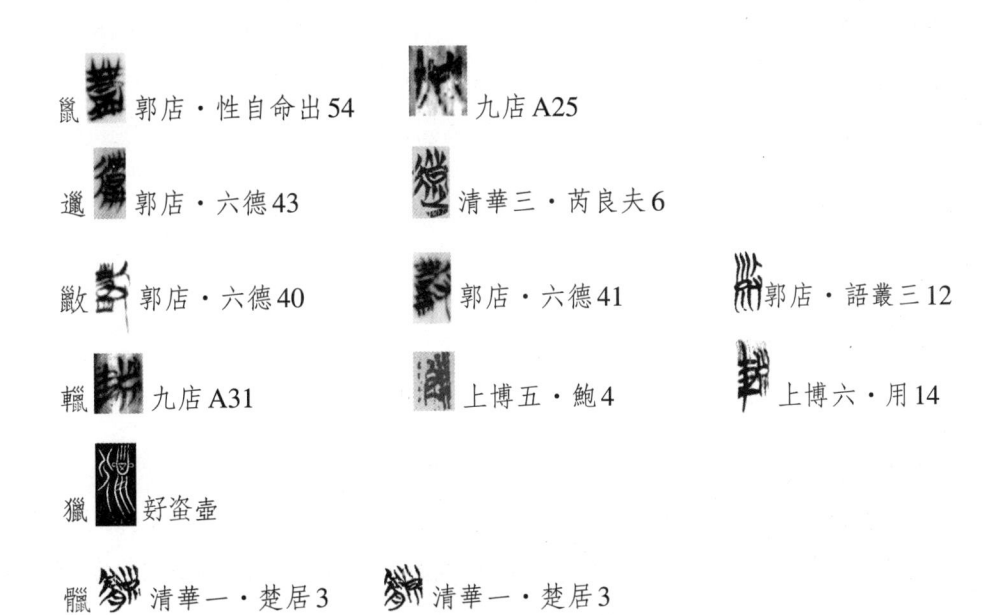

鼠 [圖] 郭店·性自命出 54　　[圖] 九店 A25

邋 [圖] 郭店·六德 43　　[圖] 清華三·芮良夫 6

歔 [圖] 郭店·六德 40　　[圖] 郭店·六德 41　　[圖] 郭店·語叢三 12

輕 [圖] 九店 A31　　[圖] 上博五·鮑 4　　[圖] 上博六·用 14

獵 [圖] 姧蚉壺

騵 [圖] 清華一·楚居 3　　[圖] 清華一·楚居 3

對比字形，可以發現C[圖]與郭店[圖]、清華三[圖]極爲相似，C的底部還有一個"止"，和清華三字形同，與郭店簡字形之間存在着"辵"與"彳"形旁義近換用的異體關係。

簡文"區（驅）輕畋邋"，當讀爲"驅騁田獵"。"輕"，定紐耕部；"騁"，透紐耕部。定、透均屬舌音，韻部相同，可以相互通假。傳世典籍亦有相通之例：《莊子·山木》"未足以逞其能也"，《太平御覽》九一引"逞"作"騁"。

驅騁，意謂驅策馳騁。"畋獵"即"田獵"。簡文"驅騁田獵"見《孟子·盡心下》"般樂飲酒，驅騁田獵，後車千乘，我得志，弗爲也"。

五

《史蒥問于夫子》簡 8 有如下一字：

[圖]

原考釋釋作"交見"，分讀作"交，見"，"見"字略有形變。① 蘇建洲先生認爲是"顏色"合文。② 按：此字釋作"顏色"，甚確。"卢（顏）"亦見於上博簡：

---

① 馬承源主編：《上海博物館藏戰國楚竹書》（九），上海古籍出版社，2012 年，第 283 頁。
② 蘇建洲：《初讀〈上博九〉札記（一）》，武漢大學簡帛研究中心網站，2013 年 1 月 5 日。

[圖] 上博五·鬼8

而郭店簡"顏色"之合文作:

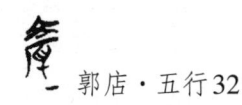

[圖] 郭店·五行32

均與[圖]形近,但上部略有不同。筆者試作如下推測:

一種可能是:釋作"安色",讀爲"顏色"。"顏",疑紐元部;"安",影紐元部。影、疑均爲喉音,唯深淺不同而已。故二者雙聲疊韻可通假。另一種可能是:從"色","彥"省聲,讀作"顏"。合文"顏色"屬偏旁借用。

簡文"顏色",面容、臉色。《論語·泰伯》:"正顏色,斯近信矣。"《楚辭·漁夫》:"屈原既放,游於江潭,行吟澤畔。顏色憔悴,形容枯槁。"

六

《邦人不稱》簡5"乃椉(乘)埶車五椉(乘)",原考釋者認爲讀作"乃乘勢車五乘"。釋作"勢"的字原篆作:

[圖]

按:此字很明顯是"坴",乃"藝"之初文。楚文字中有如下字:

[圖] 南越王墓虎符　　[圖] 包山132　　[圖] 上博四·柬16

南越王墓虎符的[圖]字,李家浩先生隸作"駐",釋爲"馹"的異體,[①]已經成爲學界定論。孟蓬生先生對上博四·柬16中的"駐"字作了如下考釋:

---

① 李家浩:《南越王墓車馹虎節銘文考釋——戰國符節銘文研究之四》,《容庚先生百年誕辰紀念文集(古文字研究專號)》,廣東人民出版社,1998年,第663-665頁。

"馱"當讀爲"馹",驛車也。"杢"爲"埶"的省寫。《尚書·堯典》:"格于藝祖。"《史記·五帝本紀》:"歸至于祖禰廟。"《周禮·考工記·輪人》:"則無埶而固。"鄭注:"埶讀如涅。"《說文·水部》:"涅,黑土在水中者。从水,从土,日聲。"又《衣部》:"褻,私服也。从衣,埶聲。"又:"衵,日日所常衣。从衣从日,日亦聲。"褻衵音義相通。[①]如此,簡文"埶(藝)"字可讀爲"馹"。《說文》:"馹,驛傳也。从馬,日聲。"《左傳·文公十六年》:"楚子乘馹會師於臨品。""馹車"即"傳車"。

---

① 孟蓬生:《上博竹書(四)閒詁》,簡帛研究網,2005年2月15日;又載《簡帛研究二〇〇四》,廣西師範大學出版社,2006年。

《上海博物館藏戰國楚竹書（九）》釋字二則*

孫合肥

（淮南師範學院中文與傳媒系）

馬承源先生主編《上海博物館藏戰國楚竹書（九）》2012年由上海古籍出版社出版，原整理者對簡文作了很好的考釋，以下就簡文中部分文字的釋讀，提出一些不成熟的看法，乞請方家指正。

一、釋"遺"

《成王爲城濮之行》有"△帀（師）"一詞，甲、乙篇共出現三次。其中△字形分别作：[圖] △1（甲本簡1）、[圖] △2（甲本簡2）、[圖] △3（乙本簡1）。學者們一致認爲此三形爲一字異體，甚確。但此字爲何字，諸家釋讀仍有分歧。

關於此字，目前的釋讀意見有：

整理者：原書整理者將△1、△3的字形隸定作"遱"，釋文曰："遱"，讀爲"受"，接受、承受之意。《上海博物館藏戰國楚竹書（六）·用曰》第五簡"遱物於天"，讀爲"受物於天"。△2釋"叟"，"叟帀"，讀爲"受師"。字亦見西周青銅器《乖伯簋》銘文"雁叟大命"，《包山楚簡》第二十五簡"叟肌"。《儀禮·喪服》"受以小功衰"，鄭玄注："受，猶承也。"《廣雅·釋詁四》："受，繼也。"①

---

* 本文爲教育部人文社會科學研究青年基金項目"安徽商周有銘青銅器整理研究"（12YJC770049）；安徽大學研究生學術創新研究項目"戰國文字研究（10117700196）"階段性成果。

① 馬承源主編：《上海博物館藏戰國楚竹書（九）》，上海古籍出版社，2012年，第146-147頁。

陳偉：叟，亦作"遱"，疑並讀爲"蒐"，檢閱，閱兵。《左傳》宣公十四年："晉侯伐鄭，爲邲故也。告于諸侯，蒐焉而還。"杜預注："蒐，簡閱車馬。"叟師即《左傳》治兵。①

蘇建洲：簡1釋爲"遱"、簡2釋爲"叟"，讀爲受，没有必要，本是"受"字。②

張新俊：簡文中的△2可釋作"曳"，△1和△3可以隸定作"遱"，讀爲"閱"。"閱"、"曳"均屬余母月部字，可以相通。"閱"即檢閱軍隊。③

賴怡璇：此三形仍爲"受"，其中△2字形爲"受"字没有問題，其他二形只是稍有變化而已。"受"或可讀爲"治"，當然也可以考慮釋爲"受"讀爲"蒐"，意思也是相近的。④

按，以上諸位學者對△字作了很好的探索，其意見皆具有一定的啓發性。我們覺得此字仍没有得到合理的解釋，其釋讀可重新考慮。

我們認爲此字與古文字"受"字迥然有别，不能釋爲"受"。關於"受"字的字形，董蓮池先生有考正：

"受"甲骨文作✍、✍，一律从爰从舟，無舟省例。今學者以爲此字兼表授、受，所从之"舟"即表授受之物，同時也兼表該字讀音。甚是。西周承襲上舉甲骨文後一種寫法。至戰國，所見仍从舟，唯陶文所見作✍，與篆文所从同，睡虎地秦簡中仍然把"受"字寫作✍，从舟之迹仍可考見。⑤

董先生的意見至確，至今發現的古文字中"受"皆从舟，没有例外。《清華大學藏戰國竹簡（叁）》"受"字皆从舟作✍形，⑥原整理者釋文引《上海博物館藏戰國楚竹書（六）·用曰》第五簡的"遱物於天"的"遱"字原簡作✍，實非"遱"字。上博六整理者釋爲"叟"，讀"受"。實際上即"受"字。《上海博物館藏戰國楚竹書（一～五）文字編》所收"受"字，除二形例外（按，此二形非"受"字，下文將討論），餘皆从舟作✍等形。

---

① 陳偉：《〈成王爲城濮之行〉初讀》，簡帛網，http://www.bsm.org.cn/show_article.php?id=1771，2013年1月6日。
② 蘇建洲：《初讀〈上博九〉札記（一）》，簡帛網，http://www.bsm.org.cn/show_article.php?id=1776，2013年1月6日。
③ 張新俊：《〈成王爲城濮之行〉札記二則》，簡帛網，http://www.bsm.org.cn/show_article.php?id=1781，2013年1月7日。
④ 賴怡璇：《〈成王爲城濮之行〉"受"字補説》，簡帛網，http://www.bsm.org.cn/show_article.php?id=1791，2013年1月8日。
⑤ 董蓮池：《説文解字考正》，作家出版社，2005年，第157頁。
⑥ 李學勤主編：《清華大學藏戰國竹簡（叁）》，中西書局，2012年，第192頁。

古文字有"遺"字,金文字形作█、█、█等,①傳抄古文作█、█等,②楚簡作█、
█。③《清華大學藏戰國竹簡(壹)·皇門》12號簡有"遺"字作█。△1與楚簡"遺"
字基本形同,尤其與《皇門》"遺"字形近,釋爲"遺"應該没有問題。《清華大學藏戰
國竹簡(叁)·良臣》8號簡有"遺"字作█(以下簡稱△4),應是△1之形體有所省
簡。△3可能爲△1的訛變,或是在△4的基礎上增加表行動意義的形符"彳"。△2
是△3的省體,形符"彳"爲"又"替换。春秋金文有█字,董蓮池先生從徐寶貴先
生的意見,即將此字釋爲"遺"字省體。④也有可能△2是△4省"彳"後,"止"旁爲
"又"所替换。我們認爲△應釋爲"遺",其形體軌迹試推測如下:

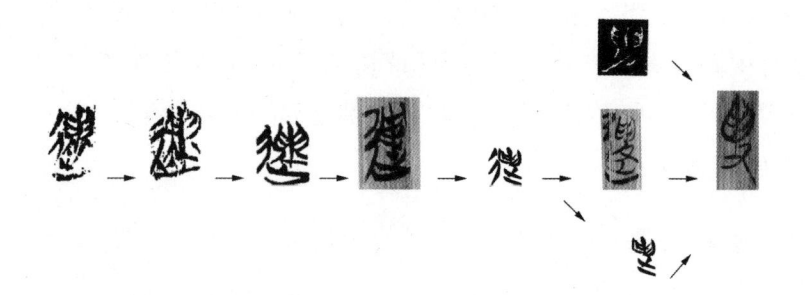

"遺"在《成王爲城濮之行》簡文中義爲"置"。《禮記·檀弓上》:"天不遺耆老。"
孔穎達疏:"遺,置也。"《文選·屈原·湘君》:"遺餘珮兮澧浦"。吕延濟注:"遺,置
也。"⑤簡文"遺師",即"置師"。《史通》卷十四外篇:"楚晉相遇,唯在邲役。而云:
二國交戰置師於兩棠。"《上海博物館藏戰國楚竹書九·陳公治兵》簡4:"或與晉人戰
於兩棠,帀(師)不█(繼)。"可與簡文相参證。
將△釋爲"遺",由此我們認爲以往楚簡中被誤釋爲"受"的幾個字,也應釋爲
"遺"。《上海博物館藏戰國楚竹書二·子羔》2號簡有字作█,7號簡有字作█,以往釋
"受"。⑥按,此二字也應是"遺"字。2號簡:"孔子曰:昔者而弗殜(世)也,善與善相
遺也。"《玉篇·辵部》:"遺,貽也。"《戰國策·秦策五》:"澤可以遺世。"鮑彪注:"遺,
猶貽。"7號簡:"孔子曰:舜丌(其)可謂遺命之民矣。"《逸周書·度邑》:"勖厥遺得顯

---

① 董蓮池:《新金文編》,作家出版社,2011年,第188頁。
② 徐在國:《傳抄古文字編》,綫裝書局,2006年,第164頁。
③ 李守奎、曲冰、孫偉龍:《上海博物館藏戰國楚竹書(一~五)文字編》,作家出版社,2007年,第85頁。
④ 董蓮池:《新金文編》,第188頁。
⑤ 宗福邦、陳世鐃、蕭海波:《故訓匯纂》,商務印書館,2003年,第1796頁。
⑥ 李守奎、曲冰、孫偉龍:《上海博物館藏戰國楚竹書(一~五)文字編》,第210頁。

義。"朱右曾集訓校釋:"遺,遺訓。"《國語·周語》:"必問於遺訓。"韋昭注:"遺訓,先王之教也。"可見,將△2的形體釋爲"遺",此二處簡文皆文意通暢。郭店楚墓竹簡《語叢三》5號簡有字作 ,以往釋"受"。① 按,此字應該也是"遺"。簡文:"不我(義)而加者(諸)己,弗遺也。"《廣韻·脂韻》:"遺,加也。"《詩經·邶風·北門》:"政事一埤遺我。"毛傳:"遺,加也。"《慧琳音義》卷九十三:"贓遺。"注引《考聲》:"遺,加也,與也,相惠也。"簡文此處"遺"正與"加"相應。

包山楚簡簡124有字作 ,以往釋"受",② 可能也是"遺"字。簡文"司豐之夷邑人桯甲遺泜昜(陽)之酷官黃齊、黃鼉",遺,在此處爲送交、交付之意。《廣雅·釋詁四》:"遺,送也。"

二、釋"總"

《舉治王天下》簡9原整理簡文如下:

　　寡監于下,乃語周之先祖曰:天旂(之所)兮(向)若,或與之。天旂(之所)怀(不)若,佢(拒)之,勿又(有)所茱【簡9】也。

整理者所釋"茱"字,原簡字形作 。因竹簡中部斷裂而致字形左右離析,雖如此,我們還是能夠發現其形體左部所從並不是"來"、"力",因此,此字釋讀當重新考慮。我們將此字拼合後字形爲 。其左右兩部分形體十分清晰,左部所從爲楚文字"糸"字常見寫法,當爲"糸"無疑。右部所從 應爲"悤"。戰國文字有"悤"作 形,上部所從近同。③ 因此, 當爲"總"字。《說文·糸部》:"總,聚束也。""總"在此處簡文中意爲統領。《大戴禮記·哀公問五義》"總要萬物",王聘珍《大戴禮記解詁》:"總,統也。"《周禮·天官·序官》"大宰",鄭玄注"百官總焉則謂之冢",孫詒讓《周禮正義》:"總,領也。"《荀子·非十二子》"若夫總方略",楊倞《荀子注》:"總,領也。"《文選·班固〈東都賦〉》"總八方而爲之極",呂向注:"總,統也。"

簡文中的 字,整理者釋作"怀",讀爲"不"。此字整理者形體隸定正確,但釋

---

① 湯餘惠主編:《戰國文字編》,福建人民出版社,2001年,第251頁。
② 張守中:《包山楚簡文字編》,文物出版社,1996年,第59頁。
③ 湯餘惠主編:《戰國文字編》,第683頁。

讀不可從。此字亦見《上海博物館藏戰國楚竹書（二）·子羔》10號簡 ▨、《上海博物館藏戰國楚竹書（二）·從政乙》3號簡 ▨、《上海博物館藏戰國楚竹書（三）·周易》48號簡 ▨、《上海博物館藏戰國楚竹書（五）·競建内之》3號簡 ▨、《上海博物館藏戰國楚竹書（五）·鮑叔牙與隰朋之諫》4號簡 ▨。李守奎先生認爲，其在簡文中皆讀爲"背"。此字《周易》帛書本作"北"，今本作"背"。《集韻·脂韻》："伾，或作伓。"楚之"伓"可能是"背"字異體，而與《說文》之"伾"無涉。①《上海博物館藏戰國楚竹書（九）·陳公治兵》簡15亦見此字，原整理者讀爲"背"，並注《韓詩外傳》卷五引"背"作"伓"。此字亦見郭店楚墓竹簡《老子》甲1號簡 ▨，《緇衣》25號簡 ▨，《忠信之道》3號簡 ▨，《語叢二》13號簡 ▨、14號簡 ▨。《戰國文字編》將其釋爲"倍"，並謂其爲"倍"省"口"的省體。②劉釗先生認爲"伓"字從"人"從"不"，乃"倍"字初文。在郭店楚墓竹簡《語叢二》中讀如字。③我們認爲，將此字釋爲"倍"的意見是正確的。"伓"是"倍"字初文，"倍"則爲"伓"所從"不"旁加"口"繁化而成，詛楚文作 ▨。整理者將"伓"字讀爲"不"的意見不可取。"倍"在郭店楚墓竹簡中皆讀如字，其在《老子》甲1號簡中意爲倍數，在《緇衣》25號簡，《忠信之道》3號簡，《語叢二》13、14號簡中意爲反背、背叛。而此"倍"字在上海博物館藏戰國楚竹書和此處簡文中亦皆應讀如字，意爲反背。《說文·人部》："倍，反也。"《管子·山國軌》"有田倍之"，《管子集校》引張佩綸云："倍，反也。"《墨子·耕柱》"夫倍義而鄉禄者"，孫詒讓《墨子閒詁》引《說文》："倍，反也。"《大戴禮記·無望踐阼》"倍德則崩"，王聘珍《大戴禮記解詁》："倍，反也。"《逸周書·小開》"倍信何謀"，朱右曾《逸周書集訓校釋》："倍，背也。"

簡文中的"與"字，整理者無說。此處"與"應讀爲"舉"。本簡爲《文王訪之於尚父舉治》之一，討論的內容是"舉治"。簡文所論的是舉賢的主旨——"順應天道"，從文意上看，與第10簡承接有些突兀。揆度文意，本簡應該與第7簡編聯。

綜上，我們將編聯後的簡文釋讀如下：

寡監于下，乃語周之先祖曰："天旂（之所）兮（向），若或與（舉）之；天旂（之所）伓（倍），若佢（拒）之。勿（物）又（有）所總，【簡9】道又（有）所修。非天之所兮

---

① 李守奎、曲冰、孫偉龍：《上海博物館藏戰國楚竹書（一～五）文字編》，第398頁。
② 湯餘惠主編：《戰國文字編》，第559頁。
③ 劉釗：《郭店楚簡〈語叢二〉箋釋》，《古墓新知——紀念郭店楚簡出土十周年論文專輯》，（香港）國際炎黃文化出版社，2003年，第253頁；又見《古文字考釋叢稿》，嶽麓書社，2005年，第283頁。

（向），莫之能旻（得），尚（當）退而思之，亓唯臤（賢）民虖（乎）！"【簡7】

簡文大意是說，（皇上帝）監观天下四方，對周的先祖説："上天所向順的，或可推薦舉用；上天所反背的，或可拒絶他（不舉用）。萬物有所主，天道有所持。不是上天所向順的，不能够强得，自當退而省思，賢民正是如此。"

談上博楚簡《昭王毀室》篇的一處斷句[*]

魏宜輝

（南京大學文學院）

上海博物館藏戰國楚竹書（四）《昭王毀室・昭王與龔之脾》篇，在整理者釋文和注釋[①]的基礎上，經過季旭昇、[②]孟蓬生、[③]劉樂賢、[④]董珊、[⑤]陳偉、[⑥]陳劍、[⑦]劉洪濤[⑧]諸位學者的進一步討論，通篇文意基本上清楚了。我們認爲簡文中有一處斷句仍存疑問，需要進一步的討論。爲了方便討論，我們將釋文全篇列出（本文除需討論的個別字外儘量使用寬式隸定），釋文吸收了諸家的很多合理意見，不一一注出。

昭王爲室於死沮之滸，室既成，將落之。王誡邦大夫以飲酒。既，請落之，王入將落。有一君子喪服曼廷，將踰閨。閽人止之，曰：【1】"君王始入室，君之服不可以

---

[*] 本文得到江蘇高校優勢學科建設工程資助項目（PAPD）、南京大學中國文學與東亞文明協同創新中心資助項目、南京大學985工程項目經費資助出版項目、江蘇省社會科學基金項目"新見戰國秦漢簡帛用字綜合研究"（批准號：13YYB003）的資助。
[①] 馬承源主編：《上海博物館藏戰國楚竹書（四）》，上海古籍出版社，2004年，第179-190頁。
[②] 季旭昇：《上博四零拾》，"簡帛研究"網站，2005年2月15日，http://www.jianbo.org/admin3/2005/jixusheng002.htm。
[③] 孟蓬生：《上博竹書（四）閒詁》，"簡帛研究"網站，2005年2月15日，http://www.jianbo.org/admin3/2005/mengpengsheng001.htm。
[④] 劉樂賢：《讀上博（四）札記》，"簡帛研究"網站，2005年2月15日，http://www.jianbo.org/admin3/list.asp?id=1318。
[⑤] 董珊：《讀〈上博藏戰國楚竹書（四）〉雜記》，"簡帛研究"網站，2005年2月20日，http://www.jianbo.org/admin3/2005/dongshan001.htm。
[⑥] 陳偉：《關於楚簡"視日"的新推測》，《新出楚簡研讀》，武漢大學出版社，2010年，第188-189頁。
[⑦] 陳劍：《釋上博竹書〈昭王毀室〉的"幸"字》，《漢字研究》第一輯，學苑出版社，2005年，第456-463頁。
[⑧] 劉洪濤：《讀〈上海博物館藏戰國竹書（四）〉札記》，"簡帛研究"網站，2006年11月8日，http://www.bsm.org.cn/show_article.php?id=457。

進。"不止,曰:"小人之告□,將斷於今日。爾必止小人,小人將召寇。"閽人弗敢止。至【2】閽,卜令尹陳眚爲視日,告:"僕之母辱君王,不幸僕之父之骨在於此室之階下,僕將掩亡老[□□□]【3】以僕之不得並僕之父母之骨,私自塼。"卜令尹不爲之告。"君不爲僕告,僕將召寇。"卜令尹爲之告。[王]【4】曰:吾不知其尔墓,尔古(姑)須既裕(落)安(焉)從事。王徙處於平溝,卒以大夫飲酒于平溝。因命致俑毀室。【5】

簡文的大致内容是說:楚昭王在死沮邊修築新宫。新宫建成後,即將舉行落成典禮。昭王約請邦大夫飲酒。飲畢,衆人向昭王請命,要求開始典禮。昭王接受請求,進入宗廟,將要進行典禮。典禮正在進行的時候,有一位穿喪服之君子踰廷而入,並訴説他父親的屍骨就埋葬在新宫的階前,如今新宫建成,他就無法將新喪的母親與父親合葬。昭王説:"我不知道那是你父親的墳墓所在,你姑且等到典禮完成。"儀式完成之後,他們徙居到坪溝,繼續飲酒。昭王於是命人毀室。

第5簡中的"曰吾不知其尔墓尔古須既裕安從事"一段話,整理者是這樣釋讀、斷句的:

> 曰:吾不知其尔葬〈墓〉,尔古須(鬚)既裕(格),安從事。

整理者將"須"讀作"鬚",認爲"古須"即"古稀";"裕"字讀作"格",訓作"至";"安"認爲是句中語詞,與"於"通。"從事",猶言治事,《詩·小雅·十月之交》:"黽勉從事,不敢告勞。"《禮記·内則》:"各從其事。"①

整理者對簡首"曰"字前説話人的身份没有做出交代,而且在"曰"字只標出冒號,却未標出引號,也不知所説之話該斷在哪裏,再加之對"古"、"須"和"裕"的錯誤解釋,使得此句文意隔礙,難以通讀。

"曰"前之字,陳劍先生以爲是"王",於簡4末端缺失。②季旭昇先生指出,簡文中整理者所謂"葬"字乃是"墓"字。③"裕",孟蓬生先生認爲是指宫室始成時的祭禮,相當於現在的落成典禮。傳世典籍皆借"落"字爲之。"古須"當讀爲"姑須(竢)",義爲"姑且等待"。《説文·立部》:"竢,待也。"傳世典籍亦多借"須"字爲之。④劉樂賢先生也有相同的見解,認爲"古,讀爲姑,訓爲且。須,是等待的意思"。⑤"安",孟蓬生

---

① 馬承源主編:《上海博物館藏戰國楚竹書(四)》,第186頁。
② 陳劍:《釋上博竹書〈昭王毀室〉的"幸"字》,《漢字研究》第一輯,第456頁。
③ 季旭昇:《上博四零拾》,"簡帛研究"網站,2005年2月15日,http://www.jianbo.org/admin3/2005/jixusheng002.htm。
④ 孟蓬生:《上博竹書(四)閒詁》,"簡帛研究"網站,2005年2月15日,http://www.jianbo.org/admin3/2005/mengpengsheng001.htm。
⑤ 劉樂賢:《讀上博(四)札記》。

先生認爲用同"焉",表連接的副詞,用法相當於"乃"。①應該說他們的這些意見都是非常有道理的。

對於"尔古須既落安從事"一語應該如何斷句,學者們有不同的看法。

董珊先生認爲這個"落"是指祭祀之禮的"落"。"尔古(胡、何)須(待)既落安(焉)從事"?意謂:"你怎麽待到已經落祭才來呢"?含有輕微責怪的意思。②古書中並未見有"安(焉)"用爲"才"義的例子,我們認爲這種解釋不可信。

孟先生認爲"尔古(姑)須既落,安(焉)從事"整句大意爲:"你姑且等落成典禮之後再遷葬你父親的遺骨吧。"③按這樣理解,簡文就斷作:

[王]【4】曰:"吾不知其尔墓,尔古(姑)須既落,安(焉)從事。"……【5】

我們先來討論一下簡文中"安(焉)"的用法。孟文認爲"焉"在句中是表連接的副詞,相當於"乃"。這種用法的"焉"是針對前後相連的兩件事情的,相當於"於是"。這種用法在古書中多見。《史記·秦始皇本紀》中有"始皇巡隴西北地。出雞頭山,過回中焉。作信宮渭南",王念孫認爲:"'焉'字下屬爲句。'焉'猶'於是'也。於是作信宮於渭南也。今本以焉字絶句,非是。古或謂'於是'爲'焉'。故僖十五年《左傳》'晉于是乎作爰田'、'晉于是乎作州兵',《晉語》作'焉作轅田、焉作州兵'。"④王引之也列舉了文獻中"焉"有表示"於是"或"乃"的用法:"《聘禮記》曰:'及享,發氣焉盈容。'言於是盈容也。於是,猶乃也、則也。《禮記·月令》曰:'命舟牧覆舟,五覆五反,乃告舟備具於天子。天子焉始乘舟,薦鮪於寢廟。'言天子於是始乘舟也。"⑤二王對"焉"字這種用法的解釋顯然是很有道理的。

如果僅從"須既落焉從事"一語來看,"焉"在句中連接了"須既落(等落成典禮結束)"與"從事(遷葬其父的遺骨)"前後兩件事情,孟文"等落成典禮之後再遷葬你父親的遺骨"的解釋無疑是很有道理的。但值得注意的是,在"須既落"前的"姑"作爲副詞,表"姑且"義,用在動詞前表示動作行爲是在某種情況下采取的暫時措施,往往時間短暫。這樣的話,對於同一主語,前一分句中出現表示"姑且"義的"姑",後一分句中出現表示"於是"義的"焉",即"姑且……,於是……",這種形式在句法上顯然是不合理的,在古書中也從未見到過。孟文在此句簡文的解讀中,把"焉"譯

---

① 孟蓬生:《上博竹書(四)閒詁》。
② 董珊:《讀〈上博藏戰國楚竹書(四)〉雜記》。
③ 孟蓬生:《上博竹書(四)閒詁》。
④ 王念孫:《讀書雜志》,江蘇古籍出版社,1985年,第76頁。
⑤ 王引之:《經傳釋詞》,江蘇古籍出版社,1985年,第21頁。

爲"再",以此回避了這個問題,但將"爲"譯爲"再"顯然是不妥的。

陳劍先生對此句簡文的斷句是在"姑須"和"既落"間斷開:①

> [王]【4】曰:"吾不知其尒墓。尒姑須,既落爲從事。"王徙處於坪澫,卒以大夫飲酒于坪澫。……【5】

應該説,這種斷句從句法上看是没有問題的。簡文中的"從事",可以理解爲"喪服君子將新喪之母與父合葬"。這樣,這段話可以理解爲:"昭王(對喪服君子)説:'我不知那是你父親的墳墓所在,你姑且等着吧,落成典禮結束結束後,你就可以去將父母合葬。'昭王又到坪澫,繼續飲酒。"

我們認爲這種斷句從文意上分析也還是有值得探討的餘地。昭王在新宮落成典禮結束之後,並未立即下令毁新宮,直到徙處於坪澫,與大夫宴飲之後方才下令毁新宮。即便新宮拆毁,斷磚殘瓦,這位君子也不可能即刻將父母合葬。還有,如此斷句,簡文對於"昭王是否完成他的新宮落成典禮"這件事情就少了一個交代,使之成爲一個懸而未决的問題。

對此,我們有一種新的思路,即:簡文中"從事"的施事者不是"穿喪服之君子",而是楚昭王;"從事"不是指遷葬其父的遺骨,或葬母,而是指昭王舉行落成典禮,或是繼續剛剛被打斷的落成典禮。我們根據這一思路重新斷句:

> [王]【4】曰:"吾不知其尒墓,尒姑須既落。"爲從事。王徙處於坪澫,卒以大夫飲酒于坪澫。因命致俑毁室。【5】

王所説的話結束在"尒姑須既落"。"爲"在文中連接上句"王曰:……"和下句"從事"。這樣這段話可以解釋作:"楚昭王説:'我不知那是你父母的墳墓所在,你姑且等落成典禮結束吧。'(昭王)於是舉行落成典禮。(之後)王又來到坪澫,繼續飲酒。昭王於是命人毁室。"這樣斷句,上文所面臨的各種問題就可以得到解决了。

本文蒙汪維輝、董淑慧先生審閲,謹表謝忱。

---

① 陳劍:《釋上博竹書〈昭王毁室〉的"幸"字》,"簡帛研究"網站,2005年12月16日,http://www.bsm.org.cn/show_article.php?id=134。

楚簡文字"減體象形"現象舉隅*

——兼談楚簡"汨"字

侯乃峰

（曲阜師範大學歷史文化學院）

中國傳統文字學的"六書"理論中，歷來學者對"象形"之界定歧説最少。《説文解字·敍》云："象形者，劃成其物，隨體詰詘，日月是也。"但是，這並不意味着"象形"就沒有"變例"，其中"減體象形"或稱"省體象形"（又可包含在所謂的"變體象形"中）就是一種較爲特殊的"象形"之"變例"。如劉賾先生即分象形爲"獨體象形"、"合體象形"、"變體象形"、"省體象形"四類，"獨體象形"爲正例，其他"合體象形"、"變體象形"、"省體象形"皆爲變例。① 詹鄞鑫先生提出"新六書説"，其"變體字"中所包含的"取形變體字"一類其實就相當於"減體象形"，所舉的例子有"片"（像半邊的"木"）、"孑"（像"子"缺右臂）、"孓"（像"子"缺左臂）、"了"（像"子"兩臂都缺）四個。② 這四個字都是在已有的象形字形體基礎上以減少筆劃的方式形成另外一個字，是依附於已有的象形字形體而存在的。準此，《説文》中的"く"、"巜"即可視爲在"巛（川）"③ 基礎上的"減體象形"。《説文》："く，水小流也。《周禮》：'匠人爲溝洫：耜廣五寸，二耜爲耦，一耦之伐，廣尺深尺謂之く。倍く謂之遂，倍遂曰溝，倍溝曰洫，倍洫曰巜。' 甽，古文く，从田、从川。畖，篆文く，從田、犬聲。六畖爲一畝。"段注："已上《考工記·匠人》職文，説詳鄭注及程氏瑶田《通藝録》。今《周禮》く作畎，巜作澮，與許

---

* 本文是國家社會科學基金重點項目"簡帛詩學文獻釋讀與研究"（編號：13AZD034）、曲阜師範大學科研啟動基金"上博竹書（一～七）儒學文獻釋文整理"研究項目成果。
① 劉賾：《初文述誼凡例》，《劉賾小學著作二種》，上海古籍出版社，1983年，第1頁。
② 詹鄞鑫：《漢字説略》，遼寧教育出版社，1991年，第215頁。
③ 裘錫圭：《文字學概要》，商務印書館，1988年，第140頁。

所據不同者，後人所改也。𡿨、巜、巛三篆下皆宜曰象形。而不言者，省文也。""巜，水流澮澮也。方百里爲巜，廣二尋，深二仞。"段注："澮澮，當作活活。毛傳曰：'活活，流也。'《水部》曰：'活活，水流聲也。'古昏聲、會聲多通用。水流涓涓然曰𡿨，活活然則曰巜，巜大於𡿨矣。此字之本義也。"據段玉裁之意，則"巛"大於"巜"亦可知。然則𡿨、巜、巛三字皆爲象形字，而𡿨、巜二字當是在"巛"基礎上的"減體象形"字。又《説文》："櫱，伐木餘也。从木、獻聲。"其異體作"櫱，櫱或从木、辥聲"，或作"□，古文櫱，从木無頭"。此"□"字形即可視爲標準的"減體象形"字，對比其減省前的形體"□（木）"，顯然是在"木"字形基礎上砍去其頭之形，以此來表示樹木的分蘖之義。

其實，甲骨文中就已經存在"減體象形"的造字方式。如"鹿"字一般作"□"形，象頭頂長角的鹿之形；而"麑"字一般作"□"形，象鹿之形而頭頂無角。[①]"麑"爲頭頂尚未長角的初生幼鹿，其甲骨文字的寫法即可看作是在"鹿"字基礎上的"減體象形"。又如，裘錫圭先生在補充考釋甲骨文中的"瞽"字時指出，《甲骨文合集》16017的"□"和18936正的"□"兩個字"象目而無下眶"，應該是爲了表示目有殘疾、目不能見，很可能是"瞽"字的表意初文。[②]雖然裘先生將"□（瞽）"字的造字方式看作"表意字"較之傳統文字學更爲精當合理（説詳下），但比較"□（瞽）"與"□（櫱）"的構形方式，從字形産生的角度將"□（瞽）"歸入以上所謂的"減體象形"之類也是有先例可循的。

在楚簡文字中同樣存在類似的"減體象形"現象。

如曾侯乙墓竹簡207有字作"□"形。何琳儀老師考釋意見認爲：此字像馬而無鬃之形，即所謂"減體象形"，疑"騾"之初文，是驢與馬雜交的牲畜。[③]其説當屬可信。如此，"□"字形與其異體形聲字"騾"的關係和《説文》中"□"字形與其異體形聲字"櫱"的關係恰好平行：兩個形聲字都是以其減省前的字形作形符，即"騾"以"馬"作形符，"櫱"以"木"作形符；都是以其減省後所讀的音作聲符，即"騾"以"累"作聲符，"櫱"以"獻"作聲符。

在以上認識的基礎上，我們來看上海博物館藏戰國楚竹書中如下一字：

諸字辭例如下（各字在簡文中以～代替）：

---

① 劉釗、洪颺、張新俊編：《新甲骨文編》，福建人民出版社，2009年，第544–545頁。

② 裘錫圭：《關於殷墟卜辭的"瞽"》，《夏商周文明研究・六——2004年安陽殷商文明國際學術研討會論文集》，社會科學文獻出版社，2004年，第1–5頁。

③ 何琳儀：《隨縣竹簡選釋》，《華學》第七輯，中山大學出版社，2004年，第119–126頁。按：嚴格説來，騾並非無鬃，而是較馬爲短，故於字形中不顯。

1.《民之父母》簡10：可得而聞歟？孔子～："亡聲之樂,氣志不違……"

2、3.《相邦之道》簡4：孔子退,告子贛曰："吾見於君,不問有邦之道,而問相邦之道,不亦惷(？)乎？"子贛～："吾子之答也何如？"孔子～："如訊(？)。"

4.《弟子問》簡8：食肉如飯土,飲酒如澆,信乎？子贛～："莫親乎父母。死不顧生,可言乎？其信也囗。"

5.《凡物流形(甲本)》簡15：聞之～

原整理者在《民之父母》簡10下考釋説："⌇",根據文意此字應爲"曰",或其同義字,字形頗爲特殊。①

應當説,原整理者的意見是很有道理的。此字與謂語動詞"曰"位置相同,從辭例角度考慮,顯然是一個讀爲"曰"或與"曰"同義的字。

後來對此字形發表意見的還有幾位學者。

如黃錫全先生以爲《民之父母》簡10之字是"于"字,對照後面的簡11"于"就清楚了,只是下部豎丨墨迹脱落。曰,匣母月部。于,匣母魚部。以"于"爲"曰",典籍似未見。此當類似於典籍"曰"或作"粵"。②

禤健聰先生認爲,此字當分析爲从乙,乙亦聲,左右兩點或表示人説話時氣從口出。乙是影母質部字,曰是匣母月部字,二字讀音相近。《説文》："曰,詞也。从口、乙聲。亦象口氣出也。"楚簡"曰"字作⌇的寫法,楊澤生先生指出"右上部短橫改作乙是有意使其聲符化的結果",③可從。楚簡"曰"字或寫作⌇,舍棄了其初文从口的構形,而突出聲化而來的聲符"乙",正是楚系文字記聲特點的突出體現。④

董珊先生認爲這個字應該釋爲"尒",讀爲至今仍常用的詞"説"。⑤

宋華強先生在董珊先生之説的基礎上,從語法、辭例及字形等角度,論證簡文中"尒"字不應該讀爲"説",而是讀爲"曰"。因爲"尒"从"丿"或"乚"得聲,而"丿"或"乚"皆可與"曰"聲相通。同時指出,楚簡"尒"字和"水"字寫法有相近之處,"尒"字从"ㄟ",《説文》"ㄟ,流也",和"汃"、"濊"、"薉"音近而義通,而"尒"又與"水"形近,因而由此推測"尒"可能是表示水流的"汃"、"濊"、"薉"等的本字,而

---

① 濮茅左：《〈民之父母〉釋文考釋》,《上海博物館藏戰國楚竹書(二)》,上海古籍出版社,2002年,第170頁。簡文釋讀參考了下引董珊、宋華強先生之文的意見。
② 黃錫全：《讀上博楚簡(二)札記(壹)》,簡帛研究網,2003年6月5日。
③ 楊澤生：《戰國竹書研究》,中山大學博士論文,2002年,第80頁。
④ 禤健聰：《上博楚簡(五)零札(一)》,簡帛網,2006年2月24日。
⑤ 董珊：《戰國竹簡中可能讀爲"説"的"尒"字》,復旦大學出土文獻與古文字研究中心網站,2008年5月2日。

"㳄"、"瀺"、"㵞"等字則都是表示"ㄟ"、"水"本義的後起形聲字。①

其實，早在董珊、宋華强兩位先生之前，白於藍先生就已經指出楚簡中的這個字當是"𠩺"的象形本字。《說文·水部》："𠩺，水流也，從川，日聲。""𠩺"從"日"得聲，可通假爲"曰"。②

根據以上"減體象形"現象，我們認爲白於藍先生的意見是正確的。不過，白於藍先生將楚簡中的這個字看作"𠩺"的象形本字，不如將之看作"汨"的象形本字更爲直接。段玉裁《說文解字注》於"𠩺"字下注云："此與《水部》'汨'義異。'汨，治水也。'《上林賦》曰：'汨乎混流。'又曰：'汨㴦漂疾。'《方言》：'汨，疾行也。'注云：'汨汨，急皃。于筆切。'此用'汨'爲'𠩺'也。《廣韻》合爲一，非。"《說文》分"汨"與"𠩺"爲二，因二字音義皆近，在典籍文獻中恒相通用，故傳世字書或將二者合而爲一。所以，將楚簡中的這個字釋爲"汨"，從根本思路上説與白於藍先生將之釋作"𠩺"是完全一致的。不過，用以上提及的"減體象形"現象來模擬的話，釋爲"汨"顯然更爲直接些。

由於編纂體例的限制，白於藍先生的考釋意見未能充分展開，下面我們就着以上提到的"減體象形"現象對其説法進行一些補充論證。

首先，從字形上分析。上引宋華强先生之文指出此字形和"水"字寫法有相近之處，並以爲此字的本義可能和"水"有關，這是很有見地的看法。以上五個字形可以與楚簡中常見的"水"字形相比勘：

〔字形〕（郭店《太一生水》簡1、6）　〔字形〕（包山簡248）　〔字形〕（望山1號墓54）
〔字形〕（新蔡乙四043）　〔字形〕（上博五《三德》簡16）

兩相比較可以發現，"〔字形〕"字當是在"水"字形基礎上的"減體象形"字，即通過把古文字中"水"字形所從的四個點減省爲兩個點來表示一個與"水"義有關的另一個字。由上述"巾"與"𣏂"、"〔字形〕"與"𦔻"、"〔字形〕"與"驟"的對應關係，我們可以推測此字從"水"作形符；又由此字所在簡文較爲固定的辭例，即與謂語動詞"曰"位置相同

---

① 宋華强：《釋上博簡中讀爲"曰"的一個字》，簡帛網，2008年6月10日。
② 唐洪志：《上博簡（五）孔子文獻校理》，華南師範大學碩士學位論文（指導教師：白於藍教授），2007年，第49頁；白於藍：《簡牘帛書通假字字典》，福建人民出版社，2008年，第211頁。按：其實，陳劍先生早在2005年11月於復旦大學出土文獻與古文字研究中心學生所做的《民之父母》釋文本上批注時就曾指出："此字還見於《相邦之道》（請看裘老師那份釋文）。陳斯鵬曾告訴我，他懷疑此字是'巛'，讀爲'曰'。我則懷疑此字可能是'𠩺'或'汨'，象水流也，讀爲'曰'。"然陳劍先生出於謹慎，未公開發表其見解，也没有深入論證。又按：裘錫圭先生審閲初稿之後也指出，"〔字形〕"字當是象水流之形。

且很可能是一個讀爲"曰"的字;則此字釋爲"从水、曰聲"的"汩"字就順理成章了。

此字形將"水"所从的四個點減省爲兩個點,也許是表示"水之半"的意思。《周易·説卦》"兑爲澤"下,《周易集解》引虞翻曰:"坎水半見,故爲澤。"① 兑之卦象爲"☱",其上二爻"⚌"正可視作坎卦象"☵"之半。坎爲水,故言"水半見"。由此,楚簡中的此字形應當就是表示"水半見"之義。本來"水半見"用卦符表示應作"⚌"或"☵"形,但在楚簡文字中,因"水"字中間的筆劃是彎曲的,爲了書寫美觀而有意將本該在同一邊的兩筆分寫在兩邊而成"㇄"形,是很容易理解的。

其次,從文字的意義上考察。《説文·水部》:"汩,治水也。从水,曰聲。"《爾雅·釋詁》:"淈,治也。"郭璞注云:"《書序》作汩,音同耳。"朱駿聲《説文通訓定聲》"汩"下云"叚借爲淈","淈"下云"叚借爲汩"。《爾雅義疏》以爲"淈、汩、滑三字俱音義同"。可知"汩"與"淈"音同字通,當是同源字。《説文》:"淈,濁也。从水,屈聲。一曰:滒泥;一曰:水出皃。"由於文字學中存在"形聲字聲中有義"的現象,② 而"屈"字"从尾,出聲",所以"淈"字也當和"汩"、"淈"字同出一源,屬於同源字。《説文》:"㶁,水皃。从水,出聲,讀若窋。"段玉裁注云:"《廣韻》曰:'水出皃。'《文子》曰:'原流㶁㶁,沖而不盈。'"同時,《説文》:"曰,詞也。从口、乙聲,亦象口氣出也。""曰"從古文字字形看爲指事字,段玉裁注以"聲"爲衍文,實屬可信。其中"曰"字的"口氣出"與"淈"、"㶁"訓爲"水出皃"都含有"出"之義,如是則可推知"汩"、"淈"、"㶁"三字當是共同受義於"出"。《老子》第五章:"虛而不屈,動而俞(愈)出。""屈"與"出"對文,亦可爲證。又,以上我們據字形推測楚簡中此字與"水半見"之義有關,而"淈"、"㶁"二字訓"水出皃"(水流出的樣子,也即水將出未出)恰好與"水半見"(即水若隱若現)之義可以相涵,則釋楚簡中此字爲"汩"從字義上講就可以理解了。

"水"之字形本象水流之形。"㇄"字據水流之形而減省,字義與水流之義相關自然很好理解。上面所討論的諸字皆與水流有關,根據訓詁學"因聲求義"的方法,可以認爲諸字皆當是受義於"出",減省後的字形"㇄"表"水出"之義。當然,"㇄"字最根本的意義還是來源於"水流",因而與上述諸字同含"水流"之義實不足爲奇,如《説文》中的"㶊"即訓爲"水流也"。換句話説,因爲可以表示"水流"之義的字形已經爲"水"字所專用,所以其他含有"水流"之義的字只能另外尋找表現之法,楚簡文字這種減省"㇇(水)"字形體而成"㇄(汩、㶊)"形即爲表現法之一。而从水(或川)、

---

① (清)李道平:《周易集解纂疏》,中華書局,1994年,第717頁。
② 楊樹達:《形聲字聲中有義略證》,《積微居小學金石論叢》(增訂本),中華書局,1983年,第38—52頁。

曰聲之"汨(㫗)"字,作爲後起形聲字,這又是另外一種表現方法。諸字之義在根本上皆與"水流"有關,"水出"義當是在"水流"義基礎上進一步衍生分化出來的含義。

在以上所舉的諸字例中,作爲"減體象形"之基礎的字如"木"、"子"、"巛(川)"、"鹿"、"目"、"馬"、"水"等無一例外都是極其常見的象形字,這充分表明古人造字之初是以易於辨認爲基本原則的。若是古人造字之時在一個不常見甚至極其罕見的象形字基礎上再加以減省筆劃,則減省之前的字尚不易識,更遑論減省之後的字了。

楚簡文字中這兩個"減體象形"字"𢊁(騾)"與"㇈(汨、㫗)",因爲没有形成獨立的字形(如"木"字減省一半後所形成的"片"字那樣),這也許決定了它們只能作爲獨體字使用,而不會成爲其他文字的一部分。因爲要成爲其他文字的一部分,或是充當聲符,或是充當形符,而那樣構形的合體字要選擇聲符,大可用此字減省形體後之字所讀之音來代替,如要表"騾"音選用"累"即可,要表"汨、㫗"音選用"曰"即可;要選擇形符,大可用此字未減省的形體來代替,如要表"騾"形選用"馬"即可,要表"汨、㫗"形選用"水"即可;而不會繞圈子以"騾"與"汨、㫗"減省後的字形"𢊁"與"㇈"來表"累"與"曰"之音、表"馬"與"水"之形。

對於以上所使用的"減體象形"這一概念,還應當補充説明一點:由於原字形在減省形體之後,字形其實遭到破壞,已不具備象形字的特徵,而更多地是要表示一種意義。因此,這種造字方式用"變體表意"①這一概念來界定似乎更爲合理些。

附記:初稿曾呈陳劍、董珊、季旭昇、宋華强等先生請教;裘錫圭先生詳細審閱批改了初稿,提出了不少具體修改意見,其中的"瞽"字例即承蒙裘先生惠示;謹此致謝。

本文對楚簡"汨"字形的分析思路,最初即來源於何琳儀老師的文章,故謹以此文紀念何老師誕辰七十周年。

---

① 裘錫圭:《文字學概要》,第139-142頁。

釋 韄

羅小華
（長沙市文物考古研究所）

貃（豻）膜（貘）之鞁（韄）、鞍（鞍）。　　　　　　　　　　　　　　　（包山簡271）
貃（豻）鞄（貘）之韄（韄）、貃（鞍）。　　　　　　　　　　　　　　　（包山牘1）

包山簡271中的"鞁"，原篆作"𩋡"。整理者認爲此字右旁從"臭"省，隸定爲"鞁"。① 曾憲通先生認爲，此字右旁從"夨"，爲"臭字最簡之體"，字當即"韄"。《說文·革部》："韄，車衡三束也。""韄"或作"𩊅"。② 劉國勝老師將"韄鞍"斷讀，認爲"韄"是"將車衡與車轅、車衡與車軛綁固的革帶"；懷疑"鞍"是"防磨傷服馬而襯於軛內側的皮墊"。③

包山牘1中的"韄"，原篆作"𩋡"。整理者隸定爲"韄"。④ 舒之梅先生隸定爲"韄"，即"歗"字，與"鞁"音近義通。⑤ 何琳儀師先隸爲"韄"；後隸爲"𩍇"，讀爲"𩍇"。《集韻·元韻》："𩍇，韋裹曰𩍇。"⑥ 劉信芳師隸定爲"韄"，分析爲從"韋"、"虍"聲，"虙"爲"虍"之繁形。字讀爲"韄"，訓爲"系縛"。劉師認爲"貃鞄之韄軒"

---

* 本文寫作得到國家社會科學基金項目"出土文獻所見車馬類材料文本整理與車馬制度研究"（13BZS066）和教育部人文社會科學研究青年基金項目"出土秦漢簡帛用字及書寫習慣研究"（13YJCZH229）的資助。
① 湖北省荊沙鐵路考古隊：《包山楚簡》，文物出版社，1991年，第38頁、第66頁注645。
② 曾憲通：《楚文字釋叢（五則）》，《中山大學學報》1996年第3期。
③ 劉國勝：《楚喪葬簡牘集釋》，科學出版社，2011年，第56頁。
④ 湖北省荊沙鐵路考古隊：《包山楚簡》，文物出版社，1991年，第39頁。
⑤ 舒之梅：《包山簡遣冊車馬器考釋五則》，《容庚先生百年誕辰紀念文集（古文字研究專號）》，廣東人民出版社，1998年。
⑥ 何琳儀：《戰國文字聲系》，中華書局，1998年，第995、1070頁。

是指"以豻貘之皮系縛於鞍,作爲鞍的護套"。① 劉國勝老師斷讀爲"韉、軒"。② 從形體上看,此字爲何師所隸,劉國勝老師所證實。③

關於包山簡271和牘1的記載内容,李家浩先生指出,簡271、276、269、270等"所記正車上的装備物和車馬器與牘文所記正車上的装備物和車馬器也比較一致"。④ 陳偉師指出,包山"正車"4簡與牘1"彼此所記只是角度不同,内容則相一致"。⑤ 由此可見,"韖"與"韉"當爲同一物品,對於它們的確定,與記録在一起的"銨"、"軒"(此二者也應該是同一物品)有密切關係。

包山簡271中的"銨",整理者隸定爲"鞍"。⑥ 滕壬生先生改釋爲"銨"。⑦ 曾憲通先生認爲"鞍"指鞍具。⑧ 包山牘1中的"軒",劉信芳師讀爲"鞍","鞍"之借字。⑨ 何琳儀師讀爲"軒",引《集韻·翰韻》訓爲"馬被具"。⑩ 考慮到曾侯乙墓簡中,記録在"顯、軟"之後的"䢍"有十幾例,包山簡271"䤲䪨之韖銨"和牘1"䤲韜之韉軒"之前均爲"紫觀、軟"。因此,"銨"和"軒"有可能讀爲"鞍"。⑪《說文·革部》:"鞍,馬鞁具也。"

既然"銨"和"軒"指的是馬具,那麼"韖"與"韉"也應該指馬具,我們懷疑讀爲"韉"。《上海博物館藏戰國楚竹書(六)·天子建州》甲本簡8"大夫承應(薦)"中的"應(薦)",裘錫圭先生讀爲"餕"。⑫《上海博物館藏戰國楚竹書(七)·凡物流形》甲本簡26有字作"", 乙本簡19作"", 整理者釋爲"應"。⑬ 郭永秉先生據此認爲,

---

① 劉信芳:《包山楚簡解詁》,藝文印書館,2003年,第321-322頁。
② 劉國勝:《楚喪葬簡牘集釋》,科學出版社,2011年,第85頁。
③ 蒙劉國勝老師提供清晰圖版,謹致謝忱!
④ 李家浩:《包山楚簡中的旌旆及其他》,《第二屆國際中國古文字學研討會論文集續編》,香港中文大學中國語言及文學系,1995年。
⑤ 陳偉:《包山楚簡初探》,武漢大學出版社,1996年,第190頁。
⑥ 湖北省荆沙鐵路考古隊:《包山楚簡》,文物出版社,1991年,第38頁。
⑦ 滕壬生:《楚系簡帛文字編》,湖北教育出版社,1995年,第1001頁;《楚系簡帛文字編(增訂本)》,湖北教育出版社,2008年,第1166頁。
⑧ 曾憲通:《楚文字釋叢(五則)》,《中山大學學報(社會科學版)》1996年第3期。
⑨ 劉信芳:《楚簡器物釋名(上)》,《中國文字》新22期,藝文印書館,1997年。
⑩ 何琳儀:《戰國文字聲系》,第995頁。
⑪ 羅小華:《戰國簡册所見車馬及其相關問題研究》,武漢大學博士學位論文,2011年,第57頁。
⑫ 裘錫圭:《〈天子建州〉(甲本)小札》,簡帛網2007年7月16日;又載《簡帛》第3輯,上海古籍出版社,2008年。
⑬ 馬承源主編:《上海博物館藏戰國楚竹書(七)》,上海古籍出版社,2008年,第103、129、267頁。

《郭店楚墓竹簡·老子》甲本簡34中的"𠂆"字是"廌"的變體。① 此字《老子》傳世本或作"畯",或作"朘",馬王堆帛書乙本作"朘"。② "韉"从"薦"得聲。古文字中的"薦"一般都寫作"廌"。"夋"从"允"得聲。故"䐍"可讀爲"韉"。《説文新附》:"韉,馬鞍具也。"鄭珍《新附考》:"韉,所以藉馬鞍,故謂之韉。本止作薦,俗因施以薦鞍別,加从革。"③《廣韻·先韻》:"韉,鞍韉。"④《慧琳音義》卷61"鞍韉"注:"韉,鞍下氊替也。"⑤《樂府詩集·木蘭詩》"東市買駿馬,西市買鞍韉"。⑥ "韉",文獻中或作"廌"。《鹽鐵論·散不足》:"古者,庶人賤騎繩控,革鞮皮廌而已。及其後,革鞍氂成,鐵鑣不飾。"⑦ 包山簡271中"䐍",包山牘1中寫作"韉",可能是因爲二者音近。"允",文部定紐;"隹",脂部端紐。端、定均屬舌音。脂、文旁轉。《易·晉》:"初六晉如摧如,貞吉。"馬王堆漢墓帛書本"摧"作"浚"。⑧

目前,已有不少關於"韉"的文物出土。阿爾泰山區發現的第五座巴澤雷克古塚中,葬有五匹馬,其中一匹馬所配的"鞍褥以華麗的中國綢做成,上面繡着開花的樹枝,神鳥鳳凰飛舞其間"(圖一);另一匹馬也配有"鞍褥";其餘三匹馬"花紋華麗的鞍褥是用顏色不一的薄氊縫成的"。⑨ "鞍褥"是"韉"的另一種稱呼。⑩ 該墓的時代大概在公元前5-前4世紀,相當於中國的春秋、戰國之際。《左傳》成公二年中,有"戰於鞌"的記載。孫機先生指出,雖然這裏的"鞌"爲地名,但"鞌邑或以地形近鞍狀而得名",由此推測"春秋時我國可能已有雛形的鞍"。⑪ 孫説有一定道理。相傳出土於洛陽金村的戰國銅鏡上,所繪之馬"背上有韉無鞍"(圖二)。⑫ 秦始皇陵兵馬俑坑、咸陽楊家灣漢墓出土的陶馬背上,只有"一層薄墊",應該都是"韉"(圖三、四)。⑬

---

① 郭永秉:《由〈凡物流形〉"廌"字寫法推測郭店〈老子〉甲組與"朘"相當之字應爲"廌"字變體》,復旦大學出土文獻與古文字研究中心網,2008年12月31日;《楚竹書字詞考釋三篇》,《中國文字研究》第13輯,大象出版社,2010年。
② 高明:《帛書老子校注》,中華書局,1996年,第93-94頁。
③ 鄭珍:《説文新附考》第1册,《叢書集成初編》影印本,商務印書館,1936年,第55頁。
④ 陳彭年等:《宋本廣韻》,江蘇教育出版社,2008年,第37頁。
⑤ 徐時儀校注:《一切經音義三種校本合刊》,上海古籍出版社,2008年,第1599頁。
⑥ 郭茂倩:《樂府詩集》,中華書局,1979年,第374頁。
⑦ 王利器校注:《鹽鐵論校注》,中華書局,1992年,第350頁。
⑧ 張政烺:《馬王堆帛書周易經傳校讀》,中華書局,2008年,第61頁。
⑨ М.П.格裏亞兹諾夫,О.И.達維母,К.М.斯卡郎:《阿勒泰巴澤雷克的五座古塚》,《考古》1960年第7期。
⑩ 孫機:《唐代的馬具與馬飾》,《文物》1981年第10期。
⑪ 孫機:《唐代的馬具與馬飾》。
⑫ 楊泓:《中國古兵器論叢》,文物出版社,1980年,第95頁。
⑬ 田立坤:《高橋鞍的復原及有關問題》,《東北亞考古學論叢》,科學出版社,2010年,第85頁。

圖一　巴澤雷克古塚中的"韉" 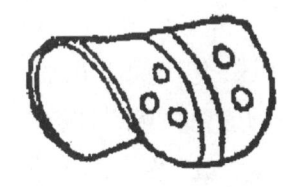　　圖二　洛陽金村戰國銅鏡馬背上的"韉"

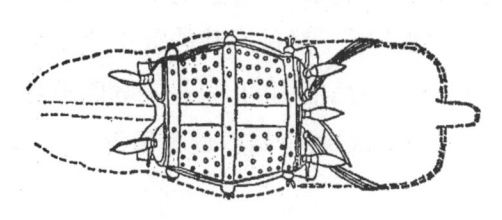

圖三　秦始皇陵兵馬俑坑出土陶馬背上的"韉" 　　圖四　咸陽楊家灣漢墓出土陶馬背上的"韉"

　　關於乘馬"鞍韉"的發展過程，恩格斯指出："在較古老的雕塑品上，武士是騎在没有鞍子的馬上的；以後，我們發現曾有一種類似褥墊或坐墊的東西，最後，才有類似現今東方流行的那種高馬鞍。"① 袁仲一先生"根據中外文獻資料分析"，總結爲四個階段："1. 没有鞍具，騎裸背馬；2. 在馬背上放置一塊皮質或其他質地的褥墊或坐墊；3. 低橋鞍，鞍下置皮或氈類的韉；4. 高橋鞍，鞍韉並有許多裝飾件。"② 在第二個階段中，所謂的"褥墊或坐墊"應該就是韉。騎馬者直接坐在韉上。到了第三個階段，出現了馬鞍，騎馬者則坐在鞍上。韉的功用發生了轉變，成爲藉鞍的墊子。這一功能一直延續到第四個階段。

　　包山簡271中的"䍿貘"，曾憲通先生認爲："䍿即豻，貘即貘、豻似狐而貘似熊，其皮均可製革。"③ 陳偉武先生認爲"貘"乃"氊"字之假，楚簡中的"氊"是"表毛皮之專字"。④ 包山牘1中的"䩛"，舒之梅先生認爲是"貘(貘)"的借字，簡文中的"貘"

---

① 馬克思、恩格斯：《馬克思恩格斯全集》第14卷，人民出版社，1964年，第298頁。
② 袁仲一：《秦始皇陵兵馬俑研究》，文物出版社，1990年，第122-123頁。
③ 曾憲通：《楚文字釋叢(五則)》，《中山大學學報(社會科學版)》1996年第3期。
④ 陳偉武：《説"貘"及相關諸字》，《古文字研究》第25輯，中華書局，2004年。

是指"獸脊背之皮"。①《漢書·司馬相如傳》"其獸則庸旄貘犛,沈牛麈麋",顏師古注引郭璞曰:"貘音豹。"正與包山簡271中的"䰜"於牘文中作"䩞"相合。因此,我們認爲,"䰝䩞"是"䰝䰜"的異文,可讀爲"豻貘",應該就是曾侯乙墓簡中常見的"豻䝅"。②

綜上所述,包山簡271、牘1中的"靲"和"韀",都應該讀爲馬具之"韉"。包山簡271、牘1中所記的"韉"、"鞍",可與《木蘭詩》中的"鞍韉"對照。因"韉"有皮革製作的,故字從"革"作。包山簡、牘中的"靲"和"韀"均從"韋"作,包山牘中"鞍"之作"䩞",是因爲"革"、"韋"形旁互換。包山簡牘中的"豻貘之韉、鞍",指的是用"豻貘"製作的、配套使用的馬韉和馬鞍。"韉"的作用,按照鄭珍的説法,是用來"藉馬鞍"的。從出土文物來看,更早的時候,"韉"應該是用來給騎馬者當坐墊的。由此可見,在乘馬鞍具的發展史中,韉在袁説的第二個階段就已經出現,一直延續到現在,只不過其功用有所不同罷了。另外,"靲"與"鞍"、"韀"與"䩞",都是記載於駛車之馬的相關器物中。我們懷疑,簡271、牘1中所記載的韉、鞍可能是備用的,只是下葬時擺放在馬的旁邊,因此被按序記錄在案。簡271、牘1中,虎韔的記載也屬於這種情況。

---

① 舒之梅:《包山簡遣册車馬器考釋五則》,《容庚先生百年誕辰紀念文集(古文字研究專號)》。
② 羅小華:《戰國簡册所見車馬及其相關問題研究》。

讀《上博四》隨記（三則）*

張通海

（淮北師範大學文學院）

一

上博簡四《采風曲目》簡3的"❖"字，原考釋者馬承源先生謂："'❖'待考。"（第167頁）①我們認爲該字似可釋作"伊"。中間部分爲"尹"，楚簡文字此種"尹"字習見，這是没有問題的。上邊的形體是"人"字，此可與本簡的"牧人"之"人"、"萭人"之"人"及"良人"之"人"相比較，這也應當毫無疑問。"尹"下邊包圍的形體應該也是"人"字，只是寫得不很飄灑。何以釋此字爲"伊"？我們知道，楚系簡帛文字，在實際的使用中，由於書寫空間的逼仄，許多原本可以作爲左右結構的字，大多數被安排成上下結構；同時也因爲書寫格局形成的書寫習慣是下行左行，因此很多字便成了上下堆疊的形體。而且，"人"字作偏旁被放在最上面的多得是，如《上博簡（三）·周易》簡50"舍（飲）飤（食）䍃=（衎衎）"之"䍃"，其"人"旁即在上邊。還有《上博簡（二）·性情論》的"伥"字，何琳儀先生在《第二批滬簡選釋》中考釋道："'民'原篆作'❖'，此字上從'人'，下從'民'，本應隸定'伥'，乃'民'之繁文。"②這個字也把"人"字放在上邊。但是，"人"字放在上邊之後，下邊的部分顯得空落，於是，乾脆在下邊也放一個"人"，這樣，整個字便呈穩妥而不致搖搖欲墜。如黄德寬先生所説："當我們對古漢字形聲組合的關係進行歷史的考察時，我們不僅能夠把握其不定型和不穩定，以

---

* 此文獲2012年度高校省級人文社會科學研究項目資助（項目號：SK2012B429）。
① 馬承源主編：《上海博物館藏戰國楚竹書》（四），上海古籍出版社，2004年。以下凡是出自該書的不再一一注出；另爲省篇幅，稱該書爲"上博簡"。
② 何琳儀：《第二批滬簡選釋》，《新出楚簡文字考》，安徽大學出版社，2007年，第160頁。

及組合中以聲爲核心的特點,而且通過其發展趨勢和定型定位的過程,還可以明確,形聲組合的形式特徵,是形符和聲符間互相和諧、渾然一體的外現,其遵循着構形的平衡律。"①雖然該字有兩個"人"旁,但正如我們所説,下邊的"人"字似乎只是裝飾,所以我們傾向於把此字釋爲上"人"下"尹"的"伊"字。曲目名爲"伊也遺夬(玦)",與"牆上生之葦"、"道之遠爾"及"良人無不宜也"也正相協,都是主謂結構。再説,將之釋作"伊",因其爲逸詩,所以,此曲目名很容易引發我們想起《詩經·邶風·静女》"静女其孌,貽我彤管"的意藴,"伊也遺夬(玦)"正可融入這一類詩歌之中。

二

上博簡四《采風曲目》簡4有一曲目名《亓■也》,在釋文中馬承源先生僅作原字摹寫,並指出其爲曲目名稱,其餘未置一辭。曲目名中第二字原篆作■,我們認爲它可能是"歡樂"二字。今作如下解析。該字可以分析爲三個構件,首先讓我們來看一下左邊的這個構件。通過放大,可以清楚地發現左邊這個構件由三個筆劃組成。第一個是■(拐彎處稍微細點,但其筆勢依然可以看出),第二個是呈"乙"狀的■,第三個則如我們今天漢字中"提"劃形狀的■。第一、第二兩個筆劃相互糾纏,便成■,再加上第三筆就成"■",不管把第三筆當作什麽看待(看成是"糸"下三點的省寫或其他什麽),都不大影響我們對這個偏旁的辨識,它其實即"糸"字,只不過是第一筆的頭伸得太長,這也許是考慮到右旁部件太多太高,爲了與右旁相互呼應,從而做到顧盼生姿,當然,寫得還嫌草率些,這是司空見慣的事,甚至還有寫得更草,像■(韁《上博簡(六)·慎子曰恭儉》簡5)。所以致此的原因乃是"因爲古文字形體結構中,由於偏旁之間的互相制約性,許多作爲偏旁的古文字形,往往比它們單獨使用時寫得省簡草率……",②再看右旁。右旁可以分解爲兩個構件,因爲在楚系簡帛文字中,由這樣兩個構件合成一個形體的字我們至今還未發現,所以我們説它們是兩個完全獨立的文字構形單位。上邊的形體是楚系簡帛文字中比較多見的省去"卄"形的"■"字,如《上博簡(一)·孔子詩論》簡4"戚患"之"患"■,同書《緇衣》簡13"■心"第一字上似從之(楚系簡帛文字中,有的偏旁的筆劃可豎放,也可橫置,如"田"與"目"互換,似可説明),只是多"卄"形;本册《相邦之道》簡1的■,多一

---

① 黄德寬:《古漢字形聲結構論考》,吉林大學博士學位論文,1996年,第60頁。
② 黄德寬:《釋金文■字》,《容庚先生百年誕辰紀念文集(古文字研究專號)》,廣東人民出版社,1998年,第476—477頁。

筆與少一筆無關宏旨，如"凡"字作▢或作▢在上博簡《季庚子問于孔子》簡20這同一簡中）；又如《新蔡簡》甲三267的"▢"字，在甲三235—1中又作"▢"，① 而且這一"一"也可這樣解釋，它是省略的標誌，由於構件太多，會使字形過於龐大，故而用"一"來表示省略"廾"形。右下部剩下的構件就更加明朗了，它就是構成"樂"、"懌"（如▢（《包山楚簡》59、82……）、"澤"（如▢（《包山楚簡》100）、"釋"（如▢：郭《窮》6）等字的偏旁：▢，由於"人"形的兩筆分得太開，以致許多學者望而卻步。至此，我們對這個形體的分析已經全部完畢，那麼，該形體究竟是什麼字？ 如果我們再進一步考慮到左邊的"糸"作為偏旁可以共用，這種偏旁共用的例子在整個楚系簡帛文字中多有發現，此不舉。則這個字實則是不加合文符號且共用偏旁的兩個字！也就是"糸線"，即"絉縓"。這樣化整為零，層層剖析，那麼它豈不就是可以讀為"歡樂"的二字？ 裘錫圭先生曾論道："《上海博物館藏戰國楚竹書（一）·孔子詩論》4號簡'民之有慼悆'、同書《性情論》31號簡'凡憂悆之事欲任'，皆以'悆'為'患'（《性情論》之'憂悆'，郭店簡《性自命出》62號簡作'憂患'）。而2000年荊門左塚3號楚墓所出漆桐上屬於B圖'口'形的第二欄文字，則以'民悆'與'民患'並列，整理者讀'悆'為'患'，當可信……"② "歡"字古音為曉紐元部，從"患"得聲的"濾"古音也是曉紐元部，故"絉"可以讀為"歡"。特別是第二個字，上二《民》篇諸多"樂"字皆如此作"▢"，這應當是我們釋此形體可以讀為"歡樂"二字的有力旁證。

三

上博簡四《曹沫之陣》簡63有一字，李零先生釋之為"亦"，該字原篆為▢。我們先來看一下那些從字形與句義上都完全可以坐實的"亦"字。"亦"字在本篇中只作▢（上博簡四《曹》簡6）；▢（上博簡四《曹》簡7）；▢（上四《曹》簡9）；▢、▢ [上博簡四《曹》簡65（二見）]。別處的"亦"字：▢（上博簡《周易》44、56；上博簡《中》2與之相似）。而我們知道"亦"本是一個正面而立的"人"（即"大"字），在其腋下，加注兩點標指之，本義即"腋下"，從"大"。"大"在本篇中作▢、▢（上博簡四《曹》簡8），▢（上博簡四《曹》簡14），▢（上博簡四《曹》簡16），▢（上博簡

---

① 河南省文物考古研究所編著：《新蔡葛陵楚墓》，大象出版社，2003年。與此偏旁相關的，劉釗先生認為："按字從糸從'类'，'类'即《說文》俅所從之'叁'，後孳乳分化出為'朕'，故此字應釋為'縢'。"（劉釗：《出土簡帛文字叢考》，臺灣古籍出版有限公司，2004年，第28頁）

② 裘錫圭：《上博簡〈相邦之道〉1號簡考釋》，《中國文字學報》第1輯，商務印書館，2006年，第70頁。

四《曹》簡25)、■(上博簡四《曹》簡46),他處■(《上博簡(五)季庚子問于孔子》簡2)……。而"火"及从"火"之字有:■(《郭店楚墓竹簡·唐》10)、■(《九店》M56·39)、①■(《楚帛書》丙);■(上博簡《柬大王泊旱》簡3)、■、■(上博簡《內豊》簡8)、■(上博簡四《曹》簡2正从"火")、■、■[上博簡四《曹》(簡5、6、28、33(三見)、簡35(二見)]、■《上博簡(五)·季庚子問于孔子》簡8……他處:■(天卜《楚文字編》頁584)、②■(《包山楚簡》簡163)、③■(《郭店楚墓竹簡·老子》甲簡27)、④■(《包山楚簡》簡207)、■(《包山楚簡笞》竹簽)、■(《包山楚簡》270)⑤……陳列上揭有關字形,我們試作如下分析:一、筆勢上似乎大差不離,但是還是有區別的。沒有一橫的"火"很易識別,有一橫的"火"就得慎之又慎了。有一橫的"火",那橫劃是筆直的,無論短長,一概如此。而"亦"呢?那上邊的不是一橫而是個"人"形!這上邊的筆劃當然是向兩邊下斜了,上面所列的"大"字上邊筆劃也無不這樣。二、筆劃上"火"與"亦"也是不相同的。有一橫的"火"是五筆,而"亦"字則是毫不含糊的六劃!其與《楚帛書》丙的"火"特別相似。其實,我們早已把三個"火"字獨體字列在上邊,就應該區別出它們了。辭例爲"毋亦飤(食)餱",跟《楚帛書》丙"不火得"結構相同。還有,如在夜間,即"瘁危地",應當銜枚疾走,若再"火食",那結果就像孫臏的對手龐涓一樣,陷於馬陵道中,不要說"火食",哪怕是發出一點光亮,就會招來滅頂之災。另外劉樂賢先生認爲:"邾公華鐘 ■字,諸家皆釋作慎。字上部所从之■當即是火,春秋戰國文字中'火'的上部常常可以添加一橫劃而寫作■。由此可知說文古文■上部實乃■之訛變……總之,慎字的古文就是一上火下日的省字,這是毫無疑問的。"⑥可證我們所釋。

總之,63簡這個■不管從哪方面講都當釋爲"火"而非"亦"。⑦

---

① 湖北省文物考古研究所、北京大學中文系編:《九店楚簡》,中華書局,2000年。
② 李守奎編著:《楚文字編》,華東師範大學出版社,2003年。
③ 湖北省荊沙鐵路考古隊:《包山楚簡》,文物出版社,1991年。
④ 荊門市博物館:《郭店楚墓竹簡》,文物出版社,1998年。
⑤ 湖北省荊沙鐵路考古隊:《包山楚簡》。
⑥ 劉樂賢:《釋〈說文〉古文慎字》,《考古與文物》1993年第4期。
⑦ 陳劍:《上博竹書〈曹沫之陳〉新編釋文(稿)》,簡帛研究網站,2005年2月12日。注[32]也將該字釋爲"火",與本人所釋可謂不謀而合。

釋睡虎地秦簡中一種古文寫法的"乳"字

趙平安

(清華大學出土文獻研究與保護中心)

睡虎地秦簡《日書甲種》有這樣一段話：

一宅之中毋(無)故室人皆疫,多薺(夢)米(寐)死【四〇背壹】,是是匀鬼貍(埋)焉,其上毋(無)草,如席處(四一背壹)。屈(掘)而去之,則止矣。【四二背壹】①

整理小組原注說："匀,疑即'包'字。一說,即'孕'字。"②鄭剛先生認爲是"字"字。③王子今先生從釋"孕"說,認爲"孕鬼"指未出生即將死去的胎兒的鬼魂。④黄文傑先生也從釋"孕"說,認爲"孕鬼"疑指婦女死後所變之鬼。⑤方勇先生比較謹慎,認爲隸定爲匀可從,但讀爲何字,待考。⑥

匀原作〓,隸定爲匀,不成字。釋爲孕、字,形體上有明顯的距離。戰國秦漢時期,孕作〓(詛楚文)、〓(《說文》小篆)等形,字作〓(《古璽彙編》5412)、〓(《說文》小篆)、〓(睡虎地秦簡《封診式》86)等形,與〓有別。特別是孕鬼、字鬼之類的組合不見於古籍,頗令人生疑。

根據簡文,匀鬼是一種惡鬼,所埋之處,就像席子鋪過一樣,寸草不生。如果有人把房子蓋到它的墳頭上,那家人就會得流行病,多夢魘而死。

---

① 睡虎地秦墓竹簡整理小組編：《睡虎地秦墓竹簡》,文物出版社,2001年,第212頁。
② 同上書,第216頁。
③ 鄭剛：《〈睡虎地秦簡日書疏證〉導論》,中山大學碩士學位論文,1989年,第86頁。
④ 王子今：《睡虎地秦簡〈日書〉甲種疏證》,湖北教育出版社,2003年,第367頁。
⑤ 黄文傑：《秦至漢初簡帛文字研究》,商務印書館,2008年,第168-169頁。
⑥ 方勇：《秦簡牘文字編》,福建人民出版社,2012年,第511頁。

在出土文物和傳世古籍中,有"乳死鬼"一類的説法。

如1957年陝西長安縣三里村發現的陶瓶朱書殘文有下面一段文字:

北斗君
主乳死荅鬼
主自死荅鬼
主市死荅鬼
主星死荅鬼①

劉樂賢先生認爲,荅通咎,與《潛夫論·巫列》"咎魅"之"咎"爲同一用法。"乳死咎鬼",是婦人因難産而死所致之惡鬼,即俗語所謂"生産鬼"。②

《醫心方》卷十四"治鬼瘧方第十四"所引晉范汪《范汪方·治鬼瘧方》,記載了十二時發病時作祟的鬼名:

平旦　客死鬼
食時　客死鬼
禺中　市死鬼
日中　溺死鬼
日跌　亡死鬼
晡時　自經死鬼
日入　人奴舍長死鬼
黄昏　盗死鬼
人定　小兒鬼
夜過半　囚死鬼
夜半　寒死鬼
雞鳴　乳死鬼

安倍晴明《占事略決》卷廿七:"天后主母鬼及水上神。太陰主廁鬼。玄武主溺死鬼、乳死鬼。"

都有乳死鬼。對這一類鬼神,上有神靈(如北斗君、玄武)主管,人類也有一定的防治方術。

---

① 陝西省文物管理委員會:《長安縣三里村東漢墓葬發掘簡報》,《文物參考資料》1958年第7期。
② 劉樂賢:《簡帛數術文獻探論》,中國人民大學出版社,2012年,第198頁。

我們認爲，綜合字形和文義兩方面的因素看，勾鬼應即乳鬼，也就是乳死鬼。
🖼，可以看作乳字古文的省寫。

關於乳字，過去我們只認識甲骨文和秦系文字的寫法，如甲骨文🖼（《甲骨文合集》22246）和秦文字🖼（《説文》小篆）之類。近年由於發現上博簡《周易》2號簡"需"卦卦名作🖼（此字共五見，寫法相同），根據這一綫索，已有多位學者把🖼釋爲乳。①我曾由此出發，把清華簡《楚居》11號簡"🖼王"改釋爲"乳=（孺子）王"，將曾侯乙墓鐘磬銘文用作律名的🖼、🖼、🖼、🖼等一系列字形也改釋爲"乳"（傳世古書中與此律名對應的字作"嬴亂"，"亂"字在漢代古隸中經常寫作"乳"形，因而致誤）。②郭永秉先生推而廣之，把一批舊釋"余（餘）子"合文的古璽文和陶文、舊釋爲"向子"或"石子"合文的古璽文以及舊或釋"冢子"合文的璽文和金文通通改釋爲乳子。③從目前的情況看，經過多位學者的努力，對戰國文字的乳字已經有了比較完整的認識，並且基本達成了一致的意見。

戰國文字的乳字大致可以分爲秦系和六國系兩類。在六國系古文中，乳字有一種寫法作🖼（清華一《楚居》11，下有合文符號），有時候省掉爪形作🖼（上博三《周易》2）；④還有一種寫法把字上一筆和爪形大幅簡省，作🖼（《古璽彙編》3102）或🖼（《古璽彙編》3543）之形。⑤睡虎地秦簡日書的🖼可以看作上述乳字簡省的一路，同時省掉上面的一筆和下面的爪形。

我們知道，睡虎地秦簡主要是用秦系古隸書寫的。但其中也夾雜着一些戰國古文。⑥李家浩、黃文傑先生曾指出，睡虎地秦簡《日書甲種》"色"從"爪"不從"人"，

---

① 陳爻（陳劍）：《竹書〈周易〉需卦卦名之字試解》，簡帛研究網，2004年4月29日，http://www.jianbo.org/showarticle.asp?articleid=911；李零：《讀上博楚簡〈周易〉》，《中國歷史文物》2006年第6期；趙平安：《釋戰國文字中的"乳"字》，中國文字學會第六屆學術年會論文，2011年7月29日-8月1日，河北張家口；後收入《中國文字學報》第4輯，商務印書館，2012年，第51-55頁；郭永秉：《從戰國楚系"乳"字的辨釋談到戰國銘刻中的"乳（孺）子"》，"簡帛·經典·古史研究"國際論壇，香港浸會大學，2011年11月29日-12月3日。

② 趙平安：《釋戰國文字中的"乳"字》，《中國文字學報》第4輯，第51-55頁。

③ 郭永秉：《從戰國楚系"乳"字的辨釋談到戰國銘刻中的"乳（孺）子"》，"簡帛·經典·古史研究"國際論壇，香港浸會大學，2011年11月29日-12月3日。

④ 趙平安：《釋戰國文字中的"乳"字》，《中國文字學報》第4輯，第51-55頁。

⑤ 郭永秉：《從戰國楚系"乳"字的辨釋談到戰國銘刻中的"乳（孺）子"》，"簡帛·經典·古史研究"國際論壇，香港浸會大學，2011年11月29日-12月3日。

⑥ 李學勤：《秦簡的古文字學考察》，收入《雲夢秦簡研究》，中華書局，1981年，第324-335頁。

具有楚文字的特點。①我們也曾在《河南淅川和尚嶺所出鎮墓獸銘文和秦漢簡中的宛奇》一文中,指出睡虎地秦簡《日書甲種》"豺䓲"與《日書乙種》"宛奇"相對,豺應釋爲貓,右邊所從爲宛字古文。②現在《日書甲種》⟨字⟩可謂又增添一個鮮活的實例。睡虎地秦簡《日書甲種》書寫年代較早,包含着較多的古文因素是不難理解的。

《漢書·郊祀志》:"是時上求神君,舍之上林中蹏氏館。神君者,長陵女子,以乳死,見神於先後宛若。"顔注引孟康曰:"産乳而死也。"這個故事也見於《史記·孝武本紀》和《封禪書》,字面略有出入。其中"長陵女子,以乳死",《孝武本紀》和《封禪書》作"長陵女子,以子死"。瀧川資言《考證》曰:"子死,當作字死,《漢志》作'乳死',産乳而死也。"《説文》:"字,乳也。从子在宀下。子亦聲。"梁其簋:"百字千孫。""字"通"子"。這樣看來,把"子"讀爲"字"是有依據的。但考慮到這個故事是同一個來源,在民間故事口耳相傳的大背景下,把"子"理解爲"字",再解釋爲乳,顯得太過迂曲。考慮到古隸中有乳字簡省的寫法,我們認爲這個"子"也許可以看作古文"乳"的進一步省變。

附記:本文草成後曾呈郭永秉先生指正。蒙他告知,在他撰寫《從戰國楚系"乳"字的辨釋談到戰國銘刻中的"乳(孺)子"》時,陳劍先生曾提示他關注本文所討論的字。謹記於此,並向郭先生表示感謝。

---

① 李家浩:《䣄鐘銘文考釋》,《著名中年語言學家自選集·李家浩卷》,安徽教育出版社,2002年,第65—66頁;黃文傑:《説色》,《古文字研究》第25輯,中華書局,2004年,第263—264頁。
② 趙平安:《河南淅川和尚嶺所出鎮墓獸銘文和秦漢簡中的"宛奇"》,《中國歷史文物》2007年第2期。

釋睡虎地秦簡《日書》的"渡衖"*

劉樂賢

(首都師範大學歷史學院)

睡虎地秦簡《日書》甲種中有一篇主要按照十二支順序占測吉凶的文字,爲便於討論,先將睡虎地秦墓竹簡整理小組的釋文抄錄於下:

子,女也。有死,其後必以子死,其咎在渡衖。
丑,鼠也。其後必有病者三人。
寅,罔也。其咎在四室,外有火敬(警)。
卯,會衆。其後必有子將弟也死,有外喪。
辰,樹也。其後必有敬(警),有言見,其咎在五室馬牛。
巳,翼也。其後必有別,不皆(偕)居,咎在惡室。
午,室四隅也。其後必有死者三人,其咎在六室,必有死者二人。
未,瘼也。其室寡。
申,石也。其咎在二室,生子不牷(全)。
酉,巫也。其後必有小子死,不出三月有得。
戌,就也。其咎在室馬牛豕也。日中死兇(凶)。
亥,死必三人,其咎在三室。
甲辰寅死,必復有死。
甲子死,室氏,男子死,不出卒歲,必有大女子死。①

---

* 本文是國家社科基金項目"《日書》類文獻綜合研究"和北京市百千萬人才工程項目"戰國秦漢數術研究"的階段性成果。
① 睡虎地秦墓竹簡整理小組:《睡虎地秦墓竹簡》,文物出版社,1990年,釋文注釋第221-222頁。

簡文没有交待占測吉凶的依據,在睡虎地秦簡《日書》中顯得較爲特別。我們以前在考釋睡虎地秦簡《日書》時,感到此篇的性質很難把握,只説了如下幾句推測之詞:

> 本篇的形式與"盗占篇"相似,也是以十二地支與女、鼠等詞配合進行占卜。但女、鼠等詞相互之間的關係不可考,故全篇的含義無從推斷。篇末三簡都占卜"死",或許暗示着這篇東西是占卜死亡之事的。①

後來,王子今先生對睡虎地秦簡《日書》甲種進行疏證時,將此篇擬題爲"十二支死咎",並對上引拙説作了如下評論:

> 劉説"篇末三簡都占卜'死'",其實篇末全言"死"事的兩支簡不宜與前12簡合説,前以十二地支排列的12簡中,子、卯、午、酉、戌、亥6簡都直接説到"死",而辰"言(唁?)"、巳"惡(堊)室"、未"其室寡"、申"生子不牷(全)"等,也都涉及"死"。②

王子今先生指出篇中還有幾條也提到了"死",是合乎事實的。不過,這些條文提到"死"的場合,與篇末三條還是有些不同。篇末的"甲辰寅死,必復有死"和"甲子死,室氏,男子死,不出卒歲,必有大女子死"兩條,明顯是以"死"爲占測的對象或依據。倒數第三條可以點讀爲"亥死,必三人,其咎在三室",也是以"死"爲占測的對象或依據。而前面各條提到"死",都是講占測的結果,不是講占測的對象或依據。③如第四條"卯,會眾。其後必有子將弟也死,有外喪"的"死",就是如此。因此,我們以前在推測該篇性質時,只重視篇末三簡的"死"字,對前面各簡的"死"字有所忽視。王子今先生除重視前面各簡中的"死"字外,還在標題中點出了"咎"字,很有眼光。後來公布的孔家坡漢簡《日書》中也有一篇類似性質的占文,幾乎每簡都提到了"咎",可以支持王子今先生的意見。

孔家坡漢簡《日書》的占文也是按十二支的順序進行占測,現將整理者的釋文抄録於下:

> 子死,其咎在里中,必見血。
> 丑死,其咎在室,必有死者三人。
> 寅死,其咎在西四室,必有火起。
> 卯死,其室必有弟弟若子死,有□…
> 辰死,其室必有……

---

① 劉樂賢:《睡虎地秦簡日書研究》,文津出版社,1994年,第278-279頁。
② 王子今:《睡虎地秦簡〈日書〉甲種疏證》,湖北教育出版社,2003年,第461-464頁。
③ 但第一條"有死"的"死",可能是表示占測的對象或依據。

巳死,其凶在室中。

午死,其室必三人死。

未死,其咎在里,寡夫若寡婦。

申死,其咎在二室,畜産。

酉死,不出三月,必有小子死。

戌死,其咎在室,六畜。

亥死,其咎在室,六畜。①

雖然在文字上頗有差異,但這篇占文與上引睡虎秦簡《日書》占文的性質相近,是十分明顯的。與睡虎地秦簡《日書》不同的是,孔家坡漢簡《日書》在每個地支之後都有一個"死"字,多數占測文字中有"咎"或"凶"字。根據這些特點,孔家坡漢簡《日書》的整理者將該篇擬題爲"死咎",並説"本篇主要講述人死後作祟的處向及吉凶情況",②其説可信。類似性質的占文,在懸泉漢簡中也能見到,③因其照片尚未公布,並且文句也與睡虎地秦簡《日書》的占文頗有差異,這裏就不引述了。④參照這些新發現的資料,可以斷定上引睡虎地秦簡《日書》的占文也是根據"死"占測"咎"或"凶"的所在。⑤因此,王子今先生在擬題中標出"死咎"二字,是恰當的。

至此,我們已經弄清楚了上引睡虎地秦簡《日書》占文的性質。可惜的是,由於孔家坡漢簡《日書》中没有出現與十二地支搭配的女、鼠等詞,我們現在對睡虎地秦簡《日書》的女、鼠等詞的含義和作用仍然不能確定,只好留待以後再作研究。此外,篇中還有個別字詞的含義也值得討論。例如,第一條占文的"渡衖"到底是什麽意思,就需要研究。

睡虎地秦墓竹簡整理小組在注釋中,就"渡衖"的釋讀提出了兩種説法:"衖,疑讀爲澒,即港字。一説衖讀爲巷。"⑥

我們以前在考釋睡虎地秦簡《日書》時,對"渡衖"的含義不得其解,甚至對睡虎

---

① 湖北省文物考古研究所等:《隨州孔家坡漢墓簡牘》,文物出版社,2006年,第167-168頁。
② 湖北省文物考古研究所等:《隨州孔家坡漢墓簡牘》,第168頁。
③ 胡平生、張德芳:《敦煌懸泉漢簡釋粹》,上海古籍出版社,2001年,第178-179頁。
④ 已有學者對此作了專門研究,參看晏昌貴《懸泉漢簡〈死吉凶〉研究》,《中國史研究》2013年第2期。
⑤ 陳炫瑋已經指出,上引睡虎地秦簡《日書》占文的"内容確實是占卜死亡之事,同時還告訴當日人們將會發生什麽災害,且發生災害的原因在哪裏"。陳炫瑋:《孔家坡漢簡日書研究》,(新竹)清華大學歷史研究所碩士學位論文,2007年,第178-181頁。
⑥ 睡虎地秦墓竹簡整理小組:《睡虎地秦墓竹簡》,釋文注釋第221頁。

地秦墓竹簡整理小組提出的兩種説法的優劣也無從判斷，只好原封不動地襲用了睡虎地秦墓竹簡整理小組的上述意見。①

後來吳小强先生在翻譯睡虎地秦簡《日書》時，將"渡衖"譯爲"渡口碼頭"，②顯然采用了睡虎地秦墓竹簡整理小組提出的第一種説法。

王子今先生在對睡虎地秦簡《日書》甲種進行疏證時，將該篇擬題爲"十二支死咎"，一方面説"'渡衖'意義不詳"，另一方面又提醒讀者"參看本篇文字下文'其咎在四室（八五背壹）'、'其咎在五室馬牛（八七背壹）'、'咎在惡室'（八八背壹）、'其咎在六室（八九背壹）'、'其咎在二室'（九一背壹）、'其咎在室馬牛豕也'（九三背壹）、'其咎在三室'（九四背壹）等，都説到'室'與住宅結構有關，整理小組'一説讀爲巷'的意見可以參考"，③似乎傾向於睡虎地秦墓竹簡整理小組提出的第二種説法。

睡虎地秦墓竹簡整理小組提出的兩種説法，到底哪一種符合實際？現在，我們參照孔家坡漢簡《日書》的相應記載可以作出選擇。

先説"衖"字。從照片看，睡虎地秦墓竹簡整理小組將其釋作"衖"是可信的。"衖"字不見於《説文解字》，但見於《爾雅》。《爾雅·釋宫》："衖門謂之閬。"郭璞注："閬，衖頭門。"陸德明在《經典釋文》中解釋説："衖，道也。《聲類》猶以爲巷字。"後世很多論及這一問題的學者，都贊成"衖"即"巷"字的説法。④

近年研究戰國文字的學者對"巷"字的構形作過一些新的研究，⑤據李學勤先生總結，"巷"字自戰國至漢已有下面幾種不同寫法：

  从"𨺅""共"聲　　　　《説文》正篆
  从"邑""共"聲　　　　《説文》篆文或體
  从"行""共"聲　　　　《爾雅》
  从"行""㳟"聲　　　　秦封泥
  从"行""䒷"聲　　　　包山楚簡
  从"辵""䒷"聲　　　　包山楚簡⑥

---

① 劉樂賢：《睡虎地秦簡日書研究》，文津出版社，1994年，第278–279頁。
② 吳小强：《秦簡日書集釋》，嶽麓書社，2000年，第154頁。
③ 王子今：《睡虎地秦簡〈日書〉甲種疏證》，第461–464頁。
④ 參看宗福邦等主編《故訓匯纂》"衖"字條，商務印書館，2003年，第2047頁。
⑤ 白於藍：《釋包山楚簡中的"巷"字》，《殷都學刊》1997年第3期；趙平安：《釋包山楚簡中的"巷"字》，《考古》1998年第5期。
⑥ 李學勤：《秦封泥與齊陶文中的"巷"字》，原載《陝西歷史博物館刊》第8輯；收入氏著《中國古代文明研究》，華東師範大學出版社，2005年，第190–192頁。

如此看來，上引睡虎地秦簡《日書》的"衖"字，本來就是"巷"的異體。如王子今先生所說，《日書》其他各條多提到"室"，這一條如係講"巷"，是易於理解的。因爲"巷"可以指"里中道"（《説文解字》），也可以指住宅，①與"室"的性質相類。可是，"衖"如果是"巷"，與前面的"渡"似乎不好搭配。大概是考慮到這一原因，睡虎地秦墓竹簡整理小組又提出了另外一種意見，即將"衖"讀爲"港"。渡、港連用，初看起來似乎很好理解，但古書所見渡、港連用的例子都時代太晚，②似不足爲據。而且，占文其餘各條多提到"室"，惟獨此條講"渡港"，也不太合理。因此，睡虎地秦墓竹簡整理小組提出的兩種說法到底哪一種合乎實際，還有待進一步研究。

值得注意的是，孔家坡漢簡中與"其咎在渡衖"相應的文句是"其咎在里中"。兩相比較可知，將"渡衖"讀爲"渡港"的說法不能成立，以"衖"爲"巷"的意見則值得考慮。因爲"渡港"與"里中"無關，而"巷"是"里中道"（《説文解字》），與"里中"有關。剩下的問題，是如何解釋"衖（巷）"前的"渡"字。

我們認爲，此處"渡"字似可讀爲"宅"。"渡"與"宅"的古音都在鐸部定紐，應可通假。古書有大量"度"與"宅"通假的例子，③可以作爲佐證。"宅巷"一詞古書少見，這裏只能舉出兩例。《梁書·鄭紹叔列傳》："紹叔至家疾篤，詔於宅拜授，輿載還府，中使醫藥，一日數至。七年，卒於府舍，時年四十五。高祖將臨其殯，紹叔宅巷狹陋，不容輿駕，乃止。"④《元和郡縣圖志·河北道·趙州·平棘縣》："趙郡李氏舊宅，在縣西南二十里，即後漢、魏以來山東舊族也，亦謂之'三巷李家'，云東祖居巷之東，南祖居巷之南，西祖居巷之西。亦曰'三祖宅巷'也。"⑤此外，"家巷"一詞古書多見，也可作爲參考。《楚辭·離騷》："不顧難以圖後兮，五子用失乎家巷。"⑥《後漢書·延篤列傳》："篤以病免歸，教授家巷。"⑦

古書的"宅巷"或"家巷"，是指閭里。將睡虎地秦簡《日書》的"渡衖"讀作"宅巷"，正好可以與孔家坡漢簡《日書》的"里中"對應。

---

① 參看徐剛《〈論語〉故訓疑誤舉例》，《孔子研究》2007年第5期。
② 我們只在明清時期的文獻中檢索到這樣的例子。
③ 參看高亨等《古字通假會典》，齊魯書社，1989年，第895-896頁。
④ 姚思廉：《梁書》，中華書局，1973年，第210頁。
⑤ 李吉甫：《元和郡縣圖志》，中華書局，1983年，第490頁。
⑥ 洪興祖：《楚辭補注》，中華書局，1983年，第21頁。
⑦ 范曄：《後漢書》，中華書局，1965年，第2104頁。

小方足布近期整理與研究
——據《先秦貨幣匯覽·方足布卷》之《序言》改作

黃錫全
（中國錢幣博物館）

先秦貨幣，是中國貨幣史中最重要、最有特色的部分，不僅源遠流長，而且豐富多彩，對於研究當時的政治、經濟、歷史、文化、古文字、科技史等方面具有重要意義，因此頗受研究者重視和收藏者喜愛。截至目前，傳世實物與出土發現日漸增多，學術界相繼做了不少整理、研究工作，拙著《先秦貨幣通論》與《先秦貨幣研究》只是其中的一部分。爲方便大家了解先秦貨幣最新研究狀況及實物面貌，我與董瑞先生擬將先秦時期的各種貨幣重新收集整理，以文、圖合一的形式彙編成册，並陸續分卷出版。

《方足布卷》是《先秦貨幣匯覽》中的一卷，也是最重要的一卷，內容複雜，材料豐富。本卷收錄三晉兩周小方足布及燕國、楚國布幣。十年前，我們曾根據新發現及學術界的研究成果，對其做過比較系統的整理與研究，具體體現在《三晉兩周小方足布的國別與有關問題》中，所列"三晉兩周小方足布大小輕重諸家所定國別及有關情況一覽表"比較集中反映了有關問題。所撰《先秦貨幣文字形體特徵舉例》，歸納總結了貨幣文字變化簡省的有關特點。由於種種局限，有些品種，或因文字簡省過甚釋讀難定，或因地點犬牙交錯國別不易區分，意見分歧較大。當時，釋文多傾向一家之言，並對國別作了大致的劃分。然而，不無遺憾。

這次收集整理，重新審視所見材料及研究成果，尤其對同種貨幣的文字變化做了比較仔細的比對與分析，對以往的意見做了不少調整與修正。大致包括如下幾個方面（各舉數例，以見一斑）：

一、明顯錯誤，予以糾正

如1995年河南濟源出土的方足布⬚，或釋爲"中昌"，讀爲"中鄉"，推定在河南澠池附近，屬韓。經過比較分析，此布當爲下列"中都"的省作，本卷直接將其列入"中都"條。過去將釋讀爲"代玉"，疑爲"代穀"者，經比較諸多"中都"簡省之例，所謂"代玉"當爲下列"中都"之形簡省，也直接列入"中都"條。

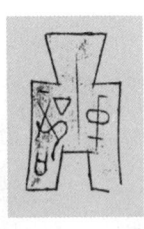

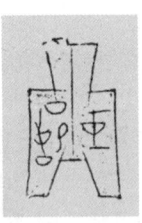

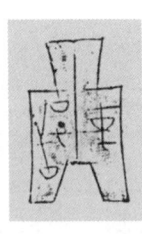

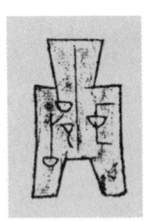

1984年河南鄭州出土一枚所謂"四陽"布（下圖左），根據合背"安陽"布，知"安"字上部"宀"借用了中綫、肩綫和邊綫，將其直接列入"安陽"條。另，丁福保《辭典》刀布類圖164（小型）、165（大型，傳形）布，過去多釋爲"宜陽"，在今在河南宜陽縣西，戰國屬韓。經比較，二布應爲"安陽"省筆，或者摹誤。也將其列入"安陽"條。

根據新見下列燕布"平陽"，則過去所見讀爲"平陽"者顯然有誤，只能存疑待考。

新見　　　　　　　以往見

二、辨明形體，大膽處理

如1966年河北易縣燕下都出土一枚方足布，過去多釋讀爲"王城"，爲西周公國布。或以爲"平城"，在今山西大同市東北。仔細觀察，所謂"城"字右側上方有一小豎，不是泐痕，應爲"王氏"。故將此布歸入"王氏"條。

又如，1995年河南濟源出土一枚方足布，或釋珏，讀穀，在今河南洛陽西南，西周國屬地。根據"王氏"不同字形，所謂"珏"當爲"王氏"變體或簡省。故將其直接列入"王氏"條。

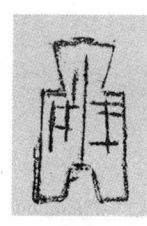

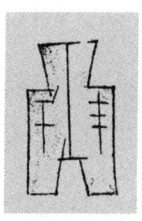

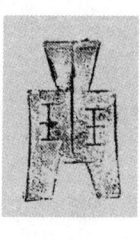

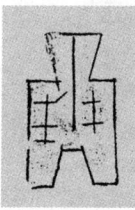

過去或將《大系》2279（《先秦編》297）釋爲从八从邑之邠，讀汾。汾城先後屬魏、韓。其地或主張在洪洞、臨汾間。或以爲在新絳東北，屬韓。細審此布，所謂"八"下有一劃，實爲"鄔"字省筆。又，《大系》2019所謂"郜"布作下列形，或讀峃或殽。或以爲當釋"土勻"。此字左下交叉下面有一劃，也應爲"鄔"省變。故將二者直接列入"鄔"字條。

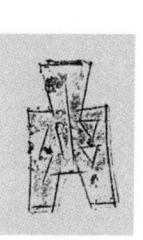

下列一枚方足布，過去或以爲"土勻"。根據"平陽"的省體，平字或省去左右撇，陽或省去其上部，此布當爲"平易"省作。《辭典》刀布類81 ，舊或釋"平工"，讀"平江"；或釋"平勻"。此布應爲"平陽"傳形簡筆並摹誤，也一併歸入"平陽"條。

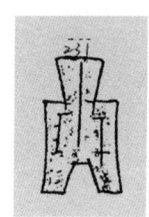

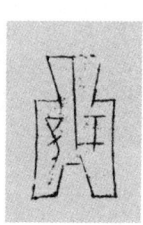

《辭典》1207 ▨，或釋"宝陽"，疑讀"堵陽"。其實，應爲"宅陽"變體。另見所謂"宅子"作▨者，或以爲是"宅陽"之宅與"長子"之子的錯誤組合。其實也是"宅陽"，"子"與某些"陽"字所从"子"類同。如平陽之陽或作▨、▨，易似"子"。方足布▨、▨，過去或釋"文陽"，或釋"陽丘"，或主張釋爲陽也，讀陽地。經過比較，我們以爲當是"宅陽"省變。方足布▨，右邊一字或作▨、▨、▨，見《大系》1689、1690、1691、1694等，或根據平首尖足布"襄成"之"成"或簡省似"井"、"口"之例證，釋爲"成陽"，讀城陽。經過諸多比較，目前傾向於"宅陽"省變。以上這些，一併列入"宅陽"。

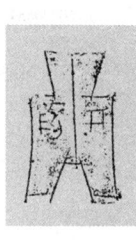

三、難定品種，存疑待考

如下列所謂"封邑"布作▨，倒書，"封"字邑旁與常見"邑"形有別。或釋"封邑"即"封穀"，在山西蒲縣境，屬魏，爲重小方足布錢。此布出於山西，輕重不詳，字形與衆多的小方足布有別，如無疑問，可能是魏受秦影響所致。因對此布有所懷疑，又不宜捨棄，故入附錄，存疑待考。

下列"貝地"布作▨，過去或釋"貝丘"，或以爲貝地當即貝州，或釋"俞即"之省。因國別一時難定，也列入附錄待定。

又如丁福保《古錢大辭典》刀布類圖254，摹本▨，或認爲其字从告从邑，釋讀爲郜，有《左傳》成公十二年"焚我箕、郜"爲證，在今山西浮山西，屬韓。或以爲在今山西祁縣西，屬趙。因是摹本，或以爲有可能是"中都"之省。類似者也列入附錄，存疑待考。

他如木子、木邑、不邑、子邑等布，很可能爲某種布之簡省，不易確定，也列入附錄，存疑待考。

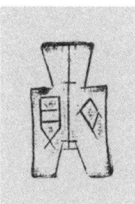

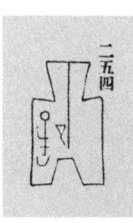

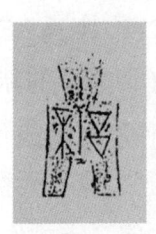

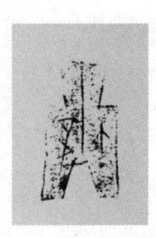

根據目前所見材料及前賢研究成果,以及我們的重新調整與分析,本券限定的有面文的這類方足布,總共約在120種左右。小方足布文字簡省不一,地名歸屬不定,其中的問題還不少,我們的歸類也只是初步的。有些問題還有待新的發現與進一步的深入研究。我們所做的工作,如能對學術界、收藏界、錢幣愛好者以及宣傳、普及貨幣文化有所裨益,將不勝榮幸。

寶字聲符構形研究及相關古文字考釋的反思*

董蓮池
（華東師範大學）

"缶"，許慎釋爲瓦器，構形分析爲"象形"，清代《説文》家大體認可了許慎這一觀點，詮解其形爲象器上有蓋。①近代以來古文字學昌明，文字學家們根據古文字資料，認爲字從"午"，以標聲，②也有的認爲所從之"午"是杵的初文，整字象以杵搗泥之形。③解説構形原理雖然有異，認爲從"午"則是共識。

缶字的構形是像許慎解説的那樣還是像近代文字學家們研究的那樣？必須給出一個科學的答案，做到這一點，就需要從古文字資料提供的確鑿缶字出發，由流溯源，從源頭上去解決。

古文字資料提供的確鑿缶字，一是"匋"所從，二是"寶"所從。"匋"最早見於西周早期金文，爲例甚少，"寶"則最早見於商代金文，下延至春秋，源遠流長，爲例四千餘，形體極豐富，僅商代便有五十餘例，因此"寶"提供的"缶"字資料最便於研究"缶"字的構形，下面就以"寶"提供的"缶"字資料爲對象來研究。

出土古文字中的"寶"字由商流變到春秋金文，典型字例有▨（魯大司徒厚氏元簠）、▨（國差𦉜）、▨（鑄公𠤣），由此上溯西周金文，晚期典型字例有▨（史頌匜）、▨（伯公父盨）、▨（伯椃虘簋），中期有▨（庚姬鬲）、▨（塱肇家鬲）、▨（友父簋）、▨（友父簋）、▨（𣪘孟延盨），早期有▨（見尊）、▨（大盂鼎）、▨（康侯丰鼎）。以上舉春秋三

---

* 【基金項目】本文是國家社科基金重大項目"商周金文字詞集注與釋譯"（批准號：13&ZD130）的中期成果。
① 詳丁福保《説文解字詁林》，中華書局，1988年，第5454-5455頁録徐灝《説文段注箋》、王筠《説文句讀》等。
② 詳周法高主編《金文詁林》，香港中文大學出版社，1984年，第3433頁。
③ 詳李圃主編《古文字詁林》第5冊，上海教育出版社，2002年，第439頁。

器所見而論,"缶"分別作下揭形:

⚓(魯大司徒厚氏元簠) ⚓(國差𬭚) ⚓(鑄公匜)

下部或从"凵",或从"口",和小篆不同,但由於三者均寶字所从,爲一字之異,"凵""口"在構形上功能相同,對字不構成區別,尤其在上舉友父簠中,一銘之內寶字兩見,一从"凵",一从"口",更能説明在"缶"字構形中,从"凵"與从"口"是可以任意的。其"凵"或"口"的上部分別作"羊"、"𠂆"、"木",第三個和前兩個寫法有些不同,即中豎寫上的是圓點,而前兩個寫上的是短橫,在古文字形體演變中,中豎加點飾,點再變成橫劃是最常見的現象,因此三者中豎都可以以从一横劃視之,也可以以从一點劃視之,它們寫法的不同也不構成形體上的實質性區別,那麼,這個以"羊""𠂆""木"爲形的偏旁應當理解爲什麽?由於其時的"午"字寫作"𠂆"(春秋 邾叔之伯鐘)、"羊"(春秋 浮公之孫公父宅匜)、"羊"(春秋早期 弔舨簠),與"羊"、"𠂆"、"木"形體完全相同。只能説"羊"、"𠂆"、"木"就是"午",此外,𣪘孟延盨上所見"寶"字从的"缶"徑作"𠂆",舍棄了"凵",𣪘孟延盨是西周中期器,其時"午"字寫作"𠂆"(鮮盤)、"𠂆"(公貿鼎),與𣪘孟延盨上的"𠂆"形體全同,説𣪘孟延盨上的"𠂆"是"午"形體上的根據亦很足,而且不从"凵",徑以"午"字表之,説"缶"从"午"聲亦不失爲有據。而西周早期寶字从的缶作⚓(見上舉康侯鼎)、"⚓"(見上舉見尊),其時"午"字作↑(召卣),以之比對⚓、⚓所从,説其从"午",亦有足够的形體上的證據。這樣看來,从春秋到西周,缶字都是从"午"的,近代文字學家們的説法是正確的。

但是如果把資料上溯到商代金文,這一結論必須推翻。

根據我們對商代金文"寶"字資料的蒐集整理,40餘見,下面選録27例作爲代表:

▨(小子䍙鼎) ▨(宛豐作父癸卣) ▨(宲𢆶簠) ▨(作册豐鼎)
▨(文嬺己觥) ▨(夒父己卣) ▨(戈厚作兄日辛簠) ▨(宰甫卣)
▨(宰甫卣) ▨(小子省卣) ▨(𤓰卣) ▨(戍嗣鼎) ▨(𩰬作父乙簠)
▨(作母戊觥蓋) ▨(竟作父辛卣蓋) ▨(何作兄日壬卣) ▨(作父乙卣)
▨(作父丁觚) ▨(㸤伯䜭卣) ▨(作父戊器) ▨(責尊) ▨(戈作寶彝卣)
▨(阪方鼎) ▨(竟作父辛卣蓋) ▨(無敄鼎) ▨(作父乙簠) ▨(作册般黿)

在上揭27例中,"缶"在其中的寫法有兩類:一類作⚓、⚓、▨,一類作⚓、⚓、⚓、亯、含。兩類的區別是下部，上部作￥、￥、￥相同，和西周早期所見"缶"字所從無二致——中豎兩外延撇的下部都不帶點。既然西周早期"缶"從的這類形體是"午"字，依理商代寶字聲符"缶"從的￥、￥、￥當然也是"午"字。人們一般正是這樣認識的。下面來考證它們是不是"午"字。

午字，商代金文可確證者是獨立用爲地支者，共2見（銘之真僞曾有爭議者未計入）：

▌（戍嗣鼎 丙午）　▌（帚薦鼎 庚午）

作人名者2見：

▌（亝婦觚 人名）　▌（司母午盉）

均帝乙帝辛時器銘。而這一時期甲骨文"午"字作：

▌（合集35406）　▌（合集35412）　▌（合集36442）

地支用字，與金文寫法完全一致。將商代"寶"字中的"缶"從的￥、￥、￥與上舉"午"進行對比，二者完全是風馬牛不相及。

那麽爲什麽"缶"會被誤認爲从"午"？這是由於古文字某些形體在發展演變過程中，常好在豎劃的中間加一點飾，點飾後來演變爲一橫劃，結體時被保留了下來。"寶"字所從的"缶"之偏旁"￥"，也受到了這個規律的支配，由商代的"￥"，流變到西周早期的"￥"，尚未在中豎中間加點飾，到了西周中期開始寫作"￥"，加點飾，西周晚期寫作￥，點飾變作橫劃，春秋因襲之，作"￥"、"￥"、"￥"，而"午"字，商代寫作▌、▌，學者認爲是杵的象形，可信。西周早期上部"▌"變作"￥"而寫作"￥"（召卣），中期寫作￥（伯晨鼎）、￥（齹簋），加點飾，晚期寫作￥，點飾變作橫，春秋以降因之，作￥（浮公之孫公父宅匜），小篆結體爲￥。

下面將"缶"所從的"￥"和"午"字流變情形整理如下圖，以資比照：

（缶）￥（商）-￥（周早）-￥（周中）-￥（周晚）-￥（春秋）-￥（小篆）

（午）▌（商）-￥（周早）-￥（周中）-￥（周晚）-￥（春秋）-￥（小篆）

可見《説文》不以从"午"説"缶"之構形是正確的。郭小武先生認爲从象形的桴或枹以爲聲,①考之甲骨文"鼓"字或作"䖒"(合集30388),説當可從。

既知"缶"字本不從"午",由此審視以前的某些考釋成果,有的並無成立的可能,有的非常正確。

商代金文有"🅰"(偶缶作且癸簋),人名用字。1985年版《金文編》及其後(截止到2012年)出版的古文字工具書統釋爲"缶",此形體"口"上從"午"十分明顯,釋"缶"顯然錯誤,應依形隸定爲"舌",蓋從午聲。又有"🅱"(小臣缶方鼎),亦人名用字,構形和偶缶作且癸簋所見相同,丁山先生在上個世紀五十年代隸其作"舌",②以《説文》所無的未識字視之,李學勤先生後來亦指出與《説文》缶字合而與晚商寶字所從不合,③均屬獨具慧眼,遺憾的是後來諸家統受"缶"字從"午"的假象迷惑,置隸"舌"之説於不顧,競相釋"缶",而其爲字,"口"上從"午"比偶缶作且癸簋更爲明顯,釋"缶"顯然大錯,大家稱呼慣了的"小臣缶"應實事求是地改稱"小臣舌"。只有甲骨文之🅲(合集20223)、🅳(合集10241)才是商代真正的獨立使用的"缶"。🅰與🅲本屬二字而非異體。在目前所見商代全部文字資料中,不存在以從"午"爲形或聲的缶。

下面順便談談甲骨文中所謂的"寶"字。

上文在研究"缶"字構形過程中曾徵引商代寶字,説到40餘見,這樣高的復現率,表明"寶"在商代是一個常見字,記錄一個常用詞。其構形除一例省略"宀"、幾例省略"貝"外,餘皆"宀"、"貝"、"玉"、"缶"四者具備。説明"寶"在構形上已相當穩定,是一個爲使用文字者所熟知而且能準確把握的一個形體。此外還有一個有趣的現象是這40餘見的寶字,其構形偏旁"宀"可以省,"貝"可以省,但"缶"作爲標音符號絶無省者,儘管有時寫得不全,但其象徵性的筆劃一定保留。下面來看看一向被視爲寶字的甲骨文形體:

(合集18623,賓組。殘存此一字,無法從辭例上發現其義,从宀、从貝、从🆉)

---

① 詳郭小武《古文字考釋五題》,《殷都學刊》2001年第3期。
② 丁山:《甲骨文所見氏族及其制度》,科學出版社,1988年,第55頁。
③ 李學勤:《小臣缶方鼎和箕子》,《殷都學刊》1988年第1期。

（合集17512"庚午帚◨示三屯"，賓組，婦名用字，从宀、从貝、从玉，玉形乃◨荀省）

（合集17511臼"壬寅帚◨示三屯"，賓組。婦名用字。从宀、从貝、从◨）

（合集06451臼"庚午帚◨示三屯"，賓組，婦名用字，从宀、从貝、从◨）

（英430"丁卯帚◨示三屯"，賓組，婦名用字，从宀、从貝、从◨）

（合集35249"帚■……"，歷組，婦名用字，从宀、从貝）

  這些辭例中的所謂"寶"字，除第一例殘辭外，都是武丁時期婦名用字，連同第一例在内，都無法推證它當寶字用，記録寶一詞。從構形上看，它雖然从宀从貝，但所从之■（或■）實在不明所象，或説是琮，也是推測之詞，至於説它是"玉"的異體，也難讓人信服，甲骨文中玉字復現頻率相當高，竟無一例確鑿記録玉一詞的玉字寫作此形者，另外，這個形體概不見寶字不可或缺的"缶"旁，而"缶"旁在商代是"寶"字構形中不可或缺的偏旁，不但有標音作用，當也有示形的記號作用，及至西周，這一構形特徵仍然保留。在這樣一個寶字構形已爲時人共識的大背景下，怎麽會將寶字作"■"來寫？可見釋"■"爲寶並不可信。商代的寶字，就今天所見材料而言，源頭只能尋繹到商代金文。

  附記：本文主要觀點曾在研討會上宣讀，會後得沈培先生指點而有若干修正，謹致謝忱。

説　妝

季旭昇
(中國文化大學中文系)

大徐本《説文解字·卷十二·女部》："妝：飾也。从女，牀省聲。"段注："此飾篆引伸之義也。宋玉賦曰：'體美容冶，不待飾裝。'《上林賦》：'靚粧刻飾。'粧者俗字，裝者叚借字。"① 看來没什麼問題，其實"妝"字的本義可能不是這麼簡單。

"妝"字最早出現在甲骨文，劉釗、洪颺、張新俊先生編纂的《新甲骨文編》收録2形：②

[字形]（合18063.賓組）　[字形]（合5652.賓組）

李宗焜先生《甲骨文字編》收録5形：③

[字形]（屯2767.A2）　[字形]（合5652.A7）　[字形]（合18063.AB）　[字形]（花241.C5）　[字形]（花241.C5）

《合》18063殘餘一字，義不可知，字从妝从水，未必即"妝"。《合》5652辭云："貞：巫妝不禦？"爲巫名。《屯》2767《摹釋總集》隸作"ㄟㄑㄐ㈤妝母[字]"，多字不識，義不詳。《花》241辭云："丁未卜：子其妝用？若。勿妝用？"④ 爲當祭牲用的人，可能就是"巫

---

① 段玉裁：《説文解字注》，上海古籍出版社，2011年，第622頁。
② 劉釗：《新甲骨文編》，福建人民出版社，2009年，第669頁。合5652原書誤作5662。
③ 李宗焜：《甲骨文字編》，中華書局，2012年，第1206頁，第3838號。
④ 《殷墟花園莊東地甲骨》，雲南出版社，2003年，第六册讀爲"丁未卜，子其妝，用若？勿妝，用？"釋云："妝……，象女子有病臥於牀上，與[字]之意義相同。應釋爲疾。在甲骨文的會意字中，作偏旁的人、女、卩，有時可以通用。"（第1658頁）其說恐非。姚萱《殷墟花園莊東地甲骨卜辭的初步研究》（綫裝書局，2006年）隸作"丁未卜：子其妝用。若。勿妝用"，注云："'妝'是'用'的對象，當指用以祭祀的犧牲。《合集》22483有'[字]'字，是'妝'可用爲焚祭時所用的犧牲之證。參看《甲骨文字釋林》序第7頁，《古文字論集》第223頁。"（第298頁）旭昇案：《甲骨文字釋林·序》第7頁謂"甲骨文有巫妝，又有[字]字作[字]，象焚巫於火上，即暴巫以乞雨"。裘錫圭《古文字論集》基本亦贊同于說。

妆"。職名後的字,有可能是私名,也有可能是族名,因此《屯》2767"妝母"的"妝"應該也是人名。總的看來,甲骨文的"妝"字應該是从女、爿聲的人名或族名之字,與後世的"妝"字未必有關。

《殷周金文集成》4616號"許子妝簠"收有"𡛜"字,辭云"隹正月初吉丁亥,鄦子△擇其吉金……",△爲"許子"之名,一般隸定作"妝",依形實爲从女、安聲,當隸定作"妟";《包山楚簡》224-225有"衛𡛜"二見,均爲人名,一般也隸定作"衛妝",劉信芳先生《包山楚簡解詁》隸作"衛妟"。①《古璽彙編》3756有印如下: ,《古璽彙編》缺釋。何琳儀先生《戰國古文字典》隸爲"倀妝(也从'安')",《包山》"衛妟",何先生也隸定爲"妝"。②

以上金文、戰國文字的"妟"字(以下隸定作"妝"),是否"妝"字,頗不易判定。不過,我們傾向它就是"妝"字,而且是"妝"的最早字形。因爲,依照新出戰國楚簡的材料來看,"妝"字的本義應該是"莊重"之"莊","飾也"應該是引申義。"莊重"義从女(安)、爿聲較爲合適。從字形演變來看,"女"省爲"女"也較爲合理,"女"加繁爲"女"則似較不合理。

《郭店·緇衣》簡23有从女、爿聲之"妝"字:

 (晉/祭)公之顧(顧)命員(云):毋以少(小)悔(謀)敗大惜(作),毋以卑(嬖)御息(疾)妝(莊)句(后),毋以卑(嬖)士息(疾)大夫、卿士。③

字作" ",从女、爿聲。同樣的句子又見《上博一·緇衣》簡12云:

 䣄(晉/祭)公之《顧(顧)命》員(云):毋㠯(以)少(小)㥬(謀)敗大煮(作),毋㠯(以)辟(嬖)御書(疾)妝(莊)后;毋㠯(以)辟(嬖)士書(疾)夫=(大夫)向(卿)使(士)。

字作" ",也是从女、爿聲。

這是"妝"字最早可以確定詞義的兩條材料。今本《禮記·緇衣》作"葉公之顧命曰:'毋以小謀敗大作,毋以嬖御人疾莊后,毋以嬖御士疾莊士、大夫、卿士。'",一般都直接在上引楚簡"妝"字後括號注"莊"字,顯然認爲楚簡"妝"字是"莊"字的通假字。

---

① 劉信芳:《包山楚簡解詁》,藝文印書館,2003年,第237頁。
② 何琳儀:《戰國古文字典》,中華書局,1998年,第699頁。
③ 荆門市博物館:《郭店楚墓竹簡》,文物出版社,1998年,第134頁。

不過，"莊"字的本義顯然和"莊重"沒什麼關係，大徐本《説文解字》云："莊：上諱。"因爲漢明帝名"莊"，所以許慎不敢解釋"莊"字。段玉裁注云："其説解當曰：'艸大也。从艸、壯聲。'其次當在莉、蕲二字之間。此形聲兼會意字，壯訓大，故莊訓艸大。古書莊、壯多通用，引伸爲凡壯盛精嚴之義，《論語》'臨之以莊'，苞咸曰'莊嚴也'是也。"① 段注以爲"莊"的本義是"艸大"，應該是根據《玉篇·艸部》"莊：艸盛皃"；以爲"莊"有"精嚴"之義，應該是"壯"的引申義，這都是合理的。从艸、壯聲，本來就不應該有莊嚴、莊重之義。

現在根據《郭店》、《上博》"莊后"原來寫成"妝后"，我們應該可以考慮"莊重"的"莊"的本字應該就是"妝"，更精確地説，應該是"牀（姎）"，从"女（安）"本來就有安嫻莊重之義，从爿則爲聲符。"牀（姎）"字省作"妝"，"安嫻莊重"之義就不明顯了。

"牀（姎）"引申有"妝飾"之義。"牀（姎）飾"可以讓人美麗，也可以讓人莊重。古代貴族的妝飾，其實是爲了要讓人莊重（當然，莊重本來就是貴族之美的一種）。例如古人佩玉，就是讓人行步有節，莊重合度，《禮記·玉藻》："故君子在車，則聞鸞和之聲，行則鳴佩玉，是以非辟之心，無自入也。"《大戴禮記·保傅》説得更詳細：

> 古者年八歲而出就外舍，學小藝焉，履小節焉。束髮而就大學，學大藝焉，履大節焉。居則習禮文，行則鳴佩玉，升車則聞和鸞之聲，是以非僻之心無自入也。在衡爲鸞，在軾爲和，馬動而鸞鳴，鸞鳴而和應。聲曰和，和則敬，此御之節也。上車以和鸞爲節，下車以佩玉爲度；上有雙衡，下有雙璜、衝牙、玭珠以納其間，琚瑀以雜之。行以采茨，趨以肆夏，步環中規，折還中矩，進則揖之，退則揚之，然后玉鏘鳴也。②

婦女的妝飾也是一樣，盛妝之後才顯得莊重，要莊重則需假以盛妝。因此妝字引申有"飾"義，應該是很合理的。

附記：何琳儀先生第一次到臺灣，是我爲他當保證人。他在臺灣文史哲出版社出版的《古幣叢考》則是我幫他一手處理的。由於何先生在戰國文字方面的成就，讓我與何先生建立起了深厚的友誼。茲值安徽大學紀念何先生的盛會，謹以小文表達對何先生的尊敬與懷念。

---

① 段玉裁：《説文解字注》，第22頁。
② 黃懷信主撰，孔德立、周海生參撰：《大戴禮記匯校集注》，三秦出版社，2005年，第407-414頁。

楊廣泰《新出陶文封泥彙編》序

王　輝
（《考古與文物》編輯部）

　　陶文與封泥是古文字，特別是戰國文字的兩項重要内容，二者關係密切，其著録與研究歷史亦悠久。

　　陶文、封泥以山東、陝西出土爲大宗。清代同治年間，陳介祺輯成《簠齋藏陶》，吴大澂加以考釋，有開創之功。此後劉鶚《鐵雲藏陶》，孫潯、孫鼎《季木藏陶》，王獻唐《鄒滕古陶文字》，陳直《關中秦漢陶録》，袁仲一《秦代陶文》、《秦陶文新編》，高明《古陶文彙編》，王恩田《陶文圖録》，著録更爲豐富。而顧廷龍《古陶文舂録》、金祥恒《匋文編》、唐蘭《陳常匋釜考》、張政烺《平陵陳𩵦立事歲陶考釋》、周寶宏《古陶文形體研究》，以及袁仲一、李零、裘錫圭、鄭超等，皆對陶文的釋讀、時代、分域及其反映的歷史、文化有深入的研究。

　　《鐵雲藏陶》中有《鐵雲藏封泥》一卷，是早期的封泥著録。吴式芬、陳介祺《封泥考略》，羅振玉《齊魯封泥集存》，周明泰《續封泥考略》、《再續封泥考略》，王獻唐《臨淄封泥文字》，資料更加豐富。1994年，孫慰祖著《古封泥集成》，是1993年以前著録封泥的總匯。

　　秦封泥在上世紀九十年代以前少有著録。《封泥考略》僅懷疑"參（三）川尉印"、"趙郡左田"、"田廥"、"屯留"等爲秦物。1990年，拙文《秦印探述》指出"皇帝信璽"、"信宫車府"、"北宫宦者"、"軍假司馬"爲秦封泥。孫慰祖《集成》指出"頻陽宫印"、"安臺左𡊄"爲秦封泥。僅此而已。

　　1995年以來，西安北郊陸續有古封泥流向市場，北京路東之古陶文明博物館收藏一批，請李學勤先生等鑒定，確認爲秦封泥。1996年，路氏與周曉陸先生欲著文介紹這批封泥，我當時在《考古與文物》編輯部工作，極力慫恿此文首先在該刊發表。1997年第1期的《考古與文物》與《西北大學學報》（哲社版）首先公布了這批資料，並由周、陸二氏作了初步分析，在海內外引起轟動。路氏資料後結集爲《秦封泥集》。幾乎同時，亡友傅嘉儀先生亦收藏600餘枚秦封泥，品相較好。傅氏封泥後結集爲《秦封泥匯考》，並曾請我考釋。稍後，原西安市文物管理委員會（今西安市文物保護考古研究所）、中國社會科學院考古研究所漢長安城考古工作隊各自對相家巷村秦封泥遺址進行了考古發掘，獲得了一大批秦封泥，並弄清了其地層關係。遺憾的是，西安市文管會的資料至今未發表。秦封泥的發現是二十世紀最重大的考古發現之一，其對秦歷史文化尤其是職官、地理研究極具價值，因而在一段時間内成爲研究熱點。李學勤、孫慰祖、周偉洲、周曉陸、施謝捷、張懋鎔、傅嘉儀、史黨社、劉瑞、劉慶柱、李毓芳、陳曉捷皆著文探討，蔚爲大觀。1999年，拙著《秦文字集證》在臺北印行，其第四章《秦印通論》涉及秦封泥300餘種。至今，大陸及港、臺地區以秦封泥研究爲題的碩士、博士論文已有數篇。

值得注意的是，在衆多的陶文、璽印、封泥收藏者中，有一些是當時的書畫名家。黃賓虹先生有《賓虹草堂集古璽印》、沙孟海先生有《談秦印》、《印學史》，皆其代表。傅嘉儀先生也是一位書法家。

北京文雅堂楊廣泰先生是一位著名書畫鑒藏家。二十年來，他花費巨大精力與財力，購藏了一大批古陶文、封泥，包括：河南新蔡古呂鎮所出戰國封泥，西安相家巷、六村堡、高陵及河南平輿古城村所出秦封泥，西安焦家村、盧家口、江蘇徐州土山、山東臨淄劉家寨、河南靈寶函谷關、平輿古城村所出兩漢、新莽封泥，河北易縣燕下都所出燕陶文、山東臨淄所出齊陶文等，總數已逾萬枚。2010年，楊先生將其所得編爲《新出封泥彙編》，收各類封泥7 800餘枚，近1 600種，由西泠印社出版社印行。該書編排科學，釋文準確，裝幀典雅，印刷精良，書後並附全編封泥與其他封泥編校讀表、所見職官表、所見郡國縣鄉名表等，爲封泥鑒賞提供了珍貴的資料，爲封泥研究做出了巨大貢獻，收到海內外同行的一致好評。秦傳世器有新郪虎符，原藏東京某氏，後歸巴黎陳氏，羅振玉《增訂歷代符牌圖錄》收入，王國維、郭沫若、唐蘭等先生著文，斷爲秦併天下前物。近年有朋友對此提出質疑，認爲據《漢書·地理志》汝南郡下應劭注"秦伐魏取郪丘，漢興爲新郪"，新郪爲漢所置縣，新郪虎符是漢淮南王劉安謀反時鑄造的，因要與朝廷唱反調，故銘文内容、文字風格皆仿秦文字。但《新出封泥彙編》0980有相家巷出土"新郪丞印"封泥，證明秦已有新郪縣。拙文《"秦新郪虎符"析疑》據此重新考定新郪虎符乃秦物，非漢物。拙文寫作時，曾向楊先生求取照片，是很感激的。

上書出版後，楊先生續得陶文、封泥2 400餘枚，近日將輯爲《新出陶文封泥彙編》，由日本藝文書院印行。我粗讀書稿一過，以爲此書有以下兩個特色。

一、資料豐富、品相好

此書收封泥1 600餘枚、陶文800餘枚,時代從戰國至東漢,地域涵蓋河南、山東、陝西、河北,內容包括官制、地理、私名。其地域之廣、品種之多、內容之豐富,比之《封泥考略》、《齊魯封泥集存》、《季木藏陶》皆有過之。今年也有一些書畫家印行了個人藏璽印、封泥書,但多數品種少,不成系統,與此書無法相比。

此書所收陶文、封泥,如臨淄齊陶文、靈寶西漢封泥、西安盧家口新莽封泥多完整。《漢書·地理志》:"弘農郡。"班固自注:"武帝元鼎四年置。有鐵官,在黽池。"王先謙補注:"全祖望曰:'故屬京兆尹,武帝分置。'錢坫曰:《武紀》元鼎三年東,徙函谷關於新安,以故關爲宏農縣,然則置郡亦當在三年,四字疑誤。'"屬縣有弘農、盧氏、宜陽、黽池、丹水、新安、析、商、上雒、陝、陸渾。靈寶所出西漢封泥有"弘農大守章"、"弘農守丞"、"弘農都尉章"、"弘農鐵長"、"弘農鐵丞"、"關都尉印章"、"弘農水長"、"弘農獄丞",可能都是弘農郡職官印。又有"弘農令印"、"盧氏丞印"、"陸渾長印"、"陸渾丞印"、"陸渾左尉"、"黽池丞印"、"黽池右尉"、"黽池廄丞"、"陝令之印"、"商丞之印"、"上雒右尉"、"析丞之印"、"新安令印"、"宜陽令印"、"宜陽左尉",皆弘農各縣職官印。弘農郡封泥集中出土於靈寶,不是沒有原因的,靈寶即《地理志》之"弘農"縣,班氏自注:"古秦函谷關。"王先謙補注:"《荀子》所謂'秦有松柏之塞'也。《一統志》:關在今靈寶縣西南里許。"

有些封泥雖有殘缺,賴同一品種,有完整者,其文字亦可確定。如"咸陽丞印"……,共96枚,其中完整者20餘枚。又如"弘農都尉章"5枚,一枚完整,4枚殘,但殘損部位不一,可互相補足。

二、精品多,對研究歷史文化有重大價值

古吕鎮所出戰國封泥有"筥",字上竹作"↑↑",有楚文字特色。"筥"見包山竹簡237"亯(享)祭筥之高丘,下丘各一全豢"。劉信芳先生說:"筥,地名,讀爲竹。"①今按《漢書·地理志》濟陰郡下有"竹邑"縣,見《參傳》。《續志》後漢因,加邑。……《一統志》:"故城今宿縣北。""筥"可讀爲"篤",郭店楚簡《老子》甲本簡24:"獸(守)中,筥也。""筥"字王弼本作"篤",②王莽改爲"篤邑",其來有自。

秦封泥有"邦尉之璽"多枚。羅振玉《陸庵集古錄》收有"邦尉之印",羅福頤曾摹取其文收入《漢印文字徵》中。沙孟海《印學史》說據羅福頤回憶,此印有田字格,沙先生據此定該印爲秦印。《史記·白起列傳》云昭王時白起遷爲國尉,《秦始皇本

---

① 劉信芳:《楚簡帛通假彙釋》,高等教育出版社,2011年,第128頁。
② 拙著《古文字通假字典》,中華書局,2008年,第330頁。

紀》記始皇十年以尉繚爲國尉。"邦尉之璽"稱璽不稱印,時代應比"邦尉之印"早,殆秦統一前物。

秦封泥有"屖陵丞印",首字稍殘,但上部"尸"尚有殘劃。屖陵《漢書·地理志》屬武陵郡(秦時應屬洞庭郡),王先謙補注云:"高帝五年置,見《名勝志》。"湖南龍山里耶秦簡8-467有"屖陵"。①封泥、簡證明屖陵爲秦縣,非漢始置。屖陵又見張家山漢簡《二年律令·秩律》,應是漢初沿用。

秦封泥有"北卿"、"南卿"、"郆卿"、"新昌卿印",四例"卿"字是否應該讀爲"鄉",也是饒有趣味的問題。楊寬《古史新探》云:"'鄉'和'饗'原本是一字。……整個字像兩人相向對坐、共食一簋的情況,其本義應爲鄉人共食。""鄉邑的稱'鄉'……實是取義於'共食'。……是用來指自己那些共同飲食的氏族聚落的。""在金文中'鄉'和'卿'的寫法無區別,本是一字。""'卿'原是共同飲食的氏族聚落中'鄉老'的稱謂,因代表一'鄉'而得名。進入階級社會後,'卿'便成爲'鄉'的長官的名稱。"②"卿"、"鄉"本一字,這是古文字學家的共識。戰國時期,二字逐漸分化,但仍有通用之例。商鞅方升:"齊遣卿大夫眾來聘。"秦封宗邑瓦書:"周天子使卿大夫來致文武之酢(胙)。"睡虎地秦簡《日書》乙《生》:"凡生子北首西鄉(向),必爲上卿。"諸例卿皆爲卿大夫,特別是末例,"卿"、"鄉"分用顯然。睡簡《語書》:"民各有鄉俗,……私好鄉俗之心不變,……"鄉爲鄉邑。中山王𧊒方壺:"以卿上帝。"圓壺:"卿祀先王。""卿"即"饗"。上博楚竹書《緇衣》簡12:"毋以辟(嬖)女肅(盡)大夫向士。""向士"今本《禮記·緇衣》作"卿士",隨縣簡1·033作"卿事(士)"。"向"與"鄉"通用,《詩·豳風·七月》"塞向墐戶",《儀禮·士虞禮》賈公彥疏引"像"作"鄉"。以上諸例"卿"、"鄉"同用。值得注意的是秦封泥既有"北卿",又有"北鄉";既有"南卿",又有"南鄉";高陵出秦封泥有"新昌卿印"、"郆卿",而焦家村出漢封泥有"新昌鄉印"、"郆鄉"。由此而論,以上諸例"卿"字仍可能用爲"鄉",是鄉邑封泥。

高陵所出秦封泥有"池卿"、"池陽北卿"、"池陽鄉印","卿"、"鄉"亦當同用。

秦封泥有"郝丞之印",又有"郝卿(鄉)"多枚。《説文》:"郝,右扶風鄠盩厔鄉。"段玉裁注:"鉉本如此,謂右扶風之鄠縣、盩厔皆有郝鄉也。……前《志》曰'右扶風盩厔'。按:在今陝西西安府盩厔縣。"王筠句讀:"小徐衍'鄠鄉'二字,大徐删之未盡爾。《玉篇》無鄠字。顔注《急就篇》曰:'郝,京兆盩厔鄉名也。'亦無鄠字。"據此,

---

① 陳偉主編:《里耶秦簡校釋(第一卷)》,武漢大學出版社,2012年,第161頁。
② 楊寬:《古史新探》,中華書局,1965年,第288—290頁。

郝爲盩厔（今作周至）鄉名。漢有盩厔縣，見於《漢書·地理志》右扶風郡，《漢印文字徵》10·13有"盩厔右尉"。秦以前是否有盩厔之名不知道。《石鼓文·作原》有"囗囗盩道"句，羅君惕先生説："盩道謂山曲之道也。"①也未必與盩厔有關。"郝丞之印"之郝似爲縣名。《漢書·百官公卿表》："縣令、長皆爲秦官……皆有丞尉……十亭一鄉，鄉有三老，有秩、嗇夫、遊徼。"縣才有"丞"，鄉則無。從里耶簡看，鄉之職官有"守"（8-165"啓陵鄉守根"；8-746"枳鄉守"）、嗇夫（8-770"鄉嗇夫"）、佐（8-809"都鄉佐襄"），未見有丞。由此而論，秦時郝爲縣名，至漢改爲盩厔。郝既爲秦縣名，亦爲鄉名，此例多有，如咸陽爲秦都，又有"咸陽右鄉"封泥，高陵爲秦縣，又有"高陵鄉"封泥。到了漢代，盩厔爲縣，郝則爲一鄉。《急就篇》："郝利親。"顔師古注："郝，京兆盩厔鄉名也，因此以命氏焉。"澳門蕭春源先生珍秦齋藏一枚箴言印，一面刻"郝氏"，其他幾面錯銀書"忿"、"罙（深）冥"、"欲"、"毋思"，馬國權、董珊、游國慶諸先生皆有考釋。"郝"游先生隸作"郝"，説可讀爲奕，今"郝丞之印"，"郝"亦作"郝"，可見游氏之誤。"郝氏"也有可能爲秦郝縣大族。

新莽封泥有"操虜男印章"，《漢印文字徵》12·7有"操武男印章"，《秦漢南北朝官印徵存》572有"珍虜男家丞"，性質相近。男是五等爵（公、侯、伯、子、男）的最後一級。《漢書·王莽傳》："（居攝）二年……九月，東郡太守翟義……立嚴鄉侯劉信爲天子。……（莽）遣王邑、孫建等八人擊義。……槐里男子趙明、霍鴻等起兵以和翟義。……十二月，王邑等破翟義於圉。……三年，……於是（莽）封（爵）高者爲侯、伯，次爲子、男，當賜爵關内侯者，更名曰附城，凡數百人。擊西海者以羌爲號，槐里以武爲號，翟義以虜爲號。"操，執，"操虜"即執虜，爲擊翟義者所封爵號名。盧家口封泥又有"囗囗里附城"，即漢之關内侯。

新莽封泥有"丹陽毋冤連率"、"桓甯大尹章"、"平河大尹章"、"豐穰尹印章"、"禾成見平卒正"、"桓成南育足正"，皆郡太守印封泥。《漢書·王莽傳》："（始建國）元年，……改郡太守曰大尹，都尉曰太尉，縣令長曰宰。""（天鳳元年）莽以《周官》、《王制》之文，置卒正、連率、大尹，職如太守。"《禮記·王制》："千里之外設方伯，五國以爲屬，屬有長；十國以爲連，連有帥（率）；三十國以爲卒，卒有正。"這些官名亦見新莽簡，《居延新簡》EPT52·490："行延亭連率事，偏將軍。"《敦煌漢簡》1893："入西蒲書二封，其一封文德大尹章。"②

新莽封泥有"安新徒丞印"、"新明徒丞印"、"西成馬丞印"、"錫縣馬丞印"，皆

---

① 《秦刻十碣考釋》，商務印書館，1983年，第205頁。
② 饒宗頤、李均明：《新莽簡輯證》，臺北新文豐出版公司，1995年，第133-134頁。

縣丞、尉之印。王獻唐《五鐙精舍印話》云："漢制縣令長以下，皆有丞、尉之設。丞司文書主民事，尉司卒役主盜賊，又有司空主官獄。莽蓋以此三吏，就其原有職掌，改易名稱，非新設之丞也。徒丞爲漢制縣丞，《周官》司徒本主民事，縣丞亦然，故以徒丞名之。馬丞爲漢制縣尉，司馬掌武備，與尉職相合，因以丞名之。空丞爲漢制司空，工、空一事，周之司空，猶云司工，掌水土之事，漢制縣道工役，類以獄中罪人爲之，故由獄吏典司而名曰司空，與《周官》司空職掌略同，因以空丞名之。"

陶文"匋攻"即"陶工"，"工"作"攻"，"攴"下加飾筆，有燕文字特色。

"塙閈楀里曰淖（潮）"爲齊印記陶文，又見《季木藏匋》38·5，後者摹本"里"下漏摹"曰"字。"塙閈"即"高閭"，齊都臨淄城門名。馬王堆帛書《戰國縱橫家書·蘇秦謂齊王章》："臣以車五百乘入齊，晨逆于高閭，身禦臣以入。"

齊陶文有"公豆"、"公釜"、"公區"等，亦見《季木》。《左傳·昭公二年》："齊舊四量：豆、區、釜、鍾。四升爲豆，各自其四，以登於釜，釜十則鍾。陳氏三量，皆登一焉，鍾乃大矣。以家量貸，而以公量收之。""公量"，姜齊公家量制，小於田陳齊"家量"。《古陶文彙編》3·724"王豆"，湯餘惠《戰國銘文選》說爲田氏代齊後齊王之豆。

齊陶文有"杏蒦圆陶者乙"等，"杏"字又見齊刀幣面文，前人多釋"去"，今人多釋"大"，由陶文看，釋"大"爲是。"蒦圆"即"濁陽"，臨淄西南邑名。《孟子·公孫丑下》："孟子去齊，宿於晝，……三宿而後出晝。"《水經注·淄水》："又有濁水注之，水出時水東，去臨淄城十八里，所謂濁中也，俗以濁水爲宿留水。孟子去齊，三宿而後出濁，故世以此而變水名也。"

蒦陽是齊陶主產地，有南里、中里、大里。此書收南里陶文甚多，如"蒦圆南里人盇"、"蒦圆陶里人肯"、"蒦圆陶里人絆"等。絆字又見詛楚文："昔我先君穆公及楚成王是（寔）繆（勠）力同心，兩邦若一，絆以婚姻，……""絆"从"糸"，"丰"聲，即"縫"字初文，合也。

以上只是略舉數例，即此已可見此書的價值。

期望楊先生的陶文、封泥收藏續有所得，也期望楊先生續有新作問世。

2013年元月10日

燕璽文字考釋六則*

張振謙

（河北大學文學院）

  燕系文字是戰國文字中重要的一系，其地理位置偏居北隅，交通相對閉塞，少與中原往來，所以在五系文字中，燕系文字的字體較爲怪異，地域特點最爲突出。再者，相對於其他四系文字來說，燕系文字出土資料偏少，長篇銘文不多，語境缺乏。字形怪異、字形資料偏少，這兩條因素使得燕系文字的考釋較爲困難。燕系文字中最重要的出土資料當屬璽印，本文就幾條考釋心得陳述如下，敬請方家指正。

一、釋"䇲"

燕璽中有一字作：

  [圖]璽彙0760長～

  張静先生認爲其下部偏旁[圖]爲"每"，是很正確的，但是將其上部偏旁[圖]釋爲"又"（通用作"攴"旁），①則可商，即此字釋爲"敏"是不可從的。

  我們認爲此字上從"竹"省，下從"每"，應該隸定爲"䇲"，釋爲"䇲"字。張静先生已經詳細地論證了此字下部爲"每"旁，燕系文字中的從"每"之字"晦（誨）"作：[圖]璽彙3053，也可證。

  燕文字中的"竹"旁可以省略爲一半，如：箴[圖]（集成10453，廿四年錐形器）、箴[圖]

---

* 基金項目：本文是國家社科基金一般項目"燕系文字材料的整理與研究"（13BYY105）、河北省社科基金項目（HB13YY024）阶段性研究成果之一。

① 張静：《古璽考釋六則》，《古文字研究》第23輯，中華書局，2002年，第138頁。

（集成11902B,廿四年銅梃）、筬▢（集成10452,右佐筬錐形器）。無獨有偶,燕文字中的"艸"旁也常常省略爲一半,如:萩（秋）▢（璽彙3466）、苞▢（璽彙0054）、莙（靖）▢（璽彙3497）、芙▢（璽彙3537）、芊▢（璽彙3502）、芷▢（璽彙1677）、草▢（陶錄4·89·3）。可見燕系文字的"竹"、"艸"等偏旁往往字形省減爲一半,可證▢字是从"竹"的。

作爲聲符,"母"與"每"可换用,如戰國文字的"海"字可寫作:▢（郭店·窮達10）、▢（博七·吳5）、▢（博二·民7）、▢（彙考187）、▢（吉大43）、▢（璽彙0362）。所以,戰國文字的"筶（酶）"字也可寫作"莓",字形爲:▢（璽彙0332）、▢（璽彙1936）、▢（璽彙3288）。

二、釋"觕"

燕璽中有一字作:

▢璽彙2727魚～

何家興先生根據上博七"潄"字形體作:▢、▢（凡乙9）,將此字釋爲"鯎",①其說可商。釋爲"鯎"字,就是認爲字形的右部爲"族",即上"𠂉"下"矢",這是值得懷疑的,因爲其最下邊還有一横劃,不可能爲"矢"字。

從字形上看,此字右部分析爲上▢爲"朱",下▢爲"豆",更爲合理,即此字爲"觕"字。燕國文字的从"豆"之字作:喜▢（集成11523,郾王喜矛）、喜▢（璽彙0395）、壴▢（璽彙0368）、登▢（璽彙3848）、登▢（陶錄4·37·3）等,可證。

"觕"字从"角","朱"、"豆"雙聲符,不見於字書。"朱"爲章紐侯部字,"豆"爲定紐侯部字,上古音極近,戰國文字的"厨"字往往寫作从"朱"聲或从"豆"聲,是其雙聲的證據,字例多有,兹不贅舉。"觕"不見於字書,從其構字的形聲偏旁來看,或許是"頭"字異體,待考。

三、釋"副"

燕璽中有一字作:

▢璽彙2884炎～

---

① 何家興:《戰國文字分域研究》,安徽大學博士學位論文,2010年,第55頁。

劉釗先生隸定作"寶","刀"爲所增添的聲符,①何琳儀先生認爲是"寶刀"合文。② 按:上述兩種觀點對字形的偏旁分析是一致的,字形由"宀"、"玉"、"貝"、"刀"四部分組成,這是非常正確的。我們在兩位先生的研究基礎上,認爲此字應該是單字,可隸定爲"劚",釋爲"副"字異體。

《説文》:"寶,珍也。从宀,从玉,从貝,缶聲。"西周、春秋金文中的"寶"字寫作:🔲(伯盂)、🔲(克鼎)、🔲(楚季苟盤),戰國文字"寶"寫作:🔲(包山221)等,皆从"缶"聲,形體與《説文》同。但是,"寶"字也有個別的字形寫作:🔲(贏氏鼎)、🔲(郊子宿鼎)、🔲(小子省卣),不从"缶"聲,可證"寶"字的古文字形體有省聲或無聲符的字形。

"寶"、"畐"雙聲,古音相近,古文字的"寶"字或从"畐"聲,如西周金文寫作:🔲(巺作北子簋)、🔲(轉盤)、🔲(周宅匜),可證。如此,"劚"可釋爲"副",《説文》:"副,判也。从刀,畐聲。《周禮》曰:'副辜祭。'"

四、釋"䋯"

燕璽中有一字作:

🔲 璽彙3823 司馬～

何琳儀先生隸定爲"䋯",並認爲此字"从丝,缶聲。疑綯之繁文。"③可從。

燕璽中還有一字作:

🔲 璽彙1508 畎雋(雛)～

此字下从"午",上从"兹",可以隸定爲"𦈢",我們認爲此字是"䋯"字異體。

戰國文字"兹"、"丝"字形同源,"午"爲"缶"之省,所以"䋯"、"𦈢"爲一字之異體,可以隸定爲"䋯"。"䋯"、"𦈢"、"䋯"等字形均不見於字書,或即如何先生所説爲"綯"之繁文。

---

① 轉引自蘇建洲《戰國燕系文字研究》,臺灣師範大學碩士學位論文,2001年,第405頁。
② 何琳儀:《戰國古文字典》,中華書局,1998年,第1480頁。
③ 同上書,第247頁。

五、釋"逼"

在燕璽文字中，有一字字形作：

[璽] 璽彙0021

辭例爲"～都右司徒"，璽彙未釋，施謝捷先生釋爲"逼"，① 是正確的。但是，如果嚴格隸定，此字應該隸定爲"逼"。雖然"逼"字歸根到底也是从畐聲，但是其在字形上比"逼"字多出了一個"宀"旁。此字形的"宀"旁與下面的畐旁上部結合較爲緊密，形成一個類似豎着的"目"形，而使得"宀"旁不明顯，也使得畐旁上部不類。戰國文字"畐"旁的下部訛變作"田"形，上部形體一般較爲簡單，不會寫成璽彙0021的上部[图]那樣繁瑣的，如三晉文字的"富"字寫作：[图](璽彙0006)、[图](璽彙1434)、[图]（七年邦司寇矛）等，可證。

我們將其釋爲"逼"的另一個原因是因爲燕國文字中有"逼"字存在，並且出現在相同的地名辭例——"逼都"中，可作重要旁證。此字見於璽彙0357，字形作[图]，辭例爲"～都[图]者"，《古璽彙考》第91頁也收此璽，拓片稍微清晰一些，作：[图]。此字看起來很像是左从"弓"，右邊爲外从"衣"，內从"畐"之字，但是仔細分析，我們認爲此字應該還是"逼"字。此字釋爲"逼"字，首先，從字形上説，其右上側形體與"富"字更爲接近，左下側雖然較爲簡省，但是釋爲"辵"旁未嘗不可；其次，此字若分析爲"弓"、"衣"、"畐"的複合體，則字形過於乖僻。"逼"字爲簡單的形聲字，更具有構形上的理據性；最後，辭例同爲"逼都"，可相互印證。

"逼都"爲燕國地名，地理位置待考。

六、釋"魖"

新近出土一方燕璽，② 拓片作：

[印章图]

---

① 施謝捷：《古璽彙考》，安徽大學博士畢業論文，2006年，第82頁。
② 錦州市博物館：《遼寧錦西縣臺集屯徐家溝戰國墓》，《考古》1983年第11期。

原文曰:"銀印章 1件,鼻紐方覆斗形空腹,陰刻,有邊欄,書體大篆,私章,字不識,通高1.6,長1.7,寬1.7釐米。"

我們認爲此璽文應釋爲"喬魌"。"喬"爲戰國時期燕璽中常見姓氏,見於璽彙1224-1234、1238-1242、1244、1247、1248,皆爲燕璽。戰國文字的"喬"多從"九"聲,例多不贅舉。燕系文字上部寫作"中"形,字形如:▨(璽彙1226)、▨(璽彙1242)、▨(璽彙1244)、▨(璽彙1248),可證此璽爲燕璽。

"魌"字寫作:▨,右從"鬼",左從"敢"省聲,可隸定爲"魌"。燕系文字的"敢"字寫作:▨(璽彙3294)、▨(璽考345)、▨(陶錄4·1·1)、▨(陶錄4·7·1)、▨(陶錄4·185·1)、▨(陶錄4·185·2),"厰"字寫作:▨(璽彙2881)。① 可知"魌"字的聲符"敢"寫作:▨,是省略了"攴"或"又"旁的。值得注意的是,"魌"字的意符"鬼"在其字形的右邊。

燕系文字中從"鬼"之字罕見,目前只見到一字"魁",字形寫作"甝",拓片爲:▨(集成11477,羀矛),其意符"鬼"也在其字形的右邊。燕系文字偏旁往往與常規字體的偏旁位置不同,其左右結構的字體常常偏旁反置,② 此"魌"、"魁"二字的偏旁位置就符合燕系文字的這一構形特徵。

---

① 劉釗:《古文字構形學》,福建人民出版社,2006年,第302頁。
② 丘寶怡先生稱爲"偏旁位置特殊",參丘寶怡《燕國璽印文字研究》,《問學二集》,香港中文大學中文系,1997年,第37頁。

《漢印文字徵》卷十校讀記

施謝捷
（復旦大學出土文獻與古文字研究中心）

《漢印文字徵》，羅福頤先生早年編撰，該書於1930年曾和《古璽文字徵》合在一起以《璽印文字徵》爲名印行過，後經增删，去除舊版所引印文下標注之出處，由文物出版社1978年9月單獨出版（1981年12月第二次印刷時在書末增加了第一次印本的勘誤表）。該書收字較舊版有所增加，錄秦漢魏晉官、私印文字共2 646字，重文7 556字，合計10 202字。①《漢印文字徵補遺》，羅福頤撰集、羅隨祖摹，文物出版社1982年12月出版。該書收字1 009字，重文360字，合計1 369字。《徵》、《徵補》二書是目前研究漢印文字最重要、也是被引用最多的著作，爲研究者提供了極大的便利。然我們在使用二書的過程中，通過對諸家藏印譜錄的覆覈，發現它們無論是在引錄印文還是在釋讀、摹寫字形等方面都或多或少存在一些需要改進的地方。尤其是引錄印文方面的問題顯得更爲突出，大大影響了資料的準確性。我們在充分吸收學術界已有成果和對所引印文進行覆覈的基礎上，對二書進行較全面的整理，采用校記形式按原書編排順序依次條陳，主要是對所引印文有誤者、摹寫失真者進行校正，對未釋或闕釋字進

---

① 1978年版"出版説明"稱"所收漢印文字較前增多了三分之一强"，"凡例"稱"收漢魏官、私印文字共2 646字，重文共7 432字，合計10 078字"，後出《中國文字學史》第414頁、《漢語文字學史》第228頁（黃德寬、陳秉新著，安徽教育出版社2006年8月增訂本）均沿用這個説法。根據我們的覈校，原統計其實並不符合實際情況，較舊版所增者僅200例左右，遠未達到三分之一。舊版中尚有數例被遺漏，如《徵》6.1 "李"欄，舊版有"李信成"（郭）一例（捷按：此例當釋爲"季"）；《徵》7.2 "景"欄，舊版有"景願"（澂）、"景將"（舉）二例；《徵》8.10 "真"欄，舊版有"真就私印"（郵）一例；《徵》8.11 "從"欄，舊版有"賈從私印"（符）一例；《徵》1.2 "駿"欄，舊版有"孫駿私印"（舉）、"曹駿"（舉）二例；《徵》12.13 "如"欄，舊版有"樓印如意"（赫）、"甄莫如"（待）二例；《徵》12.17 "戚"欄，舊版有"戚齋私印"（伏）一例；《徵》14.19 "尊"欄，舊版有"胡尊"（亭）一例等，均不見於1978年版，當屬遺漏者。《徵》12.8 "接"欄，舊版有"張接"（吉）一例，與同欄"張接"（舉）係同印印文，屬於正常删削者。另舊版"日部"有"旭"欄，引"靳旭"（秦）一例，1978年版無此字。

行補釋,同時對漢印印文涉及的其他問題也作一些必要的說明,供使用此二書者參考。這裏選録的是《漢印文字徵》卷十部分的校讀記,①請大家指正。

需要特別提出的是,《徵》1978年版與舊版有淵源關係,來自舊版的部分,原來存在的所有問題幾乎被全部繼承,②因此舊版本身的問題本文一般不再涉及。

《徵》10.1"馬"欄:左馬廄將

捷按:"左馬廄將"例原印著録於《陳簠齋手拓古印集》第27頁、《十鐘山房印舉》2.15,現藏故宫博物院,重新著録於《故宫博物院藏古璽印選》225、《秦漢南北朝官印徵存》5.25(5.24爲同文印),依本書例,所引印文當録作"左馬將廄",《徵》3.19"將"欄、《徵》9.9"廄"欄亦引録此印印文,不誤。"左馬將廄",秦印,可讀爲"左廄將馬",王人聰(1990)、裘錫圭(1992b)曾有專門討論,可以參看。

《徵》10.1"騏"欄:騏湧汗

捷按:"騏湧汗"例出於《十鐘山房印舉》17.55、《陳簠齋手拓古印集》119、《戰國秦漢古印式》等著録"騏滂洋"(《徵》11.13"汗"欄及"湧"欄亦引録此印),原引印文"湧

---

① 有關《漢印文字徵》卷一、卷二部分的校讀記,題《漢印文字徵》及其〈補遺〉校讀記(一)》,刊於復旦大學出土文獻與古文字研究中心編《出土文獻與古文字研究》第二輯,復旦大學出版社,2008年;卷三部分的校讀記,題《漢印文字徵》及其〈補遺〉校讀記(二)》,刊於《第二届"孤山證印"西泠印社國際印學峰會論文集》,西泠印社出版社,2008年;卷四、卷五部分的校讀記,題《漢印文字徵》及其〈補遺〉校讀記(三)》,刊於復旦大學出土文獻與古文字研究中心編《出土文獻與古文字研究》第三輯,復旦大學出版社,2010年;卷六部分的校讀記,題《漢印文字徵》卷六校讀記》,刊於中國文字博物館編《中國文字博物館》2010年第2期;卷七部分的校讀記,題《漢印文字徵》卷七校讀記》,刊於復旦大學出土文獻與古文字研究中心編《出土文獻與古文字研究》第四輯,上海古籍出版社,2011年;卷八部分的校讀記,題《漢印文字徵》卷八校讀記》,刊於中國文字博物館編《中國文字博物館》2011年第1期;卷九部分的校讀記,題《漢印文字徵》卷九校讀記》,刊於《第三届"孤山證印"西泠印社國際印學峰會論文集》,西泠印社出版社,2011年。

② 《徵》7.13"瓠"欄"瓠青"(《顧氏集古印譜》、《古今印則·私印》下平8頁、《甘氏集古印譜》等著録),舊版誤釋爲"匏";《徵》9.9"序"欄"王文序印"例(《澂秋館印存》著録),舊版誤引作"王之序印";《徵》11.2"涇"欄"臨涇令印"例(《金薤留珍》壁集、《故宫歷代銅印特展圖録》234等著録),舊版誤引作"臨渭令印",似乎是少有的例外。

汗"實爲"滂洋"誤釋,説詳下文"《徵》11.13'湧'欄:騏湧汗"條。

《徵》10.2 "駿"欄:田駿私印

捷按:"田駿私印"例出於《十鐘山房印舉》21A.48著録"田駿之印",原引印文"私印"乃"之印"誤録。

《徵》10.2 "馴"欄:合□馴印

捷按:"合□馴印"例原印見於《顧氏集古印譜》、《顧氏印藪》、《原拓顧氏印藪選粹》974等,所引印文闕釋者實爲"與"字(説參看下文"《徵》附5.B1欄:合興小青"條)。

《徵》10.3 "馮"欄:馮洛私印;張馮私印

捷按:"馮洛私印"例出於《十鐘山房印舉》21A.39著録"馮洛之印",原引印文"私印"乃"之印"誤録。《徵》11.3"洛"欄亦引録此印印文,不誤。"張馮私印"例出於《吉金齋古銅印譜》、《十鐘山房印舉》13.26等著録"張駜私印‧張少卿印"子母印。"駜"作左川右馬之形,劉樂賢(1991)釋作"馴"字異構,①其説可信。《繆篆分韻》、《印字類纂》等亦釋爲"馮",《徵》將其釋作"馮",顯然是承襲舊説,失之。《説文》馬部:"馴,馬順也。从馬川聲。"《集韻》去聲二十四焮:"馴,順也。《易》馴致其道,徐邈讀。""駜"亦見於馬王堆漢墓帛書《刑德》乙本及《陰陽五行》乙篇:"甲子之舍始東南以駜行,廿歲而壹周,壹周而刑德四通,六十歲而周,周於癸亥而復

---

① 説看劉樂賢《秦漢文字釋叢》,《考古與文物》1991年第6期。

從甲子始。"寫法與漢印文字相同,亦當釋作"馴"。"馴行"當讀爲"順行",與"逆行"相對。《史記·天官書》"察日月之行以揆歲星順逆",張守節正義引《天官占》:"歲星順行,仁德加也。"《後漢書·天文志下》:"客星在營室,稍順行,生芒長五尺所,至心一度,轉爲彗。"庾信《象戲賦》:"取四方之正色,用五德之相生,從月建而左轉,起黄鐘而順行。"均其例。原或釋爲"馮",將"行"字下讀,① 説當誤。

《徵》10.3 "騁"欄:(騁)徐騁

捷按:"騁"例出於《印典》3.2083 重新著録的"徐騁·臣騁"兩面印"臣騁"一面印文,原引印文宜録作"臣騁"。

《徵》10.3 "駔"欄: 原駔

捷按:"原駔"例出於《十鐘山房印舉》15B.53 等著録秦或秦漢之際私印"冥駔",原引印文"原"乃"冥"字誤釋。"冥"字《説文》篆文作"冥",漢官印封泥"海冥丞印"之"冥"作"冥"(《徵》7.5 "冥"欄),此印作"冥"形,乃"冥"字異構。《璽印集林》著録"冥當時·冥兄"兩面印,"冥"字寫法同此。馬王堆漢墓帛書《周易》34 行下"尚六:冥餘,成或諭,无咎。"(《馬王堆漢墓文物》,第111頁)55 行下"上六:冥登,利于不息之貞。"(同上,第113頁)《經法·道法》1 行下"其裻冥="、2 行下"故同出冥=",《老子》乙本236 行下"幼(窈)呵冥呵",(《馬王堆漢墓帛書【壹】》,文物出版社,1980年)《戰國縱

---

① 陳松長:《帛書〈刑德〉乙本釋文校讀》,《湖南省博物館四十周年紀念論文集》,湖南教育出版社,1996年,第83頁。捷按:《玉篇》水部:"馮,水也。"音"莫把切"。魏晉以後俗書材料中,"氵"與"冫"混作,很多原本從"氵"的字寫作從"冫",而從"冫"的字則寫作從"氵",《干禄字書》謂"馮"爲"俗馮字"。漢印文字中從"水"亦可作"川"形(參看上文"《徵補》9.1'順'欄:陳順"條),僅從字形看,原釋"馮"爲从水的"馮"字異體未嘗不可,但從馬王堆帛書《刑德》乙本及《陰陽五行》乙篇看,顯然應該視作"馴"字異構。説參看施謝捷《簡帛文字考釋札記》,《簡帛研究》第三輯,廣西教育出版社,1998年,第176頁。

橫家書》155行"攻冥尻之塞"(《馬王堆漢墓帛書【叁】》,圖版第17頁),《五十二病方》66行"主冥＝人星"(《馬王堆漢墓帛書【肆】》,文物出版社,1985年,圖版第17頁),134行"冥(螟)病方:冥(螟)者……"(同上,第20頁)、215行"以冥蠹種方尺"(同上,第25頁),《胎產書》2行"出於冥＝"(同上,第85頁),諸"冥"字寫作"冥"、"冥"等形;秦印"妾嫇"(《秦代印風》第200頁)、"許嫇·妾嫇"(私人藏印)之人名"嫇"从"冥"作"🖼"形,漢印"螟越"(《徵補》13.03"螟"欄)之"螟"作"🖼"形,亦其例。

《徵》10.4 "鹿"欄：鹿辰孟

捷按：此印舊版標注出於"根",即王國均《蘭根艸舍印存》,未能檢得原譜。名字"辰孟"未聞,疑係常見名字"長孟"之誤錄。

《徵》10.4 "麋"欄：麋都

捷按：劉釗謂"从鹿从木的字應釋爲樚",(《中國文字學史》,第415頁)說當可信。

《徵》10.5 "兔"欄：(🖼)董兔印；(🖼)孟兔；(🖼)孟兔之印

捷按："(🖼)董兔印"例出於《顧氏集古印譜》、《金薤留真》圖集等著錄"董它印","它"字本作"🖼"形,所引印文"董兔"乃"董它"誤釋。原摹寫字形作"🖼",《表》第693頁"兔"欄承襲其形,均失真。據摹寫失真之形釋人名字爲"兔",不確;《趙凡夫印譜》釋文作"董兔印",亦誤。"(🖼)孟兔"例,舊版標注出於"根",即王國均《蘭根艸舍印存》,未能檢得原譜。今謂此例實爲"它"字,寫法與《澂秋館印存》著錄"趙俀·臣俀"兩面印之"佗"所从"它"相同(參看上文《徵》9.2'頪(俀)'欄:趙俀;臣俀;孫俀齊"條),原引印文"孟兔"當改釋爲"孟它"。然則"(🖼)董兔印"、"(🖼)孟兔"二例當移至《徵》13.9"它"欄。"(🖼)孟兔之印"例,當改釋爲"兔",《徵補》引錄此印文釋爲"孟兔之印"而改歸10.2"兔"欄,可信。

《徵》10.5"免"欄：周免吾；(㲋)趙免卿；屠免姓

捷按："周免吾"例出於《十鐘山房印舉》13.28著錄"周印君嚴·周印免吾"子母印（《徵》2.7"嚴"欄錄有母印"周印君嚴"一面印文），原引印文"周"下漏錄"印"字，《徵》2.5"吾"欄引作"周印免吾"，不誤。"(㲋)趙免卿"例出於《十鐘山房印舉》13.29著錄"趙延居印·趙延居·趙免孺"子母印（《徵》2.18"延"欄錄有子印"趙延居"一面印文），原引印文"免卿"乃"免孺"之誤錄。"屠免姓"例出於《十鐘山房印舉》17.14著錄"屠它姓"，原釋爲"免"者與本欄所錄確定的"免"或"從免"之字（如《徵》7.2"晚"欄所錄"趙晚"例）寫法不同，實是"它"字。《印典》4.2465"姓"欄引錄此印文爲"屠它姓"，是。《徵》8.18"屠"欄、《徵》12.11"姓"欄亦引錄此印印文，同誤。

《徵》10.5"犬"欄：王犬私印

捷按："王犬私印"例出於《十鐘山房印舉》21A.52等著錄"王犬之印"，原引印文"私印"乃"之印"誤錄。

《徵》10.6"猜"欄：閺猜私印；尹臣猜

捷按："閺猜私印"例所引印文"閺"實爲"関"字異構。説詳下文"《徵》12.5'関'欄：関猜私印"條。"尹臣猜"例所引印文"臣"實爲"巨"字誤錄，説參上文"《徵》3.16'尹'欄：尹印克漢；尹稚孺；尹巨猜印"條。

《徵》10.6"猛"欄：武猛教尉

捷按："武猛教尉"例出於《十鐘山房印舉》2.36著錄"武猛都尉"，原印現藏故宫博物院,重新著錄於《故宮博物院藏古璽印選》260等,原引印文"教"乃"都"字之誤錄。《徵》12.17"武"欄引錄此印印文,不誤。舊版引錄印文作"武猛都尉",亦不誤。

《徵》10.6"獾"欄:公孫獾

捷按:"公孫獾"例出於《遯盦秦漢古銅印譜》、《十六金符齋印存》等著錄"公孫獾·公孫少孺"兩面印(《徵》12.21"孫"欄錄有"公孫少孺"一面印文),人名"獾"字實从犬从蓳,係"獲"之誤釋。

《徵》10.6"獻"欄:獻恥里附城

捷按:"獻恥里附城"例著錄於《封泥考略》9.12B、《古封泥集成》2318等,原引印文"恥"乃"聰"字誤釋。

《徵》10.7"狼"欄:狼邪令印

捷按:"狼邪令印"例原印著錄於《十鐘山房印舉》2.41、《故宮博物院藏古璽印選》277、《故宮博物院藏文物珍品全集·璽印》137等,現藏故宮博物院。或謂:"'狼邪'二字《漢書·地理志》寫作'琅邪',應以印文爲正。"(《故宮博物院藏文物珍品全集·璽印》,第63頁)不必。

《徵》10.7"猖"欄：異猖

捷按："異猖"例原印著錄於《簠齋藏玉印》、《十鐘山房印舉》6.6等，《表》將其改歸附錄，謂："《說文》：'猖，犬張目貌。从犬、易聲。'大徐本眡革切。無猖字。"（1700頁。捷按"犬張目貌"，大徐本《說文》實作"犬張耳皃"，小徐本作"犬開張耳皃"。）後重新著錄於《古玉印集存》264、《中國篆刻全集》2.114，原釋文作"異猖"。原引印文"異"實為"畢"字誤釋，說詳下文"《徵》附2.A6欄：畢猖；侯畢；畢應；畢長伯"條。

《徵》10.7"狛"欄：晉率善狛佰長

捷按：此例"狛"即"狛（貊）"字異構。

《徵》10.8"然"欄：綦母然

捷按："綦母然"例出於《鐵雲藏印》、《鐵雲藏印選》第87頁、《吉林大學藏古璽印選》320等著錄"綦毋然·日利"兩面印，原引印文"綦母"乃"綦毋"誤錄。《徵》13.4"綦"欄亦引錄此印印文，不誤。

《徵》10.8"齋"欄：泪齋；𠒇齋私印

捷按："泪齋"例出於《十鐘山房印舉》15A.40等著錄"泪齋"，原引印文"泪"乃"沮"字誤釋。① 古有"沮"氏，《廣韻》平聲魚韻："沮，人姓。《世本》云：沮誦、蒼頡作

---

① 《十鐘山房印舉》15A.40將此印次於"菹遂"之後，顯然也是釋為"沮"的。

書。並黃帝時史官。"《姓解》水部:"泪,七餘切。黃帝時史官泪誦。"《姓氏急就篇》上:"黃帝史官泪誦之後。後漢泪雋、泪授。"漢印有"泪輔私印"(《首都博物館藏古璽印選》)、"萬之歲印·泪中公"兩面印("泪"原釋爲"泪",參看下文《徵》11.14'泪'欄:泪中公"條)、"泪常利"(《絜齋古印存》)等,亦其例。"㦵齋私印"例出於《伏廬藏印》、《故宮博物院藏古璽印選》573等著録"戚齋私印·戚子回印"子母印,原引印文"㦵"乃"戚"字誤釋。《徵》12.17"戚"欄引録有"戚子回印"①一面印文,可參看。

《徵》10.8 "尉"欄:瀘右丘尉

捷按:"瀘右丘尉"例出於《十鐘山房印舉》2.45、《故宮博物院藏古璽印選》230、《故宮博物院藏文物珍品全集·璽印》91等著録"瀘左丘尉",原引印文"右"乃"左"字誤録。《徵》8.11"丘"欄、10.4"瀘(法)"欄亦引録此印,印文録作"瀘左丘尉",不誤。

《徵》10.9 "光"欄:(㔾)許光私印

捷按:"(㔾)許光私印"例出於《雙虞壺齋印存》、《十鐘山房印舉》20A.43著録"陳光私印",原引印文"許"乃"陳"字誤録。②

---

① 原引印文誤作"戚子國印",説看下文《徵》12.17'戚'欄:戚子國印"條。
② 《徵》3.3"許"欄引録"許光之印"二例,其中第二例原印著録於《吉金齋古銅印譜》、《十鐘山房印舉》21B.12,蓋此印之"光"字與"光"欄所録諸寫法不同,本當録於"光"欄,後因漏收"許光之印"例字形,遂致將見諸"陳光私印"的"㔾"形下誤注"許光私印"。

《徵》10.10 "黑" 欄：馬印大黑

捷按："馬印大黑"例原印著錄於《漢銅印叢》，"大黑"，人名，亦見於漢"吳大黑"（《雙虞壺齋印存》、《十鐘山房印舉》17.14）。

《徵》10.11 "黶" 欄：張黶私印

捷按："張黶私印"例出於《顧氏集古印譜》、《王氏集古印譜》3.22、《秦漢印範》3.20、《漢銅印叢》等著錄"張黶之印"，原引印文"私印"乃"之印"誤錄。

《徵》10.11 "赤" 欄：恒赤

捷按："恒赤"例出於《顧氏集古印譜》、《顧氏印藪》、《王氏集古印譜》2.38、《秦漢印範》2.37、《原拓顧氏印藪選粹》132等著錄"垣赤"玉印，原引印文"恒"乃"垣"字誤錄。《徵》13.10"垣"欄亦引錄此印印文，可參看。《訒葊集古印存》著錄一同文印，較此稍大，當是後世仿刻品。

《徵》10.11 "赫" 欄：薛赫；赫令之印

捷按："薛赫"例出於《澂秋館藏古封泥》38B.1、《再續封泥考略》4.17B著錄"薛赫"封泥，原引印文"薛"乃"薛"字誤釋。原著錄者也釋爲"薛"，誤同。説參看上文《徵》1.10 '薛' 欄：薛崇之印；薛王孫；薛長兄；薛譚；薛常印；薛恩；薛建成；薛章；

薛廣之印；薛中儒；薛死"條。"赫令之印"例出於《程荔江印譜》著錄"赫令私印"，原引印文"之印"乃"私印"誤錄。《徵》9.4"令"欄引錄此印文作"赫令私印"，不誤。

《徵》10.11"亦"欄：徐亦世印

捷按："徐亦世印"例原印著錄於《金薤留珍》圖集，現藏臺北故宮博物院。人名"亦世"當讀爲"奕世"。漢《丁魴碑》"奕世載德"，《尹宙碑》"弈世載勛"，《劉衡碑》"弈世丕承"，"弈"、"奕"通用。《武榮碑》"亦世載德"，顧藹吉謂："碑蓋以亦爲奕。《樊安碑》'亦世載德'、《綏民校尉熊君碑》'亦世載德'，《楊震碑》'亦世繼朙'，奕皆作亦。"（《隸辨》5.46）是其徵。

《徵》10.12"吳"欄：(㝵)吳長；(㝵)吳左尉印；吳㒥私印；(㝵)吳橫之印

捷按："(㝵)吳長"例出於《封泥考略》7.3等著錄官印封泥"吳左尉印"，"(㝵)吳左尉印"例出於《十鐘山房印舉》14A.51等著錄"吳長・臣長"兩面印（《徵》9.12"長"欄亦引錄此印），知原於此二例下標注印文誤倒，當錄作"(㝵)吳左尉印；(㝵)吳長"。《表》第726頁"吳"欄收錄"㝵"例，後附文句亦標爲"吳長"（1472頁726⑩），顯然是沿襲《徵》書之誤。"吳㒥私印"例出於《十鐘山房印舉》14B.20著錄"吳㒥私印・吳孟之印"兩面印，原引印文闕釋字爲"㒥"字，說參下文《徵》附7.A4欄：吳㒥私印"條。"吳橫之印"例出於《共墨齋漢印譜》，"吳"本作"㝵"，與本欄所錄"吳福"、"吳㒥私印"二例寫法類似，原摹寫作"㝵"，稍失真。

《徵》10.12"夅(幸)"欄:(羍)日幸

捷按:"(羍)日幸"例出於《十鐘山房印舉》14B.1等著錄"徐自爲·大幸"兩面印,原引印文"日幸"乃"大幸"誤錄。

《徵》10.12"交"欄:交□之印

捷按:"交□之印"例出於《十六金符齋印存》、《續百家姓印譜》2頁等著錄"交橫之印",原引印文闕釋者乃"橫"字。

《徵》10.13"壹"欄:龔翁壹

捷按:《稽》此例印文亦見於《徵補》3.4"聾"欄,原引印文"龔"實爲"聾"字誤錄。

《徵》10.13"盩"欄:盩厔右尉

捷按:"盩厔右尉"例原印重新著錄於《秦漢南北朝官印徵存》65.363,原引印文"厔"乃"厔"字誤錄。

《徵》10.13"報":田印報德;異報

捷按:"田印報德"例原著錄於《十鐘山房印舉》19.23,"報德"是漢時常見人名,如漢私印中有"黃子路印·黃報德印"(子母印。《國立歷史博物館藏印選輯》,第71頁)、"任報德印"(觀妙堂藏印),即其例。《史記》卷二一《建元已來王子侯者年表》有元狩四年嗣位鉤丘侯劉執德,司馬貞《索隱》謂"鉤丘"《漢表》作"驕丘"。人名"執德",《漢書》卷十五《王子侯表上》驕丘原侯名作"報德",今驗諸漢印,知《史記》"執德"顯然是"報德"之形近而訛。"異報"例出於《吉金齋古銅印譜》、《十鐘山房印舉》14A.47著録"畢報‧畢長伯"兩面印,原引印文"異"乃"畢"字誤釋。説看下文"《徵》附2.A6欄:畢狷;侯畢;畢應;畢長伯"條。

《徵》10.13"亢"欄:亢易曼印;亢易少孺

捷按:原引印文"易"實爲"昜"字誤録(劉樂賢1996),參看上文"《徵》9.13"昜"欄:亢昜少孺;(昜)昜翁子印;(昜)亢昜曼印"條。

《徵》10.13"皋"欄:皋青私印

捷按:"皋青私印"例出於《雙虞壺齋印存》、《十鐘山房印舉》20B.38等著録"皋脊私印",原引印文"青"乃"脊"字誤釋。參看上文"《徵》5.9'青'欄:莊青土;范青印;閒青;郭青"條。

《徵》10.14"大"欄:大司軍壘壁前和門丞

捷按:"大司軍壘壁前和門丞"例所引印文"司"實爲"師"字誤録,參看上文"《徵》2.6'和'欄:六師軍壘壁前和門丞"條。舊版不誤。此處誤録作"司",顯然是涉上一例"大司空印章"封泥印文所致。

《徵》10.14"奚"欄：奚令印

捷按："奚令印"例出於《顧氏集古印譜》、《原拓顧氏印藪選粹》930等著錄"奚今印"，原引印文"令"乃"今"字之誤錄。

《徵》10.14"夫"欄：(夭)夫租丞印；杜少夫千万

捷按："夫租丞印"例出於樂浪封泥"夭租丞印"(《上海博物館集刊》第十一期180頁圖二五)，本作"夭"形。原摹寫作"夫"，失真；釋爲"夫"字，失之。《徵》7.11"租"欄亦引錄此印印文，誤同。"夭租"亦見於1958年大同江南岸貞柏洞土壙墓出土"夭租薉君"銀印(《上海博物館集刊》第十一期169頁圖二)。《漢書·地理志》作"夫租"，爲幽州樂浪郡屬縣，唐張楚金《翰苑·蕃夷部·高麗》"括黏蟬而命邑"雍公叡注引作"夭祖"。《三國志》卷三十《東夷傳》作"沃沮"。今以"夭租丞印"封泥及"夭租薉君"銀印證之，《漢書·地理志》樂浪郡屬縣名"夫租"乃"夭租"傳寫之訛，唐雍公叡所見之本作"夭祖"，"夭"尚且不誤，"祖"則是"租"的同音借字。《三國志》作"沃沮"，也是"夭租"同音借字。說詳看林澐《"夭租丞印"封泥與"夭租薉君"銀印考》①及《夫餘史地再探討》。②"杜少夫千万"原著錄於《鐵雲藏印初集》，後《中國璽印篆刻全集·璽印》2.1068重新著錄，將印文釋作"杜少丙千万"(圖版説明67-68頁)。今謂原釋名字爲"少夫"不誤，後或改釋作"少丙"，誤。"少夫"是漢時常見名字，漢孝宣帝時有女醫淳于衍字"少夫"(《漢書》卷九七《外戚傳》)，漢印有"郭少夫"(《香港中文大學文物館藏印續集二》212、《中國歷代璽印藝術》260)、"衡少夫"(《十鐘山房印舉》17.28)等，是其例。

---

① 林澐：《"夭租丞印"封泥與"夭租薉君"銀印考》，刊於中國考古學會編《中國考古學會第十次年會論文集(1999)》，文物出版社，2008年，第286-289頁。按原將戰國秦漢文字中寫作從"大"從一斜劃或曲筆的"夭"釋爲"矢"，則不可信。可參看吳九龍《簡牘帛書中的"夭"字》，刊於《出土文獻研究》，文物出版社，1985年，第250-252頁。
② 林澐：《夫餘史地再探討》，《北方文物》1999年第4期；後收入《林澐學術文集(二)》，科學出版社，2008年，第249-265頁。

《徵》10.14"竝(並)"欄：玊竝之印

捷按："玊竝之印"例原印著録於《雙虞壺齋印存》、《十鐘山房印舉》21A.54等，所引印文"玊"即"玉"字，説詳看下文"《徵》附5.A1欄:(玉)玊吴;(玉)玊竝之印"條。

《徵》10.15"息"欄：董息

捷按："董息"例出於《吉金齋古銅印譜》、《十鐘山房印舉》14A.43著録"董息·臣息"兩面印"臣息"一面印文，原引印文應該相應録爲"臣息"。至於原引印文"董息"的"董"則是"董"字誤録。

《徵》10.15"意"欄：董意私印

捷按："董意私印"例出於《顧氏集古印譜》、《王氏集古印譜》4.1、《漢銅印叢》、《吉金齋古銅印譜》、《十鐘山房印舉》20B.9等著録"董意私印"，原引印文"董"乃"董"字誤録。

《徵》10.15"應(應)"欄：土應；畢應

捷按："土應"例出於《陳簠齋手拓古印集》第163頁、《十鐘山房印舉》著録"士應"，原引印文"土"實乃"士"字誤録。"畢應"例原引印文闕釋者實乃"畢"字異構。

《徵》10.16"忠"欄：扶忠之印

捷按：參看下文"《徵》12.11'扶'欄：扶驪；扶忠之印"條。

《徵》10.16"憲"欄：邦憲；張印憲君

捷按："邦"原釋文誤作"邽"。"張印憲君"例出於《十鐘山房印舉》13.28、《故宮博物院藏古璽印選》572等著錄"張印君憲·張印捐之"子母印（《徵》12.10"捐"欄、《徵》12.20"張"欄引錄有子印"張印捐之"印文），原引印文"憲君"乃"君憲"誤錄。《徵》2.5"君"欄引錄此印印文，不誤。

《徵》10.16"恢"欄：兒恢

捷按："兒恢"例原印著錄於《共墨齋漢印譜》，所引印文"兒"實爲"兒"字誤釋。此印後重新著錄於《中國篆刻全集》2.141，編者釋印文爲"弁恢"，亦誤。

《徵》10.17"慶"欄：游慶之印

捷按："游慶之印"例出於《十鐘山房印舉》20B.5著錄"游慶私印"，原引印文"之印"乃"私印"誤錄。《徵》7.5"游"欄、《徵補》7.2"游"欄均引錄此印印文，不誤。

《徵》10.17"悥（意）"欄：(▨)潘悥

捷按："(▨)潘悥"例出於《十鐘山房印舉》14A.36等著錄"潘意·日利"兩面印，原引印文"悥"本作"从心从音"之形，乃"意"字誤釋。然則此例當移至《徵》10.15"意"欄。

《徵》10.18"惡"欄：顔土惡

捷按："顔土惡"例出於《二百蘭亭齋古銅印存》、《樂氏藏古璽印選集》等著錄"顔土惡・日利"兩面印，原引印文"顔"本作從頁從產之"顔"，人名"土惡"則是"士惡"之誤釋。《中國篆刻全集》2.674重新著錄此印，印文釋爲"顔士惡"，是。

《徵》10.19"憿"欄：宋憿

捷按："宋憿"例原著錄於《鐵雲藏印初集》、《鐵雲藏印選》第59頁等，現藏吉林大學文物陳列室，重新著錄於《吉林大學藏古璽印選》255，釋文作"宋憼"（目錄第7頁）。"憿"原寫作"上敞下心"形，疑爲"憿"字異構。《玉篇・心部》："憿悦，驚皃。或省作憿。"劉釗謂："從敞從心的字應釋爲憿。"（《中國文字學史》第415頁）

《徵》10.19"怢"欄：趙怢之印

捷按："趙怢之印"例印文"怢"，劉釗（1990：釋"怢"）曾有考釋，謂："從心從史的字應釋爲怢。"（説亦見《中國文字學史》第415頁）《表》將此例改歸附錄（1702頁），裘錫圭（1992a：520-521）亦釋爲"怢"，説可信。然則此例當移至《徵》10.16"怢"欄。

《徵》10.19"惀"欄：張惀

捷按："張惀"例出於《吉金齋古銅印譜》《十鐘山房印舉》14A.39等著錄"張惀・（文字不詳）"兩面印。劉釗謂："從心從陵的字應釋爲惀。"（《中國文字學史》415頁）説當可信。

【參考文獻】*

羅福頤:《漢印文字徵》十四卷,民國十九年(1930)蟬隱廬書店影印本。〔文中或簡稱"舊版"〕
羅福頤:《漢印文字徵》,文物出版社,1978年(1983年第二次印刷本)。〔文中或簡稱"徵"〕
羅福頤:《漢印文字徵補遺》,文物出版社,1982年。〔文中或簡稱"徵補"〕
孟昭鴻:《印字類纂》(亦名《漢印文字類纂》),民國二十二年(1933)上海西泠印社影印本。
顧藹吉:《隸辨》,中國書店,1982年據康熙五十七年項氏玉淵堂刻版影印本。
《漢語大字典》字形組:《秦漢魏晉篆隸字形表》,四川辭書出版社,1985年。〔文中或簡稱"表"〕
羅福頤主編:《古璽彙編》,文物出版社,1981年。
何琳儀:《戰國古文字典》,中華書局,1998年。
張守中撰集:《睡虎地秦簡文字編》,文物出版社,1994年
陳松長主編:《馬王堆簡帛文字編》,文物出版社,2001年。
駢宇騫:《銀雀山漢簡文字編》,文物出版社,2001年。
姚孝遂主編:《中國文字學史》,吉林教育出版社,1995年。
裘錫圭(1992a):《〈秦漢魏晉篆隸字形表〉讀後記》,收入氏著《古文字論集》,中華書局,1992年,第491-524頁。
裘錫圭(1992b):《古璽印考釋四篇》,陳克倫、吳浩坤主編:《文博研究論集》,上海古籍出版社,1992年,第79-88頁。
劉樂賢(1991):《秦漢文字釋叢》,《考古與文物》1991年第6期。
劉樂賢(1996):《漢印複姓雜考》,《于省吾教授百年誕辰紀念文集》,吉林大學出版社,1996年,第213-217頁。後收入曾憲通主編《古文字與古漢語論集》,中山大學出版社,2002年,第255-259頁。
王人聰(1990):《秦官印考述》,《秦漢魏晉南北朝官印研究》(王人聰、葉其峰),香港中文大學文物館,1990年,第1-30頁。後收入氏著《古璽印與古文字論集》,香港中文大學文物館,2000年,第53-63頁。

---

* 引用諸印譜的詳細情況,請參看拙撰《古璽彙考》之附錄一《集輯古璽印譜知見目錄》,安徽大學博士學位論文,2006年6月,此不具列。

青州博物館藏齊國陶文

李亮亮　王麗媛　崔永勝　劉桂華
（青州市博物館）

　　戰國陶文是古文字學研究的重點之一，齊國陶文則是戰國陶文中資料較多、較爲重要的一類。齊國陶文的發現和研究開始較早，山東著名金石學家陳介祺、王獻唐等人對齊國陶文都做過深入研究。由於時代的局限，當時研究側重於傳統小學的範疇，看重文字的隸定釋讀，對文字産生的背景及史料價值研究相對較少。建國後，隨着一批新資料，尤其是經科學考古調查發掘的資料的發現和新的研究理論的引入，齊國陶文的研究逐步邁上新的臺階，研究更加系統全面，更爲科學、深入。

一、齊國陶文研究的新進展

　　臨淄齊故城及周邊是出土齊國陶文最爲集中、品類最豐富的地區。二十世紀九十年代之前，多數資料係收購或徵集獲得，經科學發掘或調查發現的寥寥無幾。九十年代之後，隨着臨淄齊故城相關考古工作的開展，尤其是對臨淄齊故城内陶窯的考古調查和研究給齊國陶文研究注入了新的動力，爲齊國陶文研究提供了確切的實物證據，將齊國陶文研究從單純的文字隸證邁上了新的臺階。自上世紀七十年代至今，臨淄齊故城範圍内先後發現有西周傅莊窯址、譚家廟窯址、王青窯址、[1]邵家圈窯址、西石橋窯址、督府巷窯址、長胡同窯址、劉家莊窯址，[2]在這些窯址當中，明確有陶文出土的有西周傅莊窯址以及劉家莊窯址兩處，其餘窯址則多出土瓦或者瓦當。而這兩處有陶文出土的窯址體現出明確的分工，如西周傅莊窯址以陶豆爲主，

---

[1] 張龍海：《齊國故城陶窯遺址》，《管子學刊》1997年第3期。
[2] 張龍海：《山東臨淄齊國故城陶窯遺址的調查》，《考古》2006年第5期。

而劉家莊窯址則多出土罐和盆。在印文方面，已公布材料中，西周傅莊窯址所出陶文中有"城圖某"、"豆里某"以及單字"贅"、"五"等類型，劉家莊窯址則僅有"蒦圖某"的形式。① 除以上提及的八處窯址外，臨淄齊故城及周邊未見其他窯址，尤其是出土陶文的窯址。一方面反映出現有考古資料的匱乏，同時也爲下一步的工作指明了方向。

二、青州博物館藏陶文及相關研究概況

青州博物館藏齊國陶文共計134例，均爲戳印文，多數字迹比較清晰，較易分類。其中絕大多數來自個人捐贈，如古董商人李征山（生卒年不詳，清末民國山東益都文物商人，著名金石學家王獻唐亦與其有交往②）捐獻99例，青州市口埠鎮孫阪村人李方德捐獻6例，段發仁捐獻1例；采集標本中1例采自鳳凰臺遺址，另1例係第三次全國文物普查期間，青州市文物普查隊在青州市高柳鎮馬莊遺址采集；其餘26例來源不詳。2009年，山東省文物考古研究所在山東省青州市邵莊鎮中晨電力公司工地發掘過程中曾出土1件帶銘文的陶豆，資料現存山東省文物考古研究所。總體來說，青州博物館藏戰國陶文數量較多，種類較豐富，具有較高的資料價值。

孫敬明先生在《益都藏陶》③一文中，對青州博物館藏的這批戰國陶文進行了釋讀、分類，並在此基礎之上進行了深入的研究，對這批陶文的年代和性質做出了推斷，文章兼具資料性及研究性，爲研究青州博物館藏陶文打下了基礎，指明了方向。本文在孫先生研究的基礎上，增補訂正，並進行細緻地分類，同時對陶文載體之形制類別進行詳細描述，力求資料全面而翔實，以便於學界進一步研究。

三、青州博物館藏陶文初步研究

（一）青州博物館藏齊國陶文的隸定

青州博物館藏陶文134例。其中，多數文字較爲清晰，較易識別，部分文字略

---

① 張龍海：《山東臨淄齊國故城陶窯遺址的調查》。
② "青州李賈征山來，得漢銅條脫，附有一印，文曰徐强。色澤字文，一一入妙，亦臨淄最近出土……。二十三年春，城北劉家寨農田发土得數十枚，益都賈人馬裕樞獲以示余，悉數收之……。馬賈同業楊宗岐、李征山等亦聯翩往購，購即羅致館中，自春俎秋，所出十九來歸。先是，益都友人孫觀亭收藏八十餘枚，積歲抉擇，秘不示人，至是亦議價歸館"（王獻唐：《臨淄封泥文字叙》）。
③ 孫敬明：《齊陶新探（附：益都藏陶）》，《古文字研究》第14輯，中華書局，2005年。

有殘泐者也可根據其他地區出土陶文資料比對識別，僅5例磨損或破壞嚴重，難以釋讀。

由於這批陶文資料有一部分存在殘泐的情況，加之在製作拓片的過程中微小的缺憾都會導致拓出的文字不完整或者產生誤導。爲儘量避免這種情況的出現，在這次資料的整理過程中，采用實物、拓片與數碼照片對比補充的方式對文字重新進行隸定，將一些混迹於其他類型，區分不是特別明顯的個體分離出來，同時根據新近的研究成果對一些原來未釋讀的陶文進行識別。最終我們將這批館藏陶文共分爲城圖類、蒦圖類、豆里類、塙間類、楚郭鄉類、單字類、其他類，以及不可辨識共計8個大類，大類下面再細分爲32個小類。以下爲這批陶文的詳細分類和描述。

（二）青州博物館藏齊國陶文的分類

1. "城圖類"，此類陶文共計82例。其中，"城圖楚"17例，"城圖豎"1例，"城圖得"5例，"城圖昇"4例，"城圖固"1例，"城圖烏"1例，"城圖土"1例，"城圖瘖"3例，"城圖衆"46例，"城圖□"3例。

1.1 "城圖楚"。共計17例，印文較爲清晰。可分爲陰文陽文兩種，陰文16例，陽文1例，印面形狀皆不規則，其中13例爲"凸"字形，1例爲曲尺形，1例爲三角形，另有2例印面邊緣未鈐出或鈐印不完整。

編號339（圖一），李征山捐贈。陶豆；泥質灰陶；輪制，淺盤內弧；外壁折收下垂；豆盤略歪，豆柄中部略鼓，有指痕；喇叭形足，缺三分之一；素面。高20.8釐米，足徑12.7釐米，盤徑19.9釐米，柄徑4.7～4.9釐米。豆盤下4.0釐米處鈐印陶文，印面邊緣爲"凸"字形，寬2.8釐米，高2.0釐米。陰文，自右上順讀，文爲：城圖楚。

圖一

編號332（圖二），李征山捐贈。陶豆；泥質灰陶；輪制，器型較規整。燒製火候較高，質地堅硬。素面。淺盤內弧，高柄，下細上粗，喇叭形足。高23.8釐米，盤徑17.2釐米，柄徑4.8釐米，足徑11.4釐米。豆柄上部鈐印陶文，印面形狀爲曲尺形，寬約2.0釐米，高2.5釐米。陽文，自右上順讀，文爲：城圖楚。

圖二

編號335（圖三），李征山捐贈。陶豆，豆盤缺失。泥質灰陶；質地細膩。輪制，器型規整。燒製火候較高，質地堅硬。灰色，陶色較深。素面。殘高17.7釐米，豆柄直徑5.3釐米，足徑10.9釐米。豆柄上端鈐印三字陶文，印面邊緣未鈐出，比照339，可知亦爲"凸"字形。陰文，自右上順讀，文爲：城圖楚。

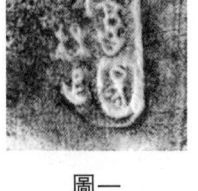

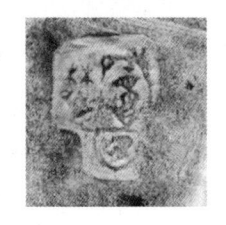

圖三

1.2 "城圖??"。此類陶文僅1例。

編號315（圖四），李征山捐贈。陶豆，僅殘餘豆柄一部分。泥質灰陶；質地細膩。輪制，器型較爲規整。燒製火候較高，質地較硬。灰色，陶色較深。素面。殘長8.0釐米，上端直徑5.2釐米，下端直徑4.4釐米。印文距豆盤1.8釐米，陰文，字迹較模糊，自左上逆讀，文爲：城圖??。

圖四

1.3 "城圖得"。此類陶文共計5例，皆爲陰文，印面有三角形和方形之分，其中三角形1例，方形4例，左右廓明顯，上下廓不明顯。

編號237（圖五），李征山捐贈。陶豆。僅餘豆柄下半部。泥質灰陶；質地細膩。輪制，豆柄上有快輪修整留下的弦痕。燒成火候較高，硬度較大。灰色，陶色較淺。上部有兩道凸弦紋。殘高11.9釐米，上端直徑4.5釐米，下端直徑5.1釐米。弦紋之間鈐印三字陶文，陰文，寬1.7釐米，高1.2釐米。自左上逆讀，文爲：城圖得。

圖五

編號245（圖六）。陶豆。餘豆柄上部及豆盤一部分。泥質灰陶；質地細膩。輪制，豆柄上有快輪修整的痕迹。燒成火候較低，質地較爲堅硬。素面。殘高11.2釐米，豆柄直徑4.1釐米，豆盤殘長7.6釐米，厚1.3釐米。豆盤下5.5釐米處鈐印三字陶文，陰文，印面不規則，最寬處1.4釐米，最高2.0釐米，自左上逆讀，文爲：城圖得。

圖六

編號254（圖七），李征山捐贈。陶豆，僅餘豆柄一部分。泥質灰陶；質地細膩。輪制，較爲規整。燒成火候較高，質地較硬。灰色，陶色較淺。素面。殘高10.3釐米，上端直徑4.7釐米，下端直徑4.1釐米。中上部鈐印三字陶文，印面寬1.7釐米，高2.0釐米，陰文，自左上逆讀，文爲：城圖得。

圖七

1.4 "城圖昇"。此類陶文共計4例，皆爲陰文，其中3例有"凸"字形印面。

編號235（圖八），李征山捐贈。陶豆。豆盤殘缺，短柄，喇叭足，缺三分之一，器型規整。泥質灰陶；質地細膩。輪制，豆柄上有快輪修整的痕迹。灰色，陶色較深。素面。殘高10.3釐米，豆柄直徑4.4釐米，足徑10.3釐米。豆盤下鈐印三字陶文，陰文，印面不規整，最長及最寬處均爲2.5釐米，自右上順讀，文爲：城圖昇。

圖八

編號222（圖九）。陶豆，僅餘豆柄一部分。泥質灰陶；質地細

圖九

膩。輪制，豆柄上有快輪修整的痕迹。燒製火候較高，質地較硬。灰色，陶色較淺。素面。殘高12.3釐米，上端直徑4.7釐米，下端直徑4.2釐米。鈐印三字陶文，陰文，印面不明顯，自右上順讀，文爲：城圖昂。

1.5 "城圖固"。此類陶文僅1例，陰文，近似三角形印面。

編號325（圖一〇），李征山捐贈。陶豆；泥質灰陶；淺盤内弧；外壁折收下垂；豆盤歪向一側；喇叭形足；素面。口徑20.5釐米，高19.5釐米，足徑12.3釐米。豆柄中部鈐印三字陶文，印面爲梯形，寬1.8釐米，高1.4釐米，陰文，自右上順讀，文爲：城圖固。

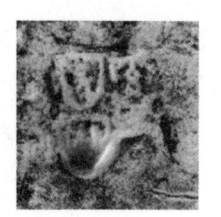

圖一〇

1.6 城圖烏（从口从隹的一個字，上口下隹，釋"唯"或"烏"）。此類陶文僅1例，陰文。

編號308（圖一一），李征山捐贈。陶豆，僅餘豆柄一部分。泥質灰陶；質地細膩。輪制，較爲規整。燒製火候較高，質地較硬。灰色，陶色較淺。素面。殘高11.5釐米，上端直徑5.2釐米，下端直徑5.4釐米。豆柄中部鈐印三字陶文，印面寬約1.9釐米、高2.5釐米，陰文，自右上順讀，文爲：城圖烏。

圖一一

1.7 城圖土。此類陶文僅1例，陰文，"凸"字形印面。

編號271（圖一二），李征山捐贈。陶豆，僅餘豆柄及豆足一部分。泥質灰陶；質地細膩。輪制，較規整。燒製火候較高，質地較硬。灰色，陶色較深。素面。殘高16.2釐米，上端直徑5.5釐米，下端直徑4.8釐米。豆柄上部鈐印三字陶文，印面不規則，寬約1.9釐米，高約3.3釐米，陰文，自左上逆讀，文爲：城圖土。

圖一二

1.8 城圖瘖。此類陶文共計3例，陰文，其中2例無廓，1例有三角形印面。

編號285（圖一三），李征山捐贈。陶豆，僅餘豆柄部分。泥質灰陶；質地細膩。輪制，較爲規整。燒製火候較高，質地較硬。灰色，陶色較淺。殘長7.2釐米，柄徑3.9釐米，殘餘豆盤厚1.1釐米。豆柄中部鈐印三字陶文，印面約2.6釐米見方，陰文，自右上順讀，文爲：城圖瘖。

圖一三

編號127（圖一四），李方德捐贈。陶壺。泥質灰陶；質地細膩。輪制，器型規整。燒製火候較高，質地堅硬。灰色，陶色較深。素面，器表光滑。敞口，直頸略内收，鼓腹下收，矮圈足。通高23.1釐米，口

圖一四

徑13.0釐米,蓋高2.8釐米,腹徑17.2釐米,足徑8.3釐米。陶文鈐印於足底,無廓,陰文,自右上順讀,文爲:城圖瘩。

編號326(圖一五)。陶豆,足部殘二分之一。泥質灰陶;陶色較淺。輪制,器型不規整,豆柄粗細不均。素面,表面粗糙。通高16.7釐米;敞口,盤內弧較深,盤徑18.8釐米;短柄,柄徑4.9釐米;喇叭形足,足徑11.2釐米。豆柄中部鈐印三字陶文,陰文,第三字難以辨識,自右上順讀,文爲:城圖瘩。

圖一五

1.9 城圖㝨。此類陶文共計46例,皆爲陰文,其中44例有明顯或不明顯印面,僅3例無印面痕跡。

編號262(圖一六),李征山捐贈。陶豆。僅存豆柄上半部。泥質灰陶;質地細膩。輪制,豆柄上有快輪修整留下的痕跡。燒製火候較高,硬度較大。灰色,陶色較深。粗細不均。素面。殘高9.6釐米,上端直徑5.7釐米,下端直徑4.3釐米。距豆盤4.5釐米處鈐印三字陶文,陰文,自右上順讀,文爲:城圖㝨。

圖一六

編號267(圖一七),李征山捐贈,陶豆。泥質灰陶;細高柄,柄上粗下細,喇叭形足,素面。缺豆盤,存豆柄和足部一部分。泥質灰陶;質地細膩。輪制,豆柄上有快輪修整留下的痕跡。燒製火候較高,硬度較高。殘高19釐米,豆柄直徑4.5釐米,足徑11釐米。距豆盤2.6釐米處鈐印三字陶文,陰文,印面2.5釐米見方,自右上順讀,文爲:城圖㝨。

圖一七

編號248(圖一八),李征山捐贈。陶豆。僅餘豆柄。泥質灰陶;質地細膩。輪制,豆柄上有快輪修整留下的弦痕。燒製火候較高,硬度較大。灰色,陶色較深。素面。豆柄殘高12.1釐米,粗細不均,上端直徑4.5釐米,下端直徑4.0釐米。柄上部鈐印三字陶文,陰文,印面2.5釐米見方,自右上順讀,文爲:城圖㝨。

圖一八

編號239(圖一九),李征山捐贈。陶豆,高柄,喇叭足。僅餘豆柄及豆足上部。泥質灰陶;質地細膩。輪制,豆柄上有快輪修整的痕跡。燒成火候較高,質地較硬。灰色,陶色較深。素面。殘高13.5釐米,上端直徑4.5釐米,下端直徑7.2釐米。豆柄上部鈐印三字陶文,陰文,印面不規整,邊長2.4-2.6釐米,自右上順讀,文爲:城圖㝨。

圖一九

1.10 "城圖□"。共3例,僅能辨出城圖,餘字不清。

編號268(圖二〇),李征山捐贈。陶豆,僅餘豆柄頂部。泥質灰

圖二〇

陶；質地細膩。輪制。燒製火候較低，硬度一般。灰色，陶色較淺。素面。殘高8.0釐米，上端直徑6.5釐米，下端直徑4.6釐米。豆柄頂部鈐印三字陶文，陰文，自右向左，首字及尾字破損，自右上順讀。經比對，文識别爲：城圖囗。

編號269（圖二一），李征山捐贈。陶豆，僅餘豆柄一部分。泥質灰陶；質地細膩。輪制。燒製火候較低，質地較軟。灰色，陶色較淺。素面。殘高9.0釐米，上端直徑4.5釐米，下端直徑4.2釐米。殘斷處鈐印三字陶文，印面寬2.1釐米，陽文，自左上逆讀，首字不清，結合其他陶文可辨識，文爲：城圖囗。

圖二一

編號283（圖二二），李征山捐贈。陶豆，僅餘豆柄及豆足上部。泥質灰陶；質地細膩。輪制，器型不規整，豆柄扭曲，豆盤傾斜。燒製火候較高，質地較硬。灰色，陶色較深。素面。殘高12.7釐米，豆柄直徑4.5釐米。上部鈐印三字陶文，印面大致爲三角形，陰文，字跡模糊，第三字難以辨識，自右上順讀，文爲：城圖囗。

圖二二

2 "雙圖類"，僅1例。

該標本采集自山東青州高柳馬莊遺址，從形制上推斷應爲陶罐口頸部殘片；編號730（圖二三），陶片爲泥質灰陶；殘長約15.2釐米，高約7釐米，厚約1.1釐米，推測口徑在14-15釐米之間；陶文位於頸部，印面長1.7釐米，寬1.5釐米，陰文，全文共六字，自右上順讀，文爲"雙圖匋里人談"。

圖二三

3 "豆里某類"。共計18例，其中，豆里賹3例，豆里堂13例，豆里遨1例，豆里賞1例。

3.1 "豆里賹"。此類陶文共計3例。

編號227（圖二四）。陶豆，僅餘豆柄一部分。泥質灰陶；質地細膩。輪制，豆柄上快輪修整的痕跡清晰，器型較爲規整。燒成火候較高，質地較硬。灰色，陶色較淺。素面。殘高13.3釐米，上端直徑4.6釐米，下端直徑4.2釐米。豆柄上鈐印三字陶文，陰文，自左上逆讀，文爲：豆里賹。

圖二四

編號297（圖二五），李征山捐贈。陶豆，僅餘豆柄一部分。泥質灰陶；質地細膩。輪制，器型較爲規整。燒成火候較高，質地較硬。灰色，陶色較深。素面。殘高13.8釐米，上端直徑5.2釐米，下端直徑4.5釐米。豆柄上鈐印三字陶文，陰文，自左上逆讀，文爲：豆里賹。

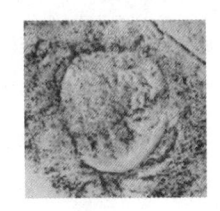

圖二五

编号290（图二六），李征山捐赠。陶豆，僅餘豆柄一部分。泥質灰陶；質地細膩。輪制，豆柄上快輪修整的痕迹清晰，器型較爲規整。燒成火候較高，質地較硬。灰色，陶色較淺。素面。殘高7.0釐米，上端直徑5.7釐米，下端直徑5.0釐米。豆柄上鈐印三字陶文，陰文，字迹較爲清晰，自左上逆讀，文爲：豆里賧。

3.2 "豆里堂"。此類陶文共計13例，其中陽文11例，陰文2例。

编号243（圖二七）。陶豆。僅餘豆柄及豆足上部一部分。泥質灰陶；質地細膩。輪制，豆柄上有快輪修整留下的痕迹。燒成火候較高，較爲堅硬。灰色，顏色較淺。素面，表面較爲粗糙。殘高15.5釐米，上端直徑5.5釐米，下端直徑4.9釐米。距豆盤3.0釐米處鈐印三字陶文，陽文，印面寬1.9釐米，高1.6釐米，自右上順讀，文爲：豆里𡧛（堂）。

编号272（圖二八），李征山捐赠。陶豆，僅餘豆柄下部及足部一部分。泥質灰陶；質地細膩。輪制。燒製火候較高，質地較硬。灰色，陶色較淺。素面。殘高15.3釐米，上端直徑5.1釐米，下端直徑6.5釐米。豆柄頂部鈐印三字陶文，印面寬約1.9釐米，高約2.5釐米，陽文，自右上順讀，文爲：豆里堂。

编号275（圖二九），李征山捐赠。陶豆，僅餘豆柄頂部一段。泥質灰陶；質地細膩。輪制，豆盤較爲規整，豆柄粗細不均。燒製火候較高，質地較硬。灰色，陶色較深。素面，豆盤内有不連續同心圓，豆柄表面較爲粗糙。殘長7.4釐米，柄徑4.6釐米，印文距豆盤2.6釐米，印面寬約1.8釐米，高約2.2釐米，陰文，自左上逆讀，文爲：豆里堂。

编号333（圖三〇），李征山捐赠。陶豆，豆柄下部及足缺失。泥質灰陶；質地細膩。輪制，豆盤較爲規整，豆柄粗細不均。燒製火候較高，質地較硬。灰色，陶色較深。素面，豆盤内有不連續同心圓，豆柄表面較爲粗糙。殘高14.9釐米，盤徑17.4釐米，柄徑4.1-4.5釐米，印文距豆盤3.6釐米，印面寬約1.7釐米，高約2.2釐米，陰文，自左上逆讀，文爲：豆里堂。

3.3 "豆里迺"。此類陶文僅1例。

编号226（圖三一）。陶豆，僅餘豆柄一部分。泥質灰陶；質地細膩。輪制，有快輪修整的痕迹。燒成火候較高，質地較硬。灰色，陶色較深。素面。殘高14.8釐米，上端直徑6.0釐米，下端直徑3.9釐

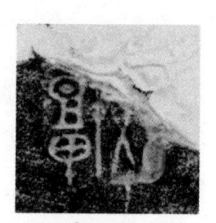

米。豆盤下4.8釐米處鈐印三字陶文，印面不明顯，寬約2.0釐米，高約2.5釐米，陰文，自左上逆讀，文爲：豆里逎。

3.4 "豆里賞"。1例，陰文，較爲清晰，有方形印面。

編號229（圖三二）。陶豆，僅餘豆柄一部分。泥質灰陶；質地細膩。輪制，豆柄上有快輪修整的痕迹。燒製火候較高，質地較硬。灰色，陶色較淺。素面。殘高12.5釐米，上端直徑4.8釐米，下端直徑4.4釐米。鈐印三字陶文，右深左淺，印面寬1.8釐米，高2.3釐米，陰文，自右上順讀，文爲：豆里賞。

4 "塙間類"，共2例。"塙間椊裏曰賵"。1例。"塙間豆里人匋者曰興"。1例。

4.1 "塙間椊里曰賵"。1例，陰文，較清晰，有方形印面。

編號232（圖三三）。陶豆，僅餘豆柄。泥質灰陶；質地細膩。輪制，器型較爲規整。燒成火候較高，質地堅硬。灰色，陶色較深。素面，表面抹光。殘高15.5釐米，上端直徑4.5釐米，下端直徑4.1釐米。豆柄上部鈐印六字陶文，陰文，印面寬2.2釐米，高4.0釐米，自右上順讀，文爲：塙間椊里曰賵。

4.2 "塙間豆里人匋者曰興"。1例，陰文，有方形印面。

編號228（圖三四）。陶豆，僅餘豆柄一部分。泥質灰陶；質地細膩。輪制，器型較爲規整。燒成火候較高，質地較硬。灰色，陶色較淺。素面。殘高8.4釐米，上端直徑4.5釐米，下端直徑4.4釐米。豆柄上鈐印九字陶文，陰文，自右上順讀，文爲：塙間豆里人匋者曰興。

5 "楚郭鄉類"。共5例，皆爲陰文，有方形印面。"楚郭鄉蘷裏㗊"。2例。"楚郭鄉蘷里賵"。1例。"楚郭鄉蘷里□"。2例。

5.1 "楚郭鄉蘷里㗊"。2例。

編號330（圖三五），李征山捐贈。陶豆，豆盤缺失。泥質灰陶；質地細膩。輪制，較規整。燒製火候較高，質地較硬。灰色，陶色較深。素面，表面較粗糙。殘高19釐米，柄徑4.6釐米，足徑11釐米。陰文距豆盤4.7釐米，陰文，印面寬2.2釐米，高3.6釐米，自右上順讀，文爲：楚郭鄉蘷里㗊。

編號220（圖三六）。陶豆，僅餘豆柄。泥質灰陶；質地細膩。輪制，器型不規整。燒成火候較高，質地較硬。灰色，陶色較淺。素面。殘高11.1釐米，上端直徑5.6釐米，下端直徑5.5釐米。柄上部

鈐印六字陶文，陰文，印面寬2.3釐米，高3.7釐米，自右上順讀，文爲：楚郭鄉蘴里䢵。

5.2 "楚郭鄉蘴里賵"。1例。

編號223（圖三七）。陶豆，僅餘豆柄一部分。泥質灰陶；質地細膩。輪制，較爲規整。燒成火候較高，質地較硬。灰色，陶色較淺。素面。鈐印六字陶文，印面寬2.3釐米，高3.5釐米，陰文，自右上順讀，文爲：楚郭鄉蘴里賵。

图三七

5.3 "楚郭鄉蘴里□"。2例。尾字不能識別。

編號282（圖三八），李征山捐贈。陶豆，僅餘豆柄一部分。泥質灰陶；質地細膩。輪制，較爲規整。燒製火候較低，硬度一般。灰色，陶色較淺。素面。殘高11.8釐米，上端直徑4.5釐米，下端直徑4.3釐米。上部刻劃陶文，寬2.3釐米，高4.0釐米，陰文，自右上順讀，文爲：楚郭鄉蘴里□。

图三八

編號293（圖三九），李征山捐贈。陶豆，僅餘豆柄一部分。泥質灰陶；質地細膩。輪制，較爲規整。燒成火候較低，質地一般。灰色，陶色較淺。素面。除首字及第二列"里"字較清晰外，其餘字模糊不清，結合其他陶文對比判斷爲：楚郭鄉蘴里□。

图三九

6 單字類，共計16例。

6.1 "贅"。此類陶文共計8例，根據印文分陽文、陰文兩類，其中陽文2例，皆有方形印面。陰文6例，4例無廓，2例有廓，1近似方形，1爲曲尺形。

編號256（圖四〇），李征山捐贈。陶豆。僅存豆柄部。泥質灰陶；質地細膩。輪制，豆柄上有快輪修整留下的不明顯的痕迹。燒製火候較高，硬度較大。灰色，陶色較淺。豆柄粗細不均。素面。殘高14.3釐米，上端直徑4.8釐米，下端直徑5.4釐米。豆柄中上部鈐印單字陶文，陰文，文爲：贅。

图四〇

編號246（圖四一）。陶豆，僅存豆柄。泥質灰陶；質地細膩。輪制，豆柄上有快輪修整留下的痕迹。燒製火候較高，硬度較大。灰色，陶色較淺。粗細不均。素面，有不規則的戳印痕迹。殘高12.8釐米，上端直徑4.9釐米，下端直徑4.5釐米。上部鈐印單字陶文，寬1.6釐米，高2.4釐米，陽文，文爲：贅。

图四一

編號258（圖四二），李征山捐贈。陶豆，僅餘豆柄上部。泥質灰陶；質地細膩，輪制，較爲規整。燒製火候較高，質地較硬。灰色，陶色

图四二

較深。素面,表面光滑。殘高12.0釐米,上端直徑6.6釐米,下端直徑4.2釐米。豆柄上部鈐印單字陶文,陰文,字跡清晰,文爲:贅。

6.2 "五"。此類陶文共計2例。

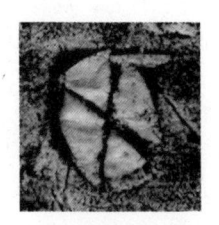

編號C319之一(圖四三),李方德捐獻。泥質灰陶蓋豆,蓋缺失,通體有不平行弦紋。燒製火候高,質地堅硬。通高18.9釐米;子母口深盤,口徑17.7釐米;短柄,柄徑4.6釐米;喇叭形足,足徑12.7釐米,印面大致爲橢圓形,短徑1.0釐米、長徑1.4釐米。豆柄中部鈐印單字陶文,陽文,文爲:五。

編號C319之二(圖四四),李方德捐獻,與319之一器型完全相同。泥質灰陶蓋豆,蓋缺失,通體有不平行弦紋。燒製火候高,質地堅硬。通高19.4釐米;子母口深盤,口徑17.4釐米;短柄,柄徑4.7釐米;喇叭形足,足徑13.9釐米。豆柄中部鈐印單字陶文,印面大致爲橢圓形陽文,文爲:五。

6.3 "國"。此類陶文僅1例。

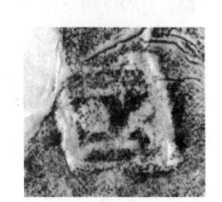

編號276(圖四五),李征山捐贈。陶豆,僅餘豆柄一部分。泥質灰陶;質地細膩。輪制,較爲規整。燒製火候較低,質地一般。灰色,陶色較淺。素面。殘高5.3釐米,上端直徑6.5釐米,下端直徑4.9釐米。下端單字,字口約1.8釐米見方,陰文,文爲:國。

6.4 "得"。此類陶文僅1例。

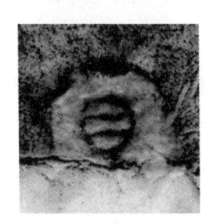

編號C319之六(圖四六),李方德捐獻。泥質灰陶豆,素面。輪制,器型規整。燒製火候較高,質地堅硬。豆柄中部斷裂,通高22.7釐米,淺盤內弧,盤徑16.6釐米,唇厚0.6釐米,盤高2.3釐米,高柄,柄徑4.6釐米,喇叭形足,足徑10.4釐米。印文距豆盤5.0釐米,印面寬1.6釐米,高約1.8釐米,陽文,文爲:得。

6.5 "行"。此類陶文共計2例。

編號288(圖四七),李征山捐贈。陶豆,僅餘豆柄一部分。泥質灰陶;質地細膩。輪制,略彎曲。燒製火候較高,質地較硬。灰色,陶色較淺。素面。殘高7.5釐米,上端直徑5.1釐米,下端直徑4.2釐米。殘斷處印單字"行"。

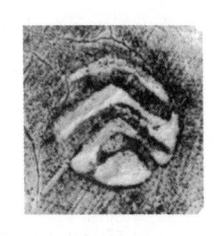

編號278(圖四八),李征山捐贈。陶豆,僅餘豆柄一部分。泥質灰陶;質地細膩。輪制,上粗下細。燒製火候較低,質地一般。灰色,陶色較淺。素面。殘高14釐米,上端直徑5.3釐米,下端直徑4.5

釐米。中部鈐印單字"行",直徑約2.0釐米,陽文。

6.6 "四"。此類陶文僅1例。

編號277(圖四九),李征山捐贈。陶豆,僅餘豆柄一部分。泥質灰陶;質地細膩。輪制,較規整。燒製火候較低,質地一般。灰色,陶色較淺。素面。殘高6.7釐米,上端直徑5.0釐米,下端直徑4.6釐米。中部鈐印單字"四",印面直徑1.5釐米,陽文。

圖四九

6.7 "草"。此類陶文僅1例。

編號C317之二(圖五○)。陶豆,缺豆盤。泥質灰陶;質地細膩。輪制,器型較規整。燒製火候較高,質地較硬。灰色,陶色較深。豆柄中部飾弦紋。殘高14.5釐米,足徑11.9釐米,柄徑4.6釐米。豆柄中部鈐印單字"草",直徑1.9釐米,陽文印面圓形,直徑1.9釐米。

圖五○

7 其他類。共計5例。

7.1 "疤都陳得再左里敀亳豆"。此類陶文僅1例。

編號216(圖五一),泥質灰陶片;質地較硬;形狀不規則,最長7.8釐米,最寬4.5釐米,厚1.2釐米;印面外廓寬2.9釐米、高3.7釐米,內廓寬2.4釐米、高3.1釐米;文共十字,陽文,自右上順讀。文爲:疤都陳得再左里敀亳豆。

該陶文與《古陶文彙編》3.26同,無論從器型,陶文字數乃至陶文內容來看在青州博物館藏陶文中都是極爲少見的一類。

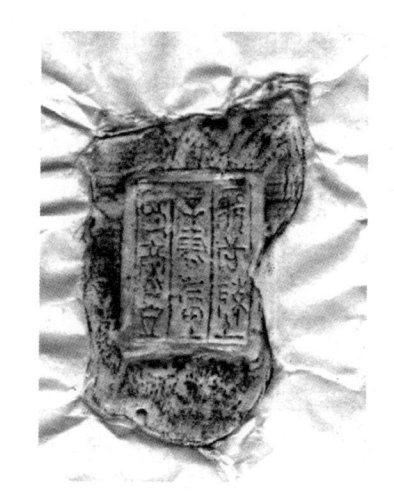

圖五一

7.2 "不蒴圷鏨"。此類陶文僅1例。

編號215(圖五二)。陶片,最長8.6釐米,最寬5.1釐米,厚1.5釐米。印面外

圖五二

廓寬3.1釐米、高3.3釐米，内廓寬2.0釐米、高2.8釐米。文共四字，自右上順讀，文爲：不蒞坧鉩。

7.3 "王敀蘷里得"。此類陶文共2例。

編號230（圖五三）。陶豆。僅有豆柄及豆足上部一部分。泥質灰陶；質地細膩。輪制，豆柄上有快輪修整的痕迹。燒成火候較高，質地較爲堅硬。灰色，陶色較淺。素面，表面粗糙，有戳印痕迹。殘高14.7釐米，上端直徑4.4釐米，下端直徑5.0釐米。豆柄上部鈐印陶文，陰文，自右上順讀，文爲：王敀蘷里得。

圖五三

編號231（圖五四）。陶豆，僅餘豆柄一部分。泥質灰陶；質地細膩。輪制。燒製火候較低，硬度較小。灰色，陶色較淺。素面。殘高9.0釐米，上端直徑4.3釐米，下端直徑4.2釐米。豆柄上鈐印陶文，陰文，自右上順讀，文爲：王敀蘷里得。

圖五四

7.4 "袆子里得"。此類陶文僅1例。

編號734（圖五五），1984年鳳凰臺采集。陶豆，泥質灰陶；質地細膩。輪制，器型規整。燒製火候較高，質地堅硬。灰色，陶色較淺。器表光滑，自豆柄上部至足上部飾三組六道弦紋，每道間隔0.2釐米，弦紋寬0.2釐米。器高38.5釐米；敞口、淺盤，盤徑22.4釐米；豆柄上粗下細，直徑5.0-5.7釐米；喇叭形足，足徑16.6釐米。盤下印四字銘文，陰文，無廓，自右上順讀，文爲：袆子里得。

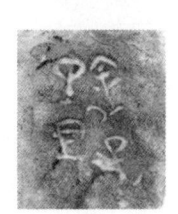

圖五五

8 不可辨識類。共計5例。

編號266（圖五六），李征山捐贈。陶豆，僅餘豆柄上部一部分。泥質灰陶；質地細膩。輪制，修整痕迹不明顯。燒成火候較低，質地較

圖五六

硬。素面,表面粗糙,有較淺的指痕。殘高9.0釐米,上端直徑6.5釐米,下端直徑4.5釐米。豆柄殘端處鈐印陶文,陽文,印面近似圓角方形,字迹模糊不清,僅能辨識右下角一"里"字。

編號233(圖五七)。陶豆,僅餘豆足上部及豆柄下部。泥質灰陶;質地細膩。輪制,豆柄上有快輪修整的痕迹。燒成火候較低,硬度一般。灰色,陶色較淺。素面。殘高16.9釐米,上端直徑4.8釐米,下端直徑7.2釐米。豆柄上部鈐印陶文,陽文,殘損較嚴重,辨識不清。

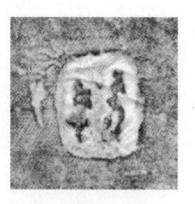

圖五七

編號264(圖五八),李征山捐贈。陶豆,僅餘豆柄一部分。泥質灰陶;質地細膩。輪制,豆柄上有快輪修整的痕迹。燒成火候高,質地堅硬。灰色,陶色較深。素面。殘高13.4釐米,上端直徑4.5釐米,下端直徑4.8釐米。柄部鈐印陶文,但有明顯的人爲刻劃的痕迹,字迹模糊不清,僅右下角可辨識一"得"字。

圖五八

編號C349(圖五九),李方德捐獻。泥質灰陶壺,輪制,較爲規整,肩部及上腹部飾有弦紋。口殘,直領,鼓腹,平底。殘高19.2釐米,腹徑22.1釐米,足徑9.8釐米,壁厚0.9釐米。器底印有陶文,殘損嚴重,模糊不清不能識別。

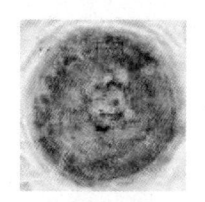

圖五九

編號340(圖六〇)。陶豆,僅餘足部。泥質灰陶;陶色較深。輪制,表面較規整。燒製火候較高,質地堅硬。足上有不明顯的凸弦紋。殘高9.8釐米,上端直徑5.8釐米,足徑11.4釐米,足厚薄不均。足上鈐印陶文,陽文,較爲模糊,印面寬約2.5釐米,高2.7釐米。字迹模糊,難以辨識。

圖六〇

結　　語

1. 關於青州博物館藏陶文的性質。從陶文的格式和內容判斷,青州博物館藏戰國陶文均爲戰國時期的齊國陶文;其中絕大多數爲民間手工作坊的產物,共計130例,屬於官營製陶業作品共計4例(215、216、230、231);從器物的製作工藝和規整程度分析,多數器物不規整,製作較爲粗糙,未見使用的痕迹,再者,這批陶文的出土地點相對集中,初步推測可能爲生產過程中的殘次品。

2. 從器型類別上統計。青州博物館藏戰國陶文中129例位於豆柄上,2例位於陶片上,3例位於壺底部(2例)和頸部(1例)。

3. 關於這批陶文資料的價值和意義。本文在孫敬明先生的研究基礎之上對青州博物館藏齊國陶文進行了更爲全面的描述和分類，得益於孫先生的貢獻和成就，本文對於青州博物館藏齊國陶文進一步研究有着一定的推動和借鑒作用。青州博物館藏的這批戰國陶文不僅數量較多，而且分類較爲齊全，基本上涵蓋了目前已知的齊國陶文的絕大多數種類，對於戰國陶文的研究將是有益的補充。此外，青州博物館藏戰國陶文多數出土地點較爲明確，即便是捐獻所得，其出土地點也有較爲詳細的記載，因此對於齊國陶窯的研究也有着重要的意義。根據已知的考古調查和發掘資料得知，目前可確定的齊國陶窯主要分布於齊故城北部，這與記載中李征山收購陶文的地點相吻合，而目前青州博物館藏的這批陶文種類和特徵也從一個側面證實了這一結論。

附記：本文係2012年度山東省藝術科學重點課題成果（立項號：2012020），寫作過程當中得到了山東博物館衛松濤先生的大力指點和説明，在資料的整理過程當中青州博物館文保科全體同仁給予了大力協助，在此表示謝忱。

戰國文字類化研究*

何家興

(陝西師範大學周秦漢唐文字研究中心)

從漢字發展史的角度來看,戰國文字具有十分重要的地位,上承甲骨、金文,下啓秦漢篆隸。戰國時期文字載體豐富,形體變化十分劇烈。近年來,新出戰國文字資料不斷地開闊我們的視野,極大地推動了古文字的研究。新見字形、各種構形現象和演變規律加深了我們對戰國文字構形系統的認識,爲我們共時考察戰國各系文字構形特點以及演變規律提供了條件。本文結合新出資料,對戰國文字類化現象進行一些探討。

一、類化研究簡述

文字形體隨着時代的推移,逐漸喪失圖形性,形體來源完全不同的字,因爲某些形體特徵近似或相同,便會在相互影響下,采取類化的方式產生了形體趨同現象。唐蘭先生在《中國文字學》中指出:"'午'字寫成'幺'字的樣子,從午的'禦'字,有的會從丝。'十'字變成了'甲','戎'、'早'、'卓'等字都跟着改。'二'字變成'貳',又省作'弍',後來就造出'弌'、'弍'二字。'鳳皇'的皇變成'凰','煙熅'的煙寫作'壹',從吉,所以又造了從凶的'壺'。凡同化的字,往往是由類推作用來的。"[①] 唐蘭先生所謂"類推"就是我們所要討論的"類化",即一個字的形體變了,以它爲形旁的一批字也會發生同樣的變化;同形旁的一批字往往因爲其中一個字發生變化,其

---

* 基金項目:本文是作者主持安徽省2013年高校省級優秀青年人才基金重點項目《戰國文字地域性特點研究》(項目批準號:2013SQRWO65ZD)的階段性成果。

① 唐蘭:《中國文字學》,上海古籍出版社,2001年,第115頁。

他的隨之而變；記錄雙音節詞的兩個字本來形旁不同，後來也趨同了。王力先生認爲群衆造字有兩個方向：第一是類化法，第二是簡化法。類化法通常是按照形聲字的原則，把没有形旁的字加上一個形旁。例如"夫容"加成"芙蓉"。有時候是形旁不明顯，就再加形旁，如"果"加成"菓"，"梁"寫成"樑"，"岡"加成"崗"，"甞"寫成"嚐"。最容易類化的是雙音詞。群衆感到雙音詞是一個整體，形旁應該取得一致。於是"峨眉"加成"峨嵋"，"昏姻"加成"婚姻"，"巴蕉"加成"芭蕉"，等等。有些字雖然都有形旁，但不一致，於是也改成一致，如"蒲桃"改成"葡萄"。甚至有時候改得没有什麽"道理"，如"鳳皇"改爲"鳳凰"（"鳳"，从鳥，凡聲）。① 王力先生用了"類化"這個術語，但從他的論述過程來看，只有"峨眉"加成"峨嵋"、"昏姻"加成"婚姻"、"巴蕉"加成"芭蕉"這一類與我們所説的"類化"性質相同。另外，王力先生没有對"類化"這個概念作出明確的界定。沃興華先生在《類化字及其訓詁法》一文中討論了古代漢字中上下文字的形體類化，認爲類化字是指通過加旁或更旁來與上下文形體保持聯繋的異體字。類化有四項規則：上下文有主謂關係、動賓關係、偏正關係、並列關係等。② 林澐先生較早關注古文字類化現象："文字形體的早期演變，固然受到每個文字基本符號單位原來是由什麽圖形簡化的制約。但是，隨着文字逐漸喪失圖形性，而在學習和使用者的意識中僅成爲區別音義的單純符號。上述的制約性就越來越弱。起源於完全不同的圖形的諸字，只要在局部形體上有某方面的雷同，往往便在字形演變上相互影響而采取類似的方式變化字形。這種現象可稱之爲'類化'。"林先生利用類化規律釋讀了戰國璽印和帛書中的"賸"、"迹"。③ 劉釗先生對古文字中的類化現象進行了專題研究，對"類化"進行了明確界定，他指出："類化，又稱'同化'，是指文字在發展演變中，受所處的具體語言環境和受同一文字系統内部其他文字的影響，同時也受自身形體的影響，在構形和形體上相應地有所改變的現象。這種現象反映了文字'趨同性'的規律，是文字規範化的表現。"④ 我們認爲劉先生的界定是十分科學的。林清源先生較早對戰國文字中的類化現象進行研究。他認爲："構形'類化'現象，有些學者稱爲'同化'現象，這是指字與字之間，或者部件與部件

---

① 王力：《漢語史稿》，中華書局，1980年，第43頁。
② 沃興華：《類化字及其訓詁法》，《于省吾教授誕辰一百年紀念文集》，吉林大學出版社，1996年，第312-316頁。
③ 林澐：《釋古璽中從"束"的兩個字》，《古文字研究》第19輯，中華書局，1992年，第468-469頁。
④ 劉釗：《古文字構形學》，福建人民出版社，2006年，第95-108頁。

之間，某些相似的形體，後來進一步演變爲相同的形體。"①臺灣還有不少碩博士學位論文對古文字中的類化現象進行專題研究的，如徐再仙先生的《吳越文字構形研究》、沈寶春先生的《春秋金文形構演變研究》、黃聖松先生的《東周齊國文字研究》、林宏明先生的《戰國中山國文字研究》、徐筱婷先生的《秦系文字構形研究》、陳立先生的《戰國文字構形研究》等等。黄文傑先生對戰國秦漢文字中的類化現象進行了探討，指出11組類化例子，並且認爲類化現象多出現在俗體文字之中；類化的場合一般是一個詞，也可以是一個字内部、一個片語、一個句子，甚至是一段話，凡有接觸性的語言環境都可能出現類化；類化是一種有意識的行爲，因此不能以文字錯訛現象解之。②

二、戰國文字類化的分類例説

林清源先生根據劉釗先生的分類，將古文字類化現象，劃分爲三種類型："（一）受鄰近部件影響而類化，刺激的力量來自同一個字的相鄰部件，因而可以稱爲'自體類化'。（二）受形近部件影響而類化，刺激的力量來自另一個字的形近部件，因而可以稱爲'形近類化'。（三）受上下文字形影響而類化，刺激的力量來自上下文的字形，因而可以稱爲'隨文類化'。"③劉釗先生把古文字中的類化現象分爲兩類：一類是文字形體自身的"類化"，另一類是受同一系統内其他文字影響而發生的類化，並考辨了50例古文字類化現象。④結合戰國文字構形的系統性和演變規律，我們將戰國文字中的類化分爲：自體類化、隨文類化、字際類化。

（一）自體類化

自體類化，是一個字内部偏旁間的類化。林清源先生是這樣界定的，"一字之内，兩個位置相鄰或相對的部件，其中一個的構形，常會受另一個的影響，形體逐漸變得相似或相同，這種演變現象，筆者稱之爲'自體類化'。"⑤劉釗先生稱爲"文字形體自身的'類化'"，"是指在一個文字形體中，改變一部分構形以'趨同'於另一部分構形

---

① 林清源：《楚國文字構形演變研究》，臺中私立東海大學博士論文，1997年，第155頁。
② 黄文傑：《戰國文字中的類化現象》，《古文字研究》第26輯，中華書局，2006年，第450–455頁。
③ 林清源：《楚文字構形演變研究》，第157頁。
④ 劉釗：《古文字構形學》，第95–108頁。
⑤ 林清源：《楚文字構形演變研究》，第156頁。

的現象。"①表述不同,大體意思是一致的,我們采用林清源先生的術語。

例(一)·1　翡

望山簡有一字作:

　　　　A. [圖] 望山2·13　　B. [圖] 望山2·13

該字从羽从肥,讀爲"翡翠"之"翡"。其中,形體B上部的"羽",受到了下部"肥"字的類化影響,左半部分已經作"肉"。

例(一)·2　腹

包山簡有字作:

[圖] 包山207

"腹"字,楚簡作:[圖]包山236、[圖]新蔡乙一31;包山207"腹"字从"止",晉系也有从"止"作:[圖]侯馬一:三一、[圖]侯馬一:八二、[圖]侯馬一六:二。包山207"腹"字所从"复"中部受到了左旁"肉"的類化而作"肉"。

例(一)·3　智

郭店楚簡《五行》有字作:

[圖] 郭店·五行9

該字是"智",甲骨文"智"作"[圖]合38289",金文作"[圖]毛公鼎",戰國文字秦系文字作"[圖]秦駰玉牘甲·正",楚系"[圖]新蔡甲三320、[圖]博七·武1、[圖]郭店·語一16、[圖]郭店·語一63、[圖]郭店·老甲1"等。"智"本从于知聲,金文中增無義偏旁"曰",戰國楚系文字中所从"矢"作"去、榖、夫、大"等,郭店楚簡《五行》第9簡該字从"矢"作"于",很明顯受到了"于"旁的類化。這種類化帶有訛變的因素。

例(一)·4　𦯧

晉系古璽有字作

　　　　A. [圖] 璽匯2270　　B. [圖] 璽匯2272

---

① 劉釗:《古文字構形學》,第95頁。

該字从艸从霍,增添"口"旁。形體B中部所从"雨"作"⿱冖目",下部的"隹"類化作"君"。

例(一)·5 兄

　　A. [图] 包山63　　B. [图] 博六·天乙2

該字是"兄"字異體,从兄从㞢,二者皆聲。形體B所从"兄"受到了"㞢"的類化,下部也作"壬"形。

例(一)·6 敬

　　A. [图] 郭店·語一95　　B. [图] 郭店·五行31

"敬"字本从"苟",戰國文字多从"羌"。形體B从"兄",受到了下部"口"旁的類化。

例(一)·7 赤

　　A. [图] 包山168　　B. [图] 包山277

"赤"字商周文字从大从火,火大則赤。春秋晚期的齊系銅器郳公華鐘作"[图]",上部已經作"火",形體B上部也類化作"火"。類化會造成文字同形,郳公華鐘、包山簡形體B與"炎"同形,由於辭例明確,沒有帶來釋讀的困難。

例(一)·8 死

　　A. [图] 博三·周15　　B. [图] 博五·姑4

"死"字从歺从人,形體B"歺"旁下部由於受到了"人"旁的類化作"人"形。

例(一)·9 攸

　　A. [图] 郭店·六德47　　B. [图] 博三·彭5

《説文·三下·攴部》:"攸,行水也。从攴,从人,水省。"裘錫圭先生認爲:"'攸'字的構造方式與'叟'和加點的'㸚'類似,小點應該表示水,而不是砂塵。《説文》對'攸'的解釋雖然不確,但从'水'省的説法還是可取的。'叟'表示灑掃室屋或庭院,'㸚'表示刷洗牛,'攸'應該表示擦洗人身,'攴'在此表示手持擦洗工具。"①我們認爲裘先生的分析十分可信。形體B中的"水點"之形,受到"人"旁的類化而作"人"形。

例(一)·10 羕

《説文》:"羕,水長也。从水,羊聲。詩曰:江之羕矣。"戰國齊系文字作:

[字形] 陳逆簠

與《説文》相合;而在楚簡文字中"羕"字多變作从羊从㐱:

[字形] 包山40   [字形] 郭店·老甲35

這種變化也是屬於文字自身形體的類化。又作:

[字形] 鄝子匜   [字形] 左塚漆梮

其中"永"旁左邊的"彳"由於受到右邊"乀"形的影響,也變作"乀"形。楚簡"羕"字所從的"永"旁中,左邊的"彳"和右邊的彎筆"乀"受到中間的"人"形的類化影響都變作"人"形。左塚漆梮中的"永"旁由於受到右邊"乀"形的影響,類化作"川"。

例(一)·11 樂

A. [字形] 郭店·語一24   B. [字形] 博七·君甲5

C. [字形] 璽彙5314   D. [字形] 襄安君鈚

金文中的"樂"字一般寫作从白从絲从木,這種形體沿用至戰國文字中。形體B中部的"白"受到左右"糸"的類化變作"糸",从木从三糸。形體D中的"糸"又受到中部"白"的影響,類化作三"白",這種類化一直延續到漢代文字中,"漢代樂字還有下面三種形體:櫐、槳、槳,上部所從也都寫成一致的形態,也是同樣的類化現象"。②

---

① 裘錫圭:《釋"𠃊"》,《古文字研究》第28輯,中華書局,2010年,第31頁。
② 劉釗:《古文字構形學》,第96頁。

例（一）·12 亂

　　A. [图] 博四·內10　　B. [图] 郭店·成之33

"亂"字本从爭从品，在A、B中，"爭"旁上端的手形被省去，形體B"爭"旁兩側的兩"呂"因受到中間"幺"形的類化影響而作兩"幺"形。

例（一）·13 良

《說文》："良，善也。从畗省，亡聲。"甲骨文作"[图]合13936正，[图]合18025"等形，所象不明。戰國文字中秦系作"[图]陶匯5·384"；齊系作"[图]陶錄2·490·1，[图]陶錄3·526·5"；燕系作"[图]璽匯2712"。其中，楚系有以下幾種形體：

[图] 新蔡甲三241　　[图] 璽匯0206　　[图] 博六·用3

很明顯中部作"日、田"，上部和下部完全同形了，是相互類化影響的。

例（一）·14 尃

《說文》："尃，布也。从寸甫聲。"金文作"[图]克鐘"，戰國文字中逐漸聲化，从"甫"聲。

　　A. [图] 郭店·老甲12　　B. [图] 博六·孔3

形體B下部的"又"受到上部的"父"類化而作"父"。

例（一）·15 饎

[图] 陳曼簠

金文饎字作"[图]""[图]"，从皀从奉，或作"[图]""[图]""[图]"，从食从奉。齊國陳曼簠所从食旁下部受上部的影響，也類化地寫成與上旁相同的"日"形。①

例（一）·16 受

《說文》："受，相付也。从𠬪，舟省聲。"金文从𠬪从舟作："[图]辛伯鼎、[图]頌鼎。"楚簡"受"字所从的"舟"旁訛變作"[图]"或"[图]"，例如：

---

① 劉釗：《古文字構形學》，第97頁。

[圖] 包山130　　[圖] 包山18

"舟"旁中的"彡"形由於受到左邊"爪"形的類化影響,也變作了"爪",例如:

[圖] 博一·孔子7　　[圖] 郭店·唐虞25

戰國文字中有這樣一個字:

[圖] 璽匯2799　　[圖] 重金壘

此字舊不識。朱德熙、吳振武先生將此釋作"受",①是十分正確的。這種寫法的"受"字屬於燕系文字,②和上舉楚簡文字中"[圖]"的情況是一樣的,都是由於文字自身形體的類化作用形成的變體。

上博簡有作:

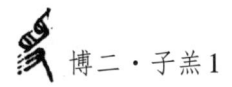

[圖] 博二·子羔1

此字所從的"舟"旁,在"爪"的類化下,完全同形。③
例(一)·17　後
齊系陶文有字作:

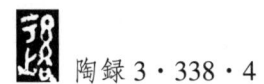

[圖] 陶錄3·338·4

甲骨文後字作"[圖]",從夊幺聲,又加動符"彳"作"後"。金文作"[圖]""[圖]",匐簋後字作"[圖]",師寰簋作"[圖]","夊"形受上部"幺"的影響,類化寫作相近的形態。④戰國齊陶與金文師寰簋類化完一致,與上博《武王踐阼》簡6作"[圖]"構形近似。

---

① 朱德熙:《古文字考釋四篇》,《古文字研究》第8輯,中華書局,1983年,第18-19頁。吳振武:《釋"受"並論盱眙南窯銅壺和重金方壺的國別》,《古文字研究》第14輯,中華書局,1986年,第51-52頁。
② 李家浩:《盱眙銅壺芻議》,《古文字研究》第12輯,中華書局,1985年,第357-359頁。
③ 魏宜輝:《楚系簡帛文字形體訛變分析》,南京大學博士論文,2003年,第85頁。
④ 劉釗:《古文字構形學》,第98頁。

例（一）·18 覞

　　A. [图] 包山23　　B. [图] 博七·凡乙4

該字从示明聲，盟誓之盟的專造字。形體B"明"旁作"旳"，"月"旁類化作"日"。

例（一）·19 䵻

　　A. [图] 陝西新出749　　B. [图] 璽彙5575

"卓"旁，金文作"[图]卓林父簋、[图]九年衛鼎"，从人从子。形體B"䵻"所從"卓"旁，上下類化皆作"匕"（加飾筆"-"）。

例（一）·20 舒

楚簡文字中的"舒"字寫作从余从予，予旁在余旁之下。"予"旁由於受到"予"旁所從"ᴐ"形的類化影響，其中間的弧筆逐漸向上移，與其上的橫筆粘連在一起，也演變成一"ᴐ"形。

[图] 包山135反 → [图] 包山137 → [图] 包山136

例（一）·21 登

包山楚簡有字作：

[图] 包山265

楚簡"登"字常見寫法作：

　　A. [图] 包山175　　B. [图] 包山15　　C. [图] 包山171

形體A"登"寫作从癶从豆从廾。從這三例的對比，可以看出形體B"登"字所從的"豆"旁已訛作从日从口，而到了C中"豆"旁乾脆被省作"日"形。包山265中的該字，表示雙手的"廾"旁由於受到其上的表示雙足的"癶"形的影響後，也類化作"癶"形。戰國時期的齊國銅器十年陳侯午錞，其銘文中的"登"作"[图]"，其下部的"廾"旁亦訛作"癶"形，與上舉楚簡"登"旁的情況是一樣的。①

---

① 魏宜輝：《楚系簡帛文字形體訛變分析》，第86頁。

例（一）·22　商

上博簡《民之父母》篇簡8有字作：

[字形] 孔子曰："善哉！～也，將可學詩矣。"

這裏是講子夏向孔子問學，孔子讚賞子夏之敏，曰："善哉！商也。""商"即子夏的名。整理者指出簡文中的"商"字與庚盤作"[字形]"近。①

魏宜輝先生認爲：

在東周金文"商"字中，"辛"旁的飾形簡化作"○"、"◯"形，而且進一步和"辛"旁連接在一起。

[字形] 蔡侯申盤　　[字形] 庚壺

雨臺山竹律管上的"商"字寫作：

[字形] 雨21·2

在這種寫法中，由於類化作用的影響"辛"旁與兩飾形已十分接近。而到了上博簡"[字形]"字中，"辛"旁與兩飾形皆作"○"形，已完全混同了。②

例（一）·23　虡

"虡"字戰國文字寫作：

[字形] 邾鐘　　[字形] 吉日壬午劍

蔡侯鐘銘文中的"虡"字寫作：

[字形]

劉釗先生指出，"[字形]"字所從"其"字上部受下部從脚趾形的影響，上肢上也類化加上了脚趾。③

---

① 馬承源主編：《上海博物館藏戰國楚竹書（二）》，上海古籍出版社，2002年，第166頁。
② 魏宜輝：《楚系簡帛文字形體訛變分析》，第87頁。
③ 劉釗：《古文字構形學》，第96頁。

例（一）·24　危

古璽有字作：

[字形] 璽匯2034　　[字形] 璽匯1203

關於該字田煒先生釋"跪"。① 他的釋讀是可信的。從戰國楚簡來看，"跪、危、坐"之間關係密切，陳劍先生認爲："古代之'坐'本即'跪'，'危'應是'跪'之初文，'危'與'坐'形音義關係皆密切，很可能本爲一語一形之分化。"② 李家浩先生認爲："因爲戰國文字'坐'、'危'二字形近，所以有時'危'字也寫作'坐'。"③ 楚簡中"危"作：

A. [字形] 博四·曹63　　[字形] 博五·季20

B. [字形] 博七·凡乙2　　[字形] 博七·凡甲2

我們認爲古璽該字从"疒"从"坐"，受到"坐"字的類化"疒"上部也从"坐"。另有一種可能，古璽該字糅合了A、B而成。

例（一）·25　邑

燕系古璽中的"邑"旁有作：

[字形] 郘　[字形] 鄙

劉釗先生認爲，甲骨文邑字作"[字形]"，金文作"[字形]""[字形]"形，象人跪踞於城邑旁。戰國文字中燕系文字的邑旁常常寫作"[字形]"，邑字上部變作"[字形]"，就是受了形體下部"[字形]"的影響而發生的類化。④ 其説可信。

例（一）·26　䙴

A. [字形] 郭店·五行22　　B. [字形] 郭店·老甲9

該字从見从袁，楚簡多用作"遠"。形體B所從的"袁"字，中部的"衣"上部作"[字形]"，受到了"衣"下部"[字形]"的類化所致。

---

① 田煒：《古璽字詞叢考（十篇）》，《古文字研究》第26輯，中華書局，2006年，第386頁。
② 陳劍：《上博竹書〈昭王與龔之脽〉和〈柬大王泊旱〉讀後記》，"簡帛研究"網，2005年2月15日。
③ 李家浩：《談包山楚簡263號所記的席》，《出土文獻研究》第九輯，中華書局，2010年。
④ 劉釗：《古文字構形學》，第97頁。

例（一）·27　封

貨幣文字的"封"字作：

　　A. [圖] 貨系 2545

　　B. [圖] 貨系 4019　　　[圖] 起源圖版 26

"封"字，金文作"[圖]、[圖]"，从土从豐从又，會意植林木以爲田界。形體B所從"土"，已經類化作古文"封"。

例（一）·28

古璽復姓"空侗"作：

　　A. [圖] 璽匯 3972　　B. [圖] 璽匯 3976

形體B中的"空"字所从"[圖]"作"[圖]"，受到了"侗"的類化。

例（一）·29　鑄

　　A. [圖] 集成 10008 欒書缶　　　[圖] 集成 10361 國差

　　B. [圖] 集成 11290 子孔戈

鑄字甲骨文作"[圖]合 29687、[圖]英 2567"，象用手將一個器皿裏的液體注入另一器皿。甲骨文第二個形體與戰國文字結構相同，是戰國文字的來源。戰國文字中一般从鬲从或从皿，形體B所從"皿"字下部受到了"火"的類化。

例（一）·30　所

　　A. [圖] 郭店·老甲 2　　[圖] 博一·緇衣 4

　　B. [圖] 博六·孔 15　　[圖] 博六·孔 25

《説文》："所，伐木聲也。从斤戶聲，詩曰：伐木所所。"B類形體所从的"斤"旁受到了"戶"的類化而近似"勿"。

（二）隨文類化

劉釗先生認爲："在典籍中，有許多字受上下文的影響，從而類化改寫偏旁，以趨同於上下文,這一點與上引古文字中的情況極爲相似。"

《詩·豳風·鴟鴞》"徹彼桑土。"韓詩又作"徹彼桑杜"。

《詩·小雅·正月》:"謂天蓋高,不敢不局;謂地蓋厚,不敢不蹐"。《釋文》引局字又作跼。

《詩·小雅·皇皇者華》:"周爰咨諏。"《釋文》謂咨本亦作諮。

《詩·魯頌·駉》:"有駰有騢。"《釋文》騢又作騢。

《詩·周南·葛覃》:"是刈是濩。"《釋文》刈又作艾。

《詩·齊風·載驅》:"四驪濟濟,垂轡爾爾。"《釋文》爾本亦作濔。

《說文解字》中所引典籍也可看出這種類化的普遍。如:

《易·離卦》:"百穀艸木麗乎土。"《說文》引麗作𪏮;

《尚書·禹貢》:"厥艸惟繇。"《說文》引繇作䉵;

《易·系辭》:"服牛乘馬。"《說文》引服作犕;

《左傳·僖公四年》:"爾貢包茅不入,王祭不供,無以縮酒。"《說文》引縮作茜。①

這種現象在戰國文字中也時常可見,下面舉例說明。

例(二)·1 鬼神

新蔡甲二40　　陳昉簠

"鬼神"連文,由於受到"神"字的類化,"鬼神"二字皆从"示"。

例(二)·2 緄玉

信陽2·013

關於"𤣩"字,有不同的考釋意見。李家浩先生認爲:"(14)的'𤣩'字不見於字書,從此字从'玉'來看,可能指玉飾。若此,'緄𤣩'猶曾侯乙墓竹簡的'組珥瑱'、'組珥'。"②李先生的辭例比勘是十分正確的。我們認爲"緄𤣩"就是"緄玉",隨文

---

① 劉釗:《古文字構形學》,第125-126頁。
② 李家浩:《楚墓竹簡中的"昆"字及從"昆"之字》,《著名中年語言學家自選集·李家浩卷》,安徽教育出版社,2002年,第315頁。

類化的結果。

例(二)·3 "膚疾"

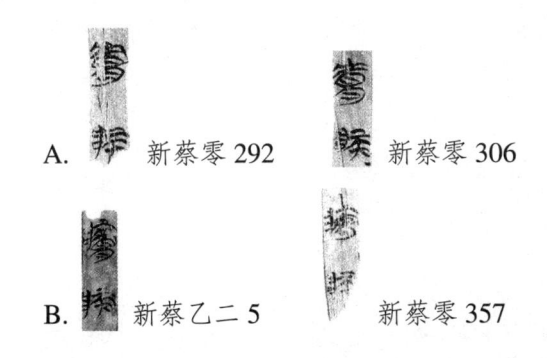

A. 新蔡零292　　新蔡零306

B. 新蔡乙二5　　新蔡零357

B類中的"膚疾"受到上下文字影響而類化爲"癰疾"。

例(二)·4 逢時

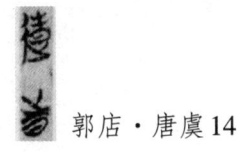

郭店·唐虞14

戰國文字中的"逢",从辵从夆 例如：

石鼓文吴人　　雪齋二集122頁 六年大陰令戈

集成9734—2A 中山圓壺

《唐虞之道》該字从辵从豐从日,从日明顯是受到了下文"時"的類化。

例(二)·5 除去

新蔡零148

"去"字楚簡文字一般作"郭店·老乙4";或增動符"止、辵"作"博四·曹43","博一·孔20"。新蔡簡該字从攴从去,由於受到了"敘(除)"字的類化。

例(二)·6 玭璜

新蔡乙44、45

何琳儀先生説:"簡文'玾璜'讀'疏璜',應指刻鏤之璜。戰國墓葬已出土許多'珩'形佩,附加有精美的透雕紋飾,大概就是這類'疏璜'。或讀'玾'爲'珇',亦可備一解。"① 我們認爲"玾璜"應讀"疏璜","玾"字从玉受到了"璜"字的類化。

例(二)·7　齒厬

仰天湖 34

"厬(梳)"受到了"齒"字的類化而增添"齒"。

例(二)·8　笱筹

仰天湖 22

關於"笱筹",劉國勝先生認爲:"按:笱,原字从'竹''句'聲,疑讀爲'枸'。'枸'下一字从'竹''矛'聲,疑讀爲'楺'。'枸楺'似即《方言》稱車蓋弓的'枸簍'。《方言》卷九'車枸簍',郭璞注:'即車弓也。'錢繹《箋疏》:'《輪人》云三分弓長而楺其一,楺則曲,曲則其體句僂,謂之車枸簍,以形得名也。'車傘的蓋弓與蓋弓帽一體,疑簡文'枸楺'上二字是指蓋弓帽。"② 該器物具體所知待考,二字皆从"竹"是相互類化的結果。

例(二)·9　纃絅　縉紴

仰天湖 25·20　　包山一號牘

楚簡中很多遣策記載絲織品,很多和衣服有關的詞語,類化从"糸",例如"黃裏"作"纃絅"等,都是隨文類化產生的。

---

① 何琳儀:《新蔡竹簡選釋》,簡帛研究網,2003年12月7日;又《安徽大學學報》2004年第3期。
② 劉國勝:《楚喪葬簡牘集釋》,武漢大學博士學位論文,2003年,第106頁。

例（二）·10　鍺鑣

集成11643
燕王職劍

該句"郾（燕）王職乍（作）武無鍺鑣（劍）"，"鍺鑣"含義待考，二字皆从"金"，疑隨文類化的產物。

例（二）·11　㪅戈

集成11295
章子戈

李家浩先生認爲："頗疑'交戈'"之'交'應該讀爲'徼'。……指巡察所用的戈。""交"字从戈，是隨文類化的產物；也有可能是隨文產生的專字。

例（二）·12　貪—貢　賕—貢

郭店楚簡《老子甲》第36簡："貪（持）與貢（亡）管（孰）疠（病）"，"砃（厚）賕（藏）必多貢（亡）"。

在該句中"貪（持）"與"貢（亡）"，"賕（藏）"與"貢（亡）"相對，皆與財物有關，四字皆隨文類化从"貝"。

例（二）·13　伯敄

郭店楚簡《窮達以時》第7簡"爲敀（伯）敄（牧）牛"，該句"伯"字受到"敄（牧）"的類化而从攵。

例（二）·14　幣帛①

古文字"幣"从巾采聲，此處"巾"聲化爲"市"，受其影響"帛"字也从"市"作。

例（二）·15　冠冕

博二·容52

黄德寬先生認爲："弁：'冠冕'……第二字也當讀'弁'，从'元'乃蒙'冠'字而類化訛變。"②

（三）字際類化

林清源先生稱作"集體形近類化"，"係指好幾個原本構形互不相同的字，後來都陸續演變成同一個形體。此類現象的演變過程，相當錯綜複雜，究竟是哪一個字受到哪一個字的影響，往往很難徹底釐清"。③劉釗先生稱之爲"受同一系統內其他文字影響發生的類化，是指同一系統文字中相近形體之間的'趨同'現象。這種'趨同'經常帶有一定的規律性"。④我們認爲這是一組字之間的形體演變，可以稱作"字際類化"。黄德寬先生提出"字際關係"這一重要術語，"字際關係指的是形、音、義某一方相關聯的一組字之間的關係"。他強調從漢字系統的角度，"將各種形體和用字現象放在漢字系統中仔細比較觀察，特别是將相關字聯繫起來比較分析，這樣才可能得出較爲正確的看法"。⑤字際類化這一術語，很好地反映了一組字之間的形體趨同。

---

① 例12,13,14,見張静《郭店楚簡文字研究》，安徽大學博士論文，2002年，第53-54頁。
② 黄德寬：《〈戰國楚竹書〉（二）釋文補正》，《學術界》2003年第1期。
③ 林清源：《楚國文字構形演變研究》，第162頁。
④ 劉釗：《古文字構形學》，第100頁。
⑤ 黄德寬：《關於古代漢字字際關係的確定》，《漢字理論叢稿》，商務印書館，2006年，第165-173頁。

魏宜輝先生對"皆"字的字際類化進行了很好的梳理。郭店楚簡裏有這樣一個字：

[字形] 郭店·唐虞27   [字形] 郭店·忠信7

郭店簡整理者將此字隸定作"膚"，據《古文四聲韻》引《道德經》之"皆"字與此字形近，而將此字釋作"皆"。① 這是典型的字際類化。

《説文·白部》："皆，俱詞也。从比从白。"從古文字中"皆"字的寫法來看，此説不可信。

甲骨文 [字形] 合27445   [字形] 合29694   [字形] 合31182

金文 [字形] 楷仲簋   [字形] 蔡侯申盤   [字形] 中山王鼎   [字形] 皆壺

甲骨文中的"皆"字从二虎、二卢、从口，或省去一虎一卢，或省去兩虎。劉釗先生認爲"皆"字从"卢"得聲。② 金文中的"皆"一般寫作从一虎一卢，下部的"口"或變作"曰"。我們今天使用的从二人从白的"皆"字則出現得相對比較晚。

古文字中的"冃"字寫作"冃"，象帽子之形，即"帽"之本字。後來又在"冃"形中間添加一短橫作爲飾筆。到了楚簡文字中，"冃"形中間這一短橫向兩邊延長並與兩邊的豎筆接在一起，從而變作了"尹"形。黃錫全先生已指出，冖或二形作尹，形似"尹"，當是楚文字的特點。③

冒 [字形] 九年衛鼎   [字形] 包山132

冑 [字形] 虞簋   [字形] 中山王壺

蒙 [字形] 中山王壺   [字形] 包2·94

冠 [字形] 乙8786   [字形] 包山231

---

① 荆門市博物館：《郭店楚墓竹簡》，文物出版社，1998年，第164頁。
② 劉釗：《古文字構形學》，第242-243頁。
③ 黃錫全：《趙國方足布七考》，《華夏考古》1995年第2期。

曼 【圖】 曼龏父盨　　　【圖】 郭店·老乙12

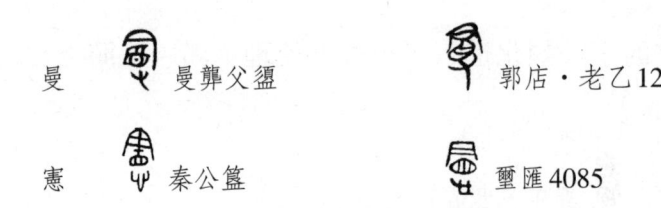

憲 【圖】 秦公簋　　　　【圖】 璽匯4085

從上面所列字例，可以很清楚地看出從冃→冃→尸形的演變軌迹。筆者認爲金文"皆"字所從的"合"形演變爲楚簡中的"冃"形，是受到"冃"字形體演變的類化影響。

古文字中"毄"、"叡"字的局部形體也經歷了類似的變化，由"冃"形演

毄 【圖】 召卣 → 【圖】 郭·五28

叡 【圖】 盦公盨 → 【圖】 包山183

變爲"尸"形，這些寫法都應是類化訛變的結果。

下面我們對戰國文字的幾組字際類化進行梳理：

例（三）·1 "【圖】"

時代 例字	殷 商	西 周	戰 國	秦 漢
彔	【圖】合5976	【圖】頌鼎	【圖】博一·孔子11	【圖】吾作鏡
參		【圖】衛盉	【圖】博五·姑2	【圖】老子甲431
鳥	【圖】合20354	【圖】鳥且癸簋	【圖】博二·容21	【圖】老子乙191
備	【圖】合565	【圖】夨簋	【圖】郭店·緇衣41	【圖】春秋事語38
帶	【圖】合28035	【圖】子犯編鐘	【圖】仰天湖23	【圖】老子乙189
寡		【圖】毛公鼎	【圖】博五·鮑叔2	【圖】老子甲13
翏		【圖】翏生盨	【圖】博一·孔子26	【圖】漢印
鷹	【圖】合8648正		【圖】郭店·語四9	

例(三)·2 "丮"

時代 例字	殷商	西周	戰國	秦漢
帝	合10172	井侯簋	中山王壺	老子甲212
周	合6825	何尊	博七·吳5	縱橫家書16
甫	合20234	甫丁爵	博六·天乙5	禮器碑
央	合3012正	虢季子伯盤	博二·子羔11 新蔡甲二22	老子乙9下 佳銅鏡
束	合21256	康侯簋	郭店·老甲14	
沈	合26907正	沈子它簋	郭店·窮達9	新嘉量三
旁	英634	召卣	嶽麓1573 梁十九年亡智鼎	相馬經1
坪			博五·季23	

例(三)·3 "屮"

時代 例字	殷商	西周	戰國	秦漢
每	合28680	杞伯鼎	博七·吳8	漢印
嘩			郭店·語二43	

續表

時代 例字	殷商	西周	戰國	秦漢
嗇	![] 合20648	![] 牆盤	![] 博二·子羔2	![] 老子乙195
來	![] 合12463	![] 康侯簋	![] 博五·三德16	![] 雲夢封診22
繁			![] 包山90	![] 漢印
李	![] 英1013		![] 包山94	![] 春秋事語93
陵			![] 新蔡零584	![] 倉頡篇8
厘			![] 郭店·太一8	![] 魏封孔羡碑

例(三)·4 "卣"

時代 例字	殷商	西周	戰國	秦漢
覓		![] 師西簋	![] 博一·孔子8	![] 漢印
事	![] 合38242	![] 毛公鼎	![] 博二·從甲17	![] 老子甲30
貴			![] 郭店·老甲12	![] 雲夢日乙237
妻	![] 合691正	![] 農卣	![] 郭店·六德29	![] 老子乙11
巢	![] 西周H11:110	![] 班簋	![] 望山1·89	![] 五十二病方
克	![] 合13709正	![] 乖伯簋	![] 曾乙45	![] 春秋事語3

續表

時代\例字	殷商	西周	戰國	秦漢
悁			郭店·緇衣10	漢印
鼻	合8189		郭店·語二44	雲夢日甲738

例（三）·5 "尸"

時代\例字	殷商	西周	戰國	秦漢
冒		九年衛鼎	郭店·窮達3	漢印
冠	合6947		博二·容52	老子甲424
憲		牆盤	璽匯4085	老子乙112
叡		豳公盨	包山183	
皆	合27445	皆壺	郭店·唐虞27	故道殘詔版
康	合21794	頌鼎	博六·用曰4	老子乙125
陳		陳侯鬲	包山239	雲夢爲吏1
量	合19822	克鼎	博六·競1	春秋事語90
就	合3142	師克盨	包山209	陶匯5.22

例(三)·6 "🔥"

時代 例字	殷 商	西 周	戰 國	秦 漢
興	合19907	父辛爵	郭店·唐虞21	天文雜占
與		齹鎛	郭店·五行18	老子甲16
遷		何尊	郭店·五行32	老子甲191
豊	屯1255	長囟盉	郭店·老丙10	漢印
學	合27712	盂鼎	郭店·老乙3	老子甲59
鑄	英2567	守簋	貨系2275	漢印
禼	合4830	令簋	博二·容40	漢印

例(三)·7 "👄"

時代 例字	殷 商	西 周	戰 國	秦 漢
異	合17992	虢叔鐘	包山117	老子甲132
若	合21129	毛公鼎	博二·子羔8	老子甲58
員	合10978	員父尊	郭店·老乙3	馬·星33
暴			郭店·性自64	孫臏285

例（三）·8　"目"

時代\例字	殷商	西周	戰國	秦漢
衆	合67正	師祈鼎	博六·競8	老子甲262
貞	合21220	戎鼎	郭店·老甲13	老子甲126
貝	合11428	剌鼎	博四·逸詩4	漢印
複	鐵145.1	融比盨	博三·周易22	
酉	合17578正	永盂	包山203	老子甲215
胃			郭店·語四12	雲夢日乙979
實			郭店·六德27	春秋事語30
重	合2976	井侯簋	郭店·唐虞19	定縣竹簡41

我們歷時考察類化形體的演變情況，通過以上八例字際類化，我們可以初步得出這樣的認識：類化具有很強的階段性，不同形體來源，在戰國文字構形系統中發生了形體趨同；然而，到了秦漢文字中很多類化字例都沿着自身的結構規律進行演變，這種短暫的趨同很多都消失了。戰國文字資料的出土具有不均衡性的特點，楚系最爲豐富，燕系最爲貧乏。我們類化研究的字例多選自楚系。這種不均衡性使得構形共時比較缺乏足夠的條件。儘管如此，我們還是很清楚地發現類化的地域性特點。例如"事"字：

楚系　A. 博二·從甲17　B. 郭店·老甲8

C. 博一·緇4　D. 博四·相1

齊系　A.〔圖〕璽匯0277　B.〔圖〕陶録2·6·3

　　楚系形體A上部類化作"占"，另外幾種異體沒有發生類化，說明類化是文字形體中特定形體與相關字組發生的關係。齊系形體B上部與齊文字中的"孝、壽"等字發生了字際類化：

〔圖〕集成4096　　〔圖〕集成4646
壽　陳逆簠　　　孝　十四年陳侯午敦

　　說明類化是具有很强的地域性，不同區系文字系統的類化趨勢和規律很不一樣。

三、類化與古文字考釋

　　正確認識古文字類化現象有利於古文字考釋，林澐先生作了很好的範例。
　　例三·1　腖速
　　晉系古璽有字作：

A.〔圖〕璽匯1208　〔圖〕璽匯1730

B.〔圖〕璽匯4080

　　林澐先生認爲："衆所周知，在商代文字中，〔形〕和〔形〕形就有互變之例，如甲骨文之〔形〕或作〔形〕。這種形變在周代文字中是常見的。而且，字形中之含有〔形〕形者往往在東周時變爲含有〔形〕形。"通過"帝、彔、方、央"四字同步類化的演變情況，他認爲："由此，我們可以合理地推論〔形〕形的束，可有'類化'作用演變爲〔形〕和〔形〕形。"從而，正確考釋了古璽中的"腖"、"速"。
　　例三·2　乾
　　上博七《君人者何必安哉》有一字作：

〔圖〕甲本9　〔圖〕乙本9

原簡整理者濮茅左先生認爲："'䕩'，'旱'聲。字待考，讀爲'奸'。"①復旦大學讀書會認爲："䕩，甲乙本分別作▨、▨。兩本簡2均有'㲋'，作▨、▨形。'䕩'當爲此二字之訛誤。'㲋溪'當即'乾溪'。"②

關於該字，我們曾作了討論：

楚靈王建幹溪之臺而速禍之事，文獻多有記載。"䕩溪"讀作"乾溪"是十分正確的。對於該字字形的分析，復旦大學讀書會的訛誤之説值得商榷。我們認爲此字是一個雙聲符字，從"旱"從"⊃"，二者皆聲（上古音，乾屬群母元部；旱屬匣母元部；從"⊃"之字亦屬元部）。雙聲符字或稱兩聲字，在古文字材料中是十分常見的現象，已經有學者作過專門討論。

並且，結合楚文字中的從"⊃"諸字：

▨ 博三·周2   ▨ 曾侯乙鐘   ▨ 曾侯乙鐘

▨ 九店M56·22   ▨ 博一·詩論22

▨ 仲義君鼎

我們認爲："'夗'及從'夗'之字古音屬影紐元部，因此，'⊃'由'夗'演變而來比較可信。"③

關於《君人者何必安哉》"乾溪"之"乾"的形體，我們進一步作了思考。戰國文字中的"⊃"符來源比較複雜，並非皆爲元部之字。"⊃"符可能很多是類化的産物。例如《周易》中的"▨"是戰國文字中的"乳"字，④清華簡《繫年》簡97"孺子"作"▨"，這一釋讀意見已成定論。"乳"字所從的"⊃"是哺乳之女的形變。"乾"字更有可能是類化的産物：

乾 ▨ 博二·容24   ▨ 博七·君甲9

---

① 馬承源主編：《上海博物館藏戰國楚竹書（七）》，上海古籍出版社，2008年，第208頁。
② 復旦大學出土文獻與古文字研究中心研究生讀書會：《〈上博七·君人者何必安哉〉校讀》，復旦大學出土文獻與古文字研究中心網站，2008年12月31日。
③ 何家興：《説"䕩"及其相關諸字》，《簡帛》第五輯，上海古籍出版社，2010年，第109-112頁。
④ 趙平安：《釋戰國文字中的"乳"字》，《金文釋讀與文明探索》，上海古籍出版社，2011年，第112-117頁。

匍 [图] 孟鼎　　　　 甬 [图] 師克盨

佣 [图] 伯康簋　　　 [图] 王孫鐘

司 [图] 郭店窮達8　 [图] 博四·曹沫23

備 [图] 博三·周9　　[图] 博一·詩論22

因此,"乾"字不必深究,這是字際類化的例證。

四、小　結

　　戰國文字中的類化現象十分豐富複雜,是構形系統研究中的重要内容。我們應在分類和例説的基礎上,進一步探討類化現象的地域性、階段性和規律性無疑具有重要的理論和實踐意義。正如何琳儀先生所説:"探討戰國文字形體演變,不但要注意此地與彼地之間的横向聯繫,而且也要注意前代與後代之間的縱向關係。戰國文字是上承殷周文字,下啓秦漢文字的過渡文字。因此,其自身演變的特點也勢必與殷周文字和秦漢文字有相同或相近之處。以這種歷史眼光分析,戰國文字是殷周文字形體演變的延續。殷周文字形體變化的某些規律,諸如簡化、繁化、異化等,與戰國文字形體變化規律也大致相同。只不過由於地域的差别,這類變化表現得更爲激烈而已。"[①]這一觀點對類化現象、構形系統乃至戰國文字研究仍具有深遠的指導意義。

[①] 何琳儀:《戰國文字通論》,江蘇教育出版社,2003年,第202頁。

介紹新發現的幾個戰國文字簡化門類

楊蒙生
(清華大學出土文獻研究與保護中心)

　　戰國文字簡化，是指戰國文字中某一個字的同一類形體在書寫時，簡省筆劃或部件的現象。
　　本身書寫樣式的多樣以及抄手書寫習慣的不同等多方面原因，使得戰國文字簡化呈現出種類繁多、樣式各異的突出特點。對此，我們曾經在前人研究的基礎上進行過研究，並最終將之整合爲三個層級十七個小類：①
　　1. 單字類：
　　　　A. 刪減筆劃類：a. 單筆簡化；b. 複筆簡化；
　　　　B. 濃縮類：c. 濃縮筆劃；d. 濃縮形體；
　　　　C. 刪減部件類：e. 刪減形符（含意符）；f. 刪減聲符；g. 刪減同形；
　　　　D. 借用類：h. 借用筆劃；i. 借用形體；j. 因器形借筆；
　　　　E. 其他類：k. 訛省；l. 刪減區別符號。
　　2. 合文類：
　　　　A. 借用類：m. 合文借用筆劃；n. 合文借用形體；
　　　　B. 刪減類：o. 合文刪減筆劃；p. 合文刪減偏旁；q. 合文刪減數字。
　　本文所要介紹的就是這十七個小類中不見於現有論述體系的幾個新類型。它們分別是：因器形借筆、訛省、刪減區別符號、合文刪減筆劃，以及合文刪減數字。前三類屬於單字簡化，後二類屬於合文簡化。

---

① 楊蒙生：《戰國文字簡化研究》，安徽大學碩士學位論文，2012年。

一、因器形借筆

何琳儀先生曾經指出：“古璽文字有借用印面邊框爲筆劃的現象，貨幣文字亦偶見借用幣綫爲筆劃者。”①除此以外，相似的情況還見於戰國竹書。從客觀結果看，這種借用造成戰國文字的簡化，我們將之稱爲“因器形借筆”。

因器形借筆由有關漢字所在平面的特性決定，並與相關文字的內容及其載體的行用範圍密切相關。②它的根本特徵是充分利用古璽邊欄、貨幣脊綫或邊綫、竹簡邊棱來構成完整單字，其實質是單字筆劃的簡省，一般涉及單筆，但也存在較爲複雜的情況。

1. 璽印文字

因器形借筆造成的簡化形體大量存在於古璽文字之中，多表現爲借用印面邊欄或中欄的部分或全部綫條爲筆劃。有關例證較多，除了李家浩先生曾經集中論述過的莫、郎、狂、盇（猛）、鈢諸字形體③外，還有以下諸例：

更： 秦代印風201　　東方藝術（書法）2011:4（下）古璽

郾（燕）： 璽彙2652　　璽彙1959

厶（私）： 璽彙4606　　璽彙4605

金： 璽彙3346　　璽彙3268

遺： 璽彙3595　　璽彙5484

女： 璽彙3663　　璽彙3580

---

① 何琳儀：《銳角布幣考》，《古幣叢考》，安徽大學出版社，2002年，第88頁。
② 湯餘惠：《略論戰國文字形體研究中的幾個問題》，《古文字研究》第15輯，中華書局，1986年，第10頁。
③ 此前諸例俱見李家浩《戰國官印考釋（二篇）》，《文物研究》第七輯，黃山書社，1991年，第346頁。

至：集成 10478 兆域圖版　　　　　　璽彙 4093

坴（來）：郭店·語四 2　　　　　　　璽彙 0264

詂（長）：① 璽彙 0301　　　　　　　古璽

前舉"至"字一例，何琳儀先生歸入單筆簡化。②結合文字載體和字形所呈現出的最終形態，我們以爲，此字亦可歸入因器形借筆類簡化。"至"下長橫當是借用印面下部邊欄爲之。

"坴（來）"字一例，全文四字，形體已揭示如上。四字之中的後兩字，羅福頤先生釋爲"公鉨"。③第一字，吳振武先生隸定作"槸"。④按，從簡化角度看，次字無疑應是"坴（來）"字簡體，與前文"䢅"字同例，其中"止"旁末筆亦是借印面下邊欄爲之。如此，璽文可釋作"槸坴（來）公鉨"。"槸"，疑讀爲"楷"，《說文》："楷，木也，从木，晉聲。《書》曰：'竹箭如楷。'"⑤我們懷疑它在印文中用作地名，具體不詳。如此，"楷來公"似是封爵。

"詂（長）"字一例，較爲特別的地方是它同時借用兩個邊欄。

2. 貨幣銘文

除了璽印，貨幣銘文中也常常出現因器形借筆的例子，多表現爲借用貨幣的脊綫或邊綫成字。有關字例除了此前張頷、何琳儀等先生曾經談到的雱（露）、陽、⑥地⑦等字外，還有衆多形體，如：

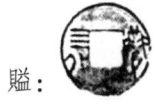

賹：　　　貨系 4101　　　　貨系 4096　　　　貨系 4094

---

① 程龍東：《戰國官璽考釋兩則》，《印學研究》第二輯（陶文研究專輯），山東大學出版社，2010 年，第 237 頁。
② 何琳儀：《戰國文字通論（訂補）》，江蘇教育出版社，2003 年，第 203 頁。
③ 羅福頤：《古璽彙編》，文物出版社，1981 年，第 45 頁。
④ 吳振武：《〈古璽彙編〉釋文訂補及分類修訂》，《古文字學論集》（初編），香港中文大學，1983 年，第 490 頁。
⑤ 許慎撰，徐鉉校訂：《說文解字》，中華書局，1963 年，第 116 頁。
⑥ 張頷：《貝丘布文字辨正》，《古文字研究》第 19 輯，中華書局，1992 年，第 298-303 頁。
⑦ 張頷：《貝丘布文字辨正》，《古文字研究》第 19 輯，第 298-303 頁；何琳儀：《貝地布幣考》，《古幣叢考》，第 139 頁。

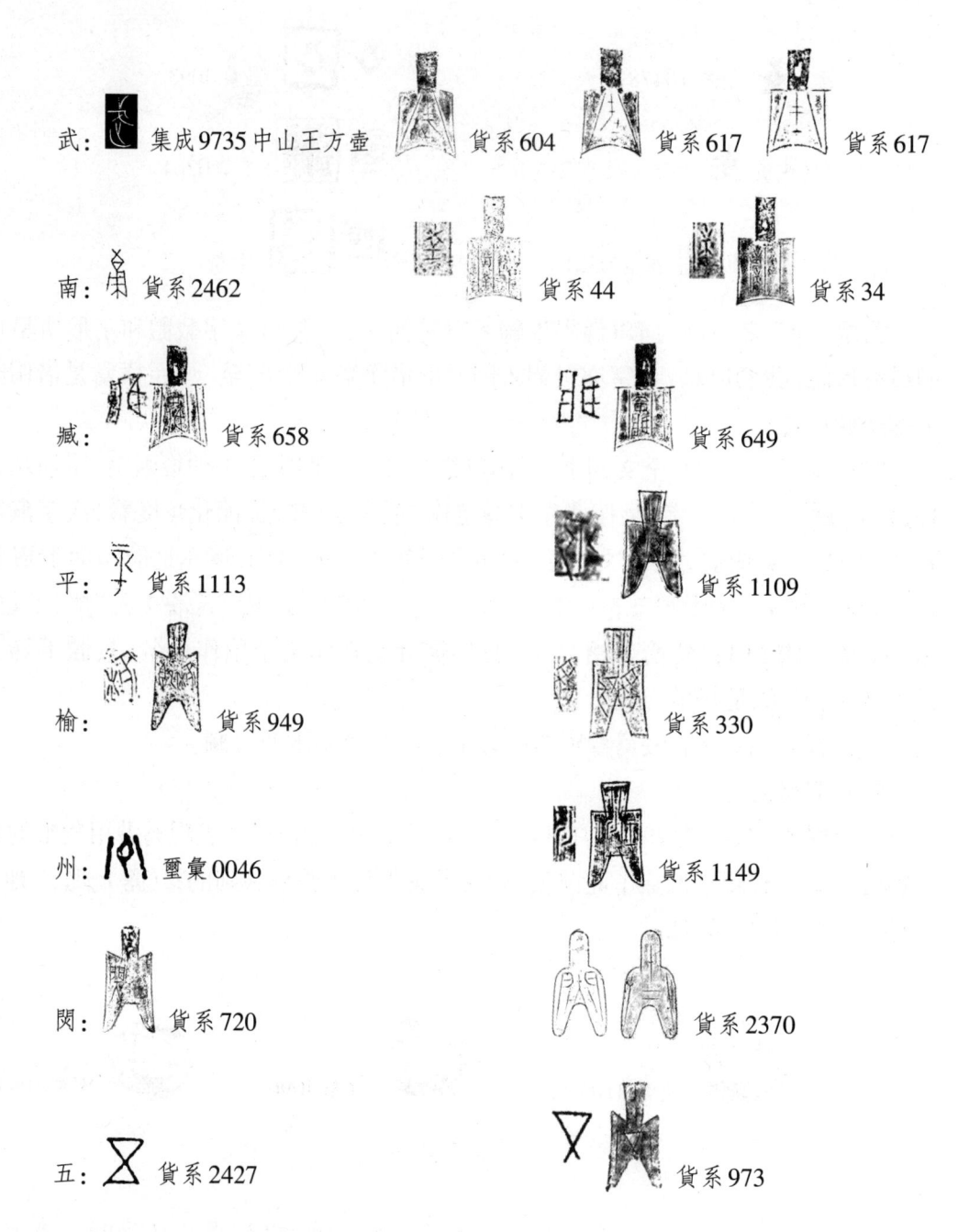

武: 集成9735中山王方壺　貨系604　貨系617　貨系617

南: 貨系2462　貨系44　貨系34

臧: 貨系658　貨系649

平: 貨系1113　貨系1109

榆: 貨系949　貨系330

州: 璽彙0046　貨系1149

関: 貨系720　貨系2370

五: 貨系2427　貨系973

諸例中，需要説明的有以下幾點：

1)"賹"字形體在簡化過程中，先將幣中方孔右邊綫借作"益"字左豎，進而同時借用內外邊綫，下部"貝"旁亦部分借用貨幣外邊綫。

2)與其他類型的簡化結果相似，通過因器形借筆造成的簡化形體並不一定就是簡化的終極形態，有的字例可能會以此爲中間環節進一步省簡或訛變。前者如上面的"賹"、"武"二例，後者如"南"字一例。

3. 竹簡文字

從目前掌握的材料看，因器形借筆類簡化不僅存在於璽印、貨幣文字當中，還較多地存在於竹簡文字之中，多表現爲借用竹簡邊棱作爲有關字形中的縱向筆劃。如：

砫(缶)： [字形] 包山 255　　[字形] 包山 255

牁(將)： [字形] 上博四·柬 11　　[字形] 包山 253

燹(气)： [字形] 上博二·從甲 9　　[字形] 上博二·民 10

既： [字形] 新蔡甲二 5　　[字形] 上博二·民 7

欲： [字形] 上博四·曹 13　　[字形] 上博七·武 13

固： [字形] 郭店·老甲 34　　[字形] 上博六·莊 2

晨： [字形] 包山 80　　[字形] 上博三·中 19

麻： [字形] 郭店·緇 26　　[字形] 上博一·緇 14

兩： [字形] 信陽 2.2　　[字形] 上博七·鄭乙 7

所： [字形] 上博九·舉 7　　[字形] 上博九·史 8

死： [字形] 郭店·窮 9　　[字形] 上博九·邦 5

城： [字形] 郭店·緇 13　　[字形] 郭店·老乙 13

滅： [字形] 上博七·武 14　[字形] 上博五·季 22　[字形] 信陽 2.3　[字形] 上博六·天甲 11

諸例之中，"所"字一例，除了包含因器形借筆造成的簡化外，還包含有"斤"旁借用"戶"形弧筆成形的借筆簡化。

二、訛　　省

訛省作爲簡化的一個特殊門類，與古文字中的訛變、類化等現象密切相關。

一般来说，當訛變、類化等因素被施加於處在簡化階段的古文字形體時，訛省現象便會出現。由前者造成的訛省例證如下文"偵"字形體的訛省作"𠂇"形；由後者造成的訛省例證如舂、秦、泰、春、奏諸字上部形體的混同。由於後者已是古文字階段之後的事，[①] 故而不在本文的討論範圍之内。

根據訛省的程度，我們可以將相關字例分爲整體訛省和部分訛省兩類。

1. 整體訛省

整體訛省所造成的簡化字形多半已失去構形理據，考釋時需要尤其注意有關文字形體的歷史發展脈絡。如：

偵： 先秦編286   先秦編273

狄（希）： 上博四·昭3   上博五·姑3

罕： 郭店·六44   上博一·緇21

弗： 集成2782哀成叔鼎   集成11384四年鄭令戈

亡： 璽彙4525   璽彙4790

城： 貨系1688   貨系3871

良： 侯馬92:10   陶録3.526.5   説文古文

贏： 集成326.6A曾侯乙鐘   仰天湖25.35   包山1號牘   信陽2.19

諸例中，"偵"、"城"二字較爲特殊。從簡化形體看，前者上部"中"形當爲"丌"上形體之省，下部自是"丌"旁，中部短豎即"人"旁之省，三者構成"𠂇"形。後者上部"成"旁訛省作"M"形，下部"土"旁訛作"工"形。它們均已失去構形理據。

2. 部分訛省

部分訛省造成的簡化形體多半是由不同字形中的構件形體相近所致，構形理據尚可窺見。如：

春： 郭店·語一40   郭店·語三20

---

① 趙平安：《隸變研究》，河北大學出版社，2009年，第57頁。

鼙: [圖] 上博四·昭6　　　　　　[圖] 郭店·尊34
解: [圖] 清華壹·保10　　　　　[圖] 清華壹·保7
曹: [圖] 陶彙3.1060　　　　　　[圖] 陶彙3.149
鼓: [圖] 上博二·容48　　　　　[圖] 上博二·容22
乘: [圖] 新蔡甲三79　　　　　　[圖] 信陽2.4
哉: [圖] 上博六·莊4　　　　　　[圖] 郭店·尊31
新: [圖] 侯馬194:11　　　　　　[圖] 侯馬156:26
長: [圖] 説文古文　　　　　　　[圖] 説文古文
橐(盟): [圖] 上博五·三1　　　　[圖] 上博七·凡乙4
剏(剴): [圖] 上博三·周43　　　[圖] 港戰2
孚(娩): [圖] 上博五·鮑2　　　　[圖] 上博五·姑4
龠(命): [圖] 集成11312卅三年業令戈　　[圖] 集成2608十一年庫嗇夫鼎
貞: [圖] 集成670黿來佳鬲　　[圖] 陶録2.167.3　　[圖] 陶録2.130.1
憲: [圖] 包山194　　　　[圖] 包山151　　　　[圖] 包山25
虞(朕): [圖] 郭店·語一30　[圖] 郭店·語一61　[圖] 郭店·語一28
夏: [圖] 包山209　　[圖] 包山115　　[圖] 郭店·緇35　[圖] 上博一·緇18

以上諸例，需要特別説明的有以下幾個：

1) 長，上部變形音化爲"上"。長，古音定紐（或端紐）陽部字，中古開口三等。上，古音禪紐陽部字，中古開口三等。二字韻部相同，且古音端、照二系關係密切，故得如此。

2) 龠(命)，《集成》2608十一年庫嗇夫鼎一形，學界意見不一。目前所見，有"龠(令)"、"靖"、"命"、"孴(令)"、"令"、"竮"等釋法。①按，從字形和辭例看，頗疑後

---

① 各家之説詳參湯志彪《三晉文字編》，吉林大學博士學位論文，2009年，第14頁。

者實从"命"作,只因發生訛省,遂致與"弔"形似。

3)"夏"字形體的簡化、演變軌迹爲:先是左下"止"旁訛省作"虫"形,再依次刪去"頁"旁,最終將"虫"頭拉平。

三、刪減區別符號

在古文字中,往往會有這樣一部分常用偏旁:它們兩兩相對,多爲意符或形符;它們的形體極爲相似,但各自所代表的意義指向完全不同。在使用過程中,人們爲了將它們區分開來,常常會在其中一類的形體上追加一筆,以示區別,如月、肉;月、夕。這追加的一筆我們稱之爲"區別符號"。在文字的輾轉傳抄過程中,這些符號往往會在不經意間脫落,從而在客觀上造成相關字形的簡化,這就是我們所說的"刪減區別符號"。

這種簡化往往直接導致相關偏旁形體的混淆。如:

丹:[圖] 貨系418　　　　　　　　　　[圖] 貨系3805

井:[圖] 睡虎地·日乙16　　　　　　　[圖] 陶錄6.330.2

明:[圖] 璽彙5609　　　　　　　　　　[圖] 璽彙5617

夜:[圖] 璽彙2946　　　　　　　　　　[圖] 璽彙2947

閒:[圖] 璽彙2063　　　　　　　　　　[圖] 集成10478兆域圖版

肖:[圖] 璽彙0895　　[圖] 璽彙0925　　[圖] 璽彙0965

肙(尹):[圖] 璽彙2764　[圖] 集成11577大攻尹鈹　[圖] 璽彙2786

炙:[圖] 璽彙1516　　　　　　　　　　[圖] 關沮317

骨:[圖] 程訓義1-3　　　　　　　　　　[圖] 璽彙3432

胖:[圖] 新蔡甲三301-2　　　　　　　　[圖] 新蔡甲三54

膚:[圖] 望山2.12　　　　　　　　　　[圖] 上博二·魯4

胃:[圖] 集成11696少虞劍　　　　　　　[圖] 集成11697少虞劍

愿(怨): [圖] 郭店·緇22　　　　　[圖] 郭店·緇10

附：刪減指示符號例

指示符號與區別符號不同，它一般被用來指示有關字形中的某一部位，如"肘"字初文作"寸"形，"又"下短筆便是用來指示肘部之所在。①

指示符號的這一功能決定了其存在的必然性，但在個別較爲特殊的字形中，它也偶爾會有刪減，或致混形。如：

雁(膺)：② [圖] 新蔡乙二37　　[圖] 新蔡乙二11　　[圖] 新蔡甲一3

安：③ [圖] 璽彙1448　　　　[圖] 璽彙0005

四、合文刪減筆劃與合文刪減數字

合文類簡化中，除了一般提到的四種④外，似乎還存在着兩個字例不甚豐富的小類：合文刪減筆劃與合文刪減數字。它們突出地表現在貨幣銘文當中，因字例較少，且多見於貨幣銘文，故而很少引起學界注意。考慮再三，我們決定將之合成一節，分別列出，以資討論。

1. 合文刪減筆劃

合文刪減筆劃是指刪減合文內部單字筆劃的現象。它在貨幣銘文和璽印文字中出現的頻率較高。如：

1) 貨幣銘文

工行：[圖] 貨系2963　　　　[圖] 貨系2961

廿：[圖] 文物1979:1漆盒蓋　　[圖] 先秦編596

---

① 如《殷周金文集成》9735號器中山王方壺銘文"鑄"字[圖]所從聲符。
② 李守奎：《包山楚簡120—123號簡補釋》，《出土文獻與傳世典籍的詮釋——紀念譚樸森先生逝世兩週年國際學術研討會論文集》，上海古籍出版社，2010年，第210—212頁。
③ 陳劍：《說"安"字》，《甲骨金文考釋論集》，綫裝書局，2007年，第107—123頁。
④ 何琳儀：《戰國文字通論（訂補）》，江蘇教育出版社，2003年，第211—212頁。

十五： [字形] 貨系841　　　　　[字形] 先秦編364

卅五： [字形] 貨系1138　　　　[字形] 貨系856

卅五： [字形] 貨系791　　　　 [字形] 貨系792

十六： [字形] 貨系2375　　　　[字形] 貨系872

廿六： [字形] 先秦編365　　　 [字形] 貨系850

2) 璽印文字

空侗： [字形] 璽彙3972　　　　[字形] 璽彙3976

𥄎（奚）昜： [字形] 彙考252　　[字形] 璽彙3255

諸例之中，數字"五"省去兩端橫筆的寫法表明，合文簡化與單字簡化是同步發展的；而數字"六"的寫法則帶有一定的返古性。

在不涉及數字的合文簡化例中，"工行"二字頗不易辨識；"空侗"中的"侗"字所從"人"旁與"同"字共用左側豎筆，故知，此例爲單字借用筆劃基礎上的合文刪減筆劃。

2. 合文刪減數字

合文刪減數字主要是指刪去數字組合"囗十囗"中間數字"十"的現象。以目前所見資料看，此類簡化均見於貨幣銘文，如：

卅五： [字形] 貨系739　　　[字形] 貨系1138　　　[字形] 貨系856

五十二： [字形] 貨系2413　[字形] 貨系1173　　　[字形] 貨系2928

五十三： [字形] 貨系2414　[字形] 貨系795　　　 [字形] 先秦編343

五十四： [字形] 貨系2416　[字形] 聚珍208　　　 [字形] 先秦編343

五十五： [字形] 貨系789　　[字形] 先秦編322

五十八： [字形] 貨系2450　[字形] 貨系1102

附：合文符號刪除例

與單字類中刪減區別符號相類似，某些合文在傳抄過程中也可能會將原有的合文符號 "=" 刪除，從而使合文形體趨於簡化。如：

廿： [圖] 集成9710曾姬無卹壺　　　　　[圖] 郭店·唐25

卅： [圖] 集成9674十禩右使壺　　　　　[圖] 貨系2405

至于： [圖] 集成9719令狐君壺　　　　　[圖] 侯馬185:9

忠心： [圖] 溫縣WT1K1:3105　　　　　[圖] 溫縣WT1K1:2667

工帀(師)： [圖] 集成11701十五年守相杜波鈹　　[圖] 集成11693卅三年鄭令鈹

以上所談，僅是筆者在何琳儀先生戰國文字簡化研究的基礎上，在研習戰國古文字材料過程中得出的一點初步認識，不當之處，敬祈方家賜正。

釋"圣^①朱"及从"圣"的字

陳治軍

（安徽大學）

在古文字中有這樣的一個字：

一、楚系出土資料中的"圣"

《殷周金文集成》10158 楚王會悍盤

《包山楚簡》83 簡   《包山楚簡》157 簡

《歷代貨幣大系·先秦》4153–4162

（拓片，注：另外一字不甚清楚，詳見摹本）　（摹本）郝陵君豆《文物》1980 年第 8 期第 30 頁

江陵溪峨山木俑（摹本）《考古》1984 年第 6 期第 523 頁

包山楚簡 261（注：此簡經過削改，从什麼偏旁學者有不同的看法，聲符从圣）

一石圣刀鼎《殷周金文集成》1801（注：國別不詳）

---

① "圣"字係按照戰國文字或古文字直接隸定，與現在通行的簡化字"圣"不是同一個字。

二、楚簡中以"圣"作爲偏旁，从木或从邑的字

1. 从木

  A. [字形]《郭店楚簡·窮達以時》7簡

  B. [字形]《包山竹牘》1

2. 从邑

 [字形]《包山楚簡》163簡

三、金文中从自、从圣的字

 [字形]《殷周金文集成》4346䅇伯盨

 [字形]《殷周金文集成》11209䅇公稣曹戈

 [字形]《殷周金文集成》4318 三年師兑簋

四、秦石刻石鼓文中从憂、从圣的字

 [字形]《石鼓文·作原》

對於"圣"，以及从"圣"的這些相關字，至今也没有比較統一的看法。現在本文從楚國貝幣銘文入手，試圖作一探索。

對於楚國貝幣銘文[字形]學者的意見不盡相同。劉剛認爲"坌朱"可以讀爲"錘銖"，① 並將各家説法做了一個匯總，這裏不再贅述，其中李零、劉雨認爲應該隸定作"坌"，並在《楚郱陵君三器》的注文8中指出："坌字各書所無，惟《古文四聲韻》卷三收爲'在'字。我們分析夏氏並非别有所見，他所謂'在'字的這個字，應即《説文》'圣'字。圣字在《説文》中的解釋是'汝潁之間謂致力於地曰圣，从土从又，讀若兔

---

① 劉剛：《楚銅貝"坌朱"的釋讀及相關問題》，第19届古文字年會論文。

窋',是個方言字。《説文》所收'怪'字从之。怪,後世俗體作恠,夏氏取半邊爲讀,遂以爲'圣'與'在'可以相等。圣與圣字形相近,但並不一定是一個字。"①

[圣]字,從字形分析,从又、从土,似可直接隸作"圣"。這個字與現在通行的簡化字"圣"不是同一個字,這一點是需要特別説明的,以免引起誤解。戰國"[圣]"字多見於楚系文字,該字形在後世的字書中也有保存,讀作"在"。

其中《古文四聲韻》卷三"在"字條下：

[圣]籀韻(《古文四聲韻》古文上韻十四"在"古文)

《説文》所收"怪"字从"圣"聲。"怪",後世俗體作"恠",《古文四聲韻》卷三"在"字條下[圣]也讀作"在",這應該不是巧合,當是"圣"字上古讀音的孑遺。

《戰國策·韓策二》:"愈恠其厚。"《史記·刺客列傳》"恠"作"怪"。《楚辭·遠游》:"忽神奔而鬼怪。"《考異》:"怪一作恠。"《楚辭·招魂》:"室中之觀,多珍怪些。"《考異》:"怪一作恠。"②

黃錫全認爲:"'圣'也很可能就是與'在'讀音相近的字,或者就是'圣'字的異體。"③

何琳儀在《戰國古文字典》中將"怪"歸爲之部見紐,以"怪"附"又"聲首之後。是爲卓見。現在援引如下：

《戰國古文字典》"怪"字條下:"《説文》'怪,異也。从心,圣聲。(古懷切)'(十下十六)怪本从又(右)之異體圣得聲,與《説文》'圣,汝潁之間謂致力於地曰圣,从土,从又,讀若窟(苦骨切)'(十三下十)同形,但來源不同。圣,溪紐脂部;怪,見紐之部。見、溪均屬牙音,故不排斥怪爲《説文》圣之准聲首。但考慮怪與古文圣(右)均屬之部,茲以怪附又聲首。至於《説文》之圣與古文字形同,音亦近,是否爲一字之分化,待考。"④

傳抄古文"在"有下列形體：⑤

---

① 李零、劉雨:《楚郱陵君三器》,《文物》1980年第8期,第34頁注8。
② 高亨:《古文通假會典》,齊魯書社,1997年,第421頁。
③ 黄錫全:《楚幣新探》,《中國錢幣》1994年第2期;後收入《先秦貨幣研究》,中華書局,2001年,第206頁。
④ 何琳儀:《戰國古文字典》,中華書局,1998年,第13頁。
⑤ 徐在國:《傳抄古文字編》,綫裝書局,2006年,第1361頁。

[圖]《集篆古文韻海》3·15　[圖]《集篆古文韻海》4·22　[圖]《集篆古文韻海》4·22

《古文四聲韻》"在"作"圣"形，《集篆古文韻海》"在"作"[圖]"，可見他們就是一個字。在《集篆古文韻海》中"在"又作"[圖]"形，可知何琳儀認爲"圣"與"圣(右)"字形同，音亦近；黄錫全認爲"圣"或是"圣"字的異體。現在看來這些觀點都是正確的，他們應是一字之分化。

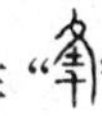

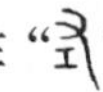

戰國時楚國青銅貨幣銘文"圣"字即《古文四聲韻》卷三收爲"在"條下的那個字。"圣"、"圣"應當都是由"又(右)"分化而來，"又"、"右"增添分化符號而成"圣"、"圣"。"圣"、"圣"、"又"、"右"上古音都是之部字。"土"作爲偏旁在古文字中往往作爲繁化符號。① 兹轉引幾例：

夷　[圖]《侯馬盟書》321頁　　　　[圖]《侯馬盟書》321頁

丘　[圖]《包山楚簡》188簡　　　　[圖]《包山楚簡》237簡

臧　[圖]《包山楚簡》60簡　　　　[圖]《包山楚簡》176簡

朋　[圖]《郭店楚簡》語叢一87簡　[圖]《郭店楚簡》語叢四·14簡

弼　[圖]《郭店楚簡》六德28簡　　[圖]《郭店楚簡》六德30簡

難　[圖]《郭店楚簡》緇衣5簡　　　[圖]《郭店楚簡》老子甲簡14簡

《古文四聲韻》爲我們保存了一條非常重要的古文字信息。通過《古文四聲韻》我們知道"圣"這個字可以讀作"在"。

衆所周知，"在"，《説文》認爲"在"是从"才"得聲的一個字。2007年荆州黄山墓地40號戰國楚墓出土了4件銅環權，最大的一件無銘文，重30.8克，另外三件分別刻銘"一兩"(15.3克)、"剸兩"(7.8克)、"才(鎰)兩"(4克)，② "剸"見於楚系文字，當爲楚方言，可以讀爲"半"。③ "剸兩"即"半兩"。巧合的是清華簡《算表》的第一支

---

① 何琳儀：《戰國文字通論(訂補)》，江蘇教育出版社，2003年，第216頁。
② 荆州博物館：《湖北荆州黄山墓地40號戰國楚墓發掘簡報》，《江漢考古》2007年第4期，第20頁。
③ 黄錫全：《試説楚國黄金貨幣稱量單位"半鎰"》，《古文字研究》第22輯，中華書局，2000年，第181-188頁。李學勤：《楚簡所見黄金貨幣及其計量》，見《中國錢幣論文集》第四輯，中國金融出版社，2002年，第61-64頁；又收入《中國古代文明研究》華東師範大學出版社，2005年。

簡也出現了"剞"與"釙"字,李學勤曾指出"'釙'爲四分之一",①這個觀點是正確的。我曾對楚國的衡制與量制有一些整理,並考證戰國時楚國"一兩(24銖)爲15.6克、剞兩(12銖)爲7.8克,'甾兩'即'才兩'(6銖)爲3.9克"。②下面將相關的一些資料匯成一表如下(重量單位爲克)。

編號名稱	500克逐級平分	荆州黄山墓地40號戰國楚墓環權	賢子之官環6枚	長沙左家公山砝碼9枚	江陵雨臺山419號墓砝碼8枚	均益砝碼10枚
1	0.49			0.6		0.69
2	0.97			1.2	1.98	1.3
3	1.95			2.1	3.8	1.9
4	3.9	4才(錙)兩	3.7	4.6	7.25	3.9
5	7.8	7.8剞兩	7.6	8.0	7.75	8.0
6	15.6	15.3 一兩	15.6	15.6	15.7	15.5
7	31.25		31.4	31.3	30.9	30.3
8	62.5		62	61.8	62	61.6
9	125		125.5	125	125	124.4
10	250					251.3
11	500					
		注(1)《江漢考古》2007年第4期第20頁	注(2)重慶中國三峽博物館藏	注(3)《中國歷代度量衡考》第288頁,《文物參考資料》1954·12	注(4)《中國歷代度量衡考》第290頁	注(5)《中國歷代度量衡考》第290頁

可以發現除荆州黄山墓地40號戰國楚墓環權外,賢子之官環、長沙左家公山砝碼、江陵雨臺山419號墓砝碼、均益砝碼,剔除銹蝕造成的誤差,他們也都有相應的比例關係。這種比例關係就是,"甾兩"即"才兩"(6銖=3.9克)是"一兩"(24銖=15.6克)的四分之一。這裹也可以對李學勤"釙爲四分之一"的觀點作一個實物材料上的驗證補充。這樣許多問題都有了解決的思路。

---

① 李學勤:《釋"釙"爲四分之一》,見《三代文明研究》,商務印書館,2011年,第136頁。
② 陳治軍:《安徽出土青銅器銘文研究》,黄山書社,2012年,第178頁。

那麼在楚幣銘文 ![圣朱] 貨系4153("圣朱"合文)中的"圣"字就當讀作"釮"。楚國的貨幣"圣朱"就可以讀作"釮朱",即"錙銖",爲四分之一朱(銖)(即0.65克之四分之一)。

"圣朱"又見於鄩陵君器銘文,李零、劉雨讀作:"三朱二圣朱四□。"① 從上文可知"圣朱"就可以讀作"釮朱",即"錙銖"(四分之一銖),"圣朱"用在"三朱"之後,可見是比"銖"還小的重量單位,"二圣朱"即二分之一銖。這裏可能指資費。

對於戰國楚銅貝"圣朱",何琳儀疑讀作"小銖"。② 黄錫全曾結合鄩陵君器銘文認爲:"'圣朱'似可讀爲'輕銖',意指輕小的銅貝。"③ 這樣的思路是正確的,"圣朱"言錢之微小,或爲四分之一銖(即0.65克的四分之一),而在實際的鑄造中,可能就無法保證實際重量了,就是代表一種重量微小的貨幣。

另外有一件一石圣刀鼎(《集成》1801)早年湖南長沙出土,其銘文當爲"一石圣刀",是記重的,表示其重量是"一石又四分之一刀"。"刀"爲戰國時的重量單位,中山王圓壺銘'冢(重)三石卅九刀之冢(重)",是一個例證。

那麼戰國時秦國的貨幣"兩甾",就應當讀作"甾兩",是與"半兩"並行的貨幣。即四分之一兩,《説文解字》"錙"字條下:"六銖。从金,甾聲。"也可以證明將舊稱爲"兩甾"的秦國貨幣改讀"甾(錙)兩"是可行的,就是重量是六銖的貨幣。"釮"、"才"、"錙"、"甾"在戰國時也都是可以通用的,《禮記·檀弓上》"爵弁絰紂衣",《釋文》:"紂本又作緇。"④

這裏還要説一件江陵溪峨山出土的有銘文木俑:⑤

![圣] 江陵溪峨山木俑文字:(□陵圣兩羽甬)

木俑銘文大意當是"□陵'甾兩'羽人俑",即"□陵四分之一兩羽人俑",此處"圣兩"當指木俑的資費。這可以證明將秦國舊稱爲"兩甾"的貨幣改讀"甾兩"是不

---

① 李零、劉雨:《楚鄩陵君三器》,《文物》1980年第8期。注:文中李零、劉雨原文釋作:"次襄畀三朱二圣朱四□。"對於李零、劉雨的隸定考釋這裏没有全部引用,我將另文考釋。
② 何琳儀:《戰國文字通論(訂補)》,江蘇教育出版社,2003年,第154頁。
③ 黄錫全:《楚幣新探》,《中國錢幣》1994年第2期;後收入《先秦貨幣研究》,中華書局,2001年,第206頁。黄錫全:《楚銅貝貝文釋義新探》,《錢幣研究》1999年第1期;後收入《先秦貨幣研究》,中華書局,2001年,第228頁。
④ 高亨:《古文通假會典》,齊魯書社,1997年,第418頁。
⑤ 湖北省博物館江陵工作站:《江陵溪峨山楚墓》,《考古》1984年第6期,第523頁。注:"圣"前一字摹本作"![字]",没有隸定,疑爲"陵"字,當係地名。

誤的。從衡制與貨幣可以看出戰國時中國已經有了相當的政治統一，其度、量、衡也有着一定程度上的相同，所謂秦始皇統一度、量、衡，可能是將不利於通行換算的度、量、衡制取消，而保留常用且利於通行的各種比例關係。

如果上述考釋不誤，那麼我們再回過頭看看出土文獻中的"圣"及從"圣"的字都該怎樣釋讀。

一、楚系出土資料中的"圣"

《殷周金文集成》10158楚王酓悍盤的"圣"字腹外銘文作"紹圣"。"紹圣"所指係人名。

《包山楚簡》83簡的圣字，簡文作"訟羅之廎或之圣者邑人邡女"，"圣者"，諸家均未考釋。"圣者"或即"貨者"、"財者"，指有財力之人。

《包山楚簡》157簡文"裁司舟，舟斦、車輛、圣斦、牢中之斦"的圣字或讀爲"緇"（詳細考釋見下文）。"斦"讀"匠"。簡文讀"裁司舟，舟匠、車輛、緇匠、牢中之匠。"

二、楚簡中以"圣"作爲偏旁，從木或從邑的字

1. 從木

A. 桯《郭店楚簡・窮達以時》簡7

現在將第7簡的簡文隸如下：

《郭店・窮達以時》簡7：白（百）里迍遺五羊，爲故（伯）數（牧）牛，敘（釋）板桯而爲朝卿，堨（遇）秦穆■

整理者在《郭店・窮達以時》注釋中認爲：白里迍，各書作百里傒（或作奚）。迻，從旹聲，唐蘭釋作"饙"（《論周昭王時代的青銅器銘刻》，《古文字研究》第2輯）。裘按："各書多言百里奚以五羊之皮賣身，'五羊'上二字疑當與'賣'義有關。疑第二字從'辵''裔'聲，即'遺'字，通'鬻'。第一字（迍）從'旦'聲，似可讀爲'轉'。《淮南子・脩務》：'百里奚轉鬻。'"①

將"迍"讀爲"轉"，將"迻"讀爲"鬻"。似有可商之處。《郭店・窮達以時》"白里迍"傳世典籍作"百里奚"，"白里迍"當即"百里奚"，"迍"與"奚"例可通轉，《詩・檜風・匪風》："中心怛兮。"《韓詩外傳》、《漢書・王吉傳》引"怛"作"愒"。又

---

① 荆門市博物館：《郭店楚墓竹簡》，文物出版社，1998年，第146頁。

《漢書·王吉傳》:"忠愻兮。"顔注:"愻,古怛字。"①《文選·高唐賦》:"羨門高溪。"李注:"《史記》曰:'秦始皇使燕人盧生求羨門高誓。'谿疑是誓字。"②《書·吕刑》:"制以刑。"《墨子·尚同中》引"製"作"折"。③

"遺"字唐蘭釋作"饋",尚不誤,此字即"遺"字。《毛詩·豳風·鴟鴞》(序):"公乃爲詩以遺王。"此處言以遺五羊而易百里奚。

《説苑·雜言》:"百里奚自賣取五羊皮,伯氏牧羊[盧曰:"'伯氏牧羊',《外傳》七作'爲秦伯牧羊'。"(向宗魯)案:"此當脱'爲'字。"④],以爲卿大夫,則其遇秦穆公也。"向宗魯認爲傳世本《説苑》"伯氏牧羊"前脱"爲"字。甚確,從《郭店·窮達以時》簡7作"爲伯牧牛",可以驗證。

"奊"字直接釋作"釋",似有不妥,可嚴格隸定作"奊"。奊,《説文》卷十下"大"字條下:"奊,大白澤也,從大從白,古文以爲'澤'字(古老切)。"此處讀爲"釋"。

"板桱"⑤的考釋有多種觀點。

何琳儀隸定作"桱"疑讀"校",並引《説文》:"校,木囚也。"所謂"釋其囚"與簡文"釋板桱(校)"意同。⑥白於藍認爲"桱"字所從之"圣"是《説文》之"坁"字異構,讀作"綏"。⑦劉信芳隸定作"桱"疑同"枳"。⑧

"板桱"疑讀爲"販貨"。《詩·周頌·執》"威儀反反",《潛夫論·正列、巫列》引"反"作"板"。《荀子·儒效》:"積反貨而爲商賈。"楊注:"反讀爲販。"⑨貨,《説文》卷六下:"財也,從貝、化聲。"同樣,賄,《説文》卷六下:"財也,從貝、有聲。"貨、賄均訓"財",貨、賄、財所從聲符"化"、"有"、"才"上古均是之部,所以從音韻學上也有關係。《左傳·昭公十六年》:"爾有利市寶賄。"《釋文》"賄"或作"貨"。⑩"有"與"又"通假之例極多。《老子·七十九章》"有德司契",《漢帛書乙本》"有"作"又"。⑪前面

---

① 高亨:《古文通假會典》,齊魯書社,1997年,第202頁。
② 同上書,第455頁。
③ 同上書,第645頁。
④ 向宗魯:《説苑校證》,中華書局,1987年,第423頁。
⑤ 學者均將"桱"隸定作"桱",這裏爲了行文方便,均作"桱",下同。
⑥ 何琳儀:《郭店竹簡選釋》,《文物研究》第12輯,1999年;又見黄德寬、何琳儀、徐在國《新出楚簡文字考》,安徽大學出版社,2007年,第50頁。
⑦ 白於藍:《郭店楚墓竹簡考釋(四篇)》,《簡帛研究二〇〇一》,廣西師範大學出版社,2001年,第194頁。
⑧ 劉信芳:《楚簡帛通假匯釋》,高等教育出版社,2011年,第156頁。
⑨ 高亨:《古文通假會典》,第225頁。
⑩ 同上書,第371頁。
⑪ 同上書,第368頁。

曾提出"圣"應當都是由"又(右)"分化而來,這裏或可以作一點音韻學上的補充。

"🈳"整理者隸定作"嘼",釋"嘼卿"爲"朝卿"。① 裘錫圭認爲字從"黽"聲,讀"嘼卿"爲"名卿"。② 宋華強隸定作"嘼",認爲《窮達以時》的"嘼卿"除了可以讀爲"名卿",還有另一種可能性,就是讀爲"命卿"。③ 馮勝君認爲字從"黿"聲,讀爲"軍卿"。④ 禤健聰讀爲"耆卿"。⑤ 均有可商之處。

包山竹牘1 🈳,何琳儀隸定作"繩",包山竹牘(1)"繩緻",包山簡作"黽鞁",黽皮。⑥ 劉信芳也認爲"繻"字又作"嘼",包山楚簡270"二嘼(鞁)"、273簡"嘼韏,嘼韔、鞍,韇韋,鞈"。嘼,疑讀爲"繩"。⑦ 這些觀點都是正確的。

那麼此處郭店楚簡"嘼"與"繻"同,即"繩","繩"可訓"正",《書·冏命》:"繩愆糾謬。"《疏》引《正義》曰:"木不正者,以繩正之。繩謂彈正。""嘼卿"讀作"正卿","正卿"即"政卿"。

《左傳·文公七年》(晉郤缺言于趙宣子):"子爲正卿,以主諸侯,而不務德,將若之何?"《國語·晉語八》祁午見(范宣子)曰:"晉爲諸侯盟主,子爲正卿,若能靖端諸侯,使服聽命于晉,晉國其誰不爲子從,何必和?"從《國語》知范宣子時爲"上卿",可見"上卿"即"正卿"。

《孟子·告子下》:"舜發於畎畝之中,傅說舉於版築之間,膠鬲舉於魚鹽之中,管夷吾舉於士,孫叔敖舉於海,百里奚舉於市。"又《孟子·萬章上》萬章問曰:"或曰:'百里奚自鬻於秦養牲者五羊之皮,食牛以要秦繆公。'信乎?"簡文所指與《孟子》所載"百里奚舉於市"曾從事過商業活動相合。

B.《包山竹牘》1之"🈳"字

簡文:戉,三罟,一柽,緙毘首(包山竹牘1)

戉,《包山楚墓》附錄認爲:"借作鍛。《廣雅·釋詁二》:'鍛,椎也。'出土實物中有

---

① 荊門市博物館:《郭店楚墓竹簡》,第145頁。
② 裘説見下馮勝君引。
③ 宋華強:《楚墓竹簡中的"嘼"字及"繻"字》,簡帛研究網站,http://www.bamboosilk.org/admin3/html/songhuaqiang01.htm
④ 馮勝君:《戰國楚文字"黽"字用作"黿"字補議》,《漢字研究》第一輯,學苑出版社,2005年,第477-479頁,裘説見馮勝君引。
⑤ 禤健聰:《戰國楚簡字詞研究》,中山大學博士學位論文,2006年,第7頁。
⑥ 何琳儀:《戰國古文字典》,中華書局,2009年,第732頁。
⑦ 劉信芳:《楚簡帛通假彙釋》,高等教育出版社,2011年,第28頁。

小如錐狀之矛，或許稱作鍛。"① 不確，包山簡67、71、72、73、75、143、170、220簡均有"叟月"，望山簡一·8作"䒑月"。"叟月"、"䒑月"即欒月。

《荀子·議兵》："宛巨鐵釶，慘如蜂蠆。"《史記·禮書》"慘"作"鑽"。《説文》："鬟讀若《論語》'鑽燧'之鑽。"② "戡"即當讀"鏒"。

《包山楚墓》附錄認爲："簡牘文字'䚒'讀如'厹'。《詩·小戎》：'厹矛鋈錞。'傳：'三隅矛也。'出土的實物中有一件矛，雙葉下延，成倒鉤狀，或許就是厹矛。"③ 李家浩認爲："'䚒'的意思與重、匜相當。"④ 都不正確。"䚒"，劉信芳讀爲"旒"，⑤ 可信。

"桎"，劉信芳以詞例對照曾侯乙簡認爲即"杸"字。⑥ "桎"見於隨縣曾侯乙簡3、14、20、82，劉信芳認爲與包山竹牘1之"𥭖"字是同一個字，這是正確的，但可能不讀"杸"，都當讀"緇"。

包山竹牘1"緣翠首"，包山269簡作"一桎，冒筭（旄）之首"，詞例相同，"緣"、"冒"即"注"之意。包山竹牘1疑當讀爲"鏒，三旒，一緇"。

隨縣曾侯乙簡20、82簡文作"一桎，二旆，屯八翼之翿"，應讀爲"一緇，二旆，屯八翼之翿"。"桎"字，隨縣曾侯乙簡20簡作 、82簡作 。"桎"字从木、从又，恰與上文推論"圣"應當是由"又（右）"分化而來相合。

隨縣曾侯乙簡"翿"字，何琳儀認爲《廣雅·釋詁一》"翿，舉也"，又《釋詁三》"翿，飛也"。隨縣簡"翼翿"，戈柲之上翼狀飾物。見《山彪鎮與琉璃閣》圖版47、48鑑，《文物》1976·3·51壺，《故宫博物院院刊》1983·3圖版六壺等畫像。⑦ 都是正確的。

關於包山竹牘1"鏒，三旒，一緇"，以及隨縣曾侯乙簡的"一緇，二旆，屯八翼之翿"，均可與《爾雅》中的描述相對照。

《爾雅·釋天》：素錦綢杠，（以白地錦韜旗之竿。）纁帛鏒，（纁帛絳也。鏒衆

---

① 《附錄一包山二號楚墓簡牘釋文與考釋》，見湖北省荊沙鐵路考古隊《包山楚墓》，文物出版社，1991年，第397頁。
② 高亨：《古文通假會典》，齊魯書社，1997年，第214頁。
③ 《附錄一包山二號楚墓簡牘釋文與考釋》，見湖北省荊沙鐵路考古隊《包山楚墓》，文物出版社，1991年，第397頁。
④ 李家浩：《包山楚簡的旌旆及其他》，見《著名中年語言學家自選集·李家浩卷》，安徽教育出版社，2002年，第263頁。
⑤ 劉信芳：《包山楚簡解詁》，藝文印書館，2003年，第308頁；劉信芳：《楚簡帛通假彙釋》，第104頁。
⑥ 劉信芳：《包山楚簡解詁》，第310頁；又《楚系簡帛釋例》，安徽大學出版社，2011年，第157頁。
⑦ 何琳儀：《戰國古文字典》，中華書局，2009年，第155頁。

旒所著。)素升龍于縿,(劃白龍于縿,令上向。)練旒九,(練,絳練也。)飾以組,(用綦組飾旒之邊。)維以縷。(用朱縷維連持之,不欲令曳地。《周禮》曰:"六人維王之大常。"是也。)緇廣充幅,長尋曰旐(帛全幅長八尺),繼旐曰旆(帛續旐末,爲燕尾者。義見《詩》。),注旄首曰旌,(載旄於竿頭,如今之幢,亦有旒。),有鈴曰旂,(縣鈴於竿頭,劃蛟龍於旒。),錯革鳥曰旟,(此謂合剝鳥皮毛置之竿頭。即《禮記》云載鴻及鳴鳶。),因章曰旃。(以帛練爲旒,因其文章,不復劃之。《周禮》云:"通帛爲旃。")

另外《包山楚簡》269簡有這樣一個字"▉",對這個字或隸定作"椌",①有學者認爲也是"桎"字,劉信芳釋作"柽"。②該字從字形分析右部所從之字與"▉"字有別,金文中有這樣一個字"▉"(《殷周金文集成》10577,鑄客爲集脰長方形鏈爐),此字釋"脰",③那麽 ▉ 或當爲从木、从㐁,何琳儀隸定作"椌"。④可從。

2. 从邑的字

▉字見於包山楚簡163簡,簡文"郚邑人"。"郚"當即地名,顧祖禹《讀史方輿紀要·卷五十》河南條下:

  考城縣,在州東北九十里,西南至開封府杞縣八十里,本周之戴國。《春秋》隱十年:"鄭取戴,改名穀城。"秦置穀縣,漢高封秘彭祖爲戴侯,國於此。後爲甾縣,屬梁國。東漢章帝改名考城,屬陳留郡。

  又云考城故城,在縣東南五里,本漢之甾縣。⑤

可見"郚"即漢代的甾縣,這是"圣"讀"甾"的又一個例證。《詩·小雅·大田》:"俶載南畝。"鄭箋:"載讀爲菑栗之菑。"載與戴通用無別,《周禮·地官·載師》,《孟子·公孫丑上》趙注引作《戴師》。⑥周爲戴國,戰國時即"圣",至漢置甾縣。"戴"、"圣"、"甾"皆一音之轉,脈絡分明,至於後漢改名考城,"圣"讀"考",即如同

---

① 湖北省荊沙鐵路考古隊:《包山楚墓》,文物出版社,1991年,第370頁。
② 劉信芳:《楚系簡帛釋例》,第157頁。
③ 吳振武:《朱家集楚器銘文辨析三則》,見《黃盛璋先生八秩華誕紀念論文集》,中國教育文化出版社,2005年,第297—299頁。陳治軍:《安徽出土青銅器銘文研究》,黃山書社,2012年,第144頁。
④ 何琳儀:《戰國古文字典》,中華書局,1998年,第881頁。
⑤ 見《中國古代地理總志叢刊》,顧祖禹:《讀史方輿紀要》,中華書局,2005年,第2354頁。
⑥ 高亨:《古文通假會典》,第420頁。

下文何琳儀將《石鼓》"斿嫠"讀"游敖"例同。①《左傳·定公二年》:"奪之杖以敲之。"《釋文》:"敲又或作擊。"②《文選》潘安仁《河陽縣作詩》:"頵如槁石火。"李注:"《毛詩》曰:'子有鐘鼓,弗擊弗考。'槁與考古字通。"③

三、金文中从𦣞、从圣的字

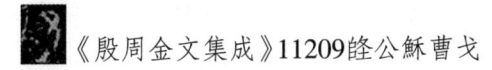

[图] 《殷周金文集成》4346 𦣞伯盨（甘肅寧縣出土）

[图] 《殷周金文集成》11209 𦣞公穌曹戈

[图] 《殷周金文集成》4318 三年師兑簋

此三器出土於甘肅、陝西,地望暫不可考。

四、秦石刻石鼓文中从憂、从圣的字

[图]《石鼓文·作原》

《石鼓文·作原》中的[图]字,曾憲通認爲《作原》"嫠"字所从的"圣"旁,其實就是不帶"夂"形的彡(乡),即"卂"。④恐不確。何琳儀認爲嫠从憂,圣聲。《石鼓》"斿嫠"讀"游敖"。《詩·齊風·載驅》"齊子游敖",亦作"遊遨"。《漢書·孝文帝記》"千里遊遨",亦作"遊驁"。《呂覽·察今》:"王者乘之遊驁。"⑤"游敖"多見於典籍,《淮南子·精神》:"休息於無委曲之隅,而游敖於無形埒之野。"《史記·律書》:"自年六七十翁亦未嘗至市井,游敖嬉戲如小兒狀。"《潛夫論·浮侈》:"或以謀姦合任爲業,或以游敖博奕爲事。"其説可從。

附記:本文原是對楚國貨幣"圣朱"的考釋,黃德寬教授閱後建議應將所有从"圣"的字做一個整理研究,並提出具體建議,在此謹表謝忱!

---

① 何琳儀:《戰國古文字典》,中華書局,1998年,第284頁。
② 高亨:《古文通假會典》,第787頁。
③ 同上書,第725頁。
④ 曾憲通:《説餿踐及其它》,《江漢考古》1992年第2期。又見曾憲通《説餿踐及其它》,載《古文字與出土文獻叢考》,中山大學出版社,2005年,第83頁。
⑤ 何琳儀:《戰國古文字典》,中華書局,1998年,第284頁。

秦駰玉版"靡有敚休"試解

單曉偉
（安徽大學歷史系）

秦駰玉版中"众人弗智（知），余亦弗智（知），而靡又（有）△休，吾窮（穷）而无奈之可（何），永戁忧盉"其中△所代表字爲疑難字，各家争論比較大。字形照片作如下：

摹本［］，專家學者對此字提出諸多考釋意見，爲討論方便現簡單列舉一下：

李零："第四字，可能是'息'字，上半似从自，下半不清，好像與秦文字的'心'不太一樣。此字連下'休'字。似乎是説疾疫流行，不能停止。"①

曾憲通、楊澤生、肖毅："靡有鼎（？）休"，指占卜也没有好起來的朕兆。鼎，六十四卦名之一，《玉篇·鼎部》："鼎，《易》卦名。"《易·鼎》"鼎，元吉，亨。"王弼注："鼎者，成變之卦也。"《雜卦》"革，去故也；鼎，取新也。""鼎"引申而有更新之義，如成語"革故鼎新"。②

李家浩："從兩件玉版文字筆劃看，《初探》的釋法可從。《説文》'鼎'字説解説：'籀文以鼎爲貞。'古文字'貞'从'卜'从'鼎'聲，所以'鼎'可以用爲'貞'。疑銘文的'鼎休'應該讀爲'貞休'。""銘文的'貞休'是指病情。此句的意思是説：病情

---

① 李零：《秦駰禱病玉版的研究》，《國學研究》第六卷，北京大學出版社，1999年，第525-547頁。
② 曾憲通、楊澤生、肖毅：《秦駰玉版文字初探》，《考古與文物》2001年第1期。

没有好转的迹象。"①

王輝:"'息休'乃'休息'之倒,也是爲了叶韻。"②

李學勤:"而靡又(有)鼎(定)休。吾窮而無奈之可(何),永(咏)嚟(嘆)忧盩(愁)。"③

侯乃峰:"細審玉版字形,釋爲'鼎'讀爲'定'的可能性大些。"④

從上面的列舉中我們可以看出,學者主要有兩個隸定:一個是李零先生爲代表隸定爲"息";一個是以曾憲通、楊澤生、肖毅三位先生爲代表的隸定爲"鼎"。至於各家釋讀觀點在此不做討論。

現在我們列舉秦文字和古文字中的息和鼎字與此字形進行比較。

息: 爲16　　爲27　　日甲36背　　橋息

鼎: 秦公鼎甲　　秦公鼎乙　　秦公鼎A　　秦公鼎B　　秦公鼎

　　秦公鼎　　中啟鼎　　秦泥考1025　　秦泥考1026

玉版字形 與秦文字中息、鼎比較來看,字形間確實差別很大,因此 釋爲息、鼎皆存在疑問。

我們通過對照片和摹本的比較,之所以出現息、鼎的隸定,其主要原因還在於 此字形摹本 的殘缺,或者可以説是摹本在摹寫時出現了偏差。我們仔細比較玉版照片字形 和摹本 得出:摹本左邊基本準確,而主要問題出現在右邊,右邊分離出來 ,大致可以摹作 ,而整個字形可以摹作 ,比較原摹本其缺失就是右半部 ,已經帶有秦隸書的痕跡,而這也成爲隸定此字形的關鍵所在。 我們隸定作散,下面我們通過古文字中屵、散、攵的字形與玉版字形 比較來論證我們的觀點。

甲骨文: （參甲骨文編794、342頁）

---

① 李家浩:《秦駰玉版銘文研究》,《北京大學中國古文獻研究中心集刊》(二),2000年,第99-128頁。
② 王輝:《秦曾孫駰告華大山明神文考釋》,《考古學報》2001年第2期。
③ 李學勤:《秦玉版索隱》,《故宮博物院院刊》2002年第2期。
④ 侯乃峰:《秦駰禱病玉版銘文集解》,《文博》2005年第6期。

金文：[圖] 耳尊　[圖] 太保罍　[圖] 史強盤　[圖] 廿年冢子戈
[圖] 恵鼎　[圖] 司工殘鼎足　[圖] 散繼鼎　[圖] 散伯鬲
[圖] 叔㚙父簠　[圖] 吴女盨蓋　[圖] 散瘓盆　[圖] 史強盤
[圖] 裘衛盉　[圖] 瘓鐘　[圖] 三年𤔲令樂瘓戈　[圖] 黑漆木棋局

楚文字：[圖] 郭·老乙·4　[圖] 郭·老甲·15　[圖] 郭·六·38　[圖] 九·M56·20
[圖] 九·M56·35　[圖] 郭·唐·17

秦文字：[圖] 石鼓文·馬薦　[圖] 石鼓文·作原　[圖] 睡·爲5

秦文字中"攵"：[圖] 中敀鼎　[圖] 睡·語4　[圖] 睡·語9　[圖] 睡·語1

從上面列舉的字形，無論是比較"岂"還是比較"攵"，都可以清楚地看到，[圖]和古文字散的字形是一致的，因此把玉版字形[圖]釋爲散是可以成立的。那麼玉版就可以釋爲"靡有散休"。而散在此作何意下面將做一論述。

岂、散就是微與媺的本字，① 岂、散有美善之意，無論是出土文獻還是傳世文獻皆存有力證。

　　淲虖（乎）大人之興，散（美）也。　　　　　　　　　　　（郭店·唐虞之道·17）
　　天下皆智（知）散（美）之爲媺（美）也，亞（惡）已；皆智（知）善，此其不善已。
　　　　　　　　　　　　　　　　　　　　　　　　　　　　　（郭店·老子甲·15）
　　堯聞之，而散（美）其行。　　　　　　　　　　　　　　　（上博·容成氏·13-14）
　　此不貪於散（美），而福（富）於德與（歟）？　　　　　　（上博·曹沫之陳·3）

以上楚簡文獻中的例子散字皆表示美善之意。

散字在傳世文獻中不見表達美善之意，然其分化字媺則在傳世文獻中表達美善

---

① 郭静云：《論"岂"、"散"、"微"、"媺"、"美"字的關係》，《古文字學論稿》，安徽大學出版社，2008年，第391-396頁。

之意。

媺,《集韻》"同美,善也";《周禮·地官·大司徒》"以本俗,六安萬民,一曰媺宫室";《周禮·地官·師氏》"師氏掌以媺詔王";《考工記·輈人》"軸有三理,一者以爲媺也";《周禮·地官·土均》"禮俗、喪紀、祭祀,皆以地媺惡爲輕重之法而行之"。從以上出土文獻和傳世文獻的用例我們可以看出,散有美善之意,後來分化爲微與媺二字,微用來表示微小之意,而媺則表示美善之意。因此我們可以把"靡有散休",讀爲"靡有媺休"。

休,有蔭庇之意。"由休的本義分別引申出了單純的休息之義,以及樹蔭和尊者蔭庇卑者等意義"。① 《漢書·王莽傳上》"誠上休陛下餘光而下依群公之故也",顏師古注:"休,庇蔭也。""當蔭庇講的休,既可以用作動詞,也可以用作名詞。如《詩·商頌·長發》:'何天之休。'《左傳·襄公二十八年》'以禮承天之休',以至常見於西周金文同時謁見於《詩·大雅·江漢》的'對揚王休'等語中的休字都應當蔭庇或庇佑講。《詩經》鄭箋訓'休'爲'美',《左傳》杜注訓'休'爲'福禄'都是不恰當的。見於金文和古書的'休命'其本來意義也應該是蔭庇在下者之命,而不是注釋家所說的美命"。② "靡有媺休"中的"休"也應當理解爲蔭庇或庇佑之意。

"靡有",文獻中常見,表示"没有"的意思。《漢書·文帝紀》"靡有兵革",《漢書·元帝紀》"靡有所諱",《漢書·嚴助傳》"靡有所終",顏師古並注:"靡,無也。"

綜合以上論述,"靡有散休",理解爲"没有受到好的庇佑"。在這裏我們順便說下出土文獻中常見的"休有成慶"。

> 天命是遷,定均(君)庶邦,休有成慶,既恩(聰)于心　　蔡侯龖鎛
>
> 需(靈)力,休有成慶,宜爾　　　　　　　　　　　　　　(新蔡甲三:65)

"休有成慶",學者多解釋爲"美好而有大福",③ 把"休"理解爲美之意。我們認爲"休"這裏同樣應當理解爲"蔭庇"。"成",讀爲盛。《釋名·釋言語》"成,盛也",王先謙疏證補。《尚書·吕刑》"一人有慶"江聲集注音疏"慶,善也","咸中有慶"孔穎達疏:"慶,善也。"《易·震》"震,亨"王弼注"懼以成則是以亨",陸德明釋文:"成亦作盛。"《管子·七臣七主》"嗚呼美哉成事疾",集校引丁士涵云:"'成,盛也。'"《楚辭·九歌·禮魂》"成禮兮會皷"舊注:"成,一作盛。"慶,善也。《大戴禮記·千乘》

---

① 裘錫圭:《文字學概要》,商務印書館,1988年,第143-144頁。

② 同上書,第143-144頁。

③ 陳秉新:《壽縣蔡侯墓出土銅器銘文通釋一》,《楚文化研究論集》第二集,湖北人民出版社,1991年,第348頁。

"爵士之有慶者七人"王聘珍解詁:"慶,善也。""休有成慶"可以解釋爲"天命庇佑而有大福"。此種解釋放在文意中十分契合。

中山王䪏方壺:"述(遂)定君臣之䛑(位),上下之體(體),休又(有)成工(功),刱(創)閈(辟)封彊(疆),天子不忘其又(有)勳(勳),速(使)其老筑(策)尝(賞)中(仲)父。""休又(有)成工(功)"同樣可以理解爲"天子受到闕的蔭庇而有大的功績,創辟封疆"之意,這是天子以謙卑的語氣來表揚闕的功勞。

由上面"靡有敚休"和"休有成慶"的解釋,我們看出二者意義正好相反,都是強調上天的庇佑。而這種比較研究也正好證明我們對"靡有敚休"解釋的正確性。"众人弗智(知),余亦弗智(知),而靡又(有)敚休",就可以解釋爲"衆人不知道,我也不知道,爲什麼没有受到好的庇佑",而有下面的"吾窮(穷)而无奈之可(何),永懃忧盩"的哀嘆。

說"物故"

張世超
（東北師範大學文學院）

張家山漢簡《二年律令》"盜律"中有一條這樣説：

（1）諸有假縣道官，事已，假當歸。弗歸，盈廿日，以私自假律論。其假別在它所，有（又）物故毋道歸假者，自言在所縣道官，縣道官以書告假在所縣道官收之。

（第78、79簡）

以上釋文按寬式寫定，破讀與句讀暫依整理者。

"物故"，整理者注引《漢書·司馬相如傳》注："死也。"然而，仔細閲讀簡文，會發現這裏的"物故"訓爲"死也"是不通的。這條律文的意思是説，如有向縣、道官府借物品者，公事辦完後，應將所借之物歸還官府。如不歸還超過20日，按私自借出官府物品之律論處。如果物品是從其他縣、道所借，又因"物故"而無法歸還者，則應自己向所在縣、道官府報告此事，該縣、道官府用書信的形式通告出借物品的縣、道，然後將所借出之物品收回。因上文云"毋道歸假"，故律文中之"收之"是所在縣、道官府的行爲。因而簡文應在"收之"前點斷。"物故"前之"有"字也不當破讀爲"又"。

後文既言"自言在所縣道官"，則前文之"物故"不應解爲"死也"。那麽，"物故"又當作何解呢？

朱紅林《張家山漢簡〈二年律令〉集釋》在此處"物故"下注僅引《墨子·號令》："即有物故，鼓，吏至而止。"①而未作任何説明。按《墨子》所敘乃守城之事，孫詒讓《閒詁》云："物故猶言事故，言有事故則擊鼓也。"甚確。

在上古漢語裏，"物"既可指物體，也可指事情，例如：

---

① 朱紅林：《張家山漢簡〈二年律令〉集釋》，社會科學文獻出版社，2005年，第71頁。

（2）客有説公子曰："物有不可忘，或有不可不忘。夫人有德於公子，公子不可忘也；公子有德於人，願公子忘之也。"　　　　　　　（《史記·魏公子列傳》）

例（2）中的"物"顯然指的是事情，而不是物體。但無論是物體還是事情，古時候的"物"都是與"我"相對的概念。"故"本可指意外的事變。《周禮·天官·宮正》："國有故。"鄭玄注引鄭司農曰："故謂禍災。"《禮記·曲禮下》："君子無故玉不去身。"鄭玄注："故謂災患喪病。""物故"的本義應是"外在的客觀變故"。在戰國晚期到漢初的漢語裏，"物故"都應作如此講。①

上引例（1）中的"物故"也正是"變故"之義。或者可以譯爲"特殊的原因"。《二年律令》中還有兩處見有"物故"：

（3）一郵十二室。長安廣郵廿四室，敬（警）事郵十八室。有物故、去，輒代者有其田宅。　　　　　　　　　　　　　　　　（265簡，行書律）

此段律文講的是置郵，一郵所中，服役之民有十二家、十八家和廿四家不等，如有因變動而離開郵所者，補充代替的人家占其田宅。整理者將"物故"理解爲死亡，才有如上斷句。實際上，"有物故去"相當於説"有物故而去"，因此，正確的斷句應將"物故"與"去"間之頓號刪去。

陳偉先生將簡文"代"字重讀，分屬上下句，曰："看紅外綫影像，'代'字下隱約有重文符，因而改讀。"②恰切可從。不過陳先生將最後一句點斷作："有物故，去輒代，代者有其田宅。"解釋曰："去，一般理解爲離職。看里耶秦簡對郵人任命的程式，郵人恐怕不能隨意離職。"③其認爲郵人不能離職的理由並不充分。推度陳先生之意，簡文"去"爲"空出"義，然古語中實在找不出同類之例。之所以如此讀斷，恐怕還是受到對"物故"一詞理解有差的影響。因而此段簡文的最後一句當釋爲"有物故去，輒代，代者有其田宅"。

（4）爵當即而有物故，奪□，以其數減後爵。　　　　　　　（375簡，置後律）

例（4）講的是爵位繼承的事，一般的情況下，都是被繼承者已死亡才會發生爵位

---

① 《漢語大詞典》"物故"條下所列義項有"事故"一條，所引語例除上引《墨子·號令》篇及孫詒讓《閒詁》之説外，尚有《南史·任昉傳》："郡有蜜嶺及楊梅，舊爲太守所采，昉以冒險多物故，即令停絕，吏人咸以百餘年未之有也。"一例。

② 陳偉：《秦與漢初的文書傳遞系統》，簡帛網，2010年7月26日，http://www.bsm.org.cn/show_article.php?id=1277。

③ 同上注。

繼承之事，律文中的"物故"不可能是指被繼承者，理解爲繼承人死亡也不合情理。因此，這裏的"物故"仍是"變故"之意，簡文雖有文字殘缺，全句意思仍可清楚，説的是爵位持有人死後，爵位應當由他的後人繼承，却因某種原因需褫奪或貶降其爵位，就按其當貶降之幅度降低繼承者的爵位。因此，整理者的句讀也有不妥之處，"物故"後之逗號當删，連下作一氣讀。

除張家山漢簡外，"物故"還見於里耶秦簡：

(5) 已貲責其家，家貧弗能入，有物故，弗服，毋聽流辭。以環書道遠，報署主責發。

[J1(9)3 正面]

"有物故，弗服，毋聽流辭"。意思是被罰者認爲自己有原因而犯，責罰不合理，官方不必聽他浮辭辯解。

以上所引秦漢簡文中的"物故"皆被整理者誤解爲"死亡"之義。在戰國至秦漢間產生的傳世文獻中，"物故"也大都遭遇了同樣的命運。

(6) 人主不能不有游觀安燕之時，則不得不有疾病物故之變焉。(《荀子·君道》)

例(6)中"物故"緊接於"疾病"之後，很容易使人聯想到"死亡"，衆多注家正是如此解釋的。① 其實，仔細品味《君道》中的這段話，説的是人主如何才能更好地實行統治，前文説："便嬖左右者，人主之所以窺遠、收衆之門户牖向也，不可不早具也。"主張人主應使身邊之人成爲有效、可靠的耳目，才能掌握自己所管理的百姓中發生的所有事情。如果在人主身上發生的事情是"死亡"，下文還有什麼必要再談"一物不應，亂之端也"呢？因此，這裏的"物故之變"指的是"因外在客觀原因造成的變故"，與自身的"疾病"是相對而提的。

《春秋繁露》中的一例"物故"，意義當與此完全相同：

(7) 天子三年然後稱王，經禮也；有物故則未三年而稱王，變禮也。

(《春秋繁露·玉英》)

(8) 諸爲大夫而丞相次也，其心冀幸丞相物故也。或乃陰私相毀害，欲代之。

(《史記·張丞相列傳》)

---

① 章詩同：《荀子簡注》，上海人民出版社，1974年，第135頁；北京大學《荀子》注釋組：《荀子新注》，中華書局，1979年，第208頁。楊秀芳曰："《荀子·君道》篇的'物故'按在'疾病'之後，説到人死生無常，這樣的'故'已經是'死亡'之義。"見氏著《論"故"的虛化及其在閩方言中的表現》，《臺大文史哲學報》第六十期，2004年。

《集解》謂:"高堂隆答魏朝訪曰:'物,無也。故,事也。言無復所能於事。'"

高堂隆生當三國魏文、明之際,其時人們已普遍地將"物故"理解爲"死",高堂隆的話不過是想解釋"死"義的來源。其實,(8)中"物故"下一句中的"乃"字已經透露出消息:"陰私相毁害"是更爲極端的做法,則前文所"冀幸"的"物故"指的不過是職位的變動或意外變故。

(9)光敕左右:"謹宿衛,卒有物故自裁,令我負天下,有殺主名。"

(《漢書·霍光傳》)

唐人也已不解文中"物故"之義,顔師古注曰:"物故,死也;自裁,自殺也。"其實,若按顔氏理解,則原文應當説"自裁物故",而不應是"物故自裁",這是很明顯的。

(10)主法令之吏有遷徙物故,輒使學讀法令所謂,爲之程式,使日數而知法令之所謂,不中程,爲法令以罪之。 (《商君書·定分》)

文中的"物故",整理者多以"死亡"解之。高亨先生的譯文這樣説:

> 主管法令的官吏如有遷徙或死亡,就馬上叫學習的人誦讀法令條文,給他定出規程,叫他幾天就明曉法令條文;若是不合規程,就用法令辦他的罪。①

僅據譯文,就可看出這種理解的不合邏輯。譯文説"給他定出規程,叫他幾天就明曉法令條文",文中之"他"顯然不能是指"學習的人",若是指"主管法令的官吏",則既有"死亡",如何又對"他"提出要求?仔細觀察原文,可以發現"遷徙物故"是"有"的賓語,這裏"物故"的意義是由"變故"引申出的"變動"之義,與"遷徙"之義相近,故而連用。

(11)營起邑居,期日迫卒,功費大萬百餘。死者恨於下,生者愁於上,怨氣感動陰陽,因之以饑饉,物故流離以十萬數。 (《漢書·楚元王傳》)

師古注曰:"物故謂死也。"實際上這裏的"物故"也是變動、遷徙之義,與"流離"意義相近連用在一起。正因如此,"物故流離"可以顛倒説成"流離物故":

(12)武帝雖有攘四夷廣土斥境之功,然多殺士衆,竭民財力,奢泰亡度,天下虛耗,百姓流離物故者半。 (《漢書·夏侯勝傳》)

---

① 高亨:《商君書注譯》,中華書局,1974年,第187頁。

中華書局點校本的整理者大概是受到此段話中多四字句的影響,將最末一句斷爲"百姓流離,物故者半"。按顏師古的理解,這最末一句的意思是"百姓顛沛流離,死掉的有一半人"。①細想起來,武帝開疆拓土,總不至於使天下百姓的一半死亡。因此,這種讀法也是不合情理的。

上引例(11)見於劉向成帝時所上之書,例(12)乃宣帝時夏侯勝語,則"物故"等同"流離"之義的時代,大體可知。

應當指出的是,"物故"一詞,學界一般認爲其"死亡"之義是自古即有的。上舉例(6)《荀子》之句,被清人朱駿聲《説文通訓定聲·履部》引用,謂:"物,假借爲歾。"王念孫《讀書雜志》卷五注《漢書·蘇建傳》"物故"曰:"物與歾同,《説文》:'歾,終也。'或作歿。歾物聲近而字通,今吳人言物字聲如没,語有輕重耳。歾故猶言死亡。"②其實,《説文》之"歾"字只是爲"没"字"死亡"義造的分化字,與"物故"之"物"並無關係。

"物故"由"變故"之義引申出"死亡"之義,是由於表達"死亡"意思時的委婉與避諱。大致相當於後世人説的"不測",或現代人説的"意外"。只不過"物故"表"死亡"義的詞性不是名詞,而是動詞。現在可知最早的用例見於司馬遷的《史記》。現將《史記》及其後古書及出土文獻中表示人"死亡"之義的"物故"用例列出:

(13)發巴、蜀、廣漢卒,作者數萬人。治道二歲,道不成,士卒多物故,費以巨萬計。　　　　　　　　　　　　　　　　　　　(《史記·司馬相如列傳》)

(14)單于召會武官屬,前以降及物故,凡隨武還者九人。(《漢書·蘇武傳》)

師古注:"物故謂死也,言其同於鬼物而故也。一説,不欲斥言,但云其所服用之物皆已故耳。而説者妄欲改物爲勿,非也。"

從師古之注可以看出唐人對"物故"表"死"義的來源仍多異議。説它表"死"是由於"不欲斥言"是正確的,但其義却並非來自"但云其所服用之物皆已故"。

(15)後行,非乏食,戰死不甚多,而將吏貪,不愛卒,侵牟之,以此物故者衆。
　　　　　　　　　　　　　　　　　　　　　　　　　　　　　(《漢書·李廣列傳》)

(16)蓋主報言,獨患大將軍與右將軍王莽。今右將軍物故,丞相病,幸事必成,徵不久。　　　　　　　　　　　　　　　　　　　　(《漢書·武五子傳》)

(17)其四人刑踵、聾、頤病,一人被病物故,四人其身已送及,隨本主在官,十二

---

① 此句話後亦有師古注:"物故謂死也。"
② 王念孫:《讀書雜志》,中國書店,1985年,第93—94頁。

人細小，一人限田，一人先出給縣吏。　　　　　　　　（長沙走馬樓"區光簡"）①

例(17)是説，在"父兄子弟合廿三人"中有一人因病死亡。

《釋名》卷八："漢以來謂死爲物故，言其諸物皆就朽故也。"所指明"謂死爲物故"出現的時間是準確的。

值得注意的有以下一例：

(18)初，漢兩將軍大出圍單于，所殺虜八九萬，而漢士卒物故亦數萬，漢馬死者十餘萬。　　　　　　　　　　　　　　　　　　　　　　（《史記·匈奴列傳》）

人死稱"物故"，馬死稱"死"，其避諱之意比較明顯。

在洛陽故城東漢刑徒墓地磚銘中，"物故"已與"死"同義連文使用，如：

(19)右部無任南[陽]宛髡鉗陳便，永初元年五月廿五日物故死，在此下。
　　　　　　　　　　　　　　　　　　　（東漢洛陽刑徒墓磚銘 T2M48:2）②
(20)右部無任陳留外黄完城旦王非，永初元年六月十五日物故死，在此下。
　　　　　　　　　　　　　　　　　　　（東漢洛陽刑徒墓磚銘 T2M28:1）③
(21)爲買茭，茭長二尺，束大一韋。馬毋穀氣，以故多物故。
　　　　　　　　　　　　　　　　　　　　　　　　　（敦煌漢簡 164 簡）④
(22)……穀氣，以故多病物故，今茭又盡，校……　　（敦煌漢簡 169 簡）⑤

參例(21)，可知例(22)所云"物故"者亦爲馬，其時牲畜死亦得稱"物故"。

(23)以往事揆之，軍出未滿百日，牛必物故且盡，餘糧尚多，人不能負，此三難也。　　　　　　　　　　　　　　　　　　　　　　　　　（《漢書·匈奴傳》）

例(23)爲王莽時將領嚴尤之語，牛死亦稱"物故"，可見以"物故"表"死亡"義此時已固定下來，有擴大使用環境的趨勢。前文所述之"變故"、"變動"、"變遷"義，王莽時應已消失。不過此後的文獻中，"物故"還是側重於表示人之死亡義。

---

① 長沙市文物研究所、中國文物研究所、北京大學歷史系走馬樓吳簡整理組：《長沙走馬樓三國吳簡·嘉禾吏民田家莂》上册，文物出版社，1999年，第32頁。
② 中國科學院考古研究所洛陽工作隊：《東漢洛陽城南郊的刑徒墓地》，《考古》1972年第4期。
③ 中國社會科學院考古研究所編：《漢魏洛陽故城南郊東漢刑徒墓地》，文物出版社，2007年，第118頁。
④ 甘肅省文物考古研究所等：《敦煌漢簡》，中華書局，1991年，第226頁。
⑤ 同上注。

(24) 諸去官及薨卒不禄物故，家人所服皆得從故官之例。（《宋書·禮志》）

《禮記·曲禮下》："天子死曰崩，諸侯曰薨，大夫曰卒，士曰不禄，庶人曰死。"看來南北朝時期"物故"專指庶人之"死"。

先秦時期"物""我"是一對對立的概念，"物"一般也不會用來表示"人"。以前有幾例被解爲"人"者，皆是誤解。《漢語大字典》"物"字下收有"人"這一義項，引《左傳·昭公二十八年》："且三代之亡，共子之廢，皆是物也……夫有尤物，足以移人，苟非德義，則必有禍。"按《左傳》上這段話裏的"物"是一種修辭現象，帶有輕蔑、貶斥的情感，觀其"物"與"人"對舉即可知，猶如今口語裏説"這東西"、"這個玩意兒"，與魏晉以後的詞義發展不是一回事。

《漢語大詞典》"物"下收有"人；衆人"這一義項，引《左傳·昭公十一年》："晉荀吳謂韓宣子曰：'不能救陳，又不能救蔡，物以無親。'"楊伯峻注引顧炎武曰："物，人也。"按顧氏之説見《左傳杜解補正》，顧炎武以"人"訓"物"，是用魏晉以後的詞義解釋先秦的詞語。實際上，昭公十一年的這句話中的"物"用如動詞，猶《莊子·山木》中"物物而不物於物"中之動詞"物"，"物以無親"等於説"物而無親"，"物"爲"物陳、蔡"之略。正因爲晉以陳、蔡爲物，故而"無親"，全句的主語是"晉"，本來語義十分通暢，將"物"解爲"人"，倒使語意扞格雜亂了。何况，如果要表達"人們會不親附晉國"的意思，古書上應説"弗親"，而不是"無親"。

既然"物故"在漢代已可表示人的死亡，詞義進一步發展，魏晉以後，漸用"物"來表"人"。魏晉以後語中有"物情"一詞：

(25) 夫愛之則不覺其過，惡之則不知其善，所以事多放濫，物情生怨。（《後漢書·爰延傳》）

(26) 其指訐時短，討讁物情，足以觀見當時風政。（《後漢書·王符傳》）

(27) 及賈后專朝，彰豫參權勢，物情歸附，賓客盈門。（《晉書·郭彰傳》）

(28) 帝欲討之，知其爲物情所畏服，乃僞言敦死。（《晉書·王敦傳》）

(29) 時或傳裏創重不濟，溫軍所得士女莫不北望揮涕。其得物情如此。

（《晉書·姚襄傳》）

(30) 物情民隱，尚隔視聽。（《宋書·文帝紀》）

"物情"等於説"民情"、"衆情"。可能是先秦時期"物我"相對之"物"意義的影響，"物情"之"物"仍指自身以外之衆人，而不能指個體之"人"。

"物情"一詞在魏晉南北朝時期相當通行，有人就用它去解釋先秦的語言。明陸粲作《左傳附注》,對於昭公十一年的"物以無親",他反對杜預訓"物"爲"事",曰:"物猶人也,言不恤小國之患,故使物情不附。"^①上引顧炎武的説法當來自此。

魏晉間"物"也可單用,其義亦相當於"民""衆":

(31) 桓公在荆州,全欲以德被江漢,恥以威刑肅物。　　(《世説·政事》)

(32) (杜)預少賤,好豪俠,不爲物所許。　　(《世説·方正》)

又有"人物"一詞,初始與"物"義同:

(33) 倫免官歸田里,不交通人物,躬與奴共發棘田種麥。

(《東觀漢記·第五倫傳》)

(34) 初,謝安在東山居布衣時,兄弟已有富貴者翕集家門,傾動人物。

(《世説·排調》)

後來亦漸可指個體之"人"了:

(35) 劭與靖俱有高名,好共覈論鄉黨人物。　　(《後漢書·徐劭傳》)

(36) 晉文王稱阮嗣宗至慎,每與之言,言皆玄遠,未嘗臧否人物。

(《世説·德行》)

(37) 負才使氣,陵侮人物,朝士多銜之。　　(《南史·傅縡傳》)

"人物"一詞的其他意義,都是在此後又引申出來的。

2011.9.25 夜初稿
2013.3.28 夜修改

---

① 陸粲:《左傳附注》,《四庫全書》本第三卷。

《說文》小篆與商代金文對應字形的初步整理*

王蘊智　　　　苗利娟
（鄭州大學）　（安陽師範學院人文學院）

一、前　言

　　許慎的《說文解字》（文中簡稱《說文》），是我國第一部系統分析漢字字形和考究字源的字書。《說文》中的小篆字系是研究先秦古文字形不可或缺的橋梁。我們以2012年底之前已公開發表的6 200餘件商代金文材料爲依據，初步統計商代金文不重複單字共計有1 360個。其中可釋單字574個，與《說文》小篆相對照的有563個，①另有串、徙、賵、免、𢦏、狽、汄、闃、妥、紟、鲉等11字雖不見《說文》小篆，但却見於後世字書。

　　本文按《說文》部首及卷次，將《說文》中的小篆字與商金文可兹對照的字形以圖表形式列示出來，同時也輔以周金文字形，以便參照並尋繹早期漢字的演化軌迹（參文後附表）。

　　文中所收《說文》小篆與商金文可兹對照的字形是：

卷一
　　一、元、天、上、帝、旁、示、祀、祝、三、王、皇、玉、朋、士、屮、芔、屯、每、若、莊、莫

---

* 基金專題：國家社科基金重點專題"中原出土商周銅器銘文的分域整理與研究"（項目號：12AYY003）、河南省哲學社會科學規劃專題"商代金文字形的整理與研究"（項目號：2012CYY012）、河南省高等學校哲學社會科學創新團隊支持計劃（項目號：2012-CXTD-08）。

① 王蘊智、苗利娟：《商代金文可釋字形的初步整理》，《第二十一届中國文字學國際學術研討會論文集》，臺灣東吳大學中文系，2010年，第241—258頁。原文統計資料截至2009年底，與本文略有差異，以本次新修訂的資料爲准。

（《説文》"朋"原附於"鳳"下，"莀"附於"農"下，今"朋"改隸於玉部，"莀"改隸於艸部；串，見於《玉篇》丨部）

卷二

小、八、曾、公、釆、牛、犅、告、口、吾、君、召、唯、咸、周、唐、喁、各、凵、㕁（襄）、單、趄、止、址、歸、登、步、歲、正、徥、征、進、造、逆、遘、返、邐、述、達、逐、邊、遽、微、得、律、御、彶、建、延、行、齒、屖、疋、品、龠、冊、嗣

（《説文》"址"原附於"阯"下，今改隸於止部；彶，見於《集韻》）

卷三

舌、干、屰、商、丩、古、十、廿、竟、章、對、收（拱）、弄、龏、具、夺（送）、𠬞、共、舁、興、畐、融、虘、卂、埶、妞、又、叉、𠂇（肱）、父、曼、尹、叔、叜、及、秉、反、𠬢、取、友、𠂇（左）、史、肄、聿、劃、叚、臣、亞、殷、專、啓、敄、攸、牧、卜、用、甫、庸、葡、爻、爾、爽

卷四

目、𥃩、相、䀊（瞬）、䀠（瞿）、眉、省、自、者、智、百、隹、隻、離、雝（雍）、奞、雚、莀、羊、美、羌、雔、集、鳥、鳳、鳴、冓、幺、叀、𢅢、寿（敖）、爰、𠬪、受、贏、肜、刀、制、刃、耒、耤、角

卷五

竹、簋、箕、其、典、奠、工、巫、曆、曰、乃、㢴、寧、分、義、乎、于、壴、彭、鼓、豆、豐、虎、麤、皿、盂、盫、盥、主、丹、靜、井、既、爵、養、合、倉、入、內、缶、矢、射、矦（侯）、高、亳、冂、亶、京、就、㐭、臺、覃、厚、畐、來、夒、韋、夆

卷六

木、杞、𤇾（榮）、枚、朵、蠱、樂、枼、休、東、棘、林、無、才、師、出、南、生、丰、毛、束、刺、橐、囗、圖、圃、困、囷、貝、賸、貯、責、資（賞）、買、覘、賷、賵、邑、邦

（賵，見於《玉篇》貝部）

卷七

日、昌、昱、㫃、㫃、斿（遊）、旋、旅、曑、月、明、囧、盟、夕、多、毌、甬、齊、朿、鼎、鬲、克、彔、禾、秫、年、秦、秝、𠧪、宀、家、宅、室、向、安、寶、宰、守、宜、帝（寢）、寍、害、宋、宗、宮、穵、㝮

卷八

人、保、企、伯、仲、伊、㑵、何、付、俉、侯、伐、弔、免、㑋、化、匕、从、從、北、丘、似、朢、重、監、孝、尸、屖、舟、俞、朕、般、方、兒、允、兄、兓、兒、先、見、次、歕、㰤

（免，見於《玉篇》兒部，今改隸於人部；㰤，見於《玉篇》欠部）

卷九

面、丏、首、巸、彡、文、后、卩、令、卪、印、卯(去京切)、卿、旬、山、廣、危、長、豕、彘、貘、易、象

卷十

馬、鷹、麤、鹿、麋、怠、犬、㺇、臭、獻、狽、獄、火、爗、光、燮、大、夸、亦、矢、夭、交、夲、亢、奉、奏、奐、夫、立、竝、心、息、念

(狽, 見於《玉篇》犬部)

卷十一

渦、瀼、涉、汱、川、州、永、仌、冬、雨、霝、雩、云、魚、漁、龍、非

(汱, 見於《玉篇》水部)

卷十二

不、至、西、戶、門、闌、閡、耳、耴(聽)、職、聃、臣、扶、揚、奚(虖)、脊、女、妻、婦、妊、嫋、母、姑、始、媚、好、奸、妸、姦、姤、妥、民、弗、毌、戈、戎、成、武、戔、戊、我、義、亡、乍、匡、匽、匚、曲、甾、弓、引、弱、系、孫

(妥, 見於《玉篇》女部；閡, 見於《玉篇》門部)

卷十三

糸、彝、絊、率、虫、蝠、蚩、龜、黽、二、亟、凡、土、封、垂、堇、田、黃、力、劦、叶

(絊, 見於《玉篇》糸部)

卷十四

勺、幵、且、斤、新、斝、矛、車、輦、𠂤、帥、陸、降、四、宁、亞、五、六、七、九、睪(禽)、萬、禹、獸、甲、乙、丙、丁、戊、己、異、庚、康、辛、壬、癸、子、字、季、孟、孳、毓、丑、羞、寅、卯、辰、巳、㠯(以)、午、未、申、酉、配、尊、亥

(《說文》"康"原附於"穅"下, 今改隸於庚部；帥, 見於《玉篇》自部)

二、《說文》小篆與商、周金文字形對照表

凡 例

(一) 本表字例選收相對比較典型、清晰的金文拓片為底本, 然後經過電腦技術反轉處理為陽文, 漫漶者做了適當修復, 個別字例采用了摹本。商代甲骨字形的整理情況可參見拙作《商代可釋字形的初步整理》, 兹不一一列舉。

(二) 本表字頭按許慎《說文》部序依次排列, 少數許書所無之字而見於他字書者, 附於各部之末。依據構形關係, 個別字例與許書的隸字位序不合, 此則有所調整, 如 "朋" 本附於 "鳳" 下, "辳" 附於 "農" 下, "址" 附於 "阯" 下, "康" 附於 "穅" 下,

茲將"朋"改隸於"玉"部,"莀"改隸於"艸"部,"康"改隸於"庚"部,"址"改隸於"止"部等等。

(三)個別新見單字,雖各家有釋,但未發表銘拓或拓片漫漶不可辨者及《考古圖》等古籍所錄拓片變形失真者,如"甘"、"泌"、"洹"等字,暫不在收錄之列。

(四)後世孳乳、分化字形,則依銘文文例,分部列示。如"正"與"征"、"反"與"返"等。

(五)本表字例著錄號來源主要見於以下書目及英文代碼:A——《安陽殷墟青銅器》,BL——《保利藏金》,BX——《保利藏金續》,D——《三代吉金文存》,JC——《近出殷周金文集錄》,JE——《近出殷周金文集錄二編》,MYT——《玟茵堂藏中國銅器》,Q——《中國青銅器全集》,XS——《新收殷周青銅器銘文暨器影彙編》,Y——《殷周金文集成》,YX——《殷墟新出土青銅器》。若有參閱他書者,則隨文標注。

序號	字目	商代金文	周金文	小篆
1	一	Y18.11893 胄　　Y11.6000 尊	Y05.2763 鼎　　Y08.4315 簋	一
2	元	Y10.5278 卣	Y05.2838 鼎　Y01.261 鐘	元
3	天	Y06.2914 簋　Y10.4769 卣　Y13.7323 爵	Y15.9729 壺	天
4	上	Y10.5412 卣	Y08.4261 簋　Y16.10171 盤	上
5	帝	Y10.5413 卣　JC2.307 鼎　XS1566 鼎	Y10.5392 卣　Y08.4315 簋	帝
6	旁	Y04.2009 鼎	Y11.5922 尊	旁
7	示	Y10.4797 卣　Y12.6484 觶　Y12.6800 觚	Y15.9721 壺	示
8	祀	Y10.5375 卣　XS1566 鼎	Y05.2837 鼎	祀
9	祝	JC2.253 鼎　JC3.849 爵	Y15.9455 盉	祝
10	三	Y15.9301 觚	Y16.10174 盤	三
11	王	Y05.2708 鼎　Y05.2694 鼎　Y15.9249 甼	Y05.2839 鼎　Y05.2840 鼎	王

續表

序號	字目	商代金文	周金文	小篆
12	皇	Y03.433 鬲　Y17.10670 戈　Y10.5100 卣	XS338 戟　Y08.4300 簋	皇
13	玉	Y07.3940 簋　Y12.6836 觚　Y12.6923 觚	Y08.4269 簋	玉
14	朋	Y05.2579 鼎　Y05.2694 鼎	Y11.5985 尊　Y15.9456 盉	朋
15	士	Y14.8757 爵　Y03.1715 鼎	Y11.5985 尊　Y01.204 钟	士
16	中	Y02.369 铙　Y11.6213 觶　Y12.6933 觚	Y05.2829 鼎　Y04.2102 鼎	中
17	串	Y04.1693 鼎　Y06.3203 簋　Y10.4992 卣　Y10.5069 卣	Y04.2319 鼎	
18	屮	Y18.11780 斧　JC4.1063 戈	Y15.9383 盉	屮
19	每	Y13.8134 爵　XJ13.29 觚	Y04.2495 鼎　Y11.6014 尊	每
20	若	Y04.2400 鼎　Y12.7309 觚　Y14.8545 爵	Y05.2841 鼎	若
21	茷	Y05.2710 鼎	Y04.2174 鼎　Y16.10175 盤	茷
22	莫	Y12.7264 觚	Y16.10176 盤	莫
23	小	Y04.1874 鼎　Y07.3990 簋	Y05.2678 鼎	小
24	八	Y10.5380 卣　JC3.752 觚	Y16.9901 方彝	八
25	曾	前掌大 M127:1 觚　前掌大 M127:2 爵	Y05.2737 鼎　Y09.4673 簠	曾
26	公	Y10.5074 卣	Y05.2719 鼎　Y05.2837 鼎	公
27	采	Y10.5205 卣　Y10.5075 卣		采
28	牛	Y03.1102 鼎　Y06.2973 簋	Y03.1104 鼎　Y08.4313 簋	牛
29	犅	JE2.546 卣	Y08.4273 簋	犅
30	告	Y03.1368 鼎　Y03.1482 鼎　Y12.7006 觚	Y05.2839 鼎　Y15.9735 壺	告
31	口	Y03.1133 鼎　Y11.5452 尊	XS554 卣	口
32	吾	XS1564 鼎	Y08.4330 簋	吾

續表

序號	字目	商代金文	周金文	小篆
33	君	Y10.5394 卣	Y08.4232 簋	君
34	召	Y10.5413 卣 Y16.9894 彝	Y11.6004 尊 Y03.673 鬲	召
35	唯	Y10.5417 卣	Y07.4118 簋	唯
36	咸	Y04.2311 鼎 Y11.5613 尊	Y08.4341 簋	咸
37	周	Y13.8155 爵 Y13.8156 爵	Y05.2661 鼎 Y11.6014 尊	周
38	唐	Y12.6367 觶	Y09.4589 簋	唐
39	曷	JC3.757 觚	Y08.4276 簋 Y05.2831 鼎	曷
40	各	Y05.2709 鼎 Y14.9105 角	Y05.2730 鼎	各
41	凵	Y06.3123 鼎 Y15.9232 罕		凵
42	嗀	Y12.6552 觚 Y11.6271 觶	Y16.10133 盤 Y18.12113 节	嗀
43	單	Y11.6364 觶 Y16.10047 盤 Y13.8178 爵	Y09.4424 盨 Y15.9438 盉	單
44	起	Y06.3309 簋 Y15.9326 盉 Y10.5014 卣	Y01.246 钟 Y16.10173 盤	起
45	止	Y15.9769 罍 Y06.3234 簋	Y08.4293 簋	止
46	址	JC3.561 卣 JC3.609 尊 JC3.924 罕	Y04.1759 鼎 Y12.6482 觶	址
47	歸	Y10.5396 卣	Y05.2803 鼎 Y08.4329 簋	歸
48	登	Y12.6443 觶 Y15.9771 罍 Y13.7478 爵	Y04.3464 簋 Y07.4055 簋	登
49	步	Y13.7473 爵 Y13.7474 爵 Y11.5716 尊	JC1.36 钟	步
50	歲	Y04.2140 鼎	Y08.4131 簋 Y05.2838 鼎	歲
51	正	Y10.5412 卣	Y07.4044 簋 Y16.10173 盤	正
52	徨	Y10.4870 卣		徨

《說文》小篆與商代金文對應字形的初步整理 | 353

續 表

序號	字目	商代金文	周金文	小篆
53	征	Y05.2709 鼎　Y11.5990 尊	Y08.4131 簋　Y09.4579 簋	
54	進	Y12.6679 觚	Y16.10174 盤	
55	迨	Y05.2694 鼎	Y16.10175 盤	
56	逆	Y13.7339 爵	Y01.260 鐘	
57	遘	Y08.4144 簋　Y10.5413 卣	Y10.5415 卣	
58	返	Y05.2694 鼎　XS1566 鼎	Y01.85 鎛　Y15.9734 壺	
59	邁	Y05.2709 鼎　Y07.3975 簋	JC2.484 簋	
60	述	Y15.9823 罍		
61	達	Y12.6485 觶		
62	逐	Y14.8977 爵	Y05.2729 鼎	
63	邊	Y15.9823 罍	Y03.947 甗	
64	遽	Y10.4959 卣	Y11.5645 尊　Y16.10175 盤	
65	微	Y12.7264 觚	Y07.4068 簋　Y16.10175 盤	
66	得	Y12.6634 觚　JC2.240 鼎　Y12.7086 觚	Y07.3976 簋　Y15.9734 壺	
67	律	Y16.9894 彝	Y04.2073 鼎　Y05.2841 鼎	
68	御	JC3.621 尊　Y15.9404 盉	Y08.4134 簋　Y08.4334 簋	
69	徙	Y15.9133 罕　A彩8 觚　Y11.6038 觶	Y15.9406 盉	
70	建	Y12.6921 觚　Y14.8896 爵	Y01.211 鐘　Y18.11758 鈚	
71	延	Y14.9099 角　Y18.11766 斧	Y10.5415 卣	
72	行	Y10.5093 卣	Y04.2228 鼎	

續表

序號	字目	商代金文	周金文	小篆
73	齒	Y12.7053 觚　Y17.10769 戈	Y15.9735 壺	齒
74	歷	Y11.6036 觶蓋　Y11.6037 觚	Y05.2670 鼎	歷
75	疋	Y04.1900 鼎　Y04.2118 鼎　JC2.218 鼎	Y05.2817 鼎	疋
76	品	Y05.2710 鼎	Y08.4241 簋	品
77	龠	W02.12 卣	Y16.10176 盤　Y15.9454 盉	龠
78	冊	Y14.8874 角　Y17.10876 戈　Y10.5045 卣	Y15.9731 壺　Y15.9454 盉	冊
79	嗣	Y05.2708 鼎	Y05.2837 鼎　Y15.9735 壺	嗣
80	舌	Y03.1220 鼎　H15 鼎　Y10.4767 卣		舌
81	干	Y14.8785 爵　Y15.9227 罍	Y05.2841 鼎　Y16.10131 盤	干
82	屰	Y13.7796 爵　Y15.9771 罍	Y14.8964 爵　Y16.10176 盤	屰
83	商	Y03.866 甗　Y03.867 甗　Y15.9491 壺	Y09.4557 簋　Y11.5986 尊	商
84	丩	Y15.9565 壺　Y14.9098 爵　Y03.1291 鼎	Y12.6449 觶　Y15.9364 盉	丩
85	古	Y07.3861 簋　Y10.5215 卣　Y13.7703 爵	Y01.251 鐘　Y15.9735 壺	古
86	十	Y07.3940 簋　Y07.4144 簋	Y07.4112 簋　Y08.4216 簋	十
87	廿	Y14.9105 角　XS1566 鼎	Y05.2837 鼎　Y15.9710 壺	廿
88	竟	Y03.1000 鼎　Y12.6550 觚　Y15.9276 觥	Y11.6299 觶	竟
89	章	Y07.3940 簋	Y16.9897 彝　Y15.9456 盉	章
90	對	XS1150 爵	Y08.4271 簋　Y08.4241 簋	對
91	収（拱）	Y03.1091 鼎		収
92	弄	Y10.5102 卣　JC2.413 簋	Y15.9715 壺　Y11.5761 尊	弄

續表

序號	字目	商代金文	周金文	小篆
93	鼙	Y03.1306鼎　Y04.2433鼎　Y06.3078簋	Y05.2835鼎　Y01.245钟	
94	具	Y10.5380卣	Y04.2341鼎　Y05.2745鼎	
95	奔(送)	Y13.7452爵　Y04.2020鼎　Y12.7222觚	Y05.2841鼎　Y16.10365量	
96	癶	Y12.6978觚　Y18.11872弓形器		
97	共	Y06.3419簋　Y10.5199卣	XS808鬲　Y05.2833鼎	
98	舁	Y04.1697鼎		
99	興	Y15.9465壺　Y15.9466壺　Y14.8951爵	Y15.9676壺　Y05.2835鼎	
100	鬲	Y13.8283鬲　Y12.6916觚	Y05.2837鼎　Y03.751鬲	
101	融	JC2.375簋　JC3.549卣　XS1661尊	Y01.246钟	
102	鬳	Y17.10873戈　Y18.11753钺	Y03.818甗	
103	丮	Y12.6995觚　12.6573觚　Y12.7182觚	Y08.4330簋盖	
104	埶	Y10.4977卣　XS1660觚　Y11.6282觶	Y11.6013尊	
105	奴	Y11.5967尊　Y12.7312觚　Y13.7434爵	Y08.4208簋	
106	又	Y16.9831彝　Y11.5449尊　Y17.10947戈	Y05.2837鼎　Y05.2840鼎	
107	叉	Y03.1090鼎　Y03.1478鼎　Y16.10505器		
108	厷(肱)	Y10.5055卣　Y03.1409鼎		
109	父	Y11.5531尊　Y14.8497爵　Y03.1275鼎	Y05.2841鼎　Y16.9979瓶	
110	曼	A单92鼎　Y03.1101鼎　Y12.6936觚	Y09.4432盨	
111	尹	Y06.3106簋　Y12.7236觚　Y05.2709鼎	Y05.2758鼎　Y05.2778鼎	
112	叔	Y06.3112簋　Y10.4877卣　Y10.4879卣	Y01.92钟	

續表

序號	字目	商代金文	周金文	小篆
113	螯	Y10.5396 卣	Y08.4286 簋	螯
114	及	JC3.762 爵	Y10.5415 卣　Y09.4466 盨	及
115	秉	Y06.3121 簋　Y11.6357 觶　Y17.10870 戈	Y08.4341 簋	秉
116	反	Y05.2694 鼎	Y08.4140 簋	反
117	㫳	Y04.2009 鼎	Y01.260 钟	㫳
118	取	Y10.4994 卣	Y15.9456 盉　Y08.4263 簋	取
119	友	Y12.7303 觚　Y11.5451 尊	Y05.2733 鼎　Y16.10175 盘　Y03.684 鬲	友
120	𠂇（左）	Y02.403 铙　Y02.1097 鼎	Y08.4316 簋　Y08.4313 簋	𠂇
121	史	Y03.1080 鼎　Y06.2959 簋　Y10.4941 卣	Y10.5305 卣　Y05.2841 鼎	史
122	辭	Y08.4144 簋　Y14.9008 角　JC3.994 彝	Y05.2841 鼎	辭
123	聿	Y10.5099 卣　Y17.10763 戈	Y03.1352 鼎　Y01.122 钟	聿
124	劃	Y06.3074 簋　Y06.3073 簋　Y12.6901 觚	Y07.3913 簋　Y08.4216 簋	畫
125	叞	Y10.4792 卣　Y06.3213 簋　Y12.6596 觚　Y15.9298 觥	XS683 爵　Y11.6008 簋	叞
126	臣	Y05.2653 鼎　Y17.10667 戈	Y05.2837 鼎	臣
127	亞	Y06.3417 簋　Y14.8808 爵　Y11.6364 觶		亞
128	殳	Y06.2971 簋　Y15.9161 罍　LY308 觚		殳
129	專	Y02.363 铙　Y03.1100 鼎　Y06.2918 簋		專
130	啟	Y06.3041 簋　Y11.5965 尊　Y18.11742 钺	Y07.3906 簋	啟
131	孜	Y04.2432 鼎　Y12.6474 觶　Y07.3941 簋	Y05.2841 鼎	孜

續 表

序號	字目	商代金文	周金文	小篆
132	攸	Y13.7390 爵	Y05.2720 鼎　Y08.4257 簋	
133	牧	Y11.6158 觶　Y13.8016 爵	Y05.2805 鼎	
134	卜	JC2.197 鼎　Y12.7036 觚	Y05.2838 鼎	
135	用	Y07.3861 簋　Y07.3990 簋　Y10.5417 卣	Y16.10173 盤	
136	甫	Y10.5395 卣	Y09.4406 盨	
137	庸	Y16.9894 彝　XS1553 鼋	Y08.4321 簋　Y15.9734 壺	
138	萌	Y14.9102 角　Y03.1215 鼎　A单63 觚　Y10.5047 卣　Y16.10012 盤	Y05.2841 鼎	
139	爻	Y03.1212 鼎　Y10.5379 卣　Y15.9322 盂	Y05.2816 鼎	
140	爾	Y12.7178 觚	Y11.6014 尊　Y16.10342 盆	
141	爽	Y08.4144 簋　Y10.5412 卣	Y16.10176 盤　Y11.6016 尊	
142	目	Y13.7493 爵	Y14.8964 爵	
143	眢	Y15.9823 罍　MYT61 尊		
144	相	Y10.5147 卣	Y11.6002 尊　Y15.9733 壺	
145	眣（瞬）	Y13.7637 爵　Y18.11868 弓形器	Y08.4269 簋	
146	䀠（瞿）	Y04.1816 鼎　Y10.4880 卣　XS1115 觚	Y04.2257 鼎　Y11.5982 尊	
147	眉	Y03.1309 鼎　BL16 鼎　Y03.487 鬲	Y08.4238 簋　Y05.2705 鼎	
148	省	Y05.2694 鼎　Y10.5394 卣	Y05.2731 鼎　Y08.4295 簋	
149	自	Y10.5395 卣　XS1566 鼎	Y07.3948 簋　Y05.2841 鼎	
150	者	Y14.9090 爵　Y15.9295 觥　Y15.9818 罍	Y12.6479 觶　Y02.423 钲鉞	

續表

序號	字目	商代金文	周金文	小篆
151	智	Y04.2362 鼎	Y05.2841 鼎　JC2.490 簋	
152	百	Y11.6000 尊	Y08.4301 簋	
153	隹	JC2.276 鼎　Y14.9105 角　Y14.9050 爵	Y05.2837 鼎　Y07.4089 簋	
154	隻	Y03.1122 鼎　Y10.4788 卣　XS1553 黿	Y04.2110 鼎	
155	離	Y15.9238 罕　Y03.1089 鼎　Y13.8281 爵	Y11.5727 尊（亞離）	
156	雝（雍）	JE3.833 盉	Y05.2838 鼎　Y08.4122 簋	
157	奞	Y11.6354 觶　Y13.8283 爵	Y06.3669 簋	
158	雚	Y11.6150 觶　Y16.9890 彝盖	Y03.941 甗　Y10.5433 卣	
159	蔑	Y10.5417 卣	Y08.4122 簋　Y08.4194 簋	
160	羊	Y03.1463 鼎　JC2.291 鼎　Y12.6835 觚	Y07.3750 簋　Y05.2839 鼎	
161	美	Y03.1361 鼎	Y14.9087 爵　Y15.9735 壺	
162	羌	Y03.866 甗　Y012.7306 觚　Y03.1464 鼎	Y11.5879 尊　Y01.158 鐘	
163	雛	Y14.8698 爵　Y13.7810 爵	Y11.6258 觶　Y03.636 鬲	
164	集	Y12.6450 觶　JC3.700 觚	Y14.8696 爵　Y05.2841 鼎	
165	鳥	Y03.476 鬲　Y12.6870 觚　JC4.1064 戈　Y03.1121 鼎　Y12.6673 觚　Y13.7570 爵	Y04.2176 鼎　Y11.5761 尊	
166	鳳	JC3.671 觶	Y05.2752 鼎	
167	鳴	Y11.6034 觶	Y01.154 鎛　Y01.211 鐘	
168	菐	Y12.7191 觚	Y15.9239 罕	
169	幺	Y14.8719 爵　JC2.411 簋	Y08.4271 簋	

續表

序號	字目	商代金文	周金文	小篆
170	叀	Y10.4785 卣　Y13.8232 爵	Y10.5277 卣　Y16.10175 盘	
171	甇	Y11.6164 觶　Y14.9088 爵　Y11.5567 尊	Y04.2504 鼎　Y08.4315 簋	
172	羑（敖）	Y03.445 鬲　Y03.1028 鼎　Y10.5092 卣　Y03.1463 鼎	Y08.4331 簋　Y08.4213 盖	
173	爰	Y10.4738 卣　JC2.181 鼎	Y18.12113 舟节	
174	㝈	Y12.6984 觚	Y08.4293 簋　Y05.2841 鼎	
175	受	Y06.3031 簋　Y11.5949 尊　Y11.5714 尊	Y11.6014 尊　Y05.2841 鼎	
176	嬴	Y12.6906 觚		
177	彤	Y11.5990 尊　XS1566 鼎	Y09.4372 盨	
178	刀	Y04.2136 鼎　Y04.1882 鼎　Y17.10683 戈　Y10.4985 卣	Y06.3079 簋　Y16.10287 鉴	
179	制	Y16.9839 彝　Y17.10846 戈	Y05.2811 鼎	
180	刃	Y17.10881 戈　Y04.1350 鼎	Y04.1801 鼎	
181	耒	Y14.8805 爵　Y04.1760 鼎	Y15.9758 罍	
182	耤	Y14.8543 爵　Y14.8689 爵	Y05.2803 鼎　Y08.4257 簋	
183	角	Y04.1864 鼎　Y16.9860 彝	Y15.9440 盉　Y16.10175 盘	
184	竹	Y10.5006 卣　Y15.9793 罍　Y16.9878 彝	Y15.9734 壺　Y18.12091 节	
185	簋	Y14.8351 爵　Y07.3904 簋	D08.51 簋　Y08.4240 簋	
186	箕	Y10.4817 卣　Y15.9127 罩		
187	其	Y10.5414 卣　JC3.925 罩　Y10.5294 卣	Y05.2837 鼎　Y05.2743 鼎	
188	典	Y10.5010 卣　Y12.6393 觶	Y08.4293 簋　Y08.4241 簋	
189	奠	XS1649 卣	Y08.4242 簋　Y04.2415 鼎	

續表

序號	字目	商代金文	周金文	小篆
190	工	Y12.6993瓶 Y13.8203爵 Y14.9022爵	Y08.4162簋 Y16.10173盉	工
191	巫	JC2.227鼎 Y10.5010卣	Y07.3893簋	巫
192	曆	Y04.2245鼎 Y10.5417卣	Y08.4122簋 Y10.5415卣	曆
193	曰	Y10.5396卣 Y10.5417卣 XS1553黿	Y16.10175盉 Y01.271鎛	曰
194	乃	Y04.2431鼎 Y15.9823罍	Y10.5428卣 Y08.4274簋	乃
195	酉	Y04.2033鼎	Y16.10322盂 Y05.2835鼎	酉
196	寧	Y04.1851鼎	Y14.9104爵	寧
197	兮	Y12.6921瓶 Y17.10725戈 Y17.10726鉞	Y07.3812簋	兮
198	羲	Y16.9852彝	Y03.586鬲	羲
199	乎	Y10.5016卣	Y08.4276簋 Y08.4289簋	乎
200	于	Y04.1905鼎 Y05.2694鼎 Y10.5417卣	Y10.5425卣	于
201	壴	Y03.1175鼎	Y04.2483鼎 Y02.300鐘	壴
202	彭	Y03.856瓶 Y06.3343簋	Y05.2613鼎 JC3.964壺	彭
203	鼓	Y11.6044觶 Y16.10031盉	Y12.6500觶 Y15.9729壺	鼓
204	豆	Y10.5395卣 Y16.10051盉	Y09.4683豆 Y09.4692豆	豆
205	豊	Y05.2711鼎	Y10.5352卣 Y11.6014尊	豊
206	虎	Y12.7223瓶 Y17.10860戈	Y08.4252簋	虎
207	虤	JC4.1091戈	Y06.3552簋 Y08.4250簋	虤
208	皿	JC3.863爵 Y13.7605爵	Y12.7300瓶 Y06.3003簋	皿
209	盂	JC2.307鼎 Y16.10302盂	Y05.2837鼎 Y16.10316盂	盂

續 表

序號	字目	商代金文	周金文	小篆
210	盨	Y05.2694鼎	Y03.544鬲　Y05.2730鼎	
211	盥	Y06.3100簋　Y11.6286觶	Y16.10282匜	
212	主	Y13.8047爵　Y04.1716鼎		
213	丹	JC3.552卣	Y10.5426卣	
214	靜	MYT65彝	Y05.2537鼎　Y05.2841鼎	
215	井	Y05.2709鼎　Y11.6163觶	Y15.9455盂　Y16.10322盂	
216	既	Y10.5412卣	Y10.5415卣	
217	爵	Y10.4988卣盖　Y14.8840爵	Y11.5599尊　Y16.9935勺	
218	養	Y03.1372鼎　Y11.6344觶　Y15.9807罍		
219	合	Y18.11880觜	Y08.4292簋	
220	倉	Y03.1142鼎	Y09.4351盨　Y01.260钟	
221	入	XS1566鼎	Y05.2837鼎　Y05.2807鼎	
222	內	Y13.8207爵	Y08.4241簋	
223	缶	Y05.2653鼎　Y06.3601簋	Y16.9993缶　Y16.10008缶	
224	矢	Y03.1453鼎　Y04.1825鼎　Y13.7632爵	Y05.2839鼎　Y05.2816鼎	
225	射	Y03.1379鼎　Y14.8904爵　Y16.10286鉴	Y17.10792戟　Y08.4273簋	
226	侯（矦）	Y06.3127簋　Y15.9439盂　Y16.9943瓿	Y05.2837鼎　Y06.3668簋	
227	高	Y10.5396卣　Y15.9807罍	Y08.4315簋	
228	亳	Y12.7253觚　Y17.10876戈	Y04.2316鼎	
229	冂	Y12.6940觚　Y13.8234爵	Y05.2837鼎　Y10.5418卣	

續 表

序號	字目	商代金文	周金文	小篆
230	亭	Y03.1292 鼎　Y03.1297 鼎	Y08.4237 簋　Y05.2830 鼎	亭
231	京	Y06.3193 簋　Y16.9890 彝盖	Y10.5408 卣	京
232	就	Y03.1313 鼎　Y03.1314 鼎　Y07.3975 簋	Y05.2836 鼎	就
233	㝉	Y06.2986 簋　Y05.2653 鼎	Y16.10258 匜　Y15.9713 壶	㝉
234	臺	Y03.1289 鼎　Y16.10511 器	Y12.6500 觯　Y05.2833 鼎	臺
235	覃	Y10.5053 卣　Y04.8577 爵	Y05.2826 鼎	覃
236	厚	Y06.3665 簋	Y16.10175 盘	厚
237	畐	Y14.8628 爵	Y01.147 钟　Y09.4544 簋盖	畐
238	來	Y10.5395 卣　Y11.5990 尊	Y05.2730 鼎	來
239	夒	Y03.1415 鼎　Y12.6481 觯　Y11.5990 尊	Y10.5309 卣　Y10.5410 卣	夒
240	韋	Q2.43 鼎　Y14.8939 爵　H16 爵	JC3.943 盉　Y16.10146 盘	韋
241	夆	Y10.5412 卣	Y10.5241 卣　Y05.2831 鼎	夆
242	木	Y04.1997 鼎　Y10.4864 卣　Y14.8477 爵	Y05.2838 鼎	木
243	杞	Y10.5097 卣	Y04.2495 鼎　Y04.2494 鼎	杞
244	熒（榮）	JC3.669 觯	Y08.4241 簋	熒
245	枚	Y06.3202 簋　Y17.7742 爵　Y18.11871 弓形器	Y10.5310 卣	枚
246	茉	Y04.2026 鼎　Y12.7156 觚		茉
247	蠱	Y15.9823 罍	Y15.9815 罍　Y08.4141 簋	蠱
248	樂	Y12.6920 觚　XS681 瓿	Y04.2419 鼎　Y01.249 钟	樂
249	枼	Y03.1412 鼎	Y09.4644 敦盖	枼

續 表

序號	字目	商代金文	周金文	小篆
250	休	Y13.7386爵	Y05.2841鼎	
251	東	Y10.4796卣　Y05.2711鼎	Y05.2832鼎　Y11.5869尊	
252	棘	Y14.8956爵		
253	林	Y10.5013卣	Y07.4018簋	
254	無	Y04.2432鼎　Y03.944甗　JC3.757觚	Y05.2837鼎　Y16.10173盤	
255	才	Y07.3861簋　Y14.9102角	Y05.2837鼎　Y05.2840鼎	
256	師	Y08.4144簋	Y05.2837鼎　Y08.4276簋	
257	出	Y06.3238簋　Y13.8295爵	Y04.2456鼎　Y16.10174盤	
258	南	Y12.7014觚　BX69罍	Y05.2810鼎　Y05.2832鼎	
259	生	Y13.7724爵　(摹本)MYT65彝	Y16.10175盤　Y04.2522鼎	
260	丰	Y10.4905卣　A単102爵	Y04.2153鼎	
261	乇	Y10.5019卣　Y18.11773斧		
262	束	Y16.9894彝　Y12.7052觚	Y08.4195簋　Y16.10168盤	
263	剌	Y04.2127鼎　Y10.5338卣	Y08.4316簋　Y09.4459盨	
264	橐	Y08.4144簋	Y08.4261簋	
265	囗	Y03.1064鼎		
266	圖	Y16.9870彝	Y08.4320簋	
267	圃	Y07.3990簋　Y16.9890彝盖	Y10.5416卣　Y09.4403盨	
268	困	Y14.8909爵		
269	囩	Y12.6652觚　Y12.6653觚	Y05.2841鼎	

續 表

序號	字目	商代金文			周金文		小篆
270	貝	Y04.2433 鼎	Y05.2648 鼎	Y07.3861 簋	Y05.2776 鼎	Y08.4293 簋	
271	賸	Y03.877 甗			Y04.2282 鼎		
272	貯	Y13.7650 爵	Y18.11885 胄		Y15.9456 盂	Y09.4553 簋	
273	責	Y05.2653 鼎			Y05.2555 鼎	Y08.4315 簋	
274	資	Y05.2694 鼎	Y07.3941 簋		Y16.9901 彝	Y08.4132 簋	
275	買	Y10.4874 卣	Y12.7048 觚		Y10.5252 卣	Y04.2452 鼎	
276	貺	Y10.5412 卣			Y10.5415 卣	Y08.4300 簋	
277	賁	Y15.9288 觥	Y15.9773 罍	Y16.9915 勺	Y11.6320 觶	Y11.5883 尊	
278	賙	Y10.5414 卣			Y05.2841 鼎	Y08.4215 簋	
279	邑	Y13.7589 爵	Y15.9958 罍	Y18.11486 矛	Y05.2682 鼎	Y18.11486 矛	
280	邦	Y10.4880 卣			Y05.2832 鼎	Y03.932 甗	
281	日	Y10.5362 卣	Y17.11403 戈		Y08.4316 簋	Y11.5968 尊	
		Y13.7753 爵					
282	昌	JC3.550 卣			Y16.10171 盤		
283	昱	Y10.5413 卣	Y14.9105 角		Y05.2839 鼎		
284	㫃	Y06.3232 簋	Y15.9823 罍		Y16.10170 盤		
285	㫃	Y10.4852 卣	Y11.5448 尊	Y13.7422 爵	Y04.2348 鼎		
286	斿(游)	Y04.1740 鼎			Y15.9629 壺	Y16.10171 盤	
287	旋	Y04.2400 鼎	Y03.1340 鼎	JC3.653 觶	Y15.9451 盂		
288	旅	Y03.1371 鼎	Y13.7426 爵	Y14.8683 爵	Y16.10176 盤	Y03.947 甗	

續表

序號	字目	商代金文	周金文	小篆
289	夢	Y15.9370 盉	Y15.9456 盉　Y05.2836 鼎	
290	月	Y10.5414 卣　Y14.9105 角	Y16.10176 盤　Y05.2732 鼎	
291	明	JC2.241 鼎	Y16.9901 彝　Y05.2830 鼎	
292	囧	Y03.1487 鼎	Y04.2406 鼎	
293	盟	Y04.2018 鼎　Y15.9491 壺	Y04.2485 鼎　Y15.9811 罍	
294	夕	A單24 觚	Y11.5968 尊　Y05.2841 鼎	
295	多	Y07.3975 簋　Y10.5396 卣	Y05.2812 鼎　Y16.10175 盤	
296	冊	Y06.3121 簋　Y10.5008 卣	Y08.4201 簋　Y05.2784 鼎	
297	甬	Y05.2694 鼎	Y16.10175 盤　Y08.4302 簋蓋	
298	齊	Y10.5202 卣　Y12.6423 觶	Y12.6490 觶　Y09.4638 敦	
299	束	Y03.1247 鼎　Y04.2125 鼎　Y10.4944 卣	Y08.4158 簋　Y10.5333 卣	
300	鼎	Y12.7019 觚　Y04.2018 鼎	Y14.8638 爵　Y05.2592 鼎	
301	肅	Y05.2578 鼎	Y06.3732 簋　Y05.2617 鼎	
302	克	Y13.7378 爵　Y13.7379 爵	Y08.4131 簋　Y05.2836 鼎	
303	彔	Y10.5395 卣	Y08.4140 簋　Y08.4331 簋	
304	禾	Y03.1472 鼎　Y04.2034 鼎　Y13.8108 爵	Y05.2838 鼎　Y01.102 鐘	
305	秫	Y12.7028 觚		
306	年	Y05.2653 鼎	Y07.3751 簋　Y07.3893 簋	
307	秦	Y03.468 鬲	Y16.10582 器　Y09.4616 簋	
308	秝	JC3.992 彝		

續 表

序號	字目	商代金文	周金文	小篆
309	臽	Y12.7122 觚	Y01.260 钟	
310	宀	Y11.5501 尊		
311	家	Y10.5082 卣　Y13.8235 爵　Y05.2653 鼎	Y07.3856 簋　Y15.9715 壺	
312	宅	Y04.1737 鼎　J06.4970 彝	Y11.6014 尊　Y16.10278 匜	
313	室	Y05.2708 鼎　Y11.6000 尊	Y16.10170 盤	
314	向	Y12.7306 觚　Y14.9010 爵	Y06.3572 簋　Y08.4242 簋	
315	安	Y10.4881 卣	Y11.5989 尊　Y05.2830 鼎	
316	寶	Y05.2648 鼎　Y10.5362 卣　Y10.5395 卣	Y05.2754 鼎　Y05.2771 鼎	
317	宰	Y14.9105 角　Y10.5395 卣	Y05.2780 鼎　Y15.9731 壺	
318	守	Y06.3082 簋　Y11.6146 觶	Y05.2808 鼎　Y08.4180 簋	
319	宜	Y05.2694 鼎　Y10.5413 卣　Y03.944 甗	Y08.4320 簋　Y05.2840 鼎	
320	帚（寑）	Y13.8296 爵　JC3.855 爵　Y10.5379 卣	Y16.9897 彝　Y08.4292 簋	
321	㝉	Y04.2431 鼎　Y12.6873 觚	Y04.2132 鼎　Y01.88 钟	
322	害	Y12.7178 觚	Y07.4117 簋　Y07.3806 簋	
323	宋	JE2.685 觚	Y16.10322 盂	
324	宗	Y04.2431 鼎　Y14.8803 爵	Y10.5408 卣　Y15.9735 壺	
325	宫	Y11.5971 尊	Y16.10170 盤　Y05.2805 鼎	
326	帚	Y10.5083 卣　Y06.3625 簋　Y11.6148 觶	Y11.6143 觶	
327	㯃	Y04.2431 鼎	Y03.909 甗　Y08.4321 簋	
328	人	Y10.5417 卣	Y05.2837 鼎	

續表

序號	字目	商代金文	周金文	小篆
329	保	Y03.1002鼎　Y12.6909觚	Y05.2837鼎　Y08.4262簋	保
330	企	Y13.8060爵		企
331	伯	Y06.3625簋　Y11.6000尊	Y03.690鬲	伯
332	仲	Y15.9298觥	Y16.10176盘	仲
333	伊	Y03.412铙　JC2.369簋	Y15.9714壺　Y08.4287簋	伊
334	倗	Y06.3151簋　Y14.8362角　Y15.9478壺	Y12.6511觶　Y11.5955尊	倗
335	何	Y06.3065簋　XS1514觚	Y03.885甗　Y17.11351戈	何
336	付	Y03.1016鼎	Y16.10176盘　Y16.10322盂	付
337	俑	Y06.3601簋	Y05.2662鼎	俑
338	媵	JC3.697觚	Y15.9680壺	媵
339	伐	Y03.1011鼎　Y12.6718觚　Y08.4138簋	Y08.4140簋　Y05.2835鼎	伐
340	弔	Y03.1468鼎　Y10.4981卣　BL37觚	Y05.2612鼎　Y06.3426簋	弔
341	兔	Y12.7012觚　Y15.9190罍　Y13.8154爵	Y11.5922尊　Y11.6006尊	兔
342	矣	Y03.1428鼎　Y14.9099角　Y13.7780爵	Y06.3504簋　Y10.5248卣	矣
343	化	Y03.1014鼎	Y16.10137盘	化
344	匕	Y04.1515鼎　Y06.3395簋　Y12.6464觶	Y05.2763鼎	匕
345	从	Y13.7403爵　Y14.9105角	Y06.3455簋　Y11.5688尊	从
346	從	Y10.4853卣　Y12.6435觶	Y07.3907簋　Y10.5027卣	從
347	北	Y14.8962爵　Y16.10047盘　Y05.2710鼎	Y15.9689壺　Y08.4316簋	北
348	丘	Y07.3941簋	Y09.4557簋	丘

續 表

序號	字目	商代金文	周金文	小篆
349	似	Y04.1981鼎　Y04.1982鼎		
350	望	Y10.5417卣　Y10.5206卣　Y15.9565壺	Y10.5415卣　Y05.2735鼎	
351	重	Y11.6325觶　Y11.6249觶　Y17.10643戈	Y08.4241簋	
352	監	Y11.6207觶	Y03.883瓿　Y15.9622壺蓋	
353	孝	Y10.5377卣	Y05.2838鼎　Y16.10176盤	
354	尸	Y10.5280卣　Y15.9576壺	Y05.2837鼎　Y08.4288簋	
355	犀	Y12.7312瓿　Y14.9029爵	Y10.5425卣　Y16.10175盤	
356	舟	Y10.5073卣　Y12.6474觶	Y07.3867簋　Y06.335簋	
357	艅(俞)	Y05.2245鼎　Y04.2363鼎　Y16.10035盤	Y08.4329簋蓋	
358	朕	Y12.6879瓿	Y08.4302簋蓋　Y05.2841鼎	
359	般	Y05.2711鼎　Y03.944瓿　XS1553黿	Y05.2783鼎　Y16.10174盤	
360	方	Y05.2709鼎　Y05.2694鼎　Y11.5990尊	Y16.10175盤　Y05.2841鼎	
361	兒	Y10.5351卣	Y12.6479觶　Y04.1991鼎	
362	允	Y06.3110簋	Y08.4341簋	
363	兄	Y10.5338卣　Y11.6353觶　Y06.3665簋	Y15.9713壺	
364	兟	Y03.1319鼎　Y10.4850卣　Y17.10680戈	Y16.10176盤	
365	兒	Y15.9111罍		
366	先	Y10.5417卣　Y03.1030鼎　Y18.11866弓形器	Y05.2837鼎　Y05.2841鼎	
367	見	Y11.5694尊　Y15.9792罍	Y03.818瓿　Y05.2612鼎	
368	次	Y15.9234罍	Y10.5405卣　Y11.5994尊	

續表

序號	字目	商代金文	周金文	小篆
369	歙	Y10.4839 卣　JC2.169 鼎　Y12.6566 觚	Y05.2825 鼎　Y12.6511 觶	
370	殀	Y13.8075 爵　Y10.5339 卣　Y12.6429 觶	Y11.6014 尊　Y07.3761 簋	
371	面	Y14.8548 爵		
372	丏	Y06.3457 簋　Y10.5073 卣　Y11.6170 觶	Y17.11267 戈	
373	首	JE3.967 黿	Y10.5424 卣　Y08.4338 簋	
374	䫏	Y10.5098 卣　Y12.6930 觚　Y03.1033 鼎	Y05.2837 鼎	
375	㐱	Y12.6557 觚　Y12.6558 觚　Y13.7343 爵	Y11.5942 尊	
376	文	Y10.5362 卣　Y11.5965 尊　Y14.8507 爵	Y05.2670 鼎　Y05.2555 鼎	
377	后	Y04.1706 鼎　Y04.1906 鼎	Y16.10478 圖版	
378	卩	Y13.7359 爵		
379	令	Y10.5417 卣　Y10.5412 卣　Y03.815 甗	Y10.5415 卣　Y05.2836 鼎	
380	卪	Y10.5412 卣　Y10.5413 卣　Y10.5414 卣	Y03.907 甗　Y02.427 鐘	
381	印	JC3.856 爵　Y11.6039 觶	Y09.4631 簋　Y05.2841 鼎	
382	卯（去京切）	Y12.7077 觚		
383	卿	Y05.2709 鼎　Y10.5395 簋	Y15.9456 盉　Y08.4160 簋	
384	旬	Y11.6083 觶	Y05.2682 鼎　Y10.5430 卣	
385	山	Y04.2026 鼎　Y11.5642 尊	Y05.2836 鼎	
386	廣	Y10.5396 卣		
387	危	Y10.4867 卣　M303:120 卣　M303:115 鼎		
388	長	XS125 罍	Y04.1968 鼎　Y09.4625 簋	

續表

序號	字目	商代金文	周金文	小篆
389	豕	Y03.1401 鼎　Y13.8213 爵　Y04.1855 鼎	Y05.2745 鼎	
390	彘	Y12.6654 觚　Y13.7530 爵　Y08.4144 簋	Y15.9456 盉　Y08.4241 簋	
391	貘	Y04.1844 鼎　Y10.5086 卣　Y10.5414 卣		
392	易	Y07.3861 簋　Y10.5379 卣	Y08.4241 簋　Y05.2836 鼎	
393	象	Y04.1512 鼎　Y13.7509 爵	Y05.2780 鼎	
394	馬	Y17.10857 戈　大司空 M303：114 鼎	Y05.2803 鼎　Y05.2841 鼎	
395	鷹	Y12.7228 觚　Y13.7523 爵		
396	瀘	XS1553 黿	Y08.4288 簋　Y05.2836 鼎	
397	鹿	Y03.1110 鼎　Y12.6666 觚	Y14.8953 爵　Y07.4112 簋	
398	麋	Y14.8813 爵	校補 1064 伯甸父簋	
399	兔	JC4.1069 戈　D11.5.3 尊		
400	犬	Y05.2708 鼎　Y04.1565 鼎	Y05.2695 鼎	
401	玃	Y03.1117 鼎　Y03.1118 鼎		
402	臭	Y10.4849 卣		
403	獻	Y03.877 甗(殘)　Y12.7213 觚	Y05.2778 鼎　Y08.4292 簋	
404	狽	Y10.5278 卣　JC4.1247 鉞	Y16.10539 器	
405	獄	Y10.5067 卣	Y16.10175 盤　Y03.648 鬲	
406	火	JC4.1062 戈　Y18.11754 鉞		
407	爐	Y14.8782 爵　Y13.7814 爵　Y13.7563 爵		
408	光	Y10.5417 卣　Y10.5395 卣　Y14.8600 爵	Y16.10175 盤　Y05.2833 鼎	

續　表

序號	字目	商代金文	周金文	小篆
409	䜌(䜌)	Y10.4743卣	Y09.4631簋　Y16.10342盆	䜌
410	大	Y03.1472鼎　Y05.2708鼎	Y04.1735鼎　Y05.2837鼎	大
411	夸	Y03.791甗　Y17.10662戈	Y09.4345盨	夸
412	亦	Y17.10635戈　Y04.1636鼎　Y17.10847戈	Y10.5433卣	亦
413	矢	Y12.6559觚　Y15.9565壺　Y14.8918爵	Y11.6016尊	矢
414	夭	XJ11.21觚　Y14.8781爵　Y12.6553觚	Y12.7205觚	夭
415	交	Y03.1481鼎　Y18.11423矛	XS384觶　Y09.4497簋	交
416	牽	JC3.990彝　Y10.5084卣盖　Y13.8152爵	Y16.9884彝　Y15.9735壺	牽
417	亢	Y12.7184觚　Y13.7336爵　Y17.10777戈	Y16.9901彝	亢
418	奉	JE3.833盉	Y08.4132簋　Y15.9456盉	奉
419	奏	XS1553黿		奏
420	奚	Y06.3093簋　Y10.4812卣　Y10.4734卣	Y16.10321盂	奚
421	夫	Y11.5967尊　Y14.8813爵	Y05.2836鼎	夫
422	立	Y11.6297觶　Y10.5064卣　Y10.5065卣	Y05.2778鼎　Y08.4288簋	立
423	竝	Y13.7401爵　Y16.9830彝	Y05.2712鼎	竝
424	心	Y14.8554爵　Y15.9488壺	Y05.2836鼎　Y05.2812鼎	心
425	息	Y03.1225鼎　Y04.1598鼎　Y17.10723戈	Y10.5386卣　Y07.3862簋	息
426	念	Y03.968匕　JC3.694觚	Y07.4046簋　Y05.2824鼎	念
427	淵	Y05.2653鼎		淵
428	瀼	Y15.9821罍　J06.4829尊		瀼

續表

序號	字目	商代金文	周金文	小篆
429	涉	Y12.7040 觚	Y08.4265 簋　Y16.10176 盤	
430	沝	Y15.9421 盉　Y15.9422 盉	Y16.10354 器	
431	川	Y04.1694 鼎	Y08.4320 簋	
432	州	Y17.10727 戈	Y08.4241 簋　Y16.10176 盤	
433	永	Y12.6937 觚　Y16.9879 彝	Y10.5365 卣　Y08.4140 簋	
434	仌	Y10.4875 卣		
435	冬	Y03.1451 鼎　Y17.10881 戈	Y05.2821 鼎　Y15.9731 壺	
436	雨	Y04.1717 鼎　Y12.6913 觚　Y12.9254 觥	Y15.9734 壺	
437	需	Y03.1229 鼎　Y16.10493 器	Y15.9419 盉　Y16.9967 鑪	
438	雫	Y03.1475 鼎　Y13.7746 爵　Y12.6783 觚	Y05.2837 鼎	
439	云	Y12.6463 觶　XS137 鼎	Y18.11718 劍	
440	魚	Y06.3063 簋　Y10.4997 卣　Y10.4915 卣	Y05.2841 鼎　Y03.980 匕	
441	漁	Y11.5542 尊　Y15.9174 罕	Y08.4207 簋　Y05.2720 鼎	
442	龍	Y15.9485 壺　Y16.10486 器　Y13.7532 爵	Y03.714 鬲　Y01.226 鐘	
443	非	Y15.9120 罕	Y05.2838 鼎　Y05.2841 鼎	
444	不	Y13.8110 爵	Y08.4261 簋　Y16.10170 盤	
445	至	XS1928 觚	Y05.2837 鼎　Y01.271 鎛	
446	西	Y05.2694 鼎　Y06.3417 簋	Y05.2581 鼎　Y16.10176 盤	
447	户	Y08.4144 簋　Y12.6838 觚	Y18.11561 矛　Y17.11127 戈	
448	門	Y06.3136 簋　JC3.669 觶	Y16.10172 盤　Y08.4275 簋	

續表

序號	字目	商代金文	周金文	小篆
449	闌	▣-▣ Y05.2708鼎 ▣-▣ XS1566鼎	▣ Y08.4131利簋 ▣ Y04.2367鼎	闌
450	闋	▣ Y03.922甗 ▣ Y10.5349卣 ▣ Y15.9820罍盖		
451	耳	▣-▣ Y10.4867卣 ▣ Y17.10672戈	▣ Y10.5384卣 ▣ Y11.6007尊	耳
452	耴(聽)	▣ Y03.1223鼎 ▣ Y07.3975簋	▣ Y08.4140簋	聽
453	聝	▣ Y03.1210鼎 ▣ Y12.6715觚 ▣ Y12.6712觚	▣ Y05.2839鼎 ▣ Y08.4322簋	聝
454	珥	▣ Y03.1462鼎 ▣ Y14.8984角 ▣ Y04.1657鼎	▣ Y06.3425簋	珥
455	臣	▣ Y12.6746觚	▣ Y16.10081盘 ▣ Y16.10122盘	臣
456	扶	▣ Y10.5167卣	▣ Y04.1979鼎	扶
457	揚	▣-▣ Y10.5211卣 ▣ Y10.5394卣	▣ Y05.2612鼎 ▣ Y10.5408卣	揚
458	叜(虔)	▣ Y06.3114簋 ▣ Y11.6023觶 ▣ Y17.10647戈	▣ Y05.2695鼎	虔
459	脊	▣ Y04.1716鼎 ▣ Y14.8790爵 ▣ Y12.6897觚		脊
460	女	▣ Y03.856甗 ▣ Y10.5375卣	▣ Y05.2803鼎 ▣ Y16.9901彝	女
461	妻	▣ Y04.1910鼎	▣ Y15.9811罍 ▣ XS957簋	妻
462	婦	▣ Y04.1713鼎 ▣ Y10.5349卣 ▣ Y11.6144觶	▣ Y08.4137簋 ▣ Y16.10342盆	婦
463	妊	▣ Y03.877甗 ▣ Y13.8137爵	▣ Y04.2179鼎 ▣ Y15.9438盉	妊
464	嬭	▣ Y02.399铙		嬭
465	母	▣ Y06.3457簋 ▣ Y10.5417卣 ▣ Y11.6134觶	▣-▣ Y10.5389卣	母
466	姑	▣ Y03.922甗 ▣ Y10.5349卣 ▣ Y04.2137鼎	▣ Y10.5426卣 ▣ Y10.5389卣	姑
467	始	▣ Y04.2425鼎 ▣ Y14.9098爵	▣ Y16.9888彝 ▣ Y05.2743鼎	始
468	媚	▣ Y12.6898觚 ▣ Y13.8081爵 ▣ Y13.8079爵		媚

續表

序號	字目	商代金文	周金文	小篆
469	好	Y03.762 瓶　Y15.9782 罍	Y08.4331 簋　Y15.9715 壺	
470	奸	Y03.1498 鼎		
471	妞	Y12.7288 觚	Y12.7304 觚	
472	姦	Y11.6148 觶　Y15.9783 罍	Y15.9455 盉	
473	姤	Y04.2434 鼎　Y14.9090 爵　Y15.9818 罍	Y15.9646 壺	
474	妥	Y03.1031 鼎　Y03.1068 鼎　Y06.3075 簋	Y05.2830 鼎　Y08.4198 簋	
475	民	Y17.10668 戈　Y14.8815 爵	Y05.2837 鼎　Y08.4341 簋	
476	弗	Y15.9823 罍	Y16.10175 盤　Y05.2841 鼎	
477	乇	Y04.2058 鼎	Y05.2837 鼎　Y11.5984 尊	
478	戈	Y03.766 瓶　Y06.3018 簋　Y10.4954 卣	Y08.4167 簋　Y05.2816 鼎	
479	戎	Y03.1287 鼎　Y16.10510 器	Y05.2837 鼎　Y16.10173 盤	
480	戍	Y05.2708 鼎　Y05.2694 鼎	Y03.948 瓶	
481	武	K01.05 盉　XS1566 鼎	Y16.10175 盤　Y08.4264 簋	
482	戔	Y12.7237 觚　Y14.8465 爵		
483	戊	Y03.846 瓶　Y10.5101 卣	Y16.10173 盤	
484	我	Y10.5396 卣　Y11.6205 觶　Y17.10735 戈	Y05.2837 鼎　Y16.10176 盤	
485	義	JC3.843 爵	Y06.3619 簋	
486	亾	XS1553 黽	Y08.4261 簋　Y08.4341 簋	
487	乍	Y10.5175 卣　Y06.3457 簋　Y15.9422 盉	Y05.2841 鼎　Y07.4116 簋	
488	匿	Y13.7377 爵　Y15.9114 斝	Y05.2837 鼎	

續表

序號	字目	商代金文	周金文	小篆
489	匽	Y15.9439 盉	Y04.2505 鼎　Y01.269 鎛	
490	匚	Y04.2431 鼎	Y04.2132 鼎	
491	曲	Y14.8501 爵	Y05.2757 鼎	
492	甾	Y13.8036 爵　Y10.5007 卣	Y08.4321 簋　Y12.6504 觶	
493	弓	Y10.4968 卣　Y14.8843 爵　Y11.6140 觶	Y08.4322 簋　Y05.2784 鼎	
494	引	Y15.9288 觥	Y05.2724 鼎　Y08.4315 簋	
495	弜	Y12.6393 觶　Y14.8416 爵　Y06.3338 簋		
496	系	Y10.5379 卣　Y14.8809 爵　Y17.10686 戈	Y17.11301 戈	
497	孫	Y04.2431 鼎　Y15.9823 罍	Y05.2836 鼎　Y05.2816 鼎	
498	糸	Y04.2136 鼎　Y13.8105 爵　Y14.8497 爵	Y14.8665 爵　Y03.501 鬲	
499	彝	Y11.5893 尊　Y10.5148 卣　Y15.9249 罩	Y10.5424 卣　Y08.4269 簋	
500	絲	Y12.6942 觚　Y13.7369 爵	Y04.1538 鼎	
501	率	XS1553 黿	Y05.2837 鼎　Y05.2841 鼎	
502	虫	Y13.8000 爵　JC3.650 觶	Y04.2175 鼎　Y03.980 匕	
503	蝠	Y15.9172 罩　Y13.8094 爵		
504	蠢	Y06.3393 簋　Y17.10879 戈		
505	龜	Y03.1468 鼎　Y04.1569 鼎　Y12.7218 觚	Y06.3427 簋	
506	黽	Y04.1584 鼎　Y10.4979 卣　Y12.7073 觚	Y04.1583 鼎　Y18.12110 車节	
507	二	Y10.5412 卣　Y10.5417 卣	Y08.4269 簋	二
508	亟	Y04.1737 鼎	Y05.2841 鼎　Y09.4446 盨	

續表

序號	字目	商代金文	周金文	小篆
509	凡	Y10.5353 卣	Y08.4261 簋　Y16.10176 盘	
510	土	Y14.8708 爵	Y05.2837 鼎　Y05.2782 鼎	
511	封	Y10.4825 卣　Y12.6819 觚　Y12.7070 觚	Y04.2153 鼎　Y08.4293 簋	
512	垂	Y03.804 瓿　Y12.6450 觯　Y11.6147 觯	Y14.8905 爵	
513	堇	Y05.2579 鼎　Y10.5417 卣	Y15.9456 盂　Y08.4292 簋	
514	田	Y11.6191 觯　Y15.9190 斝	Y08.4295 簋　Y05.2836 鼎	
515	黄	Y11.6000 尊	Y08.4277 簋盖	
516	力	Y12.7233 觚	Y01.157 钟	
517	劦	Y10.5006 卣　Y12.7269 觚　Y08.4144 簋	Y15.9546 壶	
518	叶	Y12.6645 觚　JC1.110 铙　Y15.9821 罍	Y11.5998 尊	
519	勺	Y03.1193 鼎	Y17.11333 戈	
520	开	Y17.10851 戈		
521	且	Y03.473 鬲　Y11.5596 尊　Y14.8843 爵	Y16.10175 盘　Y05.2837 鼎	
522	斤	JC3.614 尊	Y05.2674 鼎	
523	新	Y05.2711 鼎	Y08.4214 簋盖　Y08.4288 簋	
524	𦥑	Y16.10495 器		
525	矛	Y12.6926 觚	Y08.4322 簋	
526	車	Y12.7201 觚　Y14.8322 爵　Y11.5590 尊	Y05.2779 鼎	
527	輦	Y10.5266 卣　Y11.5893 尊	Y10.5189 卣	
528	自	Y06.3713 簋　Y12.7309 觚	Y11.6004 尊　Y08.4341 簋	

續 表

序號	字目	商代金文	周金文	小篆
529	師	Y05.2648鼎　Y10.5395卣　Y05.2709鼎	Y16.10174盤	
530	陸	Y03.1359鼎　Y10.5052卣　Y10.5081卣	Y06.3619簋　Y01.102鐘	陸
531	降	Y10.5396卣	Y16.10176盤　Y05.2833鼎	降
532	四	Y10.5413卣	Y05.2836鼎　Y01.182鐘	四
533	宁	Y03.1166鼎　JC3.870爵	Y16.9892彝　Y04.2436鼎	宁
534	亞	Y03.1393鼎　Y13.8632爵　Y14.9102角	Y08.4237簋　Y16.10175盤	亞
535	五	XS1418壺　Y11.5990尊　Y03.797瓢	Y05.2816鼎　Y10.5249卣	五
536	六	Y10.5414卣　JC2.339鼎	Y10.5415卣　Y05.2833鼎	六
537	七	JC2.339鼎	Y05.2720鼎	七
538	九	Y06.3035簋　Y05.2708鼎	Y07.4104簋　Y15.9640壺	九
539	罕(禽)	Y13.7649爵		禽
540	萬	Y11.6257觶　Y12.6680瓢	Y05.2660鼎　Y08.4288簋	萬
541	禹	Y10.5201卣　Y04.2111鼎　Y15.9806罍	Y05.2833鼎　Y08.4315簋	禹
542	獸	Y06.3212簋　Y10.5395卣	Y05.2695鼎　Y05.2655鼎	獸
543	甲	Y04.1521鼎　Y04.1999鼎	Y05.2814鼎　Y05.2824鼎	甲
544	乙	Y04.1523鼎　Y17.11403戈　Y17.11392戈	Y16.10176盤	乙
545	丙	Y05.2708鼎　Y11.5971尊　Y03.1160鼎	Y10.5408卣　Y05.2816鼎　Y11.6250觶	丙
546	丁	Y03.798瓢　Y11.5600尊　Y10.5265卣	Y05.2763鼎　Y03.946王瓢	丁
547	戊	Y10.4893卣　Y16.9878彝	Y15.9355盉　Y08.4276簋	戊
548	己	Y15.9493壺　Y04.2431鼎　Y04.1613鼎	Y15.9705壺	己

續　表

序號	字目	商代金文	周金文	小篆
549	冀	Y10.5295 卣　Y15.9298 觚	Y08.4227 簋	
550	庚	Y04.1623 鼎　Y10.4967 卣　Y11.6183 觶	Y10.5426 卣　Y16.10149 盤	
551	康	Y04.1906 鼎　Y16.10537 器	Y16.10175 盤　Y16.9901 彝	
552	辛	Y10.4987 卣　Y10.5086 卣	Y08.4131 簋	
553	壬	Y04.1665 鼎　Y14.8911 爵	Y05.2719 鼎　Y11.5966 尊	
554	癸	Y12.9779 罍　Y04.1681 鼎	Y16.9901 彝　Y07.4114 簋	
555	子	JE1.311 鼎　Y06.3072 簋　Y04.1909 鼎　Y04.2311 鼎	Y08.4131 簋　Y08.4206 卣　Y05.2841 鼎　Y05.2837 鼎	
556	字	Y11.6270 觶　Y12.6530 觚	Y01.184 鐘	
557	季	Y04.2335 鼎　Y10.5238 卣　Y04.1862 鼎	Y06.3730 簋　Y16.10173 盤	
558	孟	Y12.7099 觚	Y16.10272 匜　Y16.10144 盤	
559	孳	Y15.9379 盂　Y12.6414 觶	Y01.260 鐘	
560	毓	Y10.5396 卣　Y11.5965 尊	Y14.9095 爵	
561	丑	YX161 尊	Y05.2759 鼎　Y15.9726 壺	
562	羞	Y03.1072 鼎　Y18.11731 鉞　Y13.8018 爵	Y08.4216 簋　Y03.552 鬲	
563	寅	Y05.2594 鼎　Y10.5394 卣　Y12.6598 觚　Y15.9474 壺	Y05.2729 鼎　Y08.4273 簋	
564	卯	Y05.2694 鼎　Y13.8221 爵　JC2.291 鼎	Y11.5996 尊　Y05.2776 鼎	
565	辰	Y08.4144 簋　Y10.5101 卣	Y16.9901 彝　Y14.8995 爵	
566	巳	Y07.3990 簋　Y07.3975 簋　Y10.5417 卣	Y05.2837 鼎　Y05.2841 鼎	

續　表

序號	字目	商代金文	周金文	小篆
567	㠯(以)	☖ Y10.5417 卣　☖ Y15.9295 觚　☖ Y14.8449 爵	☖ Y05.2832 鼎　☖ Y07.4116 簋	㠯
568	午	☖ Y05.2708 鼎　☖ Y10.5413 卣	☖ Y10.5433 卣　☖ Y10.5416 卣	午
569	未	☖ Y04.1905 鼎　☖ Y07.3904 簋　☖ Y17.10762 戈	☖ Y08.4131 簋	未
570	申	☖ JC2.339 鼎　☖ Y14.9105 角　☖ Y14.9102 角	☖ Y16.9901 彝　☖ Y05.2722 鼎	申
571	酉	☖ Y10.4987 卣　☖ Y13.7590 爵　☖ Y12.6989 觚	☖ Y08.4207 簋　☖ Y10.5421 卣	酉
572	配	☖ Y06.3229 簋　☖ Y16.9903 勺	☖ Y05.2841 鼎　☖ Y08.4317 簋	配
573	尊	☖ Y04.2311 鼎　☖ Y05.2648 鼎　☖ Y10.5351 卣	☖ Y10.5242 卣　☖ Y09.4456 甗	尊
574	亥	☖ Y05.2709 鼎　☖ Y10.5396 卣　☖ Y05.2648 鼎	☖ Y05.2612 鼎　☖ Y16.10173 盉	亥

《説文》古文來源考論

張學城

（南通大學文學院）

"古文"是一個漢代出現的概念，意義比較廣泛。廣義上的"古文"相當於我們通常所説的"古文字"，相對於隸楷等"今文字"而言，後來又轉義爲古書或學派之名。而狹義的"古文"則是指以《説文解字》（以下簡稱《説文》）古文爲主，包括石經古文、《汗簡》古文、《古文四聲韻》古文等轉抄於戰國文字的字體。本文所研究的即狹義上的古文，僅僅就字體而言的《説文》古文。

漢代碩儒許慎積數十年之功而成巨著《説文》，其書既成，"標誌着古文字學在中國學術史上的發端"。①從文字發展史的角度來看，許慎生活的漢代，"是古文字向今文字過渡剛剛完成的時期。對秦統一文字到隸書形成的過程，他作了大致準確的描述，並注意到了過渡時期繁複的各種字體、書體"。②由於許慎所處的時代和地位，他無可爭議地掌握了大量的古文字實物材料，而且他所掌握材料的真實性越來越被當代考古發現的古文字資料所證實。他在《説文》中對所搜集的古文字形體進行了分類，分爲古文、籀文、篆文。

一、對《説文》古文的錯誤認識

《説文·敍》開篇就講文字的發展："倉頡之初作書，蓋依類象形謂之文，其後形聲相益謂之字。……以迄五帝三王之世，改易殊體。……及宣王太史籀，著大篆十五篇，與古文或異。至孔子書《六經》，左丘明述《春秋傳》，皆以古文。……其後，諸侯

---

① 祝敏申：《〈説文解字〉與中國古文字學》，復旦大學出版社，1988年，第180頁。
② 同上注。

力政,不統于王,……分爲七國……言語異聲,文字異形。……至秦始皇帝,罷其不與秦文合者,……或頗省改,是謂小篆是也……"①通過上述内容可以看出,許慎是以時代爲序闡述漢字的發展流變。在許慎的文字發展觀裏,古文是一種早於籀文的字體,也就是倉頡以來以至於周宣王所使用的文字,是廣泛意義上的古文字。"許慎認爲,雖然古文經書的書寫時代晚於《史籀篇》,它們所用的字體却早於籀文,因爲孔子等有意用比較古的字體來寫經書"。②

從《説文》問世至有清一代近兩千年間,對《説文》古文的認識一直没有跳出許慎的範疇。清代以前未見甲骨文。"古文字的研究還未能從金石學中脱胎出來,漢語文字學也没能借助金石學興起所造成的有利時機,徹底突破傳統格局,獲得實質性進展"。③學者受到材料和學術視野的局限,對《説文》古文的研究一直没能突破,徘徊在傳統文字學研究的藩籬之内。許慎誤以爲《説文》古文乃三王五帝以來以至於周宣王大篆之前的古文字體。後人延續這個錯誤。比如,唐孔穎達説:"科斗書,古文也,所謂倉頡本體,周所用之,以今所不識,是古人所爲,故名'古文'。……古文者,倉頡舊體,周世所用之文字。"(《尚書·序》)又如,段玉裁説:"凡言古文,皆倉頡所作古文。"(《説文解字注》古文"弌"下)

二、前代學者對《説文》古文來源所進行的有益探索

值得慶幸的是,宋代興起的金石學到了清代呈現勃興之勢,著録之古器物數倍於宋代,考釋文字的著作,其數量和成就遠超宋人,而且方法上也較宋人更爲進步。金石學的發展爲科學古文字學的分立創造了條件。"許多大金石學家著録資料兼考文字,對古文字學的分立有篳路藍縷之功。迄於清末,吴大澂、孫詒讓等學者的古文字研究,爲古文字學的分立奠定了基石"。④科學古文字學的分立和出土古文字材料的不斷豐富,使得正確認識《説文》古文成爲可能。

(一) 吴大澂的卓識

首先提出《説文》古文並不是五帝三王以來之古文而是戰國六國文字的是吴大澂。吴大澂在《説文古籀補·自序》中寫道:"竊謂許氏以壁中書爲古文,疑皆周末七

---

① 許慎:《説文解字·敘》,中華書局,1963年。
② 裘錫圭:《文字學概要》,商務印書館,2002年,第54頁。
③ 黄德寬、陳秉新:《漢語文字學史》,安徽教育出版社,2006年,第101頁。
④ 同上書,第133頁。

國時所作,言語異聲,文字異形,非復孔子六經之舊簡。雖存篆籀之迹,實爲譌僞之形。"①陳介祺在光緒四年二月二十七致吳大澂的信札中説:"尊論許氏所引皆六國時古文,心中之光實能上炬千古。若非多見能識,真積貫通,焉能及此。"②吳氏之觀點可謂石破天驚,鑿破鴻蒙,兩千年之學術疑案終得揭櫫! 吳大澂通過把金石和其他古文字材料與《説文》古文相對比,不僅發現《説文》古文乃周末之文字,而且還和東土六國文字相類。不僅在時間上(戰國時期)還在地域上(東土六國)給以限定,實屬難能可貴。

其後孫詒讓也説:"今《説文》九千文,則以秦篆爲正。其所録古文,蓋捃拾漆書經典及鼎彝款識爲之,籀文則出於《史篇》,要皆周以後文字也。"(《名原·序》)

(二) 王國維的貢獻

民國初年,王國維繼承了這種觀點,並在《〈史籀篇證〉序》、《戰國時秦用籀文六國用古文説》、《〈説文〉所謂古文説》、《〈説文〉今叙篆文合以古籀説》、《桐鄉徐氏印譜序》等文中進行了詳細闡釋。

王國維所處之時代,所能見到的戰國彝器不過田齊二敦、一簠及大梁上官諸鼎,寥寥不過數器。所幸的是當時除了彝器以外,流傳的兵器、貨幣、璽印、陶器數以千計。王氏將當時所能見到的六國文字和《説文》古文和石經古文相比較,發現二者相類:六國文字和古文乃是一家之眷屬。"至許書所出古文,即孔子壁中書,其體與籀文、篆文頗不相近,六國遺器亦然。壁中古文者,周秦間東土之文字也",並進一步做出推測"魏石經及《説文解字》所出自壁中古文,亦爲當時齊魯間書"。③王氏不僅指出《説文》古文爲戰國文字,而且指出其爲戰國時候齊魯間之文字,這是大大超越前人的地方。

前人見《説文》古文、六國文字詭別簡率,上與殷周文字、中與秦文、下與小篆皆不合,不能以六書求之。故頗疑六國文字及《説文》古文並不是當時六國的"通行文字"。甚至有人懷疑《説文》古文及魏石經乃是後人僞作。王氏進一步指出:"夫兵器、陶器、璽印、貨幣,當時通行之器也;壁中書者,當時儒家通行之書也。通行之器與通行之書,故當以通行文字書之,且同時所作大梁上官諸鼎字體亦復如是。而此外更不見有他體,舍是數者而別求六國之通行文字,多見其紛紛也。"從而一掃前人之昧惑。這也是他大大超越前人的地方。

---

① 吳大澂:《説文古籀補·自序》,上海古籍出版社,1996年。
② 陳介祺:《簠齋尺牘》,廣陵古籍刻印社,1919年。
③ 王國維:《桐鄉徐氏印譜序》,《觀堂集林》,中華書局,1959年,第299頁。

不僅如此，王氏在《説文》古文的研究方法上更是大超前人。他説："余謂欲治壁中古文，不當繩以殷周古文，而當於同時之兵器、陶器、璽印、貨幣求之。惜此數種文字，世尚未有專攻之者，以余之不敏，已足知此四種文字自爲一系，又與昔人所傳之壁中書爲一系。"①至此則爲後世研習《説文》古文指明正途。

三、《説文》古文來源考論

《説文·敘》中提到"至孔子書六經，左丘明述春秋傳，皆以古文，厥意可得而説也"，又云"(亡新)時有六書：一曰古文，孔子壁中書也"。

王國維根據《説文·敘》的上述內容而認爲："全書中正字及重文中之古文，當無出壁中書及《春秋左氏傳》以外者。即有數字不見於今經文，亦當在逸經中，或因古今經字有異同之故。學者苟持此説以讀《説文》，則無所凝滯矣。"②

正如大家所知道的，許慎在著《説文》之時尚應詔到東觀點校秘籍。其子許沖《上〈説文解字〉表》："慎前以詔書校東觀，教小黃門孟生、李喜等。"許沖記述的這段經歷發生在安帝永初四年（公元110年）。許慎的《説文》尚未定稿。東觀是當時全國最大的圖書館，前朝及當代的典籍皆聚於此。漢朝於惠帝時"除挾書之律"，文帝、景帝"廣開獻書之路"，武帝則"獨尊儒術"，對儒家經典的搜求更是不遺餘力。因此秦火之後散失在民間的許多列國簡冊都被徵集起來。例如景、武之際，魯恭王壞孔子宅，在墻壁的夾層中發現了一大批竹簡文字。其中包括《尚書》、《禮記》、《春秋》、《論語》、《孝經》等儒家典籍，後來被稱爲"壁中書"。除此之外還有北平侯張蒼所獻《春秋左氏傳》，河間獻王所得《書》、《周官》、《禮》、《孟子》、《老子》，杜林所得《古文尚書》漆書一卷等。諸如此類的典籍，皆用戰國流傳下來的字體書寫於竹簡之上，後被稱爲"古文經"。古文經字體詭譎難識，與通行的以隸書書寫的今文經大相徑庭，當時一般的學者已經不能通讀。

許慎在校書東觀的過程中理應廣泛看過不同於壁中書的古文文本，因此何琳儀先生推斷："《説文》古文主要來源於壁中書，但壁中書不是其唯一的來源。上文已提到的古文經除壁中書之外，尚有張蒼所獻，河間獻王所得，杜林所得等來自民間的簡冊。當時政府'中秘'所藏，及得自民間的古文經傳抄之本，東漢中葉的許慎應是能

---

① 王國維：《桐鄉徐氏印譜序》，《觀堂集林》，第301頁。
② 王國維：《〈説文〉所謂古文説》，《觀堂集林》，第317頁。

够見到的。"①

但是我們認爲《説文》古文的來源並不這麽單純,它不會僅僅來源於上述古文經寫本。

王國維在考察《説文》古文來源時,曾經指出:《説文》古文皆出自"壁中書"及張蒼所獻《春秋左氏傳》,不會有鼎彝文字。其論述如下:

> 叔重但見戰國古文,未嘗多見殷周古文。《敘》云:"郡國往往於山川得鼎彝,其銘即前代之古文,皆自相似。"潘文勤公《攀古樓彝器款識》序遂謂"《説文》中古文本於經文者,必言其所出,其不引經者,皆憑古器銘識也"。吴清卿中丞則謂"《説文》中古文皆不似今之古鐘鼎,亦不言某爲某鐘,某爲某鼎字,必響拓以前,古器無氈墨傳布,許君未能足徵"。余案:吴説是也。拓墨之法,始於南北朝之拓石經。浸假而用以拓秦刻石,至拓彝器文字,趙宋以前未之前聞,則郡國所出鼎彝,許君固不能一一目驗,又無拓本可致,自難據以入書,全書中所有重文古文五百許字,皆出"壁中書"及張蒼所獻《春秋左氏傳》,其在正字中者亦然。②

從上述論述可知,王國維先生認爲《説文》古文中没有鼎彝文字的原因是當時没有拓印技術。這個理由非常牽强,不足爲證。没有拓印技術難道不能臨摹? 在漢代書籍之流傳也是靠臨摹。古文寫本的流傳不也是靠臨摹麽?

而且通過古籍記載可知,漢代對殷周古文尚有研究。宣帝時,美陽(今扶風)地區有鼎出土,張敞好古文,對銘文進行考釋:"今鼎出於岐東,中有刻書曰:'王命尸臣:官此栒邑,賜爾旂鸞黼黻琱戈。'尸臣拜手稽首曰'敢對揚天子丕顯休命',臣愚不足以迹古文,竊以傅記言之,此鼎殆周之所以襃賜大臣,大臣子孫刻銘其先功,藏之於宫廟也。"(《漢書·卷二十五·郊祀志》)張敞尚能釋讀殷周古文,可見漢代當有殷周古文材料流傳。

《説文·敘》云:"郡國亦往往於山川得鼎彝,其銘即前代之古文,皆自相似。雖叵復見遠流,其詳可得略説也。"從許慎的敘述來看,當時尚有不少鼎彝出土,而且還能對銘文進行釋讀。漢代鼎彝的出土情況,僅僅據《漢書》、《後漢書》明文記載的就有六次之多:

1. 元鼎元年夏五月……得鼎汾水上。　　　　(《漢書·卷六·武帝紀》)
2. (元鼎五年)六月,得寶鼎后土祠旁。　　　(《漢書·卷六·武帝紀》)
3. 《景星》十二,元鼎五年得鼎汾陰作。　　(《漢書·卷二十二·禮樂志》)

---

① 何琳儀:《戰國文字通論(訂補)》,江蘇教育出版社,2003年,第43頁。
② 王國維:《〈説文〉所謂古文説》,《觀堂集林》,第314、315頁。

4. 其夏六月,汾陰巫錦爲民祠魏脽后土營旁,見地如鉤狀,掊視得鼎。鼎大異於衆,鼎文鏤無款識,怪之,言吏。吏告河東太守勝,勝以聞。天子使驗問巫得鼎無奸詐,乃以禮祠,迎鼎至甘泉,從上行,薦之。 (《漢書·卷二十五·郊祀志》)

5. (宣帝)是時,美陽得鼎,獻之。 (《漢書·卷二十五·郊祀志》)

6. (明帝六年)二月王雒山出寶鼎,廬江太守獻之。……陳鼎於廟,以備器用。
(《後漢書·卷二·明帝紀》)

鼎彝出土不見載於典籍者不知幾何矣!

據《後漢書·許慎傳》,許慎汝南召陵人。曾爲郡功曹,舉孝廉入京,就太尉南閣祭酒之職,再遷除洨長,卒於家。召陵也就是現今的河南郾城,召陵在戰國時屬於楚國,從召陵往北不遠,過潁水,即到魏國國境。據此可知,許慎出生地點,在戰國時乃屬楚魏交界之處。許慎的活動範圍大多集中在家鄉和京城。而這兩個地方,在戰國時,不是使用楚系文字就是使用晉系文字。如果這兩個地方有鼎彝出土,若年代較早,其銘文當爲殷周文字;若年代較晚,其文字必偏向楚晉兩系。"而且正如史籍所記載的那樣,當時一旦有鼎彝出土,一定是轟動性新聞。許慎作爲當時的古文專家,也不可能對當時的出土文字不感興趣。這樣許慎必然有機會看到以前和當時的許多鼎彝,並臨摹鼎彝的銘文"。①

以上是從理論上進行分析,爲了充分說明問題,我們利用新近出土的古文字資料對五百多個《說文》古文逐一疏證,發現《說文》所收古文字形的確有和簡文不類而與金文相吻合者。例如下圖所示:

字頭	《說文》古文	楚簡文字	晉楚金文
王			
自			
利			

上揭諸字,其古文形體不僅不和楚簡文字相類,而且清晰地保留了晉楚金文的特點,足以說明部分《說文》古文來源於晉楚金文。這樣的例子很多,限於篇幅不能枚舉,詳見拙著《〈說文〉古文研究》(安徽大學博士學位論文,2009年)。

---

① 張學城:《〈說文〉古文研究》,《安徽大學學報(哲學社會科學版)》2010年第5期。

另外,"《説文》古文中尚有多字與戰國文字不類,而和殷周古文相似"。①例如:惠字古文从心从叀。其中叀字寫法與戰國文字寫法不類,却和何尊、彔伯簋、毛公厝鼎等西周銘文的寫法相近。

再如:"農"字古文寫法與戰國文字不同,却和西周散盤的銘文相近,商承祚先生認爲此字當爲西周金文字形之訛變。

又如:"冘"字古文的第二體,商承祚先生認爲當是舀鼎"冘"字寫法的訛變。

凡此等等,皆驗證了許慎應當看到了前朝鼎彝銘文。

值得注意的是,在爬疏《説文》古文的過程中,我們發現在目前的學術背景下,哲、信、支、甈、羌、郊、監等字的古文形體及其來源我們還不能準確地予以解釋。對此有學者認爲有些古文形體乃是後人竄入,還有學者認爲個別古文的形體曾經遭到整理修改,並非古文原貌。我們本着審慎的態度,姑且存疑待考,以期更多的古文字材料出土以及古文字研究的進一步深入。

綜上所述,我們以爲《説文》古文的來源是複雜的:它主要來源於古文經寫本,但古文經寫本並不是唯一來源,許慎應當還描摹了出土鼎彝等古文字資料。《説文》古文的主體是戰國時期東土六國文字,除此之外尚有少許時代更早的商周文字。

---

① 張學城:《〈説文〉古文研究》。

從《清儀閣所藏古器物文》看張廷濟的古文字考釋*

王其秀

(安徽工業大學外國語學院)

一、生平著述

張廷濟(1768-1848),初名張濟,字汝霖,號説舟。後更名爲廷濟,更字爲叔未,號未庭。又字順安,號竹田。所用别號有清儀閣、三頌軒、八磚精舍、眉壽老人、海嶽庵門下弟子等。浙江嘉興新篁人。清代著名的金石學家、收藏家、書畫家。《清史稿・列傳二七三》、《清史列傳・文苑傳四》有傳。

張廷濟少時與海鹽收藏家吴懋政親善,得其指授。嘉慶三年(1798)中解元,此後屢試未中,遂絶意仕途,歸隱鄉里,專事金石文字書法篆刻之學,閑時吟詠題對。書法師法米芾,所寫草隸尤爲著名,《清史列傳》稱:"書法米南宫,草隸獨出冠時。"張氏精於收藏鑒賞,所藏古器無一贗品,在收藏家中聲譽很高。

張廷濟畢生致力於金石收藏和古器文字釋讀,其成就亦集於是。金石印學著作有《清儀閣所藏古器物文》十册、《清儀閣藏器目》一卷、《清儀閣藏碑目》一卷、《古磚瓦當目》一卷、《清儀閣古印偶存》六卷、《清儀閣錢譜》二十卷、《清儀閣印存》、《張叔未印存》、《秦漢印存》、《古印綴存》、《古泉》、《石鼓全文十硯》、《眉壽翁跋語》、《張叔未先生題跋》等。輯有《宋拓晋唐小楷十一種》、《明孝廉李巢二先生圖詠》等。摹有《百研齋主人集》、《焦山周漢鼎銘》等。參與考訂的尚有《有明名賢遺翰》等。此外,還有《張叔未日記》、《清儀閣日記》、《張叔未日記雜稿》等31年的日

---

* 本文受到安徽省哲學社會科學規劃項目"《説文古籀三補》研究"(AHSK09-10D50);教育部哲學社會科學青年基金項目"清季民國的古文字研究"(11YJC740106)的資助。

記稿本散見於全國各大圖書館。後人整理出版的相關著作有：徐同柏《清儀閣古印考釋》一卷，鶴緣齋所輯《張叔未解元所藏金石文字》、《清儀閣金石文字拓片》，魏錫曾輯《清儀閣題跋》（不分卷），丁立誠校刊《清儀閣題跋》，陳其榮輯《清儀閣金石題識》四卷，鄭遺孫輯《未刊清儀閣題跋》十卷、《清儀閣題跋補遺》一卷、《清儀閣藏名人遺印》、《清儀閣古泉拓本題字》、《清儀閣硯銘集拓》等等。①

今天所見的《清儀閣所藏古器物文》可見張氏清儀閣藏品的大概，張廷濟考證金石文字的意見雖然沒有完全記載下來，但在其金石題跋中可見一斑，所以，我們依據《清儀閣古器物文》中張氏有關金石文字的考證，對其古文字釋讀觀點略作分析。

二、《清儀閣所藏古器物文》

所據爲日本京都大學藏本，後有褚德彝記。所收古器和文字皆以拓片形式見存，在拓片之外，張氏以題跋形式記錄其對文字的考釋意見。《清儀閣》的著錄方式是以拓片直接入録，相比錢坫和阮元據拓片摹録的方式又前進了一步，最大程度上保留了文字的原貌，對考釋文字至关重要，和今天以拓入録的方式相同，且張氏所入録拓片多有全形拓，既能看到器影，又能看到文字位置所在，極大地便利了文字釋讀和器物考證。京都大學藏本張氏古器物文有目録無頁次，所論古器，今代爲編次，且以目録名稱稱之。基本上每頁一器。所録器，記器物形制、顔色、花紋、銘文所在、曾見何處、來自何人，更爲難得的是，張氏對器物流傳來自記載非常詳細，往往詳記當時購求金額和時間，爲考察器物的流傳、價值提供了大量信息。

1.1　商舉癸爵。▨，張氏跋云，舊釋"舉"，錢坫釋"鬲"，皆非，字是"禹"，《詩》所云"稱彼兕觥"也，有舉之義，不當竟讀爲舉。又據此把爲弟季勤所購父癸爵之从人▨釋爲"俑"。今按，從字形看，字不从爪，當非"禹"字，但張氏用來釋讀的字形却很有啓發性，字爲"禹"字下部，當是"冉"。父癸爵字形亦非"俑"，可隸作"佣"。四版《金文編》把父癸爵字形入"俑"條（564頁），不知是否參考過張廷濟的釋讀意見，而陳漢平先生《〈金文編〉訂補》②和董蓮池先生《〈金文編〉校補》③已經根據林澐先生意見把此字形歸入附録。

1.2　商父辛爵。見《集成》8628。本拓之後除張氏跋外，還有徐同柏跋。▨字，

---

① 沈慧興：《從〈清儀閣所藏古器物文〉看張廷濟的金石生活》，中國篆刻網，http://www.zgzkw.com/?viewnews-8036。
② 陳漢平：《〈金文編〉訂補》，中國社會科學出版社，1993年，第254頁。
③ 董蓮池：《〈金文編〉校補》，東北師範大學出版社，1995年，第232頁。

徐同柏釋"畐",讀爲"福",徐説可從。張廷濟從之。但是張廷濟把父辛爵字形和父己卣西字相混淆,認爲兩字形同文,又王復齋《鐘鼎款識》名"飲"者上有西形,張氏皆以爲同文,象酒器之形。張廷濟把後兩字形認爲"卣"是錯誤的,兩字形皆从"酉",和"畐"字形有別,三者不同文。考慮到器名,張廷濟主張把字釋爲"尊",張説不可從,當從徐同柏釋"畐"。

  1.3 商父己爵。▉,徐同柏釋爲"燕",張廷濟謂字"象子形,肋脊指趾皆具,尤子孫象形文中所罕見者",二説皆不確,字不識,暫闕疑。

  1.5 商斑父乙尊。見《集成》5944。▉,張氏云《積古》所摹此文失去三小點,據阮氏《積古》所記,器爲張氏清儀閣所藏,據拓本摹入,今見張氏拓本,《積古》果然失去三點(《積古》1.19)。張氏引吴東發説:"並、班聲近義同,復加刂爲聲,刂古匕字。張仲簠▉字、卯敦嬰(攀)字、敔敦'班'字皆从之爲聲。班,位也,故从立。班,列也,故从並。班,別也,分也,故从刂,復加三點於中則爲斑矣。"張氏引《積古》説亦釋"班",此从並者,班古文作辡,斑字亦作辡,證以此銘,知辡爲古玨字繁文,而从玨之字又其後起。張氏所引吴説不見吴東發《商周文字拾遺》。張廷濟同意吴、阮釋"斑"説。吴氏以爲字从並得聲是,但以字所从"刀"爲"匕"則非,以"匕"爲聲亦非,所據例證中張仲簠字爲"賓",不從刀,所舉卯敦字爲"榮",非"攀"字,敔敦"班"字从玨从刀,與今"班"字相同,此可證阮氏言"从玨之字又其後起"説不確。雖然吴東發以"刀"爲"班"字聲符説不確,但其以爲字本有一聲符,又復加聲符的説法則是認識到了古文字中雙聲符字或多聲符字的存在,在對古文字結構認識方面有獨到的見解。《積古》則不以爲所从"刀"是聲符。阮氏以爲"辡"爲"玨"繁文的説法雖然還有待印證,但三家釋"玨"爲"班"概可從。《引得》從釋"班"。

  1.8 商母父丁尊。見《集成》5627。尊銘三字,曰:"母父丁。"徐同柏跋釋"母"爲"每"不確。張廷濟釋"父母丁",釋字可從,釋文順序有誤。

  1.9 商婦卣。見《集成》4845。▉,徐同柏釋"婦"是,張廷濟把此字和下一字所从"女"合在一起釋爲"婦",對文字的切分不如徐同柏切分準確。但二人均把▉析分開來則不妥,《積古》1.7婦女鼎銘文和卣銘相同,張、徐舅甥二人把下一字左部釋爲"秉"亦非。字暫闕疑。

  1.10 商父戊觶。見《集成》6496。銘文右半張廷濟釋作"子作父戊彝"甚是。左半,張廷濟、徐同柏皆以爲"龍山刀"字,第一字爲"犬",非"龍"字。徐同柏跋云:"龍,寵也。山,宣也。執刀者,《禮·王制》云:'賜鈇鉞,然後殺。'蓋即寵宣之意。"徐説不當,釋字既誤,强爲解釋。

  1.11 商父戊瓡。銘文首字,張廷濟、徐同柏沿襲舊説,"子孫上作析木形",于省吾先生釋"舉"。① "舉"下爲"父戊"字。

1.12 商父癸觚。見《集成》7159。首字 [圖], 張廷濟釋爲"申", 通作"神"。徐同柏釋爲"畏忌自申"之"申", 束也, 取束敬之義。此器乃翟心齋爲張氏購得, 器爲觚, 張氏收入《清儀閣》,《積古》據拓本摹入, 不知何字, 因把首字釋爲"角", 遂把器歸入商角類, 張氏糾正了《積古》之誤。但字釋爲"申"亦可商, 暫闕疑。

1.13 商且乙觚。見《集成》7073。[圖], 張廷濟、徐同柏沿襲舊說釋爲"孫"字, 徐同柏釋字誤, 但說解字形近是, "象蟾蜍胚胎之象", 今釋"黽", 銘文作"黽祖乙"。跋中張廷濟對吳東發把某匜蓋文釋爲"子"甚是惋惜, "侃叔於古文多妙解, 惜當時見金款尚少, 若永其年至今, 得見吾齋千種款識, 相與賞奇而析疑, 其說當更有進也", 張氏記此在道光二年壬午三月三日。張廷濟對吳東發釋讀古文的水準是稱賞的, 但吳東發當時所見器物款識不夠豐富, 所以造成了他在古文釋讀上的局限。據此跋語, 當時清儀閣所藏器物款識已逾千種。

1.15 商句兵。器內上有文作 [圖], 和阮元《積古》8.19象形句兵器銘相同, 阮元所據即程瑤田所藏, 張氏自云己所藏和程氏所藏文同而器異, 蓋別是一器。程瑤田把兵器文釋爲"周", 通"琱", 張氏未置可否, 阮元以爲不可遽定。程釋"周"當可從, 此字爲花紋繚繞, 或者是族氏標識類。

1.16 商子執旂句兵。見《集成》11114。此亦見阮元《積古》2.25。此兵器雙面有銘文, 張叔未以爲難分向背, 阮元以爲面文爲"子執旂"形, 背爲"兒癸"字。[圖], 阮元從吳東發說釋"兒", 徐同柏以爲象薑形, 徐說非是, 吳東發釋"兒"或可從。"癸"字, 徐同柏釋"戣", 云: "戣者, 器本名。《書·顧命》孔傳'戣、瞿皆戟屬'。'瞿'字《廣韻》作'戵',《說文·新附》作'鑵', 知'癸'即'戣'字也。"釋"癸"爲"戣"蓋亦可從。[圖], 或釋爲"亞乙旋止"。

1.17 古兵。此兵器形, 吳騫(槎客)以爲即"戣", 故後附吳槎客《釋"戣"》一文, 在《愚谷文存續編》卷一·三十。

1.23 周孔璋鐘。見《集成》115子璋鐘。據張氏跋, 此鐘最初爲吳門汪心農所藏, 後被其族侄售與秀水張西齋, 又爲吳江平望戚藻村從張處購得入於清儀閣。張廷濟釋文作: "隹正十月初吉丁亥, 群孫世孔璋皋(?)其吉金, 自作龢鐘, 用匽以喜, 用樂口㐅者士, 其眉壽無基, 子子孫孫永保歈。"釋文後面又以小字注云: "世從 [圖]。匽通宴。樂下愚意是我字。㐅右愚意是者字。應是用樂我諸兄諸士。徐籀莊云'樂下是父字, 㐅右是弟字, 應是父昂字'。" "群孫"下一字, 張釋"世"誤, 字作 [圖], 當隸作

---

① 于省吾:《釋羮》,《考古》1979年第4期, 第353頁。

"斦"。"斦"下之字釋"孔"誤,"子"字。此鐘稱"子璋鐘"即源於是。"璋"下之字爲"擇",張氏隸定似不准確,因稿本筆迹稍顯模糊,不能確知隸從"自"還是其他相似字體。"匽"讀爲"宴"甚是。張云"樂"下是"我"字非,徐籀莊以爲"父"是。"父"下一字,張、徐二人皆識出左邊從兄,右部所從非"者"亦非"弟",而是"往",屬於贅加的聲符,所謂"雙聲符字"。"兄"下之字釋"者"讀爲"諸"甚是。"無基"之"基"釋字可從,當讀爲"期"。"保"下一字釋"飲"誤,"鼓"字。"鼓"下尚有"之"字,張氏闕釋。此文的釋讀尚嫌滯礙,和張氏其時的款識收藏閱歷不相適。

1.27　周圜鼎文。見《集成》2137。《集成》定爲殷時器。張氏釋文作:"子孫作婦姑䉛彝。"所謂"子孫"即"黿"字,張氏釋字有誤。徐同柏把"姑"讀爲"姑洗"之"姑",義爲潔,不當。張釋"䉛"是。此器張氏於嘉慶十六年辛未十月購自嚴含章。據張跋,平湖錢天樹曾藏一甗,與此鼎同文,後歸秀水姚茂才。又琴川斌笠耕處藏有一小方鼎,與此圜鼎同文,而銘文行列與此相左,今見《集成》2138。仁和趙魏曾把方鼎"姑"字釋爲"姞",張氏非之,和豐姞敦、霸姞彝"姞"字比較後,又察方鼎"姑"字所從"十"下"口"上有青綠小蝕類點,趙魏因誤以爲"十"下有橫筆,故云"今合數器研證,文義顯確,用知辨識古文非經數真器數真本細心對勘,便易傳訛也"。跋在道光二年壬午二月廿日。這是張廷濟考證古文字經驗的總結,也是後人應當遵循的辨識古文字的法則。

1.29　周父乙圜鼎。見《集成》2007。銘曰:"作父乙尊彝。"徐同柏主張讀"尊"爲"宗",宗,尊也,《書·分器》敘"班宗彝"。徐氏迂曲,不必讀爲"宗",直用"尊"字表尊義文義可通。

1.30　周方鼎。鼎有象形文,張氏以爲"象"字,並以象附會易卦"以木巽火"之義,以篆帶鐘"水"字附會坎離,説非是,古人作器爲象形文當無此深意。且銘文似非"象"形。

1,32　周汪伯卣。見《集成》5223。銘文張氏釋曰:"汪伯作寶旅彝。"甚是。徐同柏分析字形云從水㞷聲,可從。

1.33　周諸女方爵。見《集成》9090。此爵四足兩柱有錾,遍身作蟠夔雲雷紋,四面及流尾皆有觚棱,在爵中較爲罕見,故張氏視爲稀世之珍。此爵張以爲周物蓋非,《集成》目爲殷器。銘文張氏釋作:"諸女司以大子尊彝。"而所附朱至書中,朱至已以"姶"爲一字。今以"姶"爲一字,多讀爲"姒"。銘文上部有族氏標記。亞形内,張氏把一個形體完全分裂開來,此字今多隸作"馘"。此跋中張氏還糾正了阮元《積古》把魯侯爵歸入簋類的錯誤。相似銘文見於阮元《積古》7.24諸女匜(觥之誤)、5.4諸女尊,但阮氏或者漏摹"司"形,且把"以"誤釋爲"舉"。至張廷濟,銘文字形全部正確識讀。

1.41 周册册觶。觶銘"乙"字，張廷濟云舊皆釋爲"鸞刀"之"刀"，張改釋爲"乙"是正確的。張氏總結説："文愈簡器愈古。"此言雖未必盡是，一般來説，早期器銘文相對古樸簡質。從銘文風格看，器當是殷或西周早期器。

1.42 周婦雋觚。見《集成》7287。《集成》定爲殷器當可信。器經徐同柏搜剔，得銘文四字，族氏標記一。銘文第一字釋"婦"無疑，第二字作 ▨，張廷濟釋"雋"，《金文資料庫》不釋，《引得》釋"鴟(鴉)"，《殷周金文集成釋文》隸"雉"，從字形看，《引得》隸定似可從，疑字剔刮尚有不明晰處，不可遽定。"作"下似還有文字，或爲剔刮痕迹。亞形框内，張氏以爲蓋如諸女方爵釋"申"之字，《引得》與之同，隸"酛"，《殷周金文集成釋文》釋"犬"。

1.43 周羃彝。▨，徐同柏釋爲"冕"，張廷濟從之，釋"冕"不確，今多以爲"友"字倒文。

1.44 周仲𨑩父敦。𨑩作 ▨，此字宋之山釋"鳩"，吳東發釋"雖"，雁鳴之聲，《嘉興縣志》釋"雁"，《積古》釋"雛"，徐同柏釋"𨑩"而無説，張廷濟從徐説，並簡單分析爲"从鳥从几是𨑩字"。于省吾先生《甲骨文字釋林》對"𨑩"之由有詳細解説，認爲"𨑩"下部所从"勹"即聲符，爲俯伏之"伏"的初文，成功釋讀了舊不識的甲骨文"𨑩"字，並指出周代金文中禹簋、𨑩吊匜之"𨑩"亦从"勹"。① 蓋當時周代金文中"𨑩"字已識，于省吾先生未引釋"𨑩"爲何人之説。此器見《集成》3543仲𨑩父簋。"𨑩"字，《殷周金文集成釋文》《金文資料庫》皆釋爲"隻"，《引得》釋"獲"，《集成》同釋，皆以爲字下部从又，又此器座亦有銘，與器銘同文，"𨑩"作 ▨，下部不从"又"明矣，釋"隻"或"獲"當誤。

1.49 周艾伯敦。見《集成》4192。釋"艾"之字實爲"榮"字。張氏無釋文。

1.50 周惠敦。見《集成》4075。張氏釋文作："唯十月初吉甲戌，惠作朕文考允伯尊敦，惠其萬年子子孫孫永寶用。""十月"爲"七月"之誤。釋"惠"之字作 ▨，釋"惠"不當，今多隸作"𢓊"，傅修才先生認爲字从辵从甫从匕。釋"允"之字當釋爲"胤"。

1.51 周史頌敦。見《集成》4230。此敦後録有徐同柏釋文，釋文作："隹三年五月丁子，王在宗周，令史頌肈蘇，𣲵友里君百生，帥隅盩於成周，休有成事，蘇賓寵馬三

---

① 于省吾：《甲骨文字釋林》，中華書局，1979年，第1374–1376頁。

匹、吉金用作䵼彝,頌其萬年無疆,日匡天子覭令,子子孫孫永寶用。""丁子"應釋作"丁巳",彼時學者尚未注意到干支中"子"與"巳"在字形上的區分,"甲子"之"子"常作󰀀(《集成》4131利簋)、󰀀(《集成》4206小臣傳簋),"乙巳"之"巳"常作一般的子形󰀀,如史頌敦之形。󰀀,徐同柏釋"澗",左從水不誤,右部隸定則不確,邊框内所從似爲動物形,《引得》《殷周金文集成釋文》皆隸作"濶",《引得》釋"姻",李學勤先生認爲字右部框内從鷹,字釋"津",①《金文資料庫》、馬承源《商周青銅器銘文選》皆不釋,今不能確釋爲某字,暫闕疑。徐同柏釋"得"之字作󰀀,釋"得"非是,字不從貝,當是誤以爲字右上所從爲貝所致,此爲字形比較不善所致,其時"貝"字多見,如仔細比較字形,此誤當可避免。此字《集成》所錄拓本作󰀀,右下從言,或釋"省"字,劉釗先生認爲字可看作是從彳讀省聲的一個聲符繁化字,②説甚是。󰀀,徐同柏釋"隅",字從墉從禺,右部偏旁已識出,左部徐氏如果認爲是阜則誤,如果認爲墉旁可以義通作阜旁,大體也説得過去,字確釋當作"堣"。如果不是從偏旁通用的角度考慮,而是以聲近通假來解釋,則字亦可釋"隅"。馬承源《商周青銅器銘文選》認爲從𩫖與從阜同,隅假借爲偶,"偶,類也"。③󰀀,徐同柏釋"盩"可從。《商周青銅器銘文選》從之,疑爲"盩"之省,讀若"戾",《詩》:"魯侯戾止。"毛傳:"戾,來。"④"章"字,徐釋"寵"誤,此沿襲舊説所致,把字形和"龍"相混,字形不審,今多讀爲"璋"。"三匹",今釋爲"四匹",把"四"最下一橫筆看作和"匹"字上面橫筆共用筆劃。󰀀,徐同柏釋"匡"可通,今多把匚内隸作從羊,讀爲"將",《引得》讀爲"揚"。"覭"字,徐氏的隸定是正確的,今《引得》讀爲"景"。張氏據"王在宗周"、"盩於成周"推測爲西周器,可從。此爲據銘文内容推測器物時代。從張氏跋得知,徐同柏對此敦有數千言考釋文字,極詳賅,張氏贊曰:"籀臧學日進於鐘鼎學,可軼錢獻之而步吳侃叔矣。"此可見張廷濟對徐同柏金石學問的肯定,同時亦可見張氏對錢坫和吳東發二人的推崇,説明二人在學界同仁中享有很好的聲譽和地位。

1.53　周遣小子敦。周遣叔敦。見《集成》3848。󰀀,張廷濟釋"遣"是,字左從走,右從䜌,釋"遣"當是認爲"走"旁與"辵"旁可通。馮雲鵬《金石索》錄有遣叔作旅鼎(《金石索》1.30,《集成》2212),云得自任城遣叔,張氏懷疑與此敦遣小子爲

---

① 李學勤:《新整理清華簡六種概述》,《文物》2012年第8期。
② 劉釗:《古文字構形學》,福建人民出版社,2006年,第167頁。
③ 馬承源:《商周青銅器銘文選》(三、四),文物出版社,1988年,第300頁。
④ 同上注。

同族，似可從，兩器皆爲西周晚期器，差不多同時，"遣"字寫法亦相似，有待進一步驗證。此敦附有徐同柏考釋，釋文作："遣小子靺以其友作魯男、王姬鬻彝。"釋文下面有分析釋讀。"遣"，字从辵从口，本古文遣，讀若《詩·崧高》"王遣申伯"之"遣"，謂王以正禮遣之國也。徐氏釋"遣"爲動詞，遣送之義，徐氏把敦銘中"遣"解爲動詞顯然不確，張廷濟認爲姓氏，疑"遣"爲任城"遣叔"同族可爲表明，張説近是，遣爲姓氏或者地名，或因地而得氏者。"小子"，嗣君之稱。此蓋得之，"小子"銘文中多見，揣其意，或爲自己謙稱，或爲對有一定地位名望才能的人的親切稱呼，後面有時接人名，小子應即指向該人。靺，人名。从不，不、末一聲之轉。徐氏以"靺"爲人名字可從，但字形分析不可從，字右部所从可隸作"朮"，非"不"字，字當隸作"靹"。徐氏誤"朮"爲"不"當是以爲古文字"朮"和"不"字篆形相似，犯了以今隸古的錯誤，缺少字形的共時比較。張廷濟從之，釋爲"布"亦誤。徐氏認爲"遣小子靺"與季嬭鼎（《集成》2775小臣夌鼎）"遣小臣夌"同義，"特季嬭鼎'遣小臣夌'句下有錫貝、馬兩之文，義更明晰耳"，這更表明徐氏以"遣"爲動詞之意。"以"字，徐釋"與"，《引得》與之同，不知是否由徐說而來。張廷濟釋"用"，亦通。"友"字，徐氏析作从兩又，左右之象，説甚是，但以"友"爲掌諸臣之職恐不確。"魯"，徐同柏認爲"从西"是，但以酉與口古文同字則無據，釋爲《説文》之"䰞"，讀若"寫"，以與"吾"音近通"吾"，男爵之國名，讀爲"許"，釋爲"許"之異文，徐説無據，字下部从五从酉，地名，暫隸作"䣞"。此字張廷濟和"召"字相混，釋爲"昭"，以爲諡號，非是。"鬻"，徐氏以爲"古文菁字，同鸛"，"此當讀若將奉也"，説可通。

　　1.54　周兮仲敦。錢坫《十六》2.6亦録兮仲簋蓋器銘，只是蓋銘作"孫孫"，阮元《積古》據錢拓録入，錢、阮二人俱以爲銘有訛誤，張廷濟所録蓋器銘作"子子孫孫"，不作"孫孫"，所以張氏懷疑錢所藏蓋爲後人僞造，但又認爲以錢氏之善鑒古，不當是僞器，需目驗後定論。今《集成》3809所録即錢氏所藏，蓋銘確爲"孫孫"，不當是僞器。蓋器同文的器中，銘文略有差異也是存在的。"兮"字，雖然錢坫已識出，但仍以"平"釋，阮元、張廷濟釋"兮"是。"兮"，徐同柏云古通"猗"，見《禮·大學》疏引古文《尚書》及《隸釋》魯詩殘碑、《路史》"河東猗氏，夏世侯伯國"。"兮"是否爲"猗"氏，有待進一步證明，此説暫存。錢坫《十六》中在此器下有釋"簋"説，張廷濟不能識其是，以爲錢氏强爲之説，亦"賢知之過"也，甚是可惜。論目驗之器，錢氏當不若張氏豐富，而錢能據文獻記載和古器形制糾正原釋"敦"之誤，張氏反以爲誤，蓋張氏過於信古而不以爲疑，好古而不盡信古的精神和學術識見不如錢氏。

　　1.59　周伯庚簠。此器爲盨，張廷濟定爲"簠"不當。見《集成》4407白孝盨，張廷濟在目録中釋爲"庚"，徐同柏把"孝"字上部和下部"子"分離，上部釋"華"，謂象木有枝葉華下垂形，二說皆誤，字形不審，字當釋"孝"。"孝"下一字作[圖]，徐同柏釋"尌"，析作从士从豆从寸反書，通作"樹"，徐氏分析字形近是，左下从又，此字今釋爲"鼓"字，形體比較特別，各部件分散開來位置改易，這種情形古璽中多見，如"敬"字所从之"苟"和"又"、"卜"往往位置改易分散，不易識別。銘文中有"盨"字，釋者當是誤"盨"爲"簋"字，從而把器誤稱爲簋。阮元《積古》常有此誤，説明當時對簋、敦、盨的形制區别尚不明晰。

1.60　周伯躬鬲。見《集成》724。張廷濟跋云錢塘馬秋藥（履泰）藏有一器與此同文，爲阮元《積古》録入，《積古》誤爲鼎屬，當是鬲，"霝"通"令"屬下讀。今按，張氏非是，《積古》所載自名爲"霝"，固非鼎，亦非鬲，"霝"爲器物自名。宋芝山墨本少"尊鬲"二字，今載《集成》728。[圖]，"夏"字，張云《積古》因誤摹釋爲"躬"非，説是，但張氏把字形分裂開來，謂从自，解[圖]爲鼻息、釋[圖]爲"畀"亦非，分裂字形，曲爲解釋。徐同柏把字析作从息从旻釋"宴"亦誤，皆是分裂字形，曲爲捏合而致。

1.61　周番君鬲。見《集成》732。張氏釋文作："隹番君福伯自作寶鬲，萬年無疆，子孫永用。"釋文中釋"番"是，但析爲从米从田則非，番从釆。[圖]釋"福"不當，字左从酉，右或以爲从正（《引得》、《金文資料庫》），或以爲从乏（《殷周金文集成釋文》），張比之張仲簠（按：弭仲簠，《集成》4627）[圖]，番君鬲字形與弭仲簠字形有異，簠的字形[圖]，从示，釋"福"，而鬲銘字形非"福"字。《集成》732-734所録此字微異，733號作[圖]，734號作[圖]，依734號字當从正或乏。

2.1　秦度。即秦詔版殘字。張廷濟所藏詔版爲"廿四年皇帝盡并兼天下諸侯"之殘版，云北齊顔之推曾據官庫鐵稱權"丞相狀"證《史記·始皇本紀》"丞相隗林"之當作"隗狀"，《積古》所載斤權文與此詔版文正作"狀"，此亦爲顔黄門説之證也。出土銘文可校傳世文獻之誤如此。

2.5　漢第六鼎。張釋鼎銘曰："第六置鑛一，容一斗五升重十二斤，蓋通。"把第四字右下所从釋作"析木形"，此説非是，右下爲"鼎"下部隸變形體，不宜以商周銅器銘文中舊常釋作"析木形"的形體比附，時代跨度較大，文字已經發生了隸變，作字形比較應注意這一點，對古今變化較大的字形，不宜以時間跨度較大的字形作比較。張氏認爲字增金旁，釋爲"鼎"之變文繁文，可從。从金當是在原象形文字上加義符，使之更符合形聲字的結構。

3.2　即墨六字刀。見《中國歷代貨幣大系·先秦貨幣》2518。《山左》解刀幣"節墨"爲"即墨"甚是，以"節""即"古通，漢膠東國以墨水著稱，屬萊州府，古三齊之一，古即墨城即田單火牛城（《山左》卷四"齊刀二十二品"之"第十二"）。並云"鐘鼎款識凡三稜釘圜釘而有首尾者俱訓十字"，張廷濟按云"[圖]是甲字"，張氏誤，《山左》說可從。但《山左》把刀文釋爲"節墨邑之吉貨"不確,張氏從之,應釋作"節墨之大刀"。背文作"三十刀",張廷濟釋"十"爲"甲",摹"刀"爲"八"字形,不當,當是誤識文字所致,寫法和正面"刀"字寫法相同。"刀"字舊釋"化",吳振武先生改釋爲"刀"。①

3.3 寶六化泉。可見《貨系》4108—4113。釋爲"寶六化"不當,當作"賹六刀",从"刀"字寫法可斷爲齊幣。因誤釋"賹"爲"寶",張廷濟附會爲《漢書·食貨志》周景王更鑄圜法,曰寶貨的記載。"賹"可能是地名。②何琳儀先生認爲讀爲地名或作爲金屬單位皆不可通,可讀如本字,用本義,澤存堂《宋本廣韻》:"賹,記人物。"並可爲此義增加一出土文獻證據。③

3.4 大布 次布。張氏云"黃"即"橫","橫"即"衡","黃千"猶言"直千",同錢坫說。又云"洪志以前舊譜皆訛,始訂正於張端木《錢錄》,瞿中溶《續錢志》說尤精核"。據張跂引瞿木夫說,𐅀、𐅁、𐅂、𐅃爲六、七、八、九,爲積筭之體,即今俗所行號碼,說可從,此套布共十枚,幣值大小序列關係明顯,瞿說甚是。

3.6 中布 差布。"六"作𐅀是這套布幣的特點,可據文字寫法特點判斷布幣真僞。"中布六百"下張氏跋云:"金硯耘中翰舊藏,余昔年拓得者,自小布至次布,《泉志》盡譌,知洪氏未見真本。翁覃溪閣學《兩漢金石記》摹載中布六百,所見中布亦是僞品。後宜泉秋部摹刻四徵,則無譌誤矣。"又云:"大興翁覃溪閣學《兩漢金石記》載中布六字作𠀁,所據應亦是僞鑄。蓋乾隆五十一年丙午閣學作記時,尚未得見真中布,後其子宜泉作《木戳印文征訪》,則六正作𐅀矣。"張廷濟已經利用文字寫法特點判斷古幣真僞。

3.7 序布 幼布。張氏云"序"字《漢書·食貨志》作"厚",形體相近,當是傳寫之誤。與錢坫說同。此據古幣文校訂傳世文獻文字之誤。

三、小　結

《清儀閣所藏古器物文》十册,除第一册爲商周彝器外,其餘九册所收皆秦漢以下之器,器物品類涉及秦詔版、漢鐙、句兵、弩機、壺、洗、符節、帶鉤、檢封、泉布範、造像、漢唐鏡、磚瓦、碑帖石刻、銅權、銅牌、鑪、印記、文房硯墨諸件等,類別豐富。張氏

---

① 吳振武:《戰國貨幣銘文中的"刀"》,《古文字研究》第10輯,中華書局,1983年,第305頁。
② 馬飛海等:《貨系·先秦貨幣》,上海人民出版社,1988年,第32頁。
③ 何琳儀:《釋賹》,載《古幣叢考》,安徽大學出版社,2002年,第19頁。

的金石考釋意見主要在第一册,故詳論之,後九册則略之。綜觀其考釋意見,創獲不多,但也有一二可論,其論常有其甥徐同柏之説,以所引點滴之見,張廷濟釋字水準似在徐同柏之下,徐同柏固有後出轉精之優勢,以徐比張在參照上似有失公允,但和張之前的錢坫、吴東發相較,張亦缺少明顯進步,空負材料占有豐富之優長。對前人和時人的正確意見缺少辨識,如未采納朱至諸女方爵釋"姁"(1.33)、①錢坫釋"簠"的意見。在考釋中也存有字形不審、分裂字形、説解附會的毛病,但這在每位文字考釋者中都不同程度地存在,是文字考釋者難以回避的問題。雖然如此,張廷濟在方法論上比前人有成熟和進步之處,如對金石文字考校方法的總結,周圜鼎釋"姑"(1.27),總結説"今合數器研證,文義顯確,用知辨識古文非經數真器數真本細心對勘,便易傳訛也",這也是借鑒了傳世文獻校勘的方法。在對文字形符聲符的結構分布方面,商斑父乙尊中引用了吴東發釋"斑"的論述,其中提到復加聲符、增加義符之後起字,這本是吴東發提出來的,但吴説並没有得到時人的賞識,自己的《商周文字拾遺》中也没有保存,反而是經阮元、張廷濟記載而得以保存播揚,尤其是張廷濟《清儀閣》所載甚詳,這表明張氏對吴説是很重視的,吴氏復加聲符説的進步之處得到了張氏的慧眼識珠,這説明張廷濟對復加聲符的説法也有一定的認識。在器物形制的認識上固然對簠、敦的認識還有不徹底之處,但引用吴槎客《釋"戠"》一文(1.17),表明藉助同仁的成果在器物形制的認知上也是有進步的。周仲爯父敦釋"爯"也是進步和可取之説(1.44),其説引自徐同柏。在拓墨上,張氏廷濟作爲一個資深收藏家和刊刻者,在拓摹實踐中也摸索出了一些較好的方法,如前所言白芨膠上紙法,又漢君高遷帶句下云:"徐籒莊甥墨金絲上濡紙度之,文字盡顯,毫不失真。"可見其在拓墨上自有一家之經驗。總體來説,張廷濟的金石學貢獻主要在器物收藏方面,即所謂藏古、傳古,文字考釋次之。

---

① 曾憲通先生認爲張氏釋文"者女司以大子尊彝"正確無誤(《曾憲通學術文集》,汕頭大學出版社,2002年,第287頁)。筆者以爲文字和文字偏旁隸釋無誤,字形切分有異。

閩南摩崖石刻與古文字學的關係研究*

陳光田

(集美大學文學院)

所謂摩崖石刻，清代學者馮雲鵬的《金石索》云："就其山而鑿之，曰摩崖。"①或認爲：摩崖石刻是石刻中的一個類別，也就是利用天然的石壁以刻文記事的石刻。②其實，摩崖石刻是一個非常寬泛的概念，從狹義上來說，一般是指文字石刻，即利用天然的石壁刻文記事，屬於文字學研究的範疇。廣義的摩崖石刻則是指人們在天然的石壁上摩刻的所有內容，包括各類文字石刻、石刻造像、岩畫等。從《穆天子傳》所載，"天子紀功於弇山之石"至今的三千多年時間裏，歷朝歷代的石刻仍大量存在於中華大地。素有"僑鄉"之稱的廈門、漳州和泉州爲代表的閩南地區，摩崖石刻的遺存同其他地區相比具有獨特的風采。從時間上來說，該地區既有商周時期的早期石刻遺迹，也有唐宋以來歷代文人墨客刻寫的詩詞歌賦；從字體上來說，既有商周時期的甲骨文、金文，也有後來的小篆、隸書、楷書和行書等。所以，閩南地區的摩崖石刻同古文字存在着密切的關係，具有很高的研究價值。

一、閩南摩崖石刻直接傳承了古文字學的内容

所謂古文字就是指古代的文字，籠統地說，是指晚清以前古人所使用的文字。其實學術界對古文字的界定也有分歧。從廣義上來說，楷書之前的漢字均可稱爲古文

---

* 【基金項目】教育部人文社會科學研究規劃基金"閩南摩崖石刻與兩岸文化交流研究"的階段性成果（項目編號：11YJAZH008）。
① （清）馮雲鵬：《金石索》，書目文獻出版社，1996年，第63頁。
② 徐自强、吳夢麟：《古代石刻通論》，紫禁城出版社，2003年，第174頁。

字,秦漢時代的隸書也屬古文字的範疇。然而從文字形體的特點考察,我們傾向於把小篆作爲古文字的終結。①所以,到目前爲止,學術界一般把以甲骨文、金文和戰國文字等内容作爲研究對象的學科稱爲古文字學。閩南摩崖石刻中有不少内容就屬於古文字學研究的範疇,它在很大程度上記録了閩南地區以古文字爲代表的閩南文化的發展歷程。閩南地區雖然較中原地區開發較晚,但其文化發展的程度並不比中原地區落後太多,甚至是迄今對中國古代文化保存和傳承最好的地區之一,閩南地區的大量摩崖石刻就説明了這一點。

摩崖石刻首先體現的是文字形體和含義的魅力,是屬於具有悠久歷史的漢字,當屬於廣義上的古文字範疇。閩南地區的摩崖石刻大多是唐宋以來文人墨客、泛野遊民的刻寫真迹,筆法剛勁,結構瑰麗,是具有獨特魅力的古代漢字形體;上古時期的石刻遺迹雖然不多,但特點突出,最具有代表性的摩崖石刻當屬漳州華安縣的"仙字潭"遺迹。據當地民間傳説,該石刻爲神仙的筆迹,稱爲"仙字"、"仙書"或"仙篆",遂命名爲"仙字潭"。從《漳州府志》、《龍溪縣志》等地方志資料所載我們可以發現,千百年來,歷朝歷代均有不少文人對其進行研究。據《漳州府志》載,早在唐朝就有人持"仙字潭"石刻的拓本到洛陽求教於韓愈,韓愈將其釋讀爲"詔還黑視之鯉魚天公畀殺人牛壬癸神書急急"十九字,至於韓愈的考訂是否準確可取,尚待進一步考證。時至今日,學術界對"仙字潭"石刻的解釋主要有兩種觀點,一種意見認爲,該石刻爲類似甲骨文或商周青銅器銘文,並已釋讀出其中一些文字;②另一種意見認爲,是古代當地土著民族活動的記事岩畫,内容大致爲描寫古代部落酋長慶功宴樂的場面,記録戰績,以示武勇。③這些石刻究竟屬於哪個民族的文化遺存也有不少争論。一種觀點認爲是古代"七閩"部落的遺迹;④另一種觀點認爲是古代番族、吴族、越族之間一次戰争的記功石刻,或者是畲族先民遺留下的文字。其實,如果單純從石刻文字的形體構造來看,"仙字潭"石刻大致屬於商周時期,形體結構屬於金文系統,但比早期的金文更原始、更古樸,當屬於商周時期古文字的範疇,但與中原的甲骨文、金文及越人的鳥篆等風格有所不同。至於有人認爲石刻屬於圖畫性質恰恰印證了中國漢字起源於圖畫的説法。雖然"仙字潭"石刻的字體與商周時期的甲骨文、金文相比有較大區别,但我們認爲二者當屬一脈。無論上述哪種説法屬於歷史真相,從字體構造來説,

---

① 陳世輝、湯餘惠:《古文字學概要》,吉林大學出版社,1988年,第6頁。
② 劉蕙孫:《福建華安汰溪摩崖圖像文字初探》,《福建文博》1982第2期。
③ 歐潭生、盧美松:《福建華安仙字潭岩畫新考》,《考古》1994年第2期。
④ 黄仲琴:《汰溪古文》,《嶺南學報》1935年第2期。

"仙字潭"石刻肯定是受中原漢族文字的影響而成。

同"仙字潭"石刻相映成輝的則是廈門、漳州和泉州地區豐富的石刻。如廈門島五老峰下享譽中外的千年古刹——南普陀寺石刻衆多,沿着南普陀寺後山路直上,可欣賞道旁岩石上的題刻。其中有一個三米多高的"佛"字,是行人或遊客必拜之地。從明代開始,無數文人墨客、風儒雅士在此留下了千古文章、警世名言或史實記事。萬石植物園和與之隔海相對的鼓浪嶼上奇岩趣石遍布,摩崖石刻衆多。既有用甲骨文、金文寫成的古代詩詞,也有現代文人的題字等。漳州龍海雲洞岩崖刻如林,保存了從隋唐至清代道光年間歷代詩、文、聯記等石刻共二百零三處,被稱爲"閩南第一歷史碑林"。雲洞岩摩崖石刻,原名石壁山,隋開皇年間(581-600)隱士潛翁者修煉於此;五代時期的道人許石昔的"許石昔尋偃月子至此"等石刻均爲其中的代表。泉州的摩崖石刻集中於清源山地區,此外,蓮花峰、靈山也各有分佈。全區現存摩崖石刻近六百處,其中清源山上就有各類石刻達四百多方。從内容上來説,既有歷代帝王的所賜御書,也有歷代文人的登臨題詩、遊覽題名,也有衆多的牌匾或對聯等。從時間上來説,上起唐會昌四年(844)至今,時間跨越一千多年。這些豐富的石刻資料與中原地區同時代的文字研究和文化發展基本同步,尤其是摩崖石刻有異曲同工之處。如泰山石刻包括秦漢至近代以來,上下兩千餘載的歷代帝王封禪告祭文、寺廟創建重修記、石經墓銘、頌岱詩文、題景及楹聯等内容;而閩南摩崖石刻中的很多内容則與泰山石刻有相似之處。

從總體上來説,以廈門、漳州和泉州爲代表的閩南摩崖石刻是閩南地區千百年來發展歷史的實物見證,雖然有着濃厚的地方特點,但與中原文化存在着千絲萬縷的聯繫。它是中原文字在閩南地區書體演形和藝術嬗變的實物遺存,是記録閩南文化發展歷程的實物載體。

二、閩南摩崖石刻拓寬了古文字學的内涵

古文字學一般是指以古代文字的形體構造、讀音或運用爲研究對象的學科。殷商和西周時期的文字主要是甲骨文和金文,雖然戰國文字的載體和内容比較豐富,有銅器銘文、兵器銘文、貨幣文字、璽印文字、玉石文字、縑帛文字等。從字體上來説,戰國時期的文字主要有東方六國所使用的古文,西方秦國所使用的籀文。[①] 除此之外,

---

① 王國維:《王國維遺書》卷六,上海古籍書店,1983年,第27頁。

這個時候已經開始出現隸書字體。①但同摩崖石刻的內容相比，古文字的內容和功能顯得比較單調一些。這是因爲：古文字記錄的主要是古代的社會生活諸方面的內容，體現的仍然是它的工具性，而摩崖石刻不但具有"文字"的直觀性，還在一定程度上體現了古代文獻的真實性，同時，還具有漢字文獻的久遠性和神聖性，閩南地區宏大的石刻群就是絕好的古代漢字文獻實證。從字體上來説，閩南摩崖石刻除了有甲骨文、金文等古文字形體之外，還有小篆、隸書、楷書、行書等，有陽刻、有陰刻；有豎寫、有橫排；可以説，石刻內容囊括了所有的漢字形體。而從內容上來説，有古人的覽山題名，或覽勝詩詠等，且唐宋元明清一脈傳承。漳州龍海雲洞岩和泉州清源山的摩崖石刻數量最多，詩刻、題刻、碑刻、匾額等不一而足，字體或豪放俊美，或似行雲流水，或端莊秀麗，是寶貴的書法藝術作品。所以，"在廣大遼闊的中國領域之內，漢字就像一條看不見的魔綫，把語言不同，風俗習慣不同、血統不同的人民的心聲縫在一起，成爲一種自覺的中國人"。②跨度幾千年的閩南摩崖石刻都是真實的方塊漢字，至今仍在通用，它就是記錄閩南地區發展歷史，並同其他地區密切聯繫到一起的魔綫。

同時，閩南摩崖石刻還是閩南歷史和文化發展的見證，可以有力地補充傳世文獻的不足。閩南地區歷史悠久，有着深厚的文化積澱。但由於歷史的原因，記錄該地區發展歷程的傳世文獻資料並不是非常豐富，這就需要我們從其他方面入手。該地區的房屋建築、人們的飲食習慣，再到具有濃厚地方特色的歌仔戲、高甲戲、南音（南曲）等戲曲藝術，至今仍保留着晉唐時期的藝術風韻，從而形成具有獨特地方色彩的閩南文化圈。閩南文化既是中華文化大家庭中的一員，又有着濃厚的地方特點。從特徵上説，它以閩南方言爲載體，存活於閩南方言通行的社會之中。從歷史角度來説，閩南文化經歷兩千多年的發展歷程，伴隨着社會的進步和變遷，人們對摩崖石刻的關注也使閩南文化的內涵日益豐富。"仙字潭"石刻是閩南文化遺存中的代表。何喬遠《閩書》、《漳州府志》、《龍溪縣志》等書對其均有記載。乾隆四十一年（1776），著名學者蔡永蒹撰寫的《西山雜志》系統地揭開了"仙字潭"石刻的神秘面紗。可以説，在衆多的摩崖石刻記錄中，"仙字潭"石刻是我國東南沿海現存文化符號最多，內涵最豐富，保存最完好的摩崖石刻。近幾十年來，考古學、古文字學、歷史學、語言學、人類學、社會學、民族學、民俗學等各路學者，紛紛親臨岩刻現場，尋找學術依據，就"仙字潭"石刻的性質、內容、年代、族屬等問題，先後發表了許多學術論文，無形之中擴大了"仙字潭"石刻的研究內涵。又如廈門鼓浪嶼上有一塊《重興鼓浪嶼三和宮記》石刻，

---

① 唐蘭：《古文字學導論》，齊魯書社，1981年，第65頁。
② 柏楊：《中國人史綱》，同心出版社，2005年，第152頁。

記錄的是明朝末年廈門軍民抗擊荷蘭殖民者入侵的光輝歷史,具有重要的歷史價值。位於漳州市漳浦縣的清泉岩有一處狂草書體"般若波羅密多心經",據傳爲濟公和尚所書,被譽爲中國書法史上的不解之謎等等。這些内涵豐富的石刻等不但記錄了閩南文化的發展歷程,在很大程度上彌補了研究閩南地區文化發展資料不足的缺憾。

近幾年,一部分學者從岩畫的角度,對史前漳州地區的岩畫藝術及其與臺灣的聯繫,進行比較廣泛深入的田野調查,取得了令人矚目的成果。可以説,對閩南摩崖石刻直接傳承的是臺灣甚至東南亞地區,在這些地區的很多摩崖石刻,其風格、内容等均與閩南的摩崖石刻類似。從某種意義上説,摩崖石刻拓展了閩南文化領域和内涵,是對中華文化的一種延伸和創新。

三、摩崖石刻記録了閩南文化發展的歷程

衆所周知,文字是語言、文化的載體;同樣,漢字是摩崖石刻的母體,它既凸顯着漢字的文獻價值,又強調着漢字的通識價值,體現出漢字作爲表意文字系統的跨越時空性和延續性。① 過去人們談起閩南文化時關注最多的是崇儒拜祖、家族經濟、鄉土情懷、習俗傳承、自強不息等傳統文化的重要元素。其實,閩南地區的摩崖石刻不僅是閩南文化的重要組成部分,也是閩南地區發展歷史的實物見證,而且石刻本身則可以見證閩南地區地方文化發展的歷程。

摩崖石刻在中國是一種傳統的藝術,它開端史前文化時期,最初是用岩畫來表現一些文字的含義,來表現當時人們的思想。同中原地區以"紀功"爲主的石刻相比,閩南摩崖石刻則具有濃厚的地方色彩,除了具備石刻内容的豐富性,還涉及各種字體的齊備性。從至今尚無定論的"仙字潭"石刻,到今天無數文人模仿古人的抒懷之作,除了體現人們的思想之外,更多的是反映了人們對中國傳統文字學的關注。如果"仙字潭"石刻真像傳説的那樣,是上古時期的遺物,我們可以不管它是字還是畫,它肯定會比《穆天子傳》所載的"穆天子紀功於弇山之石"的時間要早,那麽中國摩崖石刻的源頭就要修改。

同時,廈門、漳州和泉州地區一百三十多處重要的歷史遺迹及其保留下來的大量石刻文字,無論從數量、字體還是風格來看,反映的不僅僅是一地一處或某一個人的思想記録,而且是重要的文字、文獻資料。加上閩南社會形成的特殊歷史背景和遠離

---

① 劉家軍:《芻論守護摩岩石刻漢字文化遺產的深遠意義》,《閩文化與武夷山》,廈門大學出版社,2008年,第51頁。

中原的地理環境，過去人們一直認爲閩南方言是閩南文化之根，其實我們認爲，閩南文化之根絕非單純從方言體現出來。這種觀點即使成立，也是建立在對文字理解和釋讀的基礎上。由於歷史的原因，閩南地區上古時期發展歷程的書面文獻記載非常少，閩南方言反映的是中世紀以來閩南地區語言文字發展的情況，而且由於種種原因，閩南方言正呈現出逐漸消亡的態勢，這給我們瞭解閩地先民的生活帶來巨大困難，而摩崖石刻的內容可以爲我們解決這個難題提供一定的幫助。因爲漢字既是歷史的一面鏡子，又在視覺上體現書寫者性情面貌的實物記錄，而摩崖石刻則是書寫者主體內心的外現和模擬。所以，閩南地區在有關古代傳世文獻不足的情況下，摩崖石刻就成爲我們瞭解和掌握該地區早期文化的直接參考，從另一個角度凸顯了摩崖石刻的地位和價值。

從縱向上來說，閩南摩崖石刻包括各個時代的內容，雖然不能像書面文獻那樣系統、細緻地記錄了該地區文化的發展歷程，但至少可以讓我們體會到其中的概貌，瞭解閩南地區先民的發展情況和傳承中原文化的歷程。通過系統調查我們可以發現，閩南摩崖石刻不但傳承了中原地區的石刻風格，而且同中原地區每一時代的文字研究情況相對應，所以，閩南摩崖石刻就是閩南地區文字研究發展歷程的真實記錄。時至今日，很多大陸、臺灣、東南亞地區的學者對閩南文化產生越來越濃厚的興趣，他們紛紛來閩南地區對摩崖石刻進行實地考察，並撰寫出學術文章，無形之中提高了閩南摩崖石刻的研究價值。

總之，作爲不可再生的古代文化遺產，閩南摩崖石刻是福建早期土著居民生活記事的遺存。通過對其進行系統整理和研究可以重現閩南地區中國古代的燦爛文化，並可以從中發現其對中原摩崖石刻的傳承及其獨特的地方。同時，石刻內容涉及文字學、民族學和民俗學等方面的知識，具有重要的史料價值。通過對其進行系統的討論和分析，可以爲學術界對閩南文化的深入瞭解和研究提供參考與借鑒。因此，閩南摩崖石刻對文字學和民族學等方面的研究上均具有重要參考價值。

武威漢墓第79、80號木牘注釋證補探賾

袁國華

(香港恒生管理學院)

一、前　　言

武威醫簡乃漢朝遺物，1972年，甘肅武威旱灘坡地漢墓出土。簡牘出土前已散亂，經由重新組編排序，保存竹簡78枚，木牘14枚。

簡文内容有醫治内科、外科、婦科等病的醫方，以及實施針灸及其禁忌的記錄。其中又有"右治百病方"的簡題一枚，其右簡所記爲醫治各科疑難雜症的醫方。

木牘内容亦屬醫方，特别之處，在於標出方名，如"公孫君方"、"建威耿將軍方"等。另外有木牘一枚專記中藥名稱、數量及價格，甚爲珍貴。此外又有木牘一枚，甲面所載似與鬼神信仰有關，乙面所記則兼有與日書宜忌類似的内容。[①]

本文内容在於根據傳世文獻，證成武威醫簡專書注釋的成果，並將個人淺見，加以分析討論，尚期對武威醫簡的解讀有所幫助。惟疏陋難免，還望大雅君子，不吝賜教。

二、木牘79注釋及相關問題

武威醫簡木牘79文云：

> 治久欬上氣喉中如百蟲鳴狀卅歲以上方：茈胡、枯梗、蜀椒各二分，桂、烏喙、

---

① 參甘肅省博物館、武威縣文化館合編《武威漢代醫簡》，文物出版社，1975年，第20頁。

薑各一分,凡六物皆冶合,和丸白密,大如嬰桃。晝夜含三丸,稍咽之,甚良。①(見圖版一)

以上内容所述乃爲醫治"久咳上氣、喉中如百虫鳴狀"的藥方。藥方臚列芘胡、枯(桔)梗、蜀椒、桂、烏喙與薑等藥物六種,以及其用量、冶製和服食方法的説明。
《武威漢代醫簡》注釋云:

> 右牘係單面書寫,內容與簡3-5基本相同。唯牘文稱"稍咽之甚良",簡文作:"消咽其汁甚良。"②

竹簡3、4、5文云:

> 治久咳上氣,喉中如百虫鳴狀,卅歲以上方:芘胡、桔梗、蜀椒各二分,桂、烏(簡3)喙、薑各一分。凡六物,冶合,和丸以白密,大如嬰桃,晝夜含三丸,消(簡4)咽其汁。甚良。③(簡5)(見圖版二)

兩段文句的確如注文所言,大致相同。當中,有數處不同,有的是字數不同,有的是用字不同。可參見上引文句,不同處皆以□示之,俾便對照。"稍咽之甚良"與"消咽其汁甚良"兩句,後刊行於《武威漢代醫簡》的《武威漢代醫簡研究》以及《武威漢代醫簡注解》,都將"甚良"二字,獨自成句,不與前句連讀。

> "稍咽之"與"消咽其汁"兩句,句子結構及用字皆近似,意義可能相近甚至相同。因"稍"、"消"二字皆从"肖"得聲,"消"上古音屬"心"母"宵"部;④"稍"屬"山"母"宵"部。⑤兩字韻部相同,聲母"心"、"山"旁紐,有通假條件。

傳世中醫文獻大抵亦可證成此説。《醫心方》第九卷《治咳嗽方第一》所引醫方如:⑥

---

① 參甘肅省博物館,武威縣文化館合編《武威漢代醫簡》,文物出版社,1975年,第12頁。該書釋文並未附加標點符號。徵引簡文釋文(案:原釋文用簡化字,今以繁體取代)、標點符號及斷句乃據《武威漢代醫簡注解》(張延昌主編,李强、楊扶德、劉夢華、孫其斌副主編,中醫古籍出版社,2006年)迻錄,下同。此書標點符號及斷句大底承襲《武威漢代醫簡研究》(張延昌、朱建平編著,原子能出版社,1996年),讀者可參見。
② 參甘肅省博物館,武威縣文化館合編《武威漢代醫簡》,第12頁。
③ 同上書,第1頁。
④ 參郭錫良《漢字古音手册》,北京大學出版社,1986年,第165頁。
⑤ 同上書,第153頁。
⑥ 以下引文參[日]丹波康賴撰,高文柱校注《醫心方》,華夏出版社,2011年,第195–206頁。

1.《僧深方·紫菀丸,治咳嗽上氣,喘息多唾方》:"如櫻桃大,含一丸,稍咽其汁,日三。新久嗽,晝夜不得臥,咽中水雞聲,欲死者,治之甚良。"

2.《范汪方·治咳,紫菀牙上丸方》:"紫菀一分(一方一兩),乾薑一分,附子一分,桂心一分,款冬花一分,細辛一分。凡六物,冶篩,和蜜丸,丸如小豆,先食以二丸著牙上,稍咽,日再,不知稍增。"

3.《張仲景方·治卅年咳,大棗丸方》:"大棗百枚,去核;杏仁百枚,熬;豉,百廿枚。凡三物,豉、杏仁搗令相得,乃納棗,搗令熟,和調丸,如棗核一丸,含之,稍咽汁,日二,漸增之,常用良。"

此外同卷《治氣噎方第五》引《千金方·治噎氣不通、永不得食方》載:

杏仁三兩,桂心三兩,二味,丸如棗核,稍咽之,臨食先含,彌佳。(《極要方》同之)

可能正因如此,原注釋似乎認定異文並未造成文義的差別,故此並未將"稍咽之"與"消咽其汁"兩句,加以進一步探究其分別。《武威漢代醫簡注解》將句義解作"緩慢咽下藥汁",① 顯然是將"稍"、"消"二字視作同義的結果。

木牘79"稍咽之"句,"稍"用爲副詞,作"逐漸"、"逐步"義。② "咽"用爲動詞,作"吞食"義。③ "稍咽之"句,"稍"爲狀語修飾謂語"咽","之"爲賓語。"之"代指服食的藥丸。全句可語譯爲"逐步吞服藥丸",亦無可疑。

儘管簡文"稍"、"消"二字通假的可能性甚高,唯同批簡牘之中內容幾近相同的兩段文字,爲何會在用字上有所出入?實在值得推敲。兩段文字一見竹簡,一見木牘,利用字形久、各、凡和丸等字作對比,對比字例如下:

1. 久: <竹簡> <木牘>

2. 各: <竹簡> <木牘>

3. 凡: <竹簡> <木牘>

4. 丸: <竹簡> <木牘>

---

① 張延昌主編,李强、楊扶德、劉夢華、孫其斌副主編:《武威漢代醫簡注解》,第140頁。
② 參《史記》:"項王乃疑范增與漢有私,稍奪之權。"《武威漢代醫簡注解》即采此義。
③ 參《孟子》:"井上有李,螬食實者過半矣,匍匐往將食之,三咽,然後耳有聞,目有見。"

不難發現竹簡和木牘文字非出自一人之手。據此推測，竹簡和木牘異文，可能因文本乃由口耳相傳，書手各記所聞所致。① 此其一。

由於各記所聞產生的異文，大意約略相當，但字義取捨有別，亦可能是醫者理解文本不同而造成的。試作臆説如下。從"稍"、"消"二字的字義及語法分析，句子因用字不同，文意亦可能是不盡相同的。

竹簡3、4、5"消咽其汁"句，《武威漢代醫簡研究》② 以及《武威漢代醫簡注解》，皆爲四字一句。將"消咽其汁"連讀，應係認爲其與"稍咽之"句式及意義相當之故。

今疑"消"可用爲動詞，作"溶解"義。③ 如從此義，"消"可一字成句，句應讀作"消，咽其汁"。"咽"謂語，"其汁"爲賓語。全句可語譯爲"（藥丸）溶解，吞服藥汁"。

比較兩種文句的解釋，竹簡3、4、5書手所記"消，咽其汁"句所描述的服藥方法，疑爲醫者別有體會之故。簡文內容記載治久咳的醫方，並指出將茈胡等六種藥物，溶煉加工炮製，與蜂蜜混和，製成藥丸服用，效果甚佳。從藥物與蜂蜜混和，製成藥丸的過程推測，藥汁（其汁）應係蜂蜜和藥物的混合物，在口中溶解後所化成的汁液。因此，"晝夜含三丸，消，咽其汁"句是説明服藥的時間和步驟：早晚服藥三顆，先含於口中，（待藥丸）溶解，（然後）吞服汁液。由此或可知，該藥的服用方式，醫者實別有體會，簡文書手據之以載。此其二。

三、木牘80甲、乙注釋及相關問題

木牘80甲、乙文云：

治久咳逆上氣湯方：茈【菀】七束，門冬一升，款東一升，橐吾一升，石膏半升，白□一【束】，桂一尺，密半升，棗卅枚，半夏十枚，凡十物，皆父且。（牘80甲）半夏毋父且。④ 洎水斗六升，炊令六沸，浚去宰，温飲一小桮，日三飲，即藥宿當更沸之。不過三、四日逾。（牘80乙）⑤（見圖版一）

---

① 異文產生的主要原因，參王彥坤《古籍異文研究》第二章，萬卷樓圖書有限公司，1996年，第13-48頁。
② 參甘肅省博物館、武威縣文化館合編《武威漢代醫簡》，第1頁。又參張延昌主編，李強、楊扶德、劉夢華、孫其斌副主編《武威漢代醫簡注解》，第5頁。
③ 參《禮記·月令》"雪不降，冰凍消釋"。
④ 《武威漢代醫簡注解》此處原作"，"，本文改作"。"才合乎文意。
⑤ 參張延昌主編，李強、楊扶德、劉夢華、孫其斌副主編《武威漢代醫簡注解》，第130-131頁。

以上簡文值得討論的地方有兩處。

首先,木牘80甲云"凡十物,皆父且",所言"十物","半夏"爲其中之一,然而木牘80甲背面(即木牘80乙)緊接其後云"半夏毋父且",似乎前後矛盾。細察木牘80甲與80乙兩個"夏"字的結構與書寫方式,應爲不同書手的手筆。牘80甲字形作:,而80乙作:。

由此推測"半夏毋父且"句,乃木牘80甲内容的修正意見。如果木牘80甲與80乙文句出自不同書手的説法不誤,則醫方的抄録記載,或有可能是要經過檢查審核的,亦有可能是醫家在不改舊醫方的情況下,以文字訂正或注解前説,補其不足。這段牘文對於漢代藥方抄録記載、傳承及其修訂方式的了解,有不容忽視的參考價值。

其次,木牘80乙爲何云:"半夏毋父且?"這可從藥用的角度考察。"半夏",《神農本草經·卷三·下經》云:

> 味辛,平。主傷寒,寒熱,心下堅,下氣,喉咽腫痛,頭痛,頭眩,胸脹,欬逆,腸鳴,止汗。①

《神農本草經》記載:

> 下藥一百二十五種,爲佐使,主治病以應地,多毒,不可久服。欲除寒熱邪氣、破積聚愈疾者,本下經。②

"半夏"列於下品,可見其爲有毒性的植物,因其具有毒性,在藥用方面,分量的多寡,必須特别注意。

至於爲何"毋父且",疑與"半夏"的毒性有關。如果要弄清楚兩者之間的關係,就不得不先瞭解"父且"的涵義。"父且"一詞,《武威漢代醫簡》凡九見:

(一)蜀椒一升,付子廿果,皆父【且】。豬肪三斤,煎之五沸,浚去宰。(簡17)

(二)凡七物皆父且。(簡47)

---

① 參(清)鄒澍《本經疏證》,志遠書局,2002年,第293頁。
② 《神農本草經》書成於東漢,是中國現存最早的藥物學著作。内容記載藥物三百六十五種,詳述藥名、性味、主治病症、藥物别名以及生長環境等。全書共分四卷。第一卷:序録,乃藥學總論;第二至第四卷:藥物各論,分上、中、下三經,按上藥、中藥、下藥别,亦即所謂三品。三品分類的原則:"上藥一百二十種,爲君,主養命以應天。無毒,多服、久服不傷人。欲輕身益氣、不老延年者,本上經;中藥一百二十種,爲臣,主養性以應人。無毒、有毒,斟酌其宜。欲遏病補虚羸者,本中經;下藥一百二十五種,爲佐使,主治病以應地,多毒,不可久服。欲除寒熱邪氣、破積聚愈疾者,本下經。"參(清)孫星衍、孫馮翼輯,吴普等述《神農本草經》卷一、卷二、卷三卷首之目録,中華書局,1985年。

(三) 治千金膏药方: 蜀椒四升, 芎藭一升, 白芷一升, 付子三十果。(簡57) 皆冶父且, 置銅器中。(簡58)

(四) 付子一分, 早莢一分, 皆并父且。(簡71)

(五) 凡十物, 皆父且。(牘80甲)

(六) 半夏毋父且, 洎水斗六升, 炊令六沸, 浚去宰。(牘80乙)

(七) 取□駱蘇一【升】, 付子廿枚, 蜀椒一升, 乾當歸二兩, 皆父且之。(牘87甲)

(八) 凡四物父且, 漬以淳醯三升。(牘89甲)

"父且" 傳世文獻多加 "口" 旁作 "㕮咀"。① 加 "口" 旁的 "㕮咀", 中醫藥文獻屢見。(南齊) 陶弘景 (公元 456–536)《名醫別錄·合藥分劑法則》云:

㕮咀, 古之制也, 古者無鐵刃, 以口咬細, 今如麻豆。

陶氏解釋因古代無鐵質刀具, 故將藥物搗碎, 用口嚼碎方才合乎事理, 有學者贊同此說。② 但此說亦有學者置疑, 皆因 "父且" 原字並不從 "口" 旁, 故原意未必與 "咀嚼" 義相關連, 如: 田樹仁認爲 "父且" 乃由 "斧俎" 演變而來;③ 何茂活則引郭沫若云 "父乃斧之初字, 石器時代男子持石斧, 以事操作, 故孳乳爲父母之父",④ 並據此認爲該詞意爲 "將藥物用刀斧等工具搗碎"。以上兩種不同的看法, 各有所據, 然至今尚無定論。⑤

據前所述, "父且" 或 "㕮咀" 是搗藥的兩種可能方式, 簡文 "半夏毋父且" 的解釋似亦有兩種可能。因 "半夏" 有毒, 如用口咀嚼, 恐將導致身體不適, 故不宜 "父且", 此其一。"半夏" 的毒性, 搗碎之後放入沸水中燒煮, 恐藥性過強, 故不宜 "父且", 此其二。

雖然, "父且" 意指搗碎藥物, 但學者對於搗藥的方式, 存在兩種不同的看法, 將此兩種意見, 於簡文中印證, 因而發現不同的解釋, 可能對藥物炮製過程的理解造成相

---

① "父且" 一詞亦見《馬王堆帛書》以及《居延漢簡》等出土簡帛文獻。
② 楊逢彬:《哺咀探源——兼與田樹仁先生商榷》,《醫古文知識》1993年第1期。
③ 參田樹仁《㕮咀考辨》,《醫古文知識》1992年第1期。又參田樹仁《就㕮咀一詞答楊逢彬先生》,《醫古文知識》1995年第1期。
④ 參何茂活《武威漢代醫簡 "父且" 考辨》,《中醫文獻雜志》2004年第4期。
⑤ 以下文章亦可資參考: 1. 張延昌主編:《武威漢代醫簡注解》, 第118頁。2. 李建民:《"㕮咀" 箋證——兼論古代 "嘗藥" 禮俗》, 收入陳文豪主編《簡帛研究彙刊第一輯: 第一屆簡帛學術討論會論文集》, 中國文化大學史學系簡帛學文教基金會籌備處, 2003年, 第557–566頁。3. 沈書農:《中醫古籍用字研究》, 學苑出版社, 2007年, 第287頁。4. 張光裕:《簡帛醫籍用字釋義例說》,《第三屆簡帛醫藥文獻國際會議論文集》, 香港中文大學, 第263–268頁。

當的影響,其結果更將影響藥物的效用。

若仔細檢視前列簡文,會發現"父且"一詞凡九見,其中四處載有"付子",即傳世文獻的"附子",《神農本草經》"附子"條下云:

> 味辛,溫。主風寒咳逆邪氣,溫中,金創,破症堅積聚,血瘕,寒濕,(《御覽》作痿)拘攣,脚痛不能行步(《御覽》引云:爲百藥之長。《大觀本》作黑字)。生山谷。
>
> 《吳普》曰:附子,一名茛,神農:辛;岐伯、雷公:甘,有毒;李氏:苦,有毒,大溫。或生廣漢。八月采。皮黑,肥白(《御覽》)。
>
> 《名醫》曰:生楗爲及廣漢東。月采,爲附子;春采,爲烏頭(《御覽》)。①

四次用量,分別爲:廿顆(簡17)、三十顆(簡57)、一分(簡71),以及廿枚(牘87甲),以"附子"的性味強烈考量,不可能用口嚼碎,簡文所載如非出於巧合,似乎武威醫簡"父且"一詞應係指用某種器具將藥物搗碎方爲合理。據此,上述第二種推測,似較爲符合事實,也就是説木牘80乙所載煎藥過程中,有醫者認爲不宜用器具將半夏搗碎後放入水中。與80甲所言"皆父且"頗有歧異。

由此及彼,出土中醫藥文獻字句的訓讀成果,於中醫藥的實際應用當有裨益與啓發。

四、結　語

今就前述,作簡單結語如下:

1. 竹簡3、4、5"消咽其汁"句中"消"字,甚可能爲"稍"之通假字。本文則另作臆測,指出句或可斷讀作"消,咽其汁"。"消",一字成句,作"溶解"義,"咽"爲謂語,"其汁"爲賓語。全句可語譯爲"【藥丸】溶解,吞服藥汁"。或疑係因文本乃由口耳相傳,書手各記所聞所致;或係醫者於該藥的服用方式別有體會,簡文書手據之以載之故。

2. 由簡文"父且"藥物類別和用量觀察,應可證明武威醫簡"父且"非用口咀嚼搗碎藥物。

3. 木牘80乙所載煎藥過程中,有醫者認爲不宜用器具將半夏搗碎放入水中。與80甲所言"皆父且"頗有歧異。

4. 木牘80甲載"凡十物,皆父且",其中包括"半夏十枚",然而同牘背面緊接云"半夏毋父且",這種類似爲舊方附注或訂正的簡文內容,爲前所未見,特別值得重視。

---

① 參(清)孫星衍、孫馮翼輯,吳普等述《神農本草經·卷三·下經》。

後記：本文修訂稿，承蒙安徽中醫藥大學張雷先生提供寶貴意見及資料，特此致謝。

附記：本論文承蒙香港特別行政區大學資助委員會"武威漢代醫簡釋文校訂及其相關問題研究"計劃（Research on Editing the Annotations of Wuwei Medical Bamboo Slips and Related Concerns）資助，計劃編號爲UGC/FDS14/H15/14，謹此致謝。

圖版一　取自《武威漢代醫簡》

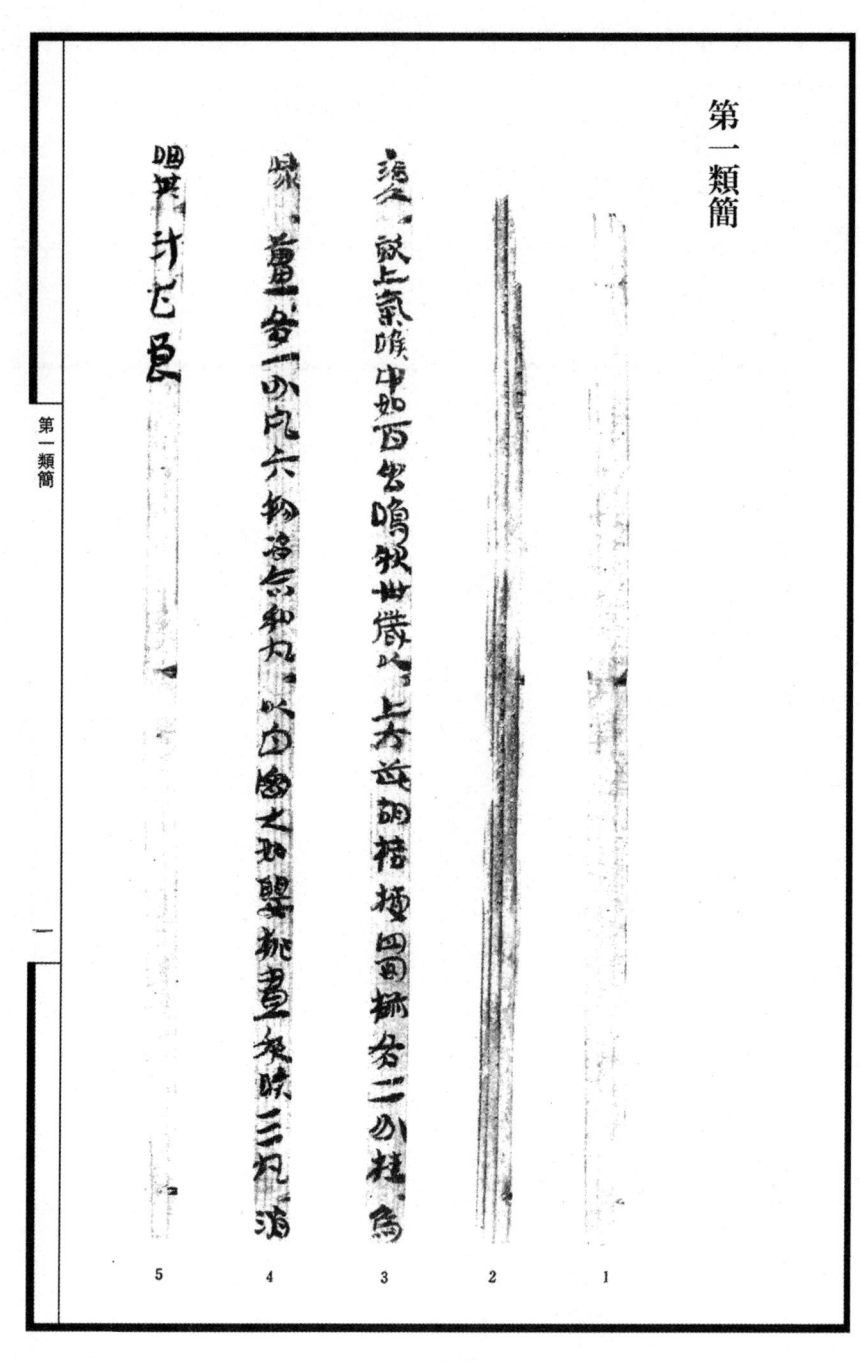

圖版二　取自《武威漢代醫簡》

幾種鏡銘誤釋舉例

林素清
(臺灣中研院歷史語言研究所)

一、前　言

　　現在真是銅鏡研究最好的時機,由於各地建設蓬勃,以及考古學者的努力,使我們得以見到超乎從前數以百倍的珍貴銅鏡,更因爲銅鏡正式受到重視,許多學者投入心力,學界和文物單位也意識到銅鏡的學術價值,於是考古發掘報告開始有較大版面的銅鏡圖片介紹和說明文字,使得利用考古實物來從事銅鏡研究成爲可能。更欣慰的是,不少發掘單位、博物館或私人收藏家,也紛紛將所獲所藏銅鏡加以整理、並作研究,也開始出版銅鏡專書,將成果與大家分享,這些出版品的問世,給銅鏡喜愛者提供了直接而有利的條件,間接地帶動了銅鏡研究的熱點,能生逢此時,真是幸運啊。

　　拜大量出土文物之賜,現在我們對古文字的認識,較以往實有巨大進步,更因爲不少學者的努力,從收集鏡銘、通讀文句、解讀銘文,整理編輯,或建立鏡銘資料庫等,這些成果的積累,都直接地促成了銅鏡研究的飛躍進展。

　　以下舉個簡單的例子,來說明近來銅鏡鏡銘研究的進展情形。

二、"青龍在左"銘

　　《山左金石志》[①]卷五,所收錄的第一面鏡爲"漢壽光紀侯鏡",書中摹寫出該鏡銘十三個篆字如下:

---

① 畢沅、阮元同撰:《山左金石志》二十四卷,嘉慶二年(1797年)小琅嬛僊館自刻本。

並作出"東萊壽光紀俟鏡如有神左左白"釋文,然後敘述如下:

> 右鏡徑三寸九分葵花鈕式與《博古圖》所載《始青鏡》①同,篆文銘十三字,曰:
> '東萊壽光紀俟鏡如有神左左白。'按,紀,春秋國名,至漢爲亭名……《郡國志》劇有紀亭,屬北海國劇縣。按劇即今之壽光地,而《郡國志》之壽光反屬樂安國,不屬北海。西漢《地理志》壽光屬北海郡,又不屬東萊,是亭與縣、縣與郡全不副矣!諦思之壽光在東漢屬樂安國,西漢無樂安,故屬北海,劇是侯國名,若設立亭侯爲紀(鄭夾漈《浙通志》畧謂劇乃紀字之誤),即不復屬劇鄉俟亭俟,不得稱國,所食之邑舍壽光奚屬乎!惟《兩漢志》壽光不屬東萊郡,但萊之平度當利與壽光接壤,古人郡縣犬牙相制,變置無常,安知壽光不曾隸東萊,班范二史偶未之及乎!西漢恩澤侯表有陳倉侯紀食邑七百戶,傳六世,爲其所作鏡未可知也,器在滋陽牛運震家。……

引用《漢志》所記壽光與東萊的地理未必有誤,只是該鏡銘被完全誤解與誤釋而已。根據《山左金石志》所摹篆字,本鏡銘當從第二字讀起,並應讀爲:

> 桼(七)言之紀從鏡始,青龍在左白

當然,此鏡銘文簡省未全,也是造成銘文誤讀的原因之一。這類鏡銘較完整的見於《巖窟藏鏡》第二集中三三"桼言禽獸規矩鏡",鏡銘共十五字:

> 桼②言之紀從鏡始,青龍在左白虎在右③

周世榮先生《湖南出土漢代銅鏡文字研究》④也收錄此銘文鏡,題爲"倉龍鏡",編於東漢中期,編號作漢(二)54:65,圖108。但鏡銘釋讀不全,讀序亦異。銘文讀爲:

> 倉龍在左,白虎在右,來□之紀□鏡始

前兩年出版的《楚風漢韻——長沙市博物館藏鏡》,⑤第92號"新有四神博局紋

---

① 按《宣和博古圖》卷二十八題作《漢始青鑑》(王黼等奉宋徽宗敕編纂,新興書局景印亦政堂刻本,1968年,總第2227-2228頁)。
② "桼"字原誤釋作"來"。
③ 參考林素清《兩漢鏡銘彙編》197號、注27,《古文字學論文集》,臺北編譯館,1999年,第252、304頁。
④ 《古文字研究》第15輯,中華書局,1986年,第86、159頁。
⑤ 長沙市博物館編著:《楚風漢韻——長沙市博物館藏鏡》,文物出版社,2010年,第122頁。

銅鏡"也見相似的銘文,但整理者未全釋出,銘文釋爲:

> 新(?)有□紀作(?)鏡□□左左日□□

此鏡銘字體雖較不規範,字多形訛難辨識,但細審其筆劃與文義,並參考上述幾枚鏡銘,則全銘應可確定釋爲:

> 棶言之紀從鏡始,倉龍在左,白虎

總之,從《山左金石志》當時對十三字鏡銘的釋文釋讀:"東萊壽光紀矣鏡如有神左左白",僅僅釋對了"左"與"白"二字。而今日我們却已可以通讀無礙,足以證明現在我們對於鏡銘釋讀能力,較以往的確有極大的進步,這完全是結合多人努力的成果,也說明了資料彙編工作對正確釋讀鏡銘的重要性。

三、"陽遂"誤讀與誤解

東漢時期興起用以"陽遂"一詞,作爲祝願語,例如"尚方作鏡"銘:"尚方作鏡自有紀,陽遂光明宜孫子,壽如大山樂毋已兮。"此外"陽遂"一詞也見於東漢金石文字,多與"富貴"一詞並提,例如:端方《陶齋吉金録》卷6銅洗銘:"萬歲富貴陽遂"、"大吉,宜用,富貴陽遂",[①]陸心源《千磚亭古磚圖釋》卷1著録"延熹四年磚"銘:"延熹四年太歲在辛丑,萬世老壽,陽遂富貴。"[②]又如安國祠堂題記"陽遂富貴,此中人馬,皆食大倉,飲其江海"[③]等。又如1982年陝西綏德縣發現的東漢永元八年墓的西門左角陰刻有"陽遂"兩字,[④]東漢銅尊銘"子孫千人皆陽遂,郝氏之家皆富貴"[⑤]等,鏡銘也見"陽遂"與"富貴"、"貴復富"並列,如"東漢陳氏鳥獸紋鏡"銘:

> 陳氏作竟日有熹,令人陽遂貴復富。□□細守各自治,左有青龍來福佑。
> 白虎居前□白事,鳳□□□□□,□□□□造工□。[⑥]

---

① 容庚:《秦漢金文録》卷五,中研院歷史語言研究所,1992年(影印民國二十年版),第634頁。
② 又收於王鏞,李淼編撰《中國古代磚文》99,知識出版社,1990年。
③ 永田英正編:《漢代石刻集成》76(第二八石右端),同朋舍,1994年。
④ 綏德縣博物館:《陝西綏德漢劃像石墓》,《文物》1983年第5期。
⑤ 程長新:《北京市揀選古代青銅器續志》,《文物》1984年第12期。
⑥ 河南省洛陽市孟津鐵爐出土,見洛陽博物館編《洛陽出土銅鏡》36,文物出版社,1988年,題名爲"東漢陳氏鳥獸紋鏡",原釋文作"陳氏作竟日有熹,令人陽□貴豪富。□□細守名目冶,左有青龍來福右。白虎居前□貴,鳳□爲□□異□□,□象□□造工勝",未釋出"遂"字。此鏡岡村秀典置於漢鏡5期第510號,本文采用岡村秀典釋文。

除了上引"尚方作鏡""陽遂光明宜孫子"外，也另有"尚方作鏡"作"尚方作竟自有紀，辟去不羊宜古市。上有東王父西王母。令君陽遂多孫子兮"。①岡村秀典對"陽遂"一詞的解釋爲"陽氣盛"，其案語又謂"與《易林》之'逢時陽遂富且貴'同，言富貴如火之盛也"，②其説可通。

其實，"陽遂"常與"宜子孫"、"多子孫"、"富貴"等詞並舉，鏡銘也見到"陽遂"與"不老"、"老壽"並提，如"池氏作竟""池氏作竟真大巧，上有王僑赤甬子，令人陽遂不知老兮"，③"八維作盤龍鏡""八維此竟與衆異，七子九孫各有喜。宦至公卿中尚寺，上有東王父西王母。令君陽遂不知老兮"，④"黄武六年十一月丁巳朔七日丙辰，會稽山陰作師鮑唐鏡，照明服者也。宜子孫，陽遂，富貴老壽，臣先牛馬羊，家在武昌，思其少天下命吉服，吾王干昔□□"⑤等。此外又有：

尚方作竟自有紀，辟去不羊宜古市。上有東王父西王母。令君陽遂多孫子兮。⑥

尚方作竟自有紀，陽遂光明宜孫子，壽如大山樂毋已兮。⑦

黄武六年十一月丁巳朔七日丙辰，會稽山陰作師鮑唐鏡，照明服者也。宜子孫，陽遂，富貴老壽，臣先牛馬羊，家在武昌，思其少天下命吉服，吾王干昔□□。⑧

無論如何，今天我們已確認"陽遂"是吉語，但是較早期的理解並非如此，例如：梅原末治"歐米に於ける支那古鏡""尚方作人物劃像鏡"對相近銘文所作的解讀爲：

尚方作竟自有紀，辟去不羊宜古市，上有東王公西王母，令君陽選（遂）⑨孫子兮。

此鏡銘"陽選"無疑應改爲"陽遂"才是。

---

① 岡村秀典：《後漢鏡銘集釋》漢鏡7期第716號，《東方學報》第八十六册，京都大學人文科學研究所，2011年，第206頁。
② 同上注。
③ 岡村秀典：《後漢鏡銘集釋》漢鏡5期第517號。
④ 岡村秀典：《後漢鏡銘集釋》漢鏡5期第545號。
⑤ 湖北省博物館，鄂州市博物館編：《鄂城漢三國六朝銅鏡》110重列神獸鏡，文物出版社，1986年。
⑥ 岡村秀典：《後漢鏡銘集釋》漢鏡7期第716號。
⑦ 駒井和愛：《中國古鏡の研究》，岩波書店，第47頁。
⑧ 湖北省博物館，鄂州市博物館編：《鄂城漢三國六朝銅鏡》110重列神獸鏡，文物出版社，1986年。
⑨ 原釋文作"選"，筆者改釋爲"遂"字。

相同的誤釋又見《金石索》《張氏鏡三》，銘文有"令君陽遂"四字，可惜未能釋出。《張氏鏡三》鏡銘應爲：

> 張氏作鏡大無傷，煉以銅錫清且明，上有天守傳相受，東王父西王母，令君陽遂宜子孫，明如日月。①

至於近年所見"鄭氏神人神獸劃像銅鏡"也有"令君陽遂"四字，但也被誤釋爲"公君陽遠"：

> 鄭氏作鏡自有紀，上有東王父西王母，公君陽遠。宜子孫，長保二親不知老。

此鏡著録於《楚風漢韻——長沙市博物館藏鏡》②編號114，題爲"鄭氏神人神獸劃像銅鏡"（圖一），據原説明，此鏡直徑18.6 cm，重955 g。半球形鈕，蓮花形鈕座。鏡背主題紋飾被五個圓座分爲五區，紋飾帶有濃厚劃像石風格，呈高浮雕狀，鏡背紋飾内容包括東王公與西王母相會、蟾蜍、羽人、座駕、擲丸等。外爲有一圈隸體銘文，原釋鏡銘文作："鄭氏作鏡自有紀，上有東王父西王母，公君陽遠。宜子孫，長保二親

圖一

---

① 原釋文未釋出"陽"字，筆者據鏡銘文例補釋。
② 長沙市博物館編著：《楚風漢韻——長沙市博物館藏鏡》，文物出版社，2010年，第151頁。

不知老。"但是若按照這樣的釋讀,似以"陽遠"爲鏡主人名,並尊稱爲"公君陽遠"。

其實,"公"、"遠"兩字應改釋爲"令"與"遂","公君陽遠"應讀爲"令君陽遂"四字。"令"是一種較委婉的敬語,是漢語常見用法,除了日常稱人父"令尊",稱人子"令郎"等稱謂外,也常用於書面語。而漢鏡銘文也見不少類似用法,例如:華盛頓佛里亞美術館藏"吾作明鏡"[①]鏡銘作:"吾作明鏡自有巳,令人長命宜子孫"、"巖窟藏鏡"2下2"吾神二獸四方對列式明鏡"銘"吾作明鏡自有巳,令人長命宜孫子,大吉",[②]"矦氏作鏡"[③]銘"矦氏作竟世未有,令人吉利宜古市"等,"令君"與"令人"同,是祈願語。

關於"陽遂"的解釋,一般認爲"陽遂"即"陽燧",陽燧又稱"燧"、"火燧"。《淮南子·天文》"陽燧見日,則燃而爲火",高誘注云"陽燧,金也,取金杯無緣者,熱摩令熱,日中時,以當日下,以艾承之,則燃得火也",是一種可以對日聚光,取引天火的青銅窪面器具,形狀與銅鏡略似。《古今注·雜注》云:"陽遂,以銅爲之,形如鏡。"《周禮·秋官·司烜》:"司烜氏掌以夫遂取明火於日,以鑑取明水於月以共祭祀之,明齍、明燭、明水。"這是將"陽遂"讀爲"陽燧",代表光明的原因。

但是,我們發現無論鏡銘或其他金石文字所見"陽遂"一詞,"遂"字絕不從"火"偏旁,可見鏡銘"陽遂"未必只能解釋爲取火之"陽燧",何況"陽燧"和"富貴"、"多子孫"之間也沒有必然關係。

其實"陽遂"又有"清通貌"的訓詁,見《文選》卷十七《王子淵洞簫賦》李善注:

> "被淋灑其靡靡兮,時橫潰以陽遂"。注云:"孔安國《尚書傳》曰'被,及也。淋灑,不絕貌。靡靡,聲之細好也,橫潰,旁決貌。陽遂,清通貌。言其聲或盛壯而細密,時復橫潰而清通也。'…鄭玄《周禮》注曰'陽,清也',又《禮記》注曰'遂,達也'。"[④]

可見"陽遂"也可以解爲"清通",有順遂意。指人精神上的舒坦、無憂慮,是世人在追求高官與財富之後,進一步盼望得到心境也能愉悦順暢,因此漢代逐漸出現表達精神順遂的"陽遂"語,並開始和"富貴"、"老壽"、"宜子孫"等詞彙並列,呈現出

---

① 參考林素清《兩漢鏡銘彙編》,《古文字學論文集》,臺灣編譯館,1999年,第250頁,189號;林素清:《兩漢鏡銘彙整》253:A-256,稿本。

② 又見容庚《金文續編》36,聯貫出版社影印本,1971年。

③ 中國科學院考古研究所編:《長沙發掘報告》,科學出版社,1957年。

④ (南朝梁)蕭統編,(唐)李善注:《文選—附考異》,藝文印書館影印宋淳熙本重雕胡氏藏版《文選李善注》,1979年,第251頁。

人們逐步追尋理想的層次。

所以，鏡銘"令君陽遂"也是表達祝願的吉祥語，指精神上的清通與順遂。

《楚風漢韻——長沙市博物館藏鏡》114鏡銘共四句，以七言爲主，只有第二句爲八言。銘文必須讀爲："鄭氏作鏡自有紀，上有東王父西王母。令君陽遂宜子孫，長保二親不知老。""令君陽遂"不能釋爲"公君陽遠"。

除了見於金石文字外，漢簡也見到表示祝願的吉語"陽遂"、"福禄"與"高遷"，這都是漢人喜愛的詞彙。簡文作：

> 陽朔三年，正月丁卯朔戊寅，肩水士吏即日視事，日直赤帝三陽長日利以入官視＝事＝(視事，視事)大吉，福禄日□，□□□數得察舉，陽遂高遷，□□□敢言之。①

"高遷"也是祝願吉語，除見於鏡銘外，漢磚文也有相同用法，例如：三國吳宜官高遷磚銘"宜官高遷"(《中國古代磚文》219)、子孫高遷磚銘"子孫高遷壽萬年"(《中國古代磚文》454)，三公洗"君高遷至三公"(《秦漢金文録》658)、君高遷鉤"丙午鉤君高遷"(《秦漢金文録》735)，後漢延康元年半圓方形帶神獸鏡銘"延康元年十月三日，吾作明竟，幽湅三商，買者富貴番昌，高遷三公九卿十二大夫□吉"、②始建國天鳳二年鏡"始建國天鳳二年作好鏡，常樂富貴莊君上，長保二親及妻子，爲吏高遷位公卿，世世封傳于毋窮"、③東漢晚長宜子孫鏡銘"長宜子孫，富貴高遷"④等。

四、"令"字誤釋

上引"鄭氏神人神獸劃像銅鏡"讀"令君陽遂"四字作"公君陽遠"，將"令"字誤認爲"公"字，這是因爲兩字的草隸形近之故，又因爲不了解"陽遂"作爲吉祥祝願語意所致。若對鏡銘熟悉度不足，就容易犯下這樣的錯誤。

---

① 甘肅簡牘保護研究中心：《肩水金關漢簡(貳)》，中西書局，2012年，第250頁，73EJT23：966-967。
② 現藏日本東京五島美術館。
③ 陳佩芬：《上海博物館藏青銅鏡》三十八 "新莽始建國天鳳二年常樂富貴鏡"，上海書畫出版社，1987年，第22-23頁。
④ 同上書，第27-28頁，四十七《東漢長宜子孫鏡》，鏡銘"長宜子孫，富貴高遷"八字，原未釋出"遷"字，筆者據字形及文例補釋。

圖二

關於"令"字的誤釋,又如《楚風漢韻——長沙市博物館藏鏡》84東漢"'侯氏'六乳鳥獸紋銅鏡"(圖二),原釋文爲:

> 侯氏作竟(鏡)世中未有,食人利,宜孫子。

鏡銘"食人利"意義難通,應也是誤釋。其實"食"字也應改釋爲"令"字,因"令"字形體較草而誤以爲"食"字之簡。

鏡銘當讀爲"令人利,宜孫子",鏡銘常見"令人如何如何"的句式,也是常見吉語,例如"令人吉利宜古市"等。"令人利"就是令人吉利、吉祥之祝願語。

五、"所"字誤釋

《楚風漢韻——長沙市博物館藏鏡》編號40"雲錦地'大樂貴富'龍紋銅鏡"(圖三)原說解爲"座外有銘文一圈共十四字'大樂貴富得享壽,千秋萬歲宜酒食魚',並裝飾一魚紋爲銘文結尾","魚"字只是鏡銘的起始符,並非鏡銘的一部分,當從鏡銘釋文删去。又,"享"字應爲"所"字之誤。

《説文》:"所,伐木聲也,从斤户聲。"篆字作所,斤與户作左右並列,但是在西漢

圖三

鏡銘常見的繆篆體中，爲了強調字體修長的美感，往往將文字偏旁 厂 與 尸，從原來的並列式挪移成爲上下排列，所以也很容易造成誤釋，這也是釋讀鏡銘時應該注意的。

同書編號 41 "雲錦地'大樂貴富'四葉龍紋銅鏡"原說解爲："鈕座外有銘文帶一周'大樂貴富得享壽，千秋萬歲宜酒食'。"銘文"享"字亦爲"所"字之誤釋。此外銘文"壽"字應爲"喜"字。

"壽"字改釋爲"喜"字，除了兩字字形結構的考慮，更重要的是"喜"與"食"押韻。因此，遇到有韻的鏡銘時，押韻用字也是我們應該注意的綫索之一。

相同的情形又見近年上海博物館所出版的《鏡映乾坤——羅伊德·扣岑先生捐贈銅鏡精粹》書中編號 22 "長貴富連弧紋鏡"（圖四），原釋鏡銘爲："長貴富，樂毋事，日有憙，宜酒食，常得君喜。"① 其中"君"字仍應改釋爲"所"，也是"所"字所從的偏旁 "厂" 與 "尸"，由左右排列移爲上下而造成的錯誤，因此，對西漢早期鏡銘喜用的繆篆體的釋讀，必須格外留意文字偏旁位置可能的改變。

---

① 上海博物館編：《鏡映乾坤——羅伊德·扣岑先生捐贈銅鏡精粹》，上海書畫出版社，2012年，第62頁。

圖四

　　從以上幾個例子,我們可以意識到由於鏡銘文字彙整工作的進行和公布,促進對鏡銘的認識與了解,使得銅鏡研究得以日新月異,呈現出飛躍式進展。

重慶新出傳抄古文《三字經》解析

喻遂生

（西南大學漢語言文獻研究所）

2008年，國內不少媒體，包括一些著名報紙和網站，競相報導在重慶酉陽縣發現的"酉陽天書"。有網民説這是"外星文藏寶圖"，這倒可作爲調侃之辭，一笑置之，但有些專家學者的説法，就需要認真對待了。有專家説：書中出現了一個"獬（教）"字，"左邊部分是出現在上堯時期的一種動物，堯帝利用這種動物來判定對錯和罪行。該字的構成中會有這種動物，必定産自堯帝時期"，因此"天書來自上古時期"（《酉陽報》2009年4月6日）。有專家説，"天書"可能是土家文字，或者與苗族文字、湖南"女書"、貴州"水書"有關（《人民日報》海外版2008年2月22日）。爲了推動釋讀，重慶某大學幾位教授還舉行發布會，邀請市民參與，説"天書"發現已兩年，只破譯了14字，懸賞認出一字獎1 000元（《重慶晨報》2009年4月12日）。

幾年來，只有李春桃先生《近年重慶酉陽縣新發現古書文字性質新探》一文，①正確地指出了"酉陽天書"的性質。作爲重慶市的語言文字工作者，爲了防止媒體和部分學者對群衆的誤導，普及古文字知識，引導群衆正確地認識和使用這一文化遺産，有責任對"酉陽天書"作出科學的解析。

一、"酉陽天書"簡況

據報導，"酉陽天書"的發現者周永樂，是當地一位土家族民族文物愛好者。2006年冬，他在酉陽宜居鎮收購舊貨時，在一農家偶然發現並收購了一本陳舊的古書。紙張是武陵山區過去常用的"皮紙"，共20多頁，豎排綫裝，毛筆書寫，都是没見

---

① 李春桃：《近年重慶酉陽縣新發現古書文字性質新探》，《四川文物》2011年第5期。

圖一

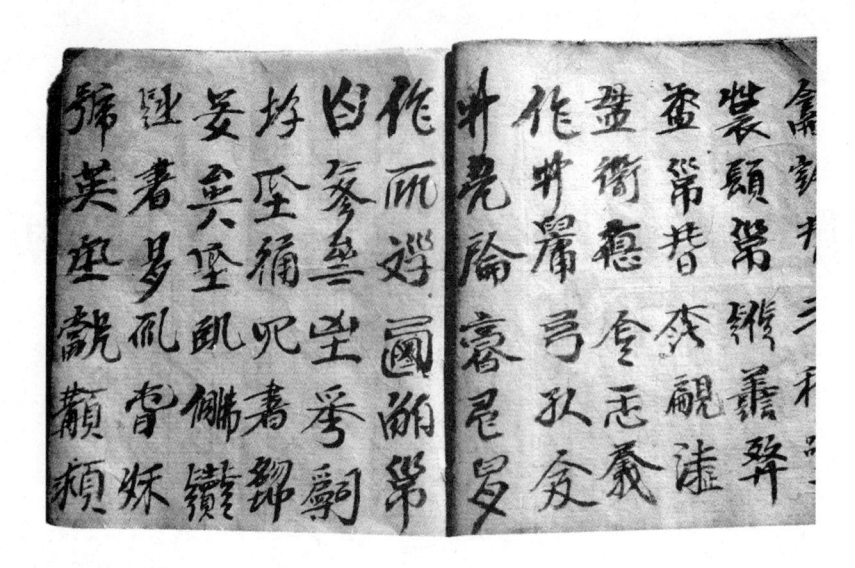

　　過的字。2007年春夏，周永樂在酉陽又收到一本類似的古書，字體跟第一本幾乎一樣，當地有人稱這種書爲"根書"。周永樂多方查閱，並找文化研究專家以及當地老人諮詢，都沒有結果，遂將文字發在網上，引起網友衆多猜測，被稱爲"天書"。

　　2009年4月12日《重慶晚報》以《"酉陽天書"原爲古文〈三字經〉》爲題，報導了"酉陽天書"和重慶學者初步釋讀的情況，並發表了其中兩頁的圖像（圖一）。同日《重慶晨報》則以"重師懸賞，認出一字獎千元"爲副題，報導了懸賞識字的消息。後來我們在網上又查到幾張"酉陽天書"的照片。鑒於"酉陽天書"還是有一定的研究價值，2009年5月，筆者趁重慶工商大學酉陽籍土家族副教授白俊奎先生去酉陽作田野調查之機，拜託他看能不能得到"酉陽天書"的全文。殊不知，得到的答覆是，當地正在準備以此申報世界文化遺產，除讓他拍了幾張照片外，已經不能一睹"天書"全貌了。

　　"酉陽天書"其實多是傳抄古文。《重慶晚報》刊布的圖像共66字，是《三字經》從"群弟子，記善言"到"號六經，當講求"的一段。所謂傳抄古文，是指傳世古書中流傳下來的古文字，是相對於出土古文字如甲骨文、金文等而言的。傳抄古文中很多字已按楷書筆法書寫，這部分又可以叫隸定古文。傳抄古文由於長期地輾轉傳抄，變異甚至訛變很多，所以稀奇古怪，難以認識。但這些字形，大多見載於《說文》、《玉篇》、《類篇》、《廣韻》、《集韻》、《汗簡》、《古文四聲韻》、《龍龕手鑒》、《康熙字典》等字書，查找起來，並不困難。筆者用了不到一天的時間，查出上圖中60字的出處和源流，古人對這些書更熟，好古者能寫能讀就不奇怪了。

　　用傳抄古文書寫的文獻，其時代不可能太早，因楷書的產生，不會早過漢魏。至於《三字經》，一般認爲是南宋王應麟所作，該書爲學童啓蒙讀本，其原本絕不可能用這種生僻的古文來書寫，古文版《三字經》肯定是後世好古的文人爲了炫耀博學而改寫，其產生的時代應該晚於原本。又《三字經》中講史部分，有的版本講到明末，顯然爲後人所補，酉陽版《三字經》有"清太祖，膺景命，靖四方，克大定"句，其時代就更晚到清初了（《重慶晨報》2009年4月14日）。

二、"天書"文字解析舉例

本小節對《重慶晚報》刊布的兩頁古文《三字經》作初步解析，這一段文字通行本繁體字文本爲：

  群弟子，記善言。孟子者，七篇止，講道德，説仁義。作中庸，乃孔伋，中不偏，庸不易。作大學，乃曾子，自修齊，至平治。孝經通，四書熟，如六經，始可讀。詩書易，禮春秋，號六經，當講求。

爲便於閲讀和文字分析，下面每字以通行本繁體字爲字頭，冒號後列"天書"用字。

群：𧞓，此爲"裠"（裙）字，假借爲"群"。字所從之"君"，本从"尹"，如金文𠁣（史頌簋），又變作𠁣（散盤），再變作𠁣（《説文》古文），《集韻·文韻》、《類篇·羊部》"群"或作𦍒，"尹"已變作"収"，𧞓字上部之𦍌，是"収"的行草寫法。

弟：𩖆，"𩖆"見於《龍龕手鏡·長部》，爲"髯"的俗字，音弟。《集韻·霽韻》"髯"或體作"剃"。"髯"以"弟"爲聲符，此假借作"弟"。

子：𩰀，"子"甲骨文或作𢀖（《英》1915正），《説文》古文作𢀖，《玉篇·子部》、《龍龕手鏡·子部》作"㝍"，《字彙補·巛部》引明人趙宧光《説文長箋》"𢀖，古子字"，爲《説文》古文的楷化，𩰀是將其兩手改爲向下而成。

記：䚯，字見《篇海·言部》："䚯，音記，義同。"按"記"从言己聲。"言"甲骨文作𠚕（《合》440正），《説文》小篆作𠁁，《玉篇·言部》古文作𠱣，《集韻·元韻》作𠱤，《汗簡》作𠱥、𠱦，《古文四聲韻》作𠱧、𠱨、𠱩，皆應從小篆訛變而來。《汗簡》"語"作𨐽，"訟"作𨐾，"詩"作𨐿，"言"旁均作𠱣，"天書"䚯所從之"言"旁𠱣，即𠱣的楷化。又䚯从兩個"言"旁即"誩"，古文字中常有偏旁重複者，如下文之"讀"作䜅。"記"《説文》小篆作𢀖，璽印有作𢀖者（《重訂六書通》239頁"伊寬私記"），"紀"璽印有作𢀖者（《漢印分韻合編》205頁），字中"己"類似"人"形，䚯兩"言"中間的"人"形當由此而來。

善：㗊，《說文·誩部》："㗊，吉也，从誩从羊。"金文作㗊（毛公鼎）。"善"爲其簡體。

言：䇂，《玉篇·言部》"言"古文作"䇂"，字源待考。

孟：盂，"子"或體作"禾"，如金文禾（番君鬲），"孟"亦常从"禾"作"盃"，如金文盃（陳子匜）、盃（郜伯鼎），漢晉碑刻作盂（漢武氏石闕銘）、盃（晉辟雍碑陰）。

子：㝈，同上。

者：暜，網上披露的"酉陽天書"材料，"者"有反寫作㫶者，暜爲其草體，將上部橫豎筆劃拉穿成"井"字而成。

七：㭉，"柒"的偏旁移位異寫字，由"木"和"氵"上下易位而成。"柒"本"漆"的俗字，此借爲"七"。

篇：覸，《玉篇·見部》："覸，斜視。"音與"篇"同，假借爲"篇"。

止：渟，此字由"渟"、"止"二字拼成。《說文·水部》："渟，水暫益，且止未減也，从水寺聲。""酉陽天書"《三字經》另一版本作"渟"，旁加注正字"止"，渟當是抄書者誤合"渟"、"止"二字而成。

講：盥，此是"盥"的俗字，从皿毌聲，而非从"母"，爲"盥"的異體，見《字彙補·皿部》："盥，音貫，義同盥。"《篇海·皿部》："盥，音貫，洗手也。"但這裏是將"冓"誤寫作了"盥"。"冓"是"冓"的俗字，《字彙補·毌部》："冓，講溝二音，義未詳。"《篇海·母部》作"冓"。"冓"常俗寫作"冓"或類似形體，如敦煌寫本"溝"作溝、溝，"構"作構，"遘"作遘，"講"作講（《敦煌俗字典》131、132、191頁①），《龍龕手鏡·辵部》"遘"作遘。此假借"冓"爲"講"，用俗字"冓"，誤寫作"盥"。"酉陽天書"《三字經》另一版本即作"冓"。

道：衜，金文作衜（曾伯簠），《玉篇·行部》作"衜"。

德：惪，金文作惪（命瓜君嗣子壺），《侯馬盟書》作惪，《廣韻·德韻》作"悳"。

說：兌，《古文四聲韻》作兌。兌當是"兌"字的變形，郭店楚簡"兌"作兌，與此相近。

仁：忎，《說文》古文作"忎"，後承用，敦煌寫本作忎（《敦煌俗字典》338頁）。

義：羛，爲"義"的異寫字。

作：作，《說文》小篆作作，睡虎地秦簡作作、作，漢碑作作（孔龢碑）、作（元賓碑，《隸辨》711頁），敦煌寫本作作、作（《敦煌俗字典》579頁），《字彙補·人部》作"佐"。

---

① 黃征：《敦煌俗字典》，上海教育出版社，2005年。

中：▲，爲"中"的草寫。

庸：▲，字从臼从庸，用爲"庸"。遍查字書未見，待考。

乃，▲，甲骨文作▲（《合》27969），金文作▲（乃孫作祖己鼎），《説文》古文作▲，今隸定字作"弓"。

孔：▲，"孔"《龍龕手鏡·子部》音"孔"，《字彙補·子部》："孔，古孔字。""孔"當是"孔"的變形，衡立碑作▲（《隸辨》326頁），由此即可變作"孔"。

伋：▲，"伋"的偏旁移位異寫字。

中：▲，同上。

不：▲，"不"字《龍龕手鏡·不部》作▲，《几部》作▲，《雜部》作▲，《字彙補·几部》作▲，《篇海·几部》作"丌"。楊寶忠先生《疑難字考釋與研究》認爲："以形求之'丌''丌'當是'弗'字俗書。"①

偏：▲，此爲"扁"，假借爲"偏"。"扁"異體作"屝"，見《集韻·獮韻》，"屝"偏旁移位變化作▲。

庸：▲，在《説文》中"郭"是古國名，表城郭義用▲（章）字，甲骨文寫作▲（《合》19681反），象城牆上有門樓之形。《説文》"墉"義爲城牆，其古文作▲，與城郭字▲同形，因城郭和城牆意義相通。二字相通已見於金文，如毛公鼎就用▲表示"平庸"的"庸"。金文又作▲（召伯簋二）、▲（拍敦蓋），至《説文》分化出▲（膏），義爲用，讀若庸；《集韻·鐘韻》作▲。

不：▲，同上，爲▲的草體。

易：▲，爲"易"的異寫字。

作：▲，同上。

大：▲，《字彙補·几部》"大"古文作"兪"。按包山楚簡"大"作▲（157），青川木牘作▲，"兪"當是由其重複並楷化而成。

學：▲，甲骨文作▲（《合》18681）、▲（《合》3511），金文作▲（大盂鼎），《古文四聲韻》作▲，敦煌寫本作"孝"（《敦煌俗字典》468頁），▲是將"孝"中"子"換用古體"孚"並改爲左右結構而成。

乃：▲，此"迺"字，甲骨文作▲（《合》28058），金文作▲（大盂鼎），《古文四聲韻》作▲，《集韻·海韻》作▲，《字彙補·弓部》作"圙"。

曾：▲，爲"曾"的偏旁移位異寫字，改上下結構爲左右結構。

子：▲，同上。

---

① 楊寶忠：《疑難字考釋與研究》，中華書局，2005年，第46頁。

自：□，甲骨文作□（《合》787），象鼻形，金文作□（函皇父簋），《說文》作□，睡虎地秦簡作□，□帶有古隸筆意。

修：□，爲"修"將左右結構改爲上下結構，並將左部偏旁之豎改爲橫而成。

齊：□，甲骨文作□（《合》36806），金文作□（齊侯壺）、□（商鞅方升），《玉篇·齊部》作"叄"，《集韻·齊韻》同。"叄"見於《集韻·侵韻》，是"參"（星名）的古文，此混用作"叄"（齊），誤。

至：□，甲骨文作□（《合》226正），象箭中靶形，《說文》作□，《玉篇·至部》作"坓"。

平：□，《說文》古文作□，《玉篇·亐部》作"琞"。

治：□，《字彙·寸部》："嗣，見周宣王石鼓文，鄭云，今作治字。"

孝：□，爲"孝"將左右結構改爲上下結構而成。

經：□，"巠"金文作□（大盂鼎），當是"經"的初文，《說文》作□，《龍龕手鏡·雜部》作巠。

通：□，古文字偏旁"辵、彳"通用，"通"金文作□（頌簋），又作□（九年衛鼎）。《字彙補·彳部》："㣌，古通字，出韓城鼎文。"

四：□，《說文》古文作□，《廣韻·至韻》作"兕"。

書：□，"書"金文作□（頌簋），从聿者聲，《說文》作□，隸作"書"。

熟：□，"塾"小篆作□，《集韻·屋韻》作"鋊"，此假借爲"熟"。

如：□，爲"如"將左右結構改爲上下結構而成。

六：□，《字彙補·厶部》："奐，古文六字。"

經：□，同上。

始：□，《字彙補·几部》："凯，古始字。"《篇海·几部》："凯，音怡，古文。"按"凯"音"怡"，"怡、始"同聲，"凯"故得假借爲"始"。

可：□，《字彙補·人部》："佛，與可同。"

讀：□，《說文·誩部》："讟，痛怨也，从誩賣聲。"假借爲"讀"。

詩：□，《說文》古文作□，《類篇·言部》古文作"訨"。古文字聲符常"寺"、"之"互作，如"時"《說文》小篆作時，古文作旹。

書：□，同上。

易：□，同上。

禮：□，《說文》古文作□，《類篇》作"礼"。

春：□，甲骨文作□（《合》30851），从日屯省，《集韻·諄韻》作"旾"。

秋：□，"烁"，爲"秋"偏旁易位而成。

號：䖈，《説文》"號"从号从虎。"虎"甲骨文作🐅(合3305)，金文作🐅(吴方彝)，石鼓文作🐅，《説文》作🐅，漢定縣竹簡作帋，嘉祥劃像石作厈(《秦漢魏晉篆隸字形表》321頁)，敦煌寫本作帋(《敦煌俗字典》158頁)。"號"之"虎"作"帋"，則成爲䖈(《敦煌俗字典》150頁)。

六：苂，同上。

經：巠，同上。

當：牄，爲"牆"偏旁易位而成。《龍龕手鏡・片部》："牆，音當。"此假借爲"當"。

講：顜，《集韻・講韻》："顜，明也。"此假借爲"講"。"顜、講"通假，古已有之。《史記・曹相國世家》："蕭何爲法，顜若劃一。"《漢書・蕭何曹參傳》作"講若劃一"。

求：頪，"頪"見於《玉篇・頁部》："頪，柔流切。《詩》'戴弁俅俅'，鄭玄云：'恭順貌。'或作頪。"此假借爲"求"。

三、"酉陽天書"的性質和研究價值

如上所述，所謂"酉陽天書"，實即一種傳抄古文文獻。其文字形體，大致有以下幾種情況：

1. 後世已不通用的古文字形，如"善"寫作譱(譱)，"道"寫作衜(衜)。
2. 後世通用文字的隸古定字形，如"至"寫作坣，"四"寫作𠃜。
3. 後世新造的異體字，多爲部件易位字，如"如"寫作妟，"孝"寫作㧏。
4. 訛變、訛誤字，如將"𠬢"（子）寫作𠬢，將"者"寫作𦣞，將叄（叁、參）誤用爲"亝"（齊），將"氵"、"止"二字誤拼成㳅。
5. 假借字，如裙(裙)借爲"群"，頪借爲"求"，將假借字視爲異體，在《汗簡》《古文四聲韻》中已是如此。

有的是幾種情況的綜合，如斅(學)將"斈"中"子"換用古體"孚"，並改爲左右結構；"講"借用"冓"的俗字"冊"，而"冊"又因形近被寫成了"盅(盎)"，並進一步被寫成了从皿从母的盘。

這些字大多是承襲《汗簡》《古文四聲韻》等古代字書，也不排除塾師故作高深而造出一些異體。

"酉陽天書"雖不如有的媒體所炒作的那樣高古玄妙，但也有重要的研究價值，主要有：

1. 傳抄古文雖然訛誤很多，但或多或少保留了古文字的面目，有的甚至和甲骨文、金文、戰國文字相合，在古文字研究中有重要的參考價值。"酉陽天書"中有一些字形爲群書所未載，如▓字；有不少字形或用法爲研究者所未提及，對於古文字隸變以後的流變研究和傳抄古文文獻的研究，可提供參考和借鑒。

2. 傳抄古文多保存在字書韻書中，以傳抄古文書寫的成篇成本文獻，似很少見。"酉陽天書"作爲用傳抄古文書寫的書籍，對於研究傳抄古文的流傳、使用情況，提供了重要的物證。

3. 用傳抄古文書寫蒙學書籍，以前未見報導，"酉陽天書"爲《三字經》版本的研究，提供了新的材料。

4. "酉陽天書"出現在渝東南的偏遠山區，是明清時代鄉村文化教育的重要遺存，對於研究當時當地文化教育的思想、方法和教材，有重要的價值。

《重慶日報》農村版2010年7月1日刊有《又現"酉陽天書" 疑是土家文字》一文，報道酉陽文物愛好者姚永平在板溪鄉收購舊貨時發現又一本"酉陽天書"，"且有實物墓碑作爲佐證"。姚永平說："小時候，我在後溪、麻旺等鄉鎮的許多墓碑上都發現'同'字裏面少一橫這個字，附近的老百姓都不認識。在這本'天書'上，我也發現了這個字。"並說："'酉陽天書'上的文字在該鎮的許多墓碑上被發現。"該文還配發了一張古文《三字經》和墓碑古文對照的照片（圖二），其中"冗冋"即"大人"。這說明傳抄古文在當地可能還有較廣泛的流傳和使用，值得重視和深入調查研究。

圖二

2014年1月，筆者在白俊奎先生的幫助下，終於看到了三個版本的古文《三字經》和《根書》的全文，但限於約定暫不能引用發表。我們希望"酉陽天書"的全文能公諸於世，以利於學界研究；希望廣大愛好者能掌握正確的方法，使釋讀更科學有效；同時衷心祝願當地開發這一文化遺產的工作取得成效，產生良好的社會效益和經濟效益。

《淮南子》校讀二則

沈 培

(香港中文大學中國語言及文學系、中國文化研究所劉殿爵中國古籍研究中心)

2010年，本人曾寫過《談談清華簡用爲"五行相勝"的"勝"字》一文。①文章根據清華簡"匐"讀爲"勝"的情況，聯繫古書中從旬聲之字與從盾聲之字相通的字例，認爲《淮南子·精神》篇"五藏能屬於心而無乖，則敎志勝而行不僻矣"裏的"勝"，跟它的異文"遯(遁——古書'遯'、'遁'常相通)"，是音近相通的現象。"敎志勝"當讀爲"悖志遯(遁)"，其義正如高誘注所言，乃"言己之敎(悖)志去也"。文章寫完後，翻查《淮南子》，發現其實還有兩個"勝"字的讀法可以跟清華簡的用字特點聯繫起來進行討論。現在把我們的意見寫出來，請大家批評指正。

一

《淮南子·齊俗》有"勝患"之説：②

　　世多稱古之人而高其行，並世有與同者，而弗知貴也。非才下也，時弗宜也。故六騏驥、四駃騠，以濟江河，不若竅木便者，處世然也。是故立功之人，簡於行而謹於時。今世俗之人，以功成爲賢，以勝患爲智，以遭難爲愚，以死節爲戇，吾以爲各致其所極而已。王子比干，非不知箕子被髮佯狂以免其身也，③然而樂直行盡忠

---

① 該文以"尚賢"之名發布，見復旦大學出土文獻與古文字研究中心網站，2010年12月24日。後載清華大學出土文獻研究與保護中心編《出土文獻》第三輯，中西書局，2013年。
② 何寧：《淮南子集釋》，中華書局，1998年，第818頁。
③ 此句"箕子"二字，王念孫認爲乃"因下文從箕子視比干而衍"。其説云："箕子二字，因下文從箕子視比干而衍。下文曰：伯夷、叔齊非不能受祿任官以致其功也，許由、善卷非不能撫天下寧海内以德民也，豫讓、要離非不知樂家室安妻子以偷生也，皆與此文同一例。若有箕子二字，則文不成義，且與下文不對矣。"見《讀書雜志·淮南内篇第十一·齊俗》"箕子"條，江蘇古籍出版社，1985年，第864頁。按：王説從語言表達的角度看當是，雖然如此，"被髮佯狂以免其身"之事説的是箕子，這是没有疑問的。

以死節，故不爲也；伯夷、叔齊，非不能受祿任官以致其功也，然而樂離世伉行以絕衆，故不務也；許由、善卷，非不能撫天下、寧海内以德民也，然而羞以物滑和，故弗受也；豫讓、要離，非不知樂家室安妻子以偷生也，然而樂推誠行，必以死主，故不留也。今從箕子視比干，則愚矣；從比干視箕子，則卑矣；從管晏視伯夷，則戇矣；從伯夷視管晏，則貪矣。趣舍相非，嗜欲相反，而各樂其務，將誰使正之？……由此觀之，則趣行各異，何以相非也！夫重生者不以利害己，立節者見難不苟免，貪禄者見利不顧身，而好名者非義不苟得。

上面引文中的"勝患"，查劉文典《淮南鴻烈集解》、張雙棣《淮南子校釋》和何寧《淮南子集釋》，並無注解或校釋。① 今人一般都將它解釋爲"戰勝患難"、"戰勝禍患"或"克服患難"。②

"勝患"又見於《國語·晉語四》：③

文公誅觀狀以伐鄭，反其陴。鄭人以名寶行成，公弗許，曰："予我詹而師還。"詹請往，鄭伯弗許，詹固請曰："一臣可以赦百姓而定社稷，君何愛于臣也？"鄭人以詹予晉，晉人將烹之。詹曰："臣愿獲盡辭而死，固所愿也。"公聽其辭。詹曰："天降鄭禍，使淫觀狀，棄禮違親。臣曰：'不可。夫晉公子賢明，其左右皆卿才，若復其國，而得志于諸侯，禍無赦矣。'今禍及矣。尊明勝患，智也。殺身贖國，忠也。"乃就烹，據鼎耳而疾號曰："自今以往，知忠以事君者，與詹同。"乃命弗殺，厚爲之禮而歸之。鄭人以詹伯爲將軍。

韋昭注："明，謂公子。勝，猶遏也。"今人或從此説，解釋爲"遏制"或"遏止"。④ 也有人把《國語》"勝患"的"勝"當作"勝敗"之"勝"，《辭源》"勝"字下所收義項

---

① 劉文典：《淮南鴻烈集解》，中華書局，1989年，第372頁；張雙棣：《淮南子校釋》，北京大學出版社，1997年，第1189頁；何寧：《淮南子集釋》，中華書局，1998年，第818頁。
② 例如陳廣忠《淮南子譯注》，吉林文史出版社，1990年，第531頁；陳廣忠：《淮南子斠詮》，黃山書社，2008年，第575頁；許匡一：《淮南子全譯》，貴州人民出版社，1993年，第651頁；陳一平：《淮南子校注譯》，廣東人民出版社，1994年，第546頁；劉康德：《淮南子直解》，復旦大學出版社，2001年，第559頁；趙宗乙：《淮南子譯注》，黑龍江人民出版社，2002年，第566頁；陳惟直譯：《淮南子》，重慶出版社，2007年，第191頁。
③ 上海師範大學古籍整理研究所校點：《國語》，上海古籍出版社，1998年，第380頁。
④ 解爲"遏制"的如黃永堂譯注《國語全譯》（修訂版），貴州人民出版社，2009年，第340頁；來可泓：《國語直解》，復旦大學出版社，2000年，第539頁。解爲"遏止"的如薛安勤等《國語譯注》，吉林文史出版社，1991年，第456頁；汪濟民等：《國語譯注》，百花洲文藝出版社，1992年，第282頁。

有"制服",所舉例子即有上面所引《國語·晉語四》的"尊明勝患,智也"。① 十三卷本《漢語大詞典》"勝"下有義項"克制、制服",所舉例子中也有《國語》此例。同時還引用了韋昭注,似乎是把韋注的"遏"理解成"克制、制服"。② 其實,這不見得是韋昭注的原意。王雲路先生認爲,"勝"與"去"意義相近,"戰勝"與"去除"義理上相因,"勝患"義即"除去"禍患。③ 這又是在"勝"字的常用義上作進一步引申。由此可見,僅《國語》中的"勝患"的"勝",各家理解就不盡相同。無論如何,以上各種解釋基本上都是把"勝患"的"勝"看成是跟"勝敗"的"勝"密切相關的一個詞。

《淮南子》和《國語》兩處"勝患"顯然是一回事,二者或有因襲關係,應當作統一的解釋。綜觀以上所引各種解釋,似皆有未當。且不說"勝"是否可以有"遏"義或"去除"義,在"勝敗"之"勝"的意義上所作的各種引申不見得可靠,最主要的問題是:爲什麽《國語·晉語四》和《淮南子·齊俗》都把"勝患"當作是"智"的一種表現?

什麽是"智"?古書有各種說法。(宋)蘇洵《謚法》卷三蒐集古書各種對"智"的解說:④

> 尊明勝患曰智。(鄭大夫叔詹曰:"尊明勝患,智也;殺身贖國,忠也。"言尊有明德者以勝患也。)默行言當曰智。推芒折廉曰智。臨事不惑曰智。察言知人曰智。擇任而往曰智。

除此之外,《管子·心術下》說:"一事能變曰智。"⑤

由此可見,撇開"尊明勝患曰智"一說,其他各種解釋"智"說法,都包含有"聰明不惑"、"隨機應變"、"知人善任"的意思。回頭再看上面所引《淮南子·齊俗》一段文字。它先說明"今世俗之人"所認爲的四種德性,即"賢"、"智"、"愚"、"戇",然後舉四組人物爲例,分別爲"王子比干"、"伯夷、叔齊"、"許由、善卷"、"豫讓、要離",這四組人物的事迹並不能跟前面"賢"、"智"、"愚"、"戇"完全一一對應,可能這也並非作者意之所在,大概是因爲每一組人物的事迹都可以有多種理解,如"王子比干"的事迹,既可以當作"愚"的例子,也可以當作"戇"的例子,其他可以類推。作者是在總體上把這四組人物當作前面"賢"、"智"、"愚"、"戇"四種德性的例子,並

---

① 廣東、廣西、湖南、河南辭源修訂組、商務印書館編輯部:《辭源》(修訂本,1-4合訂本),商務印書館,1988年,第206頁。
② 漢語大詞典編輯委員會、漢語大詞典編纂處:《漢語大詞典》第六卷,漢語大詞典出版社,1990年,第1334頁。
③ 王雲路:《古籍誤注舉例》,《文獻》1988年第1期。
④ 蘇洵:《謚法》(叢書集成初編),中華書局,1985年,第29頁。
⑤ 黎翔鳳:《管子校注》,中華書局,2004年,第779頁。

非措意於一一對應。四種德性中"賢"、"智"實可視爲一類,"愚"、"戇"實可視爲一類,因此,四種德性之對比實際上可以視爲兩種德性之對比,即"賢(智)"與"愚(戇)"之對比或"智(賢)"與"戇(愚)"之對比。正因爲如此,在列舉四組人物後,作者又用兩組例子作爲總結,分別對應於"賢(智)"與"愚(戇)"之對比或"智(賢)"與"戇(愚)"之對比。這兩組例子分別是"王子比干"與"管晏"跟"箕子"與"伯夷"相對比。

無論四組人物例還是兩組人物例,當中都有"王子比干"與"箕子"的對比。古人多認爲箕子是智者。揚雄《法言·問明》:①

> 或問:"人何尚?"曰:"尚智。"曰:"多以智殺身者,何其尚?"曰:"昔乎,皋陶以其智爲帝謨,殺身者遠矣;箕子以其智爲武王陳《洪範》,殺身者遠矣。"

《史記·留侯世家》:②

> 武王入殷,表商容之閭,釋箕子之拘,封比干之墓。今陛下能封聖人之墓,表賢者之閭,式智者之門乎?

閻若璩指出,"智者"謂箕子。③王念孫更指出這幾句話前後互相照應,"智者"對應前面的"箕子",前面"釋箕子之拘"乃"式箕子之門"之誤。④

因此,"勝患爲智"説的應該就是"箕子"。從箕子的事迹看,他並非所謂"戰勝禍患",實乃"逃避禍患"。結合我們前面所講的"勝"可以通"遯(遁)"來看,《淮南子·齊俗》的"勝患"就應該讀爲"遯(遁)患"。《國語·晉語四》的"勝患"同樣也當如此讀。通過詹伯的話,可知他認爲"天降鄭禍",才"使淫觀狀","違禮棄親",因此勸説鄭伯不要"觀狀",這樣就是"尊明勝患",意即因爲"尊明"而可以"遯(遁)患",即便"天降鄭禍",也是可以躲過去的。

古人以不知避難爲"愚"。《國語·晉語一》:⑤

> 公之優曰施,通于驪姬。驪姬問焉,曰:"吾欲作大事,而難三公子之徒,如何?"
> 對曰:"早處之,使知其極。夫人知極,鮮有慢心;雖其慢,乃易殘也。"驪姬曰:"吾

---

① 汪榮寶:《法言義疏》,中華書局,1987年,第186頁。
② 《史記》,中華書局,1959年,第2040頁。
③ 參看閻若璩《尚書古文疏證》,上海古籍出版社,2010年,第242頁。
④ 參看王念孫《讀書雜志》,第113頁。又王先謙自謂也有相同的看法:"後見王念孫《史記雜志》,與余説大同。"參看王先謙《漢書補注》第柒册,上海古籍出版社,2008年,第3382頁。
⑤ 上海師範大學古籍整理研究所校點:《國語》,第268-269頁。

欲爲難,安始而可?"優施曰:"必于申生。其爲人也,小心精潔,而大志重,又不忍人。精潔易辱,重債可疾,不忍人,必自忍也。辱之近行。"驪姬曰:"重,無乃難遷乎?"優施曰:"知辱可辱,可辱遷重;若不知辱,亦必不知固秉常矣。今子內固而外寵,且善否莫不信。若外殫善而內辱之,無不遷矣。且吾聞之:甚精必愚。精爲易辱,<u>愚不知避難</u>。雖欲無遷,其得之乎?"是故先施讒于申生。

而且,古書可能本來就有"遯患"的説法。《大戴礼記·曾子制言下》:①

是以君子不犯禁而入,入境及郊,問禁請命,不通患而出危色(邑),則秉德之士不諂矣。

關於以上一段文字,過去多有異説。已有學者指出"通"是誤字,戴震説:"各本'避'訛作'通','邑'訛作'色'。今從方本。"但也有學者不同意誤字説,如阮元、王樹柟;也有學者認爲"通"非"避"之訛,而是其他字之誤。如孫詒讓認爲是"遹"字之訛,王念孫認爲是"遇"字之訛。② 可能大家都沒有注意到魏源提過一個很值得注意的意見。魏源《古微堂四書·曾子發微》卷下説:③

"遯"字舊作"通",今據盧注云"師敗不苟免也",知是"遯"字之誤。

從字形上看,魏説無疑更爲合理,正可跟我們上面所説的"勝患"讀爲"遯(遁)患"參證。

又,《風俗通義·十反》:④

顔闔踰牆而遁榮,高柴趣門以避難。

"遁榮"和"避難"是同樣的結構,既然可以説"遁榮",當然也可以説"遁患"。

或許有人會有疑問,前引《淮南子·齊俗》一段文字前已出現過"遁"字,其文曰:

顔闔魯君欲相之而不肯,使人以幣先焉,鑿培而遁之。

---

① 方向東:《大戴禮記匯校集解》上册,中華書局,2008年,第567頁。
② 以上各家説法,皆參看黃懷信主撰、孔德立、周海生參撰《大戴禮記匯校集注》上册,三秦出版社,2005年,第592–593頁。又可參看方向東《大戴禮記匯校集解》上册,第568–569頁。
③ 《魏源全集》第2册,嶽麓書社,2004年,第591頁。
④ 王利器:《風俗通義校注》,中華書局,2010年,第208頁。

後文也有"遁":

> 夫敗軍之卒,勇武遁逃,將不能止也;勝軍之陳,怯者死行,懼不能走也。

至於《淮南子》其他篇中多有"遁"字,爲何《齊俗》"遁患"的"遁"仍寫作"勝"？這其實不值得奇怪,《淮南子》用字前後不一致的情況並非罕見。例如"修"、"脩"二字就同時存在。本文一開頭所說的"敄志"的"敄",其他地方一般皆用"悖"字。可以想見,古書流傳過程中在用字方面會逐漸得到統一,《淮南子》中後來作"遁"的字,原本也不一定就寫作"遁"。至於"勝患"的"勝",大概人們很早就不太明白它的含義了,因此它一直沒有被改爲"遁"字。

二

《淮南子·人間》:

> 夫事之所以難知者,以其竄端匿迹,立私於公,倚邪於正,而以勝惑人心者也。若使人之所懷於内者,與所見於外者,若合符節,則天下無亡國敗家矣。夫狐之捕雉也,必先卑體彌耳以待其來也。雉見而信之,故可得而禽也。使狐瞋目植睹,見必殺之勢,雉亦知驚憚遠飛,以避其怒也。夫人僞之相欺也,非直禽獸之詐計也。物類相似若然,而不可從外論者,衆而難識矣。是故不可不察也。

上引一段話中的"勝惑",今人往往皆以"勝敗"之"勝"解之。① 其實,蔣禮鴻先生早在上世紀五十年代就有論説,他認爲"勝惑"的"勝"是一個錯字,其説云:②

> 禮鴻案:勝惑二字義不相屬,勝當作務,字之誤也。務讀爲瞀。《商君書·靳令篇》曰:"國以六蝨授官予爵,則治煩言生,此謂以治致治,以言致言;則君務於説,官亂於治(今本作言官亂於治邪,言字邪字衍)。"務與亂對,亦借爲瞀。③

---

① "而以勝惑人心者也"一句,陳廣忠《淮南子譯注》第908頁譯爲"而却以勝利迷惑人心";陳廣忠《淮南子斠詮》第1048頁同;許匡一《淮南子全譯》第1130頁譯爲"還用漂亮的外表來迷惑人心";陳一平《淮南子校注譯》第954頁譯爲"而用美好外表來迷惑人心";趙宗乙《淮南子譯注》第998頁則譯爲"用假象蠱惑人心",不知所據。
② 蔣禮鴻:《淮南子校記》,《浙江師範學院學報》1957年第1期;收入《懷任齋文集》,載《蔣禮鴻集》第四卷,浙江教育出版社,2001年,第233頁。
③ 又《淮南子·詮言》有"不得已而舞者,不矜爲麗",蔣先生認爲"矜"爲"務"之誤。見《蔣禮鴻集》第四卷,第227頁。可見蔣先生認爲在《淮南子》中,既有誤"務"爲"勝"者,也有誤"務"爲"矜"者。

張雙棣、何寧等先生皆引蔣説爲據。①

　　蔣説看起來是有一定道理的，而且他在別處還指出有"勝"誤爲"務"的例子。《韓非子·五蠹》"今學者之説人主也，不乘必勝之勢，而務行仁義則可以王"，蔣先生認爲"務行仁義"本當作"勝行仁義"。校者不得其解，疑"勝"爲"務"字之誤，因注其旁。乾道本並存"勝務"，而藏本、今本遂删"勝"字。②

　　不過，錯字之説終不能讓人滿意。我們想提出另外一種可能。

　　我們知道，清華簡用"訇"表示"勝"，《説文·言部》：

　　　　訇，騃言聲。从言、匀省聲。漢中西城有訇鄉。又讀若玄。𧧻，籀文不省。

由此可見，把"勝惑"讀爲"眩惑"是非常合適的。

非常湊巧的是，我們查到（明）張時徹《芝園外集》卷十四有這樣一段話：③

　　　　小人之害君子也，非直肆其凶暴也，竄端匿迹，立私於公，倚邪於正，而以眩惑人之心者也。

這段話中的"竄端匿迹"云云，顯然是引用前引《淮南子》一段話而來的，相當於"勝惑人心"的話正作"眩惑人心"。不知張氏實有所本還是以己意改之。無論如何，張氏對《淮南子》"勝惑人心"的理解跟我們的理解是相同的。

　　附帶説明一下。我們知道，"遁"有"欺"義，見於《廣雅·釋詁下》。王念孫曾多次指出古書中的"遯"或"遁"有此義。④我們曾經考慮過，"勝惑人心"或許可以讀爲"遯（遁）惑人心"。但是，古書雖然常見"欺惑"，却似乎從未見到"遁惑"。因此，"勝惑人心"大概還是以讀爲"眩惑人心"爲妥。

2012年10月20日

---

① 張雙棣：《淮南子校釋》，第1936頁；何寧：《淮南子集釋》，第1308-1309頁。
② 蔣禮鴻：《讀〈韓非子集解〉》，收入《懷任齋文集》，載《蔣禮鴻集》第四卷，第202頁。
③ 見《續修四庫全書》第1123册，上海古籍出版社，2002年，第576頁。
④ 參看王念孫《廣雅疏證》，江蘇古籍出版社，1984年，第71頁。又，王念孫《讀書雜志·漢書第十四·酷吏傳》"下上相遁"條、《讀書雜志·管子第三·法禁》"隱行辟倚、遁上而遁民"條，第375、433頁。

戰國晚期韓國疆域變遷新考*

吳良寶
(吉林大學古籍研究所)

　　戰國時期的韓國地狹國弱,在六國中率先爲秦所滅。關於韓國疆域的變遷,民國年間的學者鍾鳳年曾據《戰國策》、《史記》等加以概述,[①]當代學者還采納了部分出土戰國文字資料來考察其領土的盈縮,[②]有的還繪製了相應的疆域形勢圖。[③]本文擬在已有研究的基礎上,利用新見資料對戰國晚期韓國疆域變化作新的考察。文中采用的公元紀年數字均引自楊寬《戰國史》(1998年新版)附錄三"戰國大事年表",城邑的今地方位主要依據譚圖第一、二册。

　　根據《史記》等書記載,戰國晚期韓國疆域變化過程中的重要事件有兩項:一是公元前262年秦攻韓上黨並在十餘年後重新攻占韓國上黨郡;一是公元前231年韓國

---

* 本文是吉林大學基本科研業務費項目"戰國至秦、西漢初縣級政區沿革研究"(2014JQ006T)、國家社科基金重大項目"簡牘學大辭典"(14ZDB027)的階段性成果。

① 鍾鳳年:《"戰國疆域變遷考"序例》,《禹貢》第六卷第十期,1937年,第30、34-35、37-38頁;《"戰國疆域變遷考"序例(續)》,《禹貢》第七卷第六、七合期,1937年,第202、211-213頁。

② 李曉傑:《戰國時期韓國疆域變遷考》,《中國史研究》2001年第3期。此文內容後收入《中國行政區劃通史・先秦卷》,復旦大學出版社,2009年,第476-483頁。吳良寶:《〈戰國時期韓國疆域變遷考〉補正》,《中國史研究》2003年第3期。

③ 已有的疆域圖可參看:楊寬:《戰國史》"戰國時代初期形勢圖(約公元前350年左右)",上海人民出版社,1955年版,1980年版"戰國前期中原地區形勢圖(公元前350年)";譚其驤主編:《中國歷史地圖集》(以下簡稱爲"譚圖")第一册"諸侯稱雄形勢圖(公元前350年)",中國地圖出版社,1982年,第33-34頁;郭沫若主編:《中國史稿地圖集》(以下簡稱爲"郭圖")上册"戰國時期黃河中下游地區(前291年)",中國地圖出版社,1996年,第21-22頁;《中國古代歷史地圖册》,遼寧人民出版社,1980年,上册第21-22頁"戰國時期黃河長江中下游地區各國爭霸圖";李曉傑:《中國行政區劃通史・先秦卷》附錄10"公元前280年韓魏二國疆域形勢示意圖"(以下簡稱爲"李圖")第561頁,等。此外,陳偉《楚"東國"地理研究》(武漢大學出版社1992年)圖1"楚東國示意圖"、徐少華《周代南土歷史地理與文化》(武漢大學出版社1994年)圖2"春秋戰國時期楚國北部疆域變化與春秋楚縣分布"及有關章節也對韓、魏與楚國邊界的變化有比較詳細的討論,可以參看。

獻南陽於秦。下面就以這兩個事件爲中心，結合韓國兵器等銘刻資料，重新討論戰國晚期韓國疆域的變化。

一

公元前263年（韓桓惠王十年），韓國上黨郡降趙從而引發了長平大戰，這是戰國晚期的重大事件。雖然在魏、楚等國的幫助下，趙國解除了邯鄲之圍，魏國還趁機反攻至河東地區的吳，但六國從此再也無實力抵禦秦的統一戰爭。從《韓世家》桓惠王"二十六年（前247年），秦悉拔我上黨"的內容看，韓國上黨郡的土地確實因嫁禍於趙的計劃而得以保留，不過長平之戰後韓國上黨郡還殘留哪些城邑，史書沒有具體記載。傳世與新出土的韓國兵器、貨幣資料提供了相關信息。

《集成》11382有"十七年鹼令戈"，鹼地在今山西省霍州市。澳門珍秦齋收藏有韓兵"二十二年屯留令戟"，①某藏家收藏有韓兵"十二年介令戈"，②屯留在今山西省屯留縣南，"介"縣應是秦漢介休縣的前身，其得名與今山西省介休縣西南的介山有關（這與魏國的"涑縣"③得名於境内的涑水類似）。根據黃茂琳的意見，韓兵銘文中在"令"之後加上"司寇"爲監造者的時間不早於桓惠王九年。④從戈銘有"令"、"司寇"等監造者來看，這三件兵器的鑄造時間應該分別是在桓惠王的十七年（前256年）、二十二年（前251年）、十二年（前261年）。⑤

據《史記·秦本紀》、《韓世家》，上黨郡在降趙之後又一度爲韓國收復。陳偉認爲："在公元前260年長平之役後，上黨郡境並沒有爲秦人控制，而是重新爲韓國所有。"⑥楊寬説："《秦本紀》昭王四十八年既稱'盡有韓上黨'，必已盡取之。自魏、楚聯軍破秦軍於邯鄲，又大敗秦軍於河東之後，韓即必參與合縱攻秦，秦相范雎之封邑應既爲韓所收復，則上黨亦必爲韓所收復，蓋與趙之收復太原同時。故是年秦在攻趙再定太原之後，繼而攻韓，再悉拔韓之上黨。"⑦十七年鹼令戈、二十二年屯留令戟適可印證

---

① 蕭春源輯：《珍秦齋藏金·吳越三晉篇》，澳門基金會，2009年，第244頁。
② 見盛世收藏網站高古兵器欄目。
③ 李家浩：《先秦文字中的"縣"》，《文史》第二十八輯，中華書局，1987年，第53頁。韓自强：《過眼雲煙——記新見五件晉系銘文兵器》，《古文字研究》第27輯，中華書局，2008年，第323頁、第326頁圖二。
④ 黃茂琳：《新鄭出土戰國兵器中的一些問題》，《考古》1973年第6期，第377頁。
⑤ 吳良寶：《戰國時期上黨郡新考》，《中國史研究》2008年第1期，第57頁。吳良寶、張麗娜：《韓趙兵器刻銘釋讀三則》，《中國文字研究》第十八輯，上海書店出版社，2013年。
⑥ 陳偉：《晉南陽小考》，《歷史地理》第十八輯，上海人民出版社，2002年，第167頁。
⑦ 楊寬：《戰國史料編年輯證》，上海人民出版社，2001年，第1054頁。

史籍記載的韓國收復上黨地區的內容。而"十二年介令戈"則表明,韓國上黨郡的北界應在今山西介休縣一帶,這比通常認爲的最北界的"涅"地還要偏北。這幾件兵器直接證明,長平之戰後韓國至少從桓惠王十七年開始仍保有其上黨郡西部的氐、東部的屯留等地。相應地,原屬韓上黨郡的介休、長子、銅鞮等地也仍爲韓所有。舊以爲桓惠王十一年之後韓國無河水以北的上黨郡地的意見①是不可取的,認爲韓國重新奪回上黨地的時間大約在桓惠王十五年至二十五年間的意見也是不準確的。②

長平戰後韓國上黨郡地的四至,可在史書記載與戰國文字中找到一些綫索。

《戰國策·齊策三》"國子曰秦破馬服君之師"章云:"秦破馬服君之師,圍邯鄲,齊、魏亦佐秦伐邯鄲,齊取淄鼠,魏取伊氏。"伊氏在今山西安澤縣,長平戰後應一直屬魏。韓國另有"濩澤君七年戈"(《豫選》156),戈的鑄造不晚於桓惠王時。濩澤在今山西陽城縣西。伊氏、端氏、濩澤大概是此時韓上黨地的南部城邑。

秦攻取野王而導致韓上黨郡與國都的聯繫通道斷絶,可見韓上黨郡的南端就在野王一帶。湖北雲夢睡虎地秦墓出土的有秦昭王時烙印文字"五十一年曲陽工五邦",③曲陽是魏地(在今河南濟源市),這件烙印文字的時間是在公元前256年。這説明當時韓、秦的分界應在曲陽的東面。

《秦本紀》載,秦昭王四十八年(前259年)"王齕伐趙武安、皮牢,拔之",五十年"十二月,益發卒軍汾城旁"。皮牢在今山西翼城縣東,汾城在今侯馬市北。二地在長平之戰後才落入秦國之手。因此,韓上黨郡的西界應在皮牢、汾城、氐一綫。④

從間接材料看,戰國晚期趙國三孔布面文中有"上艾"、"閼與"、"余吾"(分別見《貨系》2478、2480、2482。其地望分別在今山西平定縣東南、和順縣、屯留縣北)等鑄造地名,其鑄造時間不會早於前249年。⑤這説明秦國重新攻占韓國上黨之前,韓、趙在上黨地區的東部大致是以涅——閼與——屯留一綫爲界。

---

① 李曉傑:《戰國時期韓國疆域變遷考》,《中國史研究》2001年第3期,第25頁;李曉傑:《中國行政區劃通史·先秦卷》,第483頁。今按,後者已敘述到桓惠王時曾經一度奪回上黨郡地(第453頁),但該書483頁又説桓惠王十一年之後河水以北無韓地,前後未能盡改一致而自相矛盾。

② 李曉傑:《中國行政區劃通史·先秦卷》,第426、482頁。

③ 雲夢睡虎地秦墓編寫組:《雲夢睡虎地秦墓》,文物出版社,198年,第6頁圖七。

④ 曾見私家收藏的一件韓兵"莆子戈","莆子"地望在今山西隰縣或蒲縣境。從這件"莆子戈"來看,莆子曾一度歸屬韓國,屬於上黨郡地,惜銘文的紀年數字已殘去,不便判斷莆子屬韓的年代。前247年秦國重新佔領韓國的上黨、趙國的太原,這應是莆子屬韓的時間下限。

⑤ 裘錫圭:《戰國貨幣考(十二篇)》,《北京大學學報》(哲學社會科學版)1978年第2期,第76頁。何琳儀:《余亡布幣考》,《中國錢幣》1990年第3期。

從上面的梳理可以看出,"郭圖"、"李圖"所繪長平戰前的韓國上黨郡示意圖大致可信,但也有需要修正的地方。比如,"郭圖"將閼與標在今山西和順縣,將閼與、橑陽都看作韓上黨地就是不可靠的;"李圖"將皮牢等趙國的插花地劃歸韓上黨、將端氏與河雍一帶歸入趙地,將曲陽劃爲韓地,將巘、介休等韓地劃歸秦國等等,都是有問題的。總之,前263年韓國通過嫁禍於趙,基本上保全了黃河以北的上黨郡之地,領土損失並不大。直到公元前247年秦國重新占領上黨,韓國才丟失了黃河以北的全部土地。不過,此時的形勢已大不相同:北面,趙國再度失去晉陽地區;黃河以南,韓國已丟失成皋、滎陽,導致上黨郡與國都的聯繫通道斷絕,結局已無可挽回。

二

韓國黃河以南的領土範圍,主要由三川地區、南陽地區以及都城新鄭周圍組成。其中,三川地區最早被秦所侵占,南陽次之,新鄭最後陷落。

據《史記·秦本紀》、《白起列傳》等的記載,到了韓桓惠王十一年,韓國的三川地區多已丟失,其西部疆土保持在緱氏、綸氏、負黍一綫。桓惠王二十六年之後至韓王安即位時(前247年—前238年),都城新鄭的北面已無成皋、鞏、滎陽(《秦本紀》、《韓世家》),西面已無陽城、負黍,這些都是比較清楚的。此外,韓兵有"十七年安成令矛"(《豫選》150)、"六年鳌令矛",①銘文中均有"司寇"這一級別的監造者,可定爲桓惠王、韓王安時兵器。安成(城)在今河南原陽縣西,鳌在今鄭州市西北,這是戰國末期韓國領土的北端。

秦界向東具體推進到汝水上、中游的何處位置,史無明文記載。新見的兩件韓國兵器提供了重要信息。

某藏家收藏的"二十三年新城令矛",銘文中有"令"、"司寇"等監造者。"新城"還見於韓宣惠王時"八年新城大令戈"②(《集成》11354)等,地在今河南伊川縣西南。根據黃茂琳的研究意見,韓兵刻銘中在"令"之後增加"司寇"爲監造者的時間不早於桓惠王九年(引按,根據新出資料應改在八年③)。據此,這是一件韓桓惠王時兵器,具體的鑄造時間爲公元前250年。這説明桓惠王二十三年韓國一度收復了新城。

---

① 新疆維吾爾自治區博物館編:《青銅文明 中原瑰寶——河南夏商周出土文物展》,新疆人民出版社,2011年。
② 陳偉:《楚"東國"地理研究》,第204、205頁注釋43。
③ 吳良寶:《談韓兵監造者"司寇"的出現時間》,《古文字研究》第28輯,中華書局,2010年,第348、349頁。

從"二年梁令矛"①以監造者爲"令"與"司寇"、銘文末尾綴有"戠束"等特徵來看,應是一件韓國兵器。韓國的"梁"地又稱"南梁",在今河南汝州市。"二年梁令矛"的具體鑄造時間只能是韓王安二年(前237年)。這個資料表明,直到韓王安即位初,韓國一直據守汝水上游的"梁(南梁)"地,使之成爲保衛南陽地、都城新鄭的前哨。

桓惠王、韓王安時的兵器地名還可以進一步幫助廓清韓國疆域的南界,補充《史記》等史書記載的缺失。

《新收》1090的"十年汝②陽令戈"是一件桓惠王時的兵器,戈銘"汝陽"就是《戰國策·秦策三》的"汝南",舊以爲在河南商水縣一帶是不可信的,③根據實際情形推測可能在今河南郟縣一帶。④而《集成》11565號"二十三年襄城令矛"、《新收》1900"六年襄城令戈"分別是桓惠王、韓王安時期的兵器,戈銘"襄城"在今河南襄城縣,證明這一帶在桓惠王、韓王安時期一直是韓國領土。此外,桓惠王時兵器"二十七年安陽令戈"(《新收》1493)、韓王安時兵器"六年安陽令矛"(《集成》11562)表明,這個"安陽"在韓國滅國之前不久一直未被秦占領,惜其地望待考。或誤以爲《水經注·河水四》安陽溪所經之安陽,而《漢志》汝南郡的安陽與此時的韓國疆域也過於懸遠,⑤屬韓的可能性非常小。地望同樣待考的還有《集成》11564號韓王安四年的兵器銘文中的"囗雍"。

上引"汝陽"、"襄城"等兵器鑄造地,不僅標明了韓國南部疆域的範圍,也爲討論韓國滅國前夕所獻"南陽地"的範圍增加了可靠的史料。《秦始皇本紀》載"十六年九月,發卒受地韓南陽假守騰",《六國年表》記此事作"發卒受韓南陽"、"韓王安八年秦來受地"。這個"南陽"的地理位置應如清代學者全祖望所言"非故晉所啓之南陽也"、"蓋潁川之西……與楚南陽接"。⑥通過繫聯戰國末期韓國兵器銘文中的地名,可以看出它的具體範圍應在今河南魯山、寶豐、郟縣、襄城一帶,這個內容正好補

---

① 韓自强:《過眼雲煙——記新見五件晉系銘文兵器》,《古文字研究》第27輯,中華書局,2008年,第327頁圖三。
② 何琳儀:《莒縣出土東周銅器銘文匯釋》,《文史》總第五十輯,中華書局,2000年,第27頁。
③ 清華簡《繫年》第十八章簡一○○有"汝昜",整理者疑即《漢志》汝南郡女陽縣地,在今河南商水縣西北,說見清華大學出土文獻與保護中心編、李學勤主編《清華大學藏戰國竹書(貳)》,中西書局,2011年,第182頁注釋一一。這兩個"汝陽"爲同名異地關係。
④ 吳良寶:《魏韓兵器考釋三篇》,《湖南省博物館館刊》第六輯,嶽麓書社,2009年,第196頁。
⑤ 黃盛璋:《試論三晉兵器的國別和年代及其相關問題》,《考古學報》1974年第1期。吳良寶:《〈戰國時期韓國疆域變遷考〉補正》,《中國史研究》2003年第3期。
⑥ 全祖望:《漢書地理志稽疑》卷一"南陽"條,《全祖望集彙校集注》下册,上海古籍出版社,2000年,第2487頁。

充了史書記載的不足。下面試作説明。

《韓非子·定法》云："應侯攻韓，八年，成其汝南之封。"據《范雎列傳》"秦封范雎以應"，時在秦昭王四十一年（前266年）。《戰國策·秦策三》"應侯失韓之汝南"章"秦昭王謂應侯曰：'君亡汝南國，其憂乎？'"，諸家多定策文年代在公元前257年信陵君破秦於邯鄲之時。這説明桓惠王十六年時韓國重新奪回了今河南魯山縣東的應地。上引"二十三年襄城令矛"、"六年襄城令戈"等器表明韓國一直占據今襄城、魯山縣一帶。

"八年陽翟令矛"（《新收》583）、"十六年陽翟令戈"（《豫選》154）銘文均以"令"與"司寇"爲監造者，可定爲桓惠王時器。從陽翟的地理位置以及韓王安八年獻南陽、九年滅國來看，前者是王安時兵器的可能性也不能完全排除。

綜合上舉資料，可以勾劃出韓國南部疆域的輪廓：桓惠王十六年時，趁信陵君破秦之際收復了應地，二十三年時還一度收復了新城，北面則保有鄩、安城；直到韓王安時，西界仍保有梁、南界包括襄城等，北面就是舊都陽翟等城邑。

簡 稱 對 照

《集成》——《殷周金文集成》，中國社會科學院考古研究所編，中華書局，1984—1994年。

《豫選》——《河南省博物館館藏青銅器選》，任常中主編，第156號，香港攝影藝術出版社，1999年。

《貨系》——《中國歷代貨幣大系·1先秦貨幣》，汪慶正主編，上海人民出版社，1988年。

《新收》——《新收殷周青銅器銘文暨器影彙編》，鍾柏生、陳昭容、黃銘崇、袁國華編著，臺北藝文印書館，2006年。

審音派形成的地域性分析

徐道彬

(安徽大學徽學研究中心)

何九盈先生在總結清代學術興盛與語言學的關係時概括指出"乾嘉時代的語言文字學起源於安徽的徽州府。徽州是經學淵藪,故有樸學。江永、戴震、程瑤田、江有誥等人,都出生在這個山區",清代小學研究水準之所以超越前代,在很大程度上得益於乾嘉古音學的興盛與推動,而"古音學的發展是乾嘉語言學興旺發達的決定因素"。①此言可謂高屋建瓴、切中肯綮地總結了清代小學鼎盛與徽州學者以及徽州方言的關係。而江、戴等人的古音學研究,尤其是審音方法的提出和運用,又與徽州方言的自然條件有着不可分割的密切聯繫。

一

徽州的語言文字學保存了中國傳統小學中的字書音、形、義的基本内涵,而在字音方面更有所突破。明代以後,徽州學者在傳統的文字形義學方面的傑作,就有黄生《字詁》與《義府》、吴元满《六書正義》、凌立《字境》、詹景鳳《字苑》、遊遜《字林便覽》、江紹前《金石録》、許楚《金石録》、方成培《金華金石文字記》、巴樹穀《蟫藻閣金石文字記》、吴玉搢《金石文存》、吴穎芳《金石文釋》等。還有許多無名氏的著作和鄉土文化讀本,如《鄉音字彙》、《祁閶正聲》、《休邑土音》、《土音千字文》等,其中最重要也最多見的是《鄉音字彙》,有十幾種不同的版本。如此衆多的文字著述,表明徽州人在文字、音韻、訓詁、金石等方面具有深厚的傳統積澱,並形成了具有地域特色的語言學風格。尤其因中古時期徽州地區的土著語音和來自不同區域其

---

① 何九盈:《乾嘉時代的語言學》,《北京大學學報》1984年第1期。

他方言的交流碰撞，使語言混亂複雜起來。爲了人際交往的需要，他們既要保持自己本來的語音以對內交流，又要適應外來其他方言的壓力，他們不得不在語音上多下工夫，所以出現了許多《鄉音字彙》之類的關於語音文字的小册子，以應付在外的語言運用和交流。

有關徽州土著語音差異給人們生活帶來的不便，清末徽州知府劉汝驥説："居山之人唇舌多厚，出音多鈍。休寧面積多山，故方言未能普通，率二三十里而一變。流口以上一口音也，小碗以上一口音也，龍灣以上一口音也，與婺、祁近，而祁人之鼻音，與婺人之唇音，皆潛滋浸潤於其間。岩脚以上一口音也，休城以上一口音也，與黟、太近，而黟人之牙音，太人之喉音，胥依稀影響於其際。屯溪以上一口音也，草市以上一口音也，下與歙邑毗連，歙音和平，故屯溪以下略似之。最難解者，屯溪一帶水間泛宅浮家，欸乃相語，即世居屯溪者，聞而不知所謂。今欲求統合之方，非各鄉學堂添一國語科不可。"① 劉氏各處巡查，知各處語音之不同，即使在一鄉一村中也粗雅不一，欸乃相語，相視茫然。又特爲表出祁門、黟縣、績溪之間風土與鄉音之關係，稱"祁處萬山，土音極重，甚至相去一二里，邑人對語，驟難領會。城鄉自呼爲我，南鄉自呼爲儕，東、北兩鄉各自爲呼。東鄉地近休邑，言語和平；西、南鄉地鄰江右，言詞似覺粗雄；近城一帶平易近人，與城闠相似；北鄉地居峻嶺，人民樸實，出言似無誇詐"，而"黟地土音，大抵沿唐宋之舊，佶屈聱牙，不易辨曉。如朝奉、孺人等名稱，讀書人皆笑之"，"績之方言，外縣人聽之，幾如鈎輈格磔，有音無字者有之，有字而諧音翻變者有之。學界中未出里門者，並不能學普通語"。所以，徽州當地人一般會說兩套話：一則用於本地人之間的語言交流，二則用於一府或一縣的近似"普通話"。此外，科舉應試者、"學界中能出里門者"，以及那些有能力往來於各大商埠或官府的人，還需要能夠説些更高級別的官話。《徽州府志》載："徽人以言語去官字差遠，出仕應付既煩遣詞，又復調音，往往多誤。竊謂變俗之道在於縉紳，如士大夫家訓子弟誦讀，皆作官話，則童而習之，入官則無佶屈之苦也。"② 徽州士子必須學習方言和官話，兩種語言皆需熟練，才能"入官無佶屈"。如此這般，也迫使他們不得不用心於語音的把握和探究。

---

① 劉汝驥：《陶甓公牘》，黃山書社，1997年，第589頁。以下引語皆見同卷中所述各縣之方言。近現代以來的語音調查和語音研究，一直將徽州作爲"未明方言區"處理的，其難以定奪的原因是其既有吳語和客、贛方言的特點，也有江淮官話和閩方言的成分。所以，直到20世紀80年代後期才確定其爲"徽州方言"。這些問題與此地的歷史、經濟、地理、語境、環境等因素都有密切關係。那麼，要解答徽州地區語音的特殊性與區別特徵，就是一個重要的理論課題。

② 《徽州府志》之《序》，康熙三十四年刊本。按：歙縣在明清時既是縣邑，也是徽州府治所在，故整個徽州人在外多泛稱爲徽人或歙人。

若從事物的另一方面來看,徽州土音雖然"沿唐宋之舊,佶屈聱牙,不易辨曉",給當地民衆帶來諸多不便,但是也給有心人以主觀的啓示與探討。"邑人對語,驟難領會"的"唐宋之舊",也爲他們研究中古音乃至上古音,提供了第一手的原始語音資料,並從中歸納總結出語音發展的歷史脈絡,從而上升到音韻學的理論系統。

徽州原爲蠻夷之地,自中原各族的加入,使得居民來源不一,而一府六縣的方言也各不相同。徽州自孫權討平山越後,作爲江南的一部分,在西晉以前其居民的方言都是清一色的吳語。東漢時班固、許慎稱新安江流域爲"南蠻夷"地區;吳晉之時吳語伸展到此;永嘉之亂,大批中原士人湧過淮河,僑居長江中下游兩岸,北方話自然入據了江淮之間,進而滲進皖南山區,形成徽州方言,它是一種與一般普通話差別很大的土語群,包括歙縣話、績溪話、休寧話、黟縣話、祁門話、婺源話六類社區方言。徽州方言跟吳語方言有一些聯繫,而古徽州區域內各縣的方言又互有差異,它是經過數百年的融合之後既有多種個性,又有統一性的方言整體,無論語音、辭彙、語法諸方面,都有其自身的規律和共同的特點。語音上,大多數縣區都有尖音;鼻音聲母η跟K、χ爲伍,同是標準的舌根音;没有"日[z]"母而有"[n]"母。n化韻很重。這種帶n尾的詞,在性質功能方面類似普通話的兒化詞,所不同的是非卷舌音;徽州方言有入聲,不分陰入和陽入,入聲近似吳方言的喉塞聲,但又不是真喉塞聲。這種獨特的方言詞,各縣有異,來源不一。魯國堯先生結合自己多年的通泰方言研究,並與徽州方言加以比較,認爲通泰與徽州方言:(1)古全濁聲母都清化,而且今音逢塞音和塞擦音不論平仄都送氣。(2)古平上去入四聲,因聲母的清濁而產生分化。(3)連調規律簡單,幾乎没有什麼變調。陰聲韻蟹效流攝的韻母多爲單母音,陽聲韻尤其是古佲音的咸山宕江攝多無鼻音尾,或主母音鼻化。古全濁去及全濁上,如果不獨立爲陽去的話,則並入陰平。(4)大多數區縣只有前鼻韻母,鼻音聲母和唇齒濁擦音能自成音節,並且都有入聲,還分出陰入和陽入。① 當然,徽州方言是一種混合性方言,其中的問題極其複雜,交光互影,一言難盡。許承堯說:"六邑之語,不能相通,而一邑中四鄉又復差別,非若北省中州吳楚滇奧,方音大抵相類。蓋由父兄師長,不於少時教以調葉也。《記》云:人生七歲,不雜方言。其責則端在於鄉里之明達者矣。"② 欲統一語音,便於交流,還得鄉里明達來負責此事。

---

① 20世紀20年代,劉半農指導魏建功作徽州方言調查,於是有魏著《黟方音調查錄》;30年代後趙元任、羅常培、楊時逢、張琨相繼介入,但都無理想的結果。近年來,日本學者平田昌司的《徽州方言研究》(日本東京好文出版社1998年版)得到了語言學界的推重,魯國堯結合自己通泰方言的研究,對此書寄予較高評價,並由此證發了貯胸多年的問題,他在此書序言中多有指正,可參見。

② 許承堯:《歙事閑譚》,黃山書社,2001年,第607頁。

關於徽州方言的複雜難懂，古人已有記述。褚人獲的《隋唐演義》第27回有這樣一個故事：隋煬帝見一宮女有色，問答之間，帝不省一字，衆人好笑。蕭後喚來王義做翻譯，一問一答竟如鸚鵡劃眉在柳蔭中弄舌啼喚，婉轉好聽。王義後來告訴帝后：此女乃徽州歙縣人也。徽州民謠有言："篁墩草市對溪東，咫尺鄉音大不同。"鄉音於咫尺之內皆難聽懂，何況異地之人？由此可見徽歙方言的複雜難懂。又如，宋王安石有詩《寄沈鄱陽》："曉渡藤溪霜落後，夜過肇嶺月明中。山川道路多良阻，風俗謠言苦未通。"肇嶺即今績溪縣的大源鄉，外地遊子欲問路，只可惜"風俗謠言苦未通"，加之山路難走，其苦自不堪言。

徽州人自己對六邑異音也深感難通，稍有文化者如當地文人，塾師也多編有方言手册之類的語言資料，如歙人黄宗羲所作《古歙方音集證》二卷；清休甯人胡柏著有《海陽南鄉土音音同字異音義》；黟縣人胡尚文《黟音便覽》、無名氏《新安鄉音字義考正》等。① 章太炎在分析中國方言種屬時曾指出："東南之地，獨徽州、甯國處高原爲一種。厥附屬者，浙江衢州、金華、嚴州；江西廣信、饒州也。然山國陵阜，多自隔絶，雖鄉邑不能無異語，大略似也。"② 根據近現代語言學家對徽州方言的研究發現，徽州一府六縣現存有十幾種互相不通用的語言。究其原因，徽州居民來源複雜，又是聚族而居，而來自不同時間、不同地點的中原移民的方言本身又有差別。加之中原移民在輾轉移入徽州之前，又在中途居住或逗留，與周邊的地區方言交叉融合過，自然地會打上一些地域方言的印記。於是形成了徽州"六邑之語不能相通，非若吳人，其方言大抵相類"。③ 如此狀況，在萬曆年間的《歙志》中也有記載："西浙、東吳諸郡，山少水多，大都澤國。故其風俗無甚懸殊，淳澆仿佛遞降，聽其語音而可知也。徽郡中，無論各縣語音殊異，即一縣四鄉，一鄉各里，亦微有殊。此無他，隔水尚通聲，隔山則隔氣耳。"④ 此外，徽州封閉式的地理環境對外界社會的影響也容易遮罩，也就相應地保存了中古語音的原始性。所以，相比於其他地方的學者，徽州學者在解讀古人言辭時，相對比較容易。譬如，乾嘉時歙人黃承吉有《字詁義府合按》，按語中有很多以徽歙方言解釋古語辭的音義。茲摘錄如下，以窺其豹。"樠塵"條載："歙語謂凡物之尾皆曰督，乃聲音文字之精蘊流傳於婦孺之口者。各方之音，皆有精蘊，而人動輒以俗語土音鄙之，何怪聲音不通以致文字不明。不知聲音文字，乃合九州之口舌言語湊會

---

① 參見蔣元卿著《皖人書錄》，黄山書社，1989年。
② 章太炎：《檢論》，浙江人民出版社，1998年，第275頁。
③ 《徽州府志》，明嘉靖年間刊本。
④ 《歙志》卷五《風土》，萬曆五十七年刻本。

而成，猶水之彙集衆流而後成川，故聲音一本於水土。若後世之執一指字專爲中州音者，猶之執一指水專爲中州之水。其水雖在中州，而不知其乃先已匯合衆流而至也。是在喻之者矣。"①又"中宗"條載："此條人讀之罕有喻者，惟歙人喻之。何也？ 各方衆與仲無異讀，公乃以讀衆音爲誤，而特正爲讀仲，其説係屬論音而非論義，他方之人從何而喻之。不知歙音有兩去聲，衆與仲用並不一讀。若東字之去洞與凍亦不一讀，凍之音如衆，洞之音如仲用。所以公以仲用相切，在歙音則用不能切衆也。此非筆墨所能寫出，他方口中亦不能讀出，無從喻人，惟有歙人自喻。"又"好"條載："因不知聲，遂不知義。然若非明乎曲字，即無由解畜與好之聲義，無怪《孟子》不能明矣。至讀好如吼，吾歙正有此音，似不必反引《拊掌録》以爲陝讀如是。蓋歙語讀厚、後等字，原皆如好，固知聲音非可以一時一方之口舌論也。"黄承吉認爲"聲音一本於水土"，"各方之音，皆有精藴"，徽州方言保存了古音古義，所以"他方口中不能讀出，惟有歙人自喻"。書中如"吾鄉語正合古音"、"吾鄉正作此音"等多見。

總而言之，徽州方言是在中原漢人的語音基礎上，吸收融合了山越人的語言，以及周邊贛語和江淮話，而逐漸形成内部分歧較大的一種特殊語言。徽州特殊的方俗難通之語，對於細心的人，尤其是那些爲科舉而必須懂得官話的學子而言，他們往往在學習和生活之中能够體悟出其中的分歧及聯繫，尋找其間的差異和紐帶。而土音就是古音，方言就是古語，所以江、戴等徽州的學者具有先天性的語言優勢。他們對審音方法既能創立出來，又能形成理論體系，知其然而又知所以然，不像段玉裁那樣發現了之、脂、支之分，却至死不明其理，其原因也與其不知審音有很大關係。

二

王力《清代古音學》綜論有清一代研究音韻學的十位大家，其中徽州本土學者就占了三大家，即江永、戴震、江有誥，並且都是審音派。② 爲何徽州學者能通審音之法，而當時第一流的音韻學家如段玉裁和二王父子之輩，却不知審音，究其實還是得益於地域方言的啓示。江永是此派的發明者，有創始之功；戴東原考古與審音並用，使古音分部趨於合理；江有誥在清代古音學上的成就超越前輩，其"審音之精還勝過江永

---

① 黄生著，黄承吉合按：《字詁義府合按》"橅塵"條，《黄生全集》，黄山書社，2004年。
② 除本土學者外，如朱駿聲爲黟縣訓導多年，黄承吉爲黄生族孫、旅外徽州人，他們的音韻學研究也都得益於徽州方言。

一籌。江有誥考古之功又不讓段、孔。所以我們説,江有誥是清代古音學的巨星"。①徽州的音韻學家都是從徽州方言中所殘存的古音方音入手,並將書面語和口語結合起來,藉以考察歷代經典古籍中的文字音韻,由此發現和解決問題,這是他們得天獨厚的自然條件和刻苦鑽研的豐碩成果。

對於徽州山區的語音種類及其變化,清中葉徽州人黃宗義(字蓮坡)曾著有《古歙鄉音集證》二卷,其自序:"吾歙土音,四鄉差異,東南北則重而濁,西則沉而柔。即西之一隅,相去數里,亦稍稍有不同者。其鄉語中多若有音無字,然而尋繹其義,字書未嘗無有,特語音轉變,唇齒不清,故失之耳。不揣固陋,略爲考證,得字若干,類錄於左。若夫東南北三鄉語,未得盡悉,不敢謬及。"②在此之前,鄉賢黃生、江永等人對"有音無字"和"語音轉變"的情況已有所研究。黃氏《字詁》於"一聲之轉"多有發明,江氏《音韻闡微》對古音方音從實踐與學理的多層面加以探討,其《古韻標準·例言》有論:"人靈萬物,情動聲宣,聲成文謂之音。錯綜縱横,四七經緯,由是侈弇異呼,鴻殺異等,清濁異位,開發收閉異類,喉、牙、齒、舌、唇,輾轉多變,悉具衆音。音之諧謂之韻。前聖作書,江从工,河从可,霜从相,即韻之萌芽。古人命物,日者實,月者缺,水者准(古音之水切),水火毁(古音虎洧切),亦韻之寄寓。屬而爲辭,詩歌箴銘,宫商相調,里諺童謡,矢口成韻。古豈有韻書哉? 韻即其時之方音,是以婦孺能知之協之也。時有古今,地有南北,音不能無流變。"③江氏既能知"時有古今,地有南北",而由《詩經》《楚辭》歸納古聲韻的規律變遷,又能通過"里諺童謡,矢口成韻",而演繹出審音之法。所以,周祖謨説:"江永這部書既能采擇前人的長處,又有個人獨到的見解,而成一家之言,因此大爲研究古韻者所重視。他研究古韻,以《廣韻》爲階梯,特别注意審音。他批評陳第説:'陳氏但長於言古音,若今韻之所以分,喉牙齒舌唇之所以異,字母清濁之所以辨,概乎未究心焉,故其書皆用直音。直音之謬,不可勝數。以此知音須覽其全,一處有闕,則全體有病。'所以他在《古韻標準》中爲字注音,不取直音,而用《廣韻》反切。如果古音歸類不同於《廣韻》,就參酌《廣韻》音的韻等和聲類,另擬一反切。這比前人以己意推測古讀,而不顧字母清濁和韻類洪細高明多了。"④

在江永的三部音韻學專著《音學辨微》、《古韻標準》和《四聲切韻表》中,《古韻

---

① 王力:《清代古音學》,中華書局,1992年,第208頁。
② 許承堯:《歙事閑譚》,第723頁。
③ 江永:《古韻標準·例言》,中華書局,1982年。
④ 周祖謨:《周祖謨語言學論文集》,商務印書館,2001年,第360—363頁。

標準》四卷論先秦古韻,平上去三聲分古韻爲十三部,入聲另分八部。《音學辨微》和《四聲切韻表》論等韻問題,言古韻而不廢今韻,而古韻之離合也有關於今韻。三書雖然各有側重,但隨處可見其以徽州方言證明古音問題的例證。如《古韻標準·例言》載:"韻書流傳至今者,雖非原本,其大致自是周顒、沈約、陸法言之舊,分部列字,雖不能盡合於古,亦因其時音已流變,勢不能泥古違今。其間字似同而音實異,部既別而等亦殊,皆雜合五方之音,剖析毫釐,審定音切,細尋脈絡,曲有條理。其源自先儒經傳子史音切諸書來,六朝人之音學,非後人所能及,同文之功,擬之秦篆,當矣。今爲三百篇考古韻,亦但以今韻合之,著其異同斯可矣。"《古韻標準》全書"剖析毫釐,審定音切",考古審音並重,等列開合清晰,並在許多地方以徽州土音爲證,揭示古音變化與方言轉注之間的關係。如平聲第一部總論中言:"此部東冬鍾三韻本分明,而方音脣吻稍轉,則音隨而變。試以今證古,以近證遠,如吾徽郡六邑,有呼東韻似陽唐者,有呼東冬鍾似真蒸侵者,皆水土風氣使然。""《詩》中亦有從方音借韻者,東冬鍾既借侵,亦可借蒸,皆轉東冬鍾以就侵蒸,非轉侵蒸以就東冬鍾也。要之,此皆方音偶借,不可爲常。""審定正音,乃能辨別方音,別出方音更能審定正音,諸部皆當如此。""考古貴原情,立論貴持平。"①江永認爲,東冬鍾三韻,本來分明,但方音脣吻之間稍微轉動,便音隨而變。於是分古韻爲十三部,爲使入聲相配,提出"異平同入",即數韻可共一入聲,如此分類法應該與徽州的方言俗語都有入聲的現象很有關係。江氏又言:"如吾徽郡六邑,有三四邑之人呼麻韻中'麻沙差嘉'等字皆如古音,他方可知矣。大抵古音今音之異由脣吻有侈弇,聲音有轉紐,而其所以異者,水土風氣爲之,習俗漸染爲之。人能通古今之音則亦可以辨方音。入其地,聽其一兩字不同,則其他字可類推也。"②

方言的形成,其音或變聲相轉,或疊韻相迤,那麼研究古聲韻的變化,根據土音語轉則是一個重要途徑,而徽州俗語方言正合於此。劉汝冀說:"歙地多山,方言閱數里而一變。下西鄉一帶較平曠,故自潭渡、鄭村至岩寺、長嶺橋以上,迤邐二十餘里,鄉語略同;上西鄉則懸殊矣;東鄉方言亦不甚相遠;惟南鄉邊境與北鄉黃山深處,出言竟不易曉。總之,音以近郭爲客,去城愈遠,言之相去亦愈遠。紳士及慣旅行之商界中人,往往能說普通官話,然亦有宦遊數十年仍操土音者。"③能將"普通官話"和"操土音"結合起來,既不失考古,也重視當下,故江永的著述中常見鄉音文字,以爲論說

---

① 江永:《古韻標準》"平聲第一部總論",中華書局,1982年。
② 江永:《古韻標準》"平聲第八部總論"。
③ 劉汝驥:《陶甓公牘》,黃山書社,1997年,第582頁。

之證據。如《音學辨微》"二辨四聲"條載:"去聲逢濁位,方音或有似入者。婺源土音如此。"又"六辨疑似"條載:"吾、五舉世呼之似喻母,一若吾爲烏之濁,五爲鄔之濁者。然吾婺源西北鄉有數處,呼之獨得其正。天下何地無正音人,自溺於方隅,不能以類推耳!"①又該書附錄"榕村等韻辨疑正誤"條載:"即如吾婺源人呼群、定、澄、並諸母字,離縣治六十里以東,達於休寧,皆輕呼之;六十里以西,達於饒,皆重呼之。南方何嘗無呼群母字爲溪濁聲者乎?""公,南方安溪人,其呼第三字爲第一字濁聲乎。一方如此,他方未必然。即一縣中亦有不盡然者矣。平原氣同,山谷氣異,風土習俗之常,何可劃南北以爲限也。"②從江氏言辭中可見,其音韻研究在很大程度上與他的徽州方言土語有着絕大的聯繫,以審音的意識看待古音變化。同樣,其《四聲切韻表·凡例》也以考古與審音相結合的手法,討論時空變化下的古音與方音的相互作用與影響,以及今人如何對待的問題,稱:"數韻同一人,非強不類者而混合之也,必審其音呼,別其等第,察其字音之轉,偏旁之聲,古音之通,而後定其爲此韻之入。即同用一人,而表中所列之字,亦有不同,蓋各有脈絡,不容混紊,猶之江漢合流,而《禹貢》猶分爲二水也。"江永注重以等韻之法審析音理,考鏡源流而知前人不知審音,故有辨析不明,甚至"紛如亂麻"的糾結之狀況,指出:"顧寧人《古音表》乃以泰承佳蟹,卦承皆駭,怪承灰賄,夬承咍海,隊代皆無平上。一韻失次,諸韻皆誤。又以月爲泰入,没爲卦入,曷爲怪入,末爲夬入,點爲隊入,轄爲代入,亦非其倫類。蓋顧氏等韻之學甚疏,故至此茫然,紛如亂麻。今正之。"③江永稱顧氏"考古之功多,審音之功淺",於是以考古結合審音,分析古音韻部比顧炎武多出三部(真與元、侵與談、幽與宵皆分),將顧氏並入陰聲的入聲獨立出來,提出"斂侈"之說和"異平同入"之說,開創了音韻學研究的新領域。江氏曰:"聲音之理,異中有同,同中有異;不變中有變,變中有不變。"④"音中有異時而漸變,亦有同時而已殊。""凡一韻之音變,則同類之音皆隨之變。雖變而古音未嘗不存,各處方音往往有古音存焉。"⑤江氏既重考據,又重推理,以文獻考古爲主,輔以審音之法,將考古、審音如"江、漢合流"一般合同共用,解決亙古疑難,也成爲審音學研究領域的開山之祖。

可以說,徽州方言的歧異性及其內部差異有利也有弊。弊在語言的交流困難,利在學者研究古方音,可因此而得益。對於徽州人而言,此可謂得天獨厚的條件。戴震

---

① 江永:《音學辨微》之"六辨疑似"條,《叢書集成初編》本。
② 江永:《音學辨微》之"榕村等韻辨疑正誤"條,《叢書集成初編》本。
③ 江永:《四聲切韻表·凡例》,《叢書集成初編》本。
④ 江永:《古韻標準》"平聲第三部總論"。
⑤ 江永:《古韻標準》"平聲第八部總論"。

早年就曾應試於內，商賈於外，周旋和困頓於方言與官話之間，故而用心於考古與審音，探究古音、方言、官話之間的聯繫和規律，也是自然之事。故其25歲時所作《轉語》一書，就以審音之法研究語音的歷史變遷之迹。序文中，戴震即以徽州方音爲例證，求取古今音變的軌跡，稱："就方音言，吾郡歙邑讀若'攝'，失葉切。唐張參《五經文字》、顏師古注《漢書地理志》已然。歙之正音讀如'翕'，翕與歙，聲之位同者也。用是聽五方之音及少兒學語未清者，其輾轉訛溷，必各如其位。斯足證聲之節限位次，自然而成，不假人意措設也。"①《轉語》側重於對聲母轉變規律的探討，以求聲義相通，戴氏將繁亂的古聲母系統簡化條理爲五類（即喉、舌、牙、齒、唇），每類又分出四個位（位兼指輔音的發音部位和發音方法），在類和位中，以類爲經，以位爲緯，縱橫相配，建構起轉語的理論框架："凡同位則同聲，同聲則可以通乎其義。位同則聲變而同，聲變而同則其義亦可以比之而通。"爲了説明道理，戴氏就其徽州本地方言來解析轉語的實際情況。歙从欠翕聲，許及切，曉母緝韻，其方音讀若攝，失葉切，審母葉韻。翕與歙的關係是聲母異類，韻部合，即爲疊韻相轉。從曉變爲審，發音部位由喉牙音變爲舌上正齒音，發音方法仍是清擦音，即曉是第一類的第四位，審是第三類的第四位，位同爲變轉。韻母從緝變爲葉，是旁轉。可見"聲之節限位次自然而成"，非人爲所能限也。戴氏不談深奧的玄虛理論，只用人們身邊口頭之事來説明學術問題，化玄奥爲淺顯。《轉語》中的序文舉例皆口語，言："夫聲自微而之顯，言者未終，聞者已解，辨於口不繁，則耳治不惑。人口始喉，下底唇末，按位以譜之，其爲聲之大限五，小限各四，於是互相參伍，而聲之用蓋備矣。參伍之法，台、余、予、陽，自稱之詞，在次三章。吾、卬、言、我，亦自稱之詞，在次十有五章。截四章爲一類，類有四位，三與十有五，數其位皆至三而得之，位同也。凡同位爲正轉，位同爲變轉。爾、女、而、戎、若，謂人之詞，而、如、若、然，義又交通，並在次十有一章。《周語》'若能有濟也'，注云'若，乃也'。《檀弓》'而曰然'，注云'而，乃也'。《魯論》'吾末如之何'，即'奈之何'。鄭康成讀'如'爲'那'。曰乃，曰奈，曰那，在次七章。七與十有一，數其位亦至三而得之。若此類，遽數之不能終其物，是以爲書明之。"序言雖提綱挈領，却也通俗易懂。

戴震對古音的具體辨析都寄寓在《聲類表》中，該書以韻爲經，以聲爲緯，每個直行爲二十個字，即聲母五類四位的二十個位置，任指一位即可知其屬某章某母和清濁情況。戴氏從自然發聲到音理辨析，出示實例以顯明其位與數的關係，即五大類中同位則正轉，位同則變轉而通。東原利用家鄉語音的例證，説明語音變化的道理，解決

---

① 戴震：《戴震全書》六，黃山書社，1996年，第305頁。有關戴震《聲類表》和《聲韻考》二書的音韻學成就與特點，可參見拙著《戴震考據學研究》一書的部分章節，此處且作簡單介紹。

古今音的疑難,即"依聲托事,假借相禪,其用至博,操之至約"。戴震在音韻學研究上考古與審音並重,並結合對中古音文獻的整理與研究,形成了一套完備的理論體系,而轉語的運用就是將這些成就直接服務於訓詁考證的實踐活動。魏建功説:"昔休甯戴東原論昆山顧寧人考古之功多,而審音之功少,蓋得之矣。戴氏初與婺源江慎修商略《古韻標準》,後自著《聲韻考》,皆可見其重審音也。自余言古音者,多詳於部類分合。至金壇段若膺能見之、脂、支三部之分於資料中,而不能説其音理上之所以不合,其最著也。歙縣江晉三亦以等韻説古音,蓋爲徽州學者之特别表現也。""今後談説古音所用工具及方法,舍語音學及語言學,必無勝義表見,實亦所謂等音、今音、古音三部不可分離,而後如戴氏所倡考古、審音二者兼美也。"①江氏與戴東原合力爲《古韻標準》,考古與審音並重,同入相配,已肇陰陽對轉之端。戴震又評析顧炎武、江永之説,稱:"顧改侯從虞,江改虞從侯,此江優於顧處;顧藥、鐸有别,而江不分,此顧優於江處。"②戴氏總結前人經驗,結合審音方法,利用唐韻中祭、泰、夬、廢的不承平、上而自成系統,領悟出祭部獨立,並把入聲地位提高,提出陰陽入三分之説,如此之類都是因爲在徽州方言裏入聲占有很大的比重。並且大多數縣區有尖音,鼻根音常與[K]、[K']、[X]爲伍,而且黟縣、祁門、績溪話都不分陰入與陽入,入聲近似喉塞音。徽州方言中的古音存留爲審音派的戴震提供了别人無法理解的獨有條件。戴震的古音學研究的豐碩成果與徽州語言對中古語音的保留及其複雜多變的語音特色有着密切的關係,這也是徽州語言學對清代古音學研究的貢獻之一。

三

江永、戴東原善於繼承傳統小學成果,在吸收中轉化,在轉化中獨創,注重語音的系統性及其與文字形義的關係,自覺把握歷時的變化與共時的比較,所以能够獨樹一幟,爲後世所宗,尤其對徽州本土學者影響更爲直接,江有誥(1773-1851,字晉三,號古愚,歙縣城人)就是其中之一。江氏自幼穎異好學,而不事科舉,一生不出徽州,安貧樂道,授徒著書而已。惟嗜好音韻之學,有感於顧炎武《音學五書》、江永《古韻標準》、孔廣森《詩聲類》及段玉裁《六書音均表》的罅漏與不足,遂潛心推求,至於廢寢忘食。於是著成《音學十書》(包括《詩經韻讀》、《群經韻讀》、《楚辭韻讀》、《先秦韻讀》、《諧聲表》、《入聲表》、《等韻叢説》及《唐韻四聲正》),段玉裁深愛之,並爲之

---

① 魏建功:《陳獨秀音韻學論文集序》,參見《陳獨秀音韻學論文集》,中華書局,2001年。
② 戴震:《戴震全書》三,第357頁。

作序,述及江氏交遊和學術成就與影響,稱:"歙江君晉三今年春寓書於余論音,余知其未見戴、孔之書也,而有適合戴、孔者,欣喜偉其所學之精。九月,謁余枝園,以《江氏音學》請序。余諦觀其書,別爲十種,蓋顧氏及余皆考古功多,審音功淺,江氏、戴氏二者皆深,而晉三於二者尤深。據《詩經》以分二十一部,其入聲十。宵、尤之分,尤、侯之分,藥、鐸之分,真、文、元三者之分,支、脂、之平入之分,侵、談之分,皆述顧氏、江氏及余説也。其脂部去、入出祭、泰、夬、廢、月、曷、末、鎋、薛別爲一部,其獨見,與戴氏適合者也。屋、沃之分,其獨見,與孔氏適合者也。東、冬之分,則又近日見孔氏説而有取焉者也。於前人之説,皆擇善而從,無所偏徇,以呼等字母之學核之,古音今韻,無纖微鑿枘不合。不惟古音大明,亦且使陸韻分爲二百六者,可得其剖析之故。其論入韻,謂言古音則就其諧聲偏旁,各從其朔可矣,不必謂異平同入,曲從陸法言,俾無入者皆有入。其不爲苟同又有如此者。"①

江有誥一生蟄居徽州,却能通過考察古音演變與徽州土音的多樣性,於傳統音韻學達到精深的地步,這就不免會追尋到徽州方言的影響和貢獻。對此,江有誥曾深有感觸:"吾歙方音出於鄉者,十誤二三;出於城者,十誤四五。蓋鄉音邃古相承,無他方之語雜之,故多得其正。城中間雜官音,官音之正者不知學,其不正者多學之矣。牙之疑喉之曉匣,歙西方音得之爲多。昔人謂'禮失當求諸野',余於音學亦云。入之屋沃燭曷末,亦惟歙西讀之爲合。"②又稱:"歙人呼巫字似微之清,呼媽字似明之清,呼奶字似泥之清,妹字則清濁並呼,是亦審音者所宜知也。"③江氏將徽州語音對古音的保存加以詳盡敍述和條理,指出要通達語言,必須能將古音、方言、官話三者融會貫通。但實際情況是懂得官話的人則不知古音,即"官音之正者不知學",而"不正者多學之"。其次,"鄉音邃古相承,無他方之語雜之,故多得其正",不以俗鄙而輕視土音。所以要研究古音,必須考古與審音兼備,且有"音失求諸野"的觀念。江有誥的音學研究充分體現了這一點,故能深造自得,精深邃密。段玉裁説:"余與顧氏、孔氏皆一於考古;江氏、戴氏則兼以審音,而晉三於二者尤深造自得。""又精於呼等字母之學,不惟古音大明,亦且使今韻分爲二百六部者得其剖析之故。前人論入聲,説最多歧,未有能折衷至當者。晉三則專據《説文》之偏旁諧聲及周秦人平入同用之章爲據,作

---

① 段玉裁:《江氏音學序》,《音學十書》卷首,中華書局,1993年。
② 江有誥:《等韻叢説》,《音學十書》,中華書局,1993年。"正者"之意爲何?江有誥没有明説,但我們根據江永《音學辨微》中對鄉音、官音、正音的辨析可以推測,此中的鄉音是土語,官音是當時的普通話,正音就是古音。江永該書中"辨婦童之音"條云:"天下皆方音,三十六位未有能一一清晰者,勢使然也。必合五方之正音呼之,始爲正音。"又云"官音亦有俗,鄉音亦有正","各因水土習俗使然"。
③ 江有誥:《等韻叢説》,《音學十書》。

《入聲表》一卷,尤爲精密。"① 江有誥不僅精於審音與字母等呼之學,對入聲與陰聲的對應能夠瞭若指掌,而且還將入聲地位提升,作有《入聲表》。此外,江氏又對古音的四聲問題提出了古有四聲、古今音式有異的觀點,對後世影響很大。

清代古音學的鼎盛,徽州學人自是獨領風騷。他們既深於考古,同時也精於審音;既瞭解語言的歷史性與系統性,也懂得徽州方言的特殊性,其成就自然超過同時代的其他學人。徽州以其獨特的地域方言的複雜性,造就了乾嘉一代數位音韻學大家,而江永、戴震、江有誥等人在探討經典文字音讀時,也因爲自己深切瞭解徽州鄉邑所遺留下來的古代各地不同的古聲韻,而能夠從中得到啓發。所以,他們在闡釋古人言辭時能夠不局限於文字表象的記載,而由語音入手詮釋古人聲韻假借之法,進而提出用審音方法來研究古音古義問題,並且以理論與實踐影響了一代學者。如果沒有徽州學者精細的古韻分部和審音發現,就沒有乾嘉時代訓詁學的興盛。而乾隆時代如果不解決古音問題,則嘉慶時代一系列的經典名著也就不可能產生。何九盈說:"在乾嘉時代,江永、戴震、王念孫等人都以好學深思著稱於當世。他們愛好縝密的邏輯思維,反對空洞的思辨性思維。按思維特點而言,他們更接近於自然科學家。語言學本來就是一門介乎自然科學與社會科學之間的學科,以傳統的音韻學而論,尤近於自然科學。在這裏,思辨性思維基本不管用。就個人條件而言,江永、戴震都精研過天文、數學,在邏輯思維方面有過嚴格的訓練。段、王等人在自然科學方面沒有發表過專著,但他們在研究名物訓詁時都很重視親驗,在思維方式上也深受戴震的影響,都有擘肌分理,剖毫析芒的硬功夫。"② 於是歸結而言"乾嘉時代的語言文字學起源於徽州府",則是不言而喻的。

徽州方言保留了魏晉以來中原人南遷帶來的古語文化的痕迹,具有一定的獨特性和多樣性,尤其是大量入聲的存在,都爲學者研究提供了直接的證明材料和貫通時空的新思路。徽州學者又善於把握古音、方音、官音之間的必然聯繫,利用後世所謂的歷史比較語言學手段,發掘和弘揚徽州地域的語音特產,使之成爲對清代古音學乃至對詞源學、方言俗語學、校讎學等傳統語言學研究的恩惠。加之他們勤苦篤實的鑽研精神,以及善於剖析毫微、歸納總結的方法,更使他們的學術成就具有更高層面的參考價值和方法論的意義。所以,在王國維所提出的清代七個音韻學家中,徽州就占有三人,因此,王氏感慨曰:"古韻之學,自昆山顧氏,而婺源江氏,而休寧戴氏,而金壇段氏,而曲阜孔氏,而高郵王氏,而歙縣江氏,作者不過七人。然古音廿二部之目遂令

---

① 段玉裁:《江氏音學序》,《音學十書》卷首。
② 何九盈:《乾嘉時代的語言學》,《北京大學學報》1984年第1期。

後世無可增損。故訓詁名物文字之學,有待於將來者甚多;至古韻之學,謂之前無古人,後無來者,可也。"①

　　對於以徽州學者爲代表的乾嘉考據學派的價值與影響,王力先生也説:"能不能因爲乾嘉學派太古老了,我們就不要繼承了呢?决不能。我們不能割斷歷史,乾嘉學派必須繼承。特別是對古代漢語的研究,乾嘉學派的著作是寶貴的文化遺産。段、王之學在中國語言學史上永放光輝。他們發明的科學方法,直到今天還是適用的。"②徽州學者善於通過對自然方言語音的深切把握,不局限於經書典籍的單純考古之法,既能具體而微,又能抽象總結出語音理論,以便爲訓詁服務,其言"疑於義者以聲求之,疑於聲者以義正之"成爲今日訓詁的科學方法。在語音研究方面,考古派只注重文獻考證,而審音派則文獻考證與等韻、方音並重,已經具有現代語言學的思想端倪,他們既善於古音文獻的考證,又擅長實際語音的比較,爲豐富和完備清代古音學的研究做出了重要貢獻,超越了同時代的其他學人。可以説,如果没有徽州學者審音方法的發現、精細的古韻分部,以及在經史考證上的切實運用,就没有乾嘉時代訓詁學的如此興盛。可以説,徽州地域風土的特殊性及方言俗語的多樣性,使寢饋其中的徽州學者能够耳濡目染,"近取諸身",加之擅長古音考證,又精通等韻和今音,故能深造有得,創立和推動"審音派"的完成,使清代音韻學研究具有完備的理論體系,也爲近現代的語言學研究開啓了新的途徑。

---

① 王國維:《周代金石文韻讀序》,《觀堂集林》卷八,中華書局,1959年。
② 王力:《王力文集》第16卷,山東教育出版社,1986年,第78頁。

編後記

　　《漢語言文字研究》第一輯是在2013年8月於合肥召開的"紀念何琳儀先生誕辰七十周年暨古文字學國際學術研討會"會議論文集的基礎上編成的。有些與會代表提交的論文，因會後已在別的刊物上發表，就沒有收入。所收文章可以分爲兩大類：一類爲紀念性的論文，一類爲研究性的論文。研究性的論文依據內容大致分爲"甲骨文""銅器銘文""戰國楚簡、秦簡""貨幣、璽印、陶文、封泥""秦漢文字、《説文》、傳抄古文""古文獻、古代史"等六個部分，同一類別的論文一般按照時代先後順序排列。編輯過程中，自始至終得到了上海古籍出版社和各位作者的鼎力幫助和支持，我們深表感謝。也要特別感謝爲本書的出版傾注了很多精力的責任編輯顧莉丹女士。

　　謹以本書紀念我們敬愛的何琳儀先生！

安徽大學漢字發展與應用研究中心

投 稿 須 知

1. 本集刊接受電子投稿,請使用word文檔,横排、繁體。

2. 文稿中請注明作者姓名、工作單位及聯繫方式(通訊地址和郵編、電子信箱、電話)。

3. 文稿注釋一律采用當頁腳注,每頁另起,注號用①、②、③、④……

4. 引用專著采用以下形式:作者:《專著名》,出版社,出版年,第1–3頁。

5. 引用論文采用以下兩種形式:作者:《論文名》,《刊物名》××××年第×期,第1–3頁;或《刊物名》第×期第×卷,××××年,第1–3頁。或作者:《論文名》,《論文集名》,出版社,出版年,第1–3頁。

6. 文中引用的古文字字形請造字後剪貼爲圖片插入word文檔,如用手寫,請務必做到準確、清晰,也請以圖片格式插入word文檔。

7. 本集刊實行匿名審稿,自收稿之日起兩個月內以郵件或書面形式告知作者稿件是否錄用。本集刊一般不予退稿,請作者自留底稿。稿件一經錄用,即贈送作者樣刊一本。

8. 聯繫方式

地址:安徽省合肥市肥西路3號安徽大學漢字發展與應用研究中心《漢語言文字研究》編輯部

郵箱:hyywzyj@126.com